D1705903

TRAUNER VERLAG

OÖ PUBLIKATIONEN

Rudolf Matheis (Hrsg.)

# Ewig lockt der LASK

## Das offizielle Buch zu „100 Jahre LASK"

1. Auflage 2007
© 2007 by Dr. Rudolf Matheis, Landstraße 70, 4020 Linz
Alle Rechte vorbehalten

Gestaltung: A3 Werbeservice, Richard Harter
Lektorat: Karin Schuhmann
Verlag: TRAUNER Verlag + Buchservice GmbH, Linz
Druck: TRAUNER Druck GmbH & Co KG, Linz

ISBN 978-3-95487-822-3

Rudolf Matheis (Hrsg.)

# Ewig lockt der LASK

## Das offizielle Buch zu „100 Jahre LASK"

# LASK: Ein österreichischer Traditionsverein mit Zukunft

Der LASK hat in Oberösterreich eine Tradition, die mit kaum einem anderen heimischen Sportverein vergleichbar ist. In der hundertjährigen Geschichte gab es viele Höhepunkte, große Erfolge, zu denen vor allem der Meistertitel und der Cupsieg, das Double 1965, der Besucherrekord mit 33 000 Zuschauern beim Spiel gegen den Wiener Sportclub 1962 und der vielumjubelte Sieg im UEFA-Cup gegen den vielfachen italienischen Meister Inter Mailand 1985 in Linz zählten, aber leider auch manch dunkle Stunden in „Schwarz-Weiß".

Doch in den letzten Jahren wurde die Wende vollzogen. Dank einer erfolgreichen Führung, eines guten Trainers, einer kompakten Mannschaft und neuer Sponsoren wurde der Aufstieg in die höchste Spielklasse geschafft, sodass der LASK wieder zu einer festen Größe, einem fixen Bestandteil, einem Markenzeichen im heimischen Fußball geworden ist, dem die Herzen der Zuschauer zufliegen wie in seinen besten Zeiten.

Ich danke allen, vom TRAUNER Verlag über den Herausgeber Dr. Rudolf Matheis und die Schriftsteller Rudolf Habringer und Walter Kohl bis zu den renommierten Autoren und Journalisten, die an der Herausgabe dieses geschichtsträchtigen Werks mitgewirkt haben, sehr herzlich. Allen Leserinnen und Lesern wünsche ich eine interessante, spannende Lektüre und dem LASK viele Siege und Zuschauer und eine erfolgreiche Zukunft.

Ihr

Landeshauptmann
Dr. Josef Pühringer

# Linzer Traditionsverein feiert 100-jähriges Bestehen!

Gleich zweimal hat der Linzer Fußball-Traditionsverein LASK im heurigen Jahr Grund zur Freude. Einerseits feiert der wohl beliebteste Fußballverein des Landes Oberösterreich sein 100-jähriges Bestehen, andererseits gelang den Linzer Athletikern im heurigen Jahr der langersehnte Wiederaufstieg in die Bundesliga.

Als Fixpunkt in der Sportlandschaft der Landeshauptstadt Linz hat der LASK seinen Fans in den vergangenen Jahrzehnten immer wieder fantastische Erlebnisse und Glücksmomente geschenkt. Ich denke dabei vor allem an die Erringung des Meistertitels sowie an mitreißende Meisterschafts- und Europacupspiele, die uns allen noch in bester Erinnerung sind. Obwohl der LASK in den vergangenen Jahren nicht in Österreichs höchster Spielklasse vertreten war, war der Verein dennoch in aller Munde und verlor bei seinen Fans kaum an Beliebtheit. Ein eindeutiges Indiz dafür, dass dieses oberösterreichische Fußballdenkmal wesentlich mehr als ein „normaler" Fußballverein ist. LASK ist Kult und hat in den Herzen der Fans aller Altersschichten einen fixen Platz. Aber nicht nur auf die FußballanhängerInnen, sondern auch auf die Spieler selbst übt der Linzer Traditionsverein eine besondere Faszination aus.

Mein besonderer Dank gilt allen Verantwortlichen dieses Linzer Traditionsvereins, hier allen voran Präsident Peter-Michael Reichel, denen es mit großem Einsatz und Engagement gelungen ist, das Linzer Aushängeschild in Sachen Fußball wieder auf Erfolgskurs zu bringen.

Franz Dobusch
Bürgermeister der Landeshauptstadt Linz

# Der Mythos lebt

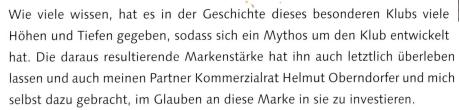

Zum 100-jährigen Geburtstag des LASK möchte ich vor allem all jenen danken, die es möglich gemacht haben, dass der LASK diesen runden Geburtstag feiern darf.

Wie viele wissen, hat es in der Geschichte dieses besonderen Klubs viele Höhen und Tiefen gegeben, sodass sich ein Mythos um den Klub entwickelt hat. Die daraus resultierende Markenstärke hat ihn auch letztlich überleben lassen und auch meinen Partner Kommerzialrat Helmut Oberndorfer und mich selbst dazu gebracht, im Glauben an diese Marke in sie zu investieren.

Getragen von dieser Überzeugung und unter Mithilfe vieler Freunde und Partner ist es gelungen, dass der LASK heute wirtschaftlich besser dasteht als je zuvor und sich auch sportlich wieder an die Erfolge der besten Zeiten herantastet. Ein wesentlicher Mosaikstein war die Gründung des Wirtschaftsbeirates unter dem Vorsitz von Georg Fürst Starhemberg, einer Einrichtung, welche die Transparenz der Abläufe beim LASK wesentlich erhöht hat.

Es ist nun unsere Aufgabe, den sportlichen und wirtschaftlichen Erfolg langfristig zu stabilisieren, um den Urenkeln der heutigen Generation eine 200-Jahr-Feier zu ermöglichen.

Mit den besten Wünschen und Dank an all jene, die an diesem Buch mitgearbeitet haben

*Michael Reichel*

Ihr Peter-Michael Reichel
LASK-Präsident

Dem Freund die Hand
Dem Feind die Wehr
Schwarz-weiß die Dress
und blank die Ehr'!

Bekannte Schriftsteller und Journalisten haben an diesem umfangreichen Buch über den 100 Jahre jung gewordenen LASK Linz mitgearbeitet. Wir möchten Gerhard Allerstorfer, Helmut Atteneder, Rudolf Habringer, Günther Hartl, Walter Kohl, Dietmar Mascher, Georg Leblhuber, Christian Russegger, Reinhard Waldenberger und Christoph Zöpfl herzlich danken.
Dank gebührt auch den Fotografen, vor allem Franz Petuely, der Agentur gepa und jenen LASK-Fans, die alte, zum Teil noch nie veröffentlichte Fotos aus ihrer Privatsammlung zur Verfügung gestellt haben.

# Ein Stück Oberösterreich

Anlässlich des 100. Geburtstages des LASK schlug mir Dr. Rudolf Matheis vor drei Jahren vor, ein Buch über den Linzer Traditionsverein herauszubringen. Damals war der schwarz-weiße Höhenflug noch lange nicht absehbar. Inzwischen ist der LASK aber wieder dort gelandet, wo er längst hingehört – im Kreis der allerbesten Fußballklubs Österreichs.

Im Gegensatz zu den einstigen Linzer Spitzenklubs SK Voest und SV Stickstoff hat der LASK in den vergangenen Jahren die schlimmsten wirtschaftlichen Krisen überlebt. Ein Stück Oberösterreich, das nie und von niemandem umzubringen war.

Wie meinte doch einst Deutschlands legendärer Teamchef Sepp Herberger: „Schwieriger als Tore schießen ist richtiges Haushalten. Wenn alle Vereine von Männern geführt werden, die das verstehen und dazu noch eine Ahnung vom Fußball haben, ginge es unserem Sport viel besser." Nun, der LASK befindet sich in dieser Hinsicht seit einigen Jahren wieder auf dem richtigen Weg. Ein zielstrebig, ohne Großmannssucht seriös arbeitendes Führungsteam und die Unterstützung großer Unternehmen sollten ein Garant für die Rückkehr in gute alte Linzer Fußball-Zeiten sein.

In diesem Buch wird von LASK-Insidern, bekannten Journalisten und den beiden preisgekrönten Schriftstellern Walter Kohl und Rudolf Habringer die hundertjährige Geschichte des LASK aufgearbeitet und ein optimistischer Blick in die Zukunft gerichtet. Ein von Rudolf Habringer mühsam zusammen gestellter ausführlicher Statistikteil mit Zahlen und Fakten ergänzt dieses Jubiläumsbuch.

Viel Spaß beim Lesen wünscht Ihnen

Hubert Potyka

# Ewig lockt der LASK

Von Rudolf Matheis

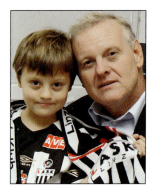

Stellen Sie sich bitte vor, Sie würden nach jahrzehntelanger Präsenz bei allen LASK-Spielen gefragt, ob Sie nicht Vereinsmitglied werden wollen. Einer von den wenigen auf 60 limitierten Persönlichkeiten, die sich um die Geschicke des Linzer Traditionsvereins kümmern. Ich bin mir sicher, fast jeder Fan würde mit Freude annehmen. Da spielt es keine Rolle 30.000 Österreichische Schillinge als Aufnahmegebühr (Sanierungsumlage für irgendeine vergangene Pleite) zu bezahlen. Hier entscheidet das Herz, nicht der Verstand.

Dies passierte vor vielen Jahren meinem Schulkameraden, dem angesehenen Linzer Rechtsanwalt Dr. Klaus Steiner, meinem guten Freund Mag. Walter Scherb, dem Sohn eines der größten LASK-Fans und -Ehrenpräsidenten, und mir, einem normalen Linzer Zahnarzt.

Zu dieser Zeit war auch gerade die Fusion zwischen LASK und FC Linz, dem Nachfolgeklub des Betriebssportvereins der Voest, über die Bühne gegangen. Die Vereinsfarben blieben nach langen Diskussionen Schwarz-Weiß, der neue Name LASK LINZ. Man träumte von einem Linzer Großklub, getragen und unterstützt von allen gesellschaftlichen Gruppierungen. Doch es sollte anders kommen.

Schon bei meiner ersten Generalversammlung vermisste ich die Präsenz der ehemaligen Voest-Linz-Mitglieder, von manchen auch liebevoll „Koksler" genannt. Offensichtlich war der Zusammenschluss doch nicht so gut geglückt. Mir als echtem LASKler war dies ohnehin egal. Ein Schwarz-Weißer wird man halt nicht durch eine Fusion.

> *„ Angeblich rinnt aus einem echten LASK-Fan, wenn man in ihn hineinschneidet, schwarz-weißes Blut heraus. "*
>
> Rudolf Matheis

Die Frage, wie man ein echter LASK-Fan wird, sollte mich dann die folgenden Jahre ebenso bewegen wie die Frage, wie man einen echten LASK-Fan erkennt. Angeblich würde aus diesen, wenn man in sie hineinschneidet, schwarz-weißes Blut herausrinnen. Außerdem würden sie alle großen und kleinen Dienstleistungen, die sie für den Verein erbringen, völlig unentgeltlich erledigen.

Ersteres fiel mir schon damals schwer zu glauben, hatte ich doch eine Ausbildung zum Arzt hinter mir, bei der ich erkennen konnte, dass nicht einmal sogenannte Adelige blaues Blut haben. Dem Irrglauben, diese Menschen würden gratis für den Sportclub arbeiten, erlag ich noch einige Jahre. Und zwar bis mich der Übermut trieb, das Amt des Vereinspräsidenten zu übernehmen.

So hätte ich doch bei meinem lieben Freund Klaus Steiner erkennen können, wie mühsam so eine Funktion ist. Dieser war Vizepräsident und in seiner Funktion als Vereinsjurist (diese Funktion übt er dankenswerterweise heute noch aus) ständig mit irgendwelchen Klagen beschäftigt, die seine Vorgänger hinterlassen hatten. Ein Honorar hat er nie verlangt – offensichtlich ein echter LASKler.

Es kam wie es kommen musste. Peter-Michael Reichel, der erfolgreiche Sportpromotor und neue starke Mann des LASK mit großen Plänen und Visionen, ersuchte mich und Urgestein Franz Enzenebner, gemeinsam mit dem erfolgreichen Bauunternehmer Helmut Oberndorfer ein Viererpräsidium zu bilden. Da mir alle meine Freunde, die mir bekannten und von mir geschätzten Sportjournalisten, meine Vorgänger – eigentlich alle Menschen die ich kenne – abgeraten hatten, dieses Amt zu übernehmen, habe ich nach kurzer Bedenkzeit zugestimmt, war ich doch bis zu diesem Zeitpunkt der Meinung, man könnte alles zuwege bringen, wenn man es nur wirklich wollte. Nur mein Vater, selbst Zahnarzt, hat mir empfohlen, dieses Amt zu übernehmen. Wahrscheinlich wollte er selbst auch einmal LASK-Präsident sein. Immerhin hat er es zum Zahnarzt vieler erfolgreicher LASK-Obmänner gebracht, aber nie zu einer Funktion mit persönlichem Haftungsrisiko im Profifußball, was mir zu einer glücklichen Kindheit und meiner Familie zu einem gewissen Wohlstand verhalf.

Da die Vereinsmitglieder traditionell neuen Präsidenten misstrauten, statteten sie mich mit einer zusätzlichen Stimme aus, die ich bei Stimmengleichheit (2 gegen 2) zur Mehrheitsbildung im Sinne des Vereins nutzen konnte. Dieses Dirimierungsrecht führte dazu, dass ich auf Verlangen des Vereinsregisters LASK-Präsident wurde und viele Rechte und Pflichten bekam. Musste doch der Präsident beim

Lizenzierungsverfahren alles unterschreiben und ein hohes Haftungsrisiko eingehen. Sollte doch der kapitalintensive Profibetrieb in einer von Peter-Michael Reichel geführten Gesellschaft mit beschränkter Haftung abgewickelt werden. Der Amateur- und Nachwuchsbetrieb verblieb ohnehin beim Verein. Interessanterweise wurde dieser in den letzten Jahren vom sich in Pasching entwickelnden Fußballwunder verwaltet. Angeblich waren dort viele dieser ehemaligen „Koksler" am Werk, die der LASK nicht aufzunehmen vermochte.

> ,, *Kümmern Sie sich bitte nur ums Bohren und überlassen S' den Rest mir!* ``
>
> Rechtsanwalt Dr. Ernst Chalupsky zu Dr. Rudolf Matheis im Zuge einer Vertragsverlängerung

Diese Trennung in zwei Organisationseinheiten – Amateur und Profibereich – führte naturgemäß zu großen Problemen. So machte einmal der mit unseren Strukturproblemen befasste Welser Rechtsanwalt Dr. Ernst Chalupsky nach einer von mir geäußerten juridischen Bewertung des von ihm verfassten Vertrages die Bemerkung: "Kümmern Sie sich bitte nur ums Bohren und überlassen S' den Rest mir!" Eine Empfehlung, der ich damals folgen hätte sollen, wie ich heute weiß.

Eine nicht unbedeutende Nebenerscheinung ist das hohe Medieninteresse, das der LASK und seine Mitstreiter genießen. Meldungen wie „Der Mann ist stark." oder „ein Fels in der Brandung" werden nur durch Schlagzeilen wie „Der Mann wechselt seine S-Klassen-Mercedesautomobile wie seine Patienten die Zahnbürsten." übertroffen. Solche mediale Aufmerksamkeiten, wie auch die Tatsache, dass bei manchen Fußballklubs Gehälter steuerschonend bezahlt werden, führen natürlich auch zu intensiven Kontakten mit der zuständigen Finanzbehörde. So hatte ich sofort eine intensive Steuerprüfung in meiner Zahnarztpraxis, wobei man – wie auch beim Profifußball üblich – die besten Leute einsetzte. Ich wurde als Steuerpflichtiger hart aber fair behandelt, was im Sport leider nicht immer üblich ist.

Ich hatte auch Kontakt mit der Bundesliga, einem gemeinnützigen Verein mit Sitz in Wien, der versucht, mit eigenen Regeln und Vorschriften im Europäischen Umfeld für seine Mitglieder (Vereine der ersten und zweiten Division) tätig zu werden. Manchmal ist es auch umgekehrt.

---

*,, Als der Nachtportier das Licht löschte, musste auch der gegnerische Anwalt den Verbleib des LASK Linz in der Bundesliga zur Kenntnis nehmen. "*

Rudolf Matheis über ein besonders hart geführtes Lizenzierungsverfahren

---

So musste sich der LASK einmal einem besonders hart geführten Lizenzierungsverfahren stellen, das in einer Sitzung bei der x-ten Berufungsinstanz im Wiener Handelsgericht gipfelte. P.-M. Reichel und meine Person waren – flankiert von zwei Anwälten – in Wien erschienen. Die Nerven waren sehr angespannt, ging es doch um das Fortbestehen des LASK als Profiklub. Die Sitzung war für zwei Stunden anberaumt, sollte aber bis spät in die Nacht dauern. Es war der heißeste Tag des Jahres. Das Medieninteresse war enorm. Diskutiert wurde über bilanztechnische Fragen, wobei der junge engagierte Wirtschaftstreuhänder der Bundesliga den Fehler beging, mit dem ausgezeichneten neutralen Sachverständigen hochwissenschaftliche Themen zu diskutieren. Ich

habe leider das meiste intellektuell nicht verstanden. Wieder musste ich erkennen, dass meine Stärken beim Zahnbohren liegen. Trotzdem konnte ich zum positiven Gelingen beitragen. Um 16 Uhr gingen die Getränke zur Neige, war ja die Verhandlung nur für zwei Stunden anberaumt gewesen. Die ersten konditionellen Mängel bei unserem Gegner und dem Vorsitzenden machten sich bemerkbar. Nur P.-M. Reichel und mir waren die Strapazen kaum anzumerken. Er ist ja ein Asket und ich besitze von Natur aus einige Fettreserven, die ich jetzt gut brauchen konnte. Auch der Anwalt der Bundesliga, der alles daransetzte, dem LASK die Lizenz zu verweigern, ließ sich keine Müdigkeit anmerken. Der neutrale Sachverständige, der zugunsten eines späten Verhandlungsendes sogar auf einen Staatsopernbesuch verzichtete, war auch noch topfit. Offensichtlich lässt sich Sport und Kultur doch nicht immer unter einen Hut bringen. Kurz vor Mitternacht – es wäre ein toller Abend beim Heurigen gewesen – konnte dann auch noch die alles entscheidende wichtige Frage, ob der LASK gegen das sogenannte Neuerungsverbot verstoßen hätte, geklärt werden. Es ging um die Frage, ob irgendwelche Unterlagen nach Ende irgendeiner Frist, also zu spät eingereicht wurden. Der Inhalt dieser Papiere war nicht so wichtig. So konnten wir in letzter Minute gewinnen. Nur der gegnerische Anwalt, ein Nachtmensch wie er im Buche steht, versuchte auch noch nach dem Ende der Verhandlung mit einem engagierten Plädoyer gegen den LASK das feststehende Urteil zu kippen. Als der Nachtportier das Licht löschte, musste auch er den Verbleib des LASK Linz in der Bundesliga zur Kenntnis nehmen.

Leider war das LASK-Urgestein Franz Enzenebner gezwungen, seine Funktion als Vizepräsident aufzugeben. Sein Leben für den LASK würde sich ein eigenes Buch verdienen. Wenig später verlor er auch den

Kampf gegen seine schwere Krankheit. Dennoch hat die göttliche Vorsehung den LASK nicht alleine gelassen. In der Person des Linzer Immobilienmaklers, Mag. Hubert Hoffmann, wurde vonseiten der Vereinsmitglieder für Nachwuchs gesorgt. Aber auch in einem von Hubert Potyka, dem damaligen Sportchef der OÖ Nachrichten, initiierten Sechs-Augen-Gespräch konnte der Union-Präsident, Gerhard Hauer, dazu bewogen werden, sich als Vizepräsident für den LASK zur Verfügung zu stellen.

Über allem schwebte die Persönlichkeit des Georg Starhemberg, Angehöriger eines hoch angesehenen österreichischen Adelsgeschlechts, und seines Zeichens Fürst, aus Eferding. Zeichnete sich einer seiner Vorfahren, Graf Rüdiger von Starhemberg, als Verteidiger Wiens bei der zweiten Türkenbelagerung 1683 aus, verteidigte sein Nachfolger Jahrhunderte später den LASK gegen seine heutigen Feinde. So gelang es ihm in mühsamer Kleinarbeit, alle Skeptiker und Zweifler dazu zu bewegen, sich für den LASK als Institution und ein Stück Heimat zu engagieren. Hierbei half ihm natürlich seine gewinnende Art und sein unermüdliches positives Denken. Und auch seine guten Kontakte zum „Lieben Gott", die der LASK dringend brauchte.

> **„ Es vergingen die Jahre, bis es uns gelang, den LASK in eine Richtung marschieren zu lassen. "**
>
> Rudolf Matheis

Es war hier wiederum ein neues Gebilde entstanden, das dazu dienen sollte, alle Ideen und Interessen des von uns so geliebten Fußballklubs voranzutreiben. Nicht unerwähnt sollte bleiben, dass Helmut Oberndorfer in seiner Bescheidenheit und Stille stets für alle Anliegen ein offenes Ohr hatte. So hatte es sich eingebürgert, dass anstelle des erlaubten einen Nachwuchstransportbusses, der auf seiner Route bei der privaten Oberndorfer-Tankstelle tanken konnte, plötzlich alle anderen Busse auch einen Umweg in Kauf nahmen, nur um in den Genuss einer kostenlosen Betankung zu kommen. Er hat dies, wie es seine Art ist, sofort erkannt, allerdings schweigend zur Kenntnis genommen. Eine noble Form der Nachwuchsförderung. Helmut Oberndorfer, ein LASK-Fan von Beginn an, eben einer, aus dem wirklich schwarz-weißes Blut herauskommt, wenn man hineinstich.

Es vergingen Jahre, bis es uns gelang, den LASK in eine Richtung marschieren zu lassen. Die sehr erfolgreichen Nachwuchsspieler (viele Meistertitel, zweimal Meister in der Landes-Liga und Aufstieg in die Regional-Liga) und letztlich auch die Vereinsmitglieder wünschten sich einen starken Profibereich. So brauchte ich nur mehr abzuwarten, bis alle Konten des Vereins LASK im Plus waren. Dies geschah eine Minute lang im Jahre 2004. Ich habe dies zum Anlass genommen, mich aus dieser Position mit meinen Freunden zurückzuziehen und habe so alles getan, um eine einheitliche Führung zustande zu bringen. Dieser Rücktritt wurde auch auf Wunsch von Peter-Michael Reichel und im Sinne eines möglichst harmonischen Fußballbetriebs so lange wie möglich geheim gehalten, was dazu führt, dass mich auch heute noch einige Leute für den LASK-Präsidenten halten.

Eine angenehme Vorstellung, besonders jetzt, wo der LASK so erfolgreich und dank Helmut Oberndorfer, Georg Starhemberg, Peter-Michael Reichel und deren Verbündeten den Sprung in die höchste Spielklasse Österreichs geschafft hat.

Leo Windtner, Chef der Energie AG, über den LASK, seine Fußball-Leidenschaft und die Vision von einem Spitzenklub in der europäischen Kulturhauptstadt 2009

# Fußball, Kult und Kultur

Von Christoph Zöpfl

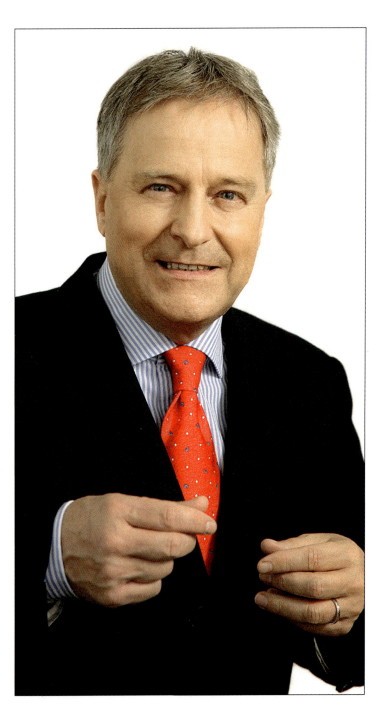

Dr. Leo Windtner, Generaldirektor der Energie AG, steht auch als sportlicher Multi-Funktionär unter Strom. Der 56-Jährige ist Vize-Präsident des Österreichischen Fußballbundes, Präsident des Oberösterreichischen Fußballverbandes und des Regionalligisten St. Florian. So nebenbei hat er in der Vergangenheit auch beim LASK – damit dort nicht alle Stricke reißen – im Hintergrund die Fäden gezogen

*Sie wurden zuletzt oft als graue Eminenz oder zumindest als Troubleshooter beim LASK Linz bezeichnet. Wie definieren Sie selbst Ihre Rolle, die Sie bei diesem Klub spielen?*

Windtner: Grundsätzlich ist es mir wichtig, dass ich einen gewissen Abstand halte. Ein allzu enges Naheverhältnis kann ich mir allein schon aufgrund der Tatsache, dass ich Verbandspräsident bin, nicht leisten. Aber ich bin auch der Meinung, dass die Landeshauptstadt von Oberösterreich einen Fußballklub braucht, der in der österreichischen Bundesliga vorne mitspielt. Und ich versuchte mitzuhelfen, dass es eine Basis gibt und Strukturen, damit der Profifußball in Linz funktionieren kann.

*In Salzburg ist Red Bull groß eingestiegen und hat nicht nur teure Spieler geholt, sondern auch die Vereinsfarben gewechselt und mit der Tradition gebrochen. Wie wichtig ist für Sie Tradition im Fußball?*

Windtner: Tradition ist im Fußball der Nährboden

für Emotion und gerade dieser Sport lebt von Emotionen. Darum kann ich auch die Leute verstehen, die sich gegen so eine Revolution, wie sie in Salzburg geschehen ist, auflehnen. Sollte beim LASK einmal ein großer Mäzen einsteigen, täte er gut daran, weder den Namen noch die Vereinsfarben zu verändern. Mit seiner Tradition ist der LASK viel wertvoller als ohne. Ein ähnlich großes Fan-Potenzial wie der LASK kann in Österreich sonst nur Rapid ansprechen.

*Wie haben Sie persönlich den Aufstieg und den Fall des LASK miterlebt?*

Windtner: Ich kann mich noch sehr gut daran erinnern, wie ich als HAK-Schüler 1965 in der Auslage eines Linzer Schuhgeschäfts den Meisterpokal des LASK und das Mannschaftsfoto gesehen habe. Ich war bei vielen großen LASK-Spielen im Linzer Stadion dabei, das waren eindrucksvolle Erlebnisse, die man nicht vergisst. Die Turbulenzen hingen in den vergangenen Jahren mit dem permanenten Wechsel an der Vereinsspitze zusammen. Das habe ich allerdings nur aus der Distanz beobachtet. Rudi Trauner Senior wollte zwar einmal, dass ich als LASK-Präsident sein Nachfolger werde, aber das hätte damals nicht zu meiner beruflichen Situation gepasst.

*Würde es Sie als Top-Manager reizen, ein Unternehmen wie einen Fußball-Profi-Klub zu führen?*

Windtner: Es wäre ein interessantes Experiment, ob sich ein Profi-Klub nach wirtschaftlichen Maximen ausgerichtet profitabel führen ließe. Ich glaube, das könnte selbst in Österreich funktionieren.

*Und warum geht es dann so vielen Bundesliga-Vereinen wirtschaftlich so schlecht?*

Windtner: Es fehlen oft die Fachleute an verschiedenen Positionen. Ein Fußballverein ist keine One-Man-Show, da muss man auch kaufmännisch denken und das richtige Know-how in wirtschaftlichen Bereichen abrufen können. Gerade was die kaufmännische Seite betrifft, wird bei den Klubs oft unglaublich dilettantisch herumgefuhrwerkt.

*Wie gut ist der Erfolg im Fußball planbar? Kann ein prominenter Transfer, wie ihn der LASK mit Ivica Vastic getätigt hat, einen Turnaround garantieren oder ist so etwas ein Lotterie-Spiel?*

Windtner: Der Erfolg ist im Fußball bis zu einem gewissen Grad tatsächlich planbar, davon bin ich in jedem Fall überzeugt. Vorausgesetzt natürlich, es gibt eine gesunde finanzielle Basis. Letztendlich wird man aber auch ein Quäntchen Glück brauchen. Ein gutes Beispiel ist hier Sturm Graz, das durch die Erfolge im Europacup in eine Aufwärtsspirale gekommen ist.

*Inzwischen ist es mit den Grazern aber wieder abwärts gegangen …*

Windtner: … weil man es verabsäumt hat, die Strukturen zu optimieren und den Erfordernissen des modernen Profi-Fußballs anzupassen. Da wären wir wieder beim Thema „One-Man-Show".

*Was verdanken Sie persönlich dem Fußball?*

Windtner: Als Mannschaftssport vermittelt der Fußball wesentliche Inhalte für die Lebensbildung eines Menschen. Man lernt, mit Niederlagen und Extremsituationen umzugehen und weiß, dass die Basis für einen Erfolg nur die harte Arbeit sein kann. Der Fußball lehrt dich auch, bei Erfolgen auf dem Boden zu bleiben. Und die Wichtigkeit des Teamworks weiß man ebenfalls zu schätzen, wenn man so wie ich lange Zeit Fußball gespielt hat.

*Der Fußball als Metapher für das Leben …*

Windtner: Ja, so kann man es ausdrücken. Er ist eine Leidenschaft, die ich aber leider nicht so richtig ausleben kann. Mit meinem Zeitbudget stehe ich täglich an der Grenze. Aber wenn ich sehe, wie motiviert meine Sportfreunde und Funktionärskollegen sind, dann betrachte ich meine Arbeit für den Fußball als moralische Verpflichtung.

*Linz ist 2009 Kulturhauptstadt. Viele Künstler haben eine Schwäche für Fußball. Wie viel Kultur hat der Fußball?*

Windtner: Ich bin davon überzeugt, dass der Fußball ein enorm wichtiger Bestandteil unserer gelebten Gesellschaftskultur ist. Es gibt viele gute Ansätze für eine echte Symbiose von Sport und Kultur. Aber eben nur Ansätze, wie zum Beispiel das Engagement von Andre Heller bei der Fußball-Weltmeisterschaft 2006 in Deutschland. Es ließe sich noch sehr viel mehr daraus machen.

*Wo sehen Sie den Kult- und Kultur-Verein LASK im Jahr 2009?*

Windtner: Ich sehe den LASK 2009 in der österreichischen Bundesliga um den Titel mitspielen.

Prominentes Trio: ÖFB-Direktor Willi Ruttensteiner, UEFA-Präsident Michel Platini, Oberösterreichs Fußballchef Leo Windtner

# Liebe Familie, Mitarbeiter und Freunde!

Von Georg Starhemberg

Wahrscheinlich hat sich der eine oder andere schon einmal gefragt, was mich bewegt, für den LASK so viel Zeit und Kraft aufzuwenden.

Selber habe ich mir die Frage zwar auch schon gestellt, aber an der Sinnhaftigkeit des Engagements habe ich niemals gezweifelt. Einerseits, weil der LASK nicht irgendein Sportverein ist, sondern Oberösterreichs Traditionsklub schlechthin, an dem viele Herzen dieses Landes hängen. Andererseits, weil Fußball ein Sport ist, zu dem jedermann auf der Welt Zugang finden kann und dessen Stellenwert in der Gesellschaft sich gerade in den letzten Jahren enorm gesteigert hat.

> „ *Fußball bewegt die Menschen auf der ganzen Welt und so auch mich als leidenschaftlichen Kicker und sportbegeisterten Menschen.* "
>
> Georg Starhemberg

Kaum können Kinder halbwegs stehen, spielen sie Fußball mit allem, was sich bewegt. Auch in den ärmsten Ländern ist Fußball sehr beliebt, möglicherweise weil man zur Ausübung dieses Sports nicht viel mehr braucht als einen Gegenstand, der rollt. Ganz egal, ob mit einem Apfel, einer Dose oder einem wie auch immer gearteten Ball, schon kann es losgehen und dies barfuß und nur mit einem Lendenschurz bekleidet. Fußball bewegt die Menschen auf der ganzen Welt und so auch mich als leidenschaftlichen Kicker und sportbegeisterten Men-

schen. Darüber hinaus habe ich auch als Vater ein großes Interesse, Kindern den Sport schmackhaft zu machen, damit sie sich dabei vergnügen und austoben können. Dadurch soll die Jugend so lange wie möglich von Alkohol, Zigaretten und Drogen bzw. von TV und Computerspielen ferngehalten werden. An einem Verein wie dem LASK hängen tausende Menschen, von Jugendlichen über die Eltern und die Verwandtschaft, bis hin zu Kollegen aus der Schule oder dem Berufsleben sowie Nachbarn und nicht zuletzt die Spieler, die Trainer, Betreuer und Funktionäre. Ganz abgesehen von den unzähligen Fanklubs, Stammtischen und Sympathisanten im ganzen Land.

Bereits als der LASK noch in der obersten Liga spielte, wurde ich gebeten, mich dort zu engagieren, was ich trotz Interesses aber vorerst ablehnen musste. Als es dann jedoch zum Abstieg kam und der Klub in große Schwierigkeiten geriet, habe ich doch begonnen, mich für den LASK einzusetzen. Hauptmotiv für diese Entscheidung war der Umstand, dass sich ein Großteil des Landes zwar einen erfolgreichen LASK wünschte, aber damals kaum jemand mehr bereit war, dafür etwas zu tun. Ausreden aller Art gab es dafür zur Genüge, der Präsident galt als Alleinschuldiger und sollte möglichst rasch abgelöst werden.

So einfach, wie es sich einige vorgestellt hatten, war dies jedoch nicht. Die Dinge waren äußerst komplex und so begann meine Arbeit im Hintergrund. Um neues Vertrauen schaffen zu können, war es wichtig Brücken zu bauen und offene Gräben zuzuschütten. Davon gab es wirklich genug und es ist kaum für möglich zu halten, wie sehr die Geschichte der vergangenen 15 Jahre dabei hinein spielte. Bis zur Ära des Präsidenten KR Rudolf Trau-

ner hatte der LASK ein gutes Finanzierungssystem. Genauso wie der damalige weitere Linzer Spitzenklub, solange der Voest-Konzern dahinter gestanden war. Beide Strukturen konnten leider nicht aufrechterhalten werden und die spätere Fusion des LASK mit dem FC Linz muss, rückwirkend betrachtet, leider als missglückt bezeichnet werden. Damit wurde das Thema LASK auch ein politisches, was bei der Erneuerungsarbeit nicht unbedingt hilfreich war.

> *Von all den gemachten Versprechungen und Absichtserklärungen wurden wenige gehalten und so blieb einem manchmal bloß der eigene Wille und Glaube.* Georg Starhemberg

Einerseits konnten einige Funktionäre und Fans vom FC Linz sich nicht mit dem LASK identifizieren und brachten ihr Engagement anderenorts ein. Andererseits gab es auch in der eigenen LASK-Struktur viele Probleme, vor allem mit dem Stammverein. Obwohl diesem jahrelang selbst wenig gelungen ist und einige Krisen zu durchschreiten waren, wurde insbesondere nach Gründung einer GmbH, dem geschäftsführenden Gesellschafter Peter-Michael Reichel entgegengearbeitet. Nicht alle haben es gern gesehen, dass ein „Branchenfremder" aus Wels kommt und ihnen den Linzer Klub aus der Hand nimmt. Noch dazu mit einem Partner aus Gunskirchen, dem erfolgreichen Unternehmer Kommerzialrat Helmut Oberndorfer.

Weitere Schwierigkeiten gab es auch bei den Firmen und Banken, die bereits vor Übernahme durch die „Neueinsteiger" im Jahr 2000 um Unterstützung gebeten wurden. Die Investoren Reichel und Oberndorfer hatten sich verpflichtet einen Millionenbetrag auf- bzw. einzubringen und bemühten sich beharrlich, ihre Ziele zu verfolgen. Dass es so schwer und langwierig werden würde, diverse Hürden zu bewältigen, hat man sich nicht so vorgestellt.

Von all den gemachten Versprechungen und Absichtserklärungen wurden wenige gehalten und so blieb einem manchmal bloß der eigene Wille und Glaube. Dieser jedoch war ungebrochen und so setzte auch ich meinen Weg unbeirrt fort, in der Überzeugung, dass es eines Tages gelingen wird, dem LASK wieder ein ordentliches wirtschaftliches Fundament zu verschaffen. Mit vereinten Kräften ist dies im Frühjahr 2005 endlich auch gelungen. Stadt- und Landespolitik, Oberösterreichs Wirtschaft und Medien haben partnerschaftlich etwas beigetragen, sodass nun namhafte Firmen, Institutionen und Personen sich wieder hinter dem LASK vereinen. Darüber hinaus wurde mit dem Oberösterreichischen Fußballverband und dem FC Pasching die Linzer Fußballakademie gegründet.

Dies sollte nicht nur dem Klub, sondern sowohl Stadt und Land, als auch dem Fußballsport an sich helfen. Denn eines ist unbestritten: der LASK ist, trotz der zuletzt großartigen Erfolge anderer Vereine, der Leitbetrieb für Oberösterreichs Fußball- bzw. Sportleben. Der LASK ist und bleibt eine österreichweit etablierte „Marke" mit einem enormen Fanpotential. Da wir in unserem Bundesland nicht allzu viele herausragende Attraktionen, wie z. B. das Kitzbüheler Hahnenkammrennen, den Wiener Opernball oder das Beach-Volley-Ball-Turnier in Klagenfurt, bieten können, muss alles getan werden, damit in der Landeshauptstadt Linz nachhaltig Spitzenfußball gespielt werden kann und der LASK seinen unzähligen Anhängern Freude bereitet. Dies sehe ich auch als eine Art sozialen Auftrag, denn ohne diesen Traditionsverein gäbe es auch den LASK-Nachwuchs

bzw. LASK-Fan nicht mehr und das würde bedeuten, unzähligen Menschen ein lieb gewonnenes Stück Oberösterreich zu nehmen.

„Verdammt ich lieb' dich", ist auf einem bereits legendären Transparent der Fans zu lesen, woraus zu schließen ist, dass man in guten wie in schlechten Zeiten zusammenhält. Nun sind die Voraussetzungen für eine bessere Zukunft wieder gegeben. Damit es eine „glorreiche" wird, muss jeder Einzelne etwas dafür tun und nicht bloß abwarten oder wegschauen.

Lange Zeit blieb mir nur mehr mein Gottvertrauen, nun baue und vertraue ich auch wieder auf die Hilfe von Menschen, Firmen und Institutionen und bin äußerst dankbar, dass es so weit gekommen ist. Vergelt's Gott an alle, die ihren Beitrag dafür bereits geleistet haben oder noch leisten werden. Unsererseits werden wir alles Menschenmögliche tun, um unsere Partner nicht zu enttäuschen.

Ob diese Zeilen ausreichen, um verständlich zu machen, warum ich mich für den LASK so eingesetzt habe, weiß ich nicht. Jedenfalls ist es mir eine innerliche Beruhigung, meine Gedanken auf diese Weise festgehalten zu haben. Vor allem deshalb, weil ich einerseits das Gefühl habe, meiner Familie, den Mitarbeitern und Freunden eine Erklärung schuldig zu sein, und andererseits große Dankbarkeit für die erwiesene moralische Unterstützung in mitunter sehr deprimierenden Zeiten empfinde.

## Ungerechter Umgang

Trotz allem waren die Argumente für die Bedeutung des Sports an sich und insbesondere für die Jugend, die soziale Komponente eines lieb gewonnenen Traditionsklubs, der jahrelange kritische Umgang mit dem LASK sowie die Verbundenheit der Bevölkerung mit dieser oberösterreichischen Institution stets überzeugend genug, um breites Verständnis für mein jahrelanges Engagement zu erreichen.

> *Das Motto, das auch für die Zukunft gilt: „Nicht das Umfallen ist verboten, sondern nur das Liegen bleiben!"*
>
> Georg Starhemberg

Was mich in all den Jahren am meisten irritiert hat, war der Umstand, dass mich die Menschen häu-

fig nur mit dem LASK in Verbindung gebracht haben. Dies, obwohl ich mich, abgesehen von Betrieb und Familie, schon wesentlich länger und teilweise auch intensiver zum Beispiel für den Lern- und Gedenkort Schloss Hartheim, die Kirche, die Holzwirtschaft, die Freunde der Caritas sowie für viele soziale, kulturelle und touristische Aktivitäten einsetze. Der LASK ist allerdings wesentlich öffentlichkeitswirksamer, was wiederum den Stellenwert dieser oberösterreichischen Institution bestätigt.

Nochmals vielen Dank an alle und alles Gute für die Zukunft

*Georg Starhemberg*

*Jubel, Trubel, Heiterkeit: Starhemberg, Daxbacher, Reichel feiern den Aufstieg des LASK.*

# Die Jagd nach dem Ball wird gesellschaftsfähig

Von Peter-Michael Reichel

Ich gestehe: ich bin kein echter Fußball-Fan. Aber ich bin ein Fan des LASK. Und der Umstand, dass es langsam, aber sicher gelingt, den Verein in allen Bereichen der Gesellschaft zu etablieren, lässt uns darauf hoffen, dass man aus dem LASK noch mehr als bisher machen kann. Es muss ja nicht nur Fußball sein.

Ich bin seinerzeit gefragt worden, ob ich mit meiner jahrelangen Erfahrung als Sportmanager und Veranstalter von Tennis-Grand-Prix-Turnieren den LASK wieder in die schwarzen Zahlen bringen könnte. Und ich ließ mich tatsächlich darauf ein. Der Zustand des LASK war schlechter, als wir befürchtet hatten. Und es waren nicht viele, die mir zur Seite standen. Zunächst mein Partner und Freund Helmut Oberndorfer. Später dann auch Georg Starhemberg.

Mein Hilferuf für den LASK, gerichtet an die Spitzen von Politik und Wirtschaft, verhallte zunächst ungehört. Die Folgen sind bekannt. Der LASK musste in die Red-Zac-Liga absteigen. Eine Alternative hat es nicht gegeben. Und wenn man sich die Beispiele GAK und Innsbruck vor Augen hält, war dies auch richtig so. Das alte Problem vieler Sportvereine, dass die Ausgaben die Einnahmen regelmäßig übersteigen, lässt sich nur durch konsequentes Wirtschaften auf solider Basis lösen.

Dem LASK ist dies mit einer Wirtschaftsplattform gelungen, die aus seriösen und anerkannten Firmen

*Brachte den LASK wieder auf Touren: Peter-Michael Reichel.*

und Managern besteht. Ein Vorbild war sicher Bayern München. Dort sitzen Generaldirektoren von Weltkonzernen im Aufsichtsrat. Und der vielfache deutsche Meister ist einer der bestgeführten Vereine der Welt.

Im LASK-Wirtschaftsbeirat sitzen mit Dr. Franz Gasselsberger (Oberbank), Mag. Alois Froschauer (Linz AG), Dr. Wolfgang Weidl (OÖ Versicherung AG), KR Helmut Oberndorfer und Dr. Markus Liebl (Brau Union) sowie Mag. Helmut Burger und Ing. Helmut Ehrengruber (beide AVE) namhafte Vertreter führender Betriebe aus Oberösterreich. Wir präsentieren dort die von Wirtschaftsprüfern testierte Bilanz und die Planungen für die Zukunft. Ein Fall GAK wäre beim LASK nicht denkbar.

> *Wir wollen den Stellenwert des Fußballs noch weiter heben. Dazu gehört die Heranführung weiterer Gesellschaftsschichten an den Verein.*
> Peter-Michael Reichel

Dies ist auch die Basis für eine weitere Verankerung der Marke und des Vereins in der Gesellschaft. Zum LASK kommen heute alle Gesellschaftsschichten. Es geht um mehr als nur um Fußball. Es geht um ein friedliches Neben- und Miteinander. Ein Blick vor allem auf den Stehplatzsektor dokumentiert dies eindrücklich. Aber auch ein Besuch bei unseren Nachwuchsmannschaften, wo Integration spielerisch im wahrsten Sinne des Wortes stattfindet.

Wir wollen den Stellenwert des Fußballs noch weiter heben. Dazu gehört die Heranführung weiterer Bevölkerungsschichten an den Verein. Wir laden Anwälte und Ärzte genauso ein, den LASK näher kennen zu lernen wie Frauen, die bisher noch nicht

so viel mit Fußball anfangen konnten. Ich behaupte, dass der LASK noch viel mehr als bisher eine gewichtige Rolle im gesellschaftlichen Leben Oberösterreich spielen kann und wird.

> *Wir müssen uns an den Besten orientieren!*
> Peter-Michael Reichel

Es ist nicht auf den ersten Blick klar, dass ein Fußballverein nach wirtschaftlichen Kriterien zu führen ist. Zu viele Emotionen stecken darin, vieles ist nicht so einfach kalkulierbar. Dennoch behaupte ich, dass man aus dem LASK noch deutlich mehr machen kann, als dies viele für möglich halten.

Der LASK wird nicht mit Bayern München mithalten können. Aber ein Verein wie der norwegische Meister Rosenborg Trondheim kann ein Vorbild sein. Trondheim hat etwas weniger Einwohner als der Großraum Linz. Der Verein spielt fast regelmäßig in der Gruppenphase der Champions League und wird wirtschaftlich gut geführt.

Dänemark ist auch ein interessantes Beispiel. Dort notieren fast 50 Prozent der Erstdivisionäre an der Börse. Kaum ein Medium bringt diese guten Beispiele. Wenn es um Fußball und Börse geht, werden nur Rapid und derzeit Borussia Dortmund als schlechte partes pro toto angeführt. Und Manchester United wird uns als unerreichbar vorgehalten.

Dennoch: Orientieren wir uns an den Besten! Dann kann aus dem LASK mit seiner Tradition und der emotionalen Basis eine oberösterreichische Dachmarke werden, die nicht nur Fußball, sondern auch andere Sportarten umfasst und nachhaltig als gesellschaftsfähig gilt.

Helmut Oberndorfer – auf ihn kann der LASK immer bauen

# Zum Sechziger gab's zwei Meistertitel

Von Christian Russegger

Am Morgen nach der großen Aufstiegsfeier nahm Helmut Oberndorfer die Meistermedaille und schenkte sie Klubsekretärin Elisabeth Strasser. Die bekam glänzende Augen, war gerührt. Typisch Oberndorfer.

Er jubelt still, drängt sich nie in den Vordergrund, macht stets einen Bogen um Mikrofone und Kameras – und ist doch einer der großen Hauptdarsteller beim LASK: Ohne Helmut Oberndorfer, Sponsor und Vizepräsident, würde nichts gehen.

Oberndorfer denkt erst gar nicht darüber nach, wie viele Millionen er schon in den LASK gesteckt hat. Als sein Freund Peter-Michael Reichel den Traditionsverein in der schlimmsten Krise übernahm, war Oberndorfer verrückt genug, um ebenfalls einzusteigen. Beide retteten den LASK vor der Pleite.

Wann immer sich eine Lücke auftat, und das war in der Vergangenheit ziemlich oft der Fall – Oberndorfer füllte sie. „Vielleicht wäre es gescheiter gewesen, das Geld als Erbschaft für meine Kinder anzulegen", sagt er, „aber die Liebe zum LASK ist so groß, dass ich es gern gemacht habe."

Seine Frau und die drei Töchter haben Verständnis für Oberndorfers Fußball-Leidenschaft. Sie nahmen ihm das kostspielige Engagement nie übel. Im Gegenteil: Die ganze Familie fiebert mit. Mittlerweile gehen auch die sechs Enkelinnen mit ins Lin-

*Helmut Oberndorfer: Die ganze Familie fiebert mit*

zer Stadion. Enkelkind Nummer sieben ist gerade unterwegs. Jetzt wäre einmal ein Bub, also ein kleiner Fußballer, an der Reihe.

Zeitweise war der LASK so etwas wie ein Fass ohne Boden. Helmut Oberndorfer wäre schon froh, würde er zumindest einmal einen Teil seiner hineingepumpten Millionen wieder herausbekommen. „Doch das ist wohl nur ein frommer Wunsch. Wir freuen uns, wenn wir es schaffen, das Budget abzudecken. So wie jetzt."

Als Baupionier ist es Oberndorfer gewohnt, hart anzupacken. Seine Firma ist führend im Beton-Fertigteilbau. Er beschäftigt fast 1000 Mitarbeiter, allein 300 in der Zentrale in Gunskirchen. Im niederösterreichischen Herzogenburg hat Oberndorfer eben um 5,5 Millionen Euro neue Produktionsanlagen aus dem Erdboden gestampft. Und überall, wo er tätig ist, sponsert er Fußballvereine. Mittlerweile sind es fünf, darunter Bundesligist Mattersburg und kleinere Klubs wie Gars am Kamp oder Gunskirchen. Das ist sein Heimatverein. Der schaffte im Sommer mit Torjäger Christian Stumpf den Aufstieg in die 1. Klasse. Und so konnte Helmut Oberndorfer heuer neben seinem 60. Geburtstag gleich zwei Meistertitel feiern. Was für ein Jahr!

Bei der Geburtstagsparty mit 250 Gästen im Festzelt auf dem Firmengelände überreichte ihm LASK-Superstar Ivica Vastic ein schwarz-weißes Trikot mit der Rückennummer 60. Da strahlte Helmut Oberndorfer mit den Sternen am Nachthimmel über Gunskirchen um die Wette!

*Ein großer, stiller Sponsor: Helmut Oberndorfer (rechts neben Reichel)*

## Das Prinzip Hoffnung ist im Fußball Teil der Budgetplanung
# Der Ausgleich als Niederlage

Von Dietmar Mascher

Zu Beginn des Jahres 1998 schien die Welt des LASK noch in Ordnung zu sein. Mit Wolfgang Rieger hatte der Linzer Traditionsklub einen Präsidenten, der als Besitzer einer Wechselstubenkette vor Einführung des Euro noch recht erkleckliche Gewinne zu schreiben schien. Der Banker aus Wien, der aus St. Wolfgang stammte und eine unglaubliche Affinität zum Linzer Spitzenfußball hatte, war zur rechten Zeit gekommen. Auch eigentümliche Inserate für eine Anleihe der Riegerbank wurden damals nicht wirklich registriert.

> *Wirtschaftliche Ausnahme-situationen gehören zum Fußball ebenso wie die Angst des Schützen vor dem Elfmeter ...*

Nach einem Zwangsausgleich hatte Rieger den LASK übernommen, fast vier Millionen Euro in den Verein gesteckt, sich bei Zusicherung aller Einnahmen auch zur Begleichung aller Forderungen verpflichtet. Und damit den Verein zu seinem gemacht. Dem LASK ging es auch sportlich ganz gut. Es wurde eingekauft. Einige klingende Namen waren dabei. Trainer Otto Baric, dem man in persönlichen wirtschaftlichen Angelegenheiten nie wirklich nachsagen konnte, ungeschickt zu sein, wollte maximalen Erfolg mit der Mannschaft. Und wenn man auf Platz fünf lag, war man schon unzufrieden (wohl gemerkt: in der obersten Spielklasse).

Das änderte sich im Oktober 1998 schlagartig.

*Ende mit Schrecken: Ex-Präsident Wolfgang Rieger*

Herr Rieger verschwand und beschäftigte die Behörden. Die Riegerbank ging in Konkurs, der Gründer und Chef wurde zu einer mehrjährigen Haftstrafe verurteilt, die er mittlerweile verbüßt hat. Statt mit sportlichen Gegnern aus Europa sah sich der LASK mit einem Masseverwalter konfrontiert, der viel Geld zurück wollte, um die Gläubiger der Riegerbank zu befriedigen. Wieder einmal drohte dem LASK das wirtschaftliche Aus.

### Außergewöhnlicher Fall

Der Fall Rieger mag außergewöhnlich sein, wirtschaftliche Ausnahmesituationen gehören zum Fußball aber ebenso wie die Angst des Schützen vor dem Elfmeter oder die Ekstase, die Fan, Spieler und Funktionär nach einem Tor befällt.

Etliche Fußballvereine sind nach dem wirtschaftlichen Zusammenbruch den Weg alles Irdischen gegangen. Man erinnere sich in Oberösterreich etwa an Union Raika Wels, die in der Saison 1983/84 aufgeben musste. Vorwärts Steyr und Braunau warfen nach langem Dahinsiechen ebenfalls das Handtuch. Der FavAC in Wien und die Klagenfurter Austria, jahrelang Fixpunkt in der obersten Spielklasse stiegen nicht nur sportlich ab.

Auch der LASK stand finanziell mehrfach an der Kippe. Ein Jahr nachdem der inzwischen verstorbene Rudolf Trauner den LASK mit drei Millionen Schilling Barvermögen übergeben hatte, schlug er 1990 wieder Alarm. Der Konkurs drohe, so Trauner. 1995 musste dann tatsächlich Konkurs angemeldet werden. Die Überschuldung wurde zunächst mit 20 Millionen Schilling angegeben. Später wurde die Summe auf 25 Millionen Schilling korrigiert, da Spieler nach einer Lohnsteuerprüfung Geld gefordert hatten und

auch das Finanzamt nach einer Betriebsprüfung 5,5 Millionen Schilling vorgeschrieben hatte.

Die Gläubigerschützer kritisierten damals, dass Sportfunktionäre kaum finanzielles Risiko tragen würden. Die neunte Sportinsolvenz seit 1997 (mit den Fußballklubs Krems, Rapid, Eisenstadt und Sportclub sowie einigen Eishockeyvereinen) wurde heiß diskutiert. Die Entschuldung erfolgte nicht zuletzt über den Insolvenzfonds. Die Allgemeinheit musste für die eine oder andere Fahrlässigkeit eines Sportfunktionärs einstehen.

> *Eine gute Mannschaft kostet viel Geld. Sponsoren geben Geld, wenn der Erfolg mehr Werbewert verspricht. Oft passt das zeitlich nicht zusammen.*

Das ist die eine Seite. Die andere ist: Wer als Sportfunktionär tätig wird, muss sich dazu berufen fühlen. Denn mit der Übernahme einer Vereinspräsidentschaft mögen vielleicht Annehmlichkeiten wie Erhöhung des Werbewerts der eigenen Firma oder Ich-AG verbunden sein, andererseits dient die Funktion dazu, eine klassische Sandwich-Position zu beschreiben.

Fans fordern Erfolge, Sponsoren auch. Spieler fordern Geld. Aber wer erfolgreich sein will, braucht zunächst eine gute Mannschaft. Die kostet Geld. Sponsoren geben Geld, wenn der Erfolg mehr Werbewert verspricht. Oft passt das zeitlich nicht zusammen. Und dazwischen steht der verantwortliche Funktionär, bestenfalls sein Team, und ist auf das Prinzip Hoffnung angewiesen. Und dann entscheidet ein Schuss über Leben oder wirtschaftlichen Tod. Manche erinnern sich dabei an das Spiel des FC Tirol gegen Lok Moskau in der Champions League. Der Torpfosten als Julius Caesar im Fußballstadion. Daumen rauf oder runter? Konkurs oder Spitzenklub? Der Buhmann ist man schnell für alle.

Die Hebel der Branchen sind bestenfalls mit Finanzderivaten vergleichbar, die bei Optionen oder Futures den Weg in die Megapleite ebenso ebnen können wie in den Reichtum. Und wenn es einmal eng wird, wer zieht die Reißleine? Die einen sagen: „Der bringt den Verein um." Die anderen sind schnell mit dem Vorwurf zur Stelle, man habe den Konkurs verschleppt. Die fahrlässige Krida, bis vor wenigen Jahren noch Bestandteil des Strafgesetzbuches, war geradezu prädestiniert, Präsidenten maroder Vereine zur Last gelegt zu werden.

„Man muss schon ein großes Herz für den Fußball haben und eine emotionale Bindung zum Verein, um sich so einen Job anzutun. Die Emotionen, die es gibt, das Gefühl mittendrin zu sein, stehen einer enormen wirtschaftlichen und rechtlichen Verantwortung gegenüber", sagt der Linzer Rechtsanwalt Klaus Steiner, selbst einmal Vizepräsident in der Nach-Rieger-Ära. Er hat beobachtet, wie manch erfolgreicher Wirtschaftstreibender in manchem Verein die kaufmännisch gebotene Vorsicht über Bord geworfen hat oder an den simplen Regeln gescheitert ist, dass man nicht mehr ausgeben als einnehmen soll und dass Fußball eben ein Spiel ist und nicht alles kauf-, plan- und abwägbar ist.

Eine wesentliche Unwägbarkeit sind die Spieler, Spitzensportler, die danach trachten müssen, innerhalb beschränkter Zeit ihr Talent zu vergolden. Dass die meisten traditionell nur Nettobeträge kennen, wenn es um die Gehaltsverhandlungen geht, wissen nicht nur Spielervermittler und Vereinspräsidenten

zu erzählen. Spieler sind Angestellte, schulden nicht den Erfolg wie Werkvertragstätige, sondern lediglich das Bemühen, ihr Bestes zu geben. Aber was, wenn das Beste nicht gut genug ist, weil sich ein riesiges Formtief auftut? Und wie weist man mangelndes Bemühen nach? Was, wenn beim zweiten Spiel die Bänder reißen?

Spielereinkäufe und -verkäufe sind ebenfalls zum Teil Glücksspiele. Alle Fußballfans wissen von Nieten, die gekauft worden sind und dann auf der Bank vollends verkümmerten.

> *Man muss schon ein großes Herz für den Fußball haben und eine emotionale Bindung zum Verein, um sich so einen Job anzutun.*

Klaus Steiner, Ex-Vizepräsident des LASK

Umgekehrt kann ein Verein mit einem jungen Spieler, der sich entwickelt, wirklich viel Geld verdienen. Beim LASK etwa erinnert man sich gerne an den norwegischen Nationalspieler Vidar Riseth, der um 1,4 Millionen Schilling gekauft und um 28 Millionen Schilling verkauft wurde. Ähnlich die Gewinnspannen durch das Engagement von Stürmerstar Geir Frigard.

### Nicht Umlauf-, sondern Anlagevermögen

Die Spieler sind im wahrsten Sinn des Wortes das wichtigste Kapital des Vereins. Vor allem, wenn er kein sonstiges Vermögen, wie etwa eine Sportanlage hat. Spieler sind, obwohl laufend läuferisch tätig, kein Umlaufvermögen. Sie zählen zum Anlagevermögen eines Vereins, sagt Steuerberater Hermann Vales, der die Schwarz-Weißen schon in vielen Steuerangelegenheiten beraten hat.

Seit dem sogenannten „Bosman-Urteil", das den Transfermarkt massiv verändert hat, funktioniert die bilanztechnische Berücksichtigung von Spielern jetzt so: ein Spieler wird für einen bestimmten Zeitraum, sagen wir: zwei Jahre, verpflichtet. Nach den zwei Jahren darf er ablösefrei gehen. Geht er vorher, wird Ablöse fällig. Der Kaufpreis des Spielers wird im Anlagevermögen der Bilanz vermerkt und auf zwei Jahre abgeschrieben. Wirft man ihn aus der Mannschaft, wird er auch de facto abgeschrieben und bleibt als Verlustposten über. Diese Bewertung der Spieler und ihr Einbau in die Bilanz ist übrigens nirgends festgelegt, bisweilen umstritten, aber letztlich mit dem Handelsgesetzbuch kompatibel, sagen Steuerexperten.

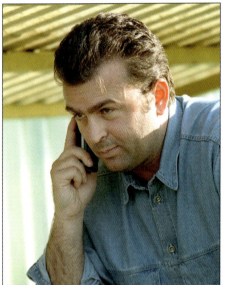

*Erfolgreicher Spielervermittler: Max Hagmayr*

Und was außer einer ramponierten Marke gibt es im Krisenfall noch. Die erwähnte Sportanlage? Aber wer will ein Klubgebäude mit vielen Duschen und Toiletten? Am ehesten noch ein Grundstück, aber das bitte lastenfrei.

Die Spekulation auf eine hohe Ablösesumme gibt es nicht mehr. Heute wird eher darauf spekuliert, dass sich teure Einkäufe oder Engagement über die Einnahmen aus dem Erfolg (Fernsehrechte, Sponsoren) rechnen.

Nach dem Bosman-Urteil (der belgische Fußballspieler Jean Marc Bosman hatte den europäischen

Fußball revolutioniert, als er 1995 vor Gericht die Abschaffung der Ausländerbeschränkung und der Ablösesummen bei ausgelaufenen Verträgen innerhalb Europas erreichte) stiegen die Spielergehälter generell stark. Einige Spieler glaubten, die Ablöse selbst kassieren zu können. Heute hat sich das Blatt ein wenig gewendet. „Viele Vereine können sich die hohen Gagen einfach nicht mehr leisten", sagt Spielervermittler Max Hagmayr, früher selbst Spieler und Manager beim LASK.

> **„Viele Vereine können sich die hohen Spielergagen einfach nicht mehr leisten."**
> Max Hagmayr

Wie viel Spieler heutzutage verdienen? „Schwarz" gehe immer weniger, sagt ein Insider. Weil die Finanz die meisten Tricks von weitem riecht. Und weil mit Ausnahme einiger Spieler immer weniger Beteiligte das Risiko eingehen wollen, sagt ein anderer. Aussagen über Spielergehälter sind vage. In der obersten Spielklasse gebe es Spieler, die 1.500 Euro im Monat bekämen. Und solche, die locker mehr als das Zehnfache einstreifen. Netto natürlich.

Der Fußballsport kämpft wie viele andere Vereinssportarten mit dem Problem, dass Budgets ohne ausreichende Deckung erstellt werden. Obwohl alle Beteiligten wissen, dass das in vielen Fällen schief gehen muss, wird es riskiert. Der Glaube an die Siege der eigenen Mannschaft ist ebenfalls ein Wert. Er wird oft höher bewertet als die wirtschaftliche Vernunft. Dabei hat sich langfristig immer noch der solide Weg als der bessere erwiesen. Oder? Denn schließlich könnte der letzte Freistoß doch noch reingehen.

## Die bewegte LASK-Vergangenheit
# Am Anfang war der LSK

Von Hubert Potyka

„Der FC Bayern ist für München genau so wichtig wie unsere heilige Weißwurst", meinte einmal der deutsche Kabarettist Dieter Hildebrandt. Umgelegt auf Österreich könnte man durchaus behaupten, dass der LASK für Linz, für Oberösterreich in guten Zeiten ein beinahe ebenso bedeutendes Wahrzeichen wie der Pöstlingberg gewesen ist. Kein anderer österreichischer Fußballverein hat eine so bewegte, ereignisreiche Vergangenheit wie der LASK hinter sich. Kein anderer marschierte durch so viele Krisen und hat sie doch immer wieder gemeistert. Der LASK oft totgesagt, oft totgeschrieben, hat sich im Gegensatz zu anderen traditionsreichen Vereinen immer wieder aufgerappelt.

Das erste Kapitel der bald hundertjährigen LASK-Geschichte wurde 1908 aufgeschlagen. Der damalige Leiter der k. u. k. Postautogarage, Albert Siems, setzte sich's an einem Wintertag in den Kopf, aus dem 1899 gegründeten Schwerathletikklub „Siegfried" einen Fußballverein zu machen. Von vielen belächelt, erreichte Siems mit einem Bescheid vom 25. Juli 1908, Zahl 19.438/II, der k. u. k. Statthalterei sein Ziel. Eineinhalb Monate nach der Eintragung ins Vereinsregister wurde die konstituierende Versammlung durchgeführt und noch im selben Jahr auf einer vom Großindustriellen Heinrich Franck beim Isabellenspital – heute gegenüber dem Allgemeinen Krankenhaus – kostenlos zur Ver-

*So sahen damals LASK-Stars aus: Die Athletiker im Jahr 1909.*

*Ihm hatte der LASK viel zu verdanken: Alois Dupack.*

fügung gestellten Wiese Fußball gespielt. Später übersiedelte der LSK, aus dem am 14. September 1919 der LASK wurde, auf das Exerzierfeld, später von dort zum ehemaligen Trabrennplatz und schließlich in die Paul-Hahn-Straße.

Neben Franck ließen sich auch andere bekannte Linzer Kaufleute für den Fußballsport begeistern. Etwa der Kaiserliche Rat Fischer, Karl Helletzgruber oder Uhrmacher Karl Liedl. Sie spendeten Geld und stellten sich im ersten Vorstand unter Präsident Rudolf Asanger als Mitarbeiter zur Verfügung.

Finanzielle Sorgen gab es schon damals. „Gar manche Uhr entlieh sich unser Tormann Karl Liedl vom Geschäft seines Vaters und deponierte sie im Versatzamt, um am Spieltag einen Ball kaufen zu können", erinnerte sich Franz Schenkenfelder. Ein Mann, der es beim LASK vom Ballschani bis zum Mittelstürmer und verdienstvollen Obmann gebracht hatte.

### Ballonspielen verboten

Ein Fußballverbot für Schüler konnte die Liebe für diesen Sport und für den LASK nicht bremsen. „Wir mussten aber viele Hürden meistern", erzählte einmal Karl Dupack, ein Mann der ersten LASK-Stunde, später Schiedsrichter und Präsident des Oberösterreichischen Fußballverbandes.

Ein Professor war besonders gefürchtet. Der stand

fast an jedem Nachmittag vor dem Eingangstor und wachte mit strengem Blick darüber, dass ja keiner seiner Schüler den Platz betrat. „Aus Angst ertappt zu werden, haben wir den Umweg über die Grünauerstraße gewählt und sind über einen Zaun auf den Sportplatz geklettert." Manche spielten unter einem Pseudonym. Wehe, ihr Name wäre unter den Kurzmeldungen der Tageszeitung entdeckt worden.

> *Sie Lausbub! Ballonspielen können Sie, aber von Formeln haben Sie keine Ahnung!*
> Prof. Gansel

Trotz aller Vorsicht gab es am nächsten Tag im Gymnasium oft ein Donnerwetter. „Sie Lausbub! Ballonspielen können Sie, aber von Formeln haben Sie keine Ahnung", hat er uns angebrüllt. Gansel hieß der Fußball-Gegner. Für den 1973 verstorbenen Dupack blieb Gansel trotzdem „ein feiner Kerl". Viele Jahre später gelang es ihm sogar, den Herrn Professor zu einem LASK-Spiel mitzunehmen. Gansel gefiel das „Ballonspiel" so gut, dass er bei einem LASK-Tor jubelnd von seinem Platz hoch gesprungen ist.

Leichter hatte es der „neumodische Sporttrend" in anderen Ländern. In Frankreich, in der Schweiz oder in Italien waren um die Jahrhundertwende Fußballvereine Treffpunkt von Studenten, Söhnen der städtischen Elite, Angehörigen aus Bürgertum und Aristokratie. Als 1894 der „Football Club de Torino" gegründet wurde, schrieb die Zeitung „Tour les sports": „Genauso wie in England haben auch bei uns die Akademiker das Zeug dazu, die besten Fußballspieler zu werden. Sie sind kluge Köpfe, die imstande sind, die besten spielerischen Konzepte zu entwickeln und perfekt zu realisieren."

In Österreich wurde bereits 14 Jahre vor dem LASK mit Unterstützung des Bankhauses Rothschild der „First Vienna Football Club" gegründet. Nur einen Tag später reichte der „Vienna Cricket and Football Club" seine Satzungen bei der Statthalterei ein. Bei beiden Vereinen fand man hauptsächlich englische Ingenieure, Unternehmer, die in Wien beruflich zu tun hatten. Weil man unter sich bleiben wollte, wurden „Arbeiter, Handwerker und Taglöhner" durch einen Satzungsparagraphen vom Vereinseintritt ausgeschlossen.

### Englischer Fußball-Unterricht

So wie die Wiener Vereine setzte auch der LASK auf englischen Fußball-Unterricht. 1909 holte man den von den Wiener Cricketern kommenden und in der Trauner Deckenfabrik als Färbermeister arbeitenden Percy Lowe. Ein blendender Verteidiger und Trainer, der auch davon profitierte, dass berühmte Fußballer aus Wien beim Linzer Landwehrregiment dienten und beim LASK spielten. Im Nu hatte Lowe eine

*Mit dem Bus nach Budweis: Dort gewann der LASK 1928 mit 6:4*

starke Mannschaft aus der mit Milan Toljan, Vater des tödlich verunglückten pfeilschnellen Linksaußen Axel Toljan, ein Linzer herausragte. Der Name Toljan spielt beim LASK auch heute noch eine wichtige Rolle. Milan Toljan ist Klubarzt mit Leib und Seele.

Gleich nach Ende des ersten Weltkriegs wird der Fußballbetrieb wieder aufgenommen und schon 1923/24 wird der LASK zum ersten Mal Meister von Oberösterreich. LASK-Stürmer Lhotka wurde mit 33 Treffern in nur 14 Spielen zum Alptraum der gegnerischen Torleute. Drei Meisterjahre folgten, ehe der

*Zwei große Erfolge in der Saison 1930/31: Der LASK wurde Meister und Landescupsieger.*

*Ein LASK-Star begeisterte später als Franzose: Der Linzer Gustl Jordan wurde in Paris zum großen Sportidol.*

LASK 1928 von SV Urfahr an der Spitze abgelöst wurde. In diesem Jahr durfte man trotzdem jubeln. Eugen „Schönerl" Wiesberger, Vater des späteren Linzer Stadion-Chefs, vertrat die LASK-Schwerathletiksektion in Amsterdam als Vierter bei den Olympischen Spielen bravourös.

### Da jubelte sogar Charles de Gaulle

1929, 1930, 1931 und 1932 wurde der LASK abermals oberösterreichischer Meister, 1932 dazu noch oberösterreichischer Pokalsieger und Amateur-Staatsmeister. Zum ersten Mal wurde auch Wien auf Gustl Jordan aufmerksam. „Ein Jahrhunderttalent", schrieb das Wiener Sportblatt. Jordan, für viele der beste LASK-Spieler aller Zeiten, debütierte bereits mit 15 Jahren in der Kampfmannschaft. Mit 20 brachte er es nach dem ersten Profivertrag beim FAC

zur Zentralfigur beim französischen Meister Racing Club Paris und zum Star in der französischen Nationalelf. Ein großer Fan des am 21. Februar 1909 in Linz geborenen „Monsieur Jordan" war der ehemalige Staatschef General de Gaulle. Als Jordan bei einem Finalspiel des „Coup de France" ein herrliches Tor erzielte, war de Gaulle nicht zu bremsen. Er sprang von seinem Sitz und jubelte dem 1937 eingebürgerten Kapitän des Racing Club Paris und der französischen Nationalmannschaft begeistert zu, ging nach dem Schlusspfiff sogar in die Kabine der Sieger und gratulierte dem gebürtigen Linzer.

Gefürchtet waren die Kopfballtore des „Linzer Franzosen". 1945 traf er beim Match gegen England im Londoner Wembley-Stadion aus 25 Meter mit Köpfchen zum 2:2-Endstand. „Ein Kanonen-Treffer", erinnerte sich der 25-fache französische Nationalspieler einmal als Zuschauer bei einem LASK-Match und ärgerte sich darüber, dass die Linzer beim Köpfeln den Kopf einziehen, anstatt sich richtig zu strecken.

### 0:21 gegen Austria

Der sportlich schwärzeste Tag in der LASK-Geschichte während des zweiten Weltkriegs? Es war wohl der 19. Jänner 1943 mit der 0:21-Rekordniederlage gegen Austria. 0:21 – wie konnte das passieren? Als der Referee auf dem alten Wackerplatz die Frühjahrssaison mit dem Spiel Austria gegen LASK anpfiff, hatten die Linzer nur sieben Mann an Bord. Da musste sogar ihr schon in die Jahre gekommener Trainer Georg „Schurl" Braun, Mitglied des legendären Wunderteams, noch einmal die Fußballschuhe anziehen. Er war der achte Mann, der neunte meldete sich nach einer halben Stunde – ein Zuschauer, der Jahre vorher einmal kurz beim LASK gespielt hatte. Erst als es 0:17 stand, trafen die anderen Linzer Spieler ein. Ein Fliegerangriff hatte bei Amstetten ihren Zug gestoppt. Der LASK protestierte erfolglos. Das Linzer Ansuchen um

*Vom Wunderteam zum LASK: Georg „Schurl" Braun*

Neuaustragung wurde von Wien gnadenlos abgeschmettert. Rapid wurde Gauliga-Meister, der LASK bei einem Torverhältnis von 17:106 mit 18 Niederlagen aus 18 Spielen Letzter.

„Man hätte dieses Match nie werten dürfen", schimpfte noch Jahre später Schurl Braun, der die Wiener Großklubs oft mit herrlichen Toren zur Verzweiflung brachte. Einmal jagte er auf dem alten LASK-Platz eine 40-Meter-Bombe zum 2:1-Sieg der Linzer ins Rapid-Tor. In der Rapid-Kabine kam es deshalb nach dem Spiel zu einem lautstarken Streit zwischen Happel und Zeman, der einst als Europas bester Tormann im FIFA-Team stand. „Du bist der Tiger von Budapest, aber der Depp von Linz!"

### Bei Tor Nummer 7 war Schluss

Braun hatte eine bewegte Fußball-Vergangenheit hinter sich. Er war Mitglied jenes legendären „Schmieranski-Teams" von Hugo Meisl, das Schottland bei der Geburtsstunde des Wunderteams 5:0 schlug. Braun war auch am 24. April 1932 beim heute noch unfassbaren 8:2-Triumph gegen Ungarn auf der Hohen Warte dabei. Vater dieses Schützenfestes war Matthias Sindelar. Drei Tore schoss er selbst, vier bereitete er für Schall, einen Treffer für Gschweidl vor. Acht Tore – darauf war man bei der Anzeigetafel nicht vorbereitet. Bei 7 war Schluss, ein Achter war nicht aufzutreiben ...

> „ *Herr Hugo war der Allergrößte.*
> *Sein Humor, sein Fußballverstand,*
> *sein Auftreten waren beeindruckend* "
>
> Georg „Schurl" Braun über Hugo Meisl

5:0- und 6:0-Erfolge gegen Deutschland waren weitere Höhepunkte in der Karriere des LASK-Spielers. „Herr Hugo", wie die Wunderteamspieler Meisl respektvoll nennen durften, war für Braun „der Allergrößte" in seiner langen Karriere. „Sein Humor, sein Fußballverstand, sein Auftreten waren beeindruckend." Meisl, dessen Insignien „Melone" und Stock waren, parlierte fließend in sieben Sprachen.

> **„ *Burschen, ihr wissts eh wie's geht: Hinten zumachen und vorne abdrücken.* "**
>
> Georg Braun

LASK-Fußballer „Muffi" Mayböck brachte seinen Freund Schurl Braun 1939 nach Linz, wo er bis 1940 spielte. Ein Jahr nach der letzten Kriegsmeisterschaft, die Mauthausen vor LASK und Hertha Wels nach allerdings nur sechs der acht geplanten Spiele gewann, kam Braun aus der französischen Gefan-

genschaft zurück und war bis 1950 Spielertrainer beim LASK.

Loisi Hartl musste später oft über taktische Besprechungen von Braun lächeln: „Burschen, ihr wissts eh wie's geht: Hinten zumachen und vorne abdrücken." Bei Klassespielern, wie sie der LASK damals hatte, musste ein Trainer nicht viel reden. Brauns Trumpfkarte: Das LASK-Innentrio Fuchs-Hartl-Lutz. Die stach auch gleich bei Brauns erstem großem Spiel. Am 28. Juli 1946 wurde Meister Rapid mit Größen wie Zeman, Merkel, Binder oder Körner von Schürer; Enzenhofer, Öppinger; Engbarth, Schmidhofer, Köttsdorfer (Multerberger); Fuchs II, Fuchs I, Hartl, Lutz und Toljan vor 8000 Zuschauern mit 3:2 niedergerungen. Und nicht einmal einen Monat später zog Austria mit 4:6 gegen Lindenberger; Öppinger, Chmelar; Engbarth, Schmidhofer, Jordan II; Fuchs II, Fuchs I, Hartl, Lutz und Toljan den Kürzeren.

### Vorwärts – „Austria der Provinz"

Heiß her ging es schon damals bei oberösterreichischen Derbys. Weil der Steyrer Hilber im Cupspiel gegen den LASK nach seinem Ausschluss nicht vom Platz ging, brach der Schiedsrichter bei 4:2 für die Mannschaft von „Schurl" Braun ab. Drei Jahre später mischte Vorwärts in der neu geschaffenen Staatsliga groß mit, bekam von Wien sogar den Ehrentitel „Austria der Provinz" verliehen.

Nach einem Gastspiel als äthiopischer Nationaltrainer und später als Trainer beim SK Voest und Micheldorf starb der Großvater des Linzer Journalisten Wolfgang Braun am 22. September 1963 im Alter von erst 57 Jahren.

KRALOVITSCH   LINDENBERGER   WEICHSELBAUMER   LEMBERGER
SCHMIEDHOFER   REKIRSCH   SWERAK
ENGBARTH   PEYERL
TEINITZER   FUCHS I   ZECHMEISTER   WEINZIERL
WEISS   HARTL
Linzer Athletik Sport Klub
FUCHS II   TOLJAN

*Große Namen einer glanzvollen LASK-Ära*

Unvergessen sind auch Namen anderer großer LASK-Spieler, die vor und in den Jahren nach dem Zweiten Weltkrieg Schlagzeilen machten: Gurtner, Mayböck, Starzengruber, Hörschlöger, Doppler, Winkler, Weiß, Schaffelhofer, Swerak, Strigl, Mayerzedt, Sturm, Lemberger, Axel und Milan Toljan, Lindenberger senior, Weichselbaumer, Rekirsch oder Kralovics. „Für den Rudl Fuchs war der Ball wie ein Klumpen Gold. Er hat ihn erst wieder hergegeben, wenn die Leute ‚Toor!' gebrüllt haben", erzählte einmal Erich Kralovics über die Durchschlagsqualitäten seines Stürmerkollegen.

> „ *Für den Rudl Fuchs war der Ball*
> *wie ein Klumpen Gold. Er hat ihn erst*
> *wieder hergegeben, wenn die Leute,*
> *‚Toor!' gebrüllt haben* "
>
> Erich Kralovics

### Groß aufgespielt

Fuchs konnte aber auch manchmal stur sein. „Ich spü net in Wien", wurde der finanziell Unzufriedene vor einem wichtigen Match in Simmering trotzig, fuhr nach Hause und öffnete mit seiner Frau eine Flasche Wein. Nach dem zweiten Viertel läutete es. Draußen stand Adi Winkler, der LASK-Präsident. „Du Rudl, des kannst uns net antun. Die andern brauchen dich." Fuchs: „Na, i fahr net." Nach dem dritten Viertel fuhr er doch. Winkler brachte ihn nach Simmering, wo Fuchs wie gewohnt groß aufspielte.

### Linzer Wunderteam

Einige von ihnen haben 1953, kurz nachdem der LASK-Platz nach einem Abbruch im Spiel gegen die Austria für drei Partien gesperrt wurde und Ferdl Zechmeister vom Wiener Sportclub sowie Alfred Teinitzer von Rapid verpflichtet wurden, bei einer Ostasien-Tournee so begeistert, dass in Kambodscha eine Zeitung nach einem Linzer Sieg gegen das Nationalteam des Landes schwärmte: „Österreich hat ein neues Wunderteam". Nach zwei Jahren B-Liga stiegen die Linzer 1957 wieder in die höchste Spielklasse auf, schnupperten sechs Jahre später nach einem 0:1 im Cupfinale gegen Meister Austria erstmals Europacup-Luft. Erst ein Losentscheid machte die Jugoslawen im dritten Spiel zum glücklichen Aufsteiger.

## Vom Linzer „Wunderteam" beeindruckt

### Kambodia-Auswahl will LASK die erste Niederlage beibringen

Phnom Penh, Indochina, 20. Jänner (UP). —Nach den beiden Siegen in Saigon ist der LASK gestern abend in Phnom Penh eingetroffen. Für heute ist den Spielern eine Ruhepause gegönnt, doch für morgen ist das nächste Spiel vorgesehen. — Die Linzer werden morgen abend gegen eine Auswahlmannschaft der Spitzenvereine von Kambodia antreten. Die heimischen Spieler sind entschlossen, den Österreichern ihre erste Niederlage in Indochina zuzufügen, um damit zu beweisen, daß sie den Spielern von Vietnam überlegen sind. Das Linzer „Wunderteam", wie es immer wieder auf den Sportseiten der Zeitungen genannt wird, hat es allerdings bis jetzt nicht leicht gehabt, seine Siege zu erringen, bei den beiden in Saigon ausgetragenen Spielen gelang es ihnen nur mit einem Tor Führung ihre Gegner zu besiegen. So war am Samstag das Resultat gegen Polizei Saigon 5:4 und am Sonntag gegen AJS 3:2. — Die Polizeimannschaft spielte vor einer Rekordzuschauermenge am Samstag bis zum Seitenwechsel 2:2 unentschieden. Dann konnten die Heimischen auf 4:2 erhöhen, doch nun zeigten die Linzer ihr Können und konnten ausgleichen. Zwei Minuten vor dem Schlußpfiff gelang schließlich der Führungstreffer der Linzer. Am nächsten Tag spielten die Linzer gegen den Champion von Vietnam AJS. Die Linzer Stürmerreihe drang immer wieder, trotz des ausgezeichneten Kombinationsspiels der Heimischen gegen das gegnerische Tor vor. Hartl, Zechmeister und die Brüder Fuchs zeigten ausgezeichnete Leistungen. Auch der Torwart der Linzer war hervorragend und ließ nur zwei Bälle durchs Netz. — Sowohl Zuschauer als auch die Zeitungen waren durch die vollendete Kunst des Linzer „Wunderteams", als auch über die faire Spielweise auf das äußerste beeindruckt.

*Die LASK-Tournee war die beste Werbung für Österreich – man sprach sogar von einem Wunderteam.*

## Günther Hartl über seinen Vater: Bescheidenheit bremste eine große Karriere

# Der LASK war sein Leben

Es war ein Sonntag. Ein mit großer Spannung erwarteter Wahl-Sonntag. Am 23. November 1986 fanden in Österreich Nationalratswahlen statt, die aber für mich als ORF-Journalisten und politisch interessierten Menschen durch einen Telefonanruf meiner Mutter in aller Früh mit einem Schlag zur Nebensache wurden. Mein Vater Alois „Loisi" Hartl war in den frühen Morgenstunden gestorben und mit ihm ein großes Stück oberösterreichische Fußballgeschichte. Ein Leben für den LASK war viel zu früh zu Ende gegangen. Nach langem, schwerem Leiden wurde der „Loisi", wie ihn seine Freunde und Bekannten auch im Alter noch nannten, nur 62 Jahre alt.

Mein Vater war einer der größten Fußballer, die Oberösterreich je hervorgebracht hat – Alois Hartl, der legendäre Mittelstürmer des LASK in den vierziger und fünfziger Jahren. Den LASK-Fans bescherte dieser Sturm in der der Nachkriegszeit viele schöne Stunden: Fuchs II, Fuchs I, Hartl, Lutz, Toljan. Wunderteam-Kapitän Karl Sesta sagte einmal über Alois Hartl: „Den kann man sofort in die Nationalmannschaft stellen." Und „Wiggerl" Lutz kam ins Schwärmen: „Wir hätten einen Zirkus aufmachen können."

Der schmächtige Loisi Hartl war bei seinen Gegenspielern gefürchtet. Der spätere Startrainer Max Merkel verteidigte bei Rapid, als er dem Linzer

*Dribbelkönig „Loisi" Hartl (links neben Ernst Ocwirk): Er war bei seinen Gegnern gefürchtet.*

Dribbelkönig Hartl drohte: „Wennst mich noch einmal schleppst, dann brech' ich dir die Beine …" Oft erzählte mir mein Vater auch, wie er den Rapid-Verteidiger Ernst Happel austrickste, dessen sensationelle Erfolge als Trainer ihn stets begeisterten.

Wir redeten daheim überhaupt viel über Fußball. Über seine Kindheit, in der auf dem damaligen Linzer Exerzierfeld barfuß gespielt wurde. Über seinen ersten Einsatz in der LASK-Kampfmannschaft als 16-Jähriger. Über Höhen und Tiefen im Spitzensport. Über seinen älteren Bruder Karl, der im Krieg ein Auge verloren hatte und wahrscheinlich deshalb beim LASK meistens in der Reserve spielte, auch wenn er viele Jahre nach dem Tod meines Vaters in einem Zeitungsbericht einmal als „legendärer LASK-Torjäger" bezeichnet wurde. Verwechslung oder Irrtum, kann ich nur vermuten. Mein Vater hätte sich vielleicht kurz darüber geärgert, dann aber herzlich gelacht und schließlich verziehen. Was kann denn

der Bruder dafür, wenn so ein Blödsinn geschrieben wird. So war er eben mein Vater – ein Großer, der über den Dingen stand.

Ich erinnere mich auch mit Stolz an die Huldigung meines Vaters durch Fußballfans seiner Generation viele Jahre nach der großen Karriere, die vermutlich eine noch größere geworden wäre, wäre er nicht so bescheiden und heimatverbunden gewesen.

-----------------------------------------

„ *Hätte ich in einem Wiener Verein gespielt, wäre ich immer im (National-) Team gewesen.* "

Alois Hartl, der „Sindelar von Linz"

-----------------------------------------

Loisi Hartl war ein exzellenter Techniker, kopfballstark und torgefährlich. Alleine in der ersten Saison nach dem Zweiten Weltkrieg schoss er für den LASK 66 Tore – ein bis heute unerreichter Rekord.

*Trickreich, torgefährlich: Alois Hartl (links) war als „Sindelar von Linz" auch in Wien eine Respektsperson.*

Die Tür zur Nationalmannschaft ging aber für den Oberösterreicher nie so richtig auf, ein Probespiel im Jahr 1946 gegen die CSSR in Bratislava ausgenommen. Das Pech für den nach dem großen Austria-Wunderteamspieler Matthias Sindelar auch in Wien respektvoll genannten „Sindelar von Linz" war, dass er in der Provinz seine Erfolge feierte und seine vielen Tore nicht in der Bundeshauptstadt schoss. „Hätte ich bei einem Wiener Verein gespielt, wäre ich immer im Team gewesen", sagte mein Vater oft, wenn wir über glorreiche Zeiten plauderten. Angebote gab es viele aus der Bundeshauptstadt – von Rapid zum Beispiel.

Es wurde nichts aus dem Transfer zu Rapid, denn mein Vater winkte ab. Und so verpflichteten die

Hütteldorfer damals für die Position des Mittelstürmers Robert Dienst, der als Rapidler nahezu ständig im Nationalteam spielte. Auch Austria, Vienna, Sportclub, Wacker, Admira und FC Wien wollten den torgefährlichen Linzer. Loisi Hartl lehnte alle Angebote ab. Sein Herz schlug einfach zu sehr für den LASK, dessen Ehrenkapitän er war und für den er sein ganzes Leben lang die Daumen drückte.

Loisi Hartl hat in seiner einmaligen Fußballer-Karriere viele unvergessliche Stunden erlebt. Im Sommer 1946 war er dreifacher Torschütze beim 6:4-Erfolg gegen die Wiener Austria. Nicht zu vergessen die dreimonatige Fernost-Tournee des LASK vom 30. Dezember 1952 bis 21. Februar 1953, bei der mein Vater als Einziger alle 15 Spiele absolvierte. Die Bilanz für den LASK: 13 Siege, 1 Unentschieden, 1 Niederlage – Torverhältnis 72:24.

Bei den Erzählungen über diese für damalige Verhältnisse sensationelle Reise über Rom nach Kalkutta, Saigon, Macao und Manila und schließlich nach Hongkong übertrafen sich mein Vater und sein Partner im LASK-Sturm, Rudolf Fuchs. Bei den vielen Geschichten über barfuß spielende Inder in Kalkutta, über Folklore und Schlangenbeschwörer, über die Spielhölle Macao, über unbekannte „Speisen und Viecher" aus der fernöstlichen Küche. Rudolf Fuchs, der technisch brillante und beinharte Rechtsverbinder war übrigens mit der Schwester meines Vaters verheiratet. Es bestand stets ein inniger Kontakt. Rudolf Fuchs starb im November 2002.

Auch mit dem 2004 verstorbenen Erich „Quasi" Kralovics verstand sich mein Vater blendend. Der LASK-Verteidiger Kralovics verfasste während der großen Fernost-Tournee Sonderberichte für das Linzer „Tagblatt":

**SPORTKLUB »RAPID« WIEN**

Gegründet 1899

ÖSTERREICHISCHER MEISTER
1912, 1913, 1916, 1917, 1919, 1920, 1921, 1923, 1929, 1930, 1935, 1938, 1946

WIENER CUPSIEGER
1919, 1920, 1927, 1946

FINALIST IM „LA COUPE DE L'EUROPE CENTRALE" 1927, 1928
SIEGER IM „LA COUPE DE L'EUROPE CENTRALE" 1930

GAUMEISTER 1940, 1941
TSCHAMMER-POKAL-SIEGER 1938
GROSS-DEUTSCHER MEISTER 1941

SEKRETARIAT:
Wien XV, Hütteldorferstr. 58
Telephon B 38-3-55
Telegramme:
RAPIDSPORT-WIEN

SPORTPLATZ:
XIV, Hütteldorf (Pfarrwiese)
Telephon B 39-3-25

KONTO:
Postsparkasse Wien 88.333
Credit-Anstalt Wr. Bankverein
Wien XV,/01, Hütteldorferstr. 87

WIEN, 4. November 1948

Herrn

A l o i s    H a r t l ,

L i n z . a.d.D.
Hittmairstrasse 36

Lieber Sportfreund !

Ihren an unseren Trainer Herrn Pesser abgerichteten Brief vom 26. Oktober 1. J. haben wir erhalten und teilen Ihnen mit, dass wir grosses Interesse haben Sie als Spieler für unseren Klub zu erwerben. In dieser Sache wird unser Sektionsleiter Herr Franz Binder am Montag den 15. November 1. J. mittags in Linz eintreffen, Sie aufsuchen und die ganze Angelegenheit bis ins kleinste Detail mit Ihnen besprechen.
Wir ersuchen Sie sich an diesem Tage frei zu halten, damit unser Herr Binder Sie gleich erreicht.
Inzwischen verbleiben wir mit den besten

Grüssen

*Rapid wollte Alois Hartl unbedingt haben, doch der Linzer winkte ab.*

*Sie begeisterten bei der Fernost-Tournee – LASK-Stars der Nachkriegszeit.*

„Durch den Aufenthalt in den verschiedenen Ländern mussten wir natürlich auch mit den diversen Sprachen kämpfen und jeder eignete sich ein paar Brocken an. Wenn jetzt ein besonders gutes Essen serviert oder am Tennisplatz schön gespielt wird, läuft als neuer Schmäh „dös is very nice" oder „ganz yesterday" usw. Es werden die unmöglichsten Wortkombinationen gebildet. Wir wissen nicht, ob dies auf den Besuch der fremden Länder oder auf die große Hitze zurückzuführen ist. Auf alle Fälle wird viel gelacht und geblödelt und das ist die Hauptsache, denn was wäre eine Fußballmannschaft ohne Humor."

Später arbeitete Erich Kralovics viele Jahre in der Sportredaktion des „Tagblatt" mit, organisierte Spiele des „Presse-Teams", in dem auch mein Vater oft und gerne trickste.

Die kickenden Sportjournalisten holten sich vom legendären LASK-Sturm auch Axel Toljan hie und da als Verstärkung. Toljan war der Jüngste in der glorreichen Sturmreihe des LASK und musste als Erster von dieser Welt gehen. Axel Toljan starb im Mai 1967 im Alter von nur 38 Jahren an den Folgen eines schweren Autounfalls auf der Heimfahrt von einem Fußballspiel

*Viel gefeierte Linzer in Fernost. Die Tournee war ein großer Erfolg.*

in Wien. Der Lenker war kurz eingenickt, mit dem Wagen gegen einen Baum geprallt, und Toljan erlitt als Beifahrer im Schlaf tödliche Verletzungen. Die große „LASK-Familie" war tief erschüttert.

Wieder zur großen Karriere meines Vaters Loisi Hartl. Im Juli 1950 half er entscheidend mit, den 1:4-Rückstand des Staatsligateams (mit Max Merkel, Karl Koller, Robert Körner, Robert Dienst, Dr. Walter Schleger) gegen die Stadtauswahl von Zagreb mit den späteren Startrainern und Meistermachern von Bayern München „Tschik" Cajkovski und Branco Zebec in ein 5:5 umzuwandeln. Hartl, vorerst nur Ersatz gewesen, erzielte in der 89. Minute den Ausgleich. Im österreichischen B-Team stand Hartl dreimal: 1949 gegen Ungarn, 1950 gegen Jugoslawien und 1951 gegen Deutschland. Von diesem Spiel hielt er eine Grußbotschaft in Ehren, einen Gruß „in sportlicher Verbundenheit" von Deutschlands Teamtrainer Sepp Herberger, dem Weltmeister-Macher

von 1954. In der oberösterreichischen Auswahl spielte mein Vater 35-mal.

Einen fußballerischen Höhepunkt erlebte Loisi Hartl in Steyr, wo er 1949/50 den Dress von Staatsliga-Neuling Vorwärts trug. Mein Vater war von Linz nur deshalb weggegangen, weil es Vorwärts Steyr im Gegensatz zum LASK schaffte, dass meine Mutter als junge Lehrerin eine Anstellung bekam.

Auch mit Steyr verbanden meinen Vater viele Freundschaften und große Spiele. Vorwärts Steyr schlug vor 14.000 Zuschauern – „die Leute sind mit dem Radl von Linz nach Steyr gefahren" – die Star-Elf von Rapid. Der zweifache Torschütze Hartl wurde von den begeisterten Fans auf den Schultern in die Kabine getragen.

Nur kurz war Hartls Gastspiel beim GAK. Nach einer halben Saison holte der LASK im Winter

*Sein letztes Spiel im LASK-Dress: Geschenke und Lobeshymnen für Alois Hartl auf dem alten LASK-Platz.*

1950/51 seinen Stürmerstar heim nach Linz. Bei den Linzern, wo er als 9-jähriger Knirps begonnen hatte, blieb Hartl bis 1955. Dann verstärkte er zwei Jahre SV Urfahr. Von 1957 bis 1960 führte er den Welser Sportclub, den WSC, als Spielertrainer von der 1. Klasse bis in die Regionalliga.

Später war Loisi Hartl auch Spielertrainer beim Landesliga-Klub Ennser SK. Und gegen Enns bestritt er am 28. August 1963 sein offizielles Abschiedsspiel für den LASK. Zwanzig Minuten lenkte er auf dem alten LASK-Platz an der Linzer Paul Hahn-Straße, der später einer HTL weichen musste, als Mittelstürmer noch einmal den Angriff der Linzer Schwarz-Weißen. 6.000 Zuschauer verabschiedeten Hartl trotz strömenden Regens.

In der LASK-Mannschaft standen bereits fünf Spieler, mit denen der LASK zwei Jahre später als erster Provinzverein von Österreich Meister und auch Cupsieger wurde: Saurer; Trubrig, Linossi, Oberparleiter; Blutsch, Teinitzer; Liposinovic, Chico, Hartl, Fürst, Kozlicek.

Als Trainer führte Loisi Hartl den späteren Erstdivisionär Union Wels 1968 in der 1. Klasse Ost zum ersten Meistertitel in der Vereinsgeschichte.

Dann übernahm er beim LASK die Leitung der Nachwuchsbetreuung. Er übte diese Tätigkeit mit viel Herz und großem Engagement aus. Da Präsident Rudolf Trauner ein eiserner Sparmeister war, bat mein Vater Linzer Geschäftsleute um Spenden für neue Dressen und Bälle „für seine Buam". Unvergessen sind auch die Weihnachtsfeiern im Gasthaus „Zur Alm" der Familie Banwinkler in Wilhering, bei denen der LASK-Flügelflitzer Alf Wurdinger stets zauberte und Stars wie „Stumperl" Sturmberger Stammgäste waren.

Mein Vater „schnorrte" alljährlich Geschenke für rund 70 bis 100 Nachwuchs-Kicker und organisierte Dutzende Preise für eine Tombola, mit der die Weihnachtsfeier alle Jahre wieder finanziert wurde. Meiner Mutter verschlug es oft die Sprache, wenn er in den Wochen vor der Weihnachtsfeier nahezu täglich mit riesigen Schachteln voller Geschenke und Tombolapreise daheim auftauchte, die dann im elterlichen Schlafzimmer gestapelt wurden.

*Er zauberte nicht nur auf dem Rasen: Alf Wurdinger.*

Mir ist mein Vater als strenger, aber gerechter Trainer in Erinnerung. Es war für ihn ein besonderer Genuss, wenn ich – so wie er früher – für den LASK-Nachwuchs Tore schoss. Er verlangte von mir auch mehr als von anderen Jugendspielern. Von seinem Sohn, dem viel Talent bescheinigt wurde und der einen berühmten Fußballer-Namen trug.

Es war auch ein tolles Gefühl mit Stars wie Harreither, Sturmberger, Viehböck oder Chico trainieren und mit einigen LASK-Größen sowie dem heutigen Präsidenten der Wirtschaftskammer Oberösterreich Dr. Rudolf Trauner in der zweiten Mannschaft spielen zu dürfen. Eine Chance in der Kampfmannschaft tat sich leider nie auf.

Ich wurde auch immer mit meinem Vater verglichen, obwohl ich ein völlig anderer Spielertyp war.
Vielleicht war das auch der Grund, dass ich nicht nur
wegen hartnäckiger Probleme nach einer Knieverlet-
zung in relativ jungen Jahren Fußball spielen sein ließ,
mich auf den Beruf konzentrierte und schließlich dem
Journalismus zuwandte.

> ,, *Dein Vater war besser als der*
> *Sindelar.* "
>
> Roland Knöppel, ORF Sportreporter

Im Jahr 1971 raubte meinem Vater eine schwere
Krankheit die Freude am Fußball. Loisi Hartl musste
sich fünf schweren Magenoperationen unterziehen,
von denen er sich nie mehr wirklich erholte. Die zahl-
reichen Spitalsaufenthalte setzten ihm schwer zu. Das
Fußballgeschehen verfolgte er nur noch aus der Distanz. Immer seltener konnte er die LASK-Heimspiele
besuchen. Am meisten freuten ihn LASK-Erfolge, die
ich als junger Reporter im Radio geschildert habe. Er
selbst zog sich am liebsten in unser Wochenendhaus
nach Puchenau zurück und unternahm an der Seite
meiner Mutter Spaziergänge mit unserem Schäfer-
hund.

Mein Vater war übrigens nie so richtig Profi. Seine
berufliche Existenz fand der gelernte Elektriker beim
Amt der oberösterreichischen Landesregierung. Für
sein verdienstvolles Wirken in der Kulturabteilung
wurde ihm 1984 das
Goldene Verdienstzei-
chen der Republik
Österreich verliehen.
Mein Vater war auch
Träger des Landessport-
ehrenzeichens in Gold
und Silber sowie des

Alois Hartl, ein Vorbild für viele.

Goldenen Ehrenzeichens des Oberösterreichischen
Fußballverbandes und des LASK.

Kurz vor seinem Tod hat er noch diese „Super-
LASK-Elf" nominiert: Harreither; Trubrig, Sturmberger,
Viehböck; Teinitzer, Sabetzer; Liposinovic, Fuchs I,
Hartl, Lutz, Zechmeister.

Ich war oft überrascht, wenn ich irgendwo auf der
Welt auf meinen Vater angesprochen wurde. Bei
einer Reise im Jänner 1989 stieß ich in Sydney auf
einen emigrierten Österreicher, auf einen Restaurant-
Besitzer, den mein Vater nach dem Krieg von Schwanenstadt zum LASK geholt hatte. Und auf der Karibik-
insel Kuba schwärmte ORF-Kollege Roland Knöppel
im November 1986 von „Loisi Hartls Dribbelküns-
ten". Er hatte ihn in Steyr spielen gesehen. „Dein
Vater war besser als der Sindelar", meinte Knöppel.

Nach meiner Rückkehr aus Kuba ärgerte sich mein
Vater kurz über den LASK: „Die steigen ab." Sein
geheimnisvolles Leiden setzte ihm an diesem Samstag
besonders zu. Als ich ihm dann von Roland Knöppels
Komplimenten erzählte, lächelte er glücklich und
sagte mit schwacher Stimme: „Pfüat di, bis morgen!"
Es gab kein Morgen mehr. Der Tod überraschte ihn im
Schlaf. „Loisi Hartl schlief glücklich ein", schrieb Leo
Strasser in seinem berührenden Nachruf.

Nahezu 15 Jahre lang hatte mein Vater sein Leiden
tapfer ertragen. Der ehemals schnelle, gewandte,
trickreiche, schussgewaltige und torgefährliche Fußballstar, dem sein LASK – leider nur einige Jahre – ein
Nachwuchs-Gedenkturnier widmete.

Alois „Loisi" Hartl war ein Vorbild – als Sportler, als
Mensch, als Vater. Ein Foul kannte er nur, wenn es
andere machten. Er fehlt mir ...

Von so manchen Schlaumeiern, Nieten und Glückskäufen

# In der Attersee-Villa versteckt

Von Hubert Potyka

„Lauter nette Burschen, aber oft Flaschen auf dem Platz", meinte Franz Enzenebner einmal mit der für ihn typischen entwaffnenden Ehrlichkeit über Legionäre, die beim LASK einiges schuldig geblieben sind. Viele waren in den Sechziger- und Siebziger-Jahren ihr Geld wert, andere weniger.

---

> „Lauter nette Burschen, aber oft Flaschen auf dem Platz."
>
> Franz Enzenebner

---

Da gab's zum Beispiel einen gewissen Helmuth Föttner. Ein sympathischer Bursche. Den LASK-Dress durfte er aber nur ein einziges Mal tragen. Und das nur 30 Minuten. Nach einer halben Stunde schlug Enzenebners Vorgänger Sepp Brunetzky, einst selbst ein ausgezeichneter Fußballer, auf der Hohen Warte entsetzt die Hände vors Gesicht. Er konnte nicht mehr hinschauen, wie der Deutsche gegen Vienna Chance um Chance vergab. „Herrn S', Sie da, kommen S' raus und fahrn S' ham. Aber schnell!" Föttner durfte nicht einmal mehr Duschen.

Ein anderer Fremdarbeiter war dagegen alles andere als eine schwarz-weiße Niete. Anfang der Sechziger Jahre war der Jugoslawe Tomislav Crnkovic ein Klassemann europäischen Formats. Als er von Linz genug hatte und von diversen Fußballer-Wehwechen geplagt wurde, holte sich der gute Tomi beim LASK für 15.000 Schilling die Freigabe,

Unvergessen: Franz Enzenebner, rechts Hubert Fein.

„um vielleicht noch irgendwo bei einem kleinen Klub daheim in Jugoslawien zu kicken". Wenig später verkaufte sich der schlaue Tomislav nach einem Probetraining selbst für 600.000 Schilling an Servette Genf.

Die Schmerzen? Kurz vor dem Test in der Schweiz ließ sich der in Linz ungemein beliebte Crnkovic von einem befreundeten Arzt noch rasch einer schmerzstillende Spritze geben. Einem erfolgreichen Fitnesstest stand so nichts mehr im Wege …

### Beim Spanien-Urlaub entdeckt

Auch ein gewisser Rodriguez wurde den LASK-Fans eines Tages stolz präsentiert. „Ein Goldkauf", jubelte die Führungsspitze, ehe man mit ihm zum LASK-Platz fuhr.

*Als Wiener wurde Paul Kozlicek im Nu ein Linzer Publikumsliebling.*

Nach dem ersten gemeinsamen Training konnte sich Ferdl Zechmeister nur noch wundern: „Bua, wo hast denn du's Ballestern g'lernt?" „Bei Espanol in Barcelona", grinste der Spanier stolz. Worauf Zechmeister konterte: „Du kannst vielleicht am Strand kicken, aber net bei uns."

Tatsächlich: Rodriguez wurde von einem LASK-Funktionär während eines Spanien-Urlaubs bei einem Strand-Kickerl entdeckt und für eine Linzer Profikarriere für würdig befunden. Durchgesetzt hat er sich nie.

Transfers waren früher sicher aufregender, unterhaltsamer als heute. „Am besten wär's, wenn man einen neuen Spieler unterschreiben lässt und dann bis zum ersten Match versteckt", hat der ehemalige LASK-Funktionär und Traber-Europameister Adi Winkler auf den vom ehemaligen ORF-Sportchef Manfred Payrhuber gesammelten Tonbändern seine Erlebnisse als Einkäufer geschildert.

> „ *Am besten wär's, wenn man einen neuen Spieler unterschreiben lässt und dann bis zum ersten Match versteckt.* "
>
> Adi Winkler

„Hörn S', der Kozlicek soll zu Rapid. Kennen S' den ...?" flüsterte der Zeitung lesende Winkler seinem Nebenmann im Cafe Central auf der Landstraße ins Ohr. „Freilich kenn i den, wie mein eigenen Buam sogar", war Adis Freund auch ohne einen dritten Espresso sofort hellwach.

Also nichts wie auf nach Wien. Die Linzer nahmen mit dem Nationalspieler Kontakt auf, überboten Rapids Angebot und fuhren gleich weiter zum Attersee. Dort wurde Kozlicek in der Villa eines Funktionärs so lange vor Rapid-Funktionären versteckt, bis Wacker die vereinbarten 120.000 Schilling als Ablöse hatte und der LASK im Besitz des Freigabescheins war. Der längst verstorbene Paul Kozlicek war eine Stütze der großen Meistermannschaft und jahrelang einer der bescheidensten, beliebtesten LASK-Fußballer aller Zeiten.

### Frostige Begrüßung

Adi Winkler war überhaupt Drahtzieher vieler erfolgreicher Transfers. Eines Tages setzte er es sich in den Kopf, von Donawitz den Ungarn Laszlo Nemeth zu bekommen. Nach langem Suchen landete Winkler mit seinem Freund, dem Linzer Stoffhändler Otto Friedl, in einem kleinen Bahnwärterhäuschen, dem Arbeitsplatz des Donawitzer Sektionsleiters.

Die Begrüßung fiel recht frostig aus. „Was wollts, den Nemeth? Schleichts euch!", hätte der Steirer die kleine Linzer Abordnung am liebsten per Fußtritt hinaus komplimentiert. Doch man schlich nicht, sondern man trank mit dem Donawitzer ein Vierterl nach dem anderen. Dabei wurde abwechselnd zugeprostet. Ein Mal auf den Bahnwärter, dann auf Nemeth und am Ende auf den LASK. Mit jedem Glaserl kletterte der Stimmungspegel des Eisenbahners ein Stück nach oben. „Also den Nemeth wollts? Und was ist mit der Marie?", zeigte sich der Sektionsleiter der Donawitzer plötzlich verhandlungsbereit. Das Geld traf wenig später auf dem Konto seines Klubs ein. Winkler hatte die geforderten 140.000 Schilling telegraphisch überweisen lassen.

„Weils prima Burschen seids, hab ich noch an Spieler für euch. Supovic heißt er. Oder so ähnlich", schlug der steirische Funktionär den Linzern ein zweites Geschäft vor. Man willigte ein und war um einen Mitläufer reicher. Supovic wurde wieder das, was er vor seinem Linzer Abenteuer war – ein fescher Bademeister in Leoben.

**Kuriose Blüten**

Transferverhandlungen trieben in dieser Zeit oft kuriose Blüten. Etwa beim Verkauf von Franz Oberacher, der von den Innsbruckern und dem Salzburger Manager Herbert Tomandl dem LASK angeboten wurde. Nachdem Trauner angesichts einer horrenden Ablöseforderung endgültig abgewunken hatte, landete der Teamstürmer beim 1. FC Nürnberg. Die Deutschen zahlten vier Millionen Schilling, allerdings nur unter der Bedingung, dass Tomandl 4000 Lose der Nürnberger Vereinslotterie kauft und auf einen eventuellen Gewinn verzichtet.

Der Hauptgewinn, ein 80.000 Mark teurer Mercedes, wurde tatsächlich von ihm gewonnen, die Luxuskarosse ging aber wie vereinbart in den Besitz der Nürnberger über. Zufall? Kaum.

> *Fußballer leben nicht wie Hunde, aber etwa so lange.*
>
> Herbert Tomandl

Mit Tomandl und seiner „World-Sport-Promotion"-Firma mit feudalem Büro in der Salzburger Münzgasse sind Fußballprofis und Vereine meistens gut gefahren. Sein Leitspruch war schließlich: „Fußballer leben nicht wie Hunde, aber etwa so lange." 10/15 Jahre kann eine Karriere dauern. Eine kurze Zeit, in der er die von ihm betreuten Spieler nicht zu kurz kommen lassen wollte. Hat Tomandl zumindest behauptet.

Mit der Kunst verband ihn vor allem eine Freundschaft mit Herbert von Karajan. Zumindest sah es Tomandl so. Als der Stardirigent einst im Linzer Brucknerhaus antrat, schüttelte ihm der Fußball-Manager freundlich die Hand. Wie er Maestros Sympathien gewonnen hat? „Ich hab ihm bei einer Diskussionsveranstaltung über Wert des Fußballs und der Salzburger Festspiele geärgert und gesagt, dass zu Spielen meiner Stars 20.000 Leute kommen, zu seinem Konzert aber nur ein paar hundert. Seitdem winkt mir der Karajan von weitem zu, wenn er mich in Salzburg auf der Straße sieht."

Erfolgreiche und erfolglose LASK-Feldherren

# Die Marathonläufer von Obertraun

Von Hubert Potyka

*Meistermacher Frantisek Bufka*

Müsste man eine Rangliste der erfolgreichsten Trainer aller Zeiten des LASK erstellen, dann ist Frantisek Bufka der erste Platz sicher. Jener Tscheche, den Otto Jungbauer Anfang 1965 als unbeschriebenes Blatt von Mährisch Ostrau nach Linz gelotst hatte. Sechs Monate später führte Bufka den LASK zum ersten und bislang letzten Meistertitel und Pokalsieg in der Vereinsgeschichte.

Keiner konnte verstehen, warum sich der Juwelier von Karl Schlechta trennen wollte. Schlechta? Ein guter Trainer. Ein Fußball-Sir. Dem anspruchsvollen, nie mit Mittelmaß zufriedenen Jungbauer war aber am Ende der Herbstmeisterschaft Platz 7 in der Tabelle zu wenig. Er wollte mehr. Er wollte alles. Den Meistertitel. Als Jungbauer einmal laut von diesem Ziel träumte, erntete er von seinen Präsidiumskollegen ein mitleidiges Lächeln.

Doch irgendwie muss der Fußballbesessene Geschäftsmann gespürt haben, was seinen Spielern fehlt. Nicht Technik, nicht Klasse – nein, Kraft und Kondition. Und so sah er sich in der Tschechoslowa-

kei nach einem Peitschenknaller um. Nach dem 47-jährigen Frantisek Bufka, von dem er in Erfahrung gebracht hatte, dass er beim Umgang mit seinen Spielern auf dem Platz gnadenlos agiert.

Am 16. Dezember 1964 wurde Schlechta zum Rapport bestellt – und gefeuert. „Ich kann es nicht glauben", schüttelte der Wiener den Kopf. Noch zwei Tage vorher hätte man ihm nach dem Spiel gegen Wiener Neustadt keinerlei Andeutungen gemacht. Der Vertrag wurde in beiderseitigem Einvernehmen aufgelöst, Schlechta bis Sommer 1965 bezahlt.

### Unbarmherziges Training

Bufka kam. Und tatsächlich war er beim Training vom ersten Tag an unbarmherzig. Keiner traute sich aufzumucken, keiner versuchte zu widersprechen. Auch nicht in der Schneehölle von Obertraun. „So brutal wurde vor- oder nachher nie eine österreichische Mannschaft hergenommen", sind sich Franz Viehböck und Heribert Trubrig einig.

> *Gut laufe, dann gewinne!*
> Frantisek Bufka

Bufka beging nie den Fehler, die Arbeit seines Vorgängers schlecht zu reden. Im Gegenteil er lobte sie. „Eine gute Mannschaft, aber sie braucht Kraft, viel Kraft." Also wurde gelaufen, gelaufen, gelaufen. Stundenlang. Tagelang. In der Ebene und hinauf auf den Krippenstein. Bufka konnte kaum ein Wort Deutsch, den Satz „Gut laufe, dann gewinne!" hat er aber schnell gelernt.

Alle befolgten seine Anweisungen, der einzige, der einmal den Trainer bei einem Lauf von Obertraun nach Hallstatt austricksen wollte, war Ferdinand Zechmeister. Als ein Kohlenwagen vorbei fuhr, sprang „Ferdl" hinauf und ließ sich auf der mit Koks gefüllten Ladefläche nach Hallstatt transportieren. Dort empfing ihn der eine halbe Stunde vor den Spielern mit dem Auto gestartete Bufka: „Sie Schwindler!", wurde der Trainer zornig und verdonnerte den Stürmer zum Straftraining. „Sein schwarzes Gesicht und sein vom Kohlestaub eingefärbter Trainingsanzug hat den Ferdl verraten", amüsiert sich Trubrig noch heute über diesen Zwischenfall.

Vorsichtig versuchte Kapitän Rudolf Sabetzer am dritten Tag in Obertraun Bufkas Tempo zu bremsen: „Trainer, woll'n S' aus uns Marathonläufer machen?" Bufka konterte trocken: „Nein, Fußballer, die mehr gewinnen."

### Brutal für Linossi

Im Frühjahr lief das LASK-Spiel wie am Schnürchen. Eine Sensation jagte die nächste. Der LASK hatte eine blendend eingespielte Elf mit zwei souveränen Torleuten. Egal, ob Kitzmüller oder Harreither fing – beide waren Extraklasse. Der Linzer Freudentaumel wurde noch lauter, als das „Volksblatt" berichtete, dass Ferenc Puskas von Real Madrid zum LASK wechseln würde. Die Meldung war ein Aprilscherz, das Foto mit Puskas und Franz Enzenebner eine Bildmontage. Drei Jahre später wäre Puskas übrigens tatsächlich nicht abgeneigt gewesen, für Linz zu stürmen. Nach Rapids sensationellem Euro-

*Meister und Cupsieger: Sabetzer am Höhepunkt seiner LASK-Karriere.*

pacup-Aufstieg gegen Real wollte ihm ORF-Sportchef Manfred Payrhuber in einem Madrider Cafe den Wechsel nach Linz schmackhaft machen. Der Wille war da, gefehlt haben nur ein paar LASK-Millionen …

Am Ende gewann die bunte Truppe mit vier Wienern (Sabetzer, Blutsch, Kozlicek, Zechmeister – der sich längst als Oberösterreicher gefühlt hat), mit drei Legionären (Szabo aus Ungarn, Chico aus Brasilien, Liposinovic aus Kroatien), mit sieben Oberösterreichern (Kitzmüller, Harreither, Trubrig, Viehböck, Pichler, Köglberger, Kondert) und einem Kärntner (Sturmberger) auch ohne Puskas sensationell Pokal und Meisterschaft.

Zum ersten Mal war im Radio der neue LASK-Marsch zu hören:
„LASK vor, Schuss Tor, Schwarz-Weiß ist Österreichs Meister, LASK, LASK, LASK, LASK heißt er."

Einer, dem es alle vergönnt hätten, war nur noch als Zuschauer dabei: Helmut Linossi, ein feiner Kerl, ein blendender Stopper, wurde gleich im ersten Spiel der neuen Saison bei einem brutalen Foul des Admiraners und späteren Rapid-Präsidenten Günther Kaltenbrunner so schwer verletzt, dass er zehn Wochen im Spital verbringen und seine Profilaufbahn beenden musste. Dabei stand der jetzt in Linz lebende pensionierte Landesbeamte mit 25 erst am Beginn einer großen Karriere. Bei der Linzer Gerichtsverhandlung kam Kaltenbrunner – auch später noch im doppelten Sinn des Wortes ein gefährlicher Stürmer – glimpflich davon.

### Schlechtas Vorarbeit

Bufka blieb später ein ähnlich großer Trainer-Erfolg wie 1965 in Linz versagt. Karl Schlechta? Der ehemalige Austria-Verteidiger sorgte auch noch in

*Verabschiedet: Karl Schlechta musste ein halbes Jahr vor dem Titelgewinn und Cupsieg des LASK gehen. Links Theo Kralka.*

den Siebziger Jahren für positive Schlagzeilen. Er legte in seiner fünfjährigen Sturm-Ära die Basis für echten Grazer Profifußball. Auch in Linz – so sind heute noch LASK-Spieler von einst überzeugt – habe Schlechta als Bufka-Vorgänger die Voraussetzungen für den Titelgewinn geschaffen.

Meistens hatte der LASK Trainer mit großen Namen. Wer weiß heute noch, dass die Athletiker einst sogar von Wunderteamspieler Georg „Schurl" Braun trainiert wurden? Auch sonst entdeckt man auf der langen Liste der LASK-Betreuer bekannte Leute. Etwa die Herren Alt, Brinek oder Epp, der nicht nur als Torjäger und LASK-Trainer, sondern auch als Direktor in den Stickstoffwerken Durchschlagskraft bewies. Alt gelang übrigens am 25. Februar 1951 gleich im ersten Match als LASK-Coach ein 2:1-Sieg gegen die in 33 Spielen ungeschlagenen Rapidler. Beim alles entscheidenden Treffer ließ Schurl Braun, der Sohn des früheren Trainers, Rapid-Tormann Walter Zeman mit einem Volleyschuss keine Chance.

1972 gelang Rudolf Trauner mit der Verpflichtung von Otto Baric als Nachfolger von Vojtech Skyva ein viel bestauntes Engagement. Baric, damals noch recht schweigsam, wurde mit dem LASK Winterkönig. „In Linz will ich mein Werk vollenden", meinte der Kroate als er in den Neunziger Jahren neuerlich geholt wurde. Dummerweise kam ihm auf dem fast sicheren Weg zum Titelgewinn Wolfgang Riegers Verhaftung dazwischen.

### Blutsch und Kondert

Willi Kment, Felix Latzke, Willi Huberts, Ernst Hlozek – prominente Namen im österreichischen Fußball standen auf Rudolf Trauners Gehaltsliste. Erfolgreicher als sie alle waren aber zwei echte

LASKler, nämlich Dolfi Blutsch und Hans Kondert. Konderts größter Triumph: Der 1:0-Europacupsieg im Herbst 1985 gegen Inter Mailand im Linzer Stadion. Blutsch und Kondert forcierten wie keine anderen LASK-Trainer vor oder nach ihnen Oberösterreichs Nachwuchs, brachten die Athletiker immer wieder in den UEFA-Pokal und verhalfen ihren Spielern zu Team-Einberufungen.

## Traumstart von Blutsch

Blutsch hatte als Trainer sofort Erfolg. Gleich im ersten Spiel schlug der Entdecker großer Namen 1978 Voest vor 28.000 Zuschauern. Weil das Linzer Stadion bei Derbys zweimal hintereinander in drei Monaten ausverkauft war, sprach LASK-Präsident und Landesrat Rudolf Trauner bei der „Gala-Nacht des Sports" sogar den Ressortzuständigen Minister Sinowatz wegen einer Vergrößerung des Gugl-Ovals an. „Uns wird oben bald alles viel zu klein." Was bald wieder der Fall sein könnte.

Blutsch, 1960 als rechter Läufer bei Hakoah Sydney „Australischer Fußballer des Jahres" und drei Jahre später mit Austria Meister, verstand die Sprache der Spieler. Er war bei seiner Arbeit konsequent, musste aber doch manchmal nachgeben. Weil der Kader zu klein war, bekamen oft auch „Sünder" ihre allerletzte Chance. Etwa Miroslav Vukasinovic. Kaum hatte ihn Salzburgs Kapitän und späterer Sportjournalist Hannes Winklbauer im August 1980 nach einem 0:2 gegen den LASK über den grünen Klee gelobt („Alle redens vom Prohaska, aber der ist ja ein noch größerer Rastelli") machte der Jugoslawe auf den Lokalseiten der Zeitungen Schlagzeilen. Um halb fünf in der Früh zertrümmerte Vukasinovic nach einem Duell mit einem anderen Wagen sein Auto samt Licht-

mast. Den Durst hatte Miro vorher nicht nur mit Fruchtsäften gelöscht.

Was Hans Kondert in seiner vierjährigen Tätigkeit nicht vergönnt war, schaffte sein Nachfolger Adolf Blutsch bei seinem zweiten, nur drei Monate dauernden Trainer-Engagement beim LASK im Jahr 1987 auf Anhieb. Er führte die Linzer gleich im ersten Meisterschaftsspiel auf der Gugl zum 2:1-Sieg gegen Austria. Zweifacher Torschütze Adam Kensy. „In Österreich gibt's in dieser Position keinen Besseren", fand Austria-Trainer Karl Stotz, der später nichts mehr mit Fußball zu tun hatte und in Seefeld Besitzer eines Nobelhotels wurde.

## Cupsieger mit Kattowitz

1993 machte sich Dolfi Blutsch auch im Ausland als Cupsieger mit Kattowitz einen Namen. Der Name Blutsch könnte bald wieder im Linzer Fußball auftauchen. Immer wieder schiebt der einstige Australien-Legionär Trainings-Sonderschichten mit dem beim LASK-Nachwuchs spielenden Sohn seiner Tochter ein. „Mein Enkerl hat mehr Talent als ich in diesem Alter gehabt habe." Das will was heißen.

Hans Kondert, in der Trauner-Ära Erfolgscoach, war unter Peter-Michael Reichel als Manager, dann als Trainer und dann wieder als Manager weniger glücklich. Die Stütze der großen Meisterelf schied in Unfrieden vom LASK. Es war ja nicht gerade das feinste Spielchen, das nach Marinko Koljanins Absetzung und dem ein Jahr später folgenden Rausschmiss von Frantisek Cipro mit dem sensiblen, feinfühligen Kondert getrieben wurde. Er konnte genau so wenig wie vor ihm Koljanin dafür, dass Qualität und Quantität des Kaders immer mehr schwächelten, weil die besten Spieler aus rein wirtschaftlichen Überlegungen abgegeben wurden und für neue kein Geld vorhanden war.

Als Kondert 1987 gehen musste, kämpfte Adi Pinter um ein Linzer Traineramt. Jener Fußball-Rebell, der überall aneckte, kühne Worte im Fernsehen gebraucht hatte („98 Prozent sind in Österreich Schwachköpfe – ich gehöre zu den restlichen zwei Prozent") und als GAK-Coach nach einem 1:2 gegen den LASK auf dem Stadion-Vorplatz zwei Linzer mit Auto anfuhr und leicht verletzte. Erst auf der Autobahn konnte Pinter von der Polizei gestoppt werden. Im selben Jahr sorgte der verhinderte Erfolgstrainer auch bei einem Spiel seines GAK gegen Voest für einen Wirbel. Zuerst ein Schubser gegen den Ballbuben, dann ein „Kopfduell" mit Voest-Ordnerchef Josef Süssner – beide Streithanseln bekamen saftige Geldstrafen.

*Er war erfolgreicher Spieler und Trainer beim LASK: Ernst Knorrek*

### Zu anständig für den Trainerjob?

Trauners letzter (oberösterreichischer) Trainer war Ernst Knorrek, ein oftmaliger ÖFB-Amateur-Teamspieler und Hauptschullehrer in Grieskirchen. Hochseriös, später bei vielen Landesligaklubs erfolgreich, ein Familienmensch, anständig. Vielleicht zu anständig für das oft brutale Profitrainergeschäft? Als LASK-Stürmer, der einst mit Stars wie Sturmberger, Viehböck, Starek, Nafziger oder Leitner aufspielte, behauptete er sich weit länger als auf dem Trainer-Sessel. Heute ist Knorrek neben seinem Lehrer-Job begeisterter Pilot und Musiker.

Frantisek Cipro – der Doppeldoktor aus Tschechien war ein ähnlicher Fehlgriff wie jener von Norbert Barisits. Viel zu lange wurde seinem Treiben zugeschaut. Immerhin über ein Jahr hielt es Dieter Mirnegg auf dem LASK-Schleudersessel aus. Der ehemalige Voest-Internationale hatte bei seinem Präsidenten nichts zu lachen. Oft lieferten die beiden einander selbst bei Pressekonferenzen verbale Schlammschlachten. Geschimpft hat Mirnegg, der später bei Kurt Jaras Salzburger „Bullen" unterkam, trotzdem nie über Schwarz-Weiß, obwohl er viel zu sagen gehabt hätte. Warum? Schweigen war ein Teil der Abschiedsvereinbarung zwischen ihm und dem noblen LASK-Geldgeber Helmut Oberndorfer.

### Respekt, Respekt!

Ehe am 25. August 2004 mit Werner Gregoritsch ein Mann mit Zukunftsperspektiven und erfolgreicher Trainer-Vergangenheit geholt wurde, durfte bei den Linzern nach einer 0:8-Heimpleite Klaus Lindenberger Vizepräsident, Trainer und Tormann spielen. Mit 47 Jahren feierte er ein Comeback in der Kampfmannschaft. Egal, wie man's betrachtet, wer in diesem Alter noch mit den Jungen mithalten kann, verdient Respekt. Viele der 7000 Zuschauer kamen vergeblich zum Derby in Ried, um Lindenberger als Lachnummer zu erleben. Nach neun Jahren ohne Pflichtspiel bot der Immobilienkaufmann und Kurzzeitpolitiker trotz des 0:2 des LASK eine gute Leistung.

Mit dem LASK kam Lindenberger schon als Baby in Berührung: Taufpate war Otto Jungbauer, sein Vater jahrelanger LASK-Publikumsliebling. Noch größere Höhenflüge als in Linz erlebte der Kurzzeitpolitiker in Tirol, wo er unter Ernst Happel zweimal Meister und einmal Cupsieger wurde. Drei Jahre später wäre er liebend gerne zu „seinem" LASK zurückgekehrt, gelandet ist er nach Rudolf Trauners Nein bei Voest. Anlässlich der Finanzprüfungen des LASK kam es zu Differenzen zwischen dem Präsidenten und dem Tormann, der 1990 bei der WM in Italien am allerwenigsten für Österreichs vorzeitige Heimreise konnte.

> „ *Bleib am Boden, morgen gibts ein Sondertraining, du musst noch besser werden.* "
>
> Adolf Blutsch

43 Mal stand Lindenberger in der Nationalmannschaft. An das 4:1 gegen Deutschland im Jahr 1986 erinnert er sich besonders gerne. Eine kalte Dusche für Franz Beckenbauer als neuer Boss. Vielleicht auch eine kleine Rache dafür, dass der FC Bayern Lindenbergers fast schon fixen Wechsel nach München im allerletzten Augenblick platzen ließ.

Lindenbergers liebste Teamchefs? „Der eine war Karl Stotz, ein Sir, zu dem wir alle aufgeschaut haben. Der andere Josef Hickersberger. Schade, dass ihn die Färöer Geschichte zu Fall gebracht hat."

Auch Lindenberger hatte Dolfi Blutsch einiges zu verdanken. Nach schwächeren Leistungen ließ er den Tormann nicht fallen, nach starken trieb er ihn noch mehr an. Als ihm im Frühjahr 1980 nach einem 0:0 gegen Austria im Praterstadion alle gratulierten, wartete Lindenberger vergeblich auf ein Lob von Blutsch. „Bleib am Boden, morgen gibt's ein Sondertraining, du musst noch besser werden", holte der Trainer seinen Schlussmann von Wolke Sieben herunter. Ein anderer hätte bald gleich am Anfang Lindenbergers Tormann-Karriere vernichtet: „Willi Huberts wollte nach meinem Wechsel zum LASK einen Verteidiger aus mir machen."

### Erfolge in der Fremde

So wie Lindenberger feierte später auch ein anderer LASK-Tormann in der Fremde die größten Erfolge seiner Karriere. Josef „Pepi" Schicklgruber wurde anlässlich der Affäre rund um Wolfgang Riegers Verhaftung an Sturm abgegeben und erlebte mit diesem Klub Triumphe und Enttäuschungen. Parma lässt grüßen … Als ihn Hannes Kartnig nicht mehr wollte, griff Paschings Klubchef Franz Grad zu und hat es nie bereut.

*Vom LASK in die große Fußballwelt: Klaus Lindenberger*

Der spätere Teamstar des LASK wurde verwechselt,
Karl Höfer nicht erkannt

# Der falsche Trubrig

Von Hubert Potyka

*Dieses Team schrieb in der legendären Decker-Ära Fußballgeschichte. Links Herbert Trubrig*

Wer in den Sechziger Jahren nicht bei einem Wiener Verein gespielt hat, schaffte oft trotz starker Leistungen nicht den Sprung in die National- mannschaft. Trotzdem waren beim LASK nicht nur Gerhard Sturmberger und Helmut Köglberger – über die in anderen Kapiteln in diesem Buch berichtet wird – als „Provinzler" Fixgrößen im rotweißroten Team.

Heribert Trubrig? Jüngeren Fußballfreunden sagt dieser Name wahrscheinlich nicht mehr viel.

Dabei war der LASK-Spieler in der legendären Ära von Teamchef Karl Decker einer der herausragen- den Spieler der Nationalmannschaft. An sein erstes Match im Team erinnert sich der Linzer besonders gerne. Es war der 3:0-Triumph am 30. Oktober 1960 vor 91.500 zahlenden Zuschauern im Wiener Praterstadion gegen Spanien. „Wie sie die Hymne gespielt haben, ist es mir kalt den Buckel herunter gelaufen." Weltklassestürmer Gento wurde von dem kleinen, pfeilschnellen, kampfstarken Österreicher zum Statisten degradiert. Gento? Das war damals der beste Linksaußen der Welt. Monatsfixum bei Real Madrid? 100.000 Schilling. Trubrig? Er durfte sich in den ersten LASK-Jahren jedes Monat ein Lohnsackerl mit 300 Schilling Fixum abholen.

Weil Geld im Fußball aber nicht immer entscheidend ist, war Trubrig der klare Sieger gegen Weltstars wie Gento oder di Stefano. Das 3:0 war der Startschuss zu einer unglaublichen Fußball-Euphorie im ganzen Land. Eineinhalb Jahre schwebte Österreich im Siegestaumel. Ein neues „Wunderteam" war geboren.

## Triumphfahrt nach Hause

Trubrig feierte in der Decker-Ära noch viele große Siege: 2:1 gegen Italien, 1:0 und 3:1 gegen die UdSSR, 3:1 gegen England oder 2:1 gegen Ungarn. Der erste Erfolg in Budapest seit dem Sieg des Wunderteams im Jahr 1932. Neben Trubrig als rechter Außendecker glänzten am 11. Juni 1961 vor 90.000 Besuchern die beiden Torschützen Rafreider und Nemec. Die Heimkehr der Österreicher war eine einzige Triumphfahrt.

Dreimal hintereinander war das Wiener Stadion mit über 90.000 Zuschauern ausverkauft. Trotzdem setzte die Staatsliga wegen angeblich zu hoher Reisekosten nach Chile den Verzicht auf die Teilnahme an der WM 1962 durch. Trubrig: „Aber wenigstens ließ sich der ÖFB erweichen und erhöhte angesichts des immer größer werdenden Publikumsinteresses die Siegesprämie von 1.500 auf 2.000 Schilling." Schon vorher wurde die strenge Freikartenregelung verbessert. Für die Teilnahme an einem A-Länderspiel gab es drei Punkte, für ein B-Match zwei. Wer den Teamdress bei einem C- oder Amateurländerspiel trug, bekam einen Zähler. 5 Punkte bedeuteten eine Stehplatz-Freikarte, 10 einen Sitzplatz …

## Zufall spielte mit

„Ein Außendecker hatte es damals schwerer, weil mit vier, fünf echten Stürmern viel offensiver gespielt und nicht so hart gedeckt wurde", beurteilt Trubrig den Unterschied zwischen dem damaligen und dem heutigen Fußball. Bei seinem sensationellen Aufstieg spielte übrigens 1956 Zufall mit. „Herr Trubrig, laufen sie sich warm", meinte Verbandskapitän Walter Reischl in der Pause des Amateure-Länderspiels Oberösterreich gegen Salzburg im Linzer Stadion zu Trubrig. „Sie können doch Außendecker spielen." Trubrig: „Auf dem Posten war ich noch nie." Reischl: „Sie sind doch der Stopper von Schärding?" Trubrig: „Nein, ich bin der rechte Half." Reischl war einer Verwechslung aufgesessen. Er hatte für den Kader Trubrig II angefordert, meinte damit aber den älteren der beiden Trubrig-Brüder, Toni, den Einser. Weil von dem im Stadion nichts zu sehen war, kam „Heri" zum Zug und bot trotz des 1:3 eine tolle Partie.

Genauso wie wenig später, als er bei einem 4:4 der Landesligaauswahl gegen ein oberösterreichischen Team LASK-Stürmer Karl Höfer kalt stellte. Kein Wunder, dass Turl Brinek nach Schärding fuhr und Heribert Trubrig mit allen Mitteln und Versprechungen zum Transfer nach Linz bewegen wollte. Doch alle Mühe des LASK-Trainers war vergeblich. Erst als Chefeinkäufer Adi Winkler eingriff und mit dem schüchternen, damals 23-jährigen Burschen verhandelte, riskierte er 1959 den Sprung nach Linz. Kein leichter Entschluss, weil sein Respekt vor Stars wie Sturmberger, Kozlicek oder Sabetzer riesengroß gewesen ist.

Auf einer Wiese, bloßfüßig, zwischen Wäsche-stangen hat der am 1. Oktober 1935 geborene Trubrig stundenlang mit seinen Freunden Fußball gespielt. Zuerst in St. Veit im Mühlkreis, wo sein Vater Tierarzt war, später gegen den Willen einiger Nazis in Vorchdorf „Des is uns wurscht, wenn er politisch unzuverlässig ist, Hauptsach', er macht unsere Viecher gsund", setzten sich die Einheimischen durch. Nach dem Krieg verschlug es die Familie nach Schärding, wo der Vater zum Amtstierarzt aufstieg.

### Auch Tischtennismeister

„Der fußballbegeisterten Jugend gehen heute freie Plätze und Wiesen ab", bedauert Trubrig, „dort haben wir Technik und Stoppen gelernt. Am Anfang sogar mit Gummi- und Tennisbällen." Heri konnte auch mit anderen Bällen umgehen, sechsmal war er Innviertler Tischtennismeister.

*Heribert Trubig (rechts) – ein großer Kämpfer*

„Nach meinem ersten Länderspiel bin ich eine Woche wie in Trance herum gelaufen", erinnert sich Trubrig, der nach jedem Match am nächsten Tag pünktlich um sieben Uhr Früh auf seinem Arbeitsplatz in der Spedition Winkler gesessen ist. Dort hat er seine Frau Waltraud kennen gelernt und 1961 in eine Fußballer-Familie geheiratet. Sein Schwiegervater Otto Naderer wurde mit dem LASK 1932 österreichischer Amateurmeister.

### Gehasstes Glockenspiel

Im Team ein Star – beim LASK in den ersten Jahren zurückhaltend. „ich hätte mir nie den Mund aufzumachen getraut. Dafür waren die Alten da, Zechmeister, Teinitzer, Kappl, Walzhofer …", denkt Trubrig gerne an das Training unter Karl Schlechta zurück. Der Wiener hatte immer wieder neue Einfälle. „Jenes Team, das beim Training verlor, musste am nächsten Tag mit kurzen weißen Hosen herumlaufen, an denen Glocken befestigt waren. Weil für uns so ein ‚Glockenspiel' die ärgste Strafe war, haben wir beim Training oft härter als beim Spiel gekämpft." Einen ähnlichen psychologischen Trick brachte später Felix Gasselich von Ajax mit. Die unterlegene Mannschaft musste am nächsten Tag Dressen mit der Aufschrift „Verlierer" anziehen.

Erst als Trubrig zum LASK-Kapitän aufgestiegen war, wurde er das Sprachrohr der Mannschaft. Was bei einem so sparsamen Präsidenten wie Otto Jungbauer nicht immer leicht fiel. Als das Spiel gegen die sowjetische Nationalmannschaft im Linzer Stadion immer näher rückte und die Karten reißenden Absatz fanden, ging Trubrig in Jungbauers Landstraßengeschäft, um eine Aufbesserung der Siegesprämie. „Nein, es bleibt bei 700 Schilling", ließ sich der Präsident nicht erweichen. Worauf

Trubrig wie immer freundlich blieb und nur noch eine Bitte aussprach: „Herr Jungbauer, ich würde sie nur noch ersuchen, dass sie rechtzeitig in unsere Kabine kommen." Jungbauer kam – sah auf den Rängen 20.000 wartende Fans und in der Kabine auf den Bänken in Straßenanzügen sitzende LASK-Spieler, die sich über alles, nur nicht über Fußball unterhielten. „Was ist da los?", fragte Jungbauer. „Selbstverständlich gibt es 1.500", entschied Jungbauer. Die Spieler zogen sich um, rannten auf den Platz und erreichten am 11. Oktober 1967 gegen die Sowjets ein 1:1. Es war Trubrigs 54. internationaler Einsatz. 450 Spiele hat er für den LASK bestritten. Über jedes einzelne hat Heri Buch geführt.

> „ Ich hätte noch ein paar Jahre spielen können, vielleicht hat man sich von meinem Alter täuschen lassen. "
> Heribert Trubrig

Mit 39 Jahren war 1969 Schluss mit der Profikarriere beim LASK. „Ich hätte noch ein paar Jahre spielen können, vielleicht hat man sich von meinem Alter täuschen lassen", fühlt sich der begeisterte Tennisspieler und ehemalige Oberamtsrat der Landeskulturabteilung auch noch in seinem siebenten Lebensjahrzehnt voll fit. Man kann es nicht glauben. Der zehnfache Teamspieler sieht aus wie vor zwanzig/dreißig Jahren.

Später war Trubrig noch bei ein paar Vereinen Trainer, zuletzt in Sattledt. Ob er noch einmal auf dem Platz das Kommando geben möchte? „Nicht um viel Geld, nicht um 100.000 Euro im Monat." Die Freiheit, die Zeit für sich selbst und für seine Familie nützen zu können, ist ihm seit vielen Jahren wichtiger als das reizvollste Trainer-Angebot.

# Karl Höfer:
## Der unerkannte Teamspieler

In der langen Liste jener Fußballer, die über den LASK ins Nationalteam gekommen sind, findet man mit Karl Höfer auch einen Spieler, der es auf nur einen Länderspiel-Einsatz gebracht hat. Und das auch erst mit fast 35 Jahren.

> „ Sie, was wolln S' da? Der Bus ist nur für Spieler reserviert. "
> ÖFB-Generalsekretär Karl Liegl

„Sie, was wolln S' da? Der Bus ist nur für Spieler reserviert", fuhr ÖFB-Generalsekretär Karl Liegl einen Herrn mit Anzug und einem tief ins Gesicht gezogenen Hut an, als er vor einem Pariser Hotel in den zum Stadion fahrenden Bus einsteigen wollte. „Aber ich bin ja auch Spieler", verteidigte sich LASK-Stürmer Karl Höfer, worauf Liegl weiter meckerte: „Des kann a jeder sagen."

### „Der spielt ja heut' ..."

Alle lachten im Bus, bis Gerhard Hanappi eingriff: „Aber Herr Generalsekretär, das ist wirklich unser Karl Höfer. Der spielt ja heut ..." Worauf Delegationsleiter Liegl murrte: „Wanns glauben ..." und öffnete für Höfer noch einmal die Bustüre. Liegl hatte Höfer zum ersten Mal gesehen, hielt ihn für einen Schlachtenbummler. Höfer spielte nicht schlecht, konnte aber die 2:5-Niederlage auch nicht verhindern.

Der von der Austria über Admira und Mödling nach Linz gekommene „Vota" (Vater) – wie Höfer von den LASK-Anhängern liebevoll genannt wurde –

sah immer schon älter aus als er in Wirklichkeit war. Vielleicht auch ein Grund, warum der schussstarke, blitzschnelle und kampfstarke Linksaußen viele Jahre bei der Nominierung des Teamkaders links liegen gelassen wurde und in Paris zum ersten und letzten Mal den Teamdress tragen durfte.

Mit 38 Jahren stürmte er als ältester Spieler der Liga noch in der LASK-Kampfmannschaft, ehe bis zu seinem 50. Lebensjahr viele kleine Vereine Stationen seiner Karriere waren. Fußball war für die Arbeitsbiene die ganze Leidenschaft, genauso wie sein Job als Leiter der Devisenabteilung der damaligen Zentralsparkasse der Gemeinde Wien. Als Höfer mit 65 in Pension gehen musste, litt er sichtlich unter der Untätigkeit und starb bald darauf.

# Für Zechmeister war fast alles „Leinwand"

Ferdinand Zechmeister, vor allem in den Jahren vor dem Titelgewinn eine der Erfolgssäulen des LASK, starb 1999 an einem Herzinfarkt. Schon 12 Jahre vorher gab sein Herz bei einer Autofahrt von Gmunden nach Linz ein Alarmzeichen. Ein zufällig vorbei kommender türkischer Arzt rettete ihm mit Injektionen das Leben und brachte ihn ins Spital.

Der 1951 von Wien nach Linz übersiedelte Stürmer glänzte nicht nur mit herrlichen Toren, sondern auch mit Wiener Schmäh. „Wenn die Fans im Stadion keinen Spaß mehr haben, bleiben die Ränge

*Mit 35 kam Karl Höfer (rechts) gegen Frankreich in Paris erstmals zu Teamehren. Links Sabetzer.*

leer", war Zechmeisters Leitspruch. „Raue Schale, weicher Kern", so haben ihn auch seine Schüler in einer Linzer Fahrschule kennen gelernt.

Als Talent war der pfeilschnelle, feine Techniker ein Gelegenheitskauf. „Zu den Übertrittsverhandlungen hat der Wiener Fleischhauer Punzl statt den vereinbarten 20.000 Schilling 200 Kilo Pferdefleisch mitgebracht", erzählte einst Zechmeister über seinen Transfer von Post Wien zum Sportclub. Als er 1951 zum LASK kam, ging es bereits um ein paar Hunderttausend Schilling.

Im Dezember 1960 war der von 1955 bis 1959 auch bei den Stuttgarter Kickers spielende Linksaußen neben Heribert Trubrig als zweiter LASK-Spieler

bei Österreichs 2:1 in Italien dabei. Zechmeister stürmte neben Größen wie Nemec, Hof, Buzek und dem kürzlich im Alter von 73 Jahren verstorbenen Senekowitsch. Er hätte es verdient, öfter einberufen zu werden. Geschmerzt hat es ihn nie: „Aufs Nationalteam bin i gar net so g'standen. Ich wollt ja nur ballestern, egal wo."

> „ *Aufs Nationalteam bin i gar net so g'standen. Ich wollt nur ballestern, egal wo.* "
>
> Ferdinand Zechmeister

Ob im Sport oder im Privatleben – für den „Ferdl" war im Leben ohnehin (fast) immer „alles Leinwand".

*Ferdl Zechmeister war auch abseits des Rasens oft ein Alleinunterhalter.*

# Franz Viehböck:
## Spaß war wichtiger als Geld

„Das möchte ich auch einmal erreichen", dachte sich Franz Viehböck, als 1959 mit Heribert Trubrig ein Mannschaftskamerad in der Innviertler Auswahl den Sprung von einem kleinen Klub zum großen LASK geschafft hatte. Zwei Jahre später ging sein Traum in Erfüllung. 1961 kam Viehböck über Altheim und Ranshofen zu SV Stickstoff, kassierte ein bescheidenes Handgeld von 5.000 Schilling und stand ein paar Wochen später auf Empfehlung von Turl Wagner bereits im österreichischen B-Team.

Von da an ging es in der Karriere des kleinen, immer freundlichen Innviertlers steil bergauf. Bereits im Jänner 1962 durfte er bei Österreichs 0:1-Niederlage in Kairo erstmals im Nationalteam stürmen.

„Wenn mir je einer prophezeit hätte, dass ich einmal mit einem Hanappi oder mit einem Ocwirk in einer Elf spielen darf, hätte ich ihn für verrückt erklärt", erinnert sich Viehböck an einen der schönsten Tage in seinem Fußballer-Leben.

### LASK statt Austria

1963 wollte ihn Austria nach einem Gastspiel-Einsatz bei einer Südamerika-Tournee vom Fleck weg engagieren, doch der 18-fache Teamspieler unterschrieb für den LASK. Der sichere Arbeitsplatz in den Stickstoffwerken war ihm wichtiger als mehr Geld. Mit dem LASK erlebte Viehböck die nächsten Höhenflüge. Unvergessen sein „Turban"-Tor beim 2:1 gegen den zu diesem Zeitpunkt ebenfalls noch um den Titel kämpfenden Sportclub in Wien. Obwohl er schon nach wenigen Minuten eine tiefe Kopfwunde erlitt, wehrte sich Viehböck gegen den Austausch, ließ sich verbinden und legte mit seinem Treffer nach einer Maßflanke von Liposinovic den Grundstein zum Meistertitel des LASK.

Während Viehböck auch nach dem Double in Linz blieb, spielten andere Mitglieder der Meister-Elf in der Fremde groß auf. Szabo und Blutsch in Bregenz. „Dass Blutsch das Siegestor gegen uns geschossen hat, tat natürlich besonders weh", trauerte nicht nur Viehböck dem grandiosen Läuferpaar Blutsch-Sturmberger nach.

*Bescheiden, aber beim LASK und im Nationalteam ein Superstar: Franz Viehböck*

Dem allseits beliebten Leisetreter ging es in seiner Karriere nie um Geld, immer nur um Spaß am Sport. Darum wollte er auch nie nur vom Fußball leben und ist nach 35 Dienstjahren als technischer Zeichner in der Linzer Chemie in Pension gegangen. Wie der 18-fache Internationale beides unter einen Hut gebracht hat, nach dem plötzlichen Abschied von Willy Kment und Otto Baric gemeinsam mit Erhard Wieger sogar kurze Zeit als LASK-Trainer einspringen konnte? „Organisation ist alles", weiß Viehböck, der 1975 seine Karriere bei den Athletikern beendet und später auch noch als Trainer schöne Erfolge gefeiert hat.

# Willi Harreither:
## Verletzung stoppte Teamkarriere

Hätte er nicht im Intertotospiel gegen Werder Bremen am 1. August 1970 im Linzer Stadion eine so schwere Verletzung erlitten, dann wäre Willi Harreither so wie Heribert Trubrig und Franz Viehböck weit öfter im Nationalteam zum Einsatz gekommen. So brachte er es aber „nur" auf 13 Einsätze und zwei herausragenden Siegen gegen UdSSR (1:0) und Schottland (2:0).

Der Steyrer kam 1964 von Amateure zum LASK und war bis zum 4:4 gegen Bremen einer der besten, verlässlichsten Torleute Österreichs. Er kam nach einer Viertelstunde beim Fangen eines hohen Balles schlecht auf und musste sich noch in der Nacht einer dreistündigen Knieoperation unterziehen.

### Fataler Rechenfehler

Ein verrücktes Spiel. Fünf Minuten vor Schluss führten die Linzer 4:3, da kamen einem LASK-Spieler die Tore durcheinander. Warum er sich nicht an die Devise Ballhalten im Mittelfeld gehalten habe, sondern plötzlich nach vorne ausgebrochen sei, wollte Sturmberger in der Kabine von Schmidt wissen. „Weil ich noch ausgleichen wollte", verteidigte sich der Unglücksrabe. Er war der Meinung, es stünde 4:3 für Bremen und der LASK habe wegen seines Fehlers am Ende sogar 3:5 verloren … Der Innviertler Pepi Wetscher schoss seinen ersten Treffer bei einem A-Liga-Verein, Kondert, Bauer und Strebele waren die anderen LASK-Torschützen.

Zwei Jahre nach seiner Zwangspause holte ihn Leopold Stastny noch einmal ins Team zurück. 1973 beendete Harreither seine Profikarriere und wurde neben seiner Arbeit bei der Landesregierung erfolgreicher Trainer bei kleineren Vereinen.

Malerei, Kulturausstellungen und Kabarett begeistern den in Linz lebenden gelernten Werkzeugmacher aber heute genauso wie ein gutes Fußballspiel.

*Drei LASK-Größen: Wieger, Sturmberger, Viehböck*

## Heribert Trubrig erinnert sich an den Meistertitel 1965

# Der Höhepunkt im Fußballleben

Von Rudolf Habringer

*Zu ihm blickten alle auf: Heribert Trubrig*

„Wenn uns jemand zu Beginn der Meisterschaft gefragt hätte, ob der LASK Meister würde, hätten wir gesagt: Bei dem stimmt was nicht", erinnert sich Heribert Trubrig an die Saison 1964/65, so unwahrscheinlich erschien den Spielern ein möglicher Titelgewinn. Für Trainer Karl Schlechta galten Meister Rapid, die Wiener Austria, Schwechat und der Sportclub als Titelfavoriten.

Es kam ganz anders. Unerwartet. Verrückt. Unglaublich. Unwiederholt in der fast 100-jährigen Vereinsgeschichte des LASK.

26. Juni 1965: ein lähmend heißer Tag brütet über Linz, 35.000 Menschen flüchten sich an den Pichlinger See, 8.000 Zuschauer erleben auf dem LASK-Platz den bis dahin größten Erfolg ihrer Mannschaft: Das zweite Cupendspiel gegen Wiener Neustadt endet 1:1. Nach dem 1:0 in Wiener Neustadt feiert der LASK als erste Mannschaft aus der Provinz den Sieg im österreichischen Fußballcup. Viehböck bringt die Linzer in Führung, später fällt der Aus-

gleich, mit Glück und Einsatz halten die ausgelaugten Spieler bis zum Schlusspfiff das Unentschieden.

Innerhalb weniger Tage bietet sich der Mannschaft die einzigartige Möglichkeit, neben dem Cup auch noch den Meistertitel zu holen. Weil Rapid und auch der Sportclub in der vorletzten Runde überraschend verloren haben, gibt es die einmalige Chance auf das Double. Die enge Situation vor der letzten Runde: Rapid führt mit 35 Punkten vor dem LASK. In der letzten Runde spielen die Hütteldorfer gegen den abstiegsgefährdeten GAK, die Linzer müssen auf die Hohe Warte zur Vienna. Nur dann, wenn der LASK siegt und Rapid gleichzeitig verliert, wären die Linzer Meister.

Jede Mannschaft der Welt hätte sich vor so einem entscheidenden Spiel eine Zeit der Konzentration der letzten Kräfte gegönnt. Was macht der LASK? Drei Tage nach dem Cupsieg unternimmt er eine Fahrt ins bayrische Plattling und bestreitet ein Freundschaftsspiel gegen die spielstarke Slavia aus Prag. Heribert Trubrig wundert sich noch heute: „Wenn ich so ein wichtiges Match spiele, schaue ich doch, dass die Mannschaft in Ruhe gelassen wird…" Der LASK, der mit Ausnahme von Viehböck mit der stärksten Mannschaft antritt, putzt die Tschechen mit einer sauberen Leistung 3:0 vom Platz.

Noch wenige Tage bis zum Meisterschaftsfinale. Jetzt sollte die Mannschaft endlich Zeit haben, sich in Ruhe auf das alles entscheidende Spiel zu konzentrieren. Was macht der LASK? Zwei Tage vor dem entscheidenden Spiel ein Eklat: es geht um Geld, um angeblich nicht ausgezahlte Prämien. Sitzstreik auf dem Rasen! Erhitzte Debatten zwischen Spielern, den Trainern Bufka und Simko und Sektionsleiter Enzenebner. Vizepräsident Jungbauer wird geholt. Spielervertreter Sturmberger bittet um eine Ausspra-

*Bufkas Kotrainer: Laszlo Simko*

che, Jungbauer lehnt ab; die Spieler ziehen sich in die Kabine zurück, Jungbauer droht, mit Nachwuchsspielern gegen Vienna zu spielen. Da kehren die Spieler zum Training zurück. Tags darauf flammt der Streit noch einmal auf, die Präsidenten erklären, sich nicht erpressen lassen zu wollen. In dieser Stimmung fährt man nach Wien! Es geht eh nur um die Meisterschaft ... Um eine Meisterschaft, die lange vorher, im Herbst 1964, schon verloren schien.

Rückblende. Mit einem starken Kader startet der LASK in die neue Meisterschaft. Von Amateure Steyr sind die beiden Talente Willi Harreither und Helmut Köglberger geholt worden, die sich in den Vorbereitungsspielen bewähren, vom Stadtrivalen und Absteiger SVS Nationalspieler Franz Viehböck, Dolfi Blutsch wird fix verpflichtet. Der Abgang von Torjäger Laci Nemeth schmerzt, aufgrund von Managementfehlern sieht der LASK für ihn keinen Groschen. Auch die Stütze der 50er Jahre, Teinitzer, wechselt und geht zu SVS.

Die Stadtrivalen von SVS sind es auch, gegen die sich der LASK erst nach Verlängerung in der ersten Cuprunde durchsetzt. Der Meisterschaftsauftakt gegen Admira geht mit einer 1:4 Heimniederlage völlig daneben und endet obendrein mit einem Unglück: Nach einem absichtlichem Foul von Kaltenbrunner erleidet Stopper Helmut Linossi einen Bruch unterhalb des Kniegelenks und fällt für die gesamte Saison aus. Als das Auswärtsspiel gegen Wiener Neustadt mit 4:2 verloren geht, titelt eine Zeitung bereits: „Wird Schlechtas Kopf rollen?". Noch ist es nicht so weit. Im September erfängt sich die Mannschaft plötzlich und erspielt sich drei Siege gegen Innsbruck, den WAC und Kapfenberg. Im Wechselbad der Gefühle geht es weiter: Niederlage gegen den Aufsteiger Sturm Graz, ein glattes 3:0 gegen Schwechat, ein glückliches 0:0 gegen die Austria in Wien, weil Nemec einen Elfmeter verschießt. Nach acht Runden belegt der LASK Rang sieben, die OÖN poltert: „Der LASK von heute ist mit dem LASK des Jahres 1962 nicht zu vergleichen". Wacker Wien wird zu Hause pflichtgemäß mit 3:0 geschlagen, die OÖN zitiert Exteamspieler Turl Wagner: „Dieser LASK ist um zwei Klassen schlechter geworden".

*Luka Liposinovic – LASK-Star ohne Allüren*

Am 5. November vermeldet die Gerüchteküche erstmals einen möglichen Trainerabgang. Schlechta dementiert umgehend und kündigt der Mannschaft Geldstrafen im Falle einer Heimniederlage an. Die Mannschaft hält sich erstaunlicherweise dran, kommt in der Tabelle aber doch nicht voran. Sturmberger zeigt eine Traumpartie, als man den Rapidlern auf der Pfarrwiese ein Unentschieden abtrotzt, Sturmberger erzielt ein Traumtor nach einem 70-Meter-Solo beim Nebelspiel gegen den starken Sportclub. Beim 0:0 gegen Vienna will und will kein Tor fallen, gegen den GAK gibt es auswärts eine 4:0-Schlappe.

Der LASK bleibt auf dem enttäuschenden siebten Platz. Die Zeitung rasselt: „Es hat keinen Zweck, von großen Plänen zu faseln, von Hoffnungen nach einem Tabellenplatz an vorderster Stelle. Die Schuld ist in den eigenen Reihen zu suchen. Dem LASK fehlt der Vereinsgeist. Solange dieser nicht in wesentlich anderer Form wiederkehrt, wird es keine Wendung zum Guten geben."

Es gibt Ärger und Verletzungen: Dribblanski und Problemkind Hermann Fürst fühlt sich zu Unrecht nicht eingesetzt, Luca Liposinovic ist krank, Szabo liegt mit einer Gehirnerschütterung im Krankenhaus, der Finanzbeamte Rudolf Sabetzer ist wegen einer Schulung verhindert, Sturmberger wird wegen seiner „Anwandlung zu Effekten" (© Karl Schlechta) vom Trainer kritisiert, bei der Weihnachtsfeier wirken Köglberger und Chico traurig, weil sie derzeit kein Leiberl haben. Noch im Dezember die doch überraschende Nachricht: Trainer Schlechta soll von Frantisek Bufka, Trainer bei Mährisch Ostrau, abgelöst werden. Schlechta wird erst informiert, als der Wechsel bereits fix ist. Das Cupspiel gegen Klagenfurt, das der LASK wenige Tage vor Weihnachten

glatt gewinnt, wird zum Abschiedsspiel für Karl Schlechta. Mit Unsicherheit und einem hörbar schlechten Gewissen geht es ins Neue Jahr. Paul Kozlicek in einem Interview: „Es ist uns selbst am unangenehmsten, dass wir so schlecht platziert sind. Ich kenne mich aber in Wien aus und weiß, dass keine Provinzmannschaft eine Chance hätte, Meister zu werden. Dazu halten die ,Großen' der Wiener viel zu sehr zusammen."

Im neuen Jahr ist plötzlich alles anders. Locker scheiberlt sich der LASK zum Sieg beim Hallenturnier in der engen Harbachschule gegen die Linzer Landesligavereine. Am 7. Jänner wird der neue Trainer der Mannschaft vorgestellt. Jetzt weht ein anderer Wind. Dann folgt das wohl legendärste Wintertrainingslager in der Geschichte der Athletiker. „Wir sind gelaufen, was die Füße gehalten haben", erinnert sich Heribert Trubrig an das scharfe Konditionstraining. Trotz beinharter Läufe über Stock und Stein rennt auch der Schmäh: „Das Bundesheer war ja der reinste Urlaub" zitiert die Zeitung den jungen Janos Kondert, „Wir wollen ja nicht Marathonmeister werden, sondern Fußball spielen", klagt Kapitän Cäsar Sabetzer.

Das Trainingslager schweißt die Mannschaft zusammen: „In der Truppe war ein unheimlicher Zusammenhalt", erzählt Trubrig. Für Gesang und Unterhaltung am Abend sorgt der als ausgezeichneter Sänger bekannte Ferdl Zechmeister, für Tischtennis ist Cäsar Sabetzer verantwortlich. Fußball wird schließlich auch noch gespielt – abends in der Halle: mit den Indios, den Old Stars (mit Sabetzer) dem FC Edramsberg (mit Zechmeister) und den Rangers (mit Kitzmüller, Trubrig, Blutsch und Liposinovic). Und die Anekdote von den Kickern, die anstatt zu laufen, auf einem Kohlenwagen aufsitzen (an anderer Stelle dieses Buches nachzulesen, unbestätigten Meldungen zufolge hatte „Stumperl" die Idee, anstatt zu schwitzen den Daumen hinauszuhalten), macht heute noch die Runde, wenn die Kicker von einst Erinnerungen auffrischen.

Motiviert geht es zurück nach Linz. Unter den Gegnern der Vorbereitungsspiele für die Rückrunde ist übrigens auch der Regionalligist SK Voest (u. a. mit Wurdinger), der in einem inoffiziellem Spiel 4:0 abgeschossen wird. Am 13. März 1965 beginnt die einmalige Aufholjagd des LASK: Das Wort Niederlage ist für Monate aus dem Vokabular der Linzer gestrichen. Jetzt trägt die harte Vorbereitung Früchte in Form von Punkten. Viele Spiele werden erst in der zweiten Hälfte zugunsten der Athletiker entschieden. Sturmbergers Formhoch wird mit der ersten Teameinberufung gegen Frankreich (2:1 Sieg in Paris, erster Sieg in Frankreich nach 28 Jahren) belohnt: „Ein Spiel, wie man es von einem Teamläufer schon lange nicht mehr sah", lobt die Presse das

erfolgreiche Debüt des Linzers. Unaufhaltsam geht es in der Tabelle nach oben: Heimsieg gegen Sturm, Auswärtssieg gegen Schwechat, 2:0 zu Hause gegen die Austria vor 20.000 Zuschauern, obwohl vier Stammspieler fehlen. Beim 6:1 Auswärtskantersieg gegen Wacker Wien glänzt vor allem die Stürmerreihe mit Liposinovic. Jetzt ist der LASK Vierter, liegt nur drei Punkte hinter Tabellenführer Sportclub. Gegen die Hütteldorfer kommen wieder 21.000 auf die Gugl, der LASK erkämpft ein 1:1. Dritter Platz in der Tabelle. Dann geht es gegen einen weiteren Favoriten: den Wiener Sportclub. Der Spieltag scheint unter keinem günstigen Stern zu stehen. Erst kracht der Bus der Reservemannschaft gegen einen Straßenbahnzug, außerdem muss der LASK ohne den verletzten Gyula Szabo antreten. Dann wird Viehböck nach nur neun Minuten von Linhart verletzt und erleidet eine blutende Kopfwunde. Der Verletzte beißt die Zähne zusammen und spielt mit einem Turban weiter. Das Match wird dennoch zum Spiel des Franz Viehböck. In der 83. Minute köpfelt

*Stürmische LASK-Aufholjagd in der Frühjahrsmeisterschaft 1965: Im Bild Sabetzer, Pichler, Blutsch*

er eine Flanke von Liposinovic ins Netz von Rudi Szanwald zum 2:1–Sieg. Die Wucht des Kopfstoßes reißt Viehböck den Turban vom Kopf: Für den Altheimer ist das Spiel zu Ende, aber eine Fußballlegende ist geboren. Fußballoberösterreich steht Kopf: Zwei Runden vor Schluss liegt der LASK nur zwei Punkte hinter Rapid. Wie nebenbei spielt sich die Mannschaft über Sturm und Admira ins Cup-Finale, jetzt lassen die Athletiker nichts mehr anbrennen: Während Rapid und der Sportclub straucheln, schlagen die Linzer den GAK glatt mit 4:0. Vor der letzten Runde haben die Linzer bei etwas Glück noch Chancen auf den Titel.

*LASK ist österreichischer Fußballmeister: Jubel auf der Hohen Warte*

3. Juli 1965: 2000 Fans aus Oberösterreich begleiten den LASK zum Spiel gegen Vienna. „Die nervliche Belastung war gar nicht so groß", erinnert sich Heribert Trubrig vierzig Jahre später. „Wir haben locker darauf los gespielt, wir haben uns gesagt, uns kann nichts passieren, den Cup haben wir eh schon gewonnen. Und dann haben wir gespielt wie aus einem Guss." 10.000 Zuschauer auf der Hohen Warte, Referee Rigg kommt aus Deutschland. Der LASK führt bereits nach 11 Minuten durch einen Bombenschuss von Blutsch aus 22 Metern. Kurz nachdem der Platzsprecher die Führung des GAK gegen Rapid verlautbart, fällt das zweite Tor: Szabo köpft ein. Nach dem Schlusspfiff beginnt ein minutenlanges Zittern: das Spiel in Graz ist später angepfiffen worden. Dann ist die Sensation ist perfekt: Der LASK ist Meister! Jubel bricht los, von allen Seiten wird gratuliert, auch die Wiener anerkennen die Leistung des Gegners. Karl Koller, 86maliger Teamspieler der Vienna, gratuliert neidlos: „Truberl, super gespielt!" Jetzt brechen bei den begeisterten Fans die Dämme. „Ich wollte mir mein 2er-Leiberl aufbehalten als Souvenir, so schnell habe ich gar nicht schauen können, bin ich ohne Leiberl dagestanden", schmunzelt Trubrig, wenn er an die Minuten des grenzenlosen Jubels zurückdenkt.

Und weil vonseiten der Vereinsleitung keine offizielle Feier vorgesehen war, nimmt der Wiener Dolfi Blutsch die Regie in die Hand: „Leitln, das müssen wir schon begießen, und auf einmal waren wir schon in einem Heurigenlokal drinnen, da ist Musik gespielt worden, da ist es zugegangen wie nur was".

Die Rückfahrt nach Linz gerät zum Triumphzug. Als der Mannschaftsbus der Linzer von der Wiener Straße Richtung Blumau kommend fährt, geht ein

Raunen durch die Mannschaft: „Da vorne bei der Goethekreuzung muss ein Unfall passiert sein, da stehen so viele Leut", erinnert sich Heribert Trubrig lachend. In Wirklichkeit waren es die Fans, die auf ihre Helden warteten. Tausende sind noch da und bereiten der Mannschaft einen spontanen Empfang, wie ihn Linz bis damals nicht gesehen hatte. Im Cafe Zentral steigt schließlich eine Siegesfeier bis in die frühen Morgenstunden. Die LASK-Spieler haben die Initialen ihres Vereins inzwischen schon abgekürzt auf: Linzer Athletiker Sind Könige.

Als Wochen später die offizielle Ehrung der Mannschaft durch die Stadt Linz stattfindet, ist die Meistermannschaft schon wieder Geschichte: Kozlicek und Blutsch haben den Klub verlassen …

Vierzig Jahre nach dem größten Erfolg der Vereinsgeschichte sitze ich mit Heribert Trubrig in einer Pizzeria in der Linzer Innenstadt. 70 Jahre wird der ehemalige rechte Verteidiger in diesem Jahr, aber immer noch wirkt er jung, fast ein wenig bubenhaft. Sein Humor ist von einer Feinheit wie seine Technik, die ihn auf dem Spielfeld ausgezeichnet hat. Worin er die Gründe für den damaligen Erfolg sieht?

Aus der Kombination zweier großer Trainer: „Das Spielerisch-Sportliche hat sehr stark Karl Schlechta geprägt – und dann ist der Bufka gekommen und hat uns rennen lassen". „Wir haben aber auch auch unsere Gaudi gehabt", erinnert sich Trubrig und erzählt, dass die Mannschaft nach dem Training oft zusammen gesessen sei: „Wir waren eine verschworene Gemeinschaft, das bringt so viel, wenn ein jeder für jeden rennt". „Es war unwahrscheinlich damals", meint Trubrig mehrmals, was die Mannschaft damals zustande gebracht habe. Und tatsächlich: Vom 5. 12. 1964 bis zum 15. 9. 1965 (EC-Niederlage gegen Gornik Zabrze) bleibt der LASK bei insgesamt 41 Spielen hintereinander (16 Meisterschafts-, 7 Cupspiele, 1 abgebrochenes Cupspiel, 13 Freundschaftsspiele, 4 Hallenspiele) ungeschlagen!

*Fröhliche LASK-Meisterfeier: Helmut Kitzmüller, Charly Chico, Dolfi Blutsch, Manfred Pichler*

Das ist bis heute Vereinsrekord. Und wurde wahrscheinlich in Österreich auch andernorts selten erreicht. Es ist das Ergebnis eines ausgeglichenen Kaders, der eine absolut starke Reservemannschaft hinter sich weiß (oft mit dem Innentrio: Kondert-Köglberger-Zechmeister), einer idealen Mischung aus routinierten Spielern und jungen Talenten (Zechmeister ist bereits 36, Köglberger gerade 19 Jahre alt). Die Mischung aus spielerischer Qualität und konditioneller Stärke, ein Quäntchen Glück in der Endphase der Meisterschaft – das ist der Stoff, aus dem diese einzigartige Mannschaft geformt war. Und der LASK dieser Tage war in einem gewissen Sinn auch ein FC Oberösterreich, gespickt mit ein paar zugkräftigen Ausländern: Liposinovic, Chico und Szabo. Spieler aus dem ganzen Bundesland waren vertreten – Mühlviertler (Pichler), Steyrer (Köglberger, Harreither), Linzer, Innviertler (Viehböck, Trubrig): ein Umstand, der dem Verein Anhänger aus allen Landesteilen brachte. Vielerorts traten damals an den Spieltagen in entlegenen Orten Fahrgemeinschaften auf, um auf die Gugl zu pilgern. Die Zuschauerzahlen der 60er Jahre können sich sehen lassen.

Diese Meistermannschaft hatte ein eindeutiges Profil mit identifizierbaren Typen. Die Vereinstreue der damaligen Spieler kann nur als legendär bezeichnet werden. Die elf Spieler, die im letzten Meisterschaftsmatch gegen die Vienna auf dem Platz standen, erreichten zusammen eine Vereinszugehörigkeit (spätere Jahre für den LASK eingerechnet) von unglaublichen 110 Jahren: Das ergibt einen Schnitt von zehn Jahren Vereinszugehörigkeit pro Spieler! (Bei Berücksichtigung aller 64/65 eingesetzten 19 Kaderspieler ergibt sich noch immer ein Schnitt von 8,5 Jahren Vereinszugehörigkeit pro Spieler!) Die Treue, sie war kein leerer Wahn.

Vierzig Jahre nach der gewonnen Meisterschaft blickt Heribert Trubrig mit Freude und Dankbarkeit zurück. Zwei Höhepunkte habe es in seinem Fußballerleben gegeben: 1960 das 1. Länderspiel gegen Spanien: „Ich als kleiner Wald- und Wiesenkicker vor 91.000 Zuschauern gegen Stürmerstar Gento, der keinen Stich gegen mich gemacht hat". Und dann den Meistertitel, den er noch höher einschätzt, weil es ein Erfolg war, „der nicht auf einem Spiel beruht", und: „vor allem hat uns das niemand zugetraut". Fein säuberlich, in makelloser Schrift hat Trubrig seine 450 Spiele für den LASK in ein Heft eingetragen – Meisterschafts-, wie Freundschaftsspiele. Noch heute grüßen ihn manchmal Unbekannte, wenn sie ihm auf der Straße begegnen: Ein schönes Gefühl sei das.

Manchmal treffen sie sich, die Kicker von damals, zum Schwelgen und Schmäh führen. Mehrere Sportkameraden sind leider schon verstorben: Cäsar Sabetzer, Chico, Sturmberger, Ferdl Zechmeister und einige andere.

Jahre nach dem Meistertitel – Gerhard Sturmberger agierte als Trainer bei Donau Linz – war die Mannschaft noch einmal zum Kicken gegen den Landesligisten zusammengekommen. „Ziehts euch warm an, jetzt bekommts ihrs kalt und warm", hatte „Stumperl" seine Schützlinge gewarnt. Umsonst: Die Altherrenmeistermannschaft gewann 4:2 …

Einen kritischen Satz sagt Heribert Trubrig noch, bevor wir auseinandergehen, ein Wort zur Linzer Fusion: „Das war der größte Fehler, der in der oberösterreichischen Fußballgeschichte gemacht wurde. Er hat nichts gebracht, außer, dass ein Verein gestorben ist".

Helmut Köglberger – Rekordtorschütze des LASK

# Der Star und sein Volk Von Rudolf Habringer

Im Herbst 1962, in einem Freundschaftsspiel von Amateure Steyr gegen Polizei Linz, scheint erstmals sein Name in einer Kampfmannschaft auf: Helmut Köglberger. Der knapp 17-Jährige trägt sich mit zwei Toren in die Schützenliste ein. Wenige Tage später debütiert er vor 400 Zuschauern in einem Meisterschaftsspiel der Regionalliga Mitte gegen Voest Linz. Als jüngster Spieler der Liga. Noch erscheint er dem Sportjournalisten als „zu jung und körperlich zu schwach"; es ist aber der Beginn einer großen Karriere eines der größten oberösterreichischen Sporttalente, die fast 20 Jahre lange andauern soll.

Schnell wird Köglberger Stammspieler der Steyrer Amateure, wo er gemeinsam mit den Talenten Willi Harreither und Karl Käfer kickt. In einem Vorbereitungsspiel im Winter 1964 schießt Köglberger der Staatsligamannschaft von SVS Linz zwei Tore, davon ein prächtiges Volleytor, kurz darauf bereitet er mit Amateure dem Stadtrivalen von Vorwärts ein 7:1 Debakel (1 Tor), wenig später wird Voest in Linz mit 3:0 besiegt, Köglberger steuert zwei Treffer bei. Das Interesse der Linzer Staatsligavereine für den Rohdiamanten ist endgültig geweckt. Die Steyrer Zeitung rügt die „Starallüren" des jungen Stürmers, als er einmal ein gar „aufreizendes Spiel" zeigt. Köglbergers verblüffende Erklärung: Er habe nur deshalb schwach gespielt, „um für seinen angestrebten Verein billiger zu werden …"

Am 16. Juli 1964 wechselt Köglberger dann für eine damals beträchtliche Summe und einem Handgeld von 40.000 Schilling zum LASK, mit dem er gleich im ersten Jahr Meister und Cupsieger wird. Nach einem starken Saisonbeginn – Köglbergers erstes Tor für den LASK bedeutet den Sieg im Meisterschaftsspiel gegen Innsbruck – fällt die Formkurve ab. Zu stark ist die Phalanx der vereinsinternen Stürmerkonkurrenten (das LASK-Urgestein Ferdl Zechmeister, die Team erfahrenen Viehböck und Sabetzer, die Ausländer Liposinovic und Chico, der torgefährliche Fürst, der junge Kondert). „Ein paar Arrivierte wollten mich halt nicht so schnell hoch kommen lassen", erzählt Köglberger später. Es habe teilweise hitzige Wortgefechte, manchmal sogar Ohrfeigen gegeben. Köglberger ist meist in der Reserve im Einsatz. Das aber mit Erfolg: Beim 7:1 gegen Sportclub gelingen gleich fünf Treffer!

*Helmut Köglberger war ein LASK-Glücksgriff.*

Bei der Weihnachtsfeier gesteht Köglberger einem Reporter Heimweh nach Steyr ein. Unter dem neuen Trainer Frantisek Bufka gelingen zwar einige Tore in den Vorbereitungsspielen, dann kickt

Köglberger aber wieder in der Reserve. Erst in der entscheidenden Endphase der Meisterschaft und in den Cupfinali ist Köglberger dabei. Beim größten Erfolg der Vereinsgeschichte spielt Köglberger lediglich im Vorspiel – aus disziplinären Gründen war er zwei Tage zuvor aus der Mannschaft gestellt worden.

Dennoch: Schon das erste Jahr für den LASK ist erfolgreich: 5 Tore in der Meisterschaft, 1 im Cup und 13 in der Reserve können sich sehen lassen. Ab jetzt ist Köglberger in der Ersten gesetzt.

Bald wird seine Spielweise – schnell, quirlig, schussstark, ehrgeizig, an sehr guten Tagen mit einem Hauch von Artistik – von den Fans angenommen, Köglberger avanciert zum Publikumsliebling.

Bei den ersten Europacupspielen des LASK (gegen Gornik Zabrze aus Polen) ist er dabei und erzielt ein Tor. 1967 steht er in der Elf, die im Cupfinale unglücklich gegen die Wiener Austria durch Losentscheid verliert.

Längst hat Köglberger auch seine ersten Teameinsätze hinter sich. Schon wenige Wochen nach dem Meisterschaftssieg spielt er an der Seite von Nemec, Hof, Grausam und Fiala in einem inoffiziellen Länderspiel unter Coach Edi Frühwirth gegen die Tschechoslowakei, bald darauf debütiert er offiziell gegen die Ungarn. Zwölf mal trägt Helmut Köglberger als LASK-Spieler den Teamdress, insgesamt wird er 28mal einberufen (vor allem in der Ära Leopold Stastny).

*Helmut Köglberger imponierte im österreichischen Nationalteam genauso wie beim LASK.*

Gute Stürmer sind gefragt – Köglbergers Treffer-
ausbeute, mehr als 40 Meisterschaftstore von 1964
bis 1968, wecken natürlich Begehrlichkeiten. 1968
ist es dann so weit. Köglberger landet bei der Wiener Austria, die sich unter Ernst Ocwirk anschickt,
den Meistertitel zurückzuholen. Erst schwirren nur
Gerüchte durch Linz, dann wird Köglberger mit
einem neuen Wagen gesehen, bald darauf wird der
Transfer bekannt gegeben. Ausgerechnet zu diesem
Zeitpunkt trifft der LASK auf der Gugl auf die Wiener Violetten. Köglberger, noch im Dress des LASK,
wird vom enttäuschten Publikum ausgepfiffen. In
einer Überreaktion verlässt er eigenmächtig das
Spielfeld und marschiert in die Kabine – so endet
sein letztes Spiel für den LASK mit einem Eklat. „So
kommt man auf Seite 1", rügt eine Zeitung die Dis-
ziplinlosigkeit auf dem Titel. Für die restlichen
Meisterschaftsspiele wird Köglberger intern
gesperrt und erhält eine Geldstrafe aufgebrummt.

Jahre später ist alles vergeben und vergessen. Im
Winter 1974, Köglberger hat mit der Austria zwei
Meister-, einen Vizemeistertitel und zwei Cuptitel
geholt sowie sich als Torschützenkönig (31 Tore)
den Bronzenen Fußballschuh erschossen, kehrt er
im Tausch mit Kurt Leitner zum abstiegsgefährdeten Tabellenletzten LASK zurück. Hier wird er mit
offenen Armen empfangen. Köglberger feiert die
Freigabe von der Austria mit Sekt: „Endlich bin ich
dort, wo ich hingehöre." In Oberbairing bei Altenberg hat er sich ein Haus gebaut, hier möchte er mit
seiner Familie bleiben. Angeblich schockte Köglberger den LASK-Präsidenten mit der Bemerkung, er
wolle von Austria weg, weil dort jedes Spiel gewonnen werden müsse: „Bei uns gibt's dieses Muss
doch auch", soll der verschreckte Präsident geant-
wortet haben. Gleich im ersten Spiel schießt
Köglberger (damals im Afrolook) das Siegestor

gegen Rapid und gewinnt damit im direkten Ver-
gleich mit Krankl und seinem Gegenspieler Sturmberger, in den Duellen gegen die ehemaligen Kame-
raden von der Austria gelingen ihm im Linzer Stadion alle drei Tore. Nach dem Tor zum 3:2 springt
Köglberger über die Barriere und liegt sich mit ent-
gegenstürmenden Fans in den Armen: „Der Star
und sein Volk, es war ein Begeisterungsausbruch,
wie er sonst nur noch in Südamerika üblich ist"
schrieb die Zeitung. Sogar der Schiedsrichter
musste warten.

Köglberger ist in Linz angekommen. Im gleichen
Jahr wird er mit 22 Toren erneut österreichischer
Torschützenkönig (davon erzielt er 13 Treffer für
den LASK und 9 für die Austria). Und mit dem
Abstieg hat der LASK nichts mehr zu tun, die Mann-
schaft belegt einen soliden 6. Platz.

Die folgenden Jahre sind von vielen Köglberger-
toren geprägt. Ein Spieler seines Kalibers ist immer
für ein Tor gut; die Stadtderbys mit der starken
Voest, die 1974 Meister wird, prägen in den folgenden Jahren die Szene. 1978 folgt nach 20 Jahren
Oberhaus der Abstieg in die 2. Division. Der Wiederaufstieg (mit einer Serie von 20 ungeschlagenen
Spielen) gelingt prompt, Köglberger holt sich mit
25 Toren auch den Titel des Schützenkönigs der
zweiten Liga.

Schon vorher ist Köglbergers Teamkarriere zu
Ende gegangen. Dem Spieler war es leider nie
gegönnt, sich mit dem Team für eine Endrunde zu
qualifizieren. Zu den Höhepunkten seiner Karriere
zählt eine Partie gegen Brasilien 1974 vor mehr als
120.000 Zuschauern in Sao Paolo. In einem seiner
letzten Teamspiele erzielt Köglberger im Linzer Stadion im Spiel gegen die Schweiz 1976 ein tolles Tor

aus 25 m. Ein Generationenwechsel hat sich vollzogen: Jetzt stürmen neben ihm Kreuz und Krankl, Spieler jener Generation, die 1978 bei der WM für Furore sorgen wird. Im November 1976 dann das letzte Länderspiel gegen Griechenland.

Beim LASK ist noch lange nicht Schluss. 1977 wird Köglberger als ein Mann „in allen Gassen" für zwei Tore gegen Ujpest Dozsa gefeiert, 1980 ist er noch einmal international in den Begegnungen gegen Nis dabei. Als Kapitän führt er die Mannschaft als 36-jähriger in die Saison 1980/81. In seinem letzten Derby gegen Voest wirkt er „flott und spritzig wie einst im Mai", gegen Admira erzielt er sein letztes Tor für den LASK. Am 13. 6. 1981 im Spiel gegen Sturm Graz erleidet Köglberger einen Muskelfaserriss – eine Woche später gibt er das Karriereende bekannt. Nach 283 Meisterschaftsspielen für den LASK, nach insgesamt 236 Meisterschaftstoren, davon 140 für den LASK (0,49 Tore pro Spiel!) hängt Heli Köglberger die Schuhe an den berühmten Nagel – und wird Trainer – erst als Spielertrainer bei Traun, später folgen Grieskirchen u. v. a.

Ein Jahr später ein Schock: Köglberger bricht zu Hause zusammen, kann nicht mehr reden, nicht mehr gehen. Erst Monate nach Entfernung eines Kopftumors in der Größe einer Orange steht fest, dass die Geschwulst gutartig ist. In der Zeit der schweren Krankheit lernt Köglberger Ehefrau Christina noch mehr schätzen: „Sie gab nie auf, war voller Zuversicht und hat mir Mut gemacht". Ein Jahr darauf geht für das Ehepaar Köglberger ein Wunsch in Erfüllung: ihr drittes Kind kommt zur Welt. Eine intakte Familie – das war es immer gewesen, was sich der „Heli" als Kind erträumt hatte. Als Besatzungskind, das den Vater – einen in Österreich stationierten USA-Soldaten – nie kennen gelernt hat, ist er bei der Oma in Sierning aufgewachsen und hat sich in schwierigen Jahren ganz nach oben gekämpft.

Jahrelang führte Köglberger als Geschäftsführer eine GmbH für Schanktechnik. Vor kurzem hat er sich zur Ruhe gesetzt. Den Fans des LASK wird er immer in Erinnerung bleiben – als quirliger Unruhegeist im gegnerischen Strafraum und als Rekordtorschütze des LASK.

*Einer der erfolgreichsten LASK-Torjäger aller Zeiten: Helmut Köglberger*

## Traurige Schicksale ehemaliger großer LASK-Fußballer
# Charly Chicos tiefer Fall
Von Hubert Potyka

Es waren die „goldenen" Sechziger-Jahre in der hundertjährigen Geschichte des LASK. Tolle Spiele, Massenandrang auf dem alten Platz in der Paul-Hahn-Straße, später im Linzer Stadion, Stars, die mit klingenden Namen und mit fußballerischen Leckerbissen Publikumsmagneten waren.

„Überall, wo wir in Oberösterreich aufgetaucht sind, hat man uns erkannt und auf den LASK angesprochen", haben sich die beiden verdienstvollen Ex-Internationalen Heribert Trubrig und Franz Viehböck in den vergangenen Jahren oft für mehr Konti-

nuität eingesetzt. Für Karl Daxbacher jetzt eine Selbstverständlichkeit. So wie Heribert Trubrig oder Franz Viehböck haben auch die meisten anderen Spieler dieser großen LASK-Ära das Leben nach dem Abpfiff ihrer sportlichen Karriere gemeistert. Einige sind aber auf der Strecke geblieben.

### Auf Chico war immer Verlass

Ein besonders tragisches Kapitel schrieb Carlos Lima. Auf dem Platz war „Chico" ein Schlitzohr, im Leben ein grundehrlicher Mensch. „Auf ihn war

*Fußball-Oberösterreich lag Charly Chico zu Füssen. Sein Leben nahm ein tragisches Ende.*

immer Verlass", erinnert sich Dolfi Blutsch an seinen Mitspieler in der Meistermannschaft 1965. Vor allem eine Szene bleibt ihm unvergessen: Nach einem bösen Foul von Vienna-Spieler Liener an Blutsch grinste Chico: „Bekommt Strafe." Kurz darauf ein Zweikampf Liener gegen Chico, der Wiener schreit auf und wird mit schmerzverzerrtem Gesicht vom Platz getragen. Chico mit todernster Miene zum Referee: „Der Ball, die Press, auf einmal schreien Au …" Da kam sogar dem Unparteiischen ein kurzes Grinsen aus …

„Es war einer der besten Deals in der LASK-Geschichte", denkt Otto Jungbauer noch heute gerne an den 10.000-Dollar-Kauf im Jahr 1962. „Charlys" Technik, sein Spielwitz, sein unbrasilianischer Kampfgeist waren eine Augenweide und haben wesentlich dazu beigetragen, dass der LASK 1965 als erster Bundesländerklub Meister und Cupsieger wurde.

Chicos genaues Geburtsdatum? – Das wusste nicht einmal er selbst.

Papierkram, Behördenwege, Gesetze – mit all dem wusste Chico nicht viel anzufangen. Darum musste er auch eines Tages für kurze Zeit seine Wohnung mit einer Zelle tauschen. Obwohl ihm immer wieder Aufschub gewährt wurde, wollte Chico den Vaterpflichten entkommen und keine Alimente für seine Linzer Tochter zahlen.

Fehlende Papiere waren auch die Ursache vieler erfolgloser Anläufe, nach Ende seiner Fußballkarriere endlich österreichischer Staatsbürger zu werden. Er versprach zwar spendenden Arbeitskollegen immer wieder, nach Wien, zur brasilianischen Botschaft zu fahren, um Papiere für den Staatsbürgerschaftsantrag abzuholen, auf dem Hauptbahnhof war aber meistens Endstation. Ein Bier mit Freunden war ihm wichtiger als ein Ausflug nach Wien.

## „Nicht einmal ein Zelt"

Der tiefe Fall begann gleich nach dem LASK-Meistertriumph und einem kurzen Trainer-Gastspiel (!) in der Landesliga, bei SV Traun. Aus dem einstigen Spitzenverdiener wurde rasch ein Sozialfall. Das viele Geld, das er beim LASK verdient hatte? „Ich habe es meiner Familie nach Brasilien überwiesen", fühlte sich Charly als vielfacher Hausbesitzer in der alten Heimat. Eine Geschichte, die dem einstigen LASK-Sektionsleiter Franz Enzenebner nur ein müdes Lächeln abgerungen hatte: „Der besitzt ja dort nicht einmal ein Zelt …"

Nach ein paar Gelegenheitsjobs und der Flucht in den Alkohol war für die einstige „braune Perle" zuerst im Quartier der Heilsarmee und später im Pflegeheim „Sonnenhof" auf dem Linzer Freinberg Endstation.

## Freunde und Bewunderer von einst?

Die meisten hatten ihn vergessen. Nur ehemalige Mitspieler aus guten alten LASK-Zeiten nicht. Vor allem Dolfi Blutsch setzte sich immer wieder für ihn ein, organisierte mit Otto Jungbauer ein Benefizspiel. Von einem Sperrkonto wurde in den letzten Jahren seines aufregenden Lebens mit ein paar Höhenflügen und noch mehr Tiefen die monatlichen Kosten abgebucht und ein Taschengeld an den schwer kranken Chico überwiesen.

Am 18. Juli 1984 starb das einstige Linzer Fußball-Idol. Zurück geblieben ist eine kleine Schachtel mit Fotos. Letzte Erinnerungen an glanzvolle Fußball-Tage.

# Genialer Torjäger entschied im Alleingang Spiele

## Hermann Fürst hat sein großes Talent verschleudert

Noch einsamer ist das Leben eines anderen LASK-Idols zu Ende gegangen, jenes von Hermann Fürst. Ein Vollblutstürmer, ein Naturtalent. Weil ihm aber Bier besser als hartes Training oder richtige Vorbereitung vor einem Match geschmeckt hat, blieb dem Oberösterreicher der Weg zur ganz großen internationalen Karriere versperrt.

Oft musste Fürst nach nächtlichen Zechtouren Stunden vor einem Spiel irgendwo vom Trainer oder Sektionsleiter aufgeklaubt werden. Sperren? Hohe Geldstrafen? Man nahm Launen und Ausrutscher in Kauf, weil jeder wusste, dass der ballverliebte Stürmer auf dem Platz im Nu hellwach war und alleine Spiele entscheiden konnte.

Um Fürst richtig zornig zu machen und in Fahrt zu bringen, hatten die damals auf dem alten LASK-Platz noch ganz nahe am Spielfeldrand stehenden Zuschauer bald ein wirkungsvolles Rezept herausgefunden. „Hermann, a Bier?", Hermann deutete mit der Faust in Richtung Publikum, um im nächsten Moment eine Bombe in Richtung gegnerisches Tor loszulassen. Meistens traf er auch.

*Hermann Fürst (links neben Zechmeister) hätte mehr aus seinem großen Talent machen können.*

## 33.000 Zuschauer auf der Gugl

Manchmal hat man Fürst nach dem Ende seiner Karriere bei einem Spiel im Stadion getroffen. Dort hat er dann von guten alten Linzer Zeiten geschwärmt. Besonders gerne erzählte er von jenem 3:3 am 31. März 1962 gegen den Wiener Sportclub vor fast 33.000 Zuschauern im nur für knapp 24.000 kommissionierten „Guglhupf". Ein Linzer Rekord, der bis heute und wahrscheinlich für ewige Zeiten hält. Karten wurden nur für 28.000 Fans verkauft. Der Rest? Eiserne Stadiontore wurden aufgebrochen, Menschen kletterten auf Bäume im benachbarten Garten und auf Stadion-Mauern, nur um ja das Match gegen die Dornbacher nicht zu versäumen.

*Oft genial: Hermann Fürst*

Paul Kozlicek (II) und Ferdl Zechmeister hatten ein 3:1 des nach 18 Runden auf Platz 1 vor Austria und Sportclub liegenden LASK herausgeschossen, ehe es am Ende ein 3:3 gab. Ein großes Match der mit Kitzmüller; Trubrig, Crnkovic, Oberparleiter; Sturmberger, Kozlicek I; Zechmeister, Kozlicek II, Fürst, Sabetzer und Höfer spielenden LASK-Elf.

LASK-Spiele gegen den Sportclub, egal ob in Linz oder Wien, waren in den Sechziger-Jahren Höhepunkte im österreichischen Fußball. Gleich in der ersten Runde der neuen Meisterschaft 1965/66 kamen über 25.000 Fans ins Praterstadion um die Linzer Sensationself zu sehen. „Trub-

rig und Köglberger, die Supermänner", stand am nächsten Tag in den OÖN über das 1:1, bei dem Kitzmüller grandios hielt und Pichler eine sensationelle Abwehrleistung bot. Gar nicht freundschaftlich ging's zwischen Sturmberger und dem kurz vorher zu den Wienern übersiedelten Blutsch zu. Ein böses Foul von „Stumperl" am früheren Klubkameraden brachte die Sportclub-Fans in Rage.

„Wiener nach Zechtour erfroren." Erst Tage später erfuhr man in Linz, dass mit dieser Zeitungsnotiz einer der größten LASK-Stürmer aller Zeiten gemeint war. Spaziergänger hatten den im Schnee liegenden Hermann Fürst entdeckt und brachten ihn ins Krankenhaus. Zwei Tage, nachdem ihm wegen Erfrierungen an beiden Händen die Finger amputiert werden mussten, starb Fürst mit erst 49 Jahren (!) an den Folgen eines Nierenversagens.

## Fünf Paar Schuhe für Fürst

Die Zwei-Zeilen-Meldung über seinen Tod war genau so kurz wie seine große Zeit als Fußballer, die bei Union Babenberg begonnen hatte. Als er zu SV Urfahr wechselte, bekam sein Klub als Ablösezahlung fünf Paar Fußballschuhe. LASK und Wacker Wien waren die nächsten Stationen. „Er war ein genialer Torjäger", erinnert sich Hans Kondert, der mit Fürst bis zum Meisterjahr 1965 zusammengespielt hatte.

In den Achtziger Jahren ist beim LASK noch einmal der Name Fürst aufgetaucht. Es war sein Sohn. Ein Riesentalent, doch leider hat er sich von seinem Vater nicht nur Fußballtricks abgeschaut. Der erhoffte Durchbruch ist Harry in Linz genau so wenig wie vorher bei der Wiener Austria gelungen.

# Sturmbergers Traumkarriere mit Schattenseiten

## Sogar für Pelé war der Linzer Weltklasse

Ein längeres, schöneres Leben nach seiner gro-ßen Zeit als Fußballprofi hätte sich auch Gerhard Sturmberger verdient. Er wurde mit 49 nur ein Jahr älter als Hermann Fürst.

„Machts keine Umständ' wegen mir", meinte Sturmberger, als er Anfang der sechziger Jahre als blutjunges Bürscherl vom ASK Klagenfurt nach Linz kam und sich mit LASK-Funktionären auf Woh-nungssuche begab. Ein kleines Untermietzimmer – mehr wollte er nicht.

Auch später, als „Stumperl" ein Star war und von Fußballexperten als bester österreichischer Libero der Nachkriegszeit nach Ernst Happel gefeiert wurde, blieb Sturmberger bescheiden, ging nie auf Distanz zu den Anhängern. Vor allem 1965, als der Prototyp des kompromisslosen Kämpfers beim damaligen 4-2-4-System mit Dolfi Blutsch die stärkste Läu-ferreihe der Liga bildete und die Linzer zum Titel trieb.

### Pelés Lob für „Stumperl"

Im Frühjahr 1965, beim 2:1-Sieg in Frankreich, zog Sturmberger erstmals den Teamdress an. Das letzte seiner 43 Länderspiele bestritt er 1973 beim 1:1 in Wien gegen Brasilien. Eines seiner besten lieferte der Linzer am 29. April 1970 in Rio de Janeiro. „Das

schönste Match seit langem", schrieb „O Globo" und pries Sturmberger als einen der Allerbesten auf dem Feld. „Dieser Österreicher war Weltklasse", urteilte sogar der große Pelé über Härte, Übersicht, Gerissenheit und Technik des LASK-Spielers nach dem 0:1, das von den Österreichern wie ein Sieg gefeiert wurde.

Sturmberger war auch ein Jahr später, am 11. Juli, beim 1:1 gegen den regierenden Weltmeister in Sao Paulo eine Stütze unserer Mannschaft. Ein toller Prestigeerfolg der Österreicher im Abschiedsspiel von Pelé, der auch das 1:0 erzielte, ehe Jara bei sei-nem Länderspiel-Debüt der Ausgleich gelang. Von Pelés hoher Fußballkunst fasziniert meinte Sturm-berger nach dem Match: „Er schaut auf die Beine des Gegners und zieht dann mühelos am Standbein vorbei. So einen wie Pelé gibt's kein zweites Mal."

*Spielten auch gegeneinander: Sturmberger (LASK) gegen Köglberger (Austria, links)*

Sturmberger war ein Schmähführer auf dem Rasen und abseits des Sports. „Selbst nach dem brutalsten Training haben wir mit ihm stundenlang lachen können", erinnern sich Manfred Pichler und Heribert Trubrig an die beinharten Tage in der Schneehölle von Obertraun, wo die Weichen für den Triumph in der Meisterschaft und im Cup gestellt wurden. „Wenn wir völlig fertig waren, hat uns der Gerhard mit seinem Blödeln rasch wieder aufgerichtet."

Sturmberger – ein Star zum Anfassen. Christoph Gross, Chirurgie-Primar am Linzer AKH und später Vereinsarzt der Voest-Fußballer, hat ihn als Jugendspieler auf der alten LASK-Anlage erlebt. „Er ist oft eine Viertelstunde vor seinem Training auf den Platz gekommen, hat mit uns geübt und uns Tricks gezeigt."

### Stastny riss die Geduld

Darum war Sturmberger auch bei Leopold Stastny so beliebt. „Wenn ich brauch a Hetz im Team, sag ich ‚Stumperl tu was'. Und alle biegen sich vor Lachen", hatte Österreichs legendärer Teamchef den ihm gegenüber stets loyalen Sturmberger in sein Herz geschlossen. Genau so geschätzt wurde er von Mitspielern, auch wenn mancher Opfer seiner Schmähs geworden ist. Etwa der Voestler Rudi Horvath, der vor dem 6:0 gegen Irland in Linz als möglicher Sturmberger-Ersatz als Teamlibero gehandelt wurde.

„Geh Horvath, du kannst doch net sagn, dass der Stastny ein Depp is", schimpfte Sturmberger bei einem Spaziergang des Teams so laut, dass es Stastny hören musste. Weil der Teamchef nicht reagierte, legte der Mannschaftskapitän noch lauter

werdend eins nach: „Du kannst do net schon wieder sagn, dass der Stastny ein Depp ist …"

Da riss Stastny die Geduld. Er stauchte Horvath zusammen, kündigte seinen Rausschmiss an und ließ keine Verteidigungsrede zu. Sturmberger beruhigte die aufgeheizte Stimmung: „Trainer, es war eh nur a Schmäh." Auch wenn es nicht „Stumperls" allerbester war, hielt sich der Teamchef den Bauch vor Lachen.

### Bruno Kreiskys Irrtum

Einmal hielt Sturmberger auch Bruno Kreisky am Schmäh. Als die Linzer im November 1970 am Bahnhof Feldkirch aus dem Zug stiegen, um zum Meisterschaftsspiel in Bregenz weiter zu fahren, trafen sie den Bundeskanzler. Der, von seinem Sekretär falsch beraten, dachte, er habe Eishockeyspieler des KAC vor sich. „Ihr seid ja Riesen, so habe ich mir Eishockeycracks immer vorgestellt. Viel Glück für euer Spiel in Feldkirch!" Ob man im Eishockey auch „Gut Holz" sagt, wollte Kreisky beim Abschied noch wissen. „Klar, weil wir mit Stecken zuschlagen", hatte Sturmberger mit dem Kanzler seine Hetz.

> **Einen besseren Kumpel hast du dir nicht wünschen können.**
> Dolfi Blutsch über Gerhard Sturmberger

„Einen besseren Kumpel hast du dir nicht wünschen können", denkt Dolfi Blutsch gerne an die Zeit mit Sturmberger zurück. „Er war ehrlich und auch großzügig." Manchmal zu spendabel. Obwohl er nach seiner 14 Jahre dauernden großen Zeit beim LASK 1973 noch zwei Saisonen bei Rapid aufspielte, blieb ihm nichts. Keine Wohnung, kein Geld.

Für heutige Verhältnisse hat Sturmberger allerdings auch nie viel verdient. Nur einmal trieb er das Handgeld in die Höhe. „Du, die Bremer wollen mich unbedingt haben", verriet Stumperl einem befreundeten Reporter, der die Meldung, ohne in Bremen nachzufragen, als Aufmacher auf der Sportseite brachte. Noch am selben Tag zitierte Rudolf Trauner seinen Star ins Büro und rückte statt des ausgemachten Handgeldes von 40.000 Schilling um 20.000 mehr heraus.

Bremen? Es war eine Zeitungsente.

### Höchstnote bei der Misswahl

Während und auch nach dem Karriereende war Sturmberger bei Festen oder Misswahlen ein gefragter Mann. Als er einmal der größten Außenseiterin die Bestnote 6 gab, stieg dem damaligen Missenmacher die Zornesröte ins Gesicht: „Warum gerade die? Die darf doch nie gewinnen", fuhr Erich Reindl zornig sein Jurymitglied an. Stumperl trocken: „Geh, Erich, die verdient doch schon allein für den Mut, dass sie hier mitmacht, die Höchstnote."

Fehlentscheidungen auf dem Fußballrasen nahm Sturmberger meist ohne große Emotionen hin. Nur ein Mal trieb ihn beim Spiel gegen Irland der CSSR-Unparteiische zur Weißglut. Nachdem der Tscheche wieder einmal eine umstrittene Entscheidung getroffen hatte, schimpfte Sturmberger: „Heast, du bist ein schöner Trottel!"

### Rot für unseren Teamkapitän?

Aber nein, der Referee revanchierte sich ganz anders. „Du sein schiacher Trottel", pfauchte der Tschechoslowake. Sturmberger war sprachlos. Erst nach dem Spiel erfuhr er, dass der Schiedsrichter im

Hauptberuf Angestellter seiner Botschaft in Wien war und Deutsch sprach.

### Vergleich mit Beckenbauer

Sturmbergers letzte Fußball-Stationen waren Donau Linz und der Kärntner Klub SC Ebental. Dorthin zog er sich nach der gescheiterten Ehe, dem Verlust des Jobs und der Bekanntschaft mit einer neuen Lebenspartnerin zurück. Bis kurz vor seinem Tod trainierte er noch die Ebentaler, deren Obmann mit ihm vor dem Wechsel nach Linz bei ASK Klagenfurt in einer Elf gespielt hatte.

Am 15. Jänner 1990 starb einer der beliebtesten LASK-Fußballer, den das Fußballmagazin „Kicker" in seiner besten Zeit sogar mit Franz Beckenbauer auf eine Stufe gestellt hatte, im 50. Lebensjahr in Klagenfurt an den Folgen einer Lungenentzündung. Sein Organismus war von einer Lebererkrankung schon seit Wochen arg geschwächt.

Wie schnell Ruhm verblasst, sah man bei Sturmbergers Begräbnis. Weder ein Vertreter des ÖFB noch ein Funktionär des LASK erwiesen ihm die letzte Ehre. „Nicht einmal ein Kranz kam aus Wien oder Linz", konnten es Dolfi Blutsch und Helmut Köglberger nicht fassen, dass einer aus der erfolgreichsten LASK-Ära so schnell vergessen wurde.

Andere Spieler der Meistermannschaft 1965 wurden ebenfalls nicht alt. Rudolf „Cäsar" Sabetzer, Entdecker von Herbert Prohaska, erlitt im Juli 1983 als erst 48-Jähriger bei einer Wanderung in Grünau an seinem ersten Urlaubstag einen tödlichen Herzinfarkt, Luka Liposinovic starb in Zagreb nach zwei Herzinfarkten und Paul Kozliceks plötzlicher Tod gab Rätsel auf.

### Chico oder: Das Ende einer Legende

# „500 Schilling, und wir vergessen es ..."

Von Walter Kohl

*Goldener LASK-Einkauf: Chico bei seiner Ankunft in Wien*

In einer sehr intensiven und spannenden Phase meines journalistischen Berufslebens habe ich ein kleines Großraumbüro (oder ein sehr großes Normalbüro, je nach Sichtweise) mit dem Kulturredakteur einer Lokalzeitung, dem Fotografen dieser Zeitung und dem Leiter des Sportressorts geteilt. Ich selbst war als Lokalredakteur zuständig für die großen und kleinen Ereignisse in fast einem Dutzend Gemeinden rund um Linz. Meist waren es kleine bis sehr kleine Ereignisse, muss man der Ehrlichkeit halber sagen.

Die Sozialkontakte in diesem Büro waren von einer enormen Vielfalt. Da saßen oft stundenlang Besitzer kleiner Galerien am Schreibtisch und redeten auf den Kulturredakteur ein, er müsse unbedingt am Wochenende zur Vernissage kommen und auch einen Fotografen mitbringen, denn der große berühmte Maler Ernst Fuchs persönlich werde erscheinen. Zugleich rackerte sich der Sportressortleiter mit Federball-Funktionären und Skibob-Lokalmatadoren ab, die sich von der Zeitung stiefmütterlich behandelt fühlten, und ich telefonierte dauernd mit irgendeinem Gendarmerieposten, um endlich zu erfahren, ob es beim Unfall am Wochenende nun Verletzte gegeben habe, und wenn ja, welcher Art die Verletzungen seien.

Und daneben fluchte der Fotograf, weil er am Wochenende bei fünf Bällen Fotos geschossen hatte, und die Redakteure verwarfen wieder einmal all die Bilder der sexy süßen Tanzmäuse in ihren Ball-kleidern, die er massenhaft geschossen hatte, sondern nahmen die Aufnahmen, auf denen die Bürger-meister und die Raiffeisendirektoren mit ihren in aller Regel weder sexy noch süßen Gattinnen bedeu-tungsschwer Gesellschaftstanz darstellten.

Den nachhaltigsten Eindruck dieser Bürogemein-schaft mit einem Sportjournalisten hinterließen aber nicht die Funktionäre mit ihren Tabellen und die jungen Burschen aus der Feldcross-Szene, die sich beschweren kamen, wenn der Sportressortleiter wieder einmal nichts oder zumindest zu wenig, viel zu wenig über das Rennen auf dem Acker des Huber-Bauern am vergangenen Wochenende berichtet hatte. Nein. Am eindrucksvollsten war die Begegnung mit einer Fußballgröße. Einem Mitglied der Meistermannschaft von 1965.

Ein kleiner dunkler Mann stand gegen Mittag in unserem kleinen Großraumbüro, mehr dunkelgrau als braun, zerfurchtes Gesicht, in schmuddeliger Kleidung und schlecht riechend. Der Sportredakteur sprang auf, weil er ihn sofort erkannte, im Gegensatz zum Kulturmann und zu mir. Es war Carlos Lima, bekannt und einst berühmt als Chico. Er schien zor-nig zu sein, aber auf eine seltsame Art: Man merkte ihm an, dass er sich aufregen wollte, dass ihm etwas nicht passte, aber zugleich getraute er sich offen-sichtlich nicht, laut zu werden. Eher demütig, wie ein Bittsteller, brachte er seine Beschwerde vor.

Das Sportressort hatte in einer der jüngsten Aus-gaben einen Bericht über ihn gebracht. Carlos Lima war damals schon jahrelang ein Sozialfall. Das letzte, was man von ihm wusste, war, dass er im Schlacht-hof als Hilfsarbeiter tätig war, gegen eher bescheide-nes Entgelt. Der aktuelle Bericht stellte dies so posi-

tiv wie nur irgend möglich dar, in dem Sinne, dass der Abstieg des einstigen Superkickers gestoppt sei, denn Chico habe nun allem Anschein nach eine dau-erhafte, feste Anstellung. Beim Artikel stand ein Bild, das zu jener Zeit in regelmäßigen Abständen durch die Printmedien ging: Chico im Schlachthof, in meiner Erinnerung an einer Schweine- oder Rinder-hälfte lehnend, mit einer Schürze. Und das auffäl-ligste, das mir von diesem Bild im Gedächtnis geblieben ist: Er trug einen dieser Fleischerhand-schuhe, die aus Metallteilchen geflochten sind, wie die Kettenpanzer mittelalterlicher Ritter. Die sollen den Fleischer davor schützen, sich mit den scharfen Messern einen oder mehrere Finger der eigenen Hand abzuschneiden.

Ich habe wahrscheinlich während der folgenden Szene dauernd mit Gendarmen oder Lokalpolitikern telefoniert, darum bekam ich die Sache nur halb mit. Es sah so aus, als arbeite Chico gar nicht mehr im Schlachthof, und er beschwerte sich nun, dass man ihn überall wegen dieses Bildes ansprach, das doch gar nicht mehr aktuell sei. Am Ende sagte Carlos Lima, der begnadete Fußballer von einst: „500 Schil-ling, und wir vergessen es ..." Und der Sportressort-leiter drückte ihm ein paar Scheine in die Hand, woraufhin Chico leise grüßte und ging.

*Alle mochten Chico, im Bild mit Enzenebner und Trauner.*

*Auch diese LASK-Mannschaft bereitete den Fans oft Freude. Hinten von links: Trainer Skyva, Strebele, Sturmberger, Schmidt, Leitner, Samhaber, Kiesenebner, Masseur Bruckmüller; sitzend von links nach rechts: Bubernik, Pichler, Saurer, Enzenebner, Harreither, Leitner, Chico; hockend von links nach rechts: Wurdinger, Viehböck, Wieger, Bauer, Medvid*

Soweit meine Erinnerung. Die Realität war aber noch viel trauriger. Im Jahr 2005 habe ich mit dem einstigen Sportressortleiter gesprochen. Er konnte sich gleich an den Zwischenfall erinnern, obwohl der an die 20 Jahre oder länger zurücklag. Carlos Lima war damals, man muss es schlicht und einfach so sagen, betteln gekommen. Er hatte das Foto in der Zeitung gesehen, war in die Redaktion marschiert und wollte zuerst so was wie ein Honorar für das Bild. Als ihm der Redakteur erklärt hatte, dass Honorare für Bilder nur dem Fotografen zustünden, hatte Chico leise angefragt, ob der Journalist nicht ein paar Hunderter übrig habe – schließlich kenne man sich ja noch aus besseren Zeiten. Der Ressortleiter hatte nicht lange überlegt

und Chico Geld zugesteckt. Nicht 500, sondern 300 Schilling.

Ja, so desillusionierend ist das Leben als Lokaljournalist. Nicht einmal der Fuchs war gekommen. Der Kulturredakteur war tatsächlich zu der Vernissage gegangen, und er hatte den Fotografen mitgenommen. Sie waren zweieinhalb Stunden gesessen und hatten auf den berühmten Ernst Fuchs gewartet. Der zeigte sich jedoch nicht. Als das Buffet ratzekahl leer gefressen war, hatten sie aus Höflichkeit noch eine Viertelstunde gewartet und waren dann gegangen. Und das alles abgerechnet mit einem Überstundenpauschale, die Arbeit an einem Wochenend-Abend hatte ihnen nicht einmal ein paar Überstunden-Schillinge gebracht.

# „Hinter dir sitzt der Harreither!"

Von Walter Kohl

Im Jahr, in dem der LASK österreichischer Fußballmeister wurde, habe ich begonnen, regelmäßig Wirtshäuser zu besuchen. In dem einen Gasthaus konsumierten wir Zwölf- und Dreizehnjährigen Schmalzbrot und Cola. Die Schmalzbrote waren riesige Scheiben von Bauernbrot-Laiben, das Schmalz darauf eine dicke Schicht, und massenhaft durchsetzt mit diesen köstlichen, aber wahrscheinlich höchst ungesunden geleeartigen braunen Klumpen. Echtes Bratenfett eben, damals gehörte der Schweinsbraten neben dem Wiener Schnitzel noch zum Standard-Angebot eines jeden ordentlichen Wirtshauses. Das Schmalzbrot kostete zwei Schilling, eine Flasche Cola drei.

Wenig später begannen wir Buben, Bier zu bestellen. Und natürlich auch zu trinken. Ich erinnere mich an eine zweistündige Mittagspause im Wirtshaus, auf die eine ebenfalls zweistündige Unterrichtseinheit in Bildnerischer Erziehung folgte. Die Details erspare ich mir, nur soviel: Der Lehrer hat mehr gelitten als wir. Das Bier vom Zapfhahn kostete im Gasthaus vier Schilling. Das sind nicht ganz 29 Cent. Heute bekommst du in einem normalen bürgerlichen Gasthaus um zehn Euro drei Halbe Bier. Damals hättest du um dieses Geld 34 Halbe und ein Seidel Bier bekommen. Die ganze Klasse von Dreizehn- und Vierzehnjährigen wäre besoffen gewesen, hätte sie damals um zehn Euro Bier konsumiert. Was ich nicht verstehe: Die Fünf-Schilling-Tafel Milka kostete – no na – fünf Schilling, heute kostet sie umgerechnet neun Schilling. Bei gleicher Preisentwicklung wie beim Bier müsste die Fünf-Schilling-Tafel heute an die vier Euro kosten.

Weil das eine Wirtshaus, das mit den Schmalzbroten, viel zu nahe am Schulgebäude stand, und weil man besonders im sommerlichen Gastgarten jederzeit in Gefahr war, von einem zufällig vorbeikommenden Lehrer mit einem Glas Bier erwischt zu werden, spazierten wir ab Beginn der Gastgartensaison zwecks Biertrinkens eine Viertelstunde donauaufwärts und ließen uns im Garten des Gasthauses „Zur Alm" nieder. Wer dieses Buch liest, ist wahrscheinlich ein LASK-Fan, und der weiß natürlich, dass der alte Wirt, Gott hab ihn selig, der Banwinkler senior, ein ausgesprochener Freund und Förderer des LASK war.

Mit Fußball habe ich als Kind und Jugendlicher nicht viel im Sinn gehabt. Ich war ein unsportliches Kind, und die endlos langen Fußballspiele während des Turnunterrichts im Sommer waren eine Qual. Die anderen Knaben im katholischen Knabeninternat waren seltsamerweise ganz verrückt nach Fuß-

*Vom LASK ins Team: Harreither*

*Fangsicher: Harreither in einem Derby gegen Voests Kottan. Rechts Starek.*

ballspielen, und zwar fast alle, außer mir und noch ein paar anderen, die wegen akuter Unsportlichkeit am Turnunterricht litten. Die Fußballer bedrängten bis in den November hinein den Turnlehrer, den Unterricht im Freien abzuhalten, damit sie nur ja spielen konnten.

Eine Zeitlang hatten wir einen alkoholkranken Turnprofessor. Manchmal, wenn eine Doppelstunde Turnen nachmittags anstand, legte die ganze Klasse ein paar Schilling zusammen, wir kauften eine kleine Flasche Inländer-Rum bei der Greißlerei neben dem Internat und überreichten den Schnaps an den Professor. Welcher erwartungsgemäß verschwand und die Klasse für den Rest des Nachmittags sich selbst überließ. Die Fußballer spielten ihr Spiel, und wir Unsportlichen spazierten in die nahe Donau-Au und rauchten ein paar Smart Export. Bis nach Stunden ein Präfekt auftauchte und die Zöglinge in die Studierstuben zurück blaffte.

Dass der LASK kurz vor Ferienbeginn, am 3. Juli 1965, Meister wurde, habe ich mit hoher Wahrscheinlichkeit mitbekommen. Erinnern kann ich mich nicht wirklich daran, aber die vielen Fußballverrückten in der Klasse müssen davon ja ständig geredet haben, sodass es mir nicht entgangen sein konnte. In den Ferien habe ich meine neue Fertigkeit – das Biertrinken im Lokal wie ein Großer – ein paarmal mit den Freunden im Dorf geübt, in dem ich aufgewachsen bin. Und im September ging es so weiter: An schönen Nachmittagen marschierte die kleine Gruppe von sich erwachsen wähnenden Gymnasiasten hinaus zum Banwinkler und genehmigte sich eine Halbe Bier oder zwei. Die kostete da übrigens schon vier Schilling und fünfzig Groschen.

Es war so ein sonniger Septembernachmittag. Das Laub der Kastanienbäume begann allmählich, sich zu verfärben. Vom Gastgarten ging der Blick auf die Drahtseilfähre, die „fliegende Brücke", und auf das Ottensheimer Schloss, das damals nicht weiß gestrichen, sondern von einer undefinierbaren graubraunen Farbe war. Wir waren jung und stark, oder fühlten uns zumindest so, mit den Biergläsern am

Tisch. Wir redeten über dies und das. Auf einmal sagte einer: „Weißt du das eigentlich: Hinter dir sitzt der Harreither."

Ich drehte mich um. Ein paar Männer, sehr erwachsene Männer aus meiner Perspektive, saßen um den Nebentisch. Meine Fußballer-Mitschüler sagten leise ein paar Namen auf. Ich habe diese Namen vergessen. Nur den Harreither habe ich mir gemerkt. Und dass Chico und Köglberger nicht dabei waren, da bin ich mir sicher. Die Anwesenheit dunkelhäutiger Menschen in einem Landgasthaus, Mitte der 60er Jahre, das wäre mir im Gedächtnis geblieben. Meine Klassenkameraden waren vor Ehrfurcht erstarrt. Ich begriff es nicht. Oder begriff doch, aber etwas ganz anderes: Dass es noch andere Welten gab außer jenen, in denen ich mich bis dahin bewegt hatte.

Doch um die Faszination von Fußball nur begreifen zu können, von erleben gar nicht zu reden, hätte ich in eine andere Welt wechseln müssen. Das wäre mir aber in jenem Alter, etwa mit 13 Jahren, viel zu viel gewesen, weil ich sowieso schon den Kosmos, in den ich hineingeboren worden war, verlassen hatte und mich in einem völlig anderen nicht zurechtfand, noch nicht zurechtfand. Ein weiterer neuer Kosmos würde mich schlicht und einfach überfordern, fürchtete ich.

Mein erster Kosmos war die Welt eines Bauerndorfes gewesen, in dem sich zusehends Industriearbeiter ansiedelten. In diesem Soziotop war ich ein Außenseiter. Aus diversen privaten Gründen, auf die ich nicht eingehen will. Und dann vor allem deshalb, weil ich als einziger aus dem Dorf eine Privatschule besuchte, ein katholisches Gymnasium noch dazu. Und weil ich, statt mich ab zwölf oder dreizehn mit dem Auffrisieren von Mopeds zu beschäftigen, und mit eben diesen Hobeln – ohne Nummerntafel und Versicherung – dann auf den Güterwegen in Richtung Donau-Au herumzukurven, entweder lernte, so abstruse Dinge wie Latein und Altgriechisch, oder wie ein Verrückter las.

Ich schlang alles in mich hinein, was ich erreichen konnte. Das eher spärlich bestückte Bücherregal meiner Eltern, und bald natürlich Karl May. Den Höhepunkt dieses unreifen Lesens von Büchern, für die ich viel zu sehr Kind war, um wirklich etwas zu verstehen, erreichte ich, als ich begann, die sogenannte Schulbibliothek der örtlichen Volksschule durchzuackern. Der Bestand war bescheiden, vielleicht 30 oder 40 Bücher, aber ich lieh sie mir der Reihe nach vom Schuldirektor aus, der sich freute, dass sein Vorzeige-Schüler so bildungshungrig war. Ich habe alle seine Bücher gelesen, aber erinnern kann ich mich nur an eines: Den Simplicissimus von Grimmelshausen. Da war ich noch Volksschüler, als ich ihn das erste Mal las.

Ich verstand die Geschichte nicht, und die Sprache auch nicht, aber irgendwie war ich doch begeistert von dieser 300 Jahre alten Erzählung. Wie sich der Held so vor dem Wolf fürchtete, das korrespondierte mit meiner Angst vor dem Wald und der Dunkelheit, und wie er die fremden Reiterkrieger dann für Wölfe hielt, das fand ich witzig. Und die Szenen, wo die Kriegsknechte den Leuten mit Gewalt Urin einflößten – das war was ganz was anderes als die faden Schwarz-Weiß-Serien, die ich im Fernsehen anschauen durfte. 20 Jahre später habe ich eine schöne in Kunstleder gebundene Ausgabe bei der Versandbuchhandlung Hinterberger erstanden und den Simplicissimus noch einmal gelesen, oder eigentlich: endlich richtig gelesen, und war fasziniert. Und erstaunt, welch fanatischer Leser ich als Zehnjähriger gewesen sein musste, um mich durch diese 430 Seiten zu arbeiten.

Mit dem Wechsel an das humanistische Gymnasium ploppte ich auf einmal in ein anderes Universum. Vom subproletarischen Simplicius, der wahllos Geschriebenes konsumierte, wechselte ich zu dionysischer Berauschung an Bildung, klassischer Bildung. Ich las die Erzählungen, die Narrative der Klassik nicht so, wie sie uns die Lehrer darstellten, sondern so, wie ich sie erzählt haben wollte. Obwohl uns die Professoren eigentlich apollinische Strenge und Klarheit vermittelten, war mein Zugang zu Homer, Ovid, Schiller, Goethe und so weiter ein dionysischer. Das merkte ich erst Jahrzehnte später, bei einem verblüffenden Erlebnis.

Ich besuchte eine Lesung litauischer Autoren in Rohrbach im Mühlviertel. Ein junger Dichter, von mir aus gesehen jung, so um die 30 dürfte er gewesen sein, trug etwas vor, das ich nicht verstand. Nicht, weil es so kompliziert oder vertrackt gewesen wäre, sondern weil er seine Werke auf litauisch vorlas. Mitten im Text hob er die Stimme und kotzte ein tiefes dumpf vibrierendes Geheul aus sich heraus, vielleicht eineinhalb Minuten lang. Ich und die zehn oder zwölf Rohrbacher Literatur-Feinschmecker, die zur Lesung gekommen waren, schreckten für einen Moment hoch aus dem dämmrigen Halbschlaf, in den wir alle gefallen waren, und lauschten diesem langhaarigen Dichter für den Rest seines Vortrags mit Aufmerksamkeit.

Dieses Heulen hatte mich irgendwie aufgeregt. Es hatte mit irgendwas eine Resonanz, mit etwas, das mir nicht bewusst war. Danach, beim Bier am kalten Buffet, fragte ich den Litauer, was sein Geheul zu bedeuten gehabt habe. Es ist der Schrei des Dionysos, sagte er, mit aller Selbstverständlichkeit, the cry of Dionysos, und holte sich zwei weitere Brötchen mit Lachs und Oberskren. Da fiel es mir ein, was meine Resonanz dazu war. Meine dionysischen Jahre waren es, damals im Knabeninternat. Xenophon, Werther, Grabbe, Sturm und Drang.

Ich las nach wie vor wie ein Besessener. Grass, Böll, Sartre. Und Camus. „Der Fremde". Heute noch fühle ich den Geschmack der Camus-Lektüre. Eine unwiderstehliche Bitterkeit, so schmeckte es damals für mich. Ich werde „Der Fremde" und „Der Ekel" nicht wieder lesen, um mir diese Erinnerung nicht selbst zu zerstören. Bei Kerouac habe ich es getan, das Wieder-Lesen, und es hat zu einer enormen Ent-Täuschung geführt. Aber zurück zu den großartigen Tagen in den 60ern. Alles war neu, alles war aufregend. Der Geist von Bildung brauste wie ein Sturmwind durch mein Kinder-Leben, der berauschende Aspekt der Aufklärung umtoste den Alltag. Ja, ich war „Der Fremde". Ich ging durch das Bauern- und Arbeiterdorf, aus dem ich stamme, und verstand nicht, nicht mehr, wie es funktionierte, was es ausmachte, und vor allem: was es mit mir zu tun hatte. Bis zu diesem einen Nachmittag.

Dieser eine Nachmittag, als ich mit den anderen im Garten des Gasthauses Banwinkler in Wilhering, Ortsteil Ufer, hockte, und am Nebentisch, Rücken an Rücken mit mir, saß der Tormann des österreichischen Fußballmeisters. Es löste einen Absturz aus, einen gewaltigen Sturz aus dem Bildungskosmos in das wirkliche Leben. Weil Harreither da saß, und weil alle anderen Dreizehn- und Vierzehnjährigen total elektrisiert waren. Wie gelähmt vor Ehrfurcht und Bewunderung. Und weil keiner von ihnen die Spieler angesprochen hat. Vielmehr haben sich alle bemüht, die Fußballstars ja nicht anzustarren.

Ich hätte sie sowieso nicht angesprochen. Die anderen taten es nicht, weil es ein Ausdruck von Nicht-Lässig-Sein gewesen wäre, etwas, das meine Teenagerkinder heutzutage „uncool" nennen. Außerdem war das seinerzeit noch nicht so sehr in Mode, dass man einen Star um ein Autogramm angeht. Am wahrscheinlichsten ist wohl, dass sie sich nicht getraut haben.

Die Stars leibhaftig zu sehen und die tiefgehende Wesensveränderung wahrzunehmen, die in ihren Verehrern vorging, das war meine Initiation in die Welt des Populären. Der Nachmittag im Gastgarten war der letzte Anstoß für mein Hineinfallen in das nächste Universum. Es war ein Sturz aus dem Bildungskosmos in die Popkultur. Eigentlich war es mehr eine seltsame Schleifenbewegung, denn es war einerseits ein Sturz, ja, andrerseits aber ein Höhenflug, hinauf in Bereiche des Sich-Gut-Fühlens, in denen ich manchmal heute noch schwebe. Und schuld daran war Harreither, wie er an seinem Bier nuckelte im Gastgarten des Gasthauses „Zur Alm" in Wilhering, Ortsteil Ufer.

Vergiss die Klassik! Ich las Kerouac, Ginsberg, Bourroghs, ich hörte Stones und Who und Kinks. „Arthur or the Decline and Fall of the British Empire". Die große weite Welt brach ein in die miefigen Bauerndörfer entlang der Donau. Ein Freund, ein sehr gutbürgerlicher Freund aus einer Klasse unter mir, dessen Vater für die UNO in der ganzen Welt im Einsatz war, besaß wahre Schätze: Er stahl seinem Vater bei dessen raren Heimaturlauben jedesmal ein paar Schachteln Zigaretten, die wir dann im Park neben dem Sportplatz rauchten. Was für ein Gefühl, in dieser Smart-Export- und Hobby- und Falk- und Dames-Einöde ein Päckchen Rothmans King Size oder John Player Special in Händen

zu halten. Dieses Schwarz-Gold der John Player! Dieses unvergleichliche Blau der Rothmans-Packung!

Und noch einen viel wertvolleren Schatz hatte dieser Freund: Er stahl seinem Vater auch immer wieder Playboy-Hefte. Und zwar die amerikanischen Ausgaben, in denen man alles, buchstäblich alles sah … Das war nun doch etwas ganz anderes, als die Rubens-Nackten in den Büchern des Professors für Bildnerische Erziehung, und auch etwas ganz anderes als die Bauernmädchen, an die wir uns manchmal, wenn wir Glück hatten, in den Büschen an der Donau anschleichen konnten, wenn sie sich zum Schwimmen umzogen.

Wohin nur sind entschwunden alle diese Jahre! Die Desillusionierung kam schnell, viel zu schnell. Gerade hatte Roger Daltrey noch gesungen, dass er zu sterben hoffe, bevor er alt werde, schon stelzte er als Rock-Business-Großunternehmer in den besten Jahren über die Stadionbühnen der Welt. Ich habe Kerouac als Erwachsener wieder gelesen, wie gesagt, und es war eine Enttäuschung. Der wilde Geschmack von Freiheit und Rebellion, den ich als Teenager gespürt hatte, entpuppte sich zwei Jahrzehnte später als wehleidiges College-Boy-Gejammer. Mit der nur vagen Auflehnung gegen den dumpfen Anpassungsdruck hatten die Beatniks und die frühen Rockheroen nicht mehr geschafft, als dem System ins offene Messer zu laufen.

Sogar ein Satz aus „On the Road", an den ich geglaubt hatte, wirklich geglaubt, entpuppte sich als Illusion. Der Satz heißt sinngemäß (ich mag das Buch nicht mehr in die Hand nehmen, nicht einmal zum Suchen eines Zitats): „Wir alle erkannten, dass wir die einzige und einzig edle Funktion unserer Zeit erfüllten – in Bewegung zu sein". In Bewegung sein, das ist es, das ist genau mein Ding, habe ich jahrzehntelang geglaubt. Heute weiß ich, dass mich etwas anderes so unruhig und rastlos und unstet macht, als der Wille, in Bewegung zu bleiben: Es ist ein seit langem leicht überhöhter Blutdruck.

*Ein erfolgreiches LASK-Duo: Nafziger, Harreither.*

Die Desillusionierung blieb mir auch im Falle der Fußballstars nicht erspart. Konkret: im Falle der LASK-Heroen. Es muss Ende der 70er Jahre gewesen sein, Anfang Dezember. Ich war Lokalredakteur einer Wochenzeitung. An einem Samstagabend schickte mich die Redaktion zu einer LASK-Weihnachtsfeier, weil ich damals ziemlich nahe am Veranstaltungsort wohnte. Erraten, es war das Gasthaus „Zur Alm" in Wilhering, Ortsteil Ufer. Ich fuhr mit ein paar Freunden hin, trank draußen an der Schank ein kleines Bier, plauderte mit dem Banwinkler-Wirt und seinem ältesten Sohn. Meine Begleiter hatten wie ich keine Ahnung von Fußball. Wer denn der Star der Mannschaft sei, fragte ich sie, um diesen Star fotografieren zu können. Sie wussten es nicht,

nannten ein paar Namen, die ich zwar in Radio und Fernsehen schon gehört hatte, die aber nicht sehr glamourös klangen.

Dann ging ich hinein in den Saal mit den großen Fenstern zur Donau, in dem die LASK-Weihnachtsfeier stattfand. Die Stimmung war eher flau. Es gab wohl nicht viel zu feiern. Mein bleibender Eindruck von damals: Die lokalen Prominenten, von denen in den regionalen Zeitungen dauernd die Rede ist, sind auch nur ganz gewöhnliche junge Männer. Sie schienen zu leiden, während der offizielle Teil der Feier vor sich ging und ein Funktionär nach dem anderen seine hölzerne Ansprache vorlas. Auch ich litt. Denn was ich da sah, das waren entzauberte Helden der Popkultur in natura. Blasse Burschen, für mich namenlos geblieben, keine Stars, keiner tauglich zum Idol.

Erst später, als es zum informellen Teil der Weihnachtsfeier kam, tauten die Kicker auf und waren, was sie sind: Junge Männer mit unterschiedlich ausgeprägten und gezeigten Temperamenten. Ich machte Fotos von den Funktionären während ihrer Ansprachen. Dann nahm ich noch ein paar Schnappschüsse auf von sich zuprostenden Fußballspielern und von Fußballspielern, die das offizielle Geschenk auspackten und Überraschung sowie Freude vortäuschten. Dann ging ich hinaus an den Tresen, wo meine Freunde warteten, und trank noch ein Bier. „Und? Wie sind sie?", fragten die Freunde. „Eh normal", sagte ich. „Eh ganz normal."

Im Garten draußen, wo ich eineinhalb Jahrzehnte früher Rücken an Rücken mit Torwart Wilhelm Harreither gesessen war, lag verrottendes Kastanienlaub auf dem feinen Kies. Es war kalt. Schnee fiel in jenem Dezember keiner.

Was aus den Spielern von damals geworden ist

# Die Meistermannschaft

Von Rudolf Habringer

*Dieses Team sorgte 1965 mit dem Meistertitel nicht nur für eine österreichische Fußball-Sensation.*

**Helmut Kitzmüller**: Geboren 1940, Tormann. Spielte schon in der Staatsliga B für den LASK, 11 Saisonen dabei, insgesamt 188 Spiele, ein Länderspiel. Wechselte später zu Voest, wo der Aufstieg in die Nationalliga gelang. Arbeitete in der OÖ. Gebietskrankenkasse, lebt heute als Pensionist in Kirchschlag.

**Willi Harreither**: Geboren 1945, Tormann. Kam im Meisterjahr von Amateure Steyr zum LASK. Blieb 9 Saisonen, 162 Spiele, 13 Länderspiele. Frühzeitiges Karriereende wegen einer schweren Verletzung. Landesbediensteter bei der Baudirektion OÖ (Kremsbauleitung). Lebt heute als Pensionist in Linz.

**Heribert Trubrig**: Geboren 1935, Verteidiger. Spielte bereits mit 15 in der Ersten des SK Schärding. 10 Saisonen ununterbrochen beim LASK, 237 Meisterschafts-, insgesamt 450 Spiele. 10 Länderspiele (war u. a. beim legendären 3:0 in der „Decker-Ära" gegen Spanien 1960 dabei). Arbeitete bis zu seiner Pensionierung als Oberamtsrat in der Kulturabteilung des Landes. Lebt heute in Linz und Altenberg.

**Manfred Pichler**: Geboren 1942, Stopper. Mehrere B-Team-Einberufungen. Absolvierte in 7 Jahren 144 Spiele für den LASK. War bis zur Pensionierung OKA-Rayonsleiter in seiner Heimat Hellmonsödt.

**Gyula Szabo**: Geboren 1936, Verteidiger. Wurde als Angreifer geholt, war als Verteidiger erfolgreich. 4 Saisonen beim LASK, 70 Spiele. Wechselte nach Bregenz, später nach Wien. Studierte im zweiten Bildungsweg Jus in Wien, Beschäftigung in einer Anwaltskanzlei.

**Helmut Linossi**: Stopper. Ging als fix gesetzter Stopper in das Meisterjahr 1964/65, wo er sich gleich im ersten Meisterschaftsspiel eine schwere Verletzung zuzog, die seine Karriere praktisch beendete. In vier Saisonen spielte Linossi 38 Mal für den LASK in der Ersten, 67/68 kam er noch zweimal zum Einsatz. Bis zu seiner Pensionierung war er als Bediensteter im Büro des Landeshauptmanns tätig. Linossi lebt heute in Urfahr.

**Heinz Oberparleiter**: Verteidiger. War von der Staatsliga B an sieben Jahre lang in 89 Spielen für den LASK als Verteidiger tätig. Ein Länderspiel. Im Meisterjahr ein Spieleinsatz für den LASK. War nach Abschluss der Karriere beim Land Oberösterreich beschäftigt, lebt heute als Pensionist in Pichling.

**Clemens Lusenberger**: Verteidiger: Kam zu Staatsliga-B-Zeiten zum LASK. Mannschaftsstütze vor allem Ende der Fünfziger Jahre. Spielte in zehn Jahren 85 Mal für den LASK, ein Mal im Meisterjahr tätig. Leitete später eine Spezialbaufirma für Schornsteine. Lusenberger ist bereits verstorben.

**Paul Kozlicek**: 1937 geboren. Als Allrounder eingesetzt. In 120 Spielen von 1959 bis 1965 erzielte er 39 Tore für den LASK. Fünf Länderspiele in seiner Linzer Zeit. WM-Teilnehmer 1958. Wurde 1966 mit Admira abermals Meister und Cupsieger. Später Beschäftigung bei der NEWAG in Niederösterreich. Bereits verstorben.

**Gerhard Sturmberger**: Geboren 1940. Mittelfeldspieler, später Stopper. Kam 1959 aus Kärnten nach Linz. Prägte das Spiel der Athletiker 14 Jahre lang. 333 Pflichtspiele im schwarz-weißen Dress. Langjähriger Kapitän und Rekordinternationaler des LASK mit 43 Länderspielen. Beendete die Oberhauskarriere bei Rapid, später bei Donau Linz. Starb viel zu früh 1990 in Klagenfurt.

*Ein verlässliches Bollwerk in der LASK-Abwehr: Manfred Pichler (Mitte) war ein großer Publikumsliebling.*

**Adolf Blutsch**: 1940 geboren. Mittelfeldspieler. Mehrere Berufungen ins B-Team. Zwei Saisonen beim LASK, später bei Wacker Innsbruck, Salzburg, Vorarlberg. Erfolgreiche Karriere als Trainer, u. a. auch beim LASK, Coach bei Blau-Weiß Linz. Lebt in Linz.

*Ein vorbildlicher Sportsmann: Stürmer Luca Liposinovic*

**Luca Liposinovic**: 1933 geboren. Stürmer. Kam aus Jugoslawien, wo er auch Länderspiele bestritt. Blieb sieben Jahre beim LASK: 151 Spiele, 31 Tore. Wurde im Meisterjahr ins österreichische Team des Jahres gewählt. Rückkehr nach Jugoslawien, Arbeit beim Fernsehen. Luca verstarb nach schwerer Krankheit in seiner Heimat.

**Carlos Lima Chico**: Geboren 1936. Stürmer, Läufer, am Ende der Karriere Abwehrspieler. Kam 1962 aus Brasilien nach Linz, absolvierte in zehn Jahren für den LASK 189 Meisterschaftsspiele, wobei er 25 Tore schoss. War immer für ein spektakuläres Tor gut. Starb 1984 verarmt in einem Linzer Pflegeheim.

**Helmut Köglberger**: Geboren 1946. Stürmer. Wurde im Meisterjahr von Amateure Steyr verpflichtet. Rekordtorschütze des LASK: 140 Tore in insgesamt 283 Pflichtspielen. Zweimaliger österreichischer Torschützenkönig, Gewinner des Bronze-

nen Schuhs, holte auch mit Austria Wien Cup- und Meistertitel, 12 Länderspiele als LASK-Kicker. Später als Trainer tätig. Baute sich beruflich eine Existenz mit einer Schankausstattungsfirma auf. Lebt in Oberbairing bei Altenberg.

**Rudolf „Cäsar" Sabetzer**: Wurde 1934 geboren. Läufer und Stürmer. Erzielte in 173 Spielen (sieben Saisonen) 69 Tore für den LASK. Zwei Länderspiele als Spieler des LASK, Leithammel und Kapitän im Meisterjahr. Absolvierte eine Ausbildung zum Finanzbeamten, ging später nach Wien zurück, wo er auch als Trainer tätig war. Starb nicht einmal 49 Jahre alt 1983 nach einem Herzinfarkt.

**Franz Viehböck**: Geboren 1938 in Altheim. Stürmer, später als Verteidiger eingesetzt. Kam vom Rivalen SVS zum LASK, schoss in 257 Spielen 35 Tore für den LASK. 11 Länderspiele als LASKler. Bis zu seiner Pensionierung bei der Chemie Linz beschäftigt, lebt heute in Linz und Haag/Hausruck.

*Rudolf Sabetzer führte den LASK als Kapitän zum Meistertitel.*

**Ferdinand Zechmeister**: Geboren 1929. Stürmer. Urgestein des österreichischen Fußballs, spielte ab 1946/47 in der Staatsliga. Kam 1951 zum LASK und spielte mit einem Jahr Unterbrechung bis 1966 278-mal für den LASK und erzielte 95 Tore. Drei Länderspiele. Nach der Karriere als Fahrschullehrer tätig. Verstorben 1999.

**Hermann Fürst**: Stürmer. Begnadetes Fußballtalent, das den LASK in den fünfziger Jahren aus der Staatsliga B wieder nach oben schoss. War 10 Jahre lang beim LASK, erzielte in 154 Spielen 65 Tore. War im Meisterjahr acht Mal für den LASK tätig, ehe er sich wegen seiner Alkoholprobleme aus der Mannschaft spielte. Ging dann zu Wacker Wien. Hermann Fürst ist bereits verstorben.

*Viele Jahre Erfolgsgaranten des LASK: Harreither, Enzenebner, Zechmeister, Trauner*

**Janos Kondert**: Geboren 1944. Eigenbauspieler, Stürmer. War 12 Jahre beim LASK (214 Spiele, 39 Tore), dazwischen als Profi bei den Offenbacher Kickers. Zahlreiche Trainerstationen (u. a. Austria Klagenfurt, LASK, oö. Landesliga). Lebt heute als Pensionist in Linz und Windischgarsten.

*40 Jahre nach dem Titelgewinn kamen die LASK-Stars von einst in Bad Leonfelden zusammen.*

## Der LASK im Europacup

# Umjubelte Sternstunden, bittere Lehrspiele

Von Helmut Atteneder

Mittwoch, 6. November 1985. Aufwärmen in den Katakomben unter dem ehrwürdigen San-Siro-Stadion, der Heimstätte Inter Mailands. Hans Gröss, Flankengott und Teamkasperl in Personalunion, hatte dem LASK im Hinspiel zwei Wochen zuvor mit seinem Goldtor die Tür zur dritten UEFA-Cup-Runde weit aufgestoßen. Gröss lässt ein paar Wuchteln vom Stapel, Verteidiger Siegfried Paseka sitzt bleich in der Ecke. Der gerade einmal 21-Jährige hat eine Sonderaufgabe – und die hat einen klingenden Namen: Sandro Altobelli.

Trainer Hans Kondert gibt eine knappe Parole aus: „Gemma Burschn!". Raus aus den Katakomben, rauf über die Stiege, rein ins Spielfeld. 80.000 Tifosi skandieren „In-ter-na-tio-na-leeeeee"! Der Rest ist Geschichte. Kalle Rummenigge kurbelt, Altobelli netzt. Dreimal. Die heimischen Gazetten haben rasch einen Sündenbock für die 0:4-Abfuhr gefunden – Siegi Paseka. Trainer Konderts persönliche Kritik ist auf die gesamte Mannschaft übertragbar: „Kämpferisch ausgezeichnet. Bei den Gegentoren verhielt er sich unklug, aber das geschah wohl im Übereifer."

*Ein LASK-Team mit vielen Oberösterreichern: Regie als Trainer führte damals Hans Kondert (links neben Franz Enzenebner)*

Exakt zwei Wochen vorher trug Linz Schwarz-Weiß. Nachdem der LASK in der ersten UEFA-Cup-Runde den tschechischen Verein Banik Ostrau mit einem Gesamtscore von 3:0 ausgeschaltet hatte, zogen die Linzer mit Inter Mailand das große Los. Hagmayr, Dantlinger, Meister, Höld und Co. waren heiß auf die Stars der italienischen Millionentruppe – und auf Ex-Inter-Kicker Herbert Prohaska, der einem Reporter des „Corriere dello Sport" nonchalant ins Notizbuch diktierte: „Der Aufstieg gegen den LASK ist für Inter eine pure Formsache. Die Linzer sind Dilettanten!"

### Hans, der „Grösste"

Nun, die Dilettanten in Schwarz-Weiß zeigten ihrerseits vor 20.000 Fans im Stadion auf der Gugl wenig Respekt vor klingenden Namen wie Walter Zenga, Franco Baresi, Kalle Rummenigge und Sandro Altobelli – der übrigens gegen Siegi Paseka keinen Stich machte. In der 82. Minute steht die Gugl Kopf: Hans Gröss wird zum Matchwinner und

*Hans Gröss (links) war der Matchwinner gegen Inter Mailand.*

mutiert zum „Größten" der Fans. Er übernimmt ein Zuspiel von Gerald Piesinger, deutet einen Schuss an, schlägt aber einen Haken und schiebt den Ball an Kultgoalie Walter Zenga vorbei ins rechte Eck. Neben Gröss, der Resultat und Torschützen schon Tage vor dem Spiel öffentlich vorausgesagt hatte, jubelte eine legendäre LASK-Ikone von seinem Stammplatz hinter dem Tor besonders: Präsident Rudolf Trauner.

Der erste LASK-Eintrag in den Annalen des europäischen Klubfußballs datiert vom 3. Juli 1960 und stellt im internationalen Fußballgeschäft bestenfalls eine Fußnote dar. Der Linzer Traditionsklub trat im Mitropacup gegen den tschechischen Vertreter Spartak Stalingrad Prag an und verlor beide Spiele mit 1:3.

### Fünf-Stunden-Premiere

Seine Premiere im Europacup gab der LASK im Oktober 1963 – und die ist bis heute vielen Fans in nachhaltiger Erinnerung geblieben. Kein Wunder, dauerte doch die sportliche Auseinandersetzung gegen Dinamo Zagreb im Rahmen des Cupsieger-Bewerbs nicht weniger als fünf Stunden. Die Linzer gewannen das Hinspiel am LASK-Platz durch ein Tor von Fürst mit 1:0. Weil das Rückspiel 0:1 verloren ging, musste nach damaligem Regelwerk ein Entscheidungsspiel her. Die Partie – diesmal wieder in Linz – endete 1:1 nach Verlängerung. Das Tor der Linzer erzielte die braune Perle aus Brasilien, Charly Chico. Damals wurden derartige Pattstellungen noch nicht per Elferschießen geregelt, sondern per Münzwurf. LASK-Kapitän Rudolf „Cäsar" Sabetzer entschied sich für Kopf. Doch die Münze des Schweizer Referees Guignard fiel auf Adler – und der LASK war draußen.

Zwei Jahre später kehrten die Linzer auf die internationale Fußballbühne zurück – als österreichischer Meister. Die legendäre Truppe um Trainer Frantisek Bufka hatte sich 1965, dem goldenen Jahr des Linzer Athletik Sport Klubs, mit dem Gewinn von Meisterschaft und Cupsieg als erster nicht Wiener Verein das Double gesichert.

### In der Königsklasse

Der erste und bisher einzige Auftritt in der Königsklasse des Fußballs gegen den polnischen Meister Gornik Zabrze fiel allerdings ernüchternd aus. Das Heimspiel vor 25.000 Zuschauern machte schnell klar, dass der LASK die Abgänge von Dolfi Blutsch und Pauli Kozlicek nicht verkraftet hatte. Schon nach 23 Minuten war die Partie entschieden, nachdem die Linzer zwei Gastgeschenke verteilten, die die Polen

dankend annahmen. Tormann Helmut Kitzmüller war der Pechvogel bei den Linzern. „Beim ersten Tor hat mich die Sonne derart geblendet, dass ich den Ball überhaupt nicht fliegen sah. So ein Tor bekomme ich normalerweise nicht", entschuldigte sich der Goalie nach der Partie, die mit 1:3 verloren ging. Beim 0:2 servierte Szabo dem Polen Wilczek den Ball „einschussbereit". Ehrentorschütze Helmut Köglberger war nach dem Spiel frustriert: „Die rasche Führung hat uns aus dem Konzept gebracht. Wir hätten gewinnen können." Gerhard Sturmberger brachte damals das verpatzte Meistercupdebüt auf den Punkt: „Zwei solche Tore nehmen einem den Nipf."

Das Rückspiel vor 60.000 Zuschauern ging zwar mit 1:2 verloren, der LASK zeigte aber mit einer soliden Leistung, dass der Aufstieg in die zweite Runde durchaus im Bereich des Möglichen gewesen wäre.

*Da waren sie noch gut gelaunt – die LASK-Meisterspieler auf der Fahrt nach Polen zum Europacup-Spiel gegen Gornik.*

### LASK-Panik bei Banik

Damals war im Gornik-Stadion in der 50. Minute übrigens das Licht ausgegangen. Ein Umstand, der sich am 1. Oktober 1985 beim 1:0-Auswärtssieg des LASK im UEFA-Cup bei Banik Ostrau wiederholen sollte. Doch diesmal roch das Black-Out nach Sabotage. „Das ist reine Absicht", unterstellte Max Hagmayr, als es in der 70. Minute beim Stand von 0:0 finster wurde. Die Linzer hatten das Heimspiel durch Tore von Karl Meister und Rudi Köstenberger mit 2:0 gewonnen. Doch nun drohte ein Spielabbruch und eine Neuaustragung am folgenden Tag – LASK-Panik also im Banik-Stadion. Die Linzer befürchteten schon eine Fortsetzung ihrer internationalen Pechsträhne, als es nach 20 Minuten im Stadion doch wieder Licht wurde. Kurz vor Spielende ging auch den Linzer Athletikern gegen die anstürmenden Ostrauer (Cornerverhältnis 17:0!) ein Licht auf: Christian Lehermayr grätschte in ein Zuspiel von Karl Meister – 0:1!

### Deftige Niederlagen

Ein Jahr zuvor hatten die Linzer Athletiker erstmals die zweite Runde im UEFA-Cup erreicht. Der schwedische Vertreter Östers IF Vaxjö wurde mit zwei 1:0-Siegen eliminiert (Torschützen: Erwin Höld und Max Hagmayr). In der zweiten Runde war gegen den schottischen Vertreter Dundee United Endstation. War die 1:2-Niederlage auf der Gugl noch unglücklich – Goalie Klaus Lindenberger kassierte das Siegestor der Schotten in der Schlussminute –, setzte es in Dundee eine 1:5-Pleite.

Deftige Niederlagen ziehen sich wie ein roter Faden durch die schwarz-weiße Europacup-Bilanz (40 Spiele, sieben Siege, zehn Remis, 23 Niederla-

gen, Torverhältnis 35:81). So setzte es etwa beim ersten Antreten im UEFA-Cup am 24. September 1969 bei Sporting Lissabon ein 0:4. Auch finanziell gab's damals ein blaues Auge: Satte 100.000 Schilling fehlten nach dem Ausscheiden – das Rückspiel endete 2:2 – in der Vereinskassa. Elf Jahre später verloren die Linzer gegen den jugoslawischen Nobody Radnicki Nis mit 1:4.

### LASK 07

Die bitterste Lehrstunde erteilte den Linzern allerdings die ungarische Mannschaft Ujpest Dosza am 8. September 1977. Erst nach sieben Volltreffern war der Torhunger der Puszta-Torjäger gestillt. Dabei war der LASK mit einem 3:2-Heimsieg (Tore: Köglberger 2, Vukovic) noch hoffnungsfroh nach Ungarn gereist. Wieder zurück in Linz mussten Kiesenebner, Trafella, Vukasinovic und Co. Schelte und Häme über sich ergehen lassen. Vor allem die Fans des Stadtrivalen Voest Linz standen im Genuss und schlugen eine Umbenennung des Vereines in „LASK 07" vor.

### „Sane"-Häubchen

Am 28. September 1999 endete vorerst die internationale Präsenz des LASK mit dem Ausscheiden in der ersten Runde des UEFA-Cups gegen den rumänischen Verein Steaua Bukarest. Christian „Büffel" Stumpf hatte den LASK zwar schon nach sechs Minuten in Führung gebracht, doch am Ende verließ Steaua als 3:2-Sieger das Gugl-Oval (Gesamtscore 2:5). Das bis heute letzte Euro-Goal in der nunmehr 98-jährigen Vereinsgeschichte des Linzer Athletik Sport Klubs gelang Souleymane Sané.

# Als der LASK-Torjäger den Voest-Verteidiger fragte ...

Von Georg Leblhuber

*SVS-Tormann Kröger klärt vor LASK-Stürmer Nemeth. Am Ende siegt der LASK 1963 vor 12.000 Fans mit 3:2.*

Quizfrage: Welches Ereignis stieg 42 Jahre vor der Gründung des LASK am 22. März 1866 in England? „Na ja, das ist ja wirklich nicht so schwer", werden jetzt alle jene sagen, die im Fußball zumindest einigermaßen beschlagen sind und folgende Antwort wissen: Damals ging in Großbritannien die

„Mutter aller Fußball-Derbys" in Szene! Jedoch – und das wissen vielleicht nicht mehr ganz so viele – nicht in der mittelenglischen Stadt Derby. Die hat nicht einmal ein solches, sondern ficht ihr „Derby" mit Nottingham Forest aus. Dieser Klub wiederum pflegt aber eigentlich eine viel engere Rivalität mit Notts County, da beide Vereine nur ein paar Meilen trennen. Weshalb es an diesem 22. März bei der Partie Forest gegen County zum ersten Derby der Fußball-Geschichte kam. Aber woher stammt das Wort Derby, wenn es nun nicht aus Derby kommt? Nun, das wiederum werden jetzt nur noch die wenigsten wissen. Logisch, aus Epsom! Hier findet seit 1780 ein Galopprennen statt, das Edward Smith Stanley ins Leben gerufen hat und das seitdem nach ihm benannt ist. Aber nicht etwa „das Eddi" oder „das Smith". Stanley war der zwölfte Graf von Derby, daher ist dieses Rennen – und auch jede andere traditionsreiche, heiß umkämpfte Veranstaltung – das „Derby" ...

### Leidenschaftlich umkämpft

Wobei wir nach diesem kleinen Ausflug in die Weltgeschichte des Fußballs bei heiß umkämpft wieder in die heimischen Gefilde wechseln. Leidenschaftlich umkämpft waren nämlich die Bruderduelle zwischen dem LASK und dem SK Voest Linz. Wobei der erste Schlager gegen den Stadtrivalen, das 5:0 im Herbst 1969, für die Schwarz-Weißen bis heute „die Mutter aller Linzer Derbys" ist. Dabei – und wie viele wissen das noch? – gab's doch bereits in den frühen 60ern in der damaligen höchsten Spielklasse die Schlachten gegen den SVS – den SV Stickstoff Linz. Der von 1960 bis 1964 in der damaligen Staatsliga vertreten war, sich allerdings nie vor dem LASK platzieren konnte. Weshalb die Schwarz-Weißen erst 1972 erstmals so richtig Konkurrenz aus der eigenen Stadt bekamen – mit dem SK Voest. Der in der Saison 1978/79 nach dem Abstieg des LASK sogar ein Jahr lang ganz alleine die erste Fußball-Geige spielen durfte – ehe die Blau-Weißen beim Saisonauftakt 1979/80 ihr blaues Wunder erlebten. Für viele war dieses Spiel der Klassiker aller Derby-Klassiker.

### Schwarz-weiß oder Blau-weiß

Auch, weil in Linz damals Fußball gelebt wurde. Entweder war man schwarz-weiß oder blau-weiß. Letzteres waren vorm Derby am 17. August 1979 auch die Tore im Gugl-Oval. Eindringlinge waren in der Nacht vor dem Spiel über die Stadion-Zäune geklettert, hatten die Torstangen in den Klubfarben des SK Voest gestrichen. Der damals eine ganz, ganz große Mannschaft hatte: Mit Willi Kreuz, Alberto Martinez, Max Hagmayr, Helmut Wartinger ... Und dann gab es noch einen gewissen Deutschland-Legionär namens Herbert Stahl, den die Voest dem LASK in der Transferzeit vor der Nase weggeschnappt hatte. Ausgerechnet er war es dann, der beim Comeback des LASK in die höchste Spielklasse nach drei Minuten den Aufsteiger und krassen Außenseiter mit einem Eigentor 1:0 in Führung brachte. Und am Ende durften Klaus Lindenberger, Edi Krieger, Gert Trafella, Jupp Bläser, Kurt und Wolfgang Nagl, Walter Koch, Miroslav Vukasinovic, Wolfgang Singerl, Hans Halter und Helmut Köglberger vor 25.000 Zusehern sogar über einen 3:1 Sieg jubeln.

*Dolfi Blutsch, zweimal als LASK-Trainer im Einsatz, feierte mit dieser jungen Mannschaft Ende der 70er Jahre viele Erfolge.*

Unvergessen auch viele Anekdoten aus dieser Zeit: Ex-LASK-Erfolgstrainer Dolfi Blutsch erzählt zwei davon immer wieder: LASK-Star Edi Krieger hatte vor einem Derby einmal mit Erwin Fuchsbichler gewettet, dass er der Torhüter-Legende des SK Voest einen Freistoß „reinhämmern" werde. Als es dann im Spiel wirklich zu so einer Standardsituation kam, habe der Scharfschütze nur gefragt: „Fuchsi, gilt es?" Der hünenhafte Schlussmann nickte kurz – und holte den Ball aus dem Netz ... Ein anderes Mal habe der bei einem Voest-Eckball tief in der eigenen Hälfte stehende LASK-Torjäger Helmut Köglberger seinen Bewacher Manfred „Waschi" Mertel während des Derbys gefragt: „Sag Waschi, du arbeitest doch bei einer Versicherung – ich hab da mit meinem Auto folgendes Problem ...". „Und als der Voest-Longinus noch über die Antwort nachdachte, war der ‚Kögl' schon auf und davon, hat nach einem Konter unser Siegtor geschossen", grinst Dolfi Blutsch ...

Gegen diese Klassiker kamen später die Derbies gegen Union Raika Wels, SK Vorwärts Steyr, SV Ried, SV Braunau, SV Pasching und Schwanenstadt nie mehr heran. Obwohl auch die zum Teil schicksalhaft waren. So beendete der LASK am 8. Mai 1999 mit einem 6:1-Triumph die Trainerkarriere von Ried-Urgestein Klaus Roitinger. Während die Innviertler am 19. Mai 2001 mit einem 1:0-Heimsieg den bitteren Abstieg der Linzer Athletiker in die heutige Red Zac Erste Liga besiegelten.

### Tränenreicher Schlager

Ein Lokalschlager war aber noch viel, viel tränenreicher – auch wenn es mit dem FC Linz der Nachfolgeklub des SK Voest war, der sich damals die Augen aus dem Kopf heulte. Nach der bereits beschlosse-

nen Fusion war es am 31. Mai 1996 zum 74. und letzten Duell auf Meisterschaftsebene gekommen: Mit „Immer wieder geht die Sonne auf" drang damals ein Uralt-Schlager von Udo Jürgens aus den Stadion-Lautsprechern, um den Tod geweihten Blau-Weißen Mut zu machen. Und für sie ging wirklich noch einmal die Sonne auf – 3:0 gewannen sie an diesem denkwürdigen Nachmittag. Es war wohl auch jene der 26 Derby-Niederlagen, die den LASK am wenigsten geschmerzt hatte ...

*Helmut Köglberger war in Derbys immer für Tore gut.*

*Diese Voest-Mannschaft war 1974 die Nummer Eins im Linzer Fußball. Der inzwischen verstorbene Helmut Senekowitsch (l.) führte die Werks-Spieler zum österreichischen Meistertitel.*

## 9 Jahre nach dem LASK schaffte auch Voest den österreichischen Meistertitel

Während der LASK in den Jahren nach dem sensationellen Meistertitel und Cupsieg leiser treten, sparen musste, ging es dem Lokalrivalen SK Voest dank Werksunterstützung besser. Im Jahr 1974 konnten die Blau-Weißen so wie der LASK neun Jahre vorher über den österreichischen Meistertitel jubeln. Gefeiert wurde allerdings weit stiller. Man versteckte sich vor Fans und Journalisten in einem Gasthaus-

*Zwei auf die Verlass war: LASK-Stürmer Ernst Knorrek und Ex-Teamchef Helmut Senekowitsch*

Saal. Dreißig Jahre später kam die Mannschaft wieder zusammen. Damals bedauerte Voest-Urgestein Joe Kreuzer: „Schade, ein bisserl mehr Aufmerksamkeit hätte sich dieser Triumph schon verdient."

Betreut wurden die Voestler damals von Helmut Senekowitsch. Auch er wurde vom Erfolg völlig überrascht. Noch ein paar Monate vorher meinte „Seki": „Wir und Meister? So was spielens nie." Nach seinem Voest-Gastspiel startete Senekowitsch eine tolle internationale Karriere mit dem Höhepunkt des 7. Platzes bei der WM 1978 in Argentinien. Bescheiden, wie er immer war, meinte Senekowitsch einmal: „Ich war nie so gescheit wie Leopold Stastny, ich habe nur sehr viel von ihm gelernt und versucht, nach seiner Ära das Selbstwertgefühl der Teamspieler zu heben." In den 90er Jahren kam der Klosterneuburger zum Abschluss seiner großen Trainer-Karriere zum LASK.

# Die 75 Linzer Derbies:

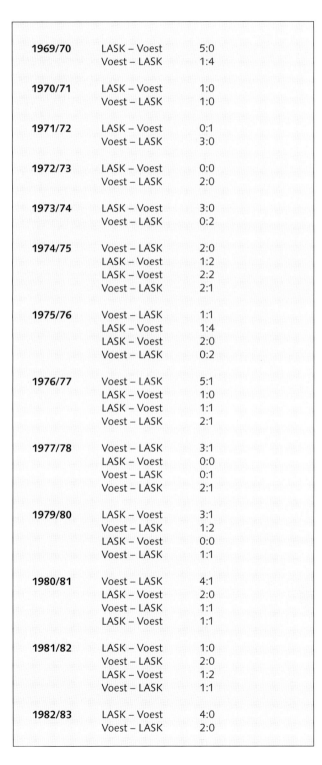

| 1969/70 | LASK – Voest | 5:0 |
| | Voest – LASK | 1:4 |
| 1970/71 | LASK – Voest | 1:0 |
| | Voest – LASK | 1:0 |
| 1971/72 | LASK – Voest | 0:1 |
| | Voest – LASK | 3:0 |
| 1972/73 | LASK – Voest | 0:0 |
| | Voest – LASK | 2:0 |
| 1973/74 | LASK – Voest | 3:0 |
| | Voest – LASK | 0:2 |
| 1974/75 | Voest – LASK | 2:0 |
| | LASK – Voest | 1:2 |
| | LASK – Voest | 2:2 |
| | Voest – LASK | 2:1 |
| 1975/76 | Voest – LASK | 1:1 |
| | LASK – Voest | 1:4 |
| | LASK – Voest | 2:0 |
| | Voest – LASK | 0:2 |
| 1976/77 | Voest – LASK | 5:1 |
| | LASK – Voest | 1:0 |
| | LASK – Voest | 1:1 |
| | Voest – LASK | 2:1 |
| 1977/78 | Voest – LASK | 3:1 |
| | LASK – Voest | 0:0 |
| | Voest – LASK | 0:1 |
| | Voest – LASK | 2:1 |
| 1979/80 | LASK – Voest | 3:1 |
| | Voest – LASK | 1:2 |
| | LASK – Voest | 0:0 |
| | Voest – LASK | 1:1 |
| 1980/81 | Voest – LASK | 4:1 |
| | LASK – Voest | 2:0 |
| | Voest – LASK | 1:1 |
| | LASK – Voest | 1:1 |
| 1981/82 | LASK – Voest | 1:0 |
| | Voest – LASK | 2:0 |
| | LASK – Voest | 1:2 |
| | Voest – LASK | 1:1 |
| 1982/83 | LASK – Voest | 4:0 |
| | Voest – LASK | 2:0 |

| 1983/84 | Voest – LASK | 1:0 |
| | LASK – Voest | 1:0 |
| 1984/85 | LASK – Voest | 3:1 |
| | Voest – LASK | 0:1 |
| 1985/86 | Voest – LASK | 0:0 |
| | LASK – Voest | 1:2 |
| 1986/87 | Voest – LASK | 0:1 |
| | LASK – Voest | 2:3 |
| | Voest – LASK | 0:3 |
| | LASK – Voest | 0:2 |
| 1987/88 | Voest – LASK | 1:1 |
| | LASK – Voest | 2:1 |
| | LASK – Voest | 1:1 |
| | Voest – LASK | 1:1 |
| 1988 (Cup) | Voest – LASK | 2:3 |
| 1989/90 | LASK – Voest | 2:2 |
| | Voest – LASK | 1:1 |
| 1990/91 | LASK – Voest | 1:3 |
| | Voest – LASK | 0:1 |
| | LASK – Voest | 0:1 |
| | Voest – LASK | 1:2 |
| 1992/93 | Stahl Linz – LASK | 0:1 |
| | LASK – Stahl Linz | 0:2 |
| | LASK – Stahl Linz | 2:0 |
| | Stahl Linz – LASK | 1:0 |
| 1993/94 | LASK – FC Linz | 2:1 |
| | FC Linz – LASK | 1:2 |
| 1994/95 | FC Linz – LASK | 1:1 |
| | LASK – FC Linz | 0:2 |
| | LASK – FC Linz | 3:1 |
| | FC Linz – LASK | 0:4 |
| 1996/97 | LASK – FC Linz | 0:0 |
| | FC Linz – LASK | 0:0 |
| | LASK – FC Linz | 1:1 |
| | FC Linz – LASK | 3:0 |
| **Gesamt:** | 29 LASK-Siege | |
| | 26 Linz-Siege | |
| | 20 Remis | |
| | 94:89 Tore für den LASK | |

## Präsidenten in erfolgreichen und stürmischen LASK-Zeiten

# „Narr auf Lebenszeit"

Von Hubert Potyka

Fußball-Präsidenten in Österreich – ein Abenteuer mit oft bitterem Ende. In das wohl bitterste aller LASK-Chefs ist Wolfgang Rieger geschlittert. Aber davon an anderer Stelle in diesem Buch. In positiver Hinsicht prägten vor allem zwei Klubchefs die bald 100-jährige Geschichte des LASK: Der eine ist der Linzer Juwelier Otto Jungbauer, der den LASK 1965 zum bisher einzigen Meistertitel und Cupsieg geführt hatte, der andere ist der 2004 verstorbene ehemalige Landesrat, Wirtschaftskammerpräsident und Verleger Rudolf Trauner. Über 20 Jahre stand er an der Spitze des LASK.

*Von allen geschätzt: LASK-Präsident Otto Nader*

Auch andere Namen bleiben untrennbar mit der Geschichte des LASK verbunden. Weniger verdienstvolle Funktionäre wie US-Lotto-Millionär „Lucky Joe" Josef Strauß, der nach seiner Wahl zum LASK-Vizepräsidenten im September 1995 neben viel Geld auch Arnold Schwarzeneggers Besuch auf der Gugl angekündigt hatte. Geld und Arnie? Von beidem war nie etwas zu sehen.

Verdienstvolle, wie der tolerant-liebenswürdige Otto Nader, der mit dem Titel Ehrenpräsident belohnte Hans Spiesmayer, der immer humorvolle, hilfsbereite Theodor Kralka, Hans Hofstetter – unter dessen Führung der LASK 1962 Vizemeister wurde –, der stets großzügige Gönner Otto Friedl, Trabrenn-Europameister Adi Winkler, Rekord-Sektionsleiter Sepp Brunetzky, der nach dem Krieg für die Wiedererrichtung des LASK-Platzes verantwortliche Wilhelm Körner, Josef Pammer, Wilhelm Kosch, Karl Hajek, Sepp Gurtner, Alois Dupack, Otto Wilhelm Zemann, Eduard Schröder oder Rudolf Asanger, der allererste LASK-Präsident …

### Retter in höchster Not

Zwei Jahre nach dem Double-Gewinn im Jahr 1965 stand der LASK praktisch vor der Auflösung. Die Zuschauerzahlen wurden nach dem Europacup-Flop gegen Gornik immer weniger. Verkäufe statt Käufe, Stars wie Blutsch, Szabo, Kozlicek, Kitzmüller, Köglberger und Kondert wurden abgegeben, Gehälter und Prämien konnten nicht bezahlt werden, der Platz in der Paul-Hahn-Straße wurde gerichtlich geräumt. Grund genug für den ÖFB, einen Misstrauensantrag gegen das Präsidium einzubringen. Otto Jungbauer trat zurück, der LASK stand ohne Führung, ohne Geld da.

> **Dieses Stück Oberösterreich darf man nicht sterben lassen.**
> Rudolf Trauner

Um die Auflösung „seines" LASK zu verhindern, rannte Franz Enzenebner Politikern und Firmenchefs die Türen ein. Der erste, bei dem er Gehör fand, war Rudolf Trauner. „Dieses Stück Oberösterreich darf man nicht sterben lassen", schüttelte der Druckereibesitzer nach einem Fußballspiel zwischen Sportjournalisten und dem Trauner'schen Firmenteam den Kopf. Weil von Erwin Wenzl und Gerhard Possart Unterstützung versprochen wurde, hatte der LASK ab 5. Mai 1968 mit Trauner als geschäftsführendem Präsidenten, Schartnerbombe-Chef Hubert Fein, Schuhfabrikant Ferdinand Richter und dem Industriellen Ludwig Lindpointner wieder eine neue Führung. Zwölf Jahre später kam Nikolaus Glisic statt Lindpointner dazu.

**Brutaler Beginn**

„Der Anfang war brutal", erzählte Trauner später einmal. „Die Schulden waren mit vier Millionen Schilling weit höher als man uns bei den Übernahmeverhandlungen versichert hatte." Damit verhindert wurde, dass die seit Monaten auf ihr Geld wartenden Spieler kostenlos frei waren, musste jedes Präsidiumsmitglied als „Morgengabe" einen 350.000-Schilling-Scheck mitbringen. Geld aus der Privatkasse.

Die administrativen Fäden zog in der Druckerei Trauner Luise Winkler, die spätere Ehefrau des LASK-Chefs. Für sportliche Aufgaben zeichnete Franz Enzenebner verantwortlich. Trauner verkündete nach kurzer Amtszeit: „Wir arbeiten ununterbrochen für den LASK, Zauberer sind wir aber alle nicht."

*Großzügige Präsidenten und Gönner waren Hubert Fein, Ludwig Lindpointner, Rudolf Trauner und Ferdinand Richter*

Einen Zauberer hatte der LASK aber doch in seinen Reihen. Linksaußen Alf Wurdinger, ein Könner der Zauberkunst, verblüffte alle bei einer Weihnachtsfeier, als er Geldstücke verschwinden ließ und durchgerissene Fäden wieder ganz machte. Trauners Wunsch „Alf, zaubern Sie uns ein paar Punkte her!" konnte Wurdinger aber doch nicht erfüllen.

> **Alf, zaubern sie uns ein paar Punkte her!**
> Rudolf Trauner zu Alf Wurdinger

Erst 1972 wurde kräftig investiert. Man holte Otto Baric als Trainer, verpflichtete in Deutschland Stars wie Starek, Nafziger und Schöll und baute mit den Linzern Sturmberger, Kondert und Harreither eine attraktive Elf auf. Trotzdem ätzte Max Merkel zu Beginn der Meisterschaft in der Bild-Zeitung über die deutsch-österreichische Mischung: „Die machen sicher gute Figur, Aber nur beim Wiener Heurigen." Irrtum, Herr Merkel, der LASK wurde Herbstmeister.

Weil die Spieler im Frühjahr mit Toren geizten, gab es manch unnötige Nullnummer. Etwa gegen Austria. Ein Spiel, bei dem der damals 73-jährige Bela Guttmann, früher Erfolgscoach bei Pernarol Montevideo, Milan und Benfica Lissabon, mit seinen Rufen in Richtung Spielfeld Alleinunterhalter auf der Tribüne war. Der Austria-Trainer kannte keinen einzigen Austrianer. „Wer ist Nummer 9?" „Wie schaut diese Fiala aus?" „Dunkler Mann, wer ist das?" Es war Heli Köglberger, damals Torjäger in Austrias Diensten und bei LASK-Verteidiger Karl Kiesenebner bestens aufgehoben.

### Der schwarze Gustl

Zum Wegschauen war ein brutaler Tritt von Gustl Starek gegen Austrias Robert Sara. „Kommen Sie her!", fuhr Referee Siegel den LASK-Spieler an. Der

*Einer der besten Einkäufe gelang Rudolf Trauner und Hubert Fein mit der Verpflichtung von Gustl Starek.*

„schwarze Gustl", der in den Sechziger Jahren mit Rapid, Nürnberg und Bayern München Meister wurde, pfiff dem Pfeifenmann etwas. „Es steht in keinem Regelbuch, dass ich kommen muss, außerdem kennen sie mich ja." Typisch Starek. Der Referee schluckte zwei Mal, ging ein paar Schritte zu ihm und zückte die gelbe Karte. Starek provozierte und polarisierte. Er wurde von den Fans geliebt oder gehasst. Viel Geld ist ihm von seiner großen Karriere nicht geblieben. „Na und? Ich muss ja nicht der Reichste auf dem Friedhof sein."

Unter Trauners Führung zauberte ein Spieler nicht nur auf dem Platz. Im Frühjahr 1973 konnten die LASK-Feldherren zwar nicht über den Titelgewinn, dafür aber über ihr Prunkstück in der Neuen Heimat jubeln. Dank politischer und finanzieller Hilfe von Altlandeshauptmann Erwin Wenzl, Bautenminister Vinzenz Kotzina und Bürgermeister

Franz Hillinger sowie voller Haftung der vier Präsidiumsmitglieder für alle Kredite konnte der obdachlos gewordene LASK rechtzeitig zum 65. Geburtstag die Anlage in der Neuen Heimat eröffnen. Der Baubeginn blieb Trauner in ewiger Erinnerung: „Nachdem die dort hausenden Roma mit allen Mitteln ihre Vertreibung verhindern wollten, haben um fünf Uhr Früh bei einem Überraschungscoup Bagger mit kräftiger Polizei-Unterstützung die Barackenlandschaft dem Erdboden gleichgemacht."

### Erich Linemayrs Bestnoten

Trauner erlebte mit seinen Präsidiumsmitgliedern viele Erfolge aber auch Enttäuschungen. Weil es im Linzer Fußball nicht immer so lief, wie es Klubchefs und Anhänger wollten, kursierten in den Zeitungen bekannte Fußballwitze. Bei Voest gings um den kleinen Buben, der gefragt wurde, ob er zu Papi oder zu Mami

*Der ganze Stolz von Präsident Rudolf Trauner und seiner Präsidiumskollegen war der LASK-Platz in der Neuen Heimat.*

*Erich Linemayr leitete als Linzer sogar einmal ein Schlager-Spiel des LASK gegen Wacker Innsbruck.*

will. „Na, i will zur Voest." Warum denn? „Weil die schlagn neamd." Und beim LASK verlangte der Trainer eine Berichtigung, als er in der Zeitung die Frage las, was der Unterschied zwischen einem Marienkäfer und dem LASK ist. „Falsch, es stimmt nicht, dass der Käfer mehr Punkte als wir hat. Laut Lexikon hat der Marienkäfer nur sieben Punkte, der LASK besitzt schon elf", meldete sich Felix Latzke in der Redaktion.

Manchmal hetzte bei Spielen im Linzer Stadion ein Herr im Anzug, mit Hut und Regenschirm in der Hand, dem Ball nach, um beim Kampf um ein Tor ja

keine Zeit zu verlieren. „Ballschani" Rudolf Trauner fühlte sich hinter dem Tor am wohlsten, dort konnte er Spielern und Referees am ehesten seine Meinung zurufen, ohne dass er von Zuschauern gehört wurde. Mit den meisten Unparteiischen kam Trauner aber ohnehin gut aus. „Die machen nur ihren Job." Einer machte ihn seiner Meinung nach besonders gut – Erich Linemayr, der als Linzer sogar zweimal ein Meisterschaftsmatch des LASK leiten durfte.

Bei LASK gegen Voest erhielt Linemayr ebenso Bestnoten wie 1968 bei LASK gegen Innsbruck. Weil vom Wiener Schiedsrichter Babauczek wenige Minuten vor dem Anpfiff nichts zu sehen war, schlug der damals bei Innsbruck spielende spätere Voest-Meistermacher und Teamchef Helmut Senekowitsch vor: „Ihr habts doch eh in Linz einen so guten Schiedsrichter. Holts doch den!" Gesagt getan. Man fuhr in die fünf Minuten vom Stadion entfernte Wohnung und bat Linemayr, er möge doch für seinen Kollegen einspringen. Erst nach dem Schlusspfiff wurde bekannt, dass Babauczek auf der Fahrt nach Linz tödlich verunglückt war.

> „ *Ihr habts doch eh in Linz einen so guten Schiedsrichter. Holts doch den!*"
>
> Helmut Senekowitsch

*Unverdrossen kämpfte Rudolf Trauner in schweren Krisenzeiten für den Fortbestand „seines" LASK.*

Linemayr, 16-facher Leichtathletik-Landesmeister, war so wie seine großen oberösterreichischen Schiedsrichterkollegen Ferdinand Marschall und Horst Brummeier als Referee die Bescheidenheit in Person. Er konnte keinem böse sein, auch nicht jenem Polizisten, der ihn – um diese Zeit immerhin Linienrichter beim WM-Finale '78 Argentinien gegen Holland – bei einem Trainingslauf auf dem Froschberg stoppte und in die Wohnung abführte, weil er keinen Ausweis vorweisen konnte. „Der hat ja auch nur seine Pflicht getan."

### Trauners legendäre Interviews

Je länger Trauner im Amt war, desto mehr setzten ihm persönliche Enttäuschungen, Demütigungen, Angriffe zu. 1988, beim Festakt anlässlich des 80. LASK-Geburtstages, kündigte Trauner seinen Rücktritt an. „Mit Traurigkeit und Bitternis ziehe ich Vergleiche zwischen dem Anfang meiner Ära vor 20 Jahren und heute. Damals gab jeder, heute will

jeder. Zumindest eine Freikarte auf der sogenannten Ehrentribüne." Auch bei Spielern hatte Trauner, der sich selbst oft als „LASK-Narr auf Lebenszeit" bezeichnete, totale Einsatzbereitschaft, Ideale von einst immer häufiger vermisst. „Manche saturierte Fußballer sind so wehleidig, dass sie schon einen Meniskusschaden haben, wenn ihnen eine Fliege über den Bauch kriecht", polterte der an Volksschauspieler Hans Moser erinnernde Trauner mit leicht heiserer hüstelnder Stimme in einem seiner legendär langen, aber immer unterhaltsamen Radio-Interviews mit Manfred Payrhuber.

Trauner sah für die LASK-Zukunft immer öfter mehr schwarz als schwarz-weiß, er fühlte sich im Stich gelassen. Von Spielern, Firmenchefs, Politikern, Fans. Und so meinte er bei seiner Jubiläumsrede: „Ich stelle anlässlich 80 Jahre LASK die Frage: Wollt ihr noch Spitzenfußball in Linz? Ja? Dann müsst ihr euch angesichts unserer tristen finanziellen Situation rasch entscheiden, wieder zu unseren Spielen zu kommen."

*Sein Stammplatz war hinter dem Tor und seine Rundfunk-Interviews waren legendär: Rudolf Trauner (mit Hubert Potyka)*

Trauner, wie Franz Enzenebner oder Masseur Johann „Gigerl" Bruckmüller ein LASK-Denkmal, hatte die Nase voll, trat ab, holte als Nachfolger Johann Molner. Ein fataler Fehlgriff. Der Kaufmann

> „*Manche saturierte Fußballer sind so wehleidig, dass sie schon einen Meniskusschaden haben, wenn ihnen eine Fliege über den Bauch kriecht.*"
> Rudolf Trauner

aus Bad Hall, im Fußball eine große Unbekannte, wollte mit anderen Phantasten einen Großklub „LASK 2000", ja sogar ein eigenes Stadion aus dem Hut zaubern, hinterließ aber schon nach einem Jahr

einen Scherbenhaufen. Guter Wille alleine war eben schon damals zu wenig, um im Millionengeschäft Fußball Erfolg zu haben. Trauner: „Obwohl wir den LASK schuldenfrei samt sieben Millionen Schilling Bargeld hinterlassen hatten, wurden täglich neue Forderungen aus der Ära Molner bekannt. Vom reichen Erbe, das Trauner hinterlassen hatte, blieb nichts übrig. Der LASK war am Ende. Molner hatte seine Möglichkeiten unterschätzt. Idealismus, Begeisterung waren zu wenig, um aus dem LASK einen Spitzenklub zu machen – auch wenn es der verhinderte Himmelsstürmer später anders sah: „Als Bad Haller stand ich auf verlorenem Posten. Der LASK-Präsident kann nur ein Linzer sein."

### Rückkehr bald bereut

So musste wieder einmal die Politik rettend einspringen. Landeshauptmann Josef Ratzenböck und Sportreferent Gerhard Possart verhinderten einen schwarz-weißen Torso und überredeten Trauner, den LASK zwecks finanzieller Sanierung noch einmal für ein Jahr zu übernehmen. Trauner wurde am 5. März 1990 abermals zum LASK-Chef gewählt, er war gleich wieder der Alte. Trauner lobte, tadelte, flehte mit seinen neuen Präsidiumskollegen Otto Jungbauer und Peter Banwinkler die Beiräte Franz Grad, Generaldirektor Josef Hackl, Ernst Kirchmayr, Helmut Klinger, Walter Scherb, Gerhard Weiss und Max Schachinger um Unterstützung an.

Ein paar Monate später bereute Trauner aber die Rückkehr schon wieder. Nicht nur wegen der dubiosen Affäre rund um zwei serbische Rasengastarbeiter und deren Manager Maximovic, mit überfallsartigen Hausdurchsuchungen der Kriminalpolizei beim alten und neuen Präsidium sowie in der Wohnung des zurückgetretenen LASK-Direktors Franz Enzenebner als Höhepunkt. Beweise dafür wurden nie gefunden, dass ein Teil des von Spielerpool-Chef Gerhard Weiß für den Erwerb von Dragan Dubajic und Mischa Marinkovic zur Verfügung gestellten Geldes auf dem Weg nach Jugoslawien „verloren" gegangen ist.

> „ *Man soll gehen, solange man dazu imstande ist.* "
>
> Rudolf Trauner

Nachdem schon seit Jahren in beiden Lagern hinter verschlossenen Türen über Sinn und Unsinn einer Linzer Fußball-Fusion diskutiert worden war, wäre es am 13. Mai 1991 bei einer außerordentlichen Generalversammlung fast dazu gekommen. Aber die Mehrheit der Mitglieder schmetterte im Linzer Theatercasino den auch von Rudolf Trauner unterstützten Antrag zur Bildung eines Großklubs FC Linz ab. Trauner war daraufhin nicht mehr zu bewegen, auch nur einen einzigen Tag weiter zu machen. Zum Schluss seiner Abschiedsrede meinte er: „Man soll gehen, solange man dazu imstande ist." Kurze Pause. „Also noch einmal, wer beendet heute Nacht die Versammlung?

Schweigen im Hofsaal. Vizepräsident Peter Banwinkler lehnt ab. „Herr Präsident, ich hab nichts mehr damit zu tun."

Der zweite Vizepräsident, Otto Jungbauer? Als auch der schweigt, entscheidet Trauner: „Ja, dann macht's also der Jungbauer!"

Dann wird noch kurz über eine mögliche Fusion mit dem FC Linz diskutiert. Der stärkste Fürsprecher bleibt Beirat Gerhard Weiß: „Tradition hin, Tradition her, wir können die Löhne nicht mehr zahlen. Der LASK wird auf ewig zweit- oder drittklassig sein." Worauf sich Banwinkler einmischt: „Bei uns herrschen chaotische Zustände.

Auf Rudolf Trauners Drängen sprang der Linzer Juwelier Otto Jungbauer noch einmal als LASK-Präsident ein.

Trauner: „Ja, es ist aus. Nicht einmal die VKB gibt uns noch einen Kredit." Dann ergreift LASK-Mitglied Hofrat Eduard Spitzer das Wort: „Und was passiert in drei Jahren? Vielleicht hat dann der FC Linz kein Geld."

Nur eines von vielen guten Argumenten, mit denen Spitzer und Erich Polluk, später zwei loyale Mitstreiter in Otto Jungbauers zweiter Präsidenten-Ära, die Stimmung im Saal umkippen konnten. Die Mehrheit wollte einer Fusion plötzlich nichts mehr abgewinnen. Ohne den energischen Einsatz von Spitzer und Polluk hätte es den LASK nach dieser dramatischen Nacht wohl nicht mehr gegeben. Zumindest als Profiklub.

### Erleichterung im Saal

Kurz darauf wird abgestimmt, ob die Sportanlage in der Neuen Heimat verkauft werden soll. 34 stimmen mit Nein, 13 mit Ja. Erleichterung im Saal. Man will den Platz neuerlich belehnen. „Reichen zwei Millionen Schilling?", will Spitzer wissen. „Na, drei werden wir schon brauchen, weil die Mannschaft jetzt dauernd g'winnt", fordert Franz Enzenebner mehr. Es ist schon nach drei Uhr Früh. Der LASK darf weiter leben. Fusionsgespräche verstummen. Vorerst.

### Jungbauers eiserner Besen

Otto Jungbauer, ein überzeugter Gegner einer Linzer Fusion, stürzte sich mit Feuereifer in die neue Aufgabe. Er engagierte Voest-Meistermacher und Ex-Teamchef Helmut Senekowitsch, verpflichtete prominente Spieler wie Andi Ogris, Christian Keglevits oder Manfred Linzmaier, verloste bei einem Match gegen Kufstein 200 Swatch-Uhren und schickte die Mannschaft zum Training an die Côte d' Azur. Der sympathisch-eigenwillige Sparefroh fegte aber auch mit eisernem Besen durch das LASK-Haus in der Neuen Heimat. Gagen wurden gekürzt, die Zahl der Klo-

> **Die beiden übrig gebliebenen Lampen geben noch Licht genug.**
>
> Otto Jungbauer

muscheln reduziert, Zimmer an Studenten vermietet, Toilettepapier eingespart, 20 Leuchtkörper im Gang des LASK-Hauses abmontiert. „Die beiden übrig gebliebenen Lampen geben noch Licht genug." Und als ein Spieler nach dem anderen wegen Sperren und Verletzungen ausfiel, blieb Jungbauer im Gegensatz zu Journalisten die

Ruhe in Person: „Man kann auch mit zehn Spielern gewinnen."

### Wie vor 29 Jahren

Über 1000 Menschen feierten Ende Mai 1994 nach dem Aufstieg in die oberste Liga auf dem Linzer Schillerplatz den LASK und Meisterspieler wie Sascha Metlitskij und Josef Schicklgruber, der auch noch 13 Jahre später eine feste Größe im österreichischen Spitzenfußball ist. Jungbauer hatte sein erstes großes Ziel erreicht, er genoss den Jubel noch mehr als 29 Jahre davor: „Weil diesmal alles noch schwerer zu erreichen war als 1965."

> **Man kann auch mit zehn Spielern gewinnen.**
>
> Otto Jungbauer

Zum ersten großen Schlager strömten gegen Salzburg 20.000 Fans auf die Gugl. Aber kurz darauf begann schon wieder die Zeit der Tiefschläge. Anzeigen bei der Finanz wegen angeblicher Schwarzgeldzahlungen, Schulden und Konkurs beendeten 1995 die zweite Präsidenten-Ära des Fußballbegeisterten Linzer Juweliers mit Zweitwohnsitzen in Monte Carlo und Attersee.

Seinen Rücktritt gab Jungbauer, der nach dem Konkurs von seinen Nachfolgern aus dem LASK ausgeschlossen, unschön kritisiert wurde und später trotzdem noch des Öfteren mit Geldspenden aushalf, am 21. Jänner 1995 mit halbseitigen Zeitungsinseraten bekannt. Unter anderem hieß es darin:

*„Die seit Sommer 1994 gut geführte Kampagne gegen den LASK und meine Person veranlasst mich, Ihnen die tatsächlichen Gegebenheiten mitzuteilen:*

Dr. Weiß forderte als Vorsitzender des inzwischen aufgelösten Spielerpools in der Generalversammlung vom 13. Mai 1991 die Auflösung des LASK. Die LASK-Spieler sollten vom SK Voest übernommen werden und Herr Dr. Weiß war beim SK Voest als Vizepräsident vorgesehen. Um dem LASK zu helfen, habe ich mich bereit erklärt, den Klub zu übernehmen. Ich konnte aber zu diesem Zeitpunkt (ca. 2 Uhr früh) nicht ahnen, dass in so kurzer Zeit der Schuldenstand von 15 Millionen Schilling entstanden war."

Die jetzige Lage des LASK ist folgender: Der Verein hat einen Rahmenkredit von 4 Millionen Schilling, der derzeitige Kontostand liegt etwas darunter. Löhne/Gehälter für Dezember 1994 sind ausbezahlt, derzeit sind sämtliche Rechnungen und Abgaben bezahlt.

Bei einer Aussprache im Spätsommer 1994 mit den Spielern konnte ich diese überzeugen, dass Fußballer ihre Abgaben ebenso zu entrichten haben wie alle anderen Personen. Daher wurde vereinbart, dass frühere Nettobeträge nun als Bruttobeträge gelten, was von den Spielern zum Zeichen ihres Einverständnisses mit Unterschriften bestätigt wurde.

Ich wollte den Spielern die dadurch entstandenen Geldeinbußen in Form einer Erfolgsprämie vergüten, für welche der begünstigte Lohnsteuersatz hätte beansprucht werden können. Die Spieler lehnten ab, die anfallenden Lohnabgaben und Sozialversicherungsbeiträge zu bezahlen. Darum ist die Auszahlung der Erfolgsprämie unterblieben.

Nachdem der LASK seine sportlichen Wunschziele erreicht hat, lege ich mit 17. Jänner 1995 meine Funktion als Präsident zurück.

Otto Jungbauer

## Ohne Teamgeist gehts nicht

Auch nach Jungbauers Abschied kam der LASK nie zur Ruhe. Wolfgang Rieger ist ein eigenes Kapitel, Manfred Reitinger wollte nicht glauben, dass ein pensionierter Bankchef nicht mehr Macht, Einfluss und Verbindungen wie ein aktiver hat, und Peter-Michael Reichel gründete zwar eine Kapitalgesellschaft, musste aber in seinen ersten Präsidentenjahren so wie seine Vorgänger gezwungenermaßen alles alleine machen. Zu viel wurde ihm versprochen und zuwenig gehalten. Erst seitdem beim LASK Teamgeist praktiziert wird, alle in eine Richtung marschieren, herrschen enorme Aufbruchstimmung und die Bereitschaft vieler Unternehmen, den Traditionsverein finanziell zu unterstützen.

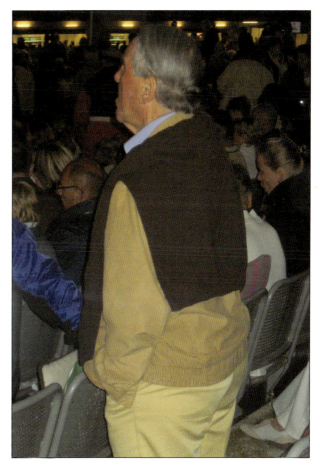

Er hat dem LASK nie den Rücken gekehrt: Otto Jungbauer

### Reinhard Waldenberger, Programm- und Sportchef ORF Oberösterreich, erinnert sich

# Blutsch-Comeback mit Tricks

Alt-LASK-Präsident Rudolf Trauner war für mich wie ein zweiter Vater. Als Schulkollege seines Sohnes, des heutigen Wirtschaftskammer-Präsidenten Dr. Rudolf Trauner, wurde ich wie ein Mitglied der Familie behandelt. Ich erinnere mich an die vielen Silvester in seiner Wochenendvilla in Traunkirchen. Jung-Rudi, heute Oberösterreichs Kammer-präsident, und ich haben nicht nur Silvester gefeiert, wir haben sehr oft auch Transferpolitik betrieben. Es stand ja zu Beginn des Jahres immer die Transferzeit an und wir haben Rudis Vater so manchen Spieler untergejubelt. Etwa einen Jupp Bläser vom 1. FC Köln, Michael Toppel von Eintracht Frankfurt oder Hans Gröss von Rapid usw.

*Großes Fachwissen hatte Rudolf Trauner auch im Fußball. Mit WM-Referee Ferdinand Marschall verstand er sich bestens.*

Präsident Trauner hatte großes Fachwissen. Er war auch ein sehr guter Fußballer, wir haben oft in Traunkirchen gekickt. Trotz seines fortgeschrittenen Alters hat man erahnen können, dass er – wie er selbst sagte – ein trickreicher und schussstarker Flügelflitzer war. Was ihn aber besonders auszeichnete, war sein Bauchgefühl. Instinktiv machte er meistens das Richtige.

_,, **Von mir aus, da habt's euren Blutsch.** "_

Rudolf Trauner

Ein einziges Mal überspannten mein Schulkollege und ich den Bogen beim LASK-Präsidenten: als Dolfi Blutsch das dritte Mal in seiner Ära LASK-Trainer werden sollte. Wir löcherten Trauner sen. ununterbrochen, dass er ihn wieder verpflichten sollte. Er zierte sich. Wir probierten alles. Bei einem Hobby-Tischtennisspiel ließen wir ihn gewinnen, er war bestens gelaunt. Befreundete Journalistenkollegen ließ ich bei ihm anrufen – sie sprachen von einem Blutsch-Comeback in höchsten Tönen. Endlich, wir hatten es geschafft. „Von mir aus, da habt's euren Blutsch", gab sich Trauner geschlagen. Dem Dolfi Blutsch – er kickte jeden Montag mit uns in der traditionellen Journalisten-Partie – haben Rudi und ich das nie gesagt, wie es wirklich gelaufen ist. Er wird dies hier das erste Mal erfahren.

Dass Präsident Trauner ein herzensguter Mensch war, möchte ich als selbstverständlich erwähnen. Oft hab ich gesehen, wie er unauffällig etwa dem im Leben nach der Fußballerlaufbahn gescheiterten Brasilianer Chico Geld zugesteckt hat, wie er vielen LASK-Spielern auf Grund seiner Positionen als Landesrat, 3. Landtagspräsident, Wirtschaftskammer-Präsident geholfen hat, es aber nie an die große Glo-

cke gehängt hat. In den letzten Wochen vor seinem Ableben war ich oft mit ihm allein zusammen. Wir haben viel resümiert, über alles Mögliche. Aber immer war das Thema LASK dabei. Sein Lebenswerk war der LASK-Platz im Linzer Stadtteil Neue Heimat. Trauner immer wieder im Originalton: „Waldi, ich hab dem LASK eine Heimat gegeben. Ich versteh nicht, dass das aufgegeben wurde. Im Stadion ist mein LASK nur Untermieter." Auch eine untergriffige, politisch motivierte Hetzkampagne am Ende seiner LASK-Präsidentschaft hat ihn schwer getroffen. Und trotzdem: der LASK war sein Leben. Er hat immer gesagt: „Ich habe dem LASK viel zu verdanken. Die schönen Stunden überwiegen!"

Was ich bis heute nicht verstehe: Präsident Senator Kommerzialrat Rudolf Trauner wurde weder zu Lebzeiten noch posthum bis zum heutigen Tag die LASK-Ehrenpräsidentschaft verliehen. Wenn es einer verdient hätte, dann er, der längstdienende Präsident der Schwarz-Weißen.

_Forcierte immer wieder den LASK-Nachwuchs: Adolf Blutsch_

Dr. Rudolf Trauner erinnert sich:
Mein Vater, der LASK-Präsident

# Bürgermeister befahl Trauners Verhaftung

„Ein Mensch, der einen unnahbaren Thron auf Wolkenbänken aufgeschlagen hat, sollte beides meiden: den Sport und die Politik." Ein Satz, den ich von meinem Vater oft zu hören bekommen habe. Er hat eben für alle offene Ohren gehabt, für die Probleme der „kleinen" Leute genau so wie für die der „großen". Sicher auch einer der Gründe, warum mein Vater bei Anhängern und Spielern des LASK beliebt gewesen ist.

So lange ich zurück denken kann, hat der Fußball in unserer Familie eine dominierende Rolle gespielt. Auch schon vor jenem denkwürdigen Tag im Mai 1968, als mein Vater das Amt des geschäftsführenden Präsidenten beim LASK übernommen hat. Fußball war schon immer seine große Leidenschaft. Oft hat mir mein Vater erzählt, wie er als Achtjähriger beim niederösterreichischen Verein Eggenburg in der Schülerelf die ersten Tore schoss, wie er mit 16 mit seinen schnellen Läufen an der Flanke eine Stütze der Kampfmannschaft wurde oder wie er später in Grein spielte und die Obmann-Stelle übernahm. Ab 1965 hat mein Vater in unserer zweiten Heimat, in Traunkirchen, den Fußballsport so richtig in Schwung gebracht.

Auch für uns in der Familie war es nach Niederlagen nicht immer leicht. Sportliche Enttäuschungen haben dem Vater ziemlich zugesetzt, vor allem dann, wenn er wieder einmal von fanatischen Anhängern angepöbelt und oft mitten in der Nacht mit Anrufen beschimpft wurde. Leider haben viele vergessen, dass er immer nur das Beste für „seinen" LASK wollte und dass er mit bescheidenen finanziellen Mitteln in über zwanzig Jahren Maximales erreicht hat.

Dass er so lange wie kein anderer LASK-Präsident vor und nach ihm durchgehalten hatte, lag auch an

*Er kannte sich im oft beinharten Fußballgeschäft bestens aus: Rudolf Trauner sen.*

seinem guten Verhältnis zu Franz Enzenebner. Wie oft hat mein Vater die Loyalität und den enormen Einsatz dieses „Mädchens für alles" daheim gelobt. Enzenebner hat alles gemacht, Reisen organisiert, mit Spielern verhandelt oder bei Sitzungen in Wien die Interessen des LASK energisch vertreten. Ihm zur Seite stand Luise Winkler, seine Sekretärin in unserem Verlag und die spätere Ehefrau meines Vaters. Ein kleines, unheimlich aufopfernd arbeitendes ehrenamtliches Team.

Als LASK-Präsident hatte mein Vater zu allen ein gutes Verhältnis. Er kam mit Vertretern des damaligen Lokalrivalen Voest genau so gut aus wie mit Fußballanhängern aus dem SP- oder freiheitlichen Lager. Ich erinnere mich noch gut daran, wie im Linzer „Tagblatt" nach der Wahl zum Klubchef die Frage zu lesen war, ob mein Vater überhaupt etwas vom Fußball verstünde. Seine Antwort: Er organisierte im Linzer Stadion ein Fußballmatch „Schwarz" gegen „Rot". Als es nach vier Toren von meinem Vater bereits 5:1 für das ganz in Schwarz gekleidete VP-Team stand, wurde der damalige Bürgermeister, Franz Hillinger, zornig und flüsterte dem auf der Tribüne sitzenden Polizeidirektor Franz Reimer ins Ohr, er möge doch meinen Vater bei nächster Gelegenheit aus irgendeinem Grund „verhaften" lassen, damit er kein Tor mehr schießen kann. Gesagt, getan. Während mein Vater von Polizisten abgeführt wurde, gab es von den 3000 Zuschauern ein stürmisches Pfeifkonzert. Sie waren der Meinung, es handle sich um eine ernste und nicht zum Spaß inszenierte Aktion.

Am nächsten Tag verging meinem Vater aber doch das Lachen, als seine Mutter aus Niederösterreich anrief und aufgeregt wissen wollte, was die Schlagzeile im „Kurier", „Neuer LASK-Präsident im

Linzer Stadion verhaftet", zu bedeuten habe. Mein Vater konnte meine Großmutter nur mit viel Mühe davon überzeugen, dass die „Verhaftung" nur den Zweck hatte, weitere Trauner-Tore zu verhindern …

Zum guten Verhältnis zu Politikern aller Parteirichtungen und zu Journalisten von allen Medien haben auch die von meinem Vater organisierten Fußballspiele in Traunkirchen und Linz beigetragen. Da hatte man vor allem nach dem Schlusspfiff beim Feiern den Eindruck, dass alle eine große Familie waren. Auf Zusammenhalt hat mein Vater immer großen Wert gelegt. Darum gab es auch dann eine Weihnachtsfeier, wenn es für den Verein nach der Herbstsaison sportlich einmal nicht zum Besten stand.

*Politiker und Journalisten beim traditionellen Traunkirchner Fußballmatch mit WM-Referee Ferdinand Marschall (Mitte).*

Unvergessen bleiben mir die Reisen mit meinem Vater und dem LASK zu den Intertotospielen. Die erste habe ich in Dänemark erlebt. Anreise mit dem Schlafwagen statt mit dem Flugzeug, und statt einem Essen im Speisewagen wurden die von Franz Enzenebner in Linz gekauften Wurstsemmeln gegessen. Für Luxus und Hochstapelei hatte mein Vater nichts übrig. Darum ist der LASK während seiner Präsidentschaft nie in eine wirklich schwere Krise geschlittert. Auch dazu fällt mir ein Satz von ihm ein: „Sparsamkeit ist die Tochter der Weisheit, die Schwester der Mäßigkeit und die Mutter der Freiheit." Ein weiser Satz, den sich manche zu Herzen nehmen sollten.

Mein Vater hat nie seine Wurzeln im kleinen niederösterreichischen Doberndorf vergessen. Dort, wo er in bescheidensten Verhältnissen aufgewachsen ist, wo er als Kind die Armut kennen gelernt hat. Meiner Schwester und mir hat er oft erzählt, wie er als Zehnjähriger trotz eines Sammelverbots in den gräflichen Wäldern Pilze und Beeren gesucht hat, um etwas Geld für Brot und Milch zu verdienen. Eines Tages tauchten plötzlich eine junge Gräfin aus Horn und einer ihrer Waldarbeiter mit Pferden auf, zuerst beschimpften sie meinen Vater als Dieb, dann zertrampelten sie mit den Hufen den Behälter mit den mühsam gesammelten Himbeeren. Dieses Erlebnis hat sicher dazu beigetragen, dass mein Vater gerade für Anliegen und Probleme kleiner

*Sie schätzten einander, obwohl sie sich nichts schenkten: Hans Rinner (Voest), Rudolf Trauner (LASK)*

Wirtschaftstreibender immer großes Verständnis hatte.

Ein Meilenstein in der jahrzehntelangen LASK-Ära meines Vaters war nach dem Verlust des alten LASK-Platzes in der Paul-Hahn-Strasse die Errichtung der neuen Anlage in der Neuen Heimat. Gemeinsam mit seinen Präsidiumskollegen Ferdinand Richter, Hubert Fein und Ludwig Lindpointner hat er die volle Haftung für die Bankkredite übernommen. Umso mehr hat ihn später nach der schweren Krise Ende der neunziger Jahre der Verkauf des LASK-Platzes getroffen. Dabei hatte mein Vater noch beim 80. Geburtstag stolz darauf hingewiesen, dass die Anlage einen unwahrscheinlichen Wert darstellt und zum Glück unverkäuflich ist. Verkauft wurde sie schließlich doch. Ein schwerer Tiefschlag waren für ihn schon vorher aus der Luft gegriffene, ungerechtfertigte Vorwürfe und Anzeigen sogenannter LASK-Anhänger und -Gönner, die ihm schlecht gesinnt waren.

> ❞ *Der sportliche Wettkampf darf nicht zum Krieg werden, er muss immer ein Spiel bleiben.* ❝
>
> Rudolf Trauner sen.

Eines hat mir mein Vater gerade vor einem Derby gegen den Anfang der Siebziger Jahre immer stärker aufkommenden SK Voest immer wieder gepredigt: „Der sportliche Wettkampf darf nicht zum Krieg werden, er muss immer ein Spiel bleiben." Daran dürfe selbst die größte Rivalität zweier Klubs in einer Stadt nichts ändern. Er hat sich immer daran gehalten. Das bis zu seinem Tod ausgezeichnete Verhältnis zu den ehemaligen Voest-Spitzenfunktionären wie Franz Ruhaltinger oder Hans Rinner ist der beste Beweis dafür.

Otto Jungbauers Erinnerungen, aufgezeichnet von
Hubert Potyka

# Ein LASK-Juwel hat Linz zur Fußball-Hauptstadt gemacht

Man glaubt es kaum: In der 100-jährigen Vereinsgeschichte wurde der LASK erst einmal österreichischer Fußballmeister. Verantwortlich dafür war 1965 Juwelier Otto Jungbauer. Der Linzer, der selbst in den glorreichsten LASK-Zeiten nie gerne in der ersten Reihe stand, hat damit den Verantwortlichen der Athletiker die sportliche Latte hoch gelegt. Höchste Zeit, dass der LASK ein zweites Mal Österreichs Meister wird.

Harte Schale, weicher Kern – so könnte man Otto Jungbauer am besten beschreiben. Wer ihm einmal menschlich näher gekommen ist, lernt den nach außen hin unnahbar, etwas hart wirkenden Linzer von einer anderen, sympathischen Seite kennen. Vieles wurde von ihm intern geregelt, Reportern verschwiegen. Etwa als die Gattin eines Trainers, der heute für den ÖFB tätig ist, eines Tages in seinem Landstrassen-Geschäft aufgeregt anrief und Jungbauer wissen ließ, dass der Herr Gemahl das vom Klub zur Verfügung gestellte Auto in Wien zu Schrott gefahren hat. Jungbauers Antwort: „Beruhigen sie sich, Hauptsache, ihrem Mann ist nichts passiert."

Er verlor auch kein Wort darüber, dass er einmal während seiner zweiten Amtsperiode in den Morgenstunden von einem empörten Linzer Nachtklubchef angerufen wurde. „Holen S' schleunigst ihren

*Otto Jungbauer war viele Jahre lang einer der ganz großen LASK-Gönner. Links sein „Juwel" Anni.*

Ballesterer ab und nehmen S' a paar Scheine mit!" Der Präsident fuhr hin, zahlte nicht wenig für Getränke samt Damen-Unterhaltung, packte den Stürmerstar ins Auto und lieferte ihn bei seiner besseren Hälfte ab.

Spielern hat er in der Not, ohne große Worte zu verlieren, oft geholfen. Nach dem Rücktritt genau so wie während der Karriere. Einmal kam Charly

Chico nach dem Training Zähne knirschend zu ihm. „Präsident, hab gemacht ein Kind." Auf Jungbauers Frage, wo das denn passiert sei, grinste der LASK-Publikumsliebling: „In Tribuna." Die längst nicht mehr existierende Holztribüne auf dem alten LASK-Platz war angeblich die einzige Zeugungsstätte des verstorbenen Brasilianers …

> **„ Holen S' schleunigst ihren Ballesterer ab und nehmen S' a paar Scheine mit!"**
>
> Anruf eines empörten
> Linzer Nachtclubchefs

Als LASK-Präsident war aber manchmal auch Härte gefragt. „Anders wären wir 1965 nicht Cupsieger und Meister geworden. Und anders hätte der LASK bei meiner zweiten Amtsperiode zu Beginn der Neunziger Jahre nicht überlebt", erinnert sich Jungbauer, für viele ein „Sparefroh", weil er im Klubhaus in der Neuen Heimat Glühlampen und Pissoirs abmontierten ließ und Räume an Studenten vermietete. Von Unterstützung durch Stadt und Land oder große Firmen, wie sie der LASK heute genießt, konnte damals keine Rede sein.

Obwohl auf Sparflamme gekocht wurde, war Jungbauer als LASK-Funktionär nie kleinlich. Als er in den 90er Jahren in einer Nacht-und-Nebel-Aktion den Verein ein zweites Mal übernahm, kaufte er mit einem zweistelligen Millionenbetrag eine völlig neue Mannschaft ein. 1996 musste der in Böhmen geborene Uhrmacher wieder ein paar Millionen beisteuern, weil er wegen Abgabenhinterziehung vor Gericht stand. Seine Schuld: Steuerschonendes Agieren, so wie es eben wegen akuter Geldnot bei allen Vereinen üblich war und bei vielen noch immer ist.

Am liebsten erinnert sich Jungbauer natürlich an 1965. An jenes Jahr, in dem der LASK als erster Klub außerhalb Wiens Cupsieger und Meister wurde. „Dabei habe ich im Winter nur deshalb Karl Schlechta entlassen und Frantisek Bufka geholt, weil wir mitten im Abstiegssumpf gesteckt sind und gehandelt werden musste", dachte Jungbauer nach Platz Sieben in der Herbstsaison nicht im Entferntesten an Titelchancen. Doch dann folgte die sensationelle Aufholjagd ohne Niederlage mit Neun Siegen und Vier Unentschieden. „Kondition und Kraft deiner Mannschaft müssen so groß sein, dass du doppelt so viele Fußballer wie der Gegner auf dem Platz hast", war Bufkas oberstes Prinzip. Zu Auswärtsspielen fuhr man prinzipiell nur am Matchtag. „Bufka war immer der Meinung, dass ein gut trainierter Körper eine zwei-, dreistündige Autobusfahrt problemlos verkraften kann."

> **„ Kondition und Kraft deiner Mannschaft müssen so groß sein, dass du doppelt so viele Fußballer wie der Gegner auf dem Platz hast. "**
>
> Frantisek Bufka, der von
> Jungbauer engagierte Trainer

„Weil wir zu Beginn der Meisterschaft als Abstiegskandidat eingestuft wurden und bis zur letzten Runde nie Tabellenführer waren, wurde natürlich auch nie über eine Meisterprämie gesprochen", erinnert sich Jungbauer noch genau an den Spielerstreik vor dem letzten Spiel gegen Vienna. Als Jungbauer wie an jedem Nachmittag das Training auf dem LASK-Platz in der Paul-Hahn-Straße inspizieren wollte, lief ihm ein aufgeregter Frantisek Bufka entgegen: „Spieler wollen nicht trainieren. Fragen was ist, wenn sie Meister werden." Nach einer Aussprache mit „Cäsar" Sabetzer, dem Kapitän, war der „Streik" im Nu beendet. Einen Tag später war Linz Österreichs Fußball-Hauptstadt.

Schon vor dem LASK-Triumph war das Linzer Stadion bei großen Freundschaftsspielen oft ausverkauft. „20.000 Zuschauer waren bei Spielen gegen die Nationalteams der CSSR, der UdSSR oder Ungarns keine Seltenheit", wurde Jungbauer bei der Verpflichtung großer Gegner vom Linzer Bürgermeister unterstützt. „Franz Hillinger hat mir immer zugesagt, dass er bei einem finanziellen Verlust aushelfen wird." Der Ernstfall ist nie eingetreten.

Oft wurde Jungbauer vorgeworfen, dass er nach dem Titelgewinn gute Spieler ziehen ließ und keine wirklich großen Verstärkungen für den Europacup und für einen weiteren Höhenflug geholt hat. Der LASK habe aber damals gar keine andere Wahl gehabt. „Paul Kozlicek wollte zu Admira, weil er neben einem tollen Spielervertrag auch gute Anstellungen für ihn und seine Frau bekam. Und für große Einkäufe hatte ich kein Geld."

Zu seiner zweiten Amtsperiode als LASK-Chef kam er wie die Jungfrau zum Kind. Jungbauer, der eigentlich gar nicht zur Generalversammlung gehen wollte, ließ sich lange nach Mitternacht doch zum Präsidenten wählen. „Es war die einzige Chance, die Fusion mit Voest oder gar die Auflösung des LASK zu verhindern." Was folgte, waren schöne Zeiten mit ein paar getreuen Mitstreitern, mit der Verpflichtung von Helmut Senekowitsch, Österreichs erfolgreichstem Teamchef, und dem Aufstieg in die höchste Liga. Den Schlusspunkt unter Jungbauers zweites Präsidenten-Dasein setzten andere mit Vernaderungen, anonymen Anzeigen und einem LASK-Konkurs, der nicht nötig gewesen wäre. „Es war ein abgekartetes Spiel", hatte Jungbauer das „Komplott" rasch durchschaut.

Der Juwelier hatte nie Rachegefühle. Er verzichtete am Ende sogar auf Transferrechte und half auch später manchmal aus. Über die Höhe der Millionen, die aus seinem Privatvermögen in den LASK geflossen sind, wollte der bescheiden lebende Juwelier nie reden. „Ich habe ja nur deshalb so viel für den Klub machen können, weil die Fans bei mir eingekauft haben." Trotz mancher menschlicher Enttäuschung möchte er kein Jahr als Präsident missen. „Ich wünsche dem LASK für die nächsten 100 Jahre große Zeiten und Erfolge wie in den 60er Jahren."

> *„ Ich wünsche dem LASK für die nächsten 100 Jahre große Zeiten und Erfolge wie in den 60er Jahren."*
>
> Otto Jungbauer

Während heute alles über Manager abgewickelt wird, ist Jungbauer Spielervermittlern immer aus dem Weg gegangen. Vielleicht, weil er schon bald erkennen musste, wie der Hase im Fußballgeschäft läuft … Als er in der einstigen Central-Bar mit dem noch regierenden Präsidenten Theo Kralka wegen des Transfers von Chico zum LASK verhandelte, war der Manager des Brasilianers der Meinung, Jungbauer könne alles entscheiden und steckte ihm ein Kuvert in die Sakkotasche. „Ich hab es wieder diskret zurückgeschoben und Charly auch ohne Bestechung um 100.000 Dollar verpflichtet", amüsiert sich Jungbauer noch heute.

Manchmal musste aber doch nachgeholfen werden. Ein paar Jahre vor dem Meistertitel, als es um den Europacup-Aufstieg gegen Dynamo Zagreb ging, wurde ein kroatischer Spitzenfunktionär mit „einer kleinen Aufmerksamkeit" beim Agramer Rückspiel von Jungbauer „überredet", eine dritte, alles entscheidende Partie auf Linzer Boden zu arrangieren. Das ausverkaufte Match wurde mit Pech 0:1 verloren.

„Bevor von mir ein Fußballer gekauft wurde, habe ich ihn immer lieber selbst im In- und Ausland ein paar Mal beobachtet und Erkundigungen eingeholt." Von schriftlichen, langfristigen Verträgen hielt Jungbauer nichts. „Was ausgemacht war, habe ich eingehalten." Fußballer verhielten sich nicht immer so. Kurz nachdem alle Vertragspunkte, alles Finanzielle geklärt wurde, wollte er einen Teamstürmer im Spitz-Hotel präsentieren. Fünf Minuten vor seinem großen Auftritt hatte der gute Mann plötzlich Erinnerungslücken. „Er wollte nur vor die Presse treten,

wenn der Vertrag um 2.000 Schilling pro Monat aufgestockt wird. Da hab ich in der Not zugesagt, weil ich mich vor den wartenden Journalisten nicht blamieren konnte."

Seine Frau Anni ist für Otto Jungbauer sein „größtes Juwel". Sie wusste immer, dass der Fußball und der LASK neben der Familie die große Leidenschaft für den Vater von zwei erwachsenen Töchtern ist. Daheim wurde abgeschaltet. Selbst wenn ihm eine Niederlage noch so sehr an die Nieren gegangen ist, hat der begeisterte Radfahrer und Wanderer mit dem Feriendomizil am Attersee daheim immer gute Miene zum bösen (Fußball)Spiel gemacht.

*Ein großer Gönner des LASK war viele Jahre Walter Scherb, im Bild mit seiner Gattin und Otto Jungbauer.*

## Der Trick des Managers mit Rudi Nafziger

# Die inszenierte Exklusivstory

Von Hubert Potyka

*So sah er sich gerne: Viktor Gartner als seriöser Spielerhändler*

Wer sich heute im Fußball über viele Jahre hinweg als Manager behaupten und gute Geschäfte machen will, muss vor allem seriös arbeiten, ein paar Sprachen können, ständig reisen. So wie die beiden Oberösterreicher Max Hagmayr und Jürgen Werner. Beide haben ein Studium abgeschlossen, beide haben es zu Nationalspielern gebracht, beide haben ihren Beruf von der Pike auf gelernt. Ein bunter Vogel wie einst Viktor Gartner in den Siebzigern in der noch kleinen Managerszene hätte wahrscheinlich heute kaum Chancen, im internationalen Fußballgeschäft groß mitzumischen.

Eines Tages, es war im April 1972, schlug Gartner dem Linzer Sportredakteur Leo Strasser einen Deal vor. „Ich kann dem LASK einen tollen Spieler bringen. Nafziger sein Name. Sie bekommen eine Exklusivstory, wenn sie Herrn Trauner anrufen und ihm sagen, dass er noch heute zugreifen muss, weil sie aus München erfahren haben, dass zwei deutsche Bundesligaklubs Nafziger haben wollen. Schaun Sie, mein Guter, dass das klappt." Mit „Schaun Sie, mein Guter" hat fast jeder Satz des schrulligen Viktor begonnen.

### Münchner Feschak

Kollege Leo Strasser tat wie ihm vom cleveren Manager befohlen, er rief Trauner an, lobte den Deutschen in den allerhöchsten Tönen. Zwei Stunden später war der Zweijahresvertrag mit dem zuvor bei FC Bayern, St. Gallen und Hannover 96 stürmenden Feschak und späteren Linzer Frauenliebling perfekt.

Gartner war sich seiner Sache so sicher, dass er schon vor der Unterschrift in Trauners Büro den Deutschen zur

*Sensationskauf des LASK: Rudolf Nafziger*

Dreifaltigkeitssäule auf dem Hauptplatz befahl, um das versprochene Exklusivinterview samt Foto unter Dach und Fach zu bringen.

> *„ Vertrag ist Vertrag. Aus, basta. "*
> Rudolf Trauner zu Forderungen Nafzigers

Trauner war Strasser später für den „Empfehlungsanruf" sogar dankbar, denn Nafziger erwies sich als einer der besten Einkäufe in seiner Ära. Der Deutsche hatte großen Anteil daran, dass der LASK ein paar Monate später unter der Regie von Otto Baric Herbstmeister wurde.

Trauner war von Nafzigers Fußballkünsten derart begeistert, dass sogar eine Wohnung für den Stürmer in seinem Linzer Haus frei gemacht wurde. Nur bei seinen ständigen Forderungen nach einer Aufstockung der Gage blieb Trauner hart. „Was würden denn die Herren Harreither oder Viehböck sagen, wenn sie plötzlich weniger als Nafziger verdienen ... " Auch das von Nafziger und seinem Manager verstreute Gerücht, dass Rapid mit einem Traumangebot locke, ließ Trauner kalt: „Vertrag ist Vertrag. Aus, basta", entschied der Sparmeister nach stundenlanger, nächtlicher Unterredung.

### Der Bessere hinaus

Erst drei Jahre später wollte der LASK Nafziger loswerden. Obwohl Ernst Knorrek in Hoch-

*Nafziger spielte einmal statt Knorrek, obwohl der besser war.*

form stürmte, erfuhr der Grieskirchner kurz vor einem Match, dass er zuschauen müsste, weil ein Manager und ein Klubvertreter Nafziger auf die Beine schauten. Also musste der Bessere hinaus und Nafziger hinein.

Damals wie heute geht es eben im Fußball oft wie früher bei Rosstäuschern zu ...

Viktor Gartner, immer mit dem selben, schon ein wenig in die Jahre gekommenen blauen Nadelstreifanzug gekleidet, verstand es, auch dann mit dem Fußball seinen Lebensunterhalt zu verdienen, wenn gerade kein Spieler vermittelt werden konnte. Da bot er halt an, dem „lieben, guten Herrn Redakteur" eine Serie über die abenteuerlichsten Transfers seiner Karriere zu diktieren. Sie waren die paar Tausender wert.

Gartners größter Fischzug war der Wechsel von Paul Breitner zu Real Madrid. Auch den einstigen österreichischen Teamchef Leopold Stastny hat der CSSR-Auswanderer von Slovan Pressburg zu Wacker Innsbruck gelotst.

Unterbrochen wurden seine gut gehenden Geschäfte nur von einem längeren „Erholungsurlaub" in Garsten. Weil er zwei polnische Spieler verkauft hatte, die es nur auf dem Papier gab, ertönte der Pausenpfiff eines Richters. Und so musste Gartner nach der Entlassung wieder mit kleinen Fußballgeschäften beginnen.

### „Er war zu ehrlich"

Nach Ansicht von Helmut Köglberger hatte Viktor trotz Nachdenkpause in der Zelle nur einen Fehler: „Er war zu ehrlich. Das darfst in diesem Geschäft

*Bei allen Fußballgeschäften war Viktor Gartners attraktive Gattin dabei.*

plötzlich das Doppelte der vereinbarten Transfersumme von 1,4 Millionen Schilling.

Mit 57 Jahren starb Viktor Gartner Anfang September 1983 im spanischen Alicante völlig verarmt. Die Begräbniskosten übernahm der letzte Präsident, für den einer der damals buntesten Vögel im Fußballgeschäft in Spanien gearbeitet hatte. Kurz vor seinem Tod hatte Gartner noch Walter Skocik als Trainer in Las Palmas untergebracht.

nicht sein." Zumindest damals durfte man das nicht sein. Köglberger hat Gartners finanzielle Großzügigkeit immer bewundert: „Er hat im Gegensatz zu anderen nie zehn Prozent kassiert. Der Vikerl hat sich mit viel weniger begnügt."

### Lukrative Angebote

Als Köglberger bei Austria Tor um Tor erzielte, bot ihm Gartner seine Unterstützung an. „Mein Guter, ich mache sie zu einem europäischen Star." Er fuhr mit ihm nach Belgien, rief die Sportchefs der größten Antwerpener Zeitungen an und versprach, so wie einst bei Nafziger, sensationelle Exklusivstorys, „wenn sie große Geschichten über den zufällig in Belgien weilenden österreichischen Torjäger bringen". Schon einen Tag nach Erscheinen der Berichte lockten Funktionäre von Anderlecht, Antwerpen und Lüttich mit lukrativen Angeboten. Köglberger nahm das Beste an, unterschrieb für den königlichen Klub Royal – und spielte trotzdem nie für ihn. Austrias Chef Joschi Walter wollte nämlich

*Bei vielen großen Klubs war Helmut Köglberger ein gefragter Stürmer.*

Franz Enzenebner: Ihm gebührt ein LASK-Denkmal

# Vom Sterbekammerl zurück ins Leben

Von Hubert Potyka

Jahrzehntelang diente Franz Enzenebner loyal ergeben Rudolf Trauner. Die beiden gingen durch dick und dünn. Konflikte? Natürlich gab es welche, auch solche, die lauter ausgetragen wurden. Im nächsten Moment wurde aber schon wieder gemeinsam in eine Richtung marschiert.

Trauner und Enzenebner hatten eben andere Vorstellungen von Vereinsführung und familiärem Klubklima als heutige Präsidenten und Manager. Noch immer schwärmen Spieler von damals von unvergesslichen Tagen bei UEFA-Cup-Reisen und Trainingslagern in Belgien, Holland oder Dänemark.

Kein anderer hat bei einem österreichischen Bundesligaverein so lange gedient wie Enzenebner. Er war 1965 dabei, als die Athletiker unter Otto Jungbauer Meister und Cupsieger wurden, er werkte nach dem Rücktritt des Juweliers so lange alleine, bis Rudolf

Stellten die Weichen für den Bau des LASK-Platzes in der Neuen Heimat: Lindpointer, Trauner, Enzenebner, Richter.

Trauner gewonnen werden konnte, und er stieg auch für den Weiterbestand „seines" LASK auf die Barrikaden, als der Verein nach dem ersten Rücktritt von Trauner in die erste von vielen schweren Krisen taumelte.

Enzenebner erlebte all die Sternstunden im Europacup mit dem 1:0-Sieg gegen Inter Mailand als Höhepunkt. Nur bei seinem Kampf gegen die sinnlose „Fusion" und gegen den durchaus vermeidbaren Platzverkauf in der Neuen Heimat musste er sich geschlagen geben.

**Kein Wort Deutsch**

Er hatte in drei Jahrzehnten mit vielen erfolglosen und erfolgreichen Trainern zusammengearbeitet. Sein erster wirklich „Großer" war Frantisek Bufka, der im Winter 1965 dem Wiener Karl Schlechta nachfolgte. „Bufka konnte kein Wort Deutsch. Da hab ich halt mit dem tschechischen Wörterbuch sein Trainingsprogramm übersetzt und der Mannschaft vorgelesen."

Der Fußball war Enzenebners Leben, obwohl er selbst nie ein guter Spieler war. „Ich war für diesen Sport nicht geschaffen", hatte Enzenebner 1942 nach ersten Einsätzen in der LASK-Jugend bald erkannt, dass sein sportliches Talent woanders lag. Er begann zu boxen. Trotzdem half er schon mit 14 mit, den Fußballbetrieb beim LASK auch in den Kriegsjahren aufrecht zu erhalten. „Ich hab Dressen in geflickten Rucksäcken zu Spielen nach Wels und Steyr geschleppt, ich hab geputzt, alles gemacht, was mir der Hajek ang'schafft hat." Karl Hajek – das war der gutmütige, immer freundliche Hansdampf in allen Gassen. Er war Präsident, Sektionsleiter, Kassier, Platzmeister und Dressenschani in einer Person.

Bei den Boxern fühlte sich Enzenebner wohler. Da feierte er auch bald Erfolge, wurde österreichischer Juniorenmeister und eine Stütze der Auswahl unseres Bundeslandes. Mit 18 hatte Enzenebner sein sportliches Traumziel fast erreicht. Er wurde 1948 von seinem Trainer und späteren guten Freund Joe Kaspar in den Olympiakader einberufen. „Joe hat mir aber geraten, vor einem Trainingskurs noch rasch die Mandeln entfernen zu lassen, weil ich oft drei Mal im Jahr unter schwerer Angina litt."

Fünf Tage nach der Mandeloperation landete Enzenebner abermals bei den „Barmherzigen Brüdern". Furchtbare Schmerzen trieben ihn wegen eines Blinddarmdurchbruches und zwei Abszessen fast zur Bewusstlosigkeit. Nach einer Notoperation landete Enzenebner im „Besenkammerl", dort, wo hoffnungslose Fälle abgestellt wurden. „Es war schrecklich", bekam der Patient doch deutlich zu hören, wie ein Arzt zur Schwester meinte, dass „dem da ohnehin nicht mehr zu helfen ist".

Doch der Kämpfer ließ sich nicht unterkriegen. Bereits nach einer Nacht ist Enzenebner vom „Besenkammerl" – wie er später oft über seinen „ersten Schritt in den Himmel" meinte – ins Leben zurückgekehrt. Sieben Wochen später brachte er zwar statt 60 nur noch 45 Kilo auf die Waage, er hatte aber seine Lebensfreude zurückgewonnen. Trotz olympischer Enttäuschung stand Enzenebner bald wieder im Boxring. Einen seiner besten Kämpfe lieferte er 1951 beim 13:7-Sieg der LASK-Staffel gegen eine starke Auswahl

des SC St. Valentin. In einer Jubiläumsschrift der Niederösterreicher wurde Enzenebner als „glänzendster Techniker des Abends" gerühmt.

### Ein schöner Titel …

Als die Boxsektion des LASK aufgelöst wurde, landete der Linzer endgültig beim Fußball. 1957 wurde er Jugendleiter, sieben Jahre später ließ er sich überreden, das Amt des jahrelang erfolgreichen Sektionsleiters Sepp Brunetzky zu übernehmen. Aus dem Sektionsleiter wurde bald der Technische Direktor des LASK. Ein schöner Titel statt mehr Gage … Zu verdanken hatte er die Beförderung Willi Kment. Der nicht immer einfach zu behandelnde Trainer hatte Angst, dass der Sektionsleiter – so wie es früher im Ausland üblich war – bei der Aufstellung das letzte Wort haben könnte. „Das dulde ich bei Enzenebner nicht", beklagte sich Kment bei Präsidiumsmitgliedern. „Na gut, dann machen wir halt den Franzi zum technischen Direktor", schlug Hubert Fein bei der nächsten Sitzung vor. Der Antrag wurde einstimmig angenommen. Einmal hatte Enzenebner aber auch als „Direktor" bei der Aufstellung das letzte Wort. Im August 1986 durfte er im Pokal in Voitsberg Cheftrainer spielen. Hans Kondert blieb daheim, beobachtete den GAK in Nettingsdorf.

Als Direktor musste Enzenebner noch mehr als früher ertragen. „Ich stand ja in der ersten Reihe, war Prellbock vor dem Präsidenten." Nächtliche Droh- und Schmähanrufe von Fanatikern, Auseinandersetzungen mit Neidern, die ihm die kleine Aufwandsentschädigung nicht gönnen wollten, harte Auseinandersetzungen bei Besprechungen in Wien oder Krisensitzungen samt verzweifelten Rettungsversuchen nach Rudolf Trauners Abschied zerrten immer mehr an seinem Nervenkostüm.

Enzenebner ging in seiner Freizeit völlig im Fußball, im LASK auf. Er kämpfte um jeden Anhänger, um jede Dauerkarte. Als der Landesbeamte im Hydrographischen Dienst ein paar Tage vor dem ersten Saisonspiel 1978/79 auf dem Gang Dr. Eduard Spitzer traf, klagte ihm der spätere Chef der Wasserrechtsabteilung sein Leid: „Bei solchen Einkäufen muss ich es mir noch gut überlegen, ob ich wieder eine Dauerkarte kauf." Worauf Enzenebner an wahre Vereistreue appellierte: „Schaun S', Herr Regierungsrat, seit Jahren hat mir meine Frau verboten, dass ich den LASK-Polster ins Auto leg. Jetzt, nach unserem Abstieg, hat sie es selbst getan." Noch am selben Tag holte Spitzer im LASK-Büro seine Dauerkarte ab. Pünktlich wie jedes Jahr.

### Für alles zuständig

„Ihr seids lauter Vögelköpf." Wie oft hörte man diesen Satz von Enzenebner, wenn ein Spieler von ihm etwas wollte. Es klang böse, war aber nicht so gemeint. Mehr Gage, eine größere Wohnung, einen Handwerker für daheim, das Lohnsackerl um zwei, drei Tage früher oder gar ein Alibi, falls die Frau Gemahlin anrufen sollte und wissen wollte, ob sich ihr Herr Gemahl wirklich gerade mit dem Ball und nicht mit einer Freundin unterhält – der Herr Direktor war für alles und alle zuständig. Daneben kümmerte er sich

*Franz Enzenebner ging mit dem LASK Jahrzehnte durch Dick und Dünn. Links Voest-Obmann Hans Rinner.*

noch um Streitgespräche bei Bundesliga-Sitzungen in Wien oder um Bus- und Essensbestellungen bei Auswärtsspielen.

„Er boxte sich trotz vieler Härten erfolgreich durchs Leben", charakterisierte Rudolf Trauner einmal seinen „treuesten und besten Mitstreiter" goldrichtig. Wenn es sein musste, demonstrierte Enzenebner in aller Öffentlichkeit Fairness, um etwa nach einem Linzer Derby mit unzähligen brutalen Attacken in Kniehöhe die aufgebrachten, gereizten Gemüter in beiden Lagern zu beruhigen, Feindbilder abzubauen. Da appellierte er in den Siebziger Jahren bei einer eilig einberufenen Pressekonferenz an die Vernunft von Fans und Spielern: „Es darf nie wieder passieren, dass Autos von Fußballern demoliert, Frauen und Kinder von Spielern beflegelt werden."

Sein größter Wunsch war immer, dass der LASK noch einmal die Nummer 1 in Österreich wird. 1972/73 befanden sich die Athletiker als Winterkönig ganz nahe am Ziel. Doch ein Herbstmeister ist eben noch lange kein Meister. Was gefehlt hat, war nicht guter Wille der Spieler, sondern Geld. Trauner wollte sich keine finanziellen Harakiri-Aktionen leisten, was Enzenebner gut verstehen konnte. Darum ist er auch so wie sein Chef immer wieder für den Einsatz oberösterreichischer Talente wie Lindenberger, Dantlinger, Meister, Knorrek, Roth, die Brüder Lehermayr oder Nagl eingetreten. Sie waren nicht nur billiger, sie waren auch besser, verlässlicher als manch teure Ausländer.

Enzenebner war es nicht vergönnt, den LASK noch einmal auf dem Gipfel des Erfolgs, bei der Rückkehr in die höchste österreichische Spielklasse, erleben zu können. Er starb im Juni 2003 an den Folgen einer schweren Krankheit.

## Die Linzer Köpenickiade um DDR-Star Peter Ducke

# Von der Stasi gejagt

Von Hubert Potyka

*Das war der richtige Peter Ducke – ein Klassemann und Nationalteam-Spieler des einstigen DDR-Fußballs.*

„Helfen sie! Rasch!" Dann war das Gespräch beendet.

Minuten später meldete sich der Mann ein zweites Mal in der Sportredaktion. „Kommen Sie, bitte, es geht um meine Freiheit!"

„Ja wohin denn? Wer sind sie?", wollten wir Näheres wissen. Der gute Mann gab sich als ein Stunden zuvor von seiner Mannschaft abgesprungener berühmter DDR-Fußballer aus. Er halte sich in einem Vöcklabrucker Kaffeehaus versteckt. „Die Stasi ist hinter mir her."

Ein leicht Verrückter? Ein Witzbold?

Oder doch eine tolle Story für die morgige Ausgabe?

Egal, Kollege Walter Höfer und ich alarmierten den Fotografen, setzten uns ins Auto und rasten in das angegebene Lokal. Tatsächlich entdeckten wir im letzten Winkel einen Mann. Die Kappe tief ins Gesicht gezogen, misstrauische, nervös suchende Blicke nach allen Seiten, eine Zeitung als vereinbartes Erkennungszeichen. Wäre gar nicht notwendig gewesen. Der geheimnisvolle Fremde war ohnehin der einzige Gast.

„Ducke, Peter Ducke." Ein wenig stockend nannte unser Gegenüber seinen Namen.

„Peter Ducke? Der ,Meister des Sports' in der DDR? Der Olympiadritte? Der Superstar der ostdeutschen Auswahl?" Wir konnten es nicht glauben. Und glaubten es schließlich doch.

„Ja, ich bin mit dem Taxi von München hierher geflüchtet. Ohne Papiere, ohne eine Mark." Wie er dann den Fuhrlohn bezahlen konnte? „Ich musste dem Taxilenker meine goldene Uhr geben." Und weil er in der DDR vom LASK schon so viel Gutes gehört habe, wolle er unbedingt zu diesem Klub.

### Die Sitzung unterbrochen

Unverzüglich wurde Rudolf Trauners Sekretärin, der jahrzehntelange gute Geist des LASK und seine spätere Ehefrau, alarmiert. „Der Chef ist bei der

Landtagssitzung, aber wenn es so dringend ist, hol ich ihn gleich heraus", versprach Luise Winkler.

Tatsächlich, als wir mit dem Auto samt Peter Ducke vor dem Druckereigebäude in der Köglstraße vorfuhren, standen sie schon da – LASK-Präsident Rudolf Trauner und sein Freund Franz Reimer, oberster Ordnungshüter der Stadt.
„Reimer, warum Reimer?", wurden wir neugierig.
„Weil er ein LASK-Freund ist und weil er das mit dem Asylantrag rasch regeln wird", klärte uns Trauner auf.

Und dann wurde gefachsimpelt. „Kennen sie den Lothar Emmerich?", erkundigte sich der Polizeidirektor. „Klar, ein guter Freund. Ein Westi, aber ein feiner Mensch. Der spielt jetzt in Klagenfurt."

### „Köpfelns für den Toni"

Dann wollte sich Trauner noch von Duckes Kopfballkünsten überzeugen: „Da ham S' an Ball und köpfeln S' ordentlich für den Durchan Toni." Der Toni, das war jener Fotograf, der damals nicht nur durch tolle Schnappschüsse, sondern auch durch sein fliegendes Toupet Berühmtheit erlangt hatte. Als Österreichs Skistars per Hubschrauber im Linzer Stadion landeten, machte sich Durchans Haarschmuck plötzlich selbstständig und flog auf und davon.

Überführte den falschen Ducke: Franz Viehböck, rechts Helmut Köglberger

Trauners Wunsch war Ducke Befehl. Einmal sprang der Ball von seinem Köpfchen, das zweite Mal nicht mehr. Herr Ducke gab auf und Trauner lenkte ein: „Schaun S', der hat doch in den letzten Stunden so viel durchgemacht. Die Flucht und so …"
„Ja, es war schlimm", stöhnte Ducke und erzählte ein zweites Mal seine Geschichte, seinen ganzen Kummer mit dem bösen DDR-Regime. Wie er es geschafft hat, von seiner Mannschaft, von Carl Zeiss Jena weg zu kommen?
„Ich hab eine Verletzung vorgetäuscht. So hat man mir die Reise zum Messepokalspiel in der Tschechei erspart", plauderte Ducke und bat dann Trauner um ein Hotelzimmer samt 10.000 Schilling Vorschuss. „Geld für einen Rasierapparat, Seife und so weiter..." Die nötigsten Dinge eben, die man halt nach einer Flucht benötigt.

### Den Polizeichef genarrt

Polizeichef Reimer ließ ein Hotelzimmer reservieren, versprach, die Sache mit dem politischen Asyl in Gang zu bringen, Trauner gab ihm Geld und fragte zum Abschied noch, welchen Beruf Herr Ducke erlernt habe. „Glasbläser." Trauner: „Fein, in Schneegattern brauchen S' eh welche. Bis zur Freigabe durch die FIFA können S' dort blasen." Dann nahm Herr Ducke im Dienstwagen des Polizeidirektors Platz und rauschte zum „Bären"-Hotel in der Herrenstraße ab.

Das mit Jenas Antreten in der Tschechei war sein erster Fehler. Denn laut Spielprogramm trat Jena an diesem Tag bei Ruch Chorzow an. Also in Polen. Der zweite war die Angabe des Geburtsdatums mit 27. November 1943. Im offiziellen Olympiabuch der DDR entdeckten wir ein ganz anderes.

Fehler Nummer 3 war sein Geständnis, dass er so gerne ein zweites Kind gehabt hätte, aber seine Frau keines mehr wollte. Laut DDR-Olympiabuch hatte Ducke zwei Sprösslinge.

### Flucht aus dem Hotel

Misstrauisch geworden, riefen wir Franz Viehböck an. Und der erkannte beim Betrachten der aktuellen Fotos sofort, dass es sich nicht um jenen Ducke handelt, gegen den er kürzlich mit dem Team gegen die DDR gespielt hatte.
Anruf beim Polizeidirektor: „Unser Herr Ducke ist nicht der wahre Herr Ducke." Als zwei Polizisten fünf Minuten später beim „Bären" mit Blaulicht vorfuhren, war der Schwindler mit Trauners „Überbrückungshilfe" längst über alle Berge.

Drei Wochen später schnappte in Freilassing die Falle zu. Peter Ducke hieß in Wirklichkeit Jürgen Hrdlicka, hatte ein langes Sündenregister wegen Betrugs, Diebstahls und Urkundenfälschung. Mit derselben Masche wie in Linz hatte er schon vorher in vielen Städten von Fußballfunktionären Geld ergaunert. Der vermeintliche Superstar war ein Hochstapler, dessen spielerische Qualitäten nicht einmal für eine schlechte Wirtshauself ausgereicht hätten.

Dem richtigen Peter Ducke wurde nach seiner Fußballkarriere übrigens zwei Mal übel mitgespielt. Wegen Gefährdung der Staatssicherheit wurde er ein paar Jahre vor dem Mauerfall als Lehrer für Körpererziehung und Sport von der Friedrich-Schiller-Universität in Jena gefeuert. Nicht genug damit: Nach der Wende flog Ducke von einer Realschule, weil man ihn als Mitarbeiter des DDR-Ministeriums für Staatssicherheit entlarvt hatte. Ducke bestritt alle Vorwürfe, klagte auf Wiedereinstellung und bekam erst Recht, als ein früherer Stasi-Major überführt wurde. Er gestand, im Übereifer die belastenden Ducke-Berichte samt dem Decknamen frei erfunden zu haben.

*Ein paar Stunden wurde der LASK von einem deutschen Hochstapler an der Nase herumgeführt. Bevor der Schwindel entdeckt wurde und Jürgen Hrdlicka verhaftet werden konnte, verließ er fluchtartig das Linzer Innenstadthotel.*

OÖN-Photos halfen bei Beweisen:

## „Peter Ducke" heißt Jürgen Hrdlicka

FREILASSING (OÖN-wahö). Der OÖN-Bericht über den Hochstapler, der sich dem Lask als Fußballstar „Peter Ducke" vorgestellt hatte, und die OÖN-Photos haben nun der bayrischen Grenzpolizei auf dem Posten Freilassing „die Beweise für die Entlarvung des ‚Peter Ducke' geliefert". Die Personalien des Mannes stehen nunmehr genau fest:

Jürgen Hrdlicka, geboren 27. 11. 1936 in Bunzlau (Schlesien), ledig, Glasmacher, zuletzt Kellner, Deutscher Staatsangehöriger, zuletzt wohnhaft in Hemmingen-Westerfeld, Langer Bruch 4, derzeit ohne festen Wohnsitz.

Am 25. Oktober tauchte Hrdlicka auf dem Grenzposten Freilassing auf, wo er um Notaufnahme in die BRD ansuchte. Damals gab er sich als DDR-Staatsbürger namens Peter Ducke aus.

Hrdlicka wurde zuletzt zu einer einjährigen Freiheitsstrafe verurteilt, die bis 28. Dezember 1976 zur Bewährung ausgesetzt wurde. Von der Berliner Tiergarten AG war er wegen Betrugs, Diebstahls, Urkundenfälschung und Ausweismißbrauchs verklagt worden.

*DIESER MANN ergaunerte als DDR-Fußballstar „Peter Ducke" bereits in mehreren Städten Geld. In Wirklichkeit heißt er... Hrdlicka.*
OÖN-Photo

### In Schweigen . . .
. . .hüllte sich vorerst Basketballer Chatmon (Mounier), der in Casablanca fehlte. Freunde wollen wissen, er sei in Jugoslawien baden gewesen.

zum ausschneiden ● zum ausschneiden ● zum

## 1973
und alpin
## 1974

| | | |
|---|---|---|
| 3.— 9. 12. 1973 | Val d'Ise |
| 13.—16. 12. 1973 | Gröden |
| 18.—19. 12. 1973 | Zell am : |
| 22. 12. 1973 | Schladm |
| 5.— 6. 1. 1974 | Pfronten Garmisc |
| 7. 1. 1974 | Berchtes |
| 8. 1. 1974 | Les Gets |
| 12.—13. 1. 1974 | Mazine-/ |
| 13.—14. 1. 1974 | Grindelw |

## Nur wenige Klubs haben so treue Fans wie der LASK

# Oben auf dem Rang steht der zwölfte Mann

Von Rudolf Habringer

*Begeisterte Fans: Der LASK kann auf seine Anhänger zählen.*

hält es sich mit der Treue zum Lieblingsverein wie mit einem Eheversprechen: in guten wie in schlechten Zeiten. Ein Cousin von mir gab vor Jahrzehnten in der Maturzeitung den Ort an, an dem er am liebsten begraben werden wollte: direkt am LASK-Platz. Das war in den frühen 70ern.

So viel zum Thema, wie weit echte Vereinsliebe gehen kann, aber nicht unbedingt gehen muss. Es gibt auch andere Beweise einer echten Fankultur: Der gestandene Fan bietet jeder Wetterfront die Stirn und auch der Tabellenplatz ist nicht ausschlaggebend für die Pilgerfahrt auf die Gugl.

> *Die Stars stehen unten am Rasen, oben auf den Rängen aber thronen die Fans.*

Apropos Pilgerfahrt: Der Nachweis eines Zusammenhangs zwischen der kirchlichen Liturgie und dem streng ritualisierten Ablauf eines Fußballspiels ist längst erbracht. Im echten Fan kulminieren Glaube (an den Sieg), Liebe (zum Verein) und Hoffnung (auf die Punkte, das nächste Spiel, die nächste Saison oder den nächsten Trainer), kurz: jedweder Optimismus. Auch wenn es einmal nicht so läuft, steht der echte Anhänger beim Heimspiel auf dem angestammten Platz und scheut den Weg in die Fremde nicht, egal ob es zum Derby gegen Ried, zu Rapid ins Hanappistadion oder in die entlegene Provinz nach Kapfenberg, Parndorf oder Gratkorn geht.

Die Stars stehen unten am Rasen, oben auf den Rängen aber thronen die Fans. Sie stehen wie eine Eins hinter ihrer Mannschaft, sie sind der zwölfte Mann, sie sind der Chor, der das Stück begleitet, egal ob unten eine Komödie oder eine Tragödie gegeben wird: Marmor, Stein und Eisen bricht, aber unsere Liebe nicht ... Ein bisschen ver-

Er freut sich über jede gelungene Aktion und jeden Punkt, mehr noch über jeden unverhofften Sieg, kein Anlass zum Feiern ist ihm zu gering, er rauft sich die Haare, wenn die Stürmer nicht treffen und leidet, wenn die Abwehr patzt. Und er besitzt eine gehörige Portion Frustrationstoleranz.

> *„ Auch wenn es einmal nicht so läuft, steht der echte Anhänger beim Heimspiel auf dem angestammten Platz. "*
> Rudolf Habringer

*Freie Stadion-Plätze waren in dem 60er Jahren oft Mangelware.*

Die drei grundlegenden Tugenden heißen Geduld, Geduld, Geduld (Verfluchtes Wort, wie Nestroy sagt). Gerade in schlechten Zeiten. Solange der Kampfgeist der Spieler stimmt, verzeiht ein Fan viel, selbst Niederlagen. Und er ist nicht nachtragend, sein Gedächtnis ist lang und kurz zugleich: Eine schwache Leistung kann mit einem einzigen Sieg wie weggeblasen sein. Die Erinnerung an legen-

däre Spiele und Zeiten tröstet selbst über lange Durststrecken hinweg. Dieses Erinnerungsvermögen ist beim wahrlich wechselvollen Schicksal des LASK besonders wichtig.

Eine der treuesten LASK-Fans ist Erika Hameder, geb. 1954, Mittelschulprofessorin aus Linz. Sie bloß als einen typischen LASK-Fan zu bezeichnen, ist

*Sie kümmern sich mit großem Einsatz um die LASK-Fans: Ordner mit Gerald Gross und Erika Hameder in der Mitte.*

wahrscheinlich eine Untertreibung. LASK-Anhängerin ist sie seit dem Meistertitel 1965. Vater und Bruder waren damals immer ins Stadion gegangen, da ist auch bei ihr der Gusto gewachsen. In der Saison nach dem Meistertitel war sie dann mit dem Papa erstmals auf der Gugl. Als Teenagerin pilgerte sie mit der Freundin, später mit ihrem Mann, noch später mit dessen Freunden ins Stadion. So zogen die Jahre ins Land. Seit dem Meistertitel sind 40 Jahre vergangen. Erika Hameder hat seit damals fast kein Heimspiel ausgelassen, ihr Terminkalender ist auf die Meisterschaftsspiele abgestimmt. Wie gesagt: in guten wie in schlechten Zeiten.

> *„Um Kinder ab zwölf Jahren muss man sich bemühen, die muss man an den Verein binden."*
>
> Erika Hameder

Irgendwann hat sie dann den Linzer Günter Waldhör kennengelernt, der gerade dabei war,

einen Anhängerklub zu gründen. Erika Hameder unterstützt Waldhörs Anliegen, junge Fans zu gewinnen, die dem LASK auch auswärts den Rücken stärken. Da schlägt das pädagogische Herz von Erika Hameder recht laut: „Um Kinder ab zwölf Jahren muss man sich bemühen, die muss man an den Verein binden", ein Anliegen, das sie vonseiten des Vereins nicht immer unterstützt sieht. Dem seien halt immer die Sponsoren wichtiger gewesen.

### Trotzdem verkauft

Vor allem seit der Verein nach dem Rieger-Konkurs den LASK-Platz verkauft habe, gebe es „überhaupt keine Möglichkeit mehr, Kontakt zu knüpfen". Sie habe dieses Argument bei der Generalversammlung vor dem Verkauf vorgebracht und ins Treffen geführt, dass eine Aufbauarbeit für den Nachwuchs unmöglich sei, wenn man sich nach einem Spiel nicht irgendwo zusammensetzen,

*Tolle Stimmung und ein friedliches Fußball-Feuerwerk auf der Linzer Gugl: der harte Kern der LASK-Fans*

jemanden treffen oder beim Training zusehen könne. Erika Hameder: „Mir wurde recht gegeben, der Platz wurde trotzdem verkauft."

Seit Jahren ist Erika Hameder auch bei vielen Auswärtsspielen dabei. Immer ist da eine Kerngruppe von 50 bis 100 Personen mit von der Partie,

> „ *Wir sind keine Hooligans, wir sind Linzer Fußballfans.* "
> Transparent der LASK-Fans

eine bunt gemischte Gruppe, Mittelschüler, aber auch Jugendliche mit problematischen Karrieren sind darunter. Hooligans, die es eine Zeitlang unter den LASK-Fans gegeben hat, sind bei den Busreisen nicht erwünscht und werden nicht mehr zugelassen. Mit dem Ruf „Wir sind keine Fußballfans, wir sind Linzer Hooligans!" hätten sich diese entlarvt, mit dem Gegenslogan „Wir sind keine Hooligans, wir sind Linzer Fußballfans!" hätten die fairen Fans sich schließlich durchgesetzt.

### Schwarz-Weiße Kerngruppe

In der Kerngruppe kennt und unterstützt man sich, die Fans scharen sich um ein paar Integrationsfiguren: Gerald Gross, der Fanbeauftragte des LASK, ist einer von ihnen. Er kümmert sich um die Transparente. Erika Hameder kennt fast alle von ihnen. Bei Heimspielen ist sie – obwohl stolze Besitzerin einer VIP-Karte und damit sitzplatzberechtigt – immer auf dem Stehplatz anzutreffen und hilft nachher beim Transparente wegräumen, eine „Mordsarbeit", wie sie meint, weil der LASK doch nur Gast im Stadion sei und es keinen Platz zum Verstauen der Fahnen und Transparente gibt.

Für Erika Hameder ist der Stehplatz auch ein Ort sozialen Lernens: Am Platz kann der Fan Zusammenhalt erleben, auch einmal aus sich herausgehen, kann schreien und trommeln und beim Anfeuern auch einmal eine Führungsposition einnehmen. Es gebe vieles, das man unter den Fans fördern könne, „aber irgendwer muss sich drum kümmern, denn sonst entsteht nichts". Der Wunsch nach einem vereinseigenen Lokal brennt Erika Hameder auch heute noch auf den Lippen. Jeder kleine Verein, jede Kirche besitze ein kleines Stüberl. Sie klingt etwas resigniert, wenn sie meint: „Ich bin mir sicher, dass wir das nicht mehr lang durchstehen, wenn wir nicht ein Lokal bekommen." Nach dem Verkauf des LASK-Platzes hatten die LIVA und auch der Linzer Bürgermeister übrigens versprochen, bei der Suche nach einer geeigneten Lokalität Lokal zu helfen – seither ist schon wieder viel Wasser die Donau hinuntergeflossen …

> „ *Ich bin mir sicher, dass wir das nicht mehr lang durchstehen, wenn wir nicht ein Lokal bekommen.* "
> Erika Hameder

Dass Frau Hameder, die auch Schriftführerin bei den Amateuren ist und bei deren Heimspielen an

*Umjubelte Red-Zac-Liga-Meister: Die Fans waren aus dem Häuschen.*

der Kassa sitzt, keine ganz gewöhnliche Anhängerin ist, zeigt sich auch an ihrem Engagement für die LASK-Nachwuchsspieler. So mancher ExLASKler hat der Mathematiknachhilfe der Frau Professor die Matura zu verdanken, so u. a. die Spieler Stromberger und Wimleitner sowie Florian Klein aus der aktuellen Mannschaft.

> **„ Nicht fanatisch gegen den Gegner, aber immer mit Herz für die eigene Mannschaft. "**
>
> Erika Hameder

Angesprochen darauf, dass für sie als Teenager die LASK-Spieler der 60er und 70er ja Stars gewesen seien, die heutigen Spieler aber ihre Kinder sein könnten, antwortet sie: In der öffentlich-medialen Aufmerksamkeit der Spieler habe sich viel verändert. Jemand wie ein Gerhard Sturmberger sei damals auf der Straße von jedem erkannt worden, der Florian (Klein) könne noch so oft in der Ersten spielen, dennoch: „Wenn der auf der Straße geht, kennt ihn kein Mensch." Natürlich wirkten viele der Jungen noch wie Schüler und seien es ja auch; wenn Nachhilfe nötig sei, rufe eben die Mama an und bitte um eine Stunde. Aber auf dem Feld wirkten sie älter und erwachsener, an ihrem Verhalten, an der Körpersprache spüre man ihr Selbstbewusstsein und das Wissen um ihr Können. Im Gespräch bricht Frau Hameder eine Lanze gerade für die jungen Spieler, denen oft nur finanzielle Interessen nachgesagt würden: Der Alltag der BNZ-Spieler sei hart, tägliches Training und jedes Wochenende irgendwo ein Spiel in Österreich, wo man den ganzen Tag im Bus sitze, ein Leben, angefüllt mit Schule und Fußball und vielleicht 1 Mal pro Woche fortgehen, viel anderes gebe es nicht, der Konkurrenzkampf sei enorm.

Nicht fanatisch gegen den Gegner, aber immer mit Herz für die eigene Mannschaft. So beschreibt sich Erika Hameder als Fan, für die der LASK „eine große Lebensbereicherung" ist: „Es ist immer was los. Ich freue mich, wenn etwas gelingt, bin aber nicht traurig, wenn Niederlagen kommen." Und: „Mir ginge was ab, wenn es den LASK nicht gäbe." Solche Fans braucht der Fußball. Präsidenten und Vorstände sollten daran denken, wie armselig der Verein ohne die Unterstützung seiner treuesten Anhänger dastehen würde.

> **„ Es ist immer was los. Ich freue mich, wenn etwas gelingt, bin aber nicht traurig, wenn Niederlagen kommen. "**
>
> Erika Hameder

---

## Adressen aktueller LASK-Fanklubs
(Angaben ohne Gewähr, Stand: August 2007)

**LASK online:** www.lask.at
**Cheerleadergruppe (Claudia Resch):**
members.liwest.at/black&whitepowergirls
**Viking Linz:** www.viking-linz.at
www.viking-linz.fotopic.net
**Inferno Linz:** www.inferno-linz.at
**Linzer Suffarmee:** www.linzer-suffarmee.at.tt
**Raiding Linz:** www.raiding-linz.at.tt
**Legendär:** www.legendaer.at.tf
**Black Buccaneers:** www.black-buccs.at
**Schweppes LASK-Site:** LASK.kobergonline.com
**Schwarz-Weiß Celtics:**
www.geocities.com/sportfreunde
**Fotohomepage:** mythos-lask.fotopic.net

## Ein paar unkontrollierte Einwürfe zum Thema Fußball, Sprache und Berichterstattung

# Achtung, Achtung!

Von Rudolf Habringer

Ein Samstagnachmittag in den frühen Siebzigerjahren. Ich bin 12, 13, 14 Jahre alt und fahre jedes zweite Wochenende vom Internat in Linz nach Hause. Ein paar Stunden bleiben zum Ausspannen, Lesen und Spielen, die wertvollste Zeit des Nachmittags ist aber für den Fußball, genauer für das Radio reserviert: Ich bin begeisterter Fußballhörer, ein Fernsehgerät kommt bei uns erst Jahre später ins Haus. Ich lasse mir ein warmes Bad ein (das Bad am Samstag war damals noch obligat), mache es mir im Bett bequem oder fläze mich auf das Sofa und höre Sport und Musik. Mittel- und Höhepunkt dieser Sendung ist natürlich die Berichterstattung von den

aktuellen Spielen der Nationalliga (ab 1974: Bundesliga) in Form der Konferenzschaltung:

Bertl Neumann, später Manfred Gabrielli aus Innsbruck, Max Pflieger, später Robert Seeger aus Graz, Hans Klettner und Wolfgang Mitterbach aus Salzburg, Hermann Nußbaumer und Manfred Payrhuber aus Linz und natürlich Edi Finger, Sigmund Krämer und noch einige andere Reporter von den Wiener Fußballplätzen sind die Hauptakteure eines dramatischen Lifehörspiels mit Hang zum Extemporieren, das wöchentlich neue Variationen zum ewig gleichen Thema hervorbringt.

Diese vielstimmige Fußballsprachsymphonie ging damals aus dem Radio direkt in meinen Kopf hinein, ich lag auf dem Sofa und süffelte eine Matchlänge lang begeistert diesen Cocktail der Emotionen, eine Mischung aus Tragödien und Triumphen, Verzweiflung und Größenwahn, Zweikämpfen und Abstiegskrämpfen. Der Fußball jener Tage war für mich ein Ereignis aus Sprache, angeheizt von den Männern, die von ihren Reporterkabinen aus den

*Legendäres österreichisches Rundfunk-Reporter-Trio: Neumann, Klettner, Finger*

Hörern möglichst bildhaft eine Palette fußballerischer Flöhe ins Ohr zu setzen suchten. Da spielten die Rotjacken gegen die Violetten, die Grün-Weißen gegen die Schwarz-Weißen, die Blaugelben gegen die Mozartstädter, die Provinzler gegen die Bazi, die Veilchen gegen die Hütteldorfer von der Pfarrwiese, die Linzer Athletiker gegen die Mannen vom Tivoli, die Kanoniere gegen die Betonierer, die filigranen Ballkünstler gegen rustikale Einsteiger, da packten die einen die Brechstange aus, während andere die feine Klinge führten, da wurde ausgeputzt und reingegrätscht, da waren Handwerker und Künstler an der Arbeit, da wurde gebolzt und gemauert, da wurden Kerzen produziert und durch die Gurke gespielt, raffiniert angeschnittene Bananen über die Latte gedreht, da hüteten die Tormänner ihr Heiligtum, die Goalies hielten den Kasten sauber und wachten über ihr Gehäuse, da wurde die Wuchtel gedrückt und an die Stange gelenkt, das Leder bugsiert, da wurde gebissen, gekratzt und gekämpft, da kochte die Volksseele, da brodelte es im Hexenkessel, da tankten sich Prellböcke durch, der pfeilschnelle Flügelstürmer, der wieselflinke Mittelläufer, der umsichtige Stopper, die lästige Klette, der bullige Brecher, da vollbrachten der Panther, die Katze, der Tiger im Tor Glanzparaden, da erklang Wutgeheul über den Fehlpfiff des Mannes in Schwarz, Buhrufe über ein Steirergoal, Jubel über den unhaltbaren Fernschuss, gnädiges Augenzudrücken über den ordinären Spitz, und der zweite Weltkrieg war noch nicht einmal eine Generation vergangen und hallte in der Sprache wider: Da machten Torhüter Bomben, Granaten und tückische Aufsitzer unschädlich, da wurde arretiert und entschärft, da schlugen fürchterliche Dreißigmeterbomben unhaltbar im Gehäuse ein, da verlor eine Verteidigung die Lufthoheit im Strafraum und führte dezimiert ein Rückzugsgefecht.

*Früher beliebter ORF-Reporter, heute LASK-Platzsprecher und Pressemann: Manfred Payrhuber*

Die Konferenzschaltung aus den Stadien war ein Stück mit freier, vor keiner Überraschung gefeiten Handlung, der Schrei *Achtung! Achtung!* verhieß einen sofortigen Szenenwechsel zu neuer Dramatik: irgendwo war ein Tor, irgendwo war der Ausgleich gefallen, irgendwo ein Spiel entschieden, irgendwo hatte sich das Blatt gewendet, knapp vor Schluss, in letzter Sekunde, aus heiterem Himmel, nach einer letzten verzweifelten Offensive, auf Biegen und Brechen, auf Teufel komm raus. Erst die Männer hinter den Mikrophonen veredelten in ihren Schilderungen, was sie da unten am Rasen auf bescheidenem, auf beachtlichem, auf hervorragendem Niveau zu sehen bekamen, sie kommentierten die Angriffstürme und die Verteidigungsschlachten, den überfallsartigen Beginn und das Strohfeuer.

An den Samstagnachmittag war ich mit meinem Ohr immer gleichzeitig in Linz und in Wien und in Graz, ein halbes Auge auf die Tabelle in der neben mir liegenden Tageszeitung gerichtet, was sind die Auswirkungen auf den Kampf um die Spitze, wer trägt die Rote Laterne, wer ist in Abstiegsgefahr, wer greift nach der Meisterkrone, wer verbringt ein ruhiges Leben als Mittelständler, wer hat die Punkte ergattert, wo bleiben die Punkte liegen, wo werden Zähler verschenkt, gibt es eine Serie, wo endet eine Torsperre, wer hat Ladehemmung, wer steckt in einem hartnäckigen Formtief, wem klebt das Pech an den Schuhen, wer hat diesmal das Glück gepachtet, wie sehen glückliche Sieger, wie verzweifelte Verlierer aus, wer rutscht in ein Debakel, wer erleidet eine schwere Schlappe, wer steckt im Sumpf, wer ist in den Abstiegskampf verstrickt, wo läuft ein mattes Geplänkel, wo herrscht ein Nichtangriffspakt, wo wird ein Fest zelebriert, wo gibt es nach harmlosem Beginn eine spannende zweite Hälfte, wer hält die Gardinenpredigt, wer richtet die Mannschaft beim Pausentee wieder auf, wer die Waden nach vorn, wo gibt es Elfmeteralarm, wo ereignet sich der Torraub, wo werden Schiebungsgerüchte laut, wo ergießt sich der Volkszorn über den Mann in Schwarz, wo aber kommt es zu unschönen Szenen, zu Ausschreitungen, die mit dem Fußball nichts zu tun haben, wo läuft die Welle durchs

*Fachleute unter sich: Ungarns berühmter Radioreporter Szepesi, Fußballlegende Puskas, TV-Kommentator Meisel*

Rund, wo wird die Rapidviertelstunde eingeklatscht, wo werden erste Pfiffe laut, wo gehen die bitter Enttäuschten, wo ist es heute nicht zum Zusehen, wo kommt es zur Arbeitsverweigerung auf dem Rasen, wo sind die genialen Pässe, die traumhaft sicheren Doppelpasses, wo die Paraden für die Galerie, die Robinsonaden, die gezirkelten Flanken, der Todesstoß, der Stangerlpass in den freien Raum, wie läuft das Spiel ohne Ball, wo wird das Spiel im Kopf gewonnen, wo in letzter Sekunde verloren, wo geht die Konzentration perdu?

Der Abpraller, der Aufsitzer, der Stanglpass, die Gurke, die Kerze, ein Strich, welche Diva lässt sich bitten, wer geigt auf, wer brummt die Strafe auf, wer verjuxt das Spiel, wer erringt den Arbeitssieg, wer spielt Katz und Maus, wer führt den Gegner vor, wer düpiert den Verteidiger, wer verbeißt sich wie eine Klette, wer nimmt wen an die Kandare, wer wen an die Leine, wer spricht Tacheles, wer täuscht den Mann im Tor, wer hat Angst vor dem Elfmeter, wer tritt zur Exekution an, wer versenkt den Ball in den Maschen, wer netzt ein, wer vernachlässigt die Flügel, wer patzt im Strafraum, wer vertändelt sich im Mittelfeld, wer vereitelt den Ausgleich, wer liest die Leviten, wer ist der Chef am Platz, wer macht die Drecksarbeit, wer versenkt die Kugel, wer ist brandgefährlich, wo weht ein harmloses Angriffslüfterl, wo ist noch nichts entschieden, wo ist die Luft draußen, wo ist die Flaute im Strafraum, wer erobert den Luftraum, wer ist der Herr im Haus, wo geht es nicht mit rechten Dingen zu, wo ist das Spiel wie verhext, das Tor wie vernagelt, die Mannschaft wie gelähmt, wem ist das Glück nicht hold, wo aber ist wieder Land in Sicht, wo werden die sicher geglaubten Punkte verschenkt, wo kippt ein Spiel, wo wird eine Partie versiebt, wo auch nur mit Wasser gekocht, wo verläuft ein Match wie auf einer schiefen Ebene … und, und, und.

Und nach dem Spiel ist vor dem Spiel *und wir geben jetzt hinunter zu den Interviews*. Und unten am Rasen standen dann verschwitzte, erschöpfte, deprimierte oder auch enthusiasmierte Spielern und lieferten an glanzvollen Tagen wunderbare sprachliche Fehlleistungen und grammatikalische Neuschöpfungen, das oft geäußerte *Wir haben sich gut vorbereitet* oder: *Wir werden alles tun um zum gewinnen* oder die von ausländischen Trainern eingeführte und in der Zwischenzeit zum Standard gereifte präpositionslose (vorwortlose) Formulierung *Erste Halbzeit waren wir an sich überlegen, zweite Halbzeit haben wir uns zu sehr eingeigelt* (anstatt korrekt: in der ersten, in der zweiten Halbzeit). Genial und daher auch selten die schräge Verwendung von Fremdwörtern *Der Verein hat auf mich eine Obduktion* (© Peter Pacult), häufiger schon der schwierige Dressurakt im Umgang mit dem dritten und vierten Fall (so durch Chefanalytiker Herbert Prohaska, der etwa so spricht, wie er in seinen letzten aktiven Jahren gespielt hat: gern quer, ohne wirklichen Raumgewinn, es geht nichts nach vorne).

Meine zweite Fußballsprachquelle war die Zeitung. Mit der der Sportseite der oberösterreichischen Nachrichten habe ich lesen gelernt. Mein Vater war Gemeindesekretär, wir wohnten oberhalb der Amtsstube. Wenn ich von der Schule nach Hause kam, holte ich mir die Zeitung von unten (nachmittags gab es keinen Parteienverkehr mehr) und säbelte

die Sportseite mit Schere oder Messer vom Blatt, um sie meiner stetig anwachsenden Sammlung von Sportseiten hinzuzufügen.

Ich weiß, der Blick zurück verklärt, aber seit den siebziger Jahren hat sich die Fußball- und Sportberichterstattung stark verändert. Das Bild hat dem Wort den Rang abgelaufen, auch wenn in den Fußballsendungen im Fernsehen manchmal vor lauter Werbeunterbrechungen und Gewinnspielen kaum mehr ein Ball zu sehen ist. Manchmal ist die Kamera leider auch gerade abgeschaltet, wenn das entscheidende Tor fällt.

Den österreichischen Sportreportern jener Zeit verdanke ich jedenfalls viele schöne Stunden am Radio. Wenn ich heute Lust auf Fußball im Kopf verspüre, dann schalte ich am Samstag die Sendung Aus dem Stadion auf Bayern 1 ein, die spannenden Sprachfußball für die Ohren auf höchstem Niveau bietet.

*Willy Schmieger kommentierte im Oktober 1928 auf der Hohen Warte erstmals ein großes Fußballspiel im Rundfunk.*

## Eins und eins ist im Fußball nicht immer zwei

# Eine Fusion, die keine war!

Von Gerhard Allerstorfer

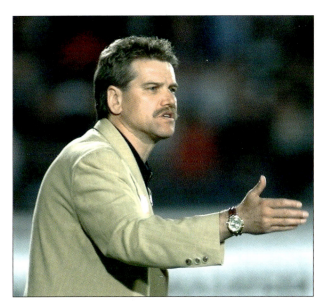

*Ernst Baumeister erfuhr von der Fusion als Erster*

Auf dem Kalender stand Mittwoch, 20. Mai 1997. Es war ein denkwürdiger Tag in der Geschichte des oberösterreichischen Spitzenfußballs: der Tag, an dem alles ans Tageslicht kam, was kurz vorher hinter verschlossenen Türen bereits fix beschlossen worden war. An diesem Tag hatte der LASK bei Sturm Graz 2:4 verloren und der FC Linz auf der Gugl gegen Austria 1:1 gespielt – beide noch in Österreichs höchster Spielklasse. Nach dem Schlusspfiff in Linz raunte mir in den Katakomben des Stadions Ex-LASK-Spieler Ernst Baumeister zu: „Morgen wird die Fusion LASK mit FC Linz perfekt!" „Was", fragte ich irritiert, „eine Fusion im Linzer Fußball? Eine, die schon ein Jahr vorher nicht zustande gekommen war, die soll jetzt plötzlich passieren? Ist das fix?" „Ich weiß es aus verlässlicher Quelle", wiederholte Baumeister. Das war um 20.45

Uhr in Linz. Um 21.15 Uhr, also eine halbe Stunde später, wussten es auch die LASK-Spieler in Graz. Denn über Auftrag von Präsident Wolfgang Rieger wurden sie von Trainer Friedel Rausch und Co-Trainer Adam Kensy bei der Heimfahrt aus der Steiermark im Bus informiert.

> *„Wir mussten wie bei einem Staatsstreich vorgehen, sonst wäre doch alles geplatzt."* Franz Grad

Die Fusion war eine Nacht- und Nebelaktion, deren Vorbereitung unter strengster Geheimhaltung erfolgte und deren Drahtzieher Franz Grad war. Dieser hatte zuvor von Horst Paschinger den finanzmaroden – weil vom Voest-Werk nicht mehr unterstützten – Klub übernommen. In einem kleinen Kreis der Vorstände war binnen einer Woche die Fusion beschlossen worden. Am 13. Mai hatten sich im Ramada-Hotel sechs Personen getroffen: Dr. Eduard Saxinger (der Anwalt hatte das Fusionspapier ausgearbeitet), LASK-Präsident Wolfgang Rieger und Ehrenpräsident Walter Scherb sowie Architekt Wolfgang Kaufmann, Nationalrat Erhard Koppler und „Reifenzar" Othmar Bruckmüller von FC Linz.

Formell wurden mit einem Riesentamtam vor TV-Kameras und einer erklecklichen Anzahl von Journalisten in einer kurzfristig einberufenen Pressekonferenz am 21. Mai die Unterschriften geleistet. Ingenieur Karl Reisinger, Jürgen Werner und Anton Schnur für FC Linz, Rieger und Scherb für den LASK.

„Wir mussten wie bei einem Staatsstreich vorgehen, sonst wäre doch alles geplatzt", gestand Franz Grad. „Die Konzentration der Kräfte war die einzige Lösung", ergänzte der Transport-Multi. Jahre später behauptete er, die Fusion hätte ihn 28 Millionen Schilling gekostet. Allerdings hatte Grad fast sämtliche Transfererlöse der Spieler bekommen und vom damaligen Voest-General Peter Strahammer als Abschiedsgeschenk noch 4,2 Millionen für die Abwicklung der Fusion oder, wie dieser später betonte, „um Altlasten abzubauen". Denn der Voest-General hatte schon längst beschlossen, in den Fußball nichts mehr zu investieren, hatte von der VA-Stahl Horst Paschinger eingesetzt und später eben Franz Grad, der den „Henker" spielen durfte. Dieser war schon vorher mit der Lizenz „hausieren" gegangen: So war von einem FC Burgenland die Rede und auch in Klagenfurt wurde die Lizenz für den FC Kärnten gehandelt …

Landesrat Josef Ackerl sprach damals von einem 90-Millionen-Schilling-Budget für den neuen Großklub, der weiterhin LASK heißen sollte und in den Klubfarben Schwarz-Weiß spielen würde. Der LASK lebte weiter, alleine, ohne Fusionspartner.

Denn bald war allen klar: Das, was da passierte, war keine Fusion. Es war die Liquidation eines Klubs – des FC Linz. Der mit einem Streich ausgelöscht wurde. Beim „Leichenschmaus" gab's zum Abschied im 75. Derby zwar noch einen 3:0-Sieg des FC Linz, aber an diesem Tag wurde der Klub endgültig zu Grabe getragen. Um den 51-jährigen Traditionsklub und dessen Fans scherte sich keiner. FC Linz war ausradiert, der LASK lebte weiter. Dass alles mit rechten Dingen zuging, bezweifelten viele. Denn angeblich waren beim Deal auch die Statuten des Werkssportklubs in zehn Punkten verletzt worden. Der damalige Voest-Betriebsratsvorsitzende Helmut

*All die Fan-Proteste nutzten nichts. Die beiden Linzer Traditionsklubs LASK und Voest wurden trotzdem „fusioniert".*

Oberchristl: „In den FC-Linz-Statuten ist keine Fusion vorgesehen, nur eine Auflösung."

Doch wer dachte, dass das Versprechen des Politikers Josef Ackerl auch hielt, der irrte gewaltig. Keine Spur von 90 Millionen für den neuen Großklub. LASK-Präsident Wolfgang Rieger, den exzentrischen Banker im Nadelstreif, ließ man im Regen stehen. So wurde der Mann aus St. Wolfgang zum Solokämpfer.

> **„ *In den FC-Linz-Statuten ist keine Fusion vorgesehen, nur eine Auflösung.* "**
> Helmut Oberchristl

Ohne Sponsoren stellte der Chef der Rieger-Bank (mit vielen Wechselstuben und der Zentrale in Wiens 1. Bezirk, dem Nobelbezirk am Graben) gemeinsam mit Manager Max Hagmayr eine attraktive Mannschaft auf die Beine. Trainer Rausch musste gehen, stattdessen holte er einen Nobody aus Norwegen: Per Brogeland, der mit der Damen-Nationalmannschaft seines Landes 1990 den Vize-Weltmeistertitel errungen hatte. Der

*Bittere Pillen für die treuen Voest-Anhänger*

*Gute Zeiten, schlechte Zeiten: Otto Baric, Wolfgang Rieger*

wurde zum Vorreiter der Viererkette und nach nicht ganz einem Jahr musste auch der „Workoholic" gehen. Am 3. April, nach dem 5:0-Sieg (!) über Rapid wurde Brogeland – an dritter Stelle liegend – entlassen, weil top secret bereits Otto Baric als Nachfolger verpflichtet worden war. Für einige Spiele war Adam Kensy Cheftrainer. Der Mann, der schon unter Friedel Rausch die Arbeit am Platz gemacht hatte. Mit Erfolgstrainer Baric hatte sich der LASK den Titel und den Einzug in die Champions League zum Ziel gesetzt. Und Baric segelte auch auf Titelkurs, als der große Crash passierte. Die Rieger-Bank ging in Konkurs und der Präsident flüchtete. Er wurde nach seiner aufsehenerregenden Flucht durch halb Europa später in Frankreich verhaftet.

Es war die Zeit, als der LASK nicht nur in den Sportseiten der Gazetten Schlagzeilen machte, sondern auch im Lokalteil. So bei einer Pressekonferenz, die nach der Rieger-Flucht die damalige Vizepräsidentin Brigitte Campregher an einem Samstagvormittag im Ramada-Hotel einberufen hatte. Die zur ihrem Posten wie die Jungfrau zum Kind gekommen war. Bei einem feuchtfröhlichen Abend im damaligen Nobel-Restaurant Schafellner in Stadt Haag war sie überredet worden und hatte sich spaßeshalber bereit erklärt. Dass sie, die Chefin einer

Leasingfirma mit Sitz in München und Linz, bald in den Blickpunkt der Öffentlichkeit rücken würde, hatte sie nicht ahnen können.

Zwanzig Minuten war die Pressekonferenz im Gang, als plötzlich zwei Männer den Raum betraten. „Wer sind denn Sie?", fragte ich forsch die beiden Herren. „Wir sind von der Kriminalpolizei", sagte der eine. „Und was machen Sie hier?", bohrte ich weiter. „Wir sind hier, um Frau Campregher zu verhaften." Wenige Minuten später saß die attraktive Blondine im Polizeiauto Richtung Wien, um die Untersuchungshaft anzutreten. Der LASK war führungslos. Der Präsident auf der Flucht, die Vizepräsidentin in Untersuchungshaft.

Es waren schwarze Tage des Klubs. Die noch schwärzer wurden. Baric ging, als Sanierer wurden Wolfgang Lehner (LIVA-Vorstandsdirektor) und ÖVP-Vizebürgermeister Erich Watzl eingesetzt. Der Begriff Sanierung bedeutet von seinen lateinischen Wurzeln her „Heilung". Der LASK sollte wieder funktionstüchtig werden. Was das Duo allerdings machte: Es verkaufte, verscherbelte das Familiensilber. Die Mannschaft zerstreute sich in alle Winde und mit dem Klub ging es rapide bergab. Zwei Jahre nach der „Fusion" stand auch der Großklub LASK vor den Trümmern.

Und der Fusionspartner? Der wurde umgetauft in Blau Weiß Linz, spielte statt Austria Tabak in der oberösterreichischen Landesliga. Und hatte noch einige kleine Sternstunden: unter Trainer Adam Kensy Meister, später auch in der Regionalliga. Der 3:1-Cupsieg über den LASK war eine späte Genugtuung für die Blau-Weißen. Und was bewies die Fusion: die Rechnung, ein plus eins muss nicht immer zwei sein.

*Alles wurde nach dem Desaster verscherbelt, auch Geir Frigard.*

# Der Tag, an dem die Hoffnung zurückkam

Von Georg Leblhuber

*Niklas Hoheneders Tor fixierte endgültig den Aufstieg.*

„**O**ptimismus ist die Hoffnung der Erfolglosen", hatte der unvergessene Karl Farkas zu sagen gepflegt. Während Oberösterreichs Medien das Wort „Optimismus" am 13. August 2004 wieder einmal viel, viel weniger nett umschreiben mussten.

„Schlimmer geht's nimmer", war am Tag nach dem 0:8 gegen FC Kärnten in den Zeitungen schwarz auf weiß über die schwärzeste Stunde der Schwarz-Weißen zu lesen. Was natürlich auch eine Art von Optimismus war. Vor allem aber war es (leider) richtig. Wie exakt 1001 Tage später die Tatsache, dass der LASK Meister war. Nach einem Last-Minute-Tor von Niklas Hoheneder in der 91. Minute zum 1:1 beim DSV Leoben war nach sechs meist endlos-trostlosen Jahren in der Red Zac Ersten Liga der Wiederaufstieg endlich geschafft.

### Wirtschaft wachte auf

Den hätte es vielleicht – auch wenn das natürlich merkwürdig klingen mag – ohne diesen rabenschwarzen Freitag im August 2004 gegen FC Kärnten nie gegeben. Denn das schlimmste Heimdebakel in der langen Geschichte des Traditionsklubs war nicht nur für Präsident Peter-Michael Reichel der sofortige Anlass, den Kurs radikal zu ändern und binnen einer Woche mit Werner Gregoritsch einen Mann aus dem Hut zu zaubern, der für die Öffentlichkeit fast mehr ein Fußball-Hoffnungsträger als nur ein Fußball-Trainer war. Doch auch die bis dahin fußballverdrossene regionale Wirtschaft wachte plötzlich auf – alles nach dem Motto: So kann's nun wirklich nicht mehr weitergehen – das ist ja eine Schande!

Und das, obwohl der LASK in den zehn Jahren zuvor viel, viel dramatischere und kritischere Situationen erleben, durchleben und überleben hatte müssen. Ob das 1995 am Ende der Präsidenten-Ära von Otto Jungbauer jener Kassensturz war, bei dem 24.915.000 Schilling Passiva einem Barvermögen von 2.138 Schilling gegenüberstanden. Oder ob es der 9. Oktober 1998 war, als sich mit Wolfgang Rieger ein anderer ehemaliger Präsident mit 106 Millionen Schilling im Handgepäck Richtung Frankreich aus dem Staub machte und in seiner ehemaligen Privatbank einen wirtschaftlichen Trümmerhaufen hinterließ, der fast auch den LASK verschüttet hätte. Immerhin forderten im Juni 1999 die in der Causa Rieger Bank beschäftigten Masseverwalter vom LASK die „Kleinigkeit" 144 Millionen Schilling …

### Wieder auf der Kippe

Als das alles längst überstanden war, stand 2003 der Traditionsklub schon wieder auf der Kippe: Am 30. Mai 2003 konnten Präsident Reichel und Anwalt Christian Ransmayr vor dem „Ständig Neutralen Schiedsgericht der Bundesliga" am Wiener Handelsgericht nach einer mehr als siebenstündigen Verhandlung in allerletzter Sekunde gerade noch die Lizenz für die Erste Liga erstreiten, ohne die die Athletiker zum Zwangsabstieg in den Amateur-Fußball verdammt gewesen wären …

> **„** *Ein historischer Tag – und der Anfang einer neuen Ära.* **"**
>
> Georg Starhemberg

Das alles überlebt zu haben, waren jahrelang die wahren Triumphe gewesen. An Niederlagen gegen No-Names wie Untersiebenbrunn und Gratkorn hatte sich der leidgeprüfte Anhang längst gewöhnt. Wie Journalisten an die eintönigen Pressekonferen-

zen vor Heimspielen. Was dabei meist verkündet wurde? Dass man mit Herz spielen müsse, weil der Gegner auch diesmal wieder Favorit sei …

Auch die Einladung zu einer Pressekonferenz am 16. März 2005 glich auf den ersten Blick all den anderen, die der LASK vor Heimspielen per Fax versendet. Einen kleinen Unterschied gab es dennoch: Diesmal wurden die Medienvertreter nicht wie üblich ins schmucklose Klub-Sekretariat, sondern ins noble Linzer Arcotel gebeten … Was das zu bedeuten hatte? Schöne Aussichten! Auf die Donau, auf den Pöstlingberg und in die schwarz-weiße Zukunft.

Schon beim Eintreffen im Arcotel wurde ersichtlich: Mit Georg Starhemberg und Peter-Michael Reichel war dem damaligen Aufsichtsratsvorsitzenden und heutigen Ehrenpräsidenten samt seinem Präsidenten das gelungen, womit zu jenem Zeitpunkt absolut nicht mehr zu rechnen war: Nach jahrelangen Gesprächen, Lobbying, Verhandlungen, Fürsprechen, Klinkenputzen und auch vielen leeren Kilometern und Enttäuschungen konnte mit dem sogenannten „Sponsortium" jene vorerst aus sechs Sockelsponsoren bestehende breite Wirtschaftsplattform präsentiert werden, die am Ende die finanzielle Basis für sportliche Erfolge geschaffen hat.

Das hatte die Signalwirkung einer Leuchtrakete im tiefsten Dunkel der Nacht. Denn immerhin lachte zu diesem Zeitpunkt der FC Superfund Pasching gerade vom Tabellenthron der T-Mobile-Bundesliga. Und die SV Ried stand unmittelbar vor dem Wiederaufstieg in die höchste Spielklasse. Aber trotzdem hatten sich namhafte Unternehmen wie die AVE, die Oberbank, die OÖN, die Oberösterreichische Versicherung oder Oberndorfer „Rastra Therm" entschie-

*Der Trainer und sein Star: Karl Daxbacher, Ivica Vastic*

den, den damals wieder einmal abstiegsgefährdeten und sich noch immer im Umbruch befindlichen Erstligisten LASK zu unterstützen. „Ein historischer Tag – und der Anfang einer neuen Ära", strahlte Starhemberg, der den Energie-AG-General und OÖFV-Präsidenten Leopold Windtner als „Geburtshelfer dieser Konstruktion" bezeichnete. „Dank der wir einer der gesündesten Klubs Österreichs sind", wie Reichel hinzufügte. Begründung: „Wir sind nun breit abgesichert und nicht wie andere Klubs von einem einzelnen Milliardär abhängig."

### Der spektakulärste Neuzugang

Dafür war der LASK sportlich ab sofort von einem Fußball-Millionär abhängig. Von Ivo Vastic, dem spektakulärsten Neuzugang seit einer ganzen Ewigkeit. Und der Superstar kam längst nicht allein des Geldes wegen. Sondern weil Reichel Österreichs Fußballer der Jahre 1995, 1998 und 1999 überzeugen hatte können, dass der „schlafende Riese" dank dem entstandenen finanziellen Background endlich aufgeweckt war, das oberste Ziel nun nur noch die Rückkehr in die rot-weiß-rote Königsklasse namens

T-Mobile-Bundesliga heißen konnte. Diese hatte der LASK im ersten Anlauf 2005/06 als Vizemeister hinter Altach noch um zwei Pünktchen hauchdünn verfehlt.

> „ *Wir sind nun breit abgesichert und nicht wie andere Klubs von einem einzelnen Milliardär abhängig.* "
>
> Peter-Michael Reichel

Doch vielleicht wäre der Aufstieg damals auch noch zu früh gekommen. Noch war der LASK nämlich nicht so weit. Wirtschaftlich vielleicht ja, obwohl sich damals der aus Spitzenvertretern des „Sponsortiums" bestehende hochkarätige Wirtschaftsbeirat noch nicht gefunden hatte. Vor allem aber lief es sportlich erst wirklich rund, nachdem Peter-Michael Reichel seinen Meistermacher gefunden hatte: Karl Daxbacher. Mit jenem Mann, der bis dahin mit der Wiener Austria als Spieler sieben und als Trainer mit Austria Amateure, St. Pölten (2) und Statzendorf vier Titel gehamstert hatte, gelang dem LASK vor allem spielerisch einen echter Quantensprung. Das Ergebnis: Bereits nach der Herbstsaison hatte Fußball-Linz sieben Punkte Vorsprung auf den Sensationszweiten Schwanenstadt, am Ende der Sai-

*Viel bestaunte schwarz-weiße Starparade des LASK nach dem Aufstieg*

son 2006/07 sollten es sogar 13 sein. Womit sich der LASK zum erfolgreichsten T-Mobile-Aufsteiger aller Zeiten krönte, hatte doch noch nie zuvor ein anderer Meister der zweithöchsten Spielklasse einen so großen Vorsprung bzw. einen so hohen Punkte- und Torschnitt erreicht. Deshalb war der LASK bereits vier Runden vor dem Saisonende am Ziel seiner Träume, und Linz verfiel in einen 14-tägigen Titelrausch. Natürlich wurde schon am 11. Mai nach dem 1:1 in Leoben die Nacht zum Tag gemacht, hallte es bis zum Sonnenaufgang fast in allen In-

*Geschafft: Ivica Vastic präsentiert die Meisterschale*

Lokalen der Stahlstadt: „Zweite Liga, nie mehr, nie mehr!"

> *„Hoffentlich werden wir nicht zum politischen Spielball."*
> Der LASK zu den Stadion-Diskussionen

Das sollte aber nur der Anfang der Feierlichkeiten sein. Vier Tage später erhielt Kapitän Ivica Vastic, der in zwei Saisonen mit insgesamt 42 Treffern der Held des Aufstiegs war, mit dem Meisterteller das jahrelang ersehnte Objekt der Linzer Fußball-Begierde. Und am 22. Mai stieg die offizielle Meisterehrung der Stadt, zu der die Schwarz-Weißen vom Schillerpark in einem Korso von 18 Cabrios, zwei offenen Bussen und 40 Harleys über die Landstraße zum Hauptplatz chauffiert wurden, wo 8000 Fans ihre Champions feierten.

### Wieder eine große Nummer

Dass der LASK mit einem Schlag wieder eine ganz, ganz große Nummer geworden ist, zeigte auch eine ganz andere Diskussion. Plötzlich entbrannte ein heftiger politischer Zwist zum Thema Stadion. Während Bürgermeister Franz Dobusch plötzlich bereit war, bis zu 53,5 Millionen Euro in einen völligen Umbau des Gugl-Ovals samt den Bau einer Fußball-Halle zu investieren, forderte die ÖVP in einem dringlichen Antrag sogar einen Neubau eines reinen Fußball-Stadions an einem anderen Standort. Womit der LASK nicht nur die sportlichen, sondern auch die politischen Schlagzeilen beherrschte und bangte: „Hoffentlich werden wir nicht zum politischen Spielball …". Was aber verglichen mit den großen Sorgen der Vergangenheit ein Luxusproblem war.

# Die starken Partner des LASK

**Hauptsponsor**

**Premium-Partner**

**Ausrüster**

**Partner**

**Medien-Partner**

**Unterstützende Partner**

**Liga-Partner**

## Mit der AVE in die Bundesliga
# Sponsor des Erfolges

Das hohe Fußballinteresse der Bevölkerung und die damit verbundenen Marketingvorteile sind für ein Wirtschaftsunternehmen natürlich ein gewichtiger Grund, einen Fußballklub als Hauptsponsor zu begleiten.

Doch als sich die AVE, der international erfolgreiche Entsorgungskonzern mit starken oberösterreichischen Wurzeln, zur Unterstützung des LASK entschied, lag der heiß ersehnte Wiedereinstieg in die Bundesliga noch in einiger Entfernung. Der LASK kickte seit Jahren im mittleren Tabellenfeld der ersten Liga. Zu den Spielen kamen damals nur die eingefleischtesten Fans - ungebrochen allerdings der Kampfgeist der Spieler. Was dem LASK wirklich fehlte, war das nötige Kleingeld für den Durchbruch, sind sich Mag. Helmut Burger und Ing. Helmut Ehrengruber, Geschäftsführer der AVE Energie AG OÖ GmbH, einig. So wie am internationalen Markt bewies das Unternehmen AVE auch in Sachen LASK ein glückliches Händchen und investierte in den Traditionsklub. „Zum richtigen Zeitpunkt an der richtigen Stelle!", ist eine alte Weisheit, die nicht nur am Fußballfeld gilt. Mit der AVE an der Seite entwickelte sich um den LASK eine wahre Fußballeuphorie. Ausgehend von Linz stand bald ganz Oberösterreich hinter den Schwarz-Weißen. Während die Mannschaft in der Spielsaison 05/06 noch haarscharf den Aufstieg verfehlte, war es dann in der 30. Spielrunde soweit: Vorzeitig, am 11. Mai 2007

fixierte der LASK den Meistertitel in der ersten Liga. Ein Traum, der 6 Jahre lang dauerte, ging mit den starken Spielern rund um den unvergleichlichen Ivica „Ivo" Vastic endlich in Erfüllung.

## Die AVE Gruppe in Zahlen

- über 100 Standorte in 7 Ländern
- EUR 264 Mio. Umsatz
- ca. 3 500 Mitarbeiter
- über 1 000 Spezialfahrzeuge

# Oberbank und LASK – eine starke Partnerschaft!

**Oberbank und LASK – das ist eine langjährige Partnerschaft, die unabhängig von der jeweiligen Tagesverfassung und vom Tabellenplatz schon seit vielen Jahren funktioniert.**

Die Oberbank ist eine alteingesessene Linzer Bank, die fest in ihrer Region von München bis Budapest und von Salzburg bis Prag verwurzelt und überdurchschnittlich erfolgreich ist. Dieser Erfolg macht es möglich Bereiche zu unterstützen, die nicht nach streng wirtschaftlichen Kriterien funktio-

*Bayern-Manager Uli Hoeneß und Oberbank-Generaldirektor Franz Gasselsberger*

nieren können: soziale Angelegenheiten, die Kultur und natürlich den Sport!

### LASK als wichtiger Partner

Der LASK ist einer der ältesten Partner der Oberbank im Sportbereich und auch einer der wichtigsten: der Verein hat viele Freunde und treue Anhänger und er hat seine Fans und Förderer schon mit vielen Erfolgen verwöhnt: als erster Meister und Cupsieger, der nicht aus Wien kommt, und mit unvergessenen Europacup-Auftritten ist er auch über Österreich hinaus bekannt geworden!

### Zusammenhalt auch in schwierigen Zeiten

Es hat beim LASK auch schwierige Zeiten gegeben – und gerade in solchen Zeiten braucht man starke und verlässliche Partner wie die Oberbank: wir haben auch in den letzten Jahren an den LASK geglaubt, an die Führung und an die Mannschaft und daran, dass der Aufstieg in die oberste Spielklasse nur eine Frage der Zeit ist. Deshalb haben wir den LASK immer unterstützt und deshalb freuen wir uns besonders, dass das große Ziel jetzt erreicht worden ist!

### Wirtschaftliche Basis stimmt

Beim LASK hat sich der sportliche Erfolg wieder eingestellt, und auch die wirtschaftliche Basis stimmt: eine Reihe von Förderern sorgt für den

*Sommer 2006: LASK-Präsident Reichel, Oberbank-Chef Gasselsberger und der damalige Bayern-Trainer Felix Magath analysieren das Match LASK – FC Bayern, das 1:1 endete.*

finanziellen Unterbau und ein Wirtschaftsbeirat, dem Unternehmer und Finanzfachleute angehören, kümmert sich um die wirtschaftliche Gebarung.

## Gemeinsame sportliche Aktivitäten

Die Oberbank ist die erste und bisher einzige österreichische Bank, die in Bayern ein eigenes Filialnetz betreibt. Wir haben uns in Bayern schon einen guten Namen gemacht und haben enge Verbindungen zu vielen Unternehmen, Behörden und Vereinen – unter anderem zum FC Bayern München!

Besonders stolz sind wir darauf, dass wir aufgrund dieser guten Kontakte im Sommer 2006 ein Freundschaftsspiel des LASK gegen den FC Bayern vermitteln konnten. Ich denke heute noch mit Freude an die tolle Stimmung im restlos ausverkauften Linzer Stadion, als der LASK gegen den deutschen Rekordmeister, vielfachen Europacupsieger und Champions League-Sieger in einem mitreißenden Spiel ein 1:1 erkämpft hat!

## Solide Basis für weitere Erfolge

Eine Mannschaft mit erfahrenen Routiniers und hungrigen jungen Spielern, ein Trainer, der selbst als Spieler alle Höhen und Tiefen des Profisports erlebt hat, ein Management, das neben den sportlichen auch die wirtschaftlichen Anforderungen erfüllt und Freunde und Förderer, die dem Verein eine finanzielle Basis zur Verfügung stellen: der LASK erfüllt alle Voraussetzungen, um auch weiterhin in der obersten Spielklasse erfolgreich zu bestehen. Dass der Aufstieg rechtzeitig zum 100. Geburtstag des Linzer Traditionsclubs erfolgt, ist ein besonderer Höhepunkt!

Die Oberbank wird den LASK auch weiterhin begleiten. Wir wünschen allen am Erfolg Beteiligten alles Gute, viele Tore und wir freuen uns auf viele spannende Spiele auf der Linzer Gugl!

Dr. Franz Gasselsberger
Generaldirektor Oberbank AG

*Fußball-Legende Franz Beckenbauer, LASK-Ehrenpräsident Fürst Georg Starhemberg und LASK-Förderer Franz Gasselsberger beim Fachsimpeln.*

Ankick für eine neue Partnerschaft:

# KAISER-licher LASK

*Generaldirektor der Brau Union Österreich AG DI Dr. Markus Liebl und Ivica Vastic*

*Florian Klein im Freudentaumel nach dem Comeback*

Der LASK Linz, der 2008 sein 100-jähriges Bestehen feiert, hat ein ganz großes Ziel erreicht. Mit einer fulminanten Performance, bei der Starkicker Ivica Vastic erneut groß aufgeigte, gewannen die Linzer Athletiker den Meistertitel in der Red Zac Ersten Liga und spielen somit erneut in Österreichs höchster Spielklasse. Beim Comeback in der T-Mobile Bundesliga werden die Schwarz-Weißen nicht nur von einer Welle der Euphorie getragen, der Aufstieg und Triumph ist auch der Startpunkt für eine neue Partnerschaft mit KAISER, Oberösterreichs Traditionsbier. DI Dr. Markus Liebl, Generaldirektor der BRAU UNION ÖSTERREICH AG: "Die Partnerschaft ist eine Win-Win-Situation für beide. Der LASK Linz ist als Traditionsklub in Oberösterreich genauso fest verankert wie KAISER Bier."

Die Zusammenarbeit zwischen KAISER Bier und dem LASK Linz umfasst viele Aktivitäten. Sie soll eine gelebte Partnerschaft sein, in der die beiden starken Marken KAISER Bier und LASK Linz die vorhandenen Synergien bestmöglich nutzen.

## KAISER Bier – Oberösterreichs Traditionsbier

Meisterlich ist aber nicht nur der LASK Linz, auch KAISER Bier spielt ganz vorne mit. Es ist eine der stärksten Fassbiermarken in Österreichs Gastronomie, gehört zu den führenden Radler-Marken und ist wie der LASK Linz ganz besonders in Oberösterreich verwurzelt: Die Wiederbelebung traditioneller Werte, Heimat, Authentizität und Geselligkeit bilden dabei die Grundwerte für das starke regionale Engagement, das sich in stimmungsgeladenen Festen, großen Events und Veranstaltungen sowie nunmehr auch in der Partnerschaft mit dem so traditionsreichen LASK Linz zeigt.

KAISER ist ein Bier mit traditionell höchsten Qualitätsansprüchen, für das nur die allerbesten Zutaten verwendet werden. KAISER wird in bewährter österreichischer Brautradition gebraut. Dieses Qualitätsbewusstsein hat KAISER zu einer der beliebtesten Biermarken gemacht.

*Ankick für eine neue Partnerschaft*

### Kaiserlich gefeiert

Am 22. Mai 2007 feierten mehr als 8.000 Fans und KAISER Bier die Meisterkicker des LASK am Linzer Hauptplatz und stießen auf den Aufstieg an.

### Erfolgreicher Start in die Saison

Vor mehr als 10.000 Fans erzielte Florian Klein für den LASK im Auftaktspiel der T-Mobile Bundesliga gegen den SK Austria Kärnten das 1:0. Seit diesem 1. Tor nach dem Wiedereinstieg ist der LASK gemeinsam mit KAISER Bier auf Erfolgskurs.

*LASK-Präsident Peter-Michael Reichel, Dr. Alexander Gerschbacher (Geschäftsführung Verkauf & Marketing der Brau Union Österreich AG) und Karl Daxbacher*

## Zwei Traditionsbewusste überschreiten Jahrhundert-Grenzen
# LASK und Spitz

Der LASK wird 100 – ein ehrwürdiger Anlass, der vor allem zahlreiche Linzer, aber auch viele Oberösterreicher mit Stolz erfüllt. Generationen von Fans erleben die Geschichte eines Vereins mit, Väter, Söhne und Enkel diskutieren im Familienverband die Highlights des Spielgeschehens, verbringen Nachmittage und Abende des konzentrierten Mitfieberns im Linzer Stadion, reisen zu Auswärtsspielen mit und genießen etliche Stunden vor dem Fernseher, wenn ihre Schwarz-Weißen in Aktion sind. Fußball-Begeisterung vom Feinsten, Dynamik, die im Laufe eines Jahrhunderts ungebrochen ist.

Auch der oberösterreichische Lebensmittelhersteller Spitz blickt auf eine erfüllte Geschichte zurück. Im Herbst 2007 wurde das 150-jährige

Bestehen gefeiert. Aus einem regional tätigen Spirituosen-Vertrieb hat sich im Laufe von 150 Jahren ein international aktives Unternehmen entwickelt, das seine Produkte in 40 Länder der Erde exportiert, ca. 1,2 Millionen Produkte verlassen täglich das Werk in Attnang-Puchheim. Ein Familienunternehmen, das seinen Platz in der internationalen Wirtschaft gefunden hat, derzeit 710 Mitarbeiter beschäftigt und neben seinem Stammgeschäft im Lebensmittelbereich auch eine klare ökologische Ausrichtung vertritt. Die Biowärme Spitz GmbH bereitet auf Grundlage nachwachsender, heimischer Brennstoffe die Energie für das gesamte Unternehmen und versorgt einige Einrichtungen der Gemeinde Attnang-Puchheim mit Fernwärme. Durch die Beteiligung an der Pet2Pet Recycling

Österreich GmbH wirkt Spitz richtungweisend an der Wiederverwertung von Kunststoff-Flaschen mit und erbringt so einen wertvollen Beitrag in der Kreislaufwirtschaft.

Den LASK und Spitz verbinden starke Bande. Seit Beginn der 1990er Jahre steht Spitz dem LASK zur Seite. Initiator der sportlichen Verbindung war Kommerzialrat Walter Scherb (1917 – 2000) – selbst durch und durch ein aktiver Sportler –, der beinahe jedes Spiel begeistert mitverfolgte. An seiner Seite oft am Fußballplatz zu sehen: seine Gattin Uta Scherb, die auch heute noch bei so manchem wichtigen Spiel auf der Tribüne beim Daumendrücken zu beobachten ist.

In dieser Zeit wurde Spitz zum Hauptsponsor des LASK. Das Spitz-Logo wurde zum markanten Zeichen der Fußballer-Dressen. Auf Brust und Hose prangte unübersehbar das rot-weiß-rote Spitz-Signet.

Rund um Kommerzialrat Walten Scherb formierte sich rasche eine Gruppe fußballbegeisterter LASK-Anhänger, die als „Freunde des LASK" Furore machte. Mitglieder dieser Gruppierung – allesamt aus prominenten oberösterreichischen Kreisen – lieferten heiße Diskussionen und fachsimpelten regelmäßig im Linzer Spitz Hotel. Fußballfieber ist eine höchst ansteckende Krankheit, die selbst die Familien der „Freunde des LASK" schnell befiel und für Sportbegeisterung in allen Lebenslagen sorgte. Die Treffen des Kreises wurden rasch zum gesellschaftlichen Ereignis in der Linzer Society. Über die Jahre wurden neben persönlichen Freundschaften auch viele geschäftliche Kontakte geknüpft, in unseren Tagen würde man in diesem Zusammenhang wohl von intensivem Networking sprechen. Egal in welcher Liga sich die Mannschaft gerade befand, die

Kontakte rund um den LASK und Spitz waren und sind immer erstklassig.

Auch heute ist es noch immer ein ungeschriebenes Gesetz im Hause Spitz: der LASK sorgt für Begeisterung bei allen Mitarbeitern, Spieler und Organisatoren sind gern gesehene Gäste und immer willkommen.

*Kommerzialrat Walter Scherb*

Obwohl Spitz nicht mehr als Hauptsponsor aktiv ist, die Verbindung zum LASK wird wohl auf immer und ewig bestehen. Der beste Beweis dafür sind die Bilder der Meisterfeier im Mai 2007 auf dem Linzer Hauptplatz: speziell die ganz Jungen halten die sportliche Tradition hoch und sehen es als besondere Ehre, in die historischen Spitz-LASK-Dressen schlüpfen zu dürfen – ein wahrlich meisterliches Gefühl!

*Meisterschaftsfeier Mai 2007: begeisterter Jungfan in historischer Spitz-Dress*

## Prominenz und Journalisten zur Rückkehr des LASK und über die Zukunft des Traditionsklubs (in alphabetischer Reihenfolge)

# Immer wieder LASK

Von Gerhard Allerstorfer

**Horst Brummeier** (WM-Referee 86 in Mexiko): „Als Fußballfan freue ich mich immens über die Rückkehr des LASK, weil ich der Meinung bin, dass Linz ein derartiges Fan-Potential hat. Die Zukunft kann ich schwerlich beurteilen, weil ich in die Finanzbilanzen nicht hineinsehe."

**Gunther Dressnandt** (Ex-Sportchef der OÖ-Kronen-Zeitung): „Unterwegs mit dem LASK kreuz und quer durch Österreich und Europa – und das Jahrzehnte hindurch. Für mich waren und sind die Schwarz-Weißen nach wie vor ein sportliches Gefühlsbad mit Jubeln, Ärgern, Zittern, positiver und negativer Kritik, einfach der herrlichste Freizeitaufreger, den es gibt. Wenn ich nach einem Linzer Derby die SK-Voest-Elf sehr gut kritisierte, war ich monatlang als „Koksstierler" abgestempelt. Jetzt als schreibender Pensionist darf ich mich outen: Ich war immer ein Schwarz-Weißer. Gratulation zum Aufstieg, zum Klubhunderter und danke, dass ich mich wieder erstklassig aufregen darf. Ich hoffe nur, dass mir Parndorf, Hartberg, Gratkorn erspart bleiben – und das hoffentlich auf ewig."

**Georg Duschlbauer** (Sportchef „Life-Radio"): „Es ist Zeit geworden. Der LASK ist für die Bundesliga ein nicht wegzudenkendes Element, neben Rapid der traditionsreichste Klub, auch vom Fanpotential. Er wird die Bundesliga bereichern, wenn er aus den Fehlern der Vergangenheit gelernt hat gut zu wirtschaften. Wichtig ist auf längere Zeit gesehen ein Spitzenteam zu haben, das vielleicht wieder vorne mitspielen kann."

**Dr. Josef Ertl** (Chefredakteur „OÖ Rundschau"): „Ich habe schon in den 60er-Jahren die Hochblüte des LASK erleben dürfen. Damals bin ich mit meinem Vater immer zu den Heimspielen von Peuerbach nach Linz gefahren. Die tolle Stimmung in einem fast immer ausverkauften Stadion hat mich beeindruckt. Fein, dass der LASK heute wieder dort ist, wo er hingehört. Schade nur, dass das Stadion nicht viel anders als vor 40 Jahren aussieht. Man sollte den Höhenflug des LASK für den längst fälligen Bau eines zeitgemäßen Stadions nützen. Linz würde eine moderne Arena genau so dringend wie das Musiktheater brauchen. Man sollte nach dem Verzicht auf die EM-Teilnahme nicht eine zweite große Chance verspielen.

**Franz Grad** (Transport-Multi und Ex-Superfund Pasching-Präsident): „Ich vergönne dem LASK, dass er zurückgekommen ist. Den Aufstieg haben sie ohnehin gefeiert, als ob sie die Champions-League gewonnen hätten. Aber: Der Traditionsklub gehört einfach in die höchste Spielklasse."

**Max Hagmayr** (Spieler-Manager, Ex-Team- und LASK-Stürmer): „Ich freu' mich, dass der LASK wieder in der Bundesliga ist, dort gehört er eigentlich hin. Ich denke, dass sie vier, fünf Spieler für eine starke Mannschaft brauchen, damit sie dort auch wieder mitspielen können."

**DI Erich Haider** (Landeshauptmann-Stellvertreter): „Herzliche Gratulation den Spielern, den Trainern, den Fans und der Vereinsführung zum Aufstieg in die Bundesliga, sowie zum sportlichen Erfolg. Für die Zukunft wünsche ich viele tolle, spannende Spiele mit vielen Zuschauern und jede Menge sportlichen Erfolg."

**Günther Hansl** (Sport-Ressortleiter „Neues Volksblatt"): „Für Linz und Oberösterreich ist ein Traum in Erfüllung gegangen. Der LASK kann eine Bereicherung für die Bundesliga werden. Der Einsatz des Präsidiums in den mageren sechs Jahren hat sich gelohnt. Ich hoffe, dass die Athletiker eine halbwegs gute Rolle in der T-Mobile-Liga spielen werden. Im Jubiläumsjahr muss sich der LASK ganz oben konsolidieren.

**Alfred Hartl** (Landessportdirektor und Bürgermeister von Bad Leonfelden): „100 Jahre LASK bedeuten, dass der beliebteste Traditionsverein in Oberösterreich über eine reichhaltige Geschichte verfügt, wo natürlich der Meistertitel und der Cupsieg als erste österreichische Bundesländermannschaft besonders hervorstechen. Der Aufstieg des LASK ist für alle Oberösterreicherinnen und Oberösterreicher sicherlich das schönste Geburtstagsgeschenk und es gibt im gesamten Bundesland viele Fans, die sich mit den LASK-Verantwortlichen und den Spielern darüber besonders freuen. Die Zukunft des LASK ist hoffentlich der Erhalt in der T-Mobile-Liga und alle können nur hoffen, dass die Faszination des Fußballsportes durch den LASK wiederum in die Landeshauptstadt einkehrt."

**Gerhard Hauer** (Union-Präsident): „Endlich hat Linz wieder einen Bundesligaverein. Man kann nur hoffen, dass auch die finanzielle und sportliche Basis geschaffen wird, vor allem auch das Umfeld für den Nachwuchs, damit die Zukunft in dieser Liga auf längere Zeit abgesichert ist."

**Franz Hiesl** (Landeshauptmann-Stellvertreter): „Ich freue mich über den Aufstieg des LASK. Er ist für Linz ganz wichtig. Der Schmerz war über Jahre spürbar. Jetzt freue ich mich uneingeschränkt, dass man wieder ins Stadion gehen kann, hoffentlich bald in ein schöneres. Die Leute, die jetzt die Verantwortung tragen, lobe ich dezidiert, den Herrn Reichel, auch den Fürst Starhemberg, der im Hintergrund viel Sicherheit gegeben hat und mitverantwortlich für den Aufstieg ist. Ich bin überzeugt, dass die Sponsoren das Anliegen des LASK mittragen. Man kann es als Geschäftsführer eines Unternehmens verantworten, wenn der Verein von der

Bevölkerung so unterstützt wird. Da ist es eine Verpflichtung. Wir brauchen den Spitzensport auch für die Breite."

**Fritz Hochmair** (ASKÖ-Präsident): „Es war die beständige Arbeit von Präsident Reichel mit seinem Team, die dazu geführt hat, den Aufstieg zu bewältigen. Der Trainer hat konsequente Arbeit geleistet und ein sehr kompaktes Team geformt. Mir ist um die Zukunft nicht bange, weil ich überzeugt bin, dass man sich nicht auf Lorbeeren ausruht, sondern dass konsequent weitergearbeitet wird."

**Wolfgang Irrer** (LT1-Moderator): „Der LASK ist Tradition pur. Dass ein Verein 100 Jahre alt wird, ist keine Selbstverständlichkeit, bei allen Höhen und Tiefen. Man muss sich nun punktuell verstärken, darf in der jetzigen Position aber nicht in einen Kaufrausch versinken."

**Josef Kneifel** (Direktor Casino Linz): „Ich bin LASK-Anhänger von Jugend an und freue mich unheimlich, dass der Aufstieg gelungen ist. Großes Kompliment an die Verantwortlichen, die das toll gemacht haben. Ich hoffe, dass sich der LASK ein, zwei Jahre oben konsolidieren kann und zumindest im Mittelfeld landet."

**Ing. Mag. Günther Kolb** (Öffentlichkeitsreferent des Elisabethinen-Krankenhauses Linz): Der LASK spielt auch in unserem Haus eine große Rolle. Immerhin sind unsere Geschäftsführer und der ärztli-

che Direktor Dr. Franz Harnoncourt sowie Fürst Georg Starhemberg als Mitglied der Freunde der Elisabethinen eng mit dem LASK verbunden. Auch aus Gesprächen mit Patienten und Besuchern höre ich immer wieder, welch bedeutende Rolle dieser Klub in Oberösterreich spielt. Der LASK ist eine ähnlich traditionelle Einrichtung wie unser seit 260 Jahren bestehendes Krankenhaus und gehört daher zu den wichtigsten Institutionen unseres Landes. Die allerbesten Wünsche zum 100. Geburtstag!

**Erich Linemayr** (WM-Schiedsrichter 74 und 78): „Es freut mich besonders, dass Linz wieder eine Mannschaft in der Topregion hat. Die Funktionäre haben sich jahrelang bemüht. Der LASK hat Fans in ganz Oberösterreich. Diese werden dem LASK Kraft geben, sich wieder ordentlich zu verstärken. Aber besser zwei bis drei Topleute als fünf mittelmäßige. Wenn der Verein so weiterarbeitet, dann bin ich überzeugt, dass es keine solchen Probleme gibt, wie in der Steiermark und zum Teil auch in Wien."

**Ing. Wolfgang Mayer** (Geschäftsführer OÖ Rundschau): Der Aufstieg ist wohl das schönste Geschenk, das die Spieler und Trainer dem Traditionsklub zum 100. Geburtstag machen konnten. Nach sechs harten Jahren hat sich die Mühe und das Durchhaltevermögen von Präsident Peter-Michael Reichel und Aufsichtsratsvorsitzendem Georg Starhemberg gelohnt. Es wurden Sponsoren und Partner, die dafür Sorgen dass der LASK auch wirtschaftlich den Grundstein für sportliche Erfolge setzen kann, gefunden. Mit dem LASK in der obersten Spielklasse ist auch der mediale Aufschwung, von dem nicht nur die Klubs sondern auch die Fans profitieren, zurückgekommen.

**Markus Neissl** (Sportredakteur „Oberösterreichs Neue"): „Ein Riesenchance für den LASK und den Fußball in Oberösterreich. Wenn es gelingt, die Fans, die Wirtschaft und das Sportliche unter einen Hut zu bringen, so kann mit der Euphorie der LASK in der oberen Hälfte der Bundesliga mitspielen."

**Manfred Payrhuber** (Stadion-Sprecher des LASK): „Endlich haben wir es geschafft. Ich bin euphorisch. Ich habe schon viel mit dem LASK erlebt, wunderschöne, aber auch schlechte Zeiten. Der Aufstieg ist eine großartige Sache und der Höhepunkt in meiner LASK-Laufbahn. Denn ich bin seit 2002 Stadionsprecher. Nun ist es Zeit, dass ich mich langsam zurückziehe."

**Siegfried Robatscher** (Präsident des Allgemeinen Sportverbandes): „Der Traditionsklub in Oberösterreich, dem ich den Aufstieg mehr als vergönnt habe. Dass der LASK wieder in der höchsten Spielklasse vertreten ist, ist auch sehr gut für die Sportstadt Linz. Ich bin überzeugt davon, dass der LASK auch in der höchsten Liga eine gute Figur abgegeben wird und ich drücke dem LASK die Daumen."

**Christian Russegger** (Sport-Ressortleiter „Österreich"): „Man darf nicht blauäugig sein, jetzt beginnt erst die Bewährungsprobe. Aber es ist schon ein Riesenerfolg, wenn der LASK in der Bundesliga bestehen kann, ohne dass er sich finanziell übernimmt. Die Euphorie muss man jetzt am Köcheln halten."

**Franz Schiefermair** (Sekretär des Landeshauptmannes): „Erfreulich für ganz Oberösterreich. Auch ich freue mich auf spannende und interessante Begegnungen in der T-Mobile-Liga. Der LASK steht sportlich wieder dort, wo er hingehört. Ich gehe davon aus, dass er so wie alle bisherigen oberösterreichischen T-Mobile-Ligisten vorne mitspielt und den Fans viel Freude bereiten wird."

**Helmut Senekowitsch †** (ehemaliger österreichischer Teamchef, Meistermacher des SK Voest (1974) und LASK-Trainer): Höchste Zeit, dass der LASK wieder in die Liga der besten Mannschaften Österreichs zurückgekehrt ist. Mit der richtigen Mischung von jungen und älteren, routinierten Spielern wird der Verein sicher eine gute Rolle spielen. Ich habe als Voest- und LASK-Trainer selbst erlebt, welch tolle Begeisterung in Linz, in Oberösterreich herrscht. Wenn – so wie jetzt – Wirtschaft und Politik hinter dem Traditionsklub stehen, sollten dem LASK in Zukunft ähnliche Turbulenzen wie in den Neunziger Jahren erspart bleiben.

**Laszlo Simko** (ehemaliger LASK-Spieler und Trainer): Wer so wie ich 1947 zum LASK gekommen ist, 1951 Schützenkönig wurde, im Meisterjahr 1965 als Betreuer mitarbeiten konnte, insgesamt vier Mal als Trainer und drei Mal als Spieler dabei war, der ist natürlich mit diesem Verein besonders eng verbunden. Umso mehr freut mich die Wiederkehr des LASK in die höchste Spielklasse. Mein Wunsch für die Zukunft dieses Vereins? Dass der LASK eines Tages nicht mehr Untermieter im Linzer Stadion ist, sondern wieder eine eigene Heimstätte besitzt. Dieser Traditionsklub ist eine große Familie, die so rasch wie möglich wieder eine eigene Heimstätte für alle Mannschaften braucht.

**Reinhard Spitzer** (Journalist, TIPS und Life Radio): „Ich war 1965 schon als Dreijähriger mit meinem Opa mit dem Zug bei den Spielen. Habe dunkle Geschichten erlebt mit Otto Baric und Wolfgang Rieger. Ich hoffe, dass sich der Klub jetzt konsolidiert hat, der Motor war im Wesentlichen Georg Starhemberg aufgrund seiner Verbindungen zum Königspalast. Er wird es schaffen, dass Real Madrid in Linz auftaucht. Als oberösterreichischer Verein hat der LASK Zukunft, weil hier der Wirtschaftsstandort Nummer 1 ist. Ried ist eine Enklave. Die werden sich nie konkurrenzieren. Zukunftsmusik wäre, würde der LASK vielleicht einmal um den Titel eines österreichischen Fußballmeisters mitspielen."

**Gustav Stieglitz** (Herausgeber „Ankick", Event-Manager): „Der Aufstieg ist ein wichtiger Impuls, nicht nur für den oberösterreichischen Fußball, sondern auch für den österreichischen. Jetzt bitte nur nicht den Fehler machen, sich auf Knopfdruck auf einem Topplatz finden zu wollen. Der LASK muss sich langsam entwickeln. Wünschenswert wäre es vor allem, eine Mannschaft aufzubauen, die aus Jungen und Arrivierten besteht und nicht wieder in die Fehler der Vergangenheit zurückzufallen und um Geld zu lukrieren, die Leistungsträger auf den Markt zu werfen. Zum 100er würde ich mir ein Fußballfest für Linz wünschen mit einem Top-Event. Der Aufstieg ist auch eine Belebung für die oberösterreichischen Medien."

**Prof. Leo Strasser** (Ex-Sportchef der „OÖ Nachrichten"): „Der LASK wird anno 2008 sein Hundertjahrfest feiern. Im richtigen Moment! Hinaufgedribbelt in die erste Bundesliga von Ivica Vastic, dem Schützenkönig der Liga und von einem, der gar nicht mitgespielt hat: Trainer Karl Daxbacher. In Erinnerung war er dem Journalisten schon ein paar Jahre voraus gewesen, als er hoch oben auf dem Berg, auf dem Kleinfeld des Reporters, in einem Kickerl auf Rechtsaußen gestürmt war. Seinen Elan spürte man. So einen hatte ja Linz gerade noch gebraucht. Wie vor ihm schon einen Dolfi Blutsch, den ersten Provinzler als Staatsmeister, einen Ferdl Teinitzer, die gleichfalls aus dem östlichen Österreich auf der Gugl eingetrudelten. Ballesterer mit Leib und Seele.

**Dr. Milan Toljan** (LASK-Klubarzt): „Ich finde es super, dort wo der LASK jetzt ist, gehört er hin. Die Red-Zac-Liga war nur eine Übergangsphase. Ich glaube, dass der LASK oben auch mitspielen kann. Für die medizinische Abteilung würde ich mir wünschen, dass wir in Zukunft mehr Platz im Stadion bekommen. Denn die Infusionen muss ich den Spielern derzeit im Sitzen in der Garderobe geben."

**Mag. Peter Vogl** (Rechtsanwalt und Ried-Ehrenpräsident): „Positiv für den oberösterreichischen Fußball, die Konkurrenz des LASK in der T-Mobile-Liga tut auch Ried sehr gut, alleine wegen der Derbys. Der LASK wird das Problem haben, dass er als Hauptstadtklub bald mit Red Bull Salzburg mithalten muss, früher oder später. Die Forderung kommt, vorne mitzuspielen. Das wird aber nicht gehen. Für einen kleinen Klub wie Ried ist das nicht notwendig und auch nicht gefordert.

**Reinhard Waldenberger** (ORF Programm- und Sportchef): „Der Aufstieg des LASK beflügelt nicht nur den oberösterreichischen, sondern den gesamten österreichischen Fußball. Der bisherige Weg der Vereinsführung ist viel versprechend. Jahrelang wurden die LASK-Fans schwer enttäuscht, jetzt können sie sich endlich wieder berechtige Hoffnung auf goldene

Linzer Fußball-Zeiten machen. Schön wär's natürlich, wenn der LASK in einem richtigen, modernen Stadion spielen könnte. In einer Arena, in der auch das Rundherum passt, in der sich die ganze Familie wohl fühlt."

**Erich Watzl** (Vizebürgermeister Linz): „Eine tolle Leistung, dass der LASK wieder erstklassig ist. Aber die Infrastruktur darf nicht länger unzureichend bleiben. Linz muss eine moderne Fußball-Arena bekommen.

**Dr. Wolfgang Weidl** (Generaldirektor OÖ-Versicherung): „Ich bin begeistert, dass der Aufstieg gelungen ist. Mir geht es auch darum, dass in Zukunft in Linz der Fußball wieder einen hohen Stellenwert bekommt. Denn die Marke LASK ist die zweitstärkste in Österreich. Nun muss getrachtet werden, dass der Klub sportlich sowie finanziell in der T-Mobile-Liga eine gute Rolle spielen wird und auch darauf, dass sich der LASK nachhaltig „oben" halten kann."

**Hans-Jürgen Willingstorfer** (Konsulent Fa. Linde-Fördertechnik): „Dass der LASK in die erste Liga gehört, ist jedem klar. Er ist eine Bereicherung generell für den österreichischen Fußballsport, als Marke und als Institution. Man sieht es auch an der Begeisterung. Der Klub muss nun breit aufgestellt werden, das Zusammengehörigkeitsgefühl muss gefördert werden, dann klappt das. Wichtig ist, dass man sich nicht von einem Mann abhängig machen lässt."

**Johann Willminger** (Präsident SV Josko Fenster Ried): „Ich begrüße den Aufstieg der Linzer, der LASK ist eine Größe und hat Tradition, weil die Linzer der einzige Klub war, der sich das wirklich verdient hat. Ich freue mich auf die kommenden oberösterreichischen Derbys gegen den LASK. Wie es dem Klub in der Liga gehen wird, das wird sich herausstellen. Da müssen sie selbst etwas daraus machen. Dem LASK mit seiner großen Tradition wünsche ich für die 100-Jahr-Feier alles Gute."

**Dr. Leo Windtner** (OÖFV-Präsident, Vorstands-Direktor Energie AG): „Gerade in Hinsicht auf die nun herrschende Euphorie nach dem Aufstieg ist es doppelt wichtig, auf eine gesicherte Zukunft zu schauen. Eine gewisse Altlast ist da, die Frage heißt: Wie bewältigt man die? Ich hoffe, dass aus der Vergangenheit gelernt wurde. Der LASK hat die Riesenchance, wenn er es vom Umfeld clever angeht. Natürlich braucht auch die Mannschaft die eine oder andere Investition.

**Christoph Zöpfl** (Sport-Ressortleiter „OÖN"): „Der Aufstieg ist eine große Chance, aber noch nicht der Haupttreffer. Es geht jetzt darum, einen glaubwürdigen Fußball zu spielen, der nicht unbedingt mit spektakulären Neuzugängen zusammenhängen muss. Die wirtschaftlichen Rahmenbedingungen sind sicher gut. In Zukunft werden wir sehen, wie diese Rahmenbedingungen in Sachen Stadion aussehen werden. Der LASK braucht einen Heimvorteil, den das Linzer Stadion aber nicht bietet. Zum 100. Geburtstag würde ich mir diese Perspektive wünschen."

## Ehrentafel – Die Leistungsbilanz des LASK

| | | | |
|---|---|---|---|
| 1 x Österreichischer Meister | 1965 | 1 x Staatsliga-B-Meister | 1958 |
| 1 x Österreichischer Cupsieger | 1965 | 2 x Meister 2. Division | 1979, 1994 |
| 1 x Bundesländer-Amateurfußballmeister | 1932 | 1 x Meister Red Zac Liga | 2007 |
| 14 x Oberösterreichischer Meister | | 1 x Sieger Wiener Hallenturnier | 1998 |

14 x Oberösterreichischer Meister
1924, 1925, 1926, 1927, 1929, 1930, 1931,
1932, 1936, 1939, 1947, 1948, 1950

LASK-Amateure:

6 x Oberösterreichischer Pokalsieger
1929, 1931, 1932, 1935, 1937, 1946

2 x Oberösterreichischer Meister     2001, 2003

# Serien, Rekorde, Superlative 1950 – 2007

**Siegesserien:**

8 Siege in Serie:
1957/58 (Runden 1 – 8; davon 2 Nachtragsspiele)
1961/62 (Runden 10 – 17)

6 Siege in Serie:
1957/58 (Runden 15 – 20, davon 2 Nachtragsspiele)
1993/94 (Runden 13 – 18)

21 Spiele ungeschlagen: (1993/94, 2. Division)
20 Spiele ungeschlagen: (1978/79)
18 Spiele ungeschlagen:
(1956/57 Übergang 1957/58)
17 Spiele ungeschlagen:
(1964/65 Übergang 1965/66)
13 Spiele ungeschlagen: (1972/73)
12 Spiele ungeschlagen: (1961/62)
(1993/94 Übergang 1994/95)

Vom 5. 12. 1964 bis zum 15. 9. 1965 (Europacup-Niederlage) bleibt der LASK bei insgesamt 41 Spielen hintereinander ungeschlagen (16 Meisterschafts-, 7 Cupspiele, 1 abgebrochenes Cupspiel, 13 Freundschaftsspiele, 4 Hallenspiele)!

**Niederlagenserien:**

| | | |
|---|---|---|
| 7 Niederlagen in Folge: | 1954/55 (Runden 5 – 11) |
| | 1987/88 (Runden 6 – 12) |
| 6 Niederlagen in Folge: | 1952/53 (Runden 17 – 22) |
| 5 Niederlagen in Folge: | 1977/78 |
| | 1951/52 |
| | 1967/68 Übergang 1968/69 |
| | 1988/89 |
| | 2000/01 |
| 11 Runden sieglos: | 1987/88 (Runden 2 – 12) |
| | 1988/89 (Runden 12 – 22) |
| | 2000/01 (Runden 14 – 24) |

10 Runden sieglos:     1967/68 Übergang 1968/69
1974/75
1996/97 Übergang 1997/98

**höchste Heimsiege:**
9:2 Hohenau (1955/56 Staatsliga B)
7:0 Grazer SC (1952/53), FAC (1953/54), Bregenz
(1954/55), Kufstein (1993/94)

**höchste Heimniederlagen:**
0:8 FC Kärnten (2004/05)
0:6 Rapid (1977/78)

**höchste Auswärtssiege:**
8:3 Krems (1955/56 Staatsliga B)
5:0 Grazer SC (1957/58 Staatsliga. B),
Donawitz (1968/69), Sportclub (1972/73)

**höchste Auswärtsniederlagen:**
11:2 Rapid (1950/51)
9:0 Rapid (1952/53), Vorwärts Steyr (1957/58,
Staatsliga B)

**historisch höchste Niederlage:**
21:0 Austria Wien 1941

**Unentschiedenserien:**
6 Unentschieden in Serie: 2004/05 (Runden 25 – 30)
5 Unentschieden in Serie: 1979/80 (Runden 25 – 29)
4 Unentschieden in Serie: 1972/73 (Runden 13 – 16
u. 18 – 21)
10 Unentschieden bei 14 Spielen (Mittleres Play Off
1987/88)
17 Unentschieden bei 36 Spielen (1979/80)
17 Unentschieden bei 36 Spielen (1996/97)
15 Unentschieden bei 36 Spielen (2004/05 u.
1987/88)

**Saisonen mit den meisten Siegen:**
24 Siege:     1993/94 (2. Div., 30 Spiele)
            2006/07 (Red-Zac Liga, 36 Spiele)
19 Siege:     2005/06 (Red-Zac Liga, 36 Spiele)
17 Siege:     1957/58 (26 Spiele)
            1978/79 (2. Div., 30 Spiele)
            1983/84 (30)
            1984/95 (30)
            1986/87 (36)
            1991/92 (2. Div. u. Playoff, 36)
            1997/98 (36)
            1998/99 (36)
16 Siege:     1961/62 (26)

**Saisonen mit den wenigsten Siegen:**
7 Siege:     1950/51
8 Siege:     1954/55
           1967/68
           1971/72
           1987/88 (Grunddurchgg. u. Playoff)
           2000/01
           2003/04 (1. Div.=2. Liga)

**Saisonen mit den meisten geschossenen Toren:**
77 Tore: 1957/58 (Staatsliga B, 26 Spiele;
Schnitt 2,96)
74 Tore: 2006/07 (Red-Zac Liga, 36; 2,06)
69 Tore: 1961/62 (26 Spiele; 2,65)
68 Tore: 1955/56 (Staatsliga B, 26; 2,61)
67 Tore: 1997/98 (36; 1,86)
66 Tore: 1978/79 (2. Div., 30; 2,2))

**Saisonen mit den wenigsten geschossenen Toren:**
25 Tore:     1950/51 (26; 0,96)
32 Tore:     1992/93 (BL u. Playoff, 36; 0,88)
35 Tore:     1977/78 (36; 0,97)
36 Tore:     1981/82 (36; 1)
           1995/96 (36; 1)

37 Tore:     1971/72 (28; 1,32)

            1987/88 (Grunddruchgang u.

            Playoff, 36; 1,02)

38 Tore:     1968/69 (28; 1,35)

            1973/74 (32; 1,18)

            1996/97 (36; 1,05)

            2004/05 (36; 1,05)

**Die meisten Tore bekommen:**

70 Tore:     2000/01 (36 Spiele; 1,94)

68 Tore:     1958/59 (26; 2,61)

64 Tore:     2003/04 (36; 1,77)

63 Tore:     1954/55 (26; 2,42)

            1988/89 (36; 1,75)

62 Tore:     1950/51 (26; 2,38)

**Die wenigsten Tore bekommen:**

16 Tore:     1993/94 (2. Div., 30; 0,53)

23 Tore:     1978/79 (2. Div., 30; 0,76)

25 Tore:     1966/67 (26; 0,96)

            1983/84 (30; 0,83)

27 Tore:     1969/70 (30; 0,9)

29 Tore:     1964/65 (26; 1,11)

**Die meisten Niederlagen pro Saison:**

20 Niederlagen:1988/89 (Grunddurchgang u.

            Playoff, 36)

19 Niederlagen:2000/2001 (36)

17 Niederlagen:1954/55 (26 Spiele)

            1977/78 (36)

            1981/82 (36)

            1999/2000 (36)

16 Niederlagen:2003/04 (1. Div.=2. Liga,36)

15 Niederlagen:1952/53 (26)

       1975/76 (36)

       1997/98 (36)

       2002/03 (1. Div. = 2. Liga,36)

**Die wenigsten Niederlagen pro Saison:**

2 Niederlagen:  1993/94 (2. Div., 30 Spiele)

3 Niederlagen:  1978/79 (2. Div., 30 Spiele)

4 Niederlagen:  1961/62

               1964/65

5 Niederlagen:  1957/58 (Staatsliga B, 26)

               1983/84 (30)

               2006/07 (36)

**Rekordspieler des LASK:**

333 Spiele Gerhard Sturmberger

**Torschützenkönige des LASK:**

1975 Helmut Köglberger, 22 Tore (davon 9 für
Austria Wien)

1979 Helmut Köglberger, 25 Tore (2. Div)

1998 Geir Frigard, 23 Tore

2006 Ivica Vastic, 19 Tore (Red Zac Liga)

2007 Ivica Vastic, 23 Tore (Red Zac Liga)

**Torschützen des LASK:**

140 Tore: Köglberger (ingesamt: 236 Tore, 211 BL,
25 2. Div.)

95 Tore: Zechmeister

76 Tore: K. Leitner

69 Tore: Sabetzer

65 Tore: Fürst

64 Tore: Höfer

52 Tore: Teinitzer

49 Tore: Frigard

46 Tore: Toppel

45 Tore: Nemeth

42 Tore: Vastic

31 Tore: Westerthaler

29 Tore: W. Nagl

25 Tore: M. Weissenberger

25 Tore: Hagmayr

24 Tore: Stumpf

22 Tore: Metlitski

Th. Weissenberger

**Mehrfachtorschützen pro Spiel:**

5 Tore in einem Spiel:
Linninger (1955/56 gegen FAC)

4 Tore in einem Spiel:
Linninger (1953/54 gegen FAC)
Kappl (1955/56 gegen Krems)
Frigard (1997/98 gegen Admira)
Kern (2003/04 gegen Wacker Tirol)
Vastic (2005/06 gegen Kapfenberg)

3 Tore in einem Spiel:
7x Köglberger
5x Zechmeister
4x Nemeth, Leitner II
3x Fürst, Sabetzer, Toppel

5 Tore in einem Spiel gegen den LASK:
Riegler (Rapid, 1954/55)

4 Tore in einem Spiel gegen den LASK:
Nemeth (Donawitz, 1958/59)
Hevera (Vienna, 1976/77)
Kranjcar (Rapid, 1984/85)

**Zuschauerrekorde:**

**die meisten bei einem Heimspiel:**
30.000: 1961/62, 18. R., Sportclub
1971/72, 25. R., Voest
25.000: 1966/67, 7. R., Rapid
1979/80, 1. R., Voest
1989/90, 8. R.,Voest

**die wenigsten bei einem Heimspiel:**
200:    2002/03, 12. R., Untersiebenbrunn
300:    2001/02, 33. R., Wörgl
        2003/04, 18. R., Untersiebenbrunn

**die meisten bei einem Auswärtsspiel:**
73.000: 1962/63, 1. R., Austria Wien
55.000: 1961/62, 21. R., Rapid
35.000: 1952/53, 21. R., Wacker
30.000: 1958/59, 6.R., WAC
        1963/64, Sportclub

**die wenigsten bei einem Auswärtsspiel:**
150:    1990/91, 16. R., Kufstein
200:    1989/90, 4. R., Vösendorf
        1989/90, 8. R., Kufstein
        2003/04, 24. R., Kapfenberg
234:    1995/96, 17. R., Admira

# Der LASK im Europacup

## Europacup der Meister

**15. 9. 1965**
**LASK – Gornik Zabrze 1:3 (0:2)**
LASK: Kitzmüller; Trubrig, Pichler, Szabo; Schreiber,
Sturmberger; Liposinovic, Chico, Köglberger, Sabetzer,
Viehböck.
Linzer Stadion; 25.000; Gere (Ungarn)
Tore: Musialek (20.), Wilczek (23., 53.), Köglberger (60.)

**22. 9. 1965**
**Gornik Zabrze – LASK 2:1 (2:1)**
LASK: Harreither; Trubrig, Pichler, Leitner; Schreiber,
Sturmberger; Liposinovic, Chico, Köglberger, Sabetzer,
Viehböck.
Zabrze; 60.000; Göppel (Schweiz)
Tore: Pols (8.), Szoltysik (23.), Liposinovic (33. Elfmeter)

## Europacup der Cupsieger

**9. 10. 1963**
**LASK – Dinamo Zagreb 1:0**
LASK: Kitzmüller; Trubrig, Pichler, Szabo; Blutsch, Sturm-
berger; Liposinovic, Fürst, Nemeth, Sabetzer, Chico.
LASK-Platz; 7.000; Zsolt (Ungarn)
Tor: Fürst (32.)

**16. 10. 1963**
**Dinamo Zagreb – LASK 1:0**
LASK: Kitzmüller; Trubrig, Pichler, Lusenberger; Blutsch,
Sabetzer; Rautmann, Chico, Nemeth, Kondert, Zechmeister.
Zagreb; 20.000; Balla (Ungarn)
Tor: Lamza (49.)

**23. 10. 1963**
**LASK – Dinamo Zagreb 1:1 n.V. (Los für Dinamo)**
LASK: Kitzmüller; Trubrig, Pichler, Szabo; Blutsch, Sturm-
berger; Kondert, Chico, Nemeth, Sabetzer, Rautmann.
LASK-Platz; 12.000; Giunard (Schweiz)
Tore: Rausch (37.), Chico (49.)

## Mitropacup

**3. 7. 1960**
**LASK – Spartak Stalingrad Prag 1:3 (1:2)**
LASK: Kitzmüller; Trubrig, Sturmberger (Praschak), Ecker;
Teinitzer, Praschak (Lusenberger); Spielmann, Zechmeis-
ter, Fürst, Sabetzer, Höfer.
Linzer Stadion; 3.000; Hernadi (Ungarn)
Tore: Spielmann (7.), Kopsa (16., 45., 79.)

**10. 7. 1960**
**Spartak Stalingrad Prag – LASK 3:1 (1:0)**
LASK: Kitzmüller; Trubrig, Sturmberger, Lusenberger; Tei-
nitzer, Praschak; E. Kozlicek, P. Kozlicek (Ecker), Zech-
meister, Sabetzer, Höfer.
Prag; 15.000; Zsolt (Ungarn)
Tore: Kral (31.), Mottl (75.), Kaura (78.), E. Kozlicek (88.)

**18. 6. 1961**
**Wr. Neustädter SC – LASK 4:1 (2:0)**
LASK: Kitzmüller; Trubrig, Crnkovic, Rihs; E. Kozlicek,
Lusenberger; Fürst, P. Kozlicek, Nemeth, Sabetzer, Zech-
meister.
Wr. Neustadt; 1.000; Babauczek
Tore: Kereki (2), Pichler, Lefor; Kozlicek II.

**25. 6. 1961**
**LASK – Udinese 2:2 (1:1)**
LASK: Kitzmüller; Trubrig, Crnkovic, Oberparleiter; Tei-
nitzer (Lusenberger), Sturmberger; E. Kozlicek, P. Kozli-
cek (2), Nemeth, Sabetzer, Zechmeister.
LASK-Platz; 2.500; Obtulovic (CSR)
Tore: Pentrelli (1.), P. Kozlicek (19., 89.), Magnoli (75.)

**2. 7. 1961**
**Banik Kladno – LASK 1:1 (0:0)**
LASK: Kitzmüller; Trubrig, Crnkovic, Oberparleiter;
Sturmberger, Rihs (Hintringer); E. Kozlicek, P. Kozlicek
(1), Fürst, Sabetzer, Zechmeister.
Kladno; 8.000; Camprotta (Italien)
Tore: Hajek (50.), P. Kozlicek (57.)

**3. 6. 1964**

**Vasas Budapest – LASK 3:1 (0:0)**

LASK: Kitzmüller; Trubrig, Linossi, Oberparleiter; Blutsch, Sturmberger; Liposinovic, Chico (1), Teinitzer, Sabetzer, Zechmeister.

Nep-Stadion; 15.000; Fencl (CSR)

Tore: Machos (74.), Pal 80.), Farkas (86.); Chico (72.)

**10. 6. 1964**

**LASK – Vasas Budapest 1:1 (1:0)**

LASK: Kitzmüller; Trubrig, Linossi, Szabo; Blutsch, Sturmberger; Liposinovic, Chico (1), Fürst, Sabetzer, Kondert.

LASK-Platz; 6.500; Jonni (Italien)

Tore: Chico (2.), Puskas (56.)

**8. 11. 1967**

**LASK – Vardar Skopje 0:0**

LASK: Harreither; Trubrig, Leitner, Sturmberger, Hintringer; Chico, Viehböck; Liposinovic, Pichler, Köglberger, Wurdinger.

Linzer Stadion; 4.000; Vales (CSR)

**17. 12. 1967**

**Vardar Skopje – LASK 2:1 (0:1)**

LASK: Harreither; Trubrig, Pichler, Leitner, Hintringer; Chico, Sturmberger; Schreiber, Ille, Köglberger, Enzenebner.

Skopje; 5.000; Birocky (Ungarn)

Tore: Ille (28. Elfmeter), Welkovsky (60.), Spasovsky (?.)

**4. 11. 1970**

**LASK – Skoda Plzen 1:1 (1:1)**

LASK: Saurer; Kiesenebner, Sturmberger, Chico, Viehböck; Schmidt, Kondert, Wieger; Strebele, Medvid, Wurdinger (46. Bauer).

Linzer Stadion; 400; Stremecky (Jugoslawien)

Tore: Bauer (59.), Plass (86.)

**11. 11. 1970**

**Skoda Plzen – LASK 4:0**

LASK: Saurer; Kiesenebner, Sturmberger (65. Viehböck), Chico, Viehböck (65. Schmidt); Wieger, Kondert, Wetscher; Strebele, Bauer, Artmann (60. Wurdinger).

Plzen; 1.000; Capinello (Italien)

Tore: Hoffmann (20., 30. Elfmeter, 86.), Bican (34.)

**25. 10. 1972**

**Celik Zenica – LASK 2:0 (2:0)**

LASK: Harreither (Schröttner); Kiesenebner, Wieger, Viehböck, Gebhardt; Starek, Kondert, Bauer; Nafziger, Leitner, Knorrek.

Zenica; 4.000; Emsberger (Ungarn)

Tore: Mujkic(21.), Gavran (32.)

**8. 11. 1972**

**LASK – Zbrojovka Brno 1:3 (0:1)**

LASK: Schröttner; Ratzesberger, Wieger, Viehböck, Gebhardt (46. Spiegel); Starek, Kondert, Bauer; Nafziger, Sigmund (72. Plank), Roitner.

Linzer Stadion; 1.500; Canak (Jugoslawien)

Tore: Kopenec (6.), Cvelta (80.), Kopenec (89.), Nafziger (90.)

**21. 3. 1973**

**LASK – Celik Zenica 1:3 (1:2)**

LASK: Harreither; Kiesenebner, Sturmberger (46. Starek), Liebhaber, Gebhardt; Sikic, Bauer, Wieger; Nafziger, Leitner, Knorrek.

Linzer Stadion; 1.700; Francescon (Italien)

Tore: Renic (32.), Sturmberger (36.), Renic (41.), Bajric (90.)

**11. 4. 1973**

**Zbrjovka Brno – LASK 1:1(1:0)**

LASK: Harreither; Kiesenebner, Sturmberger, Viehböck, Sikic; Kondert, Starek, Bauer; Nafziger, Schöll, Roitner.

Brno; 1.000; Toselli (Italien)

Tore: Kroupa (40.), Schöll (53.)

**ENDTABELLE (Gruppensieger im Finale)**

| | | | | | |
|---|---|---|---|---|---|
| **CELIK ZENICA** | 4 | 4 | 0 | 0 | 9:3 8 |
| **ZBROJOVKA BRÜNN** | 4 | 1 | 1 | 2 | 6:6 3 |
| **LASK** | 4 | 0 | 1 | 3 | 3:9 1 |

# UEFA-POKAL (bis 1971 Messestädte-Cup)

**24. 9. 1969**

**Sporting Lissabon – LASK 4:0 (1:0)**

LASK: Harreither; Kiesenebner, Sturmberger, Pichler, Viehböck; Dr. Bubernik, Wieger, M. Leitner (37. Chico); Wurdinger (46. Bauer), K. Leitner, Medvid.

Sporting-Stadion; 30.000; Smith (England)

Tore: Nelson (8.), Gonzalves (60.), Perez (73. Elfmeter), Lorenzo (75.)

**1. 10. 1969**

**LASK – Sporting Lissabon 2:2 (1:1)**

LASK: Harreither; Kiesenebner, Sturmberger, Pichler (38. Schmidt), Viehböck; Chico, Dr. Bubernik (62. M. Leitner); Wurdinger (1), Wieger, K. Leitner (1), Medvid.

Linzer Stadion; 10.000; Bader (DDR).

Tore: Gonzalves (40.), Wurdinger (44.), (Laurenco 77.), K. Leitner (82.)

**14. 9. 1977**

**LASK – Dosza Ujpest Budapest 3:2 (1:2)**

LASK: Kronberger; Kiesenebner (75. Pigel), Schmidradner, Gebhardt, Trafella; Gayer, Scharmann, Stöfflbauer; Bincsik, Köglberger, Vuckovic.

Linzer Stadion; 11.000; Foote (Schottland)

Tore: Köglberger (17., 47.), Vuckovic (63.), Töröcsik (1., 15.)

**8. 9. 1977**

**Dosza Ujpest Budapest – LASK 7:0 (1:0)**

LASK: Kronberger; Kiesenebner, Schmidradner, Gebhardt, Trafella; Scharmann, Vukasinovic, Gayer, Stöfflbauer; Bincsik, Köglberger, Vuckovic (71. Zamut).

Budapest; 5.000; Dilek (Türkei)

Tore: Fazekas (29., 88.), Toth (51., 70.), Töröcsik (62.), Sarlos (72.), Fekete (83.)

**17. 9. 1980**

**LASK – Radnicki Nis 1:2 (0:1)**

LASK: Lindenberger; Krieger (76. Brandstätter), Trafella, Bläser, K. Nagl; Höld, Koch, Sigl (46. Halter), Singerl; Toppel, Köglberger.

Linzer Stadion; 9.500; Srodecki (Polen)

Tore: Krieger (56.), Stojilkovic (45.), Pantelic (64.)

**1. 10. 1980**

**Radnicki Nis – LASK 4:1 (3:0)**

LASK: Lindenberger; Brandstätter, Braun (79. Krieger), Bläser, Trafella; Höld, Sigl, Koch, Singerl; Vukasinovic, Köglberger.

Nis; 22.000; Vourakis (Griechenland)

Tore: Mitosevic (7.), Stojilkovic (23.), Panajotovic (28.), Stojilkovic (85.), Singerl (57.)

**19. 9. 1984**

**Östers IF Växjö – LASK 0:1 (0:0)**

LASK: Lindenberger; Trafella, Dantlinger, Ch. Lehermayr, K. Nagl; W. Nagl, Koch, Meister; Höld, Toppel (90. Roth), Hagmayr.

Växjö; 518; Stiegler (CSSR)

Tor: Höld (84.)

**3. 10. 1984**

**LASK – Östers IF Växjö 1:0 (1:0)**

LASK: Lindenberger; Trafella, Ch. Lehermayr, Dantlinger (59. R. Lehermayr), K. Nagl; W. Nagl, Koch, Meister; Höld, Hagmayr (66. Schilcher), Malnowicz.

Linzer Stadion; 11.000; Germanakos (Griechenland)

Tor: Hagmayr (45.)

**24. 10. 1984**

**LASK – Dundee United 1:2 (1:1)**

LASK: Lindenberger; Trafella, Ch. Lehermayr, Dantlinger, K. Nagl; W. Nagl (69. Toppel), Koch, Meister; Höld, Hagmayr, Malnowicz.

Linzer Stadion; 18.500; Igna (Rumänien)

Tore: Kirkwood (15.) Bannon (89.), Hagmayr (26.)

**7. 11. 1984**

**Dundee United – LASK 5:1 (2:1)**

LASK: Lindenberger; Trafella, Ch. Lehermayr, Dantlinger, K. Nagl; R. Lehermayr, W. Nagl, Roth; Höld (62. Toppel), Hagmayr, Malnowicz.

Tannadice-Park; 14.000; Scheurell (DDR)

Tore: Hegarty (15.), Coyne (44., 58.), Gough (75.), Beaumont (87.), Hagmayr (33.)

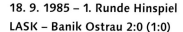

**18. 9. 1985 – 1. Runde Hinspiel**
**LASK – Banik Ostrau 2:0 (1:0)**
LASK: Lindenberger; Grüneis, Ch. Lehermayr, K. Nagl,
Paseka; Piesinger, W. Nagl, Meister; Gröss (70. Köstenberger), Hagmayr, Malnowicz (75. Roth).
Linzer Stadion; 5.200; Tschotschew (Bulgarien)
Tore: Meister (26.), Köstenberger (79.)

**1. 10. 1985 – 1. Runde Rückspiel**
**Banik Ostrau – LASK 0:1 (0:0)**
LASK: Lindenberger; Grüneis, Ch. Lehermayr, Dantlinger,
Paseka; Piesinger, W. Nagl, K. Nagl, Meister; Gröss (74.
Höld), Hagmayr.
Ostrau; 5.000; Gächter (Schweiz)
Tor: Lehermayr (85.)

**23. 10. 1985 – 2. Runde Hinspiel**
**LASK – Inter Mailand 1:0 (0:0)**
LASK: Wimmer; Grüneis, Ch. Lehermayr, Dantlinger,
Paseka; Höld (34. Malnowicz), W. Nagl, Piesinger, Meister; Gröss, Hagmayr (40. Köstenberger).
INTER: Zenga; Bergomi, Ferri, Collovati, Mandorlini;
Baresi, Fanna, Cucchi (68. Brady), Tardelli; Altobelli,
Rummenigge.
Linzer Stadion; 18.500; Constantin (Belgien)
Tor: Gröss (82.)

**6. 11. 1985 – 2. Runde Rückspiel**
**Inter Mailand – LASK 4:0 (2:0)**
LASK: Lindenberger; Grüneis, Ch. Lehermayr, Dantlinger,
Paseka; Piesinger, W. Nagl (46. Hagmayr), Meister, Malnowicz; Gröss, Höld.
INTER: Zenga; Mandorlini, Ferri (61. Rivolta), Collovati,
Bergomi; Marangon, Brady, Baresi; Fanna, Rummenigge,
Altobelli.
Meazza-Stadion; 60.000; Miminoschwili (UDSSR)
Tore: Brady (20. Elfmeter), Altobelli (35., 80., 82.)

**17. 9. 1986 – 1. Runde Hinspiel**
**LASK – Widzew Lodz 1:1 (1:1)**
LASK: Lindenberger; Dantlinger, Ch. Lehermayr, Paseka;
Gajda, Piesinger, Enevoldsen (25. Westerthaler),
Rabitsch, Meister (83. K. Nagl); Gröss, Köstenberger.

Linzer Stadion; 5.000; Alexandrow (Bulgarien)
Tore: Dantlinger (31.), Wraga (7.)

**1. 10. 1986 – 1. Runde Rückspiel**
**Widzew Lodz – LASK 1:0 (0:0)**
LASK: Lindenberger; Grüneis, Ch. Lehermayr, Dantlinger,
Paseka; Gajda (46. Gröss), Rabitsch, Meister, Piesinger;
Köstenberger, Westerthaler.
Lodz; 12.000; Duncan (Schottland)
Tor: Wraga (55.)

**16. 9. 1987 – 1. Runde Rückspiel**
**LASK – FC Utrecht 0:0**
LASK: Lindenberger; Grüneis, Ch. Lehermayr, Gajda; Piesinger, Roth (52. Westerthaler), Nagl, Kensy, Meister;
Gröss, Köstenberger (75. Gotchev).
Linzer Stadion; 3.500; Kolew (Bulgarien)

**30. 9. 1987 – 1. Runde Rückspiel**
**FC Utrecht – LASK 2:0 (1:0)**
LASK: Lindenberger; Grüneis, Ch. Lehermayr, Gajda,
Meister (46. Paseka); W. Nagl, Roth, Kensy, Piesinger;
Rabitsch (55. Gotchev), Köstenberger.
Galgenhügel-Stadion; 18.000; Prokop (DDR)
Tore: Van Loen (29.), Steinman (48.)

**14. 9. 1999 – 1. Runde Hinspiel**
**Steaua Bukarest – LASK LINZ 2:0 (0:0)**
LASK: Pavlovic; Muhr; Ba, Milinovic; Brenner, Kauz,
Pichorner, Bradaric (68. Mehlem); Panis; Stumpf (59.
Jochum), Udovic (77. Kiesenebner).
Steaua-Stadion; 10.000; Dunn (England)
Tore: Ciocoiu (64.), Danciulescu (82.)

**28. 9. 1999 – 1. Runde Rückspiel**
**LASK LINZ – Steaua Bukarest 2:3 (1:2)**
LASK: Wimleitner; Grassler; Milinovic, Jochum; Brenner,
Kauz, Pichorner, Mehlem, Panis (12. Bradaric); Stumpf
(63. Sane), Udovic (64. Lichtenwagner).
Linzer Stadion; 6.000; Dauden-Ibanez (Spanien)
Tore: Stumpf (6.), Sane (92.), Bordeanu (8.), Ilie (32.),
Duro (60.)

# Der LASK im ÖFB-CUP

**1958/59**

| | | |
|---|---|---|
| 1. Runde | ÖMV Olympia Wien | 4:1 |
| Achtelfinale | Vienna | 0:1 |

**1959/60**

| | | |
|---|---|---|
| 1. Runde | SC Krems | 4:0 |
| Achtelfinale | FC Dornbirn (A) | 1:3 |
| Viertelfinale | SVS Linz | 4:5 |

**1960/61**

| | | |
|---|---|---|
| 1. Runde | Rapid (A) | 1:4 |

**1961/62**

| | | |
|---|---|---|
| 1. Runde | Austria Salzburg | 2:0 |
| Achtelfinale | St. Pölten (A) | 6:3 |
| Viertelfinale | SAK (A) | 3:1 |
| Halbfinale | GAK | 1:2 |

**1962/63**

| | | |
|---|---|---|
| 1. Runde | Polizei Linz | 3:1 |
| Achtelfinale | Austria Salzburg (A) | 3:1 |
| Viertelfinale | SV Mattersburg | 4:2 |
| Halbfinale | SV Kapfenberg (A) | 3:2 |

**19. Juni 1963, Finale: Austria Wien – LASK 1:0 (1:0)**

LASK: Kitzmüller; Teinitzer, Linossi, Oberparleiter; Sturmberger, Sabetzer; Szabo, Chico, Nemeth, Kozlicek, Zechmeister.

Prater-Stadion; 10.000; Eisenkölb.

Tor: Jacare (14.)

**1963/64**

| | | |
|---|---|---|
| 1. Runde | SC Wr. Neustadt (A) | 2:3 |

**1964/65**

| | | |
|---|---|---|
| 1. Runde | SVS Linz (A) | 3:2 n. V. |
| Achtelfinale | Austria Klagenfurt | 3:0 |
| Viertelfinale | Sturm Graz (A) | 3:3 n. V. |
| Wiederholung | Sturm Graz | 3:0 |
| Halbfinale | Admira-Energie | 2:1 |

**24. Juni 1965, 1. Finale: Wr. Neustadt – LASK 0:1 (0:0)**

LASK: Kitzmüller; Trubrig, Pichler, Szabo; Blutsch, Sturmberger; Liposinovic, Chico, Köglberger, Sabetzer, Viehböck.

Wiener Neustadt; 7.000; Schiller.

Tor: Chico (89.)

**26. Juni 1965, 2. Finale: LASK – Wr. Neustadt 1:1 (1:1)**

LASK: Kitzmüller; Trubrig, Pichler, Szabo; Blutsch, Sturmberger; Liposinovic, Chico, Köglberger, Sabetzer, Viehböck.

LASK-Platz; 8.000; Wlachojanis.

Tore: Viehböck (10.), Bierbaumer (24.)

1. Cupsieg für den LASK

**1965/66**

| | | |
|---|---|---|
| 1. Runde | SVS (A) | 5:0 |
| Achtelfinale | Austria Klagenfurt | 5:0 |
| Viertelfinale | Admira Energie (A) | 0:4 |

**1966/67**

| | | |
|---|---|---|
| 1. Runde | SK Bischofshofen (A) | 1:0 |
| Achtelfinale | WAC | 6:0 |
| Viertelfinale | Wiener Sportclub | 2:1 |
| Halbfinale | 1. Schwechater SC | 5:0 |

**27. Juni 1967, Finale: LASK – Austria Wien 2:1 (0:0)**

LASK: Harreither; Trubrig, Pichler, Leitner, Viehböck; Chico, Sturmberger, Liposinovic, Köglberger, Kondert, Wurdinger.

Linzer Stadion; 17.000; Keßler.

Tore: Kondert (47.), Köglberger (57.), Buzek (83. Elfmeter)

**5. Juli 1967, 2. Finale: Austria Wien – LASK 1:0 (1:0) n. V.**

LASK: Harreither (Kitzmüller); Trubrig, Pichlcr, Sturmberger, Hintringer; Chico, Viehböck; Liposinovic, Köglberger, Kondert, Wurdinger.

Hohe Warte; 12.000; Dr. Bauer.

Tor: Dirnberger (26.)

Austria gewinnt durch Los

**1967/68**

| | | |
|---|---|---|
| 1. Runde | 1. Schwechater SC (A) | 2:2 n. V. |
| Wiederholung | 1. Schwechater SC | 4:2 n. V. |
| Achtelfinale | Sturm Graz | 1:0 |
| Viertelfinale | SW Bregenz (A) | 0:1 |

## 1968/69

| 1. Runde | WSG Wattens (A) | 1:2 |
| --- | --- | --- |

## 1969/70

| 1. Runde | FC Lustenau (A) | 2:0 |
| --- | --- | --- |
| Achtelfinale | Admira Energie | 6:0 |
| Viertelfinale | WSG Radenthein | 4:0 |
| Halbfinale | SW Bregenz (A) | 2:2 n. V. |
| Wiederholung | SW Bregenz | 3:3 n. V. |

LASK Aufsteiger durch Los

**28. Mai 1970, Finale: Wacker Innsbruck – Lask 1:0 (0:0)**

LASK: Harreither (46. Saurer); Kiesenebner, Sturmberger, Leitner I, Viehböck; Chico, Wieger; Strebele, Medvid, Leitner II (20. Bauer).

Südstadt; 2.000; Wöhrer. Tor: Ettmayer (53.)

## 1970/71

| 1. Runde | Austria Klagenfurt (A) | 6:0 |
| --- | --- | --- |
| Achtelfinale | Austria Salzburg (A) | 1:3 |

## 1971/72

| 1. Runde | Wienerberg (A) | 4:4 n. V. |
| --- | --- | --- |

Elfmeterschießen 3:4

## 1972/73

| 1. Runde | Deutschlandsberg (A) | 5:3 |
| --- | --- | --- |
| Achtelfinale | Welser SC | 5:2 |

**3. 3. 1973, Viertelfinale, 1. Spiel: LASK – Voest Linz 2:1 (1:0)**

LASK: Harreither; Kiesenebner, Sturmberger, Wetscher, Viehböck; Starek, Kondert, Sikic; Nafziger, Leitner, Schöll.

Voest: Rettensteiner; Kupfinger, R. Horvath, Reich, Huberts; Milanovic, Kottan, Kircher; Bischof, Ulmer, Stering.

Linzer Stadion; 10.000; Jegel.

Tore: Schöll (3.), Stering (62.), Nafziger (65.).

**10. 3. 1973, Viertelfinale , 2. Spiel: Voest Linz – Lask 2:0**

Voest: Rettensteiner; Kupfinger, R. Horvath, Reich, Huberts; Milanovic, Kottan; Kircher; Bischof, Ulmer, Stering.

LASK: Harreither; Kiesenebner, Sturmberger, Wetscher, Gebhardt; Kondert, Sikic, Starek; Nafziger, Leitner, Knorrek.

Linzer Stadion; 9.000; Bucek. Tore: Ulmer (25., 59.)

## 1973/74

| 1. Runde | SV Stockerau (A) | 2:2 n. V. |
| --- | --- | --- |

Elfmeterschießen 3:2

| Achtelfinale | Wacker Innsbruck (A) | 1:2 |
| --- | --- | --- |

## 1974/75

| 1. Runde | WSG Radenthein (A) | 1:0 n. V. |
| --- | --- | --- |
| Achtelfinale | Austria Klagenfurt | 2:1 n. V. |
| Viertelfinale | Sturm Graz (A) | 0:1 n. V. |

## 1975/76

| 1. Runde | ATSV Wolfsberg (A) | 4:3 |
| --- | --- | --- |
| Achtelfinale | Rapid Lienz (A) | 0:1 |

## 1976/77

| 1. Runde | Austria Klagenfurt (A) | 1:0 |
| --- | --- | --- |
| Achtelfinale | Vienna | 2:1 |
| Viertelfinale | Wacker Innsbruck (A) | 1:4 |

## 1977/78

| 1. Runde | SC Amateure St. Veit (A) | 1:0 |
| --- | --- | --- |
| Achtelfinale | Villacher SV (A) | 3:1 |
| Viertelfinale | Wacker Innsbruck | 0:2 |

## 1978/79

| 1. Runde | Bärnbach (A) | 0:1 |
| --- | --- | --- |

## 1979/80

| 2. Runde | Innsbruck (A) | 2:2 n. V |
| --- | --- | --- |

Elfmeterschießen 1:4

## 1980/81

| 2. Runde | Spittal (A) | 1:1 n. V. |
| --- | --- | --- |

Elfmeterschießen 5:3

| Achtelfinale | Dornbirn (H) | 8:1 |
| --- | --- | --- |
| Viertelfinale | Salzburg (A) | 1:2 |

## 1981/82

| 2. Runde | Villach (A) | 2:0 |
| --- | --- | --- |
| Achtelfinale | Admira (A) | 3:3 n. V. |

Elfmeterschießen 5:3

| Viertelfinale | Austria Wien | 0:2 |
| --- | --- | --- |

**1982/83**

| | | |
|---|---|---|
| 2. Runde | Fürnitz (A) | 4:0 |
| 3. Runde | Hohenems (A) | 6:1 |
| Achtelfinale | Austria Wien (H) | 0:0 n. V. |

Elfmeterschießen 3:1

| | | |
|---|---|---|
| Viertelfinale | Rapid (A) | 0:2 |

**1983/84**

| | | |
|---|---|---|
| 2. Runde | Trofaiach (A) | 1:0 |
| 3. Runde | Austria Klagenfurt (A) | 0:3 |

**1984/85**

| | | |
|---|---|---|
| 2. Runde | Andorf | 3:0 |
| 3. Runde | Austria Klagenfurt (A) | 4:0 |
| Achtelfinale | Rapid (H) 2:5 | |

**1985/86**

| | | |
|---|---|---|
| 4. Runde | Spittal (H) | 6:0 |
| 5. Runde | Eisenstadt (H) | 1:0 |
| Viertelfinale | Austria Klagenfurt (A) | 0:2 |

**1986/87**

| | | |
|---|---|---|
| 2. Runde | Voitsberg (A) | 1:3 |
| 3. Runde | SAK Klagenfurt (A) | 0:0 n. V. |

Elfmeterschießen 2:3

**1987/88**

| | | |
|---|---|---|
| 2. Runde | Kindberg (A) | 4:1 |
| 3. Runde | LUV Graz (A) | 0:0 n. V. |

Elfmeterschießen 5:3

| | | |
|---|---|---|
| Achtelfinale | St. Pölten (A) | 1:0 n. V. |
| Viertelfinale | Wattens (A) | 4:3 |
| Halbfinale | FC Tirol (A) | 2:4 |

**1988/89**

| | | |
|---|---|---|
| 2. Runde | Steyrermühl (A) | 4:1 |
| 3. Runde | VOEST (A) | 3:2 |
| Achtelfinale | Austria Wien (A) | 0:1 |

**1989/90**

| | | |
|---|---|---|
| 2. Runde | Friesach (A) | 4:0 |
| 3. Runde | Flavia Solva (A) | 0:3 |

**1990/91**

| | | |
|---|---|---|
| 2. Runde | Voitsberg (A) | 2:0 |
| 3. Runde | Vorwärts (H) | 3:2 n. V. |
| Achtelfinale | LUV Graz (A) | 0:1 |

**1991/92**

| | | |
|---|---|---|
| 2. Runde | Bleiburg (A) | 0:0 n. V. |

Elfmeterschießen 3:4

**1992/93**

| | | |
|---|---|---|
| 2. Runde | Kindberg (A) | 4:0 |
| 3. Runde | Flavia Solva (A) | 0:0 Elfme- |

terschießen 3:4

**1993/94**

| | | |
|---|---|---|
| 1. Runde | Esternberg (A) | 3:5 |

**1994/95**

| | | |
|---|---|---|
| 2. Runde | Gratkorn (A) | 3:3 n. V. |

Elfmeterschießen 3:2

| | | |
|---|---|---|
| 3. Runde | FC Hard (A) | 4:0 |
| Achtelfinale | Spittal (A) | 3:3 n. V. |

Elfmeterschießen 4:5

**1995/96**

| | | |
|---|---|---|
| 2. Runde | Leibnitz (A) | 2:1 |
| 3. Runde | Oberwart (A) | 1:0 |
| Achtelfinale | Flavia Solva (A) | 0:1 |

**1996/97**

| | | |
|---|---|---|
| 3. Runde | Vorwärts (A) | 6:0 |
| Achtelfinale | Kottingbrunn (A) | 5:1 |
| Viertelfinale | FC Tirol (A) | 1:0 |
| Halbfinale | Sturm | 0:1 |

**1997/98**

| | | |
|---|---|---|
| 3. Runde | Donau (A) | 5:1 |
| Achtelfinale | Wattens (A) | 2:0 n. V. |
| Viertelfinale | FC Tirol (A) | 1:0 |
| Halbfinale | Sturm (A) | 0:2 |

### 1998/99

| | | |
|---|---|---|
| 2. Runde | Salzburg/Amat. (A) | 2:0 |
| 3. Runde | Stockerau (A) | 2:0 |
| Achtelfinale | Spittal (A) | 1:0 |
| Viertelfinale | Lustenau (A) | 1:0 |
| Halbfinale | Rapid (A) | 2:0 |

**18. 5. 1999, Finale: Sturm Graz – LASK Linz 1:1 (0:1) n. V. Elfmeterschießen 4:2**

Sturm Graz: Sidorczuk; Foda, Neukirchner, Popovic; Martens (105. Berco), Schupp, Mählich, Reinmayr (110. Milanic), Minavand (109. Bochtler); Vastic, Haas. LASK: Pavlovic; Muhr; Milinovic, Ba (56. Mehlem); Grassler, Rohseano, Pichorner, Kauz, Augustine (64. Weissenberger), Panis; Dadi (93. Stumpf) Wiener Happel-Stadion; 8.500; Sedlacek Tore: Vastic (36. Eigentor), Haas (60.) Elfmeterschießen: Vastic, Haas, Schupp und Foda für Sturm; Weissenberger und Stumpf für Lask, Kauz und Rohseano verschießen.

### 1999/00

| | | |
|---|---|---|
| 2. Runde | Vöcklamarkt (A) | 2:0 |
| 3. Runde | Ranshofen (A) | 3:0 n. V. |
| Achtelfinale | Austria Wien (A) | 0:1 |

### 2000/01

| | | |
|---|---|---|
| 2. Runde | Eisenstadt (A) | 4:0 |
| 3. Runde | Donau Linz (A) | 3:1 |
| Achtelfinale | FC Kärnten (A) | 0:2 |

### 2001/02

| | | |
|---|---|---|
| 1. Runde | Salzburg/Amat. (A) | 4:2 (1:0) |
| 2. Runde | Langenrohr | 4:1 (1:1) |
| Achtelfinale | SV Ried (A) | 2:1 (0:1) |
| Viertelfinale | Salzburg (A) | 1:3 (0:1) |

### 2002/03

| | | |
|---|---|---|
| 1. Runde | Blau-Weiß Linz (A) | 1:3 (0:0) |

### 2003/04

| | | |
|---|---|---|
| 1. Runde | Mistelbach (A) | 1:0 (1:0) |
| 2. Runde | FC Lustenau (H) | 0:2 (0:1) |

### 2004/05

| | | |
|---|---|---|
| 1. Runde | Kindberg (A) | 3:0 (2:0) |
| 2. Runde | Rohrbach/Bgld (A) | 5:1 (2:0) |
| Achtelfinale | Hall (A) | 3:0 (1:0) |
| Viertelfinale | FC Kärnten | 2:3 (2:1) |

### 2005/06

| | | |
|---|---|---|
| 1. Runde | 1. FC Vöcklabruck (A) | 2:0 (0:0) |
| 2. Runde | DSG Union Perg (A) | 3:0 (1:0) |
| Achtelfinale | SV Kapfenberg (A) | 0:2 (0:1) |

### 2006/07

| | | |
|---|---|---|
| 1. Runde (5:5, 4:1) | GAK Amateure (A) | 6:5 n. V. |
| 2. Runde | SC Kalsdorf (A) | 3:1 (2:1) |
| Achtelfinale | SV Salzburg Amateure (A) | 0:2 (0:0) |

# Länderspiele der österreichischen Nationalmannschaft mit Beteiligung von Spielern des LASK

**25. 3. 1953 Dublin**
**Irland – Österreich 4:0 (0:0)**
Schweda (36. Pelikan); Stotz, Kowanz; Hanappi, Ocwirk, Koller; Kominek, Wagner, Huber (34. Halla), Stojaspal, Zechmeister (LASK).

Im Kader für die Weltmeisterschaft 1954 (?): Teinitzer (ohne Einsatz)

**3. 10. 54 Wien**
**Österreich – Jugoslawien 2:2 (1:2)**
Schmnied; Hanappi, Kollmann, Barschandt; Ocwirk, Koller; Menasse, Walzhofer, Wagner, Zechmeister (LASK, 46. R. Körner ), Haummer (80. Schleger).

**13. 12. 1959 Paris**
**Frankreich – Österreich 5:2 (3:1)**
Schmied; Halla, Stotz, Nickerl; Hanappi, Koller; Horak, Senekowitsch, Nemec, R. Pichler, Höfer (LASK).

**27. 3. 1960 Wien**
**Österreich – Frankreich 2:4 (1:0)**
Szanwald; Windisch, Koschier, Hasenkopf; Hanappi, Koller; Horak, Kozlicek P. (LASK), Nemec, W. Huberts, Probst.

**1. 5. 1960 Prag**
**CSR – Österreich 4:0 (3:0)**
Kitzmüller (LASK); Windisch, Koschier, Hasenkopf; Hanappi, Koller; Kozlicek P. (LASK), Knoll, Buzek, R. Pichler (33. E. Hof), Bertalan (60. Horak).

**4. 9. 1960 Wien**
**Österreich – UdSSR 3:1 (0:1)**
Schmied; Hasenkopf, Glechner, Swoboda; Hanappi, Koller; Kozlicek P. (LASK) (77. Skocik), Flögel, E. Hof, Hamerl (46. Senekowitsch), Skerlan.

**30. 10. 1960 Wien**
**Österreich – Spanien 3:0 (1:0)**
Schmied; Trubrig (LASK), Stotz, Swoboda; Hanappi, Koller; Nemec, E. Hof, Buzek, Senekowitsch, Hamerl (64. Flögel).

**20. 11. 1960 Budapest**
**Ungarn – Österreich 2:0 (0:0)**
Schmied; Trubrig (LASK), Stotz, Strobl; Hanappi, Koller (5. Skocik); Nemec, E. Hof, Buzek, Senekowitsch, Skerlan.

**10. 12. 1960 Neapel**
**Italien – Österreich 1:2 (1:1)**
Schmied (12. Pichler); Trubrig (LASK), Stotz, Swoboda; Hanappi, Barschandt; Nemec, E. Hof, Buzek (29. Kaltenbrunner), Senekowitsch, Zechmeister (LASK).

**27. 5. 1961 Wien**
**Österreich – England 3:1 (2:1)**
Fraydl; Trubrig (LASK), Stotz, Strobl; Hanappi, Koller; Nemec, E. Hof, Buzek, Senekowitsch, Rafreider.

**11. 6. 1961 Budapest**
**Ungarn – Österreich 1:2 (1:1)**
Fraydl; Trubrig (LASK), Stotz, Strobl; Hanappi (70. Oslansky), Koller; Nemec, E. Hof, Buzek, Senekowitsch, Rafreider.

**10. 9. 1961 Moskau**
**UdSSR – Österreich 0:1 (0:1)**
Fraydl; Trubrig (LASK), Stotz, Strobl (46. Hasenkopf); Hanappi, Koller; Nemec, E. Hof (66. Knoll), Buzek, Flögel, Rafreider.

**9. 10. 1961 Wien**
**Österreich – Ungarn 2:1 (1:1)**
Fraydl; Trubrig (LASK), Stotz (35. Oslansky), Strobl; Hanappi, Koller; Nemec, Knoll, Buzek, E. Hof, Rafreider.

**19. 11. 1961 Zagreb**
**Jugoslawien – Österreich 2:1 (1:1)**
Fraydl; Trubrig (LASK), Stotz, Hasenkopf; Hanappi, Gies-
ser; Nemec, Knoll, Buzek, E. Hof (63. P. Kozlicek (LASK)),
Rafreider.

**5. 1. 1962 Kairo**
**Ägypten – Österreich 1:0 (1:0)**
Fraydl; Trubrig (LASK), Windisch, Hasenkopf; Hanappi,
Oslansky; Flögel, Ocwirk, Buzek, Hamerl (46. Viehöck),
Rafreider.

**4. 4. 1962 London**
**England – Österreich 3:1 (2:0)**
Fraydl; Trubrig (LASK), Stotz, Hasenkopf; Oslansky, Kol-
ler; Knoll, E. Hof, Buzek, Fiala (38. Flögel), Rafreider.

**25. 11. 1962 Sofia**
**Bulgarien – Österreich 1:1 (1:0)**
Fraydl; Hasenkopf, Glechner, Oberparleiter (LASK); Gager,
Koller; Flögel, Geyer, Nemec, Sabetzer (LASK, 50. Wie-
ger), Rafreider.

**9. 6. 1963 Wien**
**Österreich – Italien 0:1 (0:0)**
Fraydl; Schrottenbaum, Glechner, Hasenkopf; Gager,
Koller; Linhart, Knoll (63. Rafreider), E. Hof, Fiala
(68. P. Kozlicek (LASK)), Flögel.

**27. 9. 1964 Wien**
**Österreich – Jugoslawien 3:2 (1:1)**
Szanwald; Hirnschrodt (56. Windisch), Glechner, Viehböck (LASK, 46. Ludescher); Skocik, Binder; Flögel, Hasil
(65. Senekowitsch), Nemec, Koller, Skerlan.

**11. 10. 1964 Wien**
**Österreich – UdSSR 1:0 (1:0)**
Dr. Paulitsch; Halla, Glechner, Viehböck (LASK); Skocik,
Koller; Kaltenbrunner, Flögel, Nemec (80. Hasil), Hiesel
(84. Windisch), Hörmayer (46. Skerlan).

**24. 3. 1965 Wien**
**Frankreich – Österreich 1:2 (1:2)**
Fraydl; Halla, Glechner, Koller, Kremser; Binder, Ullmann
(28. Sturmberger (LASK); Hirnschrodt, Seitl, Buzek, Hörmayer.

**25. 4. 1965 Wien**
**Österreich – DDR 1:1 (0:0)**
Fraydl; Halla, Glechner, Kremser; Sturmberger (LASK),
Koller; Hirnschrodt, Seitl, Buzek, E. Hof, Viehböck
(LASK).

**16. 5. 1965 Moskau**
**UdSSR – Österreich 0:0**
Szanwald; Halla, Binder, Kremser; Sturmberger (LASK),
Koller; Hirnschrodt, Flögel (66. Knoll), Seitl, Sabetzer
(LASK), Viehböck (LASK).

**13. 6. 1965 Wien**
**Österreich – Ungarn 0:1 (0:1)**
Szanwald; Halla, Binder, Kremser; Sturmberger (LASK),
Koller; Hirnschrodt, Seitl, Buzek, E. Hof, Viehböck
(LASK).

**5. 9. 1965 Budapest**
**Ungarn – Österreich 3:0 (2:0)**
Szanwald; Hirnschrodt, Binder, Linhart; Sturmberger
(LASK), Koller; Nemec, Grausam, Köglberger (LASK),
Fiala, Viehböck (LASK).

**9. 10. 1965 Stuttgart**
**BRD – Österreich 4:1 (1:1)**
Fraydl; Pumm, Binder, Frank, Ludescher; Hasil, Ullmann;
Hirnschrodt (23. Viehböck/ 64. Köglberger (beide LASK),
Buzek, Flögel, Macek.

**31. 10. 1965 Leipzig**
**DDR – Österreich 1:0 (1:0)**
Fraydl; Ceyka, Sturmberger (LASK), Ullmann, Ludescher;
Hasil, Dirnberger; Fritsch, Buzek, Flögel, Macek.

**18. 9. 1966 Wien**
**Österreich – Holland 2:1 (1:1)**
Pichler; Gebhardt, Glechner, Binder, Fröhlich; R. Sara,
Skocik, Flögel; Parits, Buzek (40. Hiesel), Viehböck
(LASK).
1 Tor durch Viehböck

**2. 10. 1966 Helsinki**
**Finnland – Österreich 0:0**
Pichler; Gebhardt, Glechner, Binder, Viehböck (LASK);
Hirnschrodt, R. Sara, Flögel; Fritsch, Parits, Hörmayer.

**5. 10. 1966 Stockholm**
**Schweden – Österreich 4:1 (1:0)**
Pichler; Gebhardt, Glechner, Wahl, Viehböck (LASK);
Hirnschrodt, Sturmberger (LASK), Flögel; Fritsch, Schmidt
(75. R. Sara), Parits.

**30. 10. 1966 Budapest**
**Ungarn – Österreich 3:1 (1:0)**
Pichler; Breibert (60. Gebhardt), Glechner, Dirnberger,
Viehböck (LASK); Hirnschrodt, Sturmberger (LASK);
Parits, Wolny, Flögel, Szauer.

**28. 5. 1967 Wien**
**Österreich – England 0:1 (0:1)**
Pichler; Wartusch, Glechner, Fak; Sturmberger (LASK),
Eschelmüller; Köglberger (LASK), Wolny, Siber, Schmidt,
Parits.

**10. 6. 1967 Moskau**
**UdSSR – Österreich 4:3 (3:1)**
Pichler; Wartusch, Glechner, Sturmberger (LASK) Fak;
Eschelmüller, E. Hof, Flögel; Wolny, Siber, Hörmayer.

**24. 9. 1967 Wien**
**Österreich – Finnland 2:1 (1:0)**
G. Fuchsbichler; Gebhardt, Glechner, Fröhlich; Eigenstil-
ler, Sturmberger (LASK); Metzler, Wolny, Grausam,
Flögel, Redl.

**15. 10. 1967 Wien**
**Österreich – UdSSR 1:0 (0:0)**
Harreither (LASK); Gebhardt, Glechner, Stamm, Fröhlich;
Sturmberger (LASK), Eigenstiller, Flögel; Koleznik, Siber,
Grausam.

**5. 11. 1967 Wien**
**Österreich – Griechenland 1:1 (1:0) abgebrochen**
Harreither (LASK); Gebhardt, Glechner, Fröhlich; Eigen-
stiller, Stamm; Koleznik, Siber, Grausam, Skocik, Redl.

**1. 5. 1968 Linz**
**Österreich – Rumänien 1:1 (0:1)**
Hodschar; Gebhardt, Glechner, Eigenstiller, Fröhlich;
Sturmberger (LASK), Starek; Parits, Köglberger (LASK),
Siber, Fiala (63. Hickersberger).

**19. 5. 1968 Wien**
**Österreich – Zypern 7:1 (3:0)**
Harreither (LASK); Gebhardt, Glechner, Stamm, Fröhlich;
Sturmberger (LASK), N. Hof; Parits (70. Koleznik), E. Hof,
Siber, Redl (70. Wolny).

**16. 6. 1968 Leningrad**
**UdSSR – Österreich 3:1 (1:1)**
Harreither (LASK); Gebhardt, Glechner, Stamm, Fröhlich;
Eigenstiller, Senekowitsch; Siber, Wolny, E. Hof, Hör-
mayer.

**22. 9. 1968 Bern**
**Schweiz – Österreich 1:0 (1:0)**
Harreither (LASK); Gebhardl, Russ (46. Ettmayer),
Eigenstiller, Fak; Sturmberger (LASK), N. Hof; Fritsch,
Köglberger, Kaltenbrunner, Hörmayer.

**13. 10. 1968 Wien**
**Österreich – BRD 0:2 (0:1)**
Harreither (LASK); Pumm, Sturmberger (LASK), Eigenstil-
ler, Fak; Hasil, Starek; Fritsch, Köglberger, Ettmayer,
Metzler.

**6. 11. 1968 Glasgow**
**Schottland – Österreich 2:1 (1:1)**
G. Fuchsbichler; Gebhardt, Sturmberger (LASK), Eigenstiller, Pumm; Starek, Ettmayer; Metzler, Hasil, Siber, Redl (46. Köglberger).

**10. 11. 1968 Dublin**
**Irland – Österreich 1:1 (0:1)**
G. Fuchsbichler (8. Harreither (LASK)); Gebhardt, Sturmberger (LASK), Eigenstiller, Russ; Horvath, Ettmayer; Fritsch, Köglberger (78. Metzler), E. Hof, Redl.

**19. 4. 1969 Nicosia**
**Zypern – Österreich 1:2 (0:1)**
Harreither (LASK); Linhart, Sturmberger (LASK), Eigenstiller, Fak; Eisele (46. Ettmayer), Flögel (60. Wallner), N. Hof; Kreuz, Buzek, Redl.

**23. 4. 1969 Tel Aviv**
**Israel – Österreich 1:1 (1:1)**
Harreither (LASK); Linhart (59. Fak), Eigenstiller, N. Hof, Strasser; Wallner (80. Eisele), Ettmayer; Fak; Metzler, Kreuz, Buzek, Redl.

**27. 4. 1969 La Valetta**
**Malta – Österreich 1:3 (0:2)**
Harreither (LASK); Fak, Sturmberger (LASK), Eigenstiller, Strasser; Ettmayer, N. Hof; Metzler, Kreuz, Köglberger, Redl (49. Stering).

**10. 5. 1969 Nürnberg**
**BRD – Österreich 1:0 (0:0)**
Fraydl; Pumm, Sturmberger (LASK), Eigenstiller, Fak; Ettmayer, N. Hof, Starek; Köglberger (46. Kreuz), Siber, Redl.

**21. 9. 1969 Wien**
**Österreich – BRD 1:1 (1:1)**
G. Fuchsbichler; Gebhardt, Sturmberger (LASK), N. Hof, Pumm; Schmidradner, Flögel (46. Geyer), Ettmayer; Parits, Pirkner, Redl.

**5. 11. 1969 Wien**
**Österreich – Schottland 2:0 (1:0)**
Harreither (LASK); Wallner, Sturmberger (LASK), Schmidradner, Fak; Geyer, N. Hof; Parits, Kaiser (66. Hickersberger), Ettmayer, Redl.

**8. 4. 1970 Sarajevo**
**Jugoslawien – Österreich 1:1 (0:1)**
Harreither (LASK); Pumm, Schmidradner, Sturmberger (LASK), W. Huberts; Geyer, Krieger; Pirkner, Parits, Ettmayer, Redl.

**12. 4. 1970 Wien**
**Österreich – CSSR 1:3 (0:3)**
Harreither (LASK, 46. Rettensteiner); Pumm, Schmidradner, Sturmberger (LASK), W. Huberts; Geyer, Krieger, Ettmayer (46. Hickersberger); Pirkner (46. Kreuz), Parits, Redl.

**29. 4. 1970 Rio de Janeiro**
**Brasilien – Österreich 1:0 (0:0)**
Rettensteiner; Pumm, Schmidradner, Sturmberger (LASK, 81. Krieger), N. Hof, W. Huberts; Geyer, Schmidradner, Ettmayer (76. Hickersberger); Parits, Kreuz, Redl.

**10. 9. 1970 Graz**
**Österreich – Jugoslawien 0:1 (0:1)**
Fraydl; Demantke, Sturmberger (LASK), Krieger, Strasser; Geyer, N. Hof (46. Ettmayer), (46. Hickersberger); Parits, Kreuz, Pirkner.

**27. 9. 1970 Budapest**
**Ungarn – Österreich 1:1 (1:1)**
Koncilia; Clement, Sturmberger (LASK, 64. Krieger), Schmidradner, Fak; Geyer, N. Hof, Starek (46. Ettmayer); Hickersberger, Kreuz, Redl.

**7. 10. 1970 Wien**
**Österreich – Frankreich 1:0 (0:0)**
Koncilia; Clement (45. Demantke), Schmidradner, Sturmberger (LASK), Fak; Hickersberger (75. Krieger), N. Hof, Starek (45. Ettmayer); Parits, Kreuz, Redl.

**31. 10. 1970 Wien**

**Österreich – Italien 1:2 (1:2)**

Koncilia (46. Rettensteiner), Schmidradner, Sturmberger (LASK), N. Hof, Pumm; Starek, Ettmayer; Hickersberger, Kreuz, Redl.

**4. 4. 1971 Wien**

**Österreich – Ungarn 0:2 (0:0)**

Rettensteiner; Fak, Sturmberger (LASK, 46. Horvath), Schmidradner, Kriess; Starek, N. Hof, Ettmayer; Kreuz, K. Leitner (LASK, 77. Kodat), Gallos (70. Gassner).

**26. 5. 1971 Stockholm**

**Schweden – Österreich 1:0 (0:0)**

Rettensteiner; Schmidradner, Sturmberger (LASK), Eigenstiller, Pumm; Hickersberger, Starek, Ettmayer (77. Geyer); Kodat), Kreuz, Gassner (75. Gallos).

**30. 5. 1971 Dublin**

**Irland – Österreich 1:4 (0:3)**

Rettensteiner; Schmidradner, Sturmberger (LASK), Eigenstiller, Kriess (72. Schlagbauer); Starek, N. Hof, Ettmayer; Hickersberger Kreuz,, Kodat.

**11. 7. 1971 Sao Paulo**

**Brasilien – Österreich 1:1 (1:0)**

Rettensteiner; Schmidradner, Sturmberger (LASK), Eigenstiller, Jagodic; Hickersberger, N. Hof, Ettmayer; Kodat, Stering, Jara.

**4. 9. 1971 Wien**

**Österreich – Schweden 1:0 (1:0)**

Rettensteiner; Schmidradner, Sturmberger (LASK), Eigenstiller, Pumm; Starek, N. Hof, Ettmayer (65. Jagodic); Kodat, Stering (60. Hickersberger), Pirkner.

**10.10. 1971 Linz**

**Österreich – Irland 6:0 (3:0)**

Antrich; Schmidradner, Sturmberger (LASK), Eigenstiller, Pumm; R. Horvath, N. Hof, Ettmayer; Pirkner, Parits, Jara.

**8. 4. 1972**

**CSSR – Österreich 2:0 (2:0)**

Österreich: Rettensteiner; R. Sara (60. Fendler), Sturmberger (LASK), Eigenstiller, Pumm; Schmidradner, Hickersberger, Horvath, Ettmayer, Kreuz, Jara.

**30. 4. 1972**

**Österreich – Malta 4:0 (3:0)**

Stachowicz; Schmidradner, Sturmberger (LASK), Horvath, Eigenstiller; Daxbacher, Kreuz, N. Hof; Hickersberger, Parits, Jara

**10. 6. 1972**

**Österreich – Schweden 2:0 (0:0)**

Koncilia; Pumm, Sturmberger (LASK), Horvath, Eigenstiller; Hasil, N. Hof, Ettmayer; Hickersberger, Parits, Jara.

**15. 10. 1972**

**Österreich – Ungarn 2:2 (0:2)**

Stachowicz; Pumm, Schmidradner, Horvath, Eigenstiller; Hickersberger, Hasil, Starek (LASK); Köglberger, Parits, Jara.

**25. 11. 1972**

**Malta – Österreich 0:2 (0:0)**

Stachowicz; R. Sara, Schmidradner, Eigenstiller (84. N. Hof), Pumm; Hickersberger, Starek (LASK), Gallos; Köglberger, Parits, Jara.

**28. 3. 1973**

**Österreich – Holland 1:0 (1:0)**

Koncilia; Schmidradner, Sturmberger (LASK), Schilcher (46. Pumm), Krieger (50. R. Sara); Hattenberger, Hasil, Starek (LASK); Hickersberger (66. Gallos), Parits, Köglberger.

**29. 4. 1973**

**Ungarn – Österreich 2:2 (1:2)**

Koncilia; R. Sara, Schmidradner, Sturmberger (LASK), Eigenstiller; Hasil, Starek (LASK), Krieger; Parits, Kreuz, Jara.

1 Tor durch Starek

**23. 5. 1973**

**Schweden – Österreich 3:2 (1:0)**

Stachowicz; R. Sara, Schmidradner, Sturmberger (LASK), Krieger; Hickersberger, Hasil (68. Ettmayer), Starek (LASK), Krieger; Parits, Kreuz, Jara.

1 Tor durch Starek

**13. 6. 1973 Wien**

**Österreich – Brasilien 1:1 (1:0)**

Koncilia; R. Sara, Sturmberger (LASK), N. Hof, Eigenstiller (73. Krieger); Hattenberger, Hasil (75. Gombasch), Starek (LASK) (46. Schmidradner); Kreuz, Krankl, Jara.

**1. 5. 1974 Sao Paulo**

**Brasilien – Österreich 0:0**

Rettensteiner; Eigenstiller, Krieger, Kriess, Strasser; Stering, Daxbacher, N. Hof; Köglberger, Krankl (79. Gallos (LASK)), Jara.

**8. 6. 1974 Wien**

**Österreich – Italien 0:0**

Rettensteiner; Eigenstiller (75. Horvath), Winklbauer, N. Hof, Kriess; Kreuz, Daxbacher (83. Bacher), Gallos (LASK), Jara (87. Strasser); Stering, Krankl.

**16. 3. 1975**

**Luxemburg – Österreich 1:2 (1:0)**

Koncilia; Hattenberger, Pajenk, N. Hof, Eigenstiller; Hickersberger, Prohaska, Gombasch; Stering, Welzl (46. Köglberger (LASK)), Krankl.

Ein Tor von Köglberger

**2. 4. 1975**

**Österreich – Ungarn 0:0**

Koncilia; Eigenstiller, Winklbauer, Obermayr, Strasser; Hattenberger, Kreuz, Prohaska; Köglberger (LASK) (70. Pirkner), Krankl, Riedl.

**7. 6. 1975**

**Österreich – CSSR 0:0**

Koncilia; Kircher (46. Kriess), Winklbauer, Obermayr (22. Pezzey), Strasser; Hattenberger, Kreuz, Prohaska; Welzl (75. Stering), Köglberger (LASK) Krankl.

**3. 9. 1975**

**Österreich – BRD 0:2 (0:0)**

Koncilia; Kriess (63. Demantke), Pezzey, Obermayr, Strasser; Weigl, Prohaska, Jara; Hickersberger, Kreuz, Köglberger (LASK) (66. Stering).

**23. 6. 1976**

**Österreich – UdSSR 1:2 (1:2)**

Koncilia; R. Sara, Obermayr, Pezzey, Strasser (46. Demantke); Prohaska, Weber, Schwarz (75. Daxbacher); Cerny (60. Köglberger (LASK)), Krankl, Rinker.

**22. 9. 1976**

**Österreich – Schweiz 3:1 (0:0)**

Koncilia; R. Sara, Horvath, Pezzey, Strasser; Hattenberger (81. Stering), Oberhofer, Prohaska; Kreuz, Krankl, Köglberger (LASK).

1 Tor durch Köglberger

**13. 10. 1976**

**Österreich – Ungarn 2:4 (1:2)**

F. Koncilia; R. Sara, Hickersberger, Pezzey, Oberhofer; Hattenberger (76. P. Koncilia), Prohaska, Jara; Pirkner (20. Köglberger (LASK)), Kreuz, Krankl.

**10. 11. 1976**

**Griechenland – Österreich 0:3 (0:1)**

Koncilia; R. Sara, Persidis, Pezzey, Strasser; Hattenberger, Hickersberger, Oberhofer (80. Prohaska); Welzl (46. Köglberger (LASK)), Krankl, Stering.

**28. 4. 1982 Wien**

**Österreich – CSSR 2:1 (2:0)**

Lindenberger (LASK); Krauss, Obermayer, Pichler, Pregesbauer (60. Degeorgi); Hattenberger (76. Dihanich), Prohaska, Gasselich (56. Koreimann), Jara; Schachner, Krankl.

**28. 3. 1984 Bordeaux**

**Frankreich – Österreich (1:0)**

Koncilia (46. Lindenberger (LASK)); Krauss, Pezzey, Messlender, Degeorgi; Gisinger, Prohaska, Wilfurth (69. Gretschnig), Baumeister; Schachner (69. Pacult); Niederbacher.

**20. 11. 1985 Saragossa**

**Spanien – Österreich 0:0**

Lindenberger (LASK); Lainer, Weber, Türmer, Messlender, Degeorgi; Hörmann (61. Steinbauer), Kern, Brauneder; Schachner, Polster (61. Drabits).

**26. 3. 1986 Udine**

**Italien – Österreich 2:1 (0:1)**

Lindenberger (LASK); Lainer, Pezzey, Kienast, Brauneder, Degeorgi; Linzmaier, Türmer, Wilfurth; Drabits (46. Pacult), Polster.

**14. 5. 1986 Salzburg**

**Österreich – Schweden 1:0 (0:0)**

Lindenberger (LASK); Weber; Lainer (87. Steinbauer), Messlender, Brauneder, Degeorgi; Linzmaier (46. Wilfurth), Kienast (83. Drabits), Türmer; Schachner, Polster.

**28. 8. 1986 Innsbruck**

**Österreich – Schweiz 1:1 (1:0)**

Lindenberger (LASK); Brauneder, Weber, Messlender; Lainer, Linzmaier, Kienast, Gretschnig (61. Wilfurth), Degeorgi; Schachner (61. Pacult), Polster.

**10. 9. 1986 Bukarest**

**Rumänien – Österreich 4:0 (1:0)**

Lindenberger (LASK); Brauneder (65. Pacult), Weber, Messlender, Degeorgi; Lainer, Kienast (46. Werner I), Baumeister, Türmer; Schachner, Polster.

**15. 10. 1986 Graz**

**Österreich – Albanien 3:0 (1:0)**

Lindenberger (LASK); Piesinger (LASK), Weber, Messlender, Brauneder; Linzmaier, Zsak, Baumeister, Werner I; Ogris, Polster.

**29. 10. 1986 Wien**

**Österreich – BRD 4:1 (0:0)**

Lindenberger (LASK); Piesinger (LASK), Weber, Messlender, Weinhofer; Zsak, Kienast, Werner I, Baumeister (46. Spielmann); Ogris, Polster.

**25. 3. 1987 Banja Luka**

**Jugoslawien – Österreich 4:0 (1:0)**

Lindenberger (LASK); Piesinger (LASK) (46. Steinbauer), Pezzey, Messlender, Weinhofer; Kienast, Zsak, Werner I, Baumeister; Ogris (77. Pacult), Polster.

**1. 4. 1987 Wien**

**Österreich – Spanien 2:3 (1:1)**

Lindenberger (LASK); Piesinger (LASK), Pezzey, Zsak, Weinhofer (71. Roscher); Linzmaier. Zsak, Werner I, Kienast, Baumeister; Ogris, Polster.

**29. 4. 1987 Tirana**

**Albanien – Österreich 0:1 (0:1)**

Lindenberger (LASK); Piesinger (LASK), Pezzey, Szsak, Brauneder; Linzmaier, Werner I, Baumeister Weinhofer (46. Frind); Ogris (81. Pacult), Polster.

**18. 8. 1987 St. Gallen**

**Schweiz – Österreich 2:2 (2:1)**

Lindenberger (LASK) (46. Wohlfahrt); Piesinger (LASK) (46. Hörmann), Pezzey, Frind, Brauneder; Hrstic (46. Linzmaier), Zsak, Baumeister (46. Kienast), Wilfurth; Ogris (75. Drabits), Polster.

**14. 10. 1987 Sevilla**

**Spanien – Österreich 2:0 (0:0)**

Lindenberger (LASK); Frind (46. Pecl), Pezzey, Messlender; Zsak, Kienast, Baumeister (66. Linzmaier), Brauneder, Wilfurth; Polster, Ogris.

**18. 11. 1987 Wien**

**Österreich – Rumänien 0:0**

Lindenberger (LASK); Frind, Pezzey, Pecl, Brauneder; Artner, Baumeister (77. Werner I); Wilfurth; Rodax, Polster, Schachner (82. Ogris).

**6. 4. 1988 Athen**

**Griechenland – Österreich 2:2 (2:1)**

Lindenberger (LASK); Zsak, Weber, Pfeffer, Brauneder (46. Pecl); Artner, Schöttel (46. Baumeister), Herzog (80. Werner I), Wilfurth; Schachner (84. Marko), Rodax.

**27. 4. 1988 Wien**
**Österreich – Dänemark 1:0 (1:0)**
Lindenberger (LASK); Russ, Weber, Pecl; Artner (82. Werner I), Zsak, Baumeister (67. Stöger), Wilfurth, Pfeffer; Ogris (78. Pacult), Polster (89. Schöttel).

**17. 5. 1988 Budapest**
**Ungarn – Österreich 0:4 (0:1)**
Lindenberger (LASK); Weber (79. Schöttel), Artner, Pecl; Wilfurth (79. Werner I), Zsak, Russ, Baumeister (46. Stöger), Pfeffer; Marko, Pacult (46. Hasenhüttl).

**2. 9. 1992 Linz**
**Österreich – Portugal 1:1 (1:0)**
Konsel; Streiter (46. Prosenik), Pecl; Feiersinger, Stöger (86. Mählich), Artner, Baur, Sabitzer (39. Kühbauer), Wazinger; Ogris (LASK), Polster (81. Hasenhüttl).

**14. 10. 1992 Paris**
**Frankreich – Österreich 2:1 (1:0)**
Wohlfahrt; Streiter, Zsak, Wazinger, Feiersinger; Stöger (84. Pfeifenberger), Artner, Baur, Herzog, Schinkels (46. Ogris (LASK); Polster.

**28. 10. 1992 Wien**
**Österreich – Israel 5:2 (2:0)**
Wohlfahrt; Zsak, Streiter (71. Baur); Prosenik, Stöger, Artner, Herzog, Schinkels (78. Flögel), Wazinger; Ogris (LASK), Polster.
1 Tor durch Ogris

**18. 11. 1992 Nürnberg**
**Deutschland – Österreich 0:0**
Wohlfahrt (46. Konsel); Zsak, Streiter, Posch, Pfeifenberger, Schöttel (57. Kühbauer), Stöger, Artner, Feiersinger; Ogris (LASK) (69. Polster), Herzog.

**20. 4. 1994 Wien**
**Österreich – Schottland 1:2**
Wohlfahrt (46. Konsel); W. Kogler; Schöttel, Hochmaier (LASK); Prosenik, Stöger (46. Kühbauer), Baur, Herzog, Hütter; Polster (62. Th. Weissenberger (LASK)), Cerny.

**17. 5. 1994 Kattowitz**
**Polen – Österreich 3:4 (1:2)**
Wohlfahrt; Streiter (76. Schöttel); Pfeffer, Feiersinger; Hochmaier (LASK), Artner, Stöger, Hütter, Aigner; Pfeifenberger, Polster.
1 Tor durch Hochmaier

**2. 6. 1994 Wien**
**Österreich – Deutschland 1:5 (0:1)**
Wohlfahrt; Streiter (75. Schöttel); Pfeffer, Hochmaier (LASK, 75. W. Kogler); Feiersinger, Artner (64. Kühbauer), Stöger, Pfeifenberger, Hütter (64. Cerny), Aigner; Polster.

**29. 3. 1995 Salzburg**
**Österreich – Lettland 5:0**
Konrad; Feiersinger; H. Kogler, Fürstaller; Artner (75. Hütter), Pfeifenberger, Herzog, Kühbauer, Marasek; Polster, Ogris (46. Ramusch(LASK)).

**26. 4. 1995 Salzburg**
**Österreich – Liechtenstein 7:0**
Konrad; Feiersinger; H. Kogler, Fürstaller (72. Hütter); Ramusch (LASK), Artner, Herzog, Kühbauer, Marasek; Sabitzer (LASK, 70. Pürk), Polster.
1 Tor durch Sabitzer

**11. 6. 1995 Dublin**
**Irland – Österreich 1:3**
Konsel; Schöttel; Fürstaller, Pfeffer; H. Kogler, Prosenik, Pfeifenberger (82. Hütter), Kühbauer, Marasek; Ramusch (LASK, 72. Ogris), Polster.

**27. 3. 1996**
**Österreich – Schweiz 1:0 Wien**
Konsel; Feiersinger, Kartalija (LASK), Pfeffer, Marasek; Schopp, Pfeifenberger, Vastic, Wetl; Stumpf (58. Haas), Polster (58. Ogris).

**29. 5. 1996 Salzburg**
**Österreich – Tschechien 1:0**
Konsel (46. Knaller), Kartalija (LASK); Schöttel, Pfeffer; Schopp (63. Ramusch), Stöger (46. Heraf), Artner

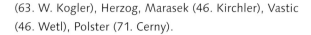

(63. W. Kogler), Herzog, Marasek (46. Kirchler), Vastic
(46. Wetl), Polster (71. Cerny).

**9. 11. 1996 Wien**
**Österreich – Lettland 2:1**
Konsel; Kartalija (LASK); Schöttel, Pfeffer; Schopp, Stöger
(59. Kühbauer), Heraf, Hütter (59. Ramusch), Wetl;
Herzog, Polster.

**18. 3. 1997 Linz**
**Österreich – Slowenien 0:2**
Konsel; Kartalija (LASK); Schöttel, Pfeffer; Schopp, Cerny,
Heraf (46. Pfeifenberger), Hütter (22. Stöger/66. Mäh-
lich), Aiger; Polster, Herzog.

**25. 3. 1998 Wien**
**Österreich – Ungarn 2:3**
Konsel; Feiersinger; Schöttel (46. Pfeffer), Hiden; Schopp,
Kühbauer (68. Reinmayr), Mählich, Herzog (46. Stöger
(LASK)), Amerhauser; Vastic, Polster.

**2. 6. 1998 Wien**
**Österreich – Liechtenstein 6:0**
Konsel; Feiersinger; Schöttel, Pfeffer; Cerny (46. Schopp),
Kühbauer, Pfeifenberger (66. Reinmayr), Herzog
(46. Stöger (LASK)), Wetl; Vastic (46. Haas), Polster.
2 Tore von Stöger

**11. 6. 1998 Toulouse (WM)**
**Österreich – Kamerun 1:1**
Konsel; Schöttel; Pfeffer, Feiersinger; Pfeifenberger
(82. Stöger (LASK)), Herzog (82. Vastic), Cerny
(82. Haas), Wetl, Mählich; Polster, Kühbauer.

**23. 6. 1998 Paris (WM)**
**Italien – Österreich 2:1**
Konsel; Schöttel; Pfeffer, Feiersinger; Pfeifenberger
(79. Herzog), Mählich, Reinmayr, Wetl, Vastic; Polster
(62. Haas), Kühbauer (74. Stöger(LASK)).

**19. 8. 1998 Wien**
**Österreich – Frankreich 2:2**
Konsel (21. Wohlfahrt); Feiersinger; Schöttel, Pfeffer;
Schopp (46. Hiden), Kühbauer (46. Stöger (LASK)),
Mählich, Reinmayr (79. Pfeifenberger); Wetl
(79. Neukirchner), Vastic.

**5. 9. 1998 Wien**
**Österreich – Israel 1:1**
Wohlfahrt; Feiersinger; Schöttel (73. Hiden), Pfeffer;
Cerny (74. Stöger (LASK)), Kühbauer, Mählich, Reinmayr,
Amerhauser; Vastic, Haas (73. Mayrleb).

**10. 10. 1998 Larnaca**
**Zypern – Österreich 0:3**
Wohlfahrt; Schöttel; Hiden, Pfeffer; Cerny, Kühbauer,
Mählich, Reinmayr (78. Stöger (LASK)), Wetl; Haas
(78. Mayrleb), Vastic (82. Glieder).

**14. 10. 1998 Serravalle**
**San Marino – Österreich 0:4**
Wohlfahrt; Schöttel; Hiden, Pfeffer; Cerny, Kühbauer,
Heraf, Reinmayr (46. Mayrleb),Wetl; Haas (66. Glieder),
Vastic (71. Stöger (LASK)).

**28. 4. 1999 Graz**
**Österreich – San Marino 7:0**
Wohlfahrt; Feiersinger; Winklhofer (81. Rohseano
(LASK)), Neukirchner; Cerny (72. Kitzbichler), Schopp
(72. Glieder), Herzog, Prosenik, Amerhauser; Vastic,
Mayrleb.

**18. 8. 1999 Malmö**
**Schweden – Österreich 0:0**
Manninger; Streiter; Hatz, Winklhofer; Ibertsberger,
Kühbauer, Vastic, Hörtnagl (68. Kauz (LASK)), Kirchler
(88. Wimmer); Haas (M. Weissenberger), Mayrleb.

**10. 10. 1999 Wien**
**Österreich – Zypern 3:1**
Manninger; Vastic; Winklhofer, Neukirchner (46. Herzog);
Cerny (74. Kauz (LASK)), Kühbauer, Ibertsberger, M . Weis-
senberger (83. Wimmer), Kirchler; Mayrleb, Glieder.

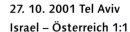

**27. 10. 2001 Tel Aviv**
**Israel – Österreich 1:1**
Wohlfahrt; Vukovic; Winklhofer, Strafner (69. Wallner),
Prilasnig; Schopp (60. Lexa), Hiden, Vastic, Herzog,
Kitzbichler (74. Kocijan (LASK)); Haas.

**17. 8. 2005 Graz**
**Österreich – Schottland 2:2**
Payer (46. Schranz); Dospel (54. Standfest), Ehmann,
Pogatetz, Gercaliu; Schopp (69. Ibertsberger), Kühbauer
(79. Säumel), Aufhauser, Ivanschitz; Mayrleb
(66. Akagündüz), Vastic (LASK, 66. Kuljic).

43 Spiele: Sturmberger
18 Spiele: Lindenberger
13 Spiele: Harreither
12 Spiele: Köglberger
11 Spiele: Viehböck
10 Spiele: Trubrig
8 Spiele: Stöger
6 Spiele: Starek, Piesinger
5 Spiele: P. Kozlicek
4 Spiele: Orgis, Kartalija
3 Spiele: Zechmeister, Hochmaier, Ramusch
2 Spiele: Sabetzer, Gallos, Kauz
1 Spiel: Höfer, Kitzmüller, Oberparleiter, K. Leitner,
Th. Weissenberger, Sabitzer, Rohseano, Kocijan, Vastic

# Trainer seit 1974

Felix Latzke (1974 – 1976)

Willi Huberts (1976 – 1978)

Adolf Blutsch (1978 – 1983)

Hans Kondert (1983 – 1987)

Adolf Blutsch (1987 – 2. 9. 1987)

Ernst Hlozek (2. 9. 1987 – 1988)

Ernst Knorrek (1988 – 30. 12. 1988)

Lothar Buchmann (1. 1. 1989 – 1989)

Adam Kensy (Juli 1989)

Alexander Mandziara (24. 7. 1989 – 1990)

Adolf Blutsch (1990 – 4. 9. 1990)

Ernst Weber (4. 9. 1990 – 25. 10. 1990)

Erwin Spiegel (25. 10. 1990 – 1991)

Helmut Senekowitsch (1991 – 10. 3. 1993)

Didi Constantini (10. 3. 1993 – 1993)

Walter Skocik (1993 – 1995)

Günther Kronsteiner (1995 – 14. 5. 1996)

Max Hagmayr (Mai 1996 interimistisch)

Friedel Rausch (1996 – 1997)

Per Brogeland (1997 – 3. 4. 1998)

Adam Kensy (3. 4. 1998 – 19. 5. 1998)

Otto Baric (21. 6. 1998 – 21. 1. 1999)

Marinko Koljanin (22. 1. 1999 – 4. 11. 2000)

Hans Kondert (5. 11. 2000 – 24. 5. 2001)

DDr. Frantisek Cipro (11. 6. 2001 – 13. 8. 2001)

Hans Kondert (13. 8. 2000 – 15. 8. 2001, dann erkrankt)

Didi Mirnegg (15. 8. 2001 – 11. 9. 2002)

Norbert Barisits (11. 9. 2002 – 10. 1. 2003)

Robert Hoffmann (10. 1. 2003 – 23. 11. 2003)

Gert Trafella ( 23. 11. 2003 – 13. 1. 2004)

Norbert Barisits (13. 1. 2004 – 16. 8. 2004)

Klaus Lindenberger (16. 8. 2004 – 24. 8. 2004)

Werner Gregoritsch (25. 8. 2004 – Juni 2006)

Karl Daxbacher (seit Sommer 2006)

## Meisterschaften 1950 – 1960

| Saison 1950/51 – Staatsliga | | | | | | | |
|---|---|---|---|---|---|---|---|
| 1. | Rapid | 24 | 20 | 3 | 1 | 133 : 40 | 43 |
| 2. | Wacker Wien | 24 | 18 | 2 | 4 | 100 : 38 | 38 |
| 3. | Austria Wien | 24 | 14 | 4 | 6 | 89 : 49 | 32 |
| 4. | Sportclub | 24 | 11 | 5 | 8 | 73 : 52 | 27 |
| 5. | Vienna | 24 | 10 | 6 | 8 | 56 : 58 | 26 |
| 6. | FC Wien | 24 | 10 | 5 | 9 | 45 : 50 | 25 |
| 7. | Sturm Graz | 24 | 8 | 7 | 9 | 48 : 74 | 23 |
| 8. | Admira | 24 | 8 | 5 | 11 | 66 : 50 | 21 |
| 9. | FAC | 24 | 7 | 6 | 11 | 53 : 72 | 20 |
| 10. | LASK | 24 | 7 | 5 | 12 | 25 : 62 | 19 |
| 11. | Vorwärts Steyr | 24 | 7 | 2 | 15 | 34 : 64 | 16 |
| 12. | Wr. Neustadt | 24 | 6 | 3 | 15 | 45 : 74 | 15 |
| 13. | Elektra | 24 | 3 | 1 | 20 | 31 : 115 | 7 |

**1. Runde: Rapid – LASK 11:2 (4:0)**
LASK: Weichselbaumer; Kralovits, Lemberger; Eisemann, Schmidhofer, Testalles; Kötscher, Wirtl, Rekirsch, Engbarth, Toljan.
Rapid-Platz; 9.000; Kamphausen
Tore: Gernhardt (2), Körner I (3), Riegler, Dienst, Teinitzer (3), Golobic; Rekirsch, Engbarth

**2. Runde: LASK – Sportclub 1:2 (1:2)**
LASK: Weichselbaumer; Kralovits, Lemberger; Engbarth, Eisemann, Schmidhofer; Gallbauer, Rekirsch, Simko, Wirtl, Toljan.
Linz; 7.000; Daudistl
Tore: Simko; Miessler, Dr. Epp

**3. Runde: Austria Wien – LASK 11:3 (7:2)**
LASK: Lindenberger; Kralovits, Lemberger; Engbarth, Eisemann, Schmidhofer; Fuchs; Homola, Rekirsch, Wirtl, Toljan.
Wr. Stadion; 17.000; Lube
Tore: Melchior (1), Huber (4, davon 1 Elfmeter), Stojaspal (5), Aurednik; Engbarth, Wirtl, Rekirsch

**4. Runde: LASK – Sturm Graz 3:0 (0:0)**
LASK: Weichselbaumer; Kralovits, Lemberger; Engbarth, Eisemann, Schmidhofer; Fuchs, Homola, Simko, Wirtl, Rekirsch.
LASK-Platz; 8.000; Jiranek
Tore: Fuchs (2), Simko

**5. Runde: Vienna – LASK 3:0 (3:0)**
LASK: Weichselbaumer; Kralovits, Lemberger; Engbarth, Eisemann, Schmidhofer; Fuchs, Homola, Simko, Wirtl, Rekirsch.
WAC-Platz; 1.500; Lokvenz
Tore: Decker (2), Walzhofer

**6. Runde: LASK – Vorwärts Steyr 1:1 (0:0)**
LASK: Weichselbaumer; Kralovits, Lemberger; Engbarth, Eisemann, Schmidhofer; Fuchs II, Homola, Simko, Wirtl, Rekirsch.
LASK-Platz; 15.000; Grill
Tore: Simko; Hartl (Elfmeter)

**7. Runde: Wacker – LASK 6:0 (2:0)**
LASK: Weichselbaumer; Kralovits, Robl; Engbarth, Eisemann, Jünger; Fuchs, Homola, Wirtl, Toljan, Rekirsch.
Wacker-Platz; 10.000; Dietrich
Tore: Bokon (2), Wagner (3, ein Elfmeter), Brousek

**8. Runde: LASK – FC Wien 0:4 (0:1)**
LASK: Weichselbaumer; Kralovits, Rekirsch; Schmidhofer, Eisemann, Jünger; Fuchs, Homola, Simko, Engbarth, Wirtl, Toljan.
Linz; 400; Mayer
Tore: Riegler (2), Silhanek, Sobotka

**9. Runde: Admira – LASK 2:0 (0:0)**
LASK: Lindenberger; Kralovits, Lemberger; Engbarth, Eisemann, Jünger; Fuchs, Homola, Wirtl, Lutz, Rekirsch.
Wr. Stadion; 15.000; Melzer
Tore: Habitzl, Höfer

**10. Runde: LASK – FAC 1:0 (0:0)**
LASK: Weichselbaumer; Kralovits, Lemberger; Engbarth, Eisemann, Jünger; Fuchs, Homola, Lutz, Rekirsch, Toljan.
LASK-Platz; 5.000; Jiranek
Tor: Engbarth

**11. Runde: Wr. Neustadt – LASK 3:0 (1:0)**
LASK: Weichselbaumer; Kralovits, Lemberger; Engbarth, Schmidhofer, Jünger; Fuchs, Homola, Lutz, Rekirsch, Toljan.
Wr. Neustadt; 3.000; Kamphausen
Tore: Kirschner, Buchinger, Reitmaier

**12. Runde: LASK spielfrei**

**13. Runde: LASK – Elektra 1:0 (1:0)**
LASK: Weichselbaumer; Rekirsch, Lemberger; Engbarth, Schmidhofer, Jünger; Fuchs, Homola, Lutz, Braun, Toljan.
LASK-Platz; 4.000; Lokwenc
Tor: Fuchs.

**14. Runde: LASK – Rapid 2:1 (0:0)**
LASK: Weichselbaumer; Rekirsch, Lemberger; Engbarth, Schmidhofer, Jünger; Weinzierl, Fuchs I, Dr. Epp, Braun, Toljan.
LASK-Platz; 15.000; Lokwenz
Tore: Braun, Fuchs; Probst

**15. Runde: Sportclub – LASK 4:2 (4:1)**
LASK: Weichselbaumer; Rekirsch, Lemberger; Engbarth, Schmidhofer, Jünger; Weinzierl, Fuchs I, Dr. Epp, Braun, Toljan.
Sportclub-Platz; 11.000; Grill
Tore: Probst (Elfmeter), Schleger, Kaubek, Zechmeister; Engbarth (Elfmeter), Toljan

**16. Runde: LASK – Austria Wien 0:0**
LASK: Weichselbaumer; Rekirsch, Lemberger; Engbarth, Schmidhofer, Jünger; Weinzierl, Fuchs I, Dr. Epp, Braun, Toljan.
LASK-Platz; 12.000; Beranek

**17. Runde: Sturm Graz – LASK 1:1 (0:0)**
LASK: Weichselbaumer; Rekirsch, Lemberger; Engbarth, Schmidhofer, Jünger; Weinzierl, Fuchs I, Dr. Epp, Braun, Toljan.
Sturm-Platz; 11.000; Lokwenz
Tore: Ninaus; Fuchs

**18. Runde: LASK – Vienna 1:1 (1:0)**
LASK: Weichselbaumer; Rekirsch, Lemberger; Engbarth, Schmidhofer, Jünger; Weinzierl, Fuchs I, Dr. Epp, Braun, Toljan.
LASK-Platz; 8.000; Cerny
Tore: Toljan; Decker

**19. Runde: Vorwärts Steyr – LASK 1:2 (0:1)**
LASK: Weichselbaumer; Rekirsch, Lemberger; Engbarth, Schmidhofer, Jünger; Weinzierl, Fuchs I, Dr. Epp, Braun, Toljan.
Steyr; 10.000; Metzler
Tore: Hartl; Braun, Weinzierl

**20. Runde: LASK – Admira 1:0 ( 0:0)**
LASK: Weichselbaumer; Rekirsch, Lemberger; Engbarth, Schmidhofer, Jünger; Weinzierl, Fuchs I, Dr. Epp, Braun, Toljan.
Linz; 8.000; Steiner
Tor: Dr. Epp.

**21. Runde: LASK – Wacker 0:4 (0:2)**
LASK: Weichselbaumer; Rekirsch, Lemberger; Engbarth, Schmidhofer, Jünger; Weinzierl, Fuchs I, Dr. Epp, Braun, Dochnabl.
LASK-Platz; 9.000; Lokwenz
Tore: Wagner, Brousek, Haummer (2)

**22. Runde: FC Wien – LASK 1:1 (0:0)**
LASK: Weichselbaumer; Rekirsch, Lemberger; Engbarth, Schmidhofer, Jünger; Braun, Fuchs I, Dr. Epp, Homola, Weinzierl.
Wacker- Platz; 6.000; Steiner
Tore: Weidisch; Fuchs

**23. Runde: FAC-LASK 4:1 (2:0)**
LASK: Weichselbaumer; Rekirsch, Lemberger; Engbarth, Schmidhofer, Jünger; Weinzierl, Fuchs I, Dr. Epp, Homola, Toljan.
FAC-Platz; 6.000; Cerny
Tore: Ströll, Kubik (2), Lemberger (Eigentor); Fuchs

**24. Runde: LASK – Wr. Neustadt 1:0 (1:0)**
LASK: Weichselbaumer; Rekirsch, Lemberger; Engbarth, Schmidhofer, Jünger; Weinzierl, Fuchs I, Dr. Epp, Braun, Toljan.
Linz; 10.000; Beranek
Tor: Fuchs

**25. Runde: LASK spielfrei**

**26. Runde: Elektra – LASK 2:1 (0:0)**
LASK: Weichselbaumer; Rekirsch, Lemberger; Engbarth, Schmidhofer, Jünger; Weinzierl, Fuchs I, Dr. Epp, Braun, Toljan.
Wacker-Platz; 200; Melzer
Tore: Dolezal (Elfmeter), Weiß; Weinzierl

| Saison 1951/52 – Staatsliga | | | | | | | |
|---|---|---|---|---|---|---|---|
| 1. | Rapid | 26 | 20 | 1 | 5 | 107 : 39 | 41 |
| 2. | Austria Wien | 26 | 18 | 3 | 5 | 94 : 40 | 39 |
| 3. | Vienna | 26 | 14 | 4 | 8 | 71 : 51 | 32 |
| 4. | Wacker Wien | 26 | 14 | 3 | 9 | 84 : 55 | 31 |
| 5. | Admira | 26 | 13 | 5 | 8 | 71 : 55 | 31 |
| 6. | GAK | 26 | 13 | 3 | 10 | 66 : 48 | 29 |
| 7. | LASK | 26 | 10 | 5 | 11 | 42 : 54 | 25 |
| 8. | Sturm Graz | 26 | 11 | 3 | 12 | 42 : 56 | 25 |
| 9. | FAC | 26 | 10 | 4 | 12 | 56 : 70 | 24 |
| 10. | FC Wien | 26 | 10 | 2 | 14 | 42 : 55 | 22 |
| 11. | Simmering | 26 | 9 | 4 | 13 | 40 : 58 | 22 |
| 12. | Sportclub | 26 | 7 | 3 | 16 | 34 : 69 | 17 |
| 13. | Kapfenberg | 26 | 6 | 1 | 19 | 31 : 66 | 13 |
| 14. | Blau-Weiß | 26 | 5 | 3 | 18 | 25 : 89 | 13 |

**1. Runde: LASK – GAK 2:1 (1:1)**
LASK: Weichselbaumer; Rekirsch, Lemberger; Engbarth, Schmidhofer, Jünger; FuchsII, Fuchs I, Dr. Epp, Zechmeister, Toljan.
LASK-Platz; 9.000; F. Mayer
Tore: Fuchs I (21.), Kölly I (39.), Zechmeister (84.)

**2. Runde: LASK – FAC 2:0 (0:0)**
LASK: Weichselbaumer; Rekirsch, Lemberger; Engbarth, Schmidhofer, Eisemann; Fuchs II, Fuchs I, Dr. Epp, Zechmeister, Toljan.
LASK-Platz; 8.000; Kamphausen
Tore: Fuchs (55.), Zechmeister (56.)

**3. Runde: Vienna – LASK 1:4 (1:2)**
LASK: Weichselbaumer; Rekirsch, Lemberger; Engbarth, Schmidhofer, Jünger; Fuchs II, Fuchs I, Dr. Epp, Zechmeister, Toljan.
Wacker-Platz; 8.000; Beranek
Tore: Dr. Epp (27., 64.), Zechmeister (39.), Walzhofer (44. Elfmeter), Engbarth (61. Elfmeter)

**4. Runde: LASK – Kapfenberg 1:0 (1:0)**
LASK: Weichselbaumer; Rekirsch, Lemberger; Engbarth, Schmidhofer, Jünger; Fuchs II, Fuchs I, Dr. Epp, Zechmeister, Toljan.
LASK-Platz; 7.000; Jiranek
Tor: Zechmeister

**5. Runde: Austria Wien – LASK 10:2 (2:2)**
LASK: Lindenberger; Rekirsch, Lemberger; Engbarth, Schmidhofer, Jünger; Fuchs II, Braun, Dr. Epp, Zechmeister, Toljan.
Wr. Stadion; 23.000; Steiner
Tore: Stojaspal (1., 70.), Dr. Epp (6., 7.), Kominek (35., 59.), Melchior (56., 75.), Huber (46., 62. Elfmeter, 88., 90. Elfmeter)

**6. Runde: LASK – Admira 1:0 (1:0)**
LASK: Lindenberger; Rekirsch, Lemberger; Engbarth, Schmidhofer, Jünger; Fuchs II, Fuchs I, Dr. Epp, Zechmeister, Toljan.
LASK-Platz; 9.000; Beranek
Tore: Dr. Epp (17.)

**7. Runde: Sturm Graz – LASK 2:1 (1:0)**
LASK: Weichselbaumer; Rekirsch, Lemberger; Eisemann, Braun, Jünger; Fuchs II, Fuchs I, Dr. Epp, Zechmeister, Toljan.
Sturm-Platz; 8.000; Cerny

Tore: Gigerl (38. Elfmeter), Gapp (55.), Fuchs II (60.)

**8. Runde: LASK – Sportclub 0:1 (0:1)**
LASK: Lindenberger; Rekirsch, Kralovic; Engbarth, Braun, Eisemann; Fuchs II, Fuchs I, Dr. Epp, Zechmeister, Toljan.
LASK-Platz; 6.000; Dietrich
Tor: Hausteiner (18.)

**9. Runde: Simmering – LASK 4:0 (1:0)**
LASK: Lindenberger; Rekirsch, Kralovic; Engbarth, Eisemann, Jünger; Fuchs I, Dr. Epp, Zechmeister, Toljan.
Simmering; 6.000; Beranek
Tore: Teinitzer (40.), Krankl (46., 86.), Wallner (74.)

**10. Runde: FC Wien – LASK 2:1 (2:0)**
LASK: Lindenberger; Rekirsch, Lemberger; Engbarth, Schmidhofer, Eisemann; Fuchs II, Fuchs I, Dr. Epp, Braun, Zechmeister.
FC-Wien-Platz; 2.000; Führer
Tore: Teply (21., 43.), Fuchs I (66.)

**11. Runde: LASK-Rapid 2:3 (1:1)**
LASK: Lindenberger; Kralovic, Lemberger; Schmidhofer, Eisemann, Jünger; Fuchs II, Fuchs I, Dr. Epp, Zechmeister, Toljan
LASK-Platz; 15.000; Grill
Tore: Zechmeister (26.), Dienst (43., 53., 63.), Dr. Epp (54.)

**12. Runde: LASK – Blau-Weiß 1:1 (0:0)**
LASK: Weichselbaumer; Kralovic, Lemberger; Engbarth, Eisemann, Schmidhofer; Fuchs II, Fuchs I, Dr. Epp, Zechmeister, Toljan.
LASK-Platz; 5.000; Steiner
Tore: Zechmeister (49.), Pogatsch (81.)

**13. Runde: Wacker – LASK 3:2 (1:0)**
LASK: Weichselbaumer; Kralovic, Fuchs I; Engbarth, Eisemann, Jünger; Fuchs II, Braun, Dr. Epp, Zechmeister, Toljan.
Wacker-Platz; 10.000; Taylor
Tore: Haummer (37., 46.), Hinesser (58.), Zechmeister (60.), Fuchs II (79.)

**14. Runde: GAK-LASK 3:0 (2:0)**
LASK: Lindenberger; Rekirsch, Lemberger; Teinitzer, Engbarth, Schmidhofer, Jünger; Fuchs II, Fuchs I, Hartl, Zechmeister, Peyerl.
GAK-Platz; 5.000; Jiranek
Tore: Sigmund (11.), Kölly I (42.), Engel (60.)

**15. Runde: FAC-LASK 3:3 (1:2)**
LASK: Lindenberger; Rekirsch, Lemberger; Teinitzer, Engbarth, Schmidhofer, Peyerl; Fuchs II, Fuchs I, Hartl, Zechmeister, Toljan.
FAC-Platz; 3.500; Roman
Tore: Ströll, Fitz, Domnanich; Fuchs I (3)

**16. Runde: Kapfenberg – LASK 5:1 (2:1)**
LASK: Weichselbaumer; Rekirsch, Kralovic; Teinitzer, Engbarth, Schmidhofer, Peyerl; Weinzierl, Fuchs I, Hartl, Zechmeister, Toljan.
Kapfenberg; 3.000; Beranek
Tore: Sajko (7., 28., 53.), Bichler (62., 83.), Hartl 41.)

**17. Runde: LASK – Austria Wien 1:1 (1:0)**
LASK: Weichselbaumer; Rekirsch, Lemberger; Engbarth, Fuchs I, Jünger; Fuchs II, Teinitzer, Hartl, Zechmeister, Toljan.
LASK-Platz; 12.000; Steiner
Tore: Toljan (34.), Stojaspal (61.)

**18. Runde: Admira – LASK 3:3 (1:2)**
LASK: Weichselbaumer; Rekirsch, Lemberger; Engbarth, Fuchs I, Jünger; Fuchs II, Teinitzer, Hartl, Zechmeister, Toljan.
Wr. Stadion; 15.000; Pribyl
Tore: Steiner (2.), Hansy (82.), Habitzl (86.), Hartl (35., 56.), Engbarth (37.)

**19. Runde: LASK – Sturm Graz 2:0 (2:0)**
LASK: Lindenberger; Rekirsch, Lemberger; Engbarth, Fuchs I, Jünger; Fuchs II, Teinitzer, Hartl, Zechmeister, Toljan.
LASK-Platz; 10.000; Beranek
Tore: Teinitzer (10.), Fuchs II (40.)

**20. Runde: Sportclub – LASK 1:2 (1:1)**
LASK: Lindenberger; Rekirsch, Lemberger; Engbarth, Fuchs I, Payerl; Fuchs II, Teinitzer, Hartl, Zechmeister, Toljan.
Sportclub-Platz; 4.500; Lube
Tore: Zechmeister (10., 83.), Missler (16.)

| | **Saison 1952/53 – Staatsliga** | | | | | | |
|---|---|---|---|---|---|---|---|
| 1. | Austria Wien | 26 | 21 | 3 | 2 | 106 : 38 | 45 |
| 2. | Wacker Wien | 26 | 20 | 4 | 2 | 101 : 30 | 44 |
| 3. | Rapid | 26 | 18 | 3 | 5 | 94 : 48 | 39 |
| 4. | Vienna | 26 | 16 | 4 | 6 | 89 : 48 | 36 |
| 5. | Admira | 26 | 11 | 6 | 9 | 65 : 53 | 28 |
| 6. | FAC | 26 | 12 | 2 | 12 | 56 : 82 | 26 |
| 7. | GAK | 26 | 9 | 7 | 10 | 50 : 59 | 25 |
| 8. | Simmering | 26 | 9 | 4 | 13 | 41 : 52 | 22 |
| 9. | Sturm Graz | 26 | 7 | 8 | 11 | 44 : 59 | 22 |
| 10. | **LASK** | **26** | **8** | **3** | **15** | **51 : 59** | **19** |
| 11. | FC Wien | 26 | 6 | 7 | 13 | 38 : 61 | 19 |
| 12. | Mödling | 26 | 7 | 5 | 14 | 35 : 62 | 19 |
| 13. | Grazer SC | 26 | 6 | 4 | 16 | 45 : 90 | 16 |
| 14. | SAK 1914 | 26 | 1 | 2 | 23 | 33 : 107 | 4 |

**1. Runde: LASK – Admira 3:4 (1:3)**
LASK: Weichselbaumer; Kralovic, Rekirsch; Engbarth, Swerak, Weiß; Fuchs II, Fuchs I, Teinitzer, Zechmeister, Toljan.
LASK-Platz; 9.000; Zickl
Tore: Höfer (3.), Linninger (17.), Engbarth (34. Elfmeter), Cejka (37.), Fuchs I (50., 73.), Linninger (59.)

**2. Runde: LASK – Vienna 1:1 (1:1)**
LASK: Weichselbaumer; Rekirsch, Lemberger; Engbarth, Swerak, Weiß; Fuchs I, Fuchs II, Teinitzer, Zechmeister, Peyerl.
LASK-Platz; 7.000; Kamphausen
Tore: Zechmeister (16.), Dr. Epp (19.)

**3. Runde: FC Wien 1:0 (1:0)**
LASK: Weichselbaumer; Kralovic, Lemberger; Engbarth, Swerak, Weiß; Peyerl; Fuchs II, Fuchs I, Teinitzer, Zechmeister, Toljan.
FC-Wien-Platz; 2.500; Jiranek
Tor: Luksch (23.)

**4. Runde: LASK – Austria Wien 2:3 (2:2)**
abgebrochen
LASK: Weichselbaumer; Kralovic, Lemberger; Engbarth, Fuchs I, Peyerl; Fuchs II, Zechmeister, Teinitzer, Weiß, Toljan.
LASK-Platz; 13.000; Prybil
Tore: Pichler (18.), Kominek (30.), Stotz (65.), Weiß (14.), Schweda (42. Eigentor)

**21. Runde: LASK – FC Wien 4:1 (1:0)**
LASK: Lindenberger; Rekirsch, Lemberger; Engbarth, Fuchs I, Jünger; Fuchs II, Teinitzer, Hartl, Zechmeister, Toljan.
LASK-Platz; 7.000; Wenerth
Tore: Toljan (25.), Teinitzer (58., 59.), Hartl (60.), Steindl (75.)

**22. Runde: Rapid – LASK 5:2 (3:0)**
LASK: Lindenberger; Rekirsch, Lemberger; Engbarth, Fuchs I, Payerl; Fuchs II, Teinitzer, Hartl, Zechmeister, Toljan.
Rapid-Platz; 6.000; Führer
Tore: Probst (5., 40., 77.), Gernhardt (30.), Körner I (88.); Toljan (63.), Hartl (80.)

**23. Runde: LASK – Simmering 0:1 (0:1)**
LASK: Lindenberger; Kralovic, Lemberger; Engbarth, Fuchs I, Payerl; Fuchs II, Teinitzer, Hartl, Zechmeister, Toljan.
LASK-Platz; 7.000; Gabler
Tor: Zmek

**24. Runde: Blau-Weiß – LASK 1:1 (0:1)**
LASK: Lindenberger; Kralovic, Lemberger; Engbarth, Fuchs I, Payerl; Fuchs II, Teinitzer, Hartl, Zechmeister, Toljan.
FC Wien – Platz; 3.500; Beranek
Tore: Hartl (20.), Sillaber (76.)

**25. Runde: LASK – Vienna 2:1 (1:1)**
LASK: Weichselbaumer; Kralovic, Lemberger; Engbarth, Fuchs I, Payerl; Fuchs II, Teinitzer, Hartl, Zechmeister, Toljan.
LASK-Platz; 9.000; Steiner
Tore: Decker (12.), Toljan (18.), Fuchs II (89.)

**26. Runde: LASK – Wacker 2:1 (0:1)**
LASK: Weichselbaumer; Kralovic, Lemberger; Engbarth, Fuchs I, Payerl; Fuchs II, Teinitzer, Hartl, Zechmeister, Toljan.
LASK-Platz; 6.500; Kamphausen
Tore: Zechmeister (2), Brousek

**5. Runde: Rapid – LASK 9:0 (3:0)**
LASK: Weichselbaumer; Kralovic, Rekirsch; Engbarth, Fuchs I, Rekirsch; Teinitzer, Weiß, Hartl, Zechmeister, Toljan.
Rapid-Platz; 15.000; Beranek
Tore: Probst (8., 44., 60.), Dienst (23., 50., 80., 88.), Körner II (52.), Vuga (61.)

**6. Runde: LASK – Sturm Graz 3:1 (1:1)**
LASK: Lindenberger; Kralovic, Lemberger; Engbarth, Fuchs I, Peyerl; Hartl, Teinitzer, Weiß, Zechmeister, Toljan.
LASK-Platz; 8.000; Steiner
Tore: Hartl (22., 84.), Zechmeister (61.), Durek (38.)

**7. Runde: FAC-LASK 1:3 (0:1)**
LASK: Lindenberger; Kralovic, Lemberger; Engbarth, Fuchs I, Peyerl; Hartl, Teinitzer, Weiß, Zechmeister, Toljan.
FAC-Platz; 3.300; Cerny
Tore: Zechmeister (12.), Teinitzer (55.), Weiß (60.), Schön (75.)

**8. Runde: LASK – Wacker 1:2 (0:1)**
LASK: Lindenberger; Kralovic, Lemberger; Engbarth, Fuchs I, Peyerl; Hartl, Teinitzer, Weiß, Zechmeister, Toljan.
Linz; 4.000; Gabler
Tore: Bokon (25.), Haummer (86.), Hartl (78.)

**9. Runde: Simmering – LASK 3:2 (2:1)**
LASK: Lindenberger; Kralovic, Lemberger; Engbarth, Fuchs I, Peyerl; Fuchs II, Weiß, Hartl, Teinitzer, Zechmeister.
Simmering; 2.500; Wenerth
Tore: Wallner (4.,89), Teinitzer (30. Elfmeter), Sobotka (51.), Zechmeister (85.)

**10. Runde: LASK – Grazer SC 7:1 (6:0)**
LASK: Lindenberger; Kralovic, Lemberger; Engbarth, Fuchs I, Weiß; Fuchs II, Teinitzer, Hartl, Zechmeister, Toljan.
Linzer Stadion; 4.500; Steiner
Tore: Zechmeister (3), Hartl (2), Teinitzer (2), Grohs

**11. Runde: SAK – LASK 3:5 (1:2)**
LASK: Lindenberger; Kralovic, Lemberger; Engbarth, Fuchs I, Weiß; Fuchs II, Teinitzer, Hartl, Zechmeister, Toljan.
Gnigl; 4.500; Beranek
Tore: Hartl (3), Teinitzer, Fuchs II, Fleck, Schartner (Elfmeter), Weinberger

**12. Runde: LASK – Mödling 8:2 (4:1)**
LASK: Lindenberger; Kralovic, Lemberger; Engbarth, Fuchs I, Weiß; Fuchs II, Teinitzer, Hartl, Zechmeister, Toljan.
Linzer Stadion; 7.000; Roman
Tore: Zechmeister (9., 87.), Brager (13.), Hartl (25.), Schäffer (33. Eigentor), Teinitzer (45., 56.), Striegl (63.), Fuchs II (67., 74.)

**13. Runde: GAK – LASK 2:0 (1:0)**
LASK: Lindenberger; Kralovic, Lemberger; Engbarth, Fuchs I, Weiß; Fuchs II, Teinitzer, Hartl, Zechmeister, Toljan.
GAK-Platz; 7.000; Steiner
Tore: Kandler (Elfmeter), Halla

**14. Runde: Admira – LASK 1:0 1:0)**
LASK: Lindenberger; Kralovic, Lemberger; Engbarth, Fuchs I, Schmidhofer; Fuchs II, Teinitzer, Hartl, Zechmeister, Machan.
Wackerplatz; 14.000; Mayr
Tor: Tupy (6.)

**15. Runde: Vienna – LASK 3:1 (0:1)**
LASK: Lindenberger; Rekirsch, Lemberger; Engbarth, Fuchs I, Strobl; Fuchs II, Teinitzer, Hartl, Zechmeister, Toljan.
Hohe Warte; 15.000; Führer
Tore: Menasse (53., 63.), Strittich (78.), Hartl (32.)

**16. Runde: LASK – FC Wien 2:0 (0:0)**
LASK: Lindenberger; Kralovic, Lemberger; Engbarth, Fuchs I, Strobl; Fuchs II, Machan, Hartl, Zechmeister, Toljan.
LASK-Platz; 7.000; Seipelt
Tore: Zechmeister (75., 81.)

**17. Runde: Austria Wien – LASK 3:0 (2:0)**
LASK: Lindenberger; Kralovic, Lemberger; Engbarth, Fuchs I, Strobl; Fuchs II, Machan, Zechmeister, Teinitzer, Toljan.
Red-Star-Platz; 12.000; Czerny
Tore: Stojaspal (32. Elfmeter, 40.), Pichler (85.)

**18. Runde: LASK – Rapid 0:3 (0:2)**
LASK: Lindenberger; Kralovic, Lemberger; Strobl, Weiß, Teinitzer; Fuchs II, Machan, Hartl, Zechmeister, Toljan.
Linz; 17.000; Gabler
Tore: Riegler (26.), Hanappi (43., 50.)

**19. Runde: Sturm Graz – LASK 4:3 (2:1)**
LASK: Lindenberger; Kralovic, Lemberger; Engbarth, Weiß, Strobl; Fuchs II, Teinitzer, Hartl, Zechmeister, Toljan.
Sturm-Platz; 6.000; Beranek
Tore: Decker (2), Durek, Gapp, Zechmeister, Fuchs II, Weiß

**20. Runde: LASK – FAC 1:2 (0:2)**
LASK: Weichselbaumer; Kralovic, Lemberger; Engbarth, Fuchs I, Strobl; Fuchs II, Teinitzer, Machan, Zechmeister, Toljan.
Linzer Stadion; 6.000; Steiner
Tore: Zechmeister (85.), Fitz (4.), Schön (35.)

**21. Runde: Wacker – LASK 4:1 (2:0)**
LASK: Weichselbaumer; Rekirsch, Lemberger; Engbarth, Weiß, Strobl; Fuchs II, Teinitzer, Fuchs I, Zechmeister, Toljan.
Wr. Stadion; 35.000; Dietrich
Tore: Bokon (4., 36.), Wagner (52.), Fuchs I (62), Haummer (75.)

**22. Runde: LASK – Simmering 0:1 (0:0)**
LASK: Lindenberger; Kralovic, Lemberger; Engbarth, Weiß, Strobl; Fuchs II, Teinitzer, Fuchs I, Zechmeister, Toljan.
LASK-Platz; 6.000; Führer
Tor: Strobl (89.)

**23. Runde: Grazer SC – LASK 2:2 (0:1)**
LASK: Lindenberger; Lemberger, Kralovic, Strobl, Swerak, Weiß; Machan, Teinitzer, Hartl, Zechmeister, Toljan.
GSC-Platz; 3.000; Roman
Tore: Mesaros, Demschar, Zechmeister (2)

**24. Runde: LASK – SAK 2:0 (1:0)**
LASK: Lindenberger; Kralovic, Lemberger; Engbarth, Weiß, Strobl; Machan, Teinitzer, Hartl, Zechmeister, Toljan.
LASK-Platz; 5.000; Kamphausen
Tore: Hartl (24.), Zechmeister ( 82.)

**25. Runde: Mödling – LASK 0:3 (0:2)**
LASK: Lindenberger; Kralovic, Lemberger; Engbarth, Fuchs I, Weiß; Machan, Teinitzer, Hartl, Zechmeister, Toljan.
Mödling; 4.500; Beranek
Tore: Teinitzer ( 16.), Toljan (33.), Zechmeister (65.)

**26. Runde: LASK – GAK 3:3 (1:1)**
LASK: Lindenberger; Kralovic, Lemberger; Engbarth, Fuchs I, Weiß; Machan, Teinitzer, Hartl, Zechmeister, Toljan.
Linz; 7.000; Jiranek
Tore: Hartl (5., 50.), Kölly I (35.), Pestitschek (54.), Engl (70.), Fuchs (88.)

| | **Saison 1953/54 – Staatsliga** | | | | | | |
|---|---|---|---|---|---|---|---|
| 1. | Rapid | 26 | 18 | 5 | 3 | 96 : 43 | 41 |
| 2. | Austria Wien | 26 | 16 | 6 | 4 | 73 : 43 | 38 |
| 3. | Wacker Wien | 26 | 12 | 7 | 7 | 72 : 42 | 31 |
| 4. | GAK | 26 | 14 | 3 | 9 | 60 : 52 | 31 |
| 5. | Vienna | 26 | 13 | 4 | 9 | 74 : 44 | 30 |
| 6. | Admira | 26 | 12 | 6 | 8 | 55 : 46 | 30 |
| 7. | Sportclub | 26 | 11 | 7 | 8 | 61 : 59 | 29 |
| 8. | **LASK** | **26** | **10** | **7** | **9** | **51 : 42** | **27** |
| 9. | Austria Salzburg | 26 | 9 | 5 | 12 | 43 : 67 | 23 |
| 10. | Simmering | 26 | 7 | 8 | 11 | 41 : 43 | 22 |
| 11. | FC Wien | 26 | 8 | 5 | 13 | 40 : 62 | 21 |
| 12. | WAC | 26 | 9 | 0 | 17 | 42 : 69 | 18 |
| 13. | Sturm Graz | 26 | 6 | 4 | 16 | 48 : 69 | 16 |
| 14. | FAC | 26 | 2 | 3 | 21 | 33 : 108 | 7 |

**1. Runde: Simmering – LASK 0:0**
LASK: Lindenberger; Kralovic, Lemberger; Engbarth, Praschak, Strobl; Machan, Hartl, Linninger, Teinitzer, Zechmeister.
Simmering; 3.500; Roman

**2. Runde: LASK – WAC 1:0 (1:0)**
LASK: Lindenberger; Kralovic, Lemberger; Engbarth, Praschak, Strobl; Machan, Teinitzer, Hartl, Linninger, Zechmeister.
LASK-Platz; 2.000; Kainer
Tor: Linninger (19.)

**3. Runde: LASK – Wacker 2:2 (1:1)**
LASK: Lindenberger; Kralovic, Lemberger; Teinitzer, Weiß, Strobl; Fuchs II, Hartl,

Linninger, Machan, Zechmeister.
LASK-Platz; 10.000; Gabler
Tore: Fuchs II (1.), Brousek (36.), Linninger (70.), Bokon (74.)

**4. Runde: LASK – GAK 5:0 (1:0)**
LASK: Lindenberger; Kralovic, Lemberger; Teinitzer, Weiß, Strobl; Fuchs II, Hartl, Linninger, Machan, Zechmeister.
LASK-Platz; 7.000; Steiner
Tore: Zechmeister (41., 62., 65.), Linninger (60., 75.)

**5. Runde: Admira – LASK 0:0**
LASK: Lindenberger; Kralovic, Lemberger; Teinitzer, Weiß, Strobl; Fuchs II, Hartl, Linninger, Machan, Zechmeister.
WAC-Platz; 10.000; Kamphausen

**6. Runde: LASK – Austria Salzburg 3:0 (0:0)**
LASK: Lindenberger; Kralovic, Lemberger; Teinitzer, Weiß, Strobl; Fuchs II, Hartl, Linninger, Machan, Zechmeister.
LASK-Platz; 12.000; Führer
Tore: Zechmeister (70., 80.), Machan (86.)

**7. Runde: Rapid – LASK 8:0 (3:0)**
LASK: Lindenberger; Kralovic, Lemberger; Teinitzer, Weiß, Strobl; Fuchs II, Hartl, Linninger, Machan, Zechmeister.
Rapidplatz; 8000; Melzer
Tore: Körner I (3), Probst, Dienst, Körner II, Gieszer, Teinitzer (Eigentor)

**8. Runde: LASK – Austria 1:2 (1:1)**
LASK: Lindenberger; Kralovic, Lemberger; Teinitzer, Weiß, Strobl; Fuchs II, Hartl, Linninger, Machan, Zechmeister.
Linzer Stadion; 20.000; Jiranek
Tore: Kominek (26.), Machan (128.), Melchior (80.)

**9. Runde: FAC – LASK 1:5 (1:3)**
LASK: Lindenberger; Kralovic, Lemberger; Teinitzer, Weiß, Strobl; Fuchs II, Hartl, Praschak, Machan, Zechmeister.
FAC-Platz; 2.000; Gabler
Tore: Schön (9.), Praschak (18., 21.), Mitasch (27. Eigentor), Hartl (50., 80. Elfmeter)

**10. Runde: LASK – Sturm Graz 2:0 (0:0)**
LASK: Lindenberger; Kralovic, Lemberger; Teinitzer, Weiß, Strobl; Fuchs II, Hartl, Praschak, Machan, Zechmeister.
LASK-Platz; 7.000; Seipelt
Tore: Hartl (57.), Zechmeister (70.)

**11. Runde: Vienna – LASK 1:0 (1:0)**
LASK: Lindenberger; Kralovic, Lemberger; Teinitzer, Weiß, Strobl; Fuchs II, Hartl, Praschak, Machan, Zechmeister.
Hohe Warte: 4.000; Steiner
Tor: Menasse (20.)

**12. Runde: LASK – Sportclub 1:1 (1:1)**
LASK: Lindenberger; Kralovic, Lemberger; Weiß, Praschak, Strobl; Fuchs II, Teinitzer, Hartl, Machan, Zechmeister.
LASK-Platz; 7.000; Kamphausen
Tore: Teinitzer (17.), Jaros (21.)

**13. Runde: FC Wien – LASK 1:0 (1:0)**
LASK: Lindenberger; Kralovic, Lemberger; Weiß, Praschak, Strobl; Fuchs II, Teinitzer, Zechmeister, Machan, Rekirsch.
FC Wien -Platz; 4.000; Taylor
Tor: Böhm (39.)

**14. Runde: LASK – Simmering 1:1 (1:0)**
LASK: Lindenberger; Kralovic, Lemberger; Teinitzer, Weiß, Strobl; Fuchs II, Hartl, Praschak, Machan, Zechmeister.
LASK-Platz; 5.000; Lasek
Tore: Zechmeister (21.), Strobl (Simmering; 74.)

**15. Runde: WAC – LASK 2:4 (2:1)**
LASK: Lindenberger; Kralovic, Lemberger; Teinitzer, Fuchs I, Weiß; Fuchs II, Machan, Simunovic, Hartl, Zechmeister.
WAC-Platz; 2.500; Steiner
Tore: Reiter (10.), Simunovic (17.), Hruska (43.), Hartl (65., 80.), Zechmeister (89.)

**16. Runde: Wacker – LASK 3:2 (1:0)**
LASK: Lindenberger; Fuchs I, Lemberger; Teinitzer, Weiß, Strobl; Fuchs II, Hartl, Simunovic, Machan, Zechmeister.
Wackerplatz; 4.500; Gabler
Tore: Kozlicek (22.), Wagner (56. Elfmeter), Bokon (74.); Simunovic (52.), Machan (85.)

**17. Runde: GAK – LASK 2:0 (0:0)**
LASK: Lindenberger; Kralovic, Lemberger; Vincic, Praschak, Strobl; Fuchs II, Machan, Teinitzer, Hartl, Zechmeister, Toljan.
Sturmplatz; 3.000; Seipelt
Tore: Kölly I, Kandler (Elfmeter)

**18. Runde: LASK – Admira 1:3 (0:2)**
LASK: Lindenberger; Kralovic, Lemberger; Weiß, Praschak, Strobl; Fuchs II, Machan, Teinitzer, Zechmeister, Toljan.
LASK-Platz; 5.000; Daudistel
Tore: Habitzl (10.), Cejka (22.), Teinitzer (70.), Pinggera (85.)

**19. Runde: Austria Salzburg – LASK 2:2 (1:0)**
LASK: Lindenberger; Kralovic, Lemberger; Teinitzer, Praschak, Strobl; Fuchs II, Machan, Linninger, Zechmeister, Toljan.
Lehen; 8.000; Führer
Tore: Hochleitner (32.), Fleck (54.), Linninger (66.), Fuchs II (80.)

**20. Runde: LASK – Rapid 0:5 (0:1)**
LASK: Lindenberger; Kralovic, Teinitzer, Hartl, Praschak, Strobl; Fuchs II, Machan, Linninger, Zechmeister, Toljan.
Linzer Stadion; 16.000; Gabler
Tore: Kralovic (33. Eigentor), Probst (48., 57.), Hanappi (52.), Riegler (80.)

**21. Runde: Austria Wien – LASK 2:2 (0:0)**
LASK: Lindenberger; Kralovic, Teinitzer; Fuchs I, Praschak, Strobl; Fuchs II, Hartl, Linninger, Machan, Zechmeister.
Red Star-Platz; 4.000; Meier
Tore: Huber (Elfmeter), Kowanz; Linninger (2)

**22. Runde: LASK – FC Wien 3:0 (2:0)**
LASK: Lindenberger; Teinitzer, Lemberger; Fuchs I, Praschak, Strobl; Fuchs II, Hartl, Linninger, Machan, Zechmeister.
LASK-Platz; 4.500; Grill
Tore: Zechmeister (15.), Linninger (39.), Hartl (84.)

**23. Runde: LASK – FAC 7:0 (5:0)**
LASK: Lindenberger; Teinitzer, Lemberger; Fuchs I, Praschak, Strobl; Machan, Hartl, Linninger, Zechmeister, Toljan.
LASK-Platz; 3.000; Dr. Ulrich
Tore: Linninger (8., 14., 27., 43.), Zechmeister (26., 73.), Toljan (68.)

**24. Runde: Sportclub – LASK 2:1 (0:1)**
LASK: Lindenberger; Teinitzer, Lemberger; Weiß, Praschak, Vincic; Fuchs II, Hartl, Linninger, Zechmeister, Toljan.
Sportclubplatz; 6.000; Daudistl
Tore: Teinitzer (5.), Missler (59. Elfmeter), 81.)

**25. Runde: LASK – Vienna 5:3 (3:2)**
LASK: Lindenberger; Teinitzer, Lemberger; Weiß, Praschak, Vincic; Machan, Hartl, Linninger, Zechmeister, Toljan.
Linzer Stadion; 7.000; Steiner
Tore: Walzhofer (4., 53.), Grohs (7.), Zechmeister ( (15., 34.), Toljan (28., 74.), Hartl (61.)

**26. Runde: Sturm Graz – LASK 1:3 ( 0:1)**
LASK: Lindenberger; Teinitzer, Lemberger; Weiß, Praschak, Vincic; Machan, Hartl, Linninger, Zechmeister, Toljan.
Sturm-Platz; 3.500; Modritsch
Tore: Linninger (34., 80.), Mühlbauer (50.), Zechmeister (71.)

## Saison 1954/55 – Staatsliga

| | | | | | | | |
|---|---|---|---|---|---|---|---|
| 1. | Vienna | 26 | 17 | 5 | 4 | 64 : 26 | 39 |
| 2. | Sportclub | 26 | 17 | 5 | 4 | 75 : 40 | 39 |
| 3. | Rapid | 26 | 14 | 8 | 4 | 87 : 47 | 36 |
| 4. | Wacker Wien | 26 | 16 | 2 | 8 | 86 : 53 | 34 |
| 5. | Austria Wien | 26 | 13 | 7 | 6 | 68 : 49 | 33 |
| 6. | Admira | 26 | 10 | 7 | 9 | 54 : 51 | 27 |
| 7. | Kapfenberg | 26 | 11 | 5 | 10 | 55 : 57 | 27 |
| 8. | GAK | 26 | 8 | 9 | 9 | 45 : 47 | 25 |
| 9. | Austria Salzburg | 26 | 7 | 8 | 11 | 43 : 55 | 22 |
| 10. | Simmering | 26 | 10 | 1 | 15 | 57 : 55 | 21 |
| 11. | Stadlau | 26 | 7 | 6 | 13 | 29 : 48 | 20 |
| 12. | FC Wien | 26 | 6 | 5 | 15 | 39 : 77 | 17 |
| 13. | **LASK** | **26** | **7** | **2** | **17** | **46 : 63** | **16** |
| 14. | SW Bregenz | 26 | 2 | 4 | 20 | 13 : 93 | 8 |

**1. Runde: LASK – Austria Wien 2:3 (0:2)**
LASK: Lindenberger; Teinitzer, Lemberger; Fuchs I, Praschak, Toljan; Machan, Straßer, Linninger, Pfeifer.
Linzer Stadion; 12.000; Führer
Tore: Sabetzer (26.), Malik (44.), Stotz (56. Eigentor), Fuchs I (78.), Hofbauer (87.)

**2. Runde: Vienna – LASK 3:1 (1:0)**
LASK: Lindenberger; Teinitzer, Lemberger; Fuchs I, Praschak, Vincic; Machan, Straßer, Linninger, Zechmeister, Toljan.
Hohe Warte; 10.000; Maier
Tore: Walzhofer (28.), Zechmeister (56.), Sühs (80., 82.)

**3. Runde: LASK – Bregenz 7:0 (3:0)**
LASK: Lindenberger; Lemberger, Praschak; Fuchs I, Teinitzer, Weiß; Machan, Straßer, Linninger, Zechmeister, Toljan.
Linzer Stadion; 4.500; Mordritsch
Tore: Linninger (8., 35.), Teinitzer (11.), Zechmeister (55., 59., 64.), Straßer (81.)

**4. Runde: LASK – Rapid 5:2 (4:1)**
LASK: Lindenberger; Teinitzer, Lemberger; Weiß, Praschak, Vincic; Machan, Fuchs I, Linninger, Zechmeister, Toljan.
Linzer Stadion; 16.000; Gabler
Tore: Zechmeister (3., 5., 18.), Hanappi (32.), Fuchs I (35., 75.), Körner II (80.)

**5. Runde: Simmering – LASK 5:1 (1:0)**
LASK: Lindenberger; Teinitzer, Lemberger; Weiß, Praschak, Vincic; Machan, Fuchs I, Straßer, Zechmeister, Hartl.
Simmering; 10.000; Uttinger
Tore: Pecankan I (44., 46., 70.), Pecanka II (67.), Wallner (84.); Fuchs I (80.)

**6. Runde: LASK – Admira 0:2 (0:2)**
LASK: Lindenberger; Kralovic, Teinitzer; Weiß, Praschak, Vincic; Machan, Fuchs I, Linninger, Zechmeister, Toljan.
Linzer Stadion; 7.000; Hausstätter
Tore: Cejka (14.), Höfer (30.)

**7. Runde: GAK – LASK 3:2 (2:1)**
LASK: Lindenberger; Kralovic, Fuchs I; Strobl, Schaighofer, Vincic; Fuchs II, Zechmeister, Linninger, Praschak, Toljan.
GAK-Platz; 4.500; Dr. Ulrich
Tore: Engel (10.), Denk (19.), Zechmeister (29.), Aigner (46.), Linninger (67.) Ausschluß: Zechmeister (84.)

**8. Runde: LASK – Kapfenberg 2:4 (0:2)**
LASK: Lindenberger; Kralovic, Fuchs I; Strobl, Praschak, Vincic; Fuchs II, Machan, Linninger, Hartl, Toljan.
Linzer Stadion; 5.000; Kainer
Tore: Hauberger (17., 76.), Silaber (22.), Gollnhuber (45.), Machan (53.), Fuchs I ((85. Elfmeter)

**9. Runde: Sportclub – LASK 4:2 (4:0)**
LASK: Lindenberger; Fuchs I, Teinitzer,Vincic; Weiß, Praschak; Fuchs II, Günther, Linninger, Machan, Toljan.
Sportclubplatz; 6.000; Daudistel
Tore: Gasselich (1.), Honwanietz (35.), Missler (41.), Fuchs (43. Eigentor), Fuchs II (50.), Machan (66.)

**10. Runde: LASK – FC Wien 1:3 (0:2)**
LASK: Lindenberger; Fuchs I, Teinitzer,Vincic; Weiß, Praschak; Machan, Hartl, Linninger, Zechmeister, Toljan.
Linzer Stadion; 3.000; Straka
Tore: Havlicek II (6., 9., 75.), Fuchs I (83.)

**11. Runde: Wacker – LASK 4:0 (1:0)**
LASK: Lindenberger; Schwaighofer, Teinitzer,Vincic; Weiß, Praschak; Machan, Hartl, Linninger, Zechmeister, Toljan.
Wackerplatz; 4.000; Stulla
Tore: Brousek (6., 65.), Smetana (73.), Haummer (87.)

**12. Runde: LASK – Austria Salzburg 3:1 (0:1)**
LASK: Weichselbaumer; Vincic, Schwaighofer, Toljan; Weiß, Praschak; Machan, Fuchs I, Linninger, Teinitzer, Zechmeister.
Linzer Stadion; 4.000; Kainer
Tore: Tomenendal (29.), Linninger (61.), Zechmeister (75.), Machan (84.)

**13. Runde: Stadlau – LASK 2:2 (0:0)**
LASK: Weichselbaumer; Vincic, Schwaighofer, Toljan; Weiß, Praschak; Machan, Fuchs I, Linninger, Teinitzer, Zechmeister.
Stadlau; 3.000; Roman
Tore: Schmiedt (51.), Hollaus (65.), Teinitzer (83. Elfmeter, 84.)

**14. Runde: Austria Wien – LASK 1:1 (0:0)**
LASK: Lindenberger; Vincic, Schwaighofer, Toljan; Teinitzer, Weiß; Kern, Kappl, Linninger, Machan, Zechmeister.
Wackerplatz; 4.000; Grill
Tore: Malik (80.), Linninger (82.)

**15. Runde: LASK – Vienna 0:2 (0:1)**
LASK: Lindenberger; Vincic, Schwaighofer, Toljan; Weiß, Praschak; Machan, Kappl, Linninger, Teinitzer, Zechmeister.
Linzer Stadion; 5.500; Uttinger
Tore: Menasse (41.), Jericha (47.)

**16. Runde: SW Bregenz – LASK 0:3 (0:2)**
LASK: Lindenberger; Vincic, Schwaighofer, Toljan; Weiß, Praschak; Linninger, Machan, Kappl, Teinitzer, Zechmeister.
Bodenseestadion; 4.000; Stulla
Tore: Linninger (14.), Kappl (28.), Zechmeister (78.)

**17. Runde: Rapid – LASK 6:2 (6:0)**
LASK: Lindenberger; Vincic, Schwaighofer, Toljan; Weiß, Praschak; Linninger, Teinitzer, Kappl, Machan, Zechmeister.
Wackerplatz; 6.000; Daudistel
Tore: Dienst (2.), Riegler (16., 20., 25., 28., 42.), Kappl (52.), Zechmeister (61.)

**18. Runde: LASK – Simmering 3:1 (2:0)**
LASK: Lindenberger; Vincic, Schwaighofer, Toljan; Weiß, Praschak; Linninger, Machan, Kappl, Teinitzer, Zechmeister.
Linzer Stadion; 6.500; Taylor
Tore: Zechmeister (3., 38.), Praschak (83.), Pecanka II (86.) Ausschluß: Zechmeister

**19. Runde: Admira – LASK 2:1 (0:0)**
LASK: Lindenberger; Vincic, Schwaighofer, Toljan; Weiß, Praschak; Linninger, Machan, Kappl, Teinitzer, Zechmeister.
Admiraplatz; 2.500; Kainer
Tore: Zechmeister (70.), Richter (83., 87.)

**20. Runde: LASK – GAK 2:3 (1:3)**
LASK: Lindenberger; Vincic, Schwaighofer, Toljan; Weiß, Praschak; Kappl, Machan, Linninger, Teinitzer, Zechmeister.
Linzer Stadion; 6.500; Stulla
Tore: Aigner (16.), Maier (29.), Teinitzer (35.), Ninaus (39.), Zechmeister (81.)

**21. Runde: Kapfenberg – LASK 2:0 (2:0)**
LASK: Lindenberger; Vincic, Kralovic, Teinitzer; Weiß, Praschak; Machan, Straßer, Linninger, Zechmeister, Toljan.
Alpenstadion; 2.500; Steiner
Tore: Hauberger (43.), Silaber (44.)

**22. Runde: LASK – Sportclub 0:3 (0:2)**
LASK: Lindenberger, Kralovic, Teinitzer; Weiß, Praschak, Vincic; Machan, Straßer, Linninger, Zechmeister, Toljan.
Linzer Stadion; 8.500; Mayer
Tore: Horak (20., 87.), Missler (28.)
Ausschluß: Hasenkopf, Linninger

**23. Runde: FC Wien – LASK 0:1 (0:0)**
LASK: Lindenberger, Kralovic, Teinitzer, Nikolic; Vincic, Praschak; Linninger, Machan, Straßer, Zechmeister, Toljan.
Wackerplatz; 3.500; Grill
Tor: Straßer (75.)

**24. Runde: LASK – Wacker 1:2 (0:1)**
LASK: Lindenberger, Kralovic, Teinitzer, Nikolic; Vincic, Praschak; Linninger, Machan, Straßer, Zechmeister, Toljan.
Linzer Stadion; 7.500; Steisner
Tore: Kozlicek II (43., 59.), Teinitzer (56. Elfmeter)

**25. Runde: Austria Salzburg – LASK 5:2 (1:0)**
LASK: Weichselbaumer; Kralovic, Teinitzer, Nikolic; Vincic, Praschak; Straßer, Machan, Linninger, Zechmeister, Toljan.
Salzbrug; 7.000; Seipelt
Tore: König (2., 58., 77.), Putkovic (57.), Vincic (60.), Linninger (75.), Fleck (87.)

**26. Runde: LASK – Stadlau 2:0 (1:0)**
LASK: Weichselbaumer; Kralovic, Nikolic, Toljan; Vincic, Praschak; Kern, Linninger, Straßer, Kappl, Zechmeister.
Linzer Stadion; 1.500; Stulla
Tore: Linninger (15.), Straßer (59.)

| | | | | | | | |
|---|---|---|---|---|---|---|---|
| | **Saison 1955/56 – Staatsliga B** | | | | | | |
| 1. | Wiener AC | 26 | 15 | 7 | 4 | 56:35 | 37 |
| 2. | SC Krems | 26 | 16 | 2 | 8 | 78:47 | 34 |
| 3. | Wiener Neustadt | 26 | 13 | 8 | 5 | 71:46 | 34 |
| 4. | Olympia 33 Wien | 26 | 14 | 5 | 7 | 64:47 | 33 |
| 5. | **LASK** | **26** | **13** | **3** | **10** | **68:44** | **29** |
| 6. | Vorwärts Steyr | 26 | 12 | 4 | 10 | 56:49 | 28 |
| 7. | ASV Hohenau | 26 | 9 | 8 | 9 | 43:52 | 26 |
| 8. | ASV Siegendorf | 26 | 7 | 11 | 8 | 55:57 | 25 |
| 9. | Grazer SC | 26 | 10 | 13 | 13 | 63:75 | 23 |
| 10. | SC Bruck/Mur | 26 | 6 | 10 | 10 | 31:43 | 22 |
| 11. | ASK Ternitz | 26 | 7 | 6 | 13 | 42:55 | 20 |
| 12. | Red Star Wien | 26 | 8 | 4 | 14 | 52:70 | 20 |
| 13. | Floridsdorfer AC | 26 | 6 | 8 | 12 | 49:72 | 20 |
| 14. | SV Wimpassing | 26 | 4 | 5 | 17 | 35:77 | 13 |

**1. Runde – 20. 8. 1955**
**Red Star – LASK 1:2 (0:2)**
LASK: Lindenberger; Kralovic, Reindl, Bartl; Weiß, Vincic; Machan, Kappl, Linninger, Teinitzer, Toljan.
Red-Star Platz; 5.000; Seipelt
Linninger (37., 43.), Reindl (80. Eigentor)

**2. Runde – 28. 8. 1955**
**LASK – Grazer SC 3:2 (2:2)**
LASK: Lindenberger; Kralovic, Schwaighofer, Reindl; Weiß, Vincic; Machan, Kappl, Linninger, Teinitzer, Toljan.
Linzer Stadion; 3.000; Straka
Tore: Kappl (7.), Vincic (12.), Anhofer (27.), Heber (37.), Linninger (61.)

**3. Runde – 4. 9. 1955**
**Vorwärts Steyr – LASK 3:3 (1:3)**
LASK: Lindenberger; Mitterndorfer, Reindl, Vincic; Weiß, Teinitzer; Machan, Kappl, Linninger, Zechmeister, Toljan.
Vorwärts-Platz; 6.000; Jiranek
Tore: Zechmeister (8.), Machan (17.), Toljan (41.) Reiter (44.,74.), Vorhauer (50.)

**4. Runde – 11. 9. 1955**
**LASK – Wimpassing 3:0 (0:0)**
LASK: Lindenberger; Kralovic, Schwaighofer, Teinitzer; Weiß, Vincic; Kern, Kappl, Zechmeister, Machan, Toljan.
Linzer Stadion; 5.000; Gabler
Tore: Zechmeister (84.), Vincic (85.), Schwaighofer (88.)

**5. Runde – 18. 9. 1955**
**Krems – LASK 3:8 (1:4)**
LASK: Lindenberger; Kralovic, Schwaighofer, Teinitzer; Weiß, Vincic; Machan, Kern, Kappl, Zechmeister, Toljan.
Krems; 7.000; Steiner
Tore: Zechmeister (5., 75.), Kappl (15., 33., 50., 51.) Plischek (70.), Toljan (26.), Striegl (40.), Kern (80.), Rihs (82.)

**6. Runde – 25. 9. 1955**
**Bruck – LASK 2:1 (2:0)**
LASK: Lindenberger; Kralovic, Schwaighofer; Teinitzer; Weiß, Vincic; Machan, Kern, Kappl, Zechmeister, Toljan.
Bruck; 1.700; Freyler
Tore: Klaps, Hosemann; Kern.

**7. Runde – 2. 10. 1955**
**LASK – Olympia 33 6:1 (1:0)**
LASK: Weichselbaumer; Kralovic, Schwaighofer, Toljan; Vincic, Teinitzer; Machan, Kern, Kappl, Fürst, Zechmeister.
Linzer Stadion; 5.000; Lichtl
Tore: Kern (31.), Kappl (60., 79.), Zechmeister (63., 70.), Teinitzer (74. Elfmeter), Sauer (75.)

**8. Runde – 9. 10. 1955**
**Ternitz – LASK 1:3 (81:1)**
LASK: Weichselbaumer; Kralovic, Schwaighofer, Toljan; Reindl, Vincic; Machan, Kern, Linninger, Fürst, Zechmeister.
Ternitz; 1.500; Straka
Tore: Dotter; Machan, Linninger (2)

**9. Runde – 22. 10. 1955**
**LASK – Hohenau 9:2 (2:1)**
LASK: Weichselbaumer; Kralovic, Schwaighofer, Toljan; Vincic, Reindl; Machan, Kern, Linninger, Fürst, Zechmeister.
Linzer Stadion; 5.000; Kamphausen
Tore: Zechmeister (10., 80.), Machan (11.), Tutschek (30.), Linninger (54., 67., 85.), Kern (62., 71., 72)

**10. Runde – 6. 11. 1955**
**WAC – LASK 1:0 (0:0)**
LASK: Lindenberger; Kralovic, Schwaighofer, Toljan; Vincic, Teinitzer; Machan, Kern, Kappl, Fürst, Zechmeister.
WAC-Platz; 2.500; Linhart
Tor: Bilek (45.)

**11. Runde – 13. 11. 1955**
**LASK – Siegendorf 4:1 (3:1)**
LASK: Weichselbaumer; Kralovic, Schwaighofer, Puffer; Vincic, Teinitzer; Machan, Kappl, Linninger, Zechmeister, Toljan.
Linzer Stadion; 5.500; Vogelsinger
Tore: Neudauer (9.), Zechmeister (16.), Kappl (42.) Toljan (44.), Teinitzer (76.)

**12. Runde – 27. 11. 1955**
**Wr. Neustadt – LASK 3:2 (2:1)**
LASK: Weichselbaumer; Kralovic, Schwaighofer, Vincic; Weiß, Teinitzer; Machan, Kappl, Linninger, Zechmeister, Toljan.
Wr. Neustadt; 4.500; Seipelt
Tore: Linninger (17.), Buchinger (32., 38.), Toljan (47.), Hutfleß (89.)

**13. Runde – 4. 12. 1955**
**LASK – FAC 5:1 (1:1)**
LASK: Weichselbaumer; Kralovic, Schwaighofer, Puffer; Weiß, Teinitzer; Machan, Kappl, Linninger, Zechmeister, Toljan.
Linzer Stadion; 5.000; Czebal
Tore: Linninger (13., 52., 64., 80, 85.), Nader (30.)

**14. Runde – 25. 2. 1956**
**Grazer SC – LASK 6:0 (3:0)**
LASK: Lindenberger (Linninger); Kralovic, Schwaighofer, Puffer; Weiß, Teinitzer; Machan, Kappl, Linninger, Fürst, Zechmeister.
Sturm-Platz; 4.000; Roman
Tore: Meier (2., 56.), Hauser (16.), Drumlic (27., 74.), Anhofer (83.)

**15. Runde – 10. 3. 1956**
**Wimpassing – LASK 1: 3 (0:2)**
LASK: Weichselbaumer; Kralovic, Reindl, Bartl; Weiß, Vincic; Machan, Linninger, Kappl, Zechmeister, Toljan.
Wimpassing; 500; Kamphausen
Tore: Hestera; Zechmeister, Teinitzer, Kappl

**16. Runde – 17. 3. 1956**
**Krems – LASK 2:1 (1:0)**
LASK: Weichselbaumer; Kralovic, Reindl, Bartl; Weiß, Vincic; Machan, Teinitzer, Kappl, Zechmeister, Toljan.
Krems; 4.000; Stoll
Tore: Vinci (40. Eigentor), Toljan (63.), Prohaska

**17. Runde – 7. 4. 1956**
**LASK – Bruck 4:0 (2:0)**
LASK: Weichselbaumer; Kralovic, Schwaighofer, Puffer; Weiß, Vincic; Machan, Kern, Teinitzer, Kappl, Toljan.
Linzer Stadion; 4.500; Krappl
Tore: Machan (17.), Kappl (41., 52.), Toljan (78.)

**18. Runde – 14. April 1956**
**LASK – Vorwärts Steyr 2:3 (1:3)**
LASK: Weichselbaumer; Kralovic, Schwaighofer, Puffer; Weiß (Teinitzer), Vincic; Machan, Teinitzer, Kappl, Fürst, Toljan.
Linzer Stadion; 9.000; Grill
Tore: Anselgruber (25.), Teinitzer (41.), Vorhauer (41., 44.), Reindl (Steyr) (52. Eigentor)

**19. Runde – 21. 4. 1956**
**Olympia 33 – LASK 3:1 (1:0)**
LASK: Weichselbaumer; Kralovic, Schwaighofer, Bartl; Vincic, Mittersndorfer; Machan, Kappl, Linninger, Teinitzer, Fürst.
Red-Star-Platz; 4.000; Steiner
Tore: Sauer (2), Moser; Teinitzer (Elfmeter)

**20. Runde – 5. 5. 1956**
**LASK – Ternitz 2:1 (0:1)**
LASK: Weichselbaumer; Lusenberger, Teinitzer, Bartl; Mitterndorfer, Vincic; Linninger, Fürst, Reindl, Kappl, Puffer.
Linzer Stadion; 2.000; Moditsch
Tore: Dotter (32.), Fürst (56.), Linninger (58.)

**21. Runde – 12. 5. 1956**
**WAC – LASK 1:1 (0:1)**
LASK: Lindenberger; Lusenberger, Schwaighofer, Toljan; Teinitzer, Puffer; Machan, Kappl, Reindl, Vincic, Fürst.
WAC-Platz; 3.000; Orlandini
Tore: Kappl (25.), Mensens (54.)

**22. Runde – 20. 5. 1956**
**LASK – Wr. Neustadt 2:2 (1:1)**
LASK: Lindenberger; Lusenberger, Schwaighofer, Toljan; Teinitzer, Puffer; Linninger, Kappl, Reindl, Vincic, Fürst.
Linzer Stadion; 3.500; Steiner
Tore: Buchinger (21.), Teinitzer (39. Elfmeter); Fürst (50.), Aubrecht (Elfmeter)

**23. Runde – 26. 5. 1956**
**Siegendorf – LASK 2:1 (1:1)**
LASK: Lindenberger; Kralovic, Reindl, Toljan; Teinitzer, Weiß; Kern, Kappl, Fürst, Vincic, Bartl.
Siegendorf; 1.500; Jiranek
Tore: Toljan (Eigentor), Neubauer; Bartl

**24. Runde – 31. 5. 1956**
**Hohenau- LASK 1:0 (1:0)**
LASK: Lindenberger; Kralovic, Reindl, Toljan; Teinitzer, Puffer; Lusenberger, Kern, Weiß, Kappl, Bartl.
Hohenau; 2.000; F. Maier
Tor: Buchriegler (5.)

**25. Runde – 3. 6. 1956**
**FAC – LASK 0:2 (0:0)**
LASK: Lindenberger; Kralovic, Reindl, Toljan; Mitterndorfer, Weiß; Kern, Kappl, Fürst, Teinitzer, Bartl.
WAC-Platz; 4.000; Schnaubelt
Tore: Fürst, Kern

**26. Runde – 9. 6. 1956**
**LASK – Red Star 0:1 (0:1)**
LASK: Lindenberger; Kralovics, Reindl, Lusenberger; Mitterndorfer, Weiß; Kern, Kappl, Linninger, Fürst, Bartl.
Linzer Stadion; 2.000; Freyler
Tor: Kaletta (33. Elfmeter)

| | | | | | | | |
|---|---|---|---|---|---|---|---|
| | **Saison 1956/57 – Staatsliga B** | | | | | | |
| 1. | ÖMV Olympia Wien | 26 | 13 | 7 | 6 | 65:39 | 33 |
| 2. | FC Wien | 26 | 13 | 5 | 8 | 51:46 | 31 |
| 3. | **LASK** | **26** | **11** | **7** | **8** | **54:37** | **29** |
| 4. | Schwechater SV | 26 | 10 | 8 | 8 | 63:47 | 28 |
| 5. | Vorwärts Steyr | 26 | 12 | 4 | 10 | 74:63 | 28 |
| 6. | Austria Graz | 26 | 11 | 6 | 9 | 49:50 | 28 |
| 7. | ASV Hohenau | 26 | 11 | 4 | 11 | 43:47 | 26 |
| 8. | WSV Donawitz | 26 | 8 | 10 | 8 | 54:61 | 26 |
| 9. | Wiener Neustadt | 26 | 9 | 7 | 10 | 68:64 | 25 |
| 10. | ASV Siegendorf | 26 | 9 | 2 | 13 | 79 : 71 | 24 |
| 11. | Grazer SC | 26 | 9 | 6 | 11 | 54:70 | 24 |
| 12. | SVS Linz | 26 | 9 | 5 | 12 | 52:49 | 23 |
| 13. | ASK Ternitz | 26 | 7 | 9 | 10 | 32:45 | 23 |
| 14. | SC Bruck/Mur | 26 | 4 | 6 | 16 | 25 :74 | 14 |

**1. Runde – 19. 8. 1956**
**Schwechat – LASK 1:2 (1:0)**
LASK: Lindenberger; Kralovic, Schweighofer, Lusenberger; Teinitzer, Puffer, Lutz, Kappl, Dürnberger, Fürst, Toljan.
Schwechat; 3.500; Roman
Tore: Ondra (10.), Fürst (65., 89.)

**2. Runde – 26. 8. 1956**
**LASK-Wr. Neustadt 5:1 (2:0)**
LASK: Lindenberger; Kralovic, Schweig-hofer, Lusenberger; Teinitzer, Puffer; Machan, Kappl, Dürnberger, Fürst, Toljan.
Linzer Stadion; 5.500; Gabler
Tore: Teinitzer (2), Dürnberger (2), Fürst, Schwaighofer (Eigentor)

**3. Runde – 2. 9. 1956**
**Austria Graz – LASK 2:2 (1:1)**
LASK: Lindenberger; Kralovic, Schweighofer, Lusenberger; Teinitzer, Puffer; Machan, Kappl, Dürnberger, Fürst, Toljan.

GAK-Platz; 4.000; Grill
Tore: Kappl (5., 75.), Gergits (37. Elfmeter), Wicha (60.)

**4. Runde – 9. 9. 1956**
**LASK – Grazer SC 0:2 (0:1)**
LASK: Lindenberger; Kralovic, Schweighofer, Lusenberger; Teinitzer, Puffer; Machan, Kappl, Dürnberger, Fürst, Toljan.
Linzer Stadion; 6.000; Dr. Voglsinger
Tore: Mayer (13.), Stoiser (68.)

**5. Runde – 16. 9. 1956**
**Vorwärts Steyr – LASK 2:2 (2:1)**
LASK: Weichselbaumer; Kralovic, Schweighofer, Lusenberger; Teinitzer, Puffer; Kern, Kappl, Dürnberger, Fürst, Machan.
Vorwärts-Platz; 5.000; Stoll
Tore: Puffer (1.), Reiter (13.), Kreilhuber (28.), Fürst (72.)

**6. Runde – 23. 9. 1956**
**LASK – Donawitz 1:1 (1:1)**
LASK: Weichselbaumer; Kralovic, Schweighofer, Lusenberger; Teinitzer, Puffer; Machan, Kern, Dürnberger, Kappl, Wodal.
Linzer Stadion; 3.000; Chebat
Tore: Irschitz (15.), Kern (26.)

**7. Runde – 7. 10. 1956**
**Hohenau – LASK 3:1 (2:1)**
LASK: Weichselbaumer; Kralovic, Schweighofer, Lusenberger; Teinitzer, Puffer; Machan, Kern, Kappl, Fürst, Wodal.
Hohenau; 800; Haberfellner
Tore: Dr. Epp (2.), Strieck (34., 54.); Fürst (25.)

**8. Runde – 21. 10. 1956**
**LASK – Ternitz 2:2** (zur Halbzeit abgebrochen, erst 0:3 verifiziert, dann mit 0:0 gewertet)
LASK: Weichselbaumer; Kralovic, Schweighofer, Lusenberger; Teinitzer, Puffer; Machan, Kappl, Dürnberger, Kunze, Toljan.
Linzer Stadion; 3.500; Kokolj
Tore: Dürnberger (5.), Kunze (18 ); Wiesenhofer (30., 32.)

**9. Runde – 1. 11. 1956**
**FC Wien – LASK 1:0 (1:0)**
LASK: Weichselbaumer; Kralovic, Schweighofer, Lusenberger; Teinitzer, Puffer; Machan, Kappl, Dürnberger, Kunze, Wodal.
Wien; 1.600; Stulla
Tore: Bortoli (31.)

**10. Runde – 4. 11. 1956**
**LASK – Olympia 33 Wien 2:0 (1:0)**
LASK: Weichselbaumer; Kralovic, Schweighofer, Lusenberger; Teinitzer, Puffer; Machan, Kappl, Dürnberger, Fürst, Wodal.
Linzer Stadion; 3.000; Zaczek
Tore: Dürnberger (38., 69.)

**11. Runde – 11. 11. 1956**
**Bruck – LASK 4:2 (1:0)**
LASK: Weichselbaumer; Kralovic, Schweighofer, Lusenberger; Teinitzer, Puffer; Machan, Kappl, Dürnberger, Fürst, Kern.
Bruck; 1.300; Dietrich
Tore: Hosemann (40.), Jalic (64.), Breitler I (67. Elfmeter), Dürnberger (71.), Kern (84.), Panzer (88.)

**12. Runde – 18. 11. 1956**
**LASK – Siegendorf 4:3 (2:1)**
LASK: Weichselbaumer; Kralovic, Schweighofer, Hartl; Teinitzer, Puffer; Machan, Kappl, Dürnberger, Fürst, Toljan.
Linzer Stadion; 2.500; Gabler
Tore: Dürnberger (4.), Bizek (9.), Teinitzer (36.), Toljan (43.), Kappl (51.), Neudauer (54.), Heissenberger (58.)

**13. Runde – 25. 11. 1956**
**SVS Linz – LASK 1:0 (1:0)**
LASK: Weichselbaumer; Kralovic, Schweighofer, Toljan; Weiß, Puffer;

Machan, Kappl, Dürnberger, Teinitzer, Fürst.
Linzer Stadion; 6.000; Krappl
Tor: Edtmayr

**14. Runde – 2. 12. 1956**
**LASK – Schwechat 1:1 (1:0)**
LASK: Weichselbaumer; Kralovic, Schweighofer, Lusenberger; Weiß, Puffer; Machan, Teinitzer, Dürnberger, Fürst, Toljan.
Linzer Stadion; 1.500; Straka I.
Tore: Teinitzer (24. Elfmeter), Lang (53.)

**15. Runde – 9. 12. 1956**
**Wr. Neustadt – LASK 2:2 (1:1)**
LASK: Weichselbaumer; Kralovic, Schweighofer, Lusenberger; Teinitzer, Weiß; Machan, Kern, Dürnberger, Fürst, Toljan.
Wr. Neustadt; 1.000; Lasek
Tore: Buchinger, Geißler; Dürnberger, Fürst

**16. Runde – 21. 4. 1957 (Nachtrag)**
**LASK – Austria Graz 3:1 (1:1)**
LASK: Weichselbaumer; Kralovic, Schweighofer, Toljan; Kappl, Weiß; Machan, Brinek, Pallaoro, Sühs, Höfer.
Linzer Stadion; 7.000; Uttinger
Tore: Cihak (31.); Sühs (32.), Kappl (59.), Höfer (73.)

**17. Runde – 17. 3. 1957**
**Grazer SC – LASK 0:1**
LASK: Weichselbaumer; Kralovic, Schweighofer, Toljan; Teinitzer, Weiß; Machan, Brinek, Fürst, Sühs, Höfer.
Sturm-Platz; 6.000; Chebat
Tor: Teinitzer (30.)

**18. Runde – 24. 3. 1957**
**LASK – Vorwärts Steyr 4:2 (2:0)**
LASK: Weichselbaumer; Kralovic, Schweighofer, Toljan; Teinitzer, Weiß; Pallaoro, Brinek, Fürst, Sühs, Höfer.
SV-Urfahr-Platz; 10.000; Lasek
Tore: Teinitzer (1. Elfmeter), Fürst (19.), Vorhauer (47.), Reiter (50.), Höfer (81., 87.)

**19. Runde – 31. 3. 1957**
**Donawitz – LASK 2:2 (1:2)**
LASK: Weichselbaumer; Kralovic, Schweighofer, Toljan; Teinitzer, Weiß; Machan, Brinek, Pallaoro, Sühs, Höfer.
Donawitz; 3.000; Friedl
Tore: Pallaoro (38., 43.), Jamnig (45.), Ninaus (49.)

**20. Runde – 7. 4. 1957**
**LASK – Hohenau 6:1 (5:0)**
LASK: Weichselbaumer; Lusenberger, Schweighofer, Toljan; Teinitzer, Weiß; Machan, Brinek, Pallaoro, Sühs, Enzenhofer.
Linzer Stadion; 3.000; Krappl
Tore: Teinitzer (5., 32.), Brinek (12., 40.), Sühs (26.), Lusenberger (50. Eigentor), Lenhardt (51. Eigentor)

**21. Runde – 28. 4. 1957**
**Ternitz – LASK 2:1 (1:1)**
LASK: Weichselbaumer; Kralovic, Schweighofer, Toljan; Teinitzer, Brinek; Machan, Kappl, Pallaoro, Sühs, Höfer.
Ternitz; 1.000; Obtulov (Cz.)
Tore: Wiesenhofer, Haider; Teinitzer (Elfmeter)

**22. Runde – 12. 5. 1957**
**LASK – FC Wien 2:0 (0:0)**
LASK: Kitzmüller; Kralovic, Schweighofer, Toljan; Teinitzer, Puffer; Machan, Brinek, Fürst, Sühs, Höfer.
Linzer Stadion; 5.000; Friedl
Tore: Teinitzer (50. Elfmeter), Sühs.

**23. Runde – 19. 5. 1957**
**Olympia 33 Wien – LASK 1:1 (0:1)**
LASK: Kitzmüller (40. Sühs!); Kralovic, Schweighofer, Toljan; Teinitzer, Puffer; Machan, Brinek, Fürst, Sühs (40. Kitzmüller), Höfer.
Red-Star-Platz; 6.000; Menchini (It.)
Tore: Paczas (31.), Machan (88.)

**24. Runde – 9. 6. 1957**
**LASK – Bruck 7:1 (2:1)**
LASK: Lindenberger; Schweighofer, Reindl, Toljan; Teinitzer, Weiß; Kappl, Fürst, Sühs, Brinek, Höfer.
Linzer Stadion; 2.200; Ableitinger
Langthaler (18.), Sühs (25., 43.), Weiß (56.), Höfer (2), Kappl, Teinitzer.

**25. Runde – 2. 6. 1957**
**Siegendorf – LASK 3:1 (1:1)**
LASK: Lindenberger; Kralovic, Schweighofer, Reindl, Toljan; Puffer, Weiß; Kappl, Teinitzer, Machan, Brinek, Höfer.

Siegendorf; 2.200; Koller
Tore: Teinitzer (29.), Neudauer (36.), Heißenberger (65., 83.)

**26. Runde – 16. 6. 1957**
**LASK – SVS Linz 2:0 (0:0)**
LASK: Lindenberger; Schweighofer, Reindl, Toljan; Weiß, Puffer; Kappl, Dr. Epp; Teinitzer, Fürst, Sühs, Brinek, Höfer.
Linzer Stadion; 3.000; Mayer
Tore: Fürst (74.), Höfer (75.)

| | Saison 1957/58 – Staatsliga B | | | | | | |
|---|---|---|---|---|---|---|---|
| 1. | LASK | 26 | 17 | 4 | 5 | 77:45 | 38 |
| 2. | WSV Donawitz | 26 | 14 | 5 | 7 | 68:49 | 33 |
| 3. | SVS Linz | 26 | 13 | 6 | 7 | 81:44 | 32 |
| 4. | Vorwärts Steyr | 26 | 13 | 3 | 10 | 61:44 | 29 |
| 5. | Schwechater SC | 26 | 14 | 1 | 11 | 49:39 | 29 |
| 6. | Elektra Wien | 26 | 12 | 4 | 10 | 50:50 | 28 |
| 7. | ASV Siegendorf | 26 | 10 | 8 | 8 | 49:53 | 28 |
| 8. | FC Stadlau | 26 | 11 | 5 | 10 | 56:50 | 27 |
| 9. | Wiener Neustadt | 26 | 8 | 8 | 10 | 63:56 | 24 |
| 10. | ASV Hohenau | 26 | 10 | 4 | 12 | 59:65 | 24 |
| 11. | Austria Graz | 26 | 10 | 4 | 12 | 45:52 | 24 |
| 12. | SV Hainburg | 26 | 8 | 5 | 13 | 39:70 | 21 |
| 13. | Grazer SC | 26 | 6 | 2 | 18 | 43:79 | 14 |
| 14. | SV Mattersburg | 26 | 6 | 1 | 19 | 45:89 | 13 |

**1. Runde – 18. 8. 1957**
**LASK – Wr. Neustadt 5:0 (3:0)**
LASK: Kitzmüller; Blaschke, Schweighofer, Toljan; Teinitzer, Koschler, Kappl, Brinek, Dr. Epp, Fürst, Höfer.
LASK-Platz; 3.500; Kamphausen
Tore: Fürst (20., 53., 63.), Kappl (30.), Höfer (40.)

**2. Runde – 25. 8. 1957**
**FC Stadlau – LASK 2:3 (1:2)**
LASK: Kitzmüller; Blaschke, Schweighofer, Toljan; Teinitzer, Koschler, Kappl, Brinek, Dr. Epp, Fürst, Höfer.
Stadlau; 1.000; Dr. Dvorak
Tore: Kapka, Schulz (Elfmeter); Fürst, Dr. Epp, Teinitzer (80.)

**3. Runde – 1. 9. 1957**
**LASK – Elektra 5:1(2:0)**
LASK: Kitzmüller; Blaschke, Schweighofer, Toljan; Teinitzer, Brinek; Kappl, Sühs, Dr. Epp, Fürst, Höfer.
LASK-Platz; 9.000; Zuna
Tore: Höfer (5., 61.,74.) Dr. Epp (37., 46.); Gausterer;

**4. Runde – 8. 9. 1957**
**Austria Graz – LASK 1:2 (0:1)**
LASK: Kitzmüller; Blaschke, Schweighofer, Toljan; Brinek, Koschler; Teinitzer, Sühs, Dr. Epp, Fürst, Höfer.
Sturm-Platz; 6.000; Lasek
Tore: Höfer (7.), Kaufmann (49.)Sühs (56.)

**5. Runde – 22. 9. 1957**
**LASK – Mattersburg 4:1 (2:0)**
LASK: Kitzmüller; Blaschke, Reindl, Toljan; Teinitzer, Brinek; Enzenhofer, Kappl, Dr. Epp, Fürst, Höfer.
LASK-Platz; 5.000; Kollmann
Tore: Enzenhofer, Kappl, Knopf, Teinitzer (Elfmeter)

**6. Runde – 29. 9. 1957**
**Hainburg – LASK 1: 3 (1:0)**
LASK: Kitzmüller; Blaschke, Dr. Epp, Enzenhofer; Teinitzer, Weiß; Kappl, Brinek, Sühs, Fürst, Höfer.
Hainburg; 2.000; Roman
Tore: Sydel (44.), Sühs (66.), Fürst (2.)

**7. Runde – 8. 12. 1957 (verschoben)**
**Grazer SC – LASK 0:5 (0:4)**
LASK: Kitzmüller; Blaschke, Schweighofer, Enzenhofer; Toljan; Teinitzer, Lusenberger; Weidinger, Kappl, Dr. Epp, Fürst, Höfer.
GAK-Platz; 3.000; Dittl
Tore: Weidinger (10.), Kappl (26.), Fürst (31., 57.), Höfer (40.),

**8. Runde – 1. 12. 1957 (verschoben)**
**LASK – Schwechat 1:0 (0:0)**
LASK: Kitzmüller; Blaschke, Schweighofer, Toljan; Teinitzer, Lusenberger, Kappl, Dr. Epp, Weidinger, Fürst, Höfer.
LASK-Platz; 5.000; Dr. Dworak
Tor: Fürst (67.)

**9. Runde – 27. 10. 1957**
**Hohenau – LASK 1:1 (0:0)**
LASK: Kitzmüller; Blaschke, Dr. Epp, Lusenberger; Teinitzer, Toljan; Enzenhofer, Rodriguez, Kappl, Fürst, Höfer.
Hohenau; 1.200; Zuna
Tore: Striek (55.), Teinitzer (80.)

**10. Runde – 3. 11. 1957**
**LASK – Donawitz 1:1 (0:1)**
LASK: Kitzmüller; Blaschke, Dr. Epp, Lusenberger; Teinitzer, Enzenhofer; Rodriguez (Schwaighofer), Fürst, Schwaighofer (Rodriguez), Toljan, Höfer.
LASK-Platz; 6.000; Roman
Tore: Irschitz (7.), Schwaighofer (62.)

**11. Runde – 10. 11. 1957**
**Siegendorf – LASK 1:1 (0:1)**
LASK: Kitzmüller; Blaschke, Schwaighofer, Toljan; Teinitzer, Lusenberger; Enzenhofer, Kappl, Fürst, Höfer.
Siegendorf; 1.700; Stoll
Tore: Teinitzer (43. Elfmeter), Prak (90. Elfmeter)

**12. Runde – 17. 11. 1957**
**LASK – Vorwärts Steyr 5:0 (5:0)**
LASK: Kitzmüller; Blaschke, Schwaighofer, Toljan; Teinitzer, Lusenberger, Kappl, Dr. Epp, Brinek, Fürst, Höfer.
LASK-Platz; 14.600; Galba (Cz.)
Tore: Höfer (3.), Kappl (15.), Fürst (29.,45.), Dr. Epp (44.)

**13. Runde – 15. 9. 1957 (vorverlegt)**
**SVS Linz – LASK 3:3 (2:1)**
LASK: Kitzmüller; Blaschke, Schwaighofer, Toljan; Koschler, Teinitzer, Kappl, Brinek, Dr. Epp, Fürst, Höfer.
Linzer Stadion; 6.960; Steiner
Tore: Ondruch (2.), Kohlhauser (7.), Teinitzer (15.), Dr. Epp (59.), Höfer.

**14. Runde – 15. 6. 1958 (Nachtrag)**
**Wr. Neustadt – LASK 5:3 (1:1)**
LASK: Kitzmüller; Leitner, Schwaighofer, Wild; Lusenberger, Kappl, Teinitzer, Dobler, Fürst, Enzenhofer.
Wr. Neustadt; 2.000; Hausmann
Tore: Lefor (15., 51.), Pichler (49.,66.), Huber (55.); Fürst (5.), Dobler (63.), Toljan (62.)

**15. Runde – 15. 5. 1958 (Nachtrag)**
**LASK – Stadlau 6:3 (4:1)**
LASK: Kitzmüller; Blaschke, Schwaighofer, Toljan; Teinitzer, Lusenberger; Kappl, Dr. Dr. Epp, Brinek, Fürst, Höfer.
LASK-Platz; 1.200; Grundner
Tore: Fürst (16.), Kappl (20., 75.), Czapka (25.), Höfer ((27.), Brinek (29.), Kren (55. Elfmeter), Teinitzer (63. Elfmeter), Gönner (89.)

**16. Runde – 9. 3. 1958**
**LASK – Elektra 3:1 (1:1)**
LASK: Kitzmüller; Blaschke, Schwaighofer, Toljan; Teinitzer, Brinek; Kappl, Heissenberger, Dr. Epp, Fürst, Höfer.
Linzer Stadion; 8.500; Korelus (CSR)
Tore: Gausterer (19.), Höfer (37., 77.), Fürst (85.)

**17. Runde – 1. 5. 1958 (Nachtrag)**
**LASK – Austria Graz 5:2 (3:1)**
LASK: Kitzmüller; Koschler, Schwaighofer, Toljan; Teinitzer, Lusenberger; Kappl, Dr. Epp, Brinek, Fürst, Höfer.
LASK-Platz; 2.000; Kudelka
Tore: Fürst (33., 36), Rumpf (34.), Höfer (35.,85.), Weber (74.), Brinek (87.)

**18. Runde – 30. 3. 1958**
**Mattersburg – LASK 2:3 (1:2)**
LASK: Kitzmüller; Blaschke, Schwaighofer, Toljan; Teinitzer, Lusenberger; Kappl, Heissenberger, Dr. Epp, Fürst, Höfer.
Mattersburg; 1.500; Trpkos
Tore: Höfer (9., 85.), Gangoly (21.), Fürst (25.), Knopf (68.)

**19. Runde – 13. 4. 1958**
**LASK – Hainburg 3:0 (0:0)**
LASK: Kitzmüller; Blaschke, Dr. Epp, Toljan; Teinitzer, Lusenberger; Weidinger, Heissenberger, Brinek, Fürst, Höfer.
LASK-Platz; 4.000; Hellwig
Tore: Heissenberger (56.,69.), Teinitzer (75. Elfmeter)

**20. Runde – 20. 4. 1958**
**LASK – Grazer SC 3:0 (1:0)**
LASK: Kitzmüller; Blaschke, Schwaighofer, Toljan; Teinitzer, Lusenberger; Brugger, Dr. Epp, Brinek, Fürst, Enzenhofer.
LASK-Platz; 3.000; Nowak
Tore: Dr. Epp (35., 74.), Fürst (62.)

**21. Runde – 27. 4. 1958**
**Schwechat – LASK 2:1 (1:0)**
LASK: Kitzmüller; Blaschke, Schwaighofer, Toljan; Teinitzer, Lusenberger; Kappl, Brinek, Dr. Epp, Fürst, Enzenhofer.
Schwechat; 1.400; Mayr II
Tore: Ludwan (40.), Chratska (68.), Fürst (85.)

**22. Runde – 4. 5. 1958**
**LASK – Hohenau 3:0 (2:0)**
LASK: Kitzmüller; Blaschke, Schwaighofer, Toljan; Teinitzer, Lusenberger; Kappl, Dr. Dr. Epp, Brinek, Fürst, Höfer.
LASK-Platz; 1.800; Hohlmann
Höfer (2., 64.), Fürst (29.)

**23. Runde – 11. 5. 1958**
**Donawitz – LASK 3:1 (2:1)**
LASK: Kitzmüller; Blaschke, Schwaighofer, Toljan; Koschler, Lusenberger; Kappl, Dr. Epp, Brinek, Fürst, Höfer.
Donawitz; 3.000; Tittl
Tore: Jamnig (13.), Heissenberger (13.), Ninaus (51.); Brinek (7.)

**24. Runde – 18. 5. 1958**
**LASK – Siegendorf 7:2 (2:1)**
LASK: Kitzmüller; Blaschke, Schwaighofer, Toljan; Teinitzer, Lusenberger; Kappl, Dr. Epp, Brinek, Fürst, Höfer.
LASK-Platz; 3.000; Kokolj
Tore: Kappl (22.), Blaschke (26. Eigentor), Höfer (40.), Fürst (43., 66., 69.) Brinek (65.), Eisele (70.), Teinitzer (76.)

**25. Runde – 1. 6. 1958**
**Vorwärts Steyr – LASK 9:0 (5:0)**
LASK: Kitzmüller; Enzenhofer, Schwaighofer, Toljan; Teinitzer, Lusenberger; Kappl, Dr. Epp, Brinek, Fürst, Höfer.
Vorwärts-Platz; 5.000; Seipelt
Tore: Kreilhuber (4., 15., 28.), Reiter (16.), Straßer (40., 70., 85.), Antonitsch (69., 80. Elfmeter)

**26. Runde – 8. 6. 1958**
**LASK – SVS Linz 0:4 (0:1)**
LASK: Kitzmüller; Wild, Hartl, Lusenberger; Teinitzer, Kappl, Fürst, Höfer.
LASK-Platz; 6.000; Babauczek
Tore: Cizl (34.), Prohaska, Schierhuber (75.), Kohlhauser (76.)

### Saison 1958/59 – Staatsliga

| | | | | | | | |
|---|---|---|---|---|---|---|---|
| 1. | Sportclub | 26 | 20 | 6 | 0 | 104 : 35 | 46 |
| 2. | Rapid | 26 | 21 | 2 | 3 | 102 : 29 | 44 |
| 3. | Vienna | 26 | 13 | 6 | 7 | 63 : 41 | 32 |
| 4. | Austria Wien | 26 | 12 | 7 | 7 | 63 : 47 | 31 |
| 5. | WAC | 26 | 12 | 6 | 8 | 56 : 45 | 30 |
| 6. | Simmering | 26 | 10 | 6 | 10 | 63 : 58 | 26 |
| 7. | GAK | 26 | 11 | 3 | 12 | 46 : 61 | 25 |
| 8. | Wacker Wien | 26 | 10 | 3 | 13 | 57 : 61 | 23 |
| 9. | Kremser SC | 26 | 8 | 6 | 12 | 49 : 51 | 22 |
| 10. | Donawitz | 26 | 9 | 3 | 14 | 63 : 91 | 21 |
| 11. | **LASK** | 26 | 9 | 3 | 14 | 46 : 68 | 21 |
| 12. | Admira | 26 | 8 | 3 | 15 | 55 : 63 | 19 |
| 13. | Kapfenberg | 26 | 5 | 6 | 15 | 32 : 68 | 16 |
| 14. | Olympia | 26 | 2 | 4 | 20 | 25 : 106 | 8 |

**1. Runde: LASK – Simmering 2:3 (2:2)**
LASK: Kitzmüller; Blaschke, Praschak, Toljan; Teinitzer, Lusenberger; Kappl, Novacek, Fürst, Huber, Höfer.
LASK-Platz; 6.000; Grill
Tore: Ivancic (12., 66.), Novacek (17., 28.), Medweth (37.)

**2. Runde: Austria Wien – LASK 4:3 (2:2)**
LASK: Kitzmüller; Lusenberger, Praschak, Toljan; Teinitzer, Huber, Grabmayr, Novacek, Kappl, Fürst, Höfer.
Hohe Warte; 11.000; Dr. Vogelsinger
Tore: Malik (65., zwei Tore), Doelzal (30.), Tamandl (22.), Teinitzer (20. Elfmeter), Kappl (36.), Novacek (80.)

**3. Runde: LASK – Olympia 3:2 (2:0)**
LASK: Ondreiska; Lusenberger, Praschak, Toljan; Teinitzer, Huber, Grabmayr, Novacek, Kappl, Fürst, Höfer.
LASK-Platz; 5.500; Steiner
Tore: Teinitzer (5. Elfmeter), Grabmayr (30.), Cziscek (48.), Zitek (50.), Praschak (71.)

**4. Runde: Kapfenberg – LASK 0:4 (0:1)**
LASK: Ondreiska; Lusenberger, Praschak, Toljan; Teinitzer, Huber; Kappl, Grabmayr, Novacek, Fürst, Höfer.
Brucker Stadion; 4.000; Schnaubelt
Tore: Kappl (13., 72., 81.) Höfer (85.)

**5. Runde: LASK – Vienna 2:1 (0:1)**
LASK: Ondreiska; Lusenberger, Praschak, Schweighofer; Teinitzer, Huber, Grabmayr, Kappl, Novacek, Fürst, Höfer.
LASK-Platz; 11.000; Babauczek
Tore: Grasserbauer (24.), Kappl (48.), Fürst (77.)

**6. Runde: WAC – LASK 2:2 (1:0)**
LASK: Ondreiska; Lusenberger, Praschak, Toljan; Teinitzer, Schweighofer; Kappl, Grabmayr, Fürst, Huber, Höfer.
Wiener Stadion; 30.000; Kainer

Tore: Bettstein (16.), Schweighofer (56.), Kappl (58.), Kaltenbrunner (81.)

**7. Runde: LASK – Admira 1:3 (0:1)**
LASK: Ondreiska; Lusenberger, Praschak, Toljan; Teinitzer, Huber, Kappl, Novacek, Schweighofer, Fürst, Grabmayr.
LASK-Platz; 6.000; Schnaubelt
Tore: Gänger (12.), Gerdentis (47.), Szoldatics (56.), Teinitzer (76. Elfmeter)

**8. Runde: Sportclub – LASK 6:0 3:0)**
LASK: Ondreiska; Lusenberger, Praschak, Toljan; Teinitzer, Schweighofer; Grabmayr, Kappl, Fürst, Schachermayer, Höfer.
Sportclubplatz; 7.500; Grill
Tore: Skerlan (6.), Hof (24. Elfmeter), Knoll (38.), Horak (70., 83., 89.)

**9. Runde: LASK – Kremser SC 1:0 (0:0)**
LASK: Kitzmüller; Lusenberger, Schweighofer, Toljan; Teinitzer, Schachermayer; Kappl, Praschak, Huber, Fürst, Höfer.
LASK-Platz; 5.000; Dr. Vogelsinger
Tor: Teinitzer (55.)

**10. Runde: Wacker – LASK 4:2 (2:0)**
LASK: Kitzmüller; Lusenberger, Praschak, Toljan; Teinitzer, Schachermayer; Grabmayr, Ecker, Kappl, Huber, Höfer.
Wackerplatz; 1.500; Babauczek
Tore: Toth (11.), Herzog (38.), Zeitlberger (51.), Haummer (76.); Kappl (89. Elfmeter, 90.)

**11. Runde: LASK – Rapid 1:4 (0:0)**
LASK: Kitzmüller; Lusenberger, Praschak, Toljan; Teinitzer, Schachermayer; Grabmayr, Kappl, Karbiuk, Fürst, Höfer.
Linzer Stadion; 15.000; Chebat
Tore: Höfer (89.); Dienst (68., 78.), Körner (65.), Reiter (82.)

**12. Runde: GAK – LASK 2:1 (2:1)**
LASK: Ondreiska; Lusenberger, Praschak, Toljan; Teinitzer, Schachermayer; Ecker, Kappl, Karbiuk, Fürst, Höfer.
GAK-Platz; 2.500; Karas
Tore: Jank (29.), Huberts (33.), Kappl (88.)

**13. Runde: LASK – Donawitz 4:3 (1:2)**
LASK: Kitzmüller; Lusenberger, Praschak, Toljan; Teinitzer, Schachermayer; Ecker, Kappl, Karbiuk, Fürst, Höfer.
LASK-Platz; 3.500; Schnaubelt
Tore: Rauch (7. 75.), Bittelmeyer (17.), Karbiuk (44.,.), Kappl (55.), Ecker (57.), Fürst (69.)

**14. Runde: Simmering – LASK 2:2 (1:1)**
LASK: Kitzmüller; Lusenberger, Praschak, Toljan; Teinitzer, Schachermayer; Kappl, Walzhofer, Karbiuk, Fürst, Höfer.
Simmering; 9.000; Chebat
Tore: Walzhofer (17.), Gänsthaler (41.), Karel (63. Eigentor), Tauscher (70.)

**15. Runde: LASK – Austria Wien 3:2 (1:1)**
LASK: Kitzmüller; Lusenberger, Praschak, Toljan; Teinitzer, Schachermayer; Ecker, Walzhofer, Kappl, Fürst, Höfer.
LASK-Platz; 5.000; Stoll
Tore: Fürst (28.), Riegler (33., 46.), Höfer (80.), Kappl (85.)

**16. Runde: Olympia – LASK 2:1 (2:0)**
LASK: Kitzmüller; Lusenberger, Praschak, Toljan; Teinitzer, Schachermayer; Kappl, Walzhofer, Huber, Fürst, Höfer.

Red-Star-Platz; 2.000; Holmann
Tore: Obst (13.), Tikal (39. Elfmeter), Fürst (74.)

**17. Runde: LASK – Kapfenberg 3:2 (2:1)**
LASK: Kitzmüller; Lusenberger, Schweighofer, Toljan; Teinitzer, Schachermayer; Ecker, Kappl, Praschak, Fürst, Höfer.
LASK-Platz; 5.000; Tittl
Tore: Höfer (6.), Stritzl (20., 89.), Höfer (41.), Teinitzer (66. Elfmeter)

**18. Runde – Vienna – LASK 1:0 (0:0)**
LASK: Kitzmüller; Lusenberger, Schweighofer, Toljan; Teinitzer, Schachermayer; Ecker, Walzhofer, Kappl, Fürst, Höfer.
Hohe Warte; 2.500; Kokolj
Tor: Gelegs (55.)

**19. Runde: LASK – WAC 1:3 (1:3)**
LASK: Kitzmüller; Lusenberger, Treinitzer, Toljan; Praschak, Schachermayer, Grabmayr, Walzhofer, Kappl, Fürst, Höfer.
LASK-Platz; 3.500; Babauczek
Tore: Reiter (13.), Höfer (25.), Skokoll (37.), Kaltenbrunner (40.)

**20. Runde: Admira – LASK 1:4 (1:2)**
LASK: Kitzmüller; Lusenberger, Praschak, Toljan; Teinitzer, Schachermayer; Grabmayr, Fürst, Kappl, Walzhofer, Höfer.
Admiraplatz; 1.000; Seipelt
Tore: Cejka (14. Elfmeter), Höfer (15., 30.), Grabmayr (80., 88.)

**21. Runde: LASK – Sportclub 0:1 (0:0)**
LASK: Kitzmüller; Lusenberger, Praschak, Toljan; Teinitzer, Schachermayer; Grabmayr, Fürst, Kappl, Walzhofer, Höfer.
LASK-Platz; 12.000; Chebat
Tor: Skerlan (20.)

**22. Runde: Krems – LASK 1:1 (0:1)**
LASK: Kitzmüller; Lusenberger, Praschak, Toljan; Teinitzer, Schachermayer, Karbiuk, Walzhofer, Kappl, Fürst, Höfer.
Krems; 3.000; Wlachojanis
Tore: Karbiuk (18.), Bokon (84.)

**23. Runde: LASK – Wacker 2:5 (0:4)**
LASK: Kitzmüller; Lusenberger, Praschak, Toljan; Teinitzer, Schachermayer; Ecker, Fürst, Karbiuk, Walzhofer, Höfer.
LASK-Platz; 3.500; Seipelt
Tore: Missler (15., 29.), Kozlicek I (40.), Herzog (45.), Kozlicek II (47.), Walzhofer (63. Elfmeter), Praschak (88.)

**24. Runde: Rapid – LASK 8:0 (4:0)**
LASK: Kitzmüller; Ecker, Praschak, Toljan; Lusenberger, Schachermayer; Grabmayr, Walzhofer, Leitner II, Fürst, Höfer.
Rapidplatz; 4.000; Kokolj
Tore: Dienst (3), Körner (2), Flögel, Hanappi, Praschak (Eigentor)

**25. Runde: LASK – GAK 1:0 (0:0)**
LASK: Kitzmüller; Wild, Leitner I, Ecker; Lusenberger, Schachermayer; Grabmayr, Walzhofer, Leitner II, Fürst, Höfer.
LASK-Platz; 2.000; Wlachojanis
Tor: Höfer (65.)

**26. Runde: Donawitz – LASK 6:2 (3:1)**
LASK: Kitzmüller; Toljan, Leitner I, Ecker; Lusenberger, Schachermayer; Grabmayr, Walzhofer, Leitner II, Praschak, Höfer.
Donawitz; 2.000; Hafner
Tore: Howanietz (7., 35.), Nemeth (42., 71., 73., 86.), Taschl (33. Eigentor), Höfer (48.)

## Saison 1959/60 – Staatsliga

| | | | | | | | |
|---|---|---|---|---|---|---|---|
| 1. | Rapid | 26 | 18 | 6 | 2 | 87 : 32 | 42 |
| 2. | Sportclub | 26 | 17 | 4 | 5 | 71 : 35 | 38 |
| 3. | WAC | 26 | 17 | 4 | 5 | 74 : 43 | 38 |
| 4. | Vienna | 26 | 17 | 4 | 5 | 81 : 50 | 38 |
| 5. | Austria Wien | 26 | 12 | 6 | 8 | 67 : 49 | 30 |
| 6. | Simmering | 26 | 11 | 6 | 9 | 51 : 49 | 28 |
| 7. | **LASK** | **26** | **9** | **8** | **9** | **54 : 57** | **26** |
| 8. | Wacker Wien | 26 | 7 | 6 | 13 | 47 : 57 | 20 |
| 9. | SC Wr. Neustadt | 26 | 6 | 8 | 12 | 49 : 79 | 20 |
| 10. | GAK | 26 | 7 | 5 | 14 | 45 : 55 | 19 |
| 11. | Austria Salzburg | 26 | 5 | 9 | 12 | 42 : 67 | 19 |
| 12. | Kremser SC | 26 | 6 | 6 | 14 | 44 : 65 | 18 |
| 13. | Donawitz | 26 | 7 | 3 | 16 | 39 : 73 | 17 |
| 14. | Admira | 26 | 3 | 5 | 18 | 31 : 71 | 11 |

**1. Runde: LASK – Donawitz 2:1 (2:1)**
LASK: Kitzmüller; Trubrig, Praschak, Toljan; Walzhofer, Sturmberger; Kappl, Kozlicek, Fürst, Sabetzer, Höfer.
Linz; 5.000; Steiner
Tore: Sabetzer (21., 37.), Nemeth (35.)

**2. Runde: LASK – Simmering 4:0 (1:0)**
LASK: Kitzmüller; Trubrig, Praschak, Toljan; Sturmberger, Walzhofer; Kappl, Kozlicek II, Fürst, Sabetzer, Höfer.
LASK-Platz; 8.500; Kainer
Tore: Höfer (3., 85.), Fürst (51., 88.)

**3. Runde: Krems – LASK 1:2 (1:0)**
LASK: Kitzmüller; Trubrig, Praschak, Toljan; Sturmberger, Walzhofer; Kappl, Kozlicek II, Fürst, Sabetzer, Höfer.
Krems; 6.000; Wlachojanis
Tore: Kovazh (15.), Fürst (56.), Walzhofer (87.)

**4. Runde: LASK – WAC 1:2 (1:1)**
LASK: Kitzmüller; Trubrig, Praschak, Toljan; Sturmberger, Walzhofer; Teinitzer, Kozlicek, Fürst, Sabetzer, Höfer.
LASK-Platz; 14.000; Haberfellner
Tore: Höfer (44.), Schrötter (29.), Kaltenbrunner (66.)

**5. Runde: Admira – LASK 1:2 (0:1)**
LASK: Kitzmüller; Trubrig, Praschak, Eckcr; Sturmberger, Walzhofer; Kappl, Kozlicek II, Fürst, Sabetzer, Höfer.
Admiraplatz; 2.500; Steiner
Tore: Grois (72.), Höfer (7.), Kozlicek II (57.)

**6. Runde: LASK – Wiener Neustadt 1:1 (0:1)**
LASK: Kitzmüller (Grössing); Trubrig, Praschak, Ecker; Sturmberger, Walzhofer; Kappl, Kozlicek, Fürst, Sabetzer, Höfer.
LASK-Platz; 9.000; Kokolj
Tore: Frank (21.), Fürst (69.)

**7. Runde: Wacker – LASK 3:3 (1:1)**
LASK: Kitzmüller; Trubrig, Sturmberger, Toljan; Lusenberger, Teinitzer; Kappl, Kozlicek II, Fürst, Sabetzer, Höfer.
Wackerplatz; 10.000; Seipelt
Tore: Kozlicek II (14.), Haummer (26., 62.), Herzog (61.), Sabetzer (73.), Höfer (80.)

**8. Runde: Austria Wien – LASK 4:1 (2:0)**
LASK: Kitzmüller; Trubrig, Praschak, Lusenberger; Sturmberger, Teinitzer; Kozlicek II, Walzhofer, Fürst, Sabetzer, Höfer.
Wackerplatz; 8.000; Polak
Tore: Nemec (13., 41., 47.), Stotz (59.), Fürst (85.)

**9. Runde: LASK – Austria Salzburg 3:3 (1:3)**
LASK: Kitzmüller; Trubrig, Lusenberger; Teinitzer, Sturmberger; Kappl, Kozlicek, Sabetzer, Fürst, Höfer.
Linzer Stadion; 15.000; Steiner
Tore: Probst (3., 43.), Höfer (5.), Feldinger ((36.), Sabetzer (49.), Praschak 55.)

**10. Runde: Rapid – LASK 5:1 (2:0)**
LASK: Kitzmüller; Trubrig, Sturmberger, Lusenberger; Teinitzer, Schachermayr; Kappl, Kozlicek, Praschak, Sabetzer, Höfer.

Rapidplatz; 7.000; Haberfellner
Tore: Dienst (25., 88.), Bertalan (16.), Reiter (60.), Flögel (80.), Kozlicek (83.)

**11. Runde: LASK – GAK 3:1 (2:1)**
LASK: Kitzmüller; Trubrig, Sturmberger, Lusenberger; Teinitzer, Walzhofer; Kappl, Kozlicek II, Praschak, Sabetzer, Höfer.
LASK-Platz; 4.000; Tittl
Tore: Sgerm (11.), Praschak (15.), Sabetzer (19.), Kozlicek II (75.)

**12. Runde: Sportclub – LASK 1:0 (0:0)**
LASK: Kitzmüller; Trubrig, Sturmberger, Lusenberger; Teinitzer, Walzhofer; Kappl, Kozlicek, Praschak, Fürst, Sabetzer.
Sportclubplatz; 4.000; Mayer
Tor: Knoll (72.)

**13. Runde: LASK – Vienna 2:2 (2:2)**
LASK: Kitzmüller; Trubrig, Sturmberger, Lusenberger; Teinitzer, Praschak; Kappl, Kozlicek, Fürst, Sabetzer, Höfer.
Linzer Stadion; 16.000; Stoll
Tore: Fürst (1.), Senekowitsch (18., 25.), Höfer (44.)

**14. Runde: Donwitz – LASK 5:1 (2:0)**
LASK: Kitzmüller (Gilly); Trubrig, Sturmberger, Teinitzer; Kozlicek I, Praschak; Kozlicek II, Zechmeister, Fürst, Sabetzer, Höfer.
Donawitz; 2.500; Kainer
Tore: Nemeth (37., 38. Elfmeter, 59.), Howanietz (66.), Kandler (68.), Höfer (70.)

**15. Runde: Simmering – LASK 3:6 (2:2)**
LASK: Kitzmüller; Trubrig, Sturmberger, Teinitzer; Kozlicek I, Praschak; Kozlicek II, Zechmeister, Fürst, Sabetzer, Höfer.
Simmering; 7.000; Kokolj
Tore: Neubauer (4., 66.), Kozlicek II (20.), Strobl (28.), Zechmeister (31.), Fürst (56., 81.), Höfer (64.), Sabetzer (75.)

**16. Runde: LASK – Krems 5:4 (2:3)**
LASK: Kitzmüller (Gilly); Trubrig, Sturmberger, Teinitzer; Kozlicek I, Praschak; Ecker, Zechmeister, Fürst, Kozlicek II, Höfer.
Linzer Stadion; 13.000; Seipelt
Tore: Zechmeister (34., 72., 88.), Höfer (4.), Kozlicek II (60.), Eineder (10., 17.), Kaubek (25. Elfmeter, 54. Elfmeter)

**17. Runde: WAC – LASK 3:1 (0:0)**
LASK: Gilly; Trubrig, Sturmberger, Lusenberger; Kozlicek I, Praschak; Kozlicek II, Zechmeister, Fürst, Sabetzer, Höfer.
Wiener Stadion; 3.800; Babauczek
Tore: Cejka (49.), Kaltenbrunner (69.), Szokoll (88.), Praschak (74. Elfmeter)

**18. Runde: LASK – Admira 3:0 (1:0)**
LASK: Kitzmüller; Trubrig, Sturmberger, Lusenberger; Kozlicek I, Praschak; Teinitzer, Kozlicek II, Zechmeister, Sabetzer, Höfer.
Linzer Stadion; 5.000; Steiner
Tore: Sabetzer (7., 70.), Teinitzer (73.)

**19. Runde: Wiener Neustadt – LASK 3:3 (2:1)**
LASK: Kitzmüller; Trubrig, Sturmberger, Ecker; Teinitzer, Praschak; Kozlicek I, Zechmeister, Sabetzer, Kozlicek II, Höfer.
Wr. Neustadt; 7.500; Wlachojanis

Tore: Pichler (3., 24.), Heißenberger (87.); Sabetzer (34.), Zechmeister (49.). Höfer (78.)

**20. Runde: LASK – Austria Wien 1:1 (1:1)**
LASK: Kitzmüller; Trubrig, Sturmberger, Ecker; Teinitzer, Praschak; Kozlicek I, Zechmeister, Sabetzer, Kozlicek II, Höfer.
Linzer Stadion; 11.000; Kokolj
Tore: Teinitzer (2. Elfmeter), Medveth (8.)

**21. Runde: Austria Salzburg – LASK 0:0**
LASK: Kitzmüller; Trubrig, Sturmberger, Ecker; Teinitzer, Kozlicek I; Zechmeister, Kozlicek II, Praschak, Sabetzer, Höfer.
Lehen; 12.000; Corelus

**22. Runde: LASK – Rapid 1:1 (1:0)**
LASK: Kitzmüller; Trubrig, Sturmberger, Kozlicek I; Teinitzer, Praschak; Zechmeister, Kozlicek II, Fürst, Sabetzer, Höfer.
Linzer Stadion; 20.000; Steiner
Tore: Sabetzer (28.), Flögel (69.)

**23. Runde: GAK – LASK 2:4 (1:3)**
LASK: Gilly; Trubrig, Sturmberger, Kozlicek I; Teinitzer, Praschak; Zechmeister, Kozlicek II, Fürsl, Sabetzer, Höfer.

**24. Runde: LASK – Sportclub 2:3 (1:1)**
LASK: Kitzmüller; Trubrig, Sturmberger, Kozlicek I; Teinitzer, Praschak; Zechmeister, Kozlicek II, Fürst, Sabetzer, Höfer.
Linzer Stadion; 15.000; Kokolj
Tore: Höfer (4.), Sabetzer (62.), Hof (22., 52.), Knoll (67.)

**25. Runde: Vienna – LASK 3:1 (1:1)**
LASK: Kitzmüller; Trubrig, Sturmberger, Kozlicek I; Teinitzer, Praschak; Ecker, Zechmeister, Sabetzer, Fürst, Höfer.
Hohe Warte; 1.500; Seipelt
Tore: Grohs (18., 62.), Senekowitsch (73.); Zechmeister (10.)

**26. Runde: LASK – Wacker 1:4 (0:1)**
LASK: Kitzmüller; Ecker, Praschak, Toljan; Teinitzer, Kozlicek I; Sturmberger, Zechmeister, Fürst, Sabetzer, Höfer.
LASK-Platz; 5.000; Kment
Tore: Sabetzer (69.); Zboril (40.), Kappl (46.), Horak (61.), Walzhofer (83. Elfmeter)

## Meisterschaften 1960 – 1970

### Saison 1960/61 – Staatsliga

| | | | | | | | |
|---|---|---|---|---|---|---|---|
| 1. | Austria Wien | 26 | 17 | 5 | 4 | 68 : 31 | 39 |
| 2. | Vienna | 26 | 13 | 6 | 7 | 63 : 41 | 32 |
| 3. | WAC | 26 | 13 | 6 | 7 | 60 : 41 | 32 |
| 4. | Sportclub | 26 | 13 | 6 | 7 | 71 : 52 | 32 |
| 5. | GAK | 26 | 11 | 8 | 7 | 53 : 37 | 30 |
| 6. | Rapid | 26 | 13 | 4 | 9 | 49 : 42 | 30 |
| 7. | **LASK** | **26** | **11** | **6** | **9** | **56 : 50** | **28** |
| 8. | SC Wr. Neustadt | 26 | 10 | 5 | 11 | 58 : 67 | 25 |
| 9. | SVS Linz | 26 | 9 | 6 | 11 | 53 : 58 | 24 |
| 10. | Simmering | 26 | 7 | 7 | 12 | 42 : 52 | 21 |
| 11. | Schwechat | 26 | 8 | 5 | 13 | 37 : 49 | 21 |
| 12. | Austria Salzburg | 26 | 8 | 4 | 14 | 45 : 54 | 20 |
| 13. | Wacker Wien | 26 | 6 | 8 | 12 | 39 : 56 | 20 |
| 14. | FC Dornbirn | 26 | 3 | 4 | 19 | 37 : 101 | 10 |

**1. Runde**
**LASK – GAK 4:1 (2:0)**
LASK: Kitzmüller; Oberparleiter, Rihs, Trubrig; Teinitzer, Kozlicek I; Kozlicek II, Zechmeister, Nemeth, Sabetzer, Höfer.
Linzer Stadion; 8.000; Tittl
Tore: Höfer (9., 74.), Nemeth (26.), Teinitzer (83. Elfmeter); Maier (48.)

**2. Runde**
**Vienna – LASK 1:2 (0:1)**
LASK: Kitzmüller; Trubrig, Rihs, Oberparleiter; Teinitzer, Kozlicek I; Kozlicek II, Zechmeister, Nemeth, Sabetzer, Höfer.
Hohe Warte; 2.500; Keßler
Tore: Kozlicek II (31., 78.), Senekowitsch (50.)

**3. Runde**
**LASK – WAC 2:4 (1:2)**
LASK: Bardoun; Trubrig, Rihs, Oberparleiter; Teinitzer, Kozlicek I; Kozlicek II, Zechmeister, Nemeth, Sabetzer, Höfer.
Linzer Stadion; 12.000; Chebat
Tore: Nemeth (20., 88.); Schilling (15.), Kaltenbrunner (17.), Haitzer (51.), Cejka (72.)

**4. Runde**
**Sportclub – LASK 6:6 (3:3)**
LASK: Kitzmüller; Trubrig, Sturmberger, Oberparleiter; Kozlicek I, Sabetzer; Nemeth, Kozlicek II, Fürst, Zechmeister, Höfer.
Sportclubplatz; 12.000; Kainer
Tore: Hof (12., 51., 65. Elfmeter, 90.), Hamerl (4., 40.); Nemeth (7., 27. Elfmeter), 85.), Zechmeister (32.), Höfer (80.), Kozlicek II (77. Elfmeter)

**5. Runde**
**LASK – Simmering 4:1 (2:1)**
LASK: Kitzmüller; Trubrig, Rihs, Sturmberger; Kozlicek I, Teinitzer; Fürst, Kozlicek II, Zechmeister, Sabetzer, Höfer.

GAK-Platz; 3.000; Babauczek
Tore: Sgerm (37., 76.), Zechmeister (15.), Sabetzer (26.), Höfer (40.), Fürst (74.)

Linzer Stadion, 7000; Lick
Tore:Sabetzer (6., 54.), Zechmeister (12., 79.), Reidinger (46.)

**6. Runde**
**Dornbirn – LASK 5:2 (2:1)**
LASK: Kitzmüller; Trubrig, Rihs, Sturmberger; Oberparleiter, Kozlicek I, Teinitzer; Fürst, Kozlicek II, Sabetzer, Höfer.
Dornbirn; 4.000; Wlachojanis
Tore: Rafreider (25., 35., 62., 65.), Sabetzer (45., 86.), Albrich (80.)

**7. Runde**
**LASK – Austria Salzburg 0:2 (0:1)**
LASK: Kitzmüller; Trubrig, Sturmberger, Oberparleiter; Kozlicek I, Rihs; Nemeth, Kozlicek II, Zechmeister, Sabetzer, Höfer.
Linzer Stadion; 9.000; Wühl
Tore: Kitzmüller (20. Eigentor), Jarosch (66.)

**8. Runde**
**Schwechat – LASK 3:0 (3:0)**
LASK: Kitzmüller; Trubrig, Rihs, Oberparleiter; Kozlicek I, Sturmberger; Zechmeister, Kozlicek II, Fürst, Sabetzer, Höfer.
Schwechat; 3.500; Chebat
Tore: Koranda (16., 25.), Grohs (19.)

**9. Runde**
**LASK – Rapid 5:1 (3:0)**
LASK: Bardoun; Trubrig, Rihs, Oberparleiter; Teinitzer, Sabetzer, Kozlicek I, Zechmeister, Nemeth, Kozlicek II, Höfer.
Linzer Stadion; 16.000; Kainer
Tore: Zechmeister (24.), Kozlicek I (25.), Nemeth (41., 71., 83.), Hanappi (66. Elfmeter)

**10. Runde**
**Wiener Neustadt – LASK 2:0 (2:0)**
LASK: Bardoun; Trubrig, Sturmberger, Oberparleiter; Teinitzer, Sabetzer; Kozlicek I, Zechmeister, Nemeth, Kozlicek II, Höfer.
Wr. Neustadt; 6.000; Wühl
Tore: Ofenbach (16.), Frankolin (42.)

**11. Runde**
**LASK – Wacker 1:1 (1:1)**
LASK: Bardoun; Trubrig, Rihs, Oberparleiter; Teinitzer, Sturmberger; Kozlicek I, Kozlicek II, Nemeth, Sabetzer, Zechmeister.
Linzer Stadion; 6.500; Keßler
Tore: Kappl (21.), Nemeth (38.)

**12. Runde**
**Austria Wien – LASK 2:1 (1:0)**
LASK: Bardoun (Kitzmüller); Trubrig, Rihs, Oberparleiter; Teinitzer, Sturmberger, Kozlicek I, Kozlicek II, Nemeth, Sabetzer, Zechmeister.
Wiener Stadion; 15.000; Wlachojanis
Tore: Fiala (2.), Nemec (70.), Sabetzer (75.)

**13. Runde**
**LASK – SVS Linz 3:0 (1:0)**
LASK: Kitzmüller; Trubrig, Rihs, Oberparleiter; Teinitzer, Sturmberger, Kozlicek I, Fürst, Nemeth, Kozlicek II, Zechmeister.
Linzer Stadion; 18.000; Seipelt
Tore: Nemeth (21., 73., 75.)

**14. Runde**
**GAK – LASK 1:1 (1:0)**
LASK: Kitzmüller; Trubrig, Crnkovic, Oberparleiter, Sturmberger, Sabetzer; Kozlicek I, Kozlicek II, Nemeth, Zechmeister, Höfer.
GAK-Platz; 7.000; Eisenkölbl
Tore: Horak (27.), Kozlicek II (70.)

**15. Runde**
**LASK – Vienna 1:6 (0:3)**
LASK: Kitzmüller; Trubrig, Crnkovic, Oberparleiter, Sturmberger, Sabetzer; Kozlicek I, Kozlicek II, Nemeth, Fottner, Zechmeister.
Linzer Stadion; 18.000; Stoll
Tore: Senekowitsch (9., 13., 30.), Kozlicek II (52.), Pichler (65., 67., 86.)

**16. Runde**
**WAC – LASK 0:1 (0:1)**
LASK: Kitzmüller; Kozlicek I, Crnkovic, Oberparleiter; Sturmberger, Trubrig; Fürst, Fottner, Rihs, Sabetzer, Höfer.
Hohe Warte; 17.000; Seipelt
Tor: Rihs (44. Elfmeter)

**17. Runde**
**LASK – Sportclub 3:2 (1:2)**
LASK: Kitzmüller; Oberparleiter, Crnkovic, Trubrig; Sturmberger, Kozlicek I; Kozlicek II, Fürst, Rihs, Sabetzer, Höfer.
Linz; 8.000; Kainer
Tore: Sturmberger (35.), Höfer (56.), Sabetzer (72.); Skerlan (11.), Oslansky (16.)

**18. Runde**
**Simmering – LASK 0:0**
LASK: Kitzmüller; Trubrig, Crnkovic, Oberparleiter; Sturmberger, Kozlicek I;

Kozlicek II, Fürst, Rihs, Sabetzer, Höfer.
Simmering; 4.000; Seipelt

**19. Runde**
**LASK – Dornbirn 7:1 (3:0)**
LASK: Kitzmüller; Trubrig, Crnkovic, Rihs; Oberparleiter, Kozlicek I; Sturmberger; Zechmeister, Kozlicek II, Fürst, Sabetzer, Höfer.
Linzer Stadion; 7.500; Haberfellner
Tore: Höfer (29., 38., 72.), Sabetzer (31., 56., 63.), Fürst (48.); Koretic (68.)

**20. Runde**
**Austria Salzburg – LASK 5:1 (2:0)**
LASK: Kitzmüller (Bardoun); Trubrig, Crnkovic, Oberparleiter; Rihs, Sturmberger; Kozlicek I, Fürst, Kozlicek II, Sabetzer, Höfer.
Salzburg; 9.000; Obdulovic
Tore: Hahn (7.), Macek (14.), Karel (51.), Schmieder (54.), Höckner (71.); Höfer (79.)

**21. Runde**
**LASK – Schwechat 2:0 (1:0)**
LASK: Kitzmüller (Bardoun); Rihs, Crnkovic, Oberparleiter, Sturmberger, Kozlicek I; Zechmeister, Kozlicek II, Nemeth, Sabetzer, Höfer.
Linzer Stadion; 7.000; Mayer
Tore: Nemeth (7.), Kozlicek II (57.)

**22. Runde**
**Rapid – LASK 3:1 (2:0)**
LASK: Kitzmüller; Trubrig, Crnkovic, Oberparleiter; Sturmberger, Kozlicek I; Zechmeister, Kozlicek II, Nemeth, Sabetzer, Höfer.
Red-Star-Platz; 10.000; Wühl
Tore: Flögel (33.), Hanappi (43.), Dienst (60.), Zechmeister (83.)

**23. Runde**
**LASK – Wiener Neustadt 3:1 (2:0)**
LASK: Kitzmüller; Trubrig, Crnkovic, Rihs; Sturmberger, Kozlicek I; Zechmeister, Kozlicek II, Nemeth, Sabetzer, Höfer.
Linzer Stadion; 5.000; Srncik
Tore: Sabetzer (10.), Nemeth (12.), Kozlicek II (55.); Kereki (77.)

**24. Runde**
**Wacker – LASK 0:0**
LASK: Kitzmüller; Trubrig, Sturmberger, Crnkovic, Oberparleiter; Rihs, Kozlicek I; Zechmeister, Kozlicek II, Nemeth, Sabetzer, Höfer.
Wackerplatz; 5.000; Kainer

**25. Runde**
**LASK – Austria Wien 5:1 (3:1)**
LASK: Kitzmüller; Trubrig, Rihs, Oberparleiter; Sturmberger, Kozlicek I; Zechmeister, Kozlicek II, Nemeth, Sabetzer, Höfer.
Linzer Stadion; 12.000; Schiller
Tore: Nemeth (8., 32.), Sabetzer (44.), Höfer (70.), Stotz (50. Eigentor); Riegler (20.)

**26. Runde**
**SVS Linz – LASK 1:1 (0:1)**
LASK: Kitzmüller; Trubrig, Crnkovic, Oberparleiter; Sturmberger, Kozlicek I; Rihs, Kozlicek II, Nemeth, Zechmeister, Höfer.
Linzer Stadion; 15.000; Seipelt
Tore: Nemeth (17.), Wagner (49.)

| Saison 1961/62 – Staatsliga | | | | | | | |
|---|---|---|---|---|---|---|---|
| 1. | Austria Wien | 26 | 19 | 4 | 3 | 65 : 23 | 42 |
| 2. | **LASK** | **26** | **16** | **6** | **4** | **69 : 40** | **38** |
| 3. | Admira | 26 | 16 | 4 | 6 | 56 : 34 | 36 |
| 4. | Sportclub | 26 | 12 | 8 | 6 | 58 : 39 | 32 |
| 5. | Rapid | 26 | 12 | 7 | 7 | 58 : 32 | 31 |
| 6. | WAC | 26 | 11 | 5 | 10 | 47 : 37 | 27 |
| 7. | GAK | 26 | 10 | 7 | 9 | 43 : 42 | 27 |
| 8. | SVS Linz | 26 | 10 | 6 | 10 | 47 : 50 | 26 |
| 9. | Simmering | 26 | 7 | 10 | 9 | 37 : 62 | 24 |
| 10. | Schwechat | 26 | 9 | 5 | 12 | 50 : 68 | 23 |
| 11. | Vienna | 26 | 8 | 5 | 13 | 44 : 44 | 21 |
| 12. | Kapfenberg | 26 | 5 | 6 | 15 | 29 : 53 | 16 |
| 13. | SC Wr. Neustadt | 26 | 4 | 5 | 17 | 30 : 57 | 13 |
| 14. | SAK 1914 | 26 | 1 | 6 | 19 | 27 : 79 | 8 |

**1. Runde**
**Wiener Neustadt – LASK 0:1 (0:1)**
LASK: Kitzmüller; Trubrig, Crnkovic, Oberparleiter; Teinitzer, Sturmberger; Munaretto, Kozlicek II, Nemeth, Sabetzer, Fürst.
Wr. Neustadt; 3.500; Srncik
Tor: Fürst (6.)

**2. Runde**
**LASK – Admira 2:1 (1:1)**
LASK: Kitzmüller (Bardoun); Trubrig, Crnkovic, Oberparleiter; Teinitzer, Sturmberger; Nemeth, Kozlicek II, Kozlicek I, Sabetzer, Fürst.
LASK-Platz; 8.000; Kokolj
Tore: Nemeth (13.), Hamerl (17.), Fürst (77.)

**3. Runde**
**Simmering – LASK 2:2 (1:0)**
LASK: Bardoun; Trubrig, Crnkovic, Oberparleiter; Teinitzer, Sturmberger; Kozlicek II, Kozlicek I, Nemeth, Sabetzer, Fürst.
Simmering; 3.500; Hausstätter
Tore: Ivanics (36.), Löffelmann (75. Elfmeter), Sabetzer (86. Elfmeter), Nemeth (90.)

**4. Runde**
**LASK – SAK 3:0 (1:0)**
LASK: Kitzmüller; Trubrig, Crnkovic, Oberparleiter; Sturmberger, Kozlicek I; Nemeth, Kozlicek II, Fürst, Sabetzer, Zechmeister.
LASK-Platz; 6.000; Tittl
Tore: Nemeth (30.), Sabetzer (60.), Kozlicek II (67.)

**5. Runde**
**Sportclub – LASK 3:1 (1:1)**
LASK: Bardoun; Trubrig, Crnkovic, Oberparleiter; Kozlicek I, Sturmberger; Nemeth, Kozlicek II, Rihs, Sabetzer, Höfer.
Dornbach; 9.000; Seipelt
Tore: Kainrath (35.), Knoll (78.), Wirtl (84.); Nemeth (60.)

**6. Runde**
**LASK – Kapfenberg 6:1 (2:1)**
LASK: Kitzmüller; Teinitzer, Rihs, Oberparleiter; Sturmberger, Kozlicek I; Zechmeister, Kozlicek II, Nemeth, Sabetzer, Höfer.
LASK-Platz; 4.000; Lausecker
Tore: Sabetzer (12., 70.), Kozlicek II (36., 80.), Zechmeister (55.), Nemeth (88.); Osicka (28.)

**7. Runde**
**Vienna – LASK 1:3 (1:1)**
LASK: Kitzmüller; Trubrig, Crnkovic, Oberparleiter; Sturmberger, Kozlicek I; Zechmeister, Kozlicek II, Fürst, Sabetzer, Höfer.
Hohe Warte; 4.000; Wühl
Tore: Buzek (1.), Sturmberger (28.), Zechmeister (56.), Sabetzer (67.)

**8. Runde**
**LASK – Rapid 2:0 (2:0)**
LASK: Kitzmüller; Trubrig, Crnkovic, Oberparleiter; Sturmberger, Kozlicek I; Zechmeister, Kozlicek II, Nemeth, Sabetzer, Höfer.
Linzer Stadion; 20.000; Seipelt
Tore: Nemeth (14.), Kozlicek II (36.)

**9. Runde**
**Austria Wien – LASK 4:0 (1:0)**
LASK: Kitzmüller; Trubrig, Crnkovic, Oberparleiter; Sturmberger, Kozlicek I; Zechmeister, Kozlicek II, Fürst, Sabetzer, Höfer.
Wiener Stadion; 20.000; Fenel
Tore: Hirnschrodt (33.), Nemec (55., 62.), Ocwirk (82.)

**10. Runde**
**LASK – Schwechat 4:0 (3:0)**
LASK: Kitzmüller; Trubrig, Crnkovic, Oberparleiter; Sturmberger, Kozlicek I; Zechmeister, Kozlicek II, Fürst, Sabetzer, Höfer.
LASK-Platz; 6.000; Keßler
Tore: Höfer (31.), Kozlicek II (34., 45.), Sabetzer (58.)

**11. Runde**
**GAK – LASK 0:3 (0:1)**
LASK: Kitzmüller; Trubrig, Crnkovic, Oberparleiter; Sturmberger, Kozlicek I; Zechmeister, Kozlicek II, Fürst, Sabetzer, Höfer.
GAK-Platz; 12.000; Steiner
Tore: Höfer (24., 82.), Fürst (60.)

**12. Runde**
**LASK – WAC 2:0 (2:0)**
LASK: Kitzmüller; Trubrig, Oberparleiter, Kozlicek I; Zechmeister, Kozlicek II, Fürst, Sabetzer, Höfer.
Linzer Stadion; 18.000; Chebat
Tore: Kozlicek II (17., 22.)

**13. Runde**
**LASK – SVS Linz 5:1 (2:0)**
LASK: Kitzmüller; Trubrig, Oberparleiter, Kozlicek I; Sturmberger, Kozlicek I; Zechmeister, Kozlicek II, Fürst, Sabetzer, Höfer.
Linzer Stadion; 16.000; Eisenkölb
Tore: Fürst (41., 46., 88.), Zechmeister (10., 73.), Bachl (72.)

**14. Runde**
**LASK – Wiener Neustadt 2:1 (0:1)**
LASK: Kitzmüller; Trubrig, Oberparleiter, Kozlicek I; Rihs, Kozlicek II, Fürst, Sabetzer, Höfer.
LASK-Platz; 4.000; Stoll
Tore: Hoffmann (37.), Fürst (57., 65.)

**15. Runde**
**Admira – LASK 3:4 (2:2)**
LASK: Kitzmüller; Trubrig, Crnkovic, Rihs; Sturmberger, Kozlicek I; Munaretto, Kozlicek II, Fürst, Sabetzer, Höfer.
Admiraplatz; 3.000; Haberfellner
Tore: Höfer (27.), Kozlicek II (31., 55.), Skerlan (35.), Körner (41., 48.), Sabetzer (60.)

**16. Runde**
**LASK – Simmering 2:0 (1:0)**
LASK: Kitzmüller; Trubrig, Crnkovic, Oberparleiter; Sturmberger, Kozlicek I; Zechmeister, Kozlicek II, Nemeth, Sabetzer, Höfer.
LASK-Platz; 7.500; Schiller
Tore: Steibl (17. Eigentor), Nemeth (64.)

**17. Runde**
**SAK – LASK 0:2 (0:2)**
LASK: Kitzmüller; Trubrig, Crnkovic, Oberparleiter; Sturmberger, Kozlicek I; Zechmeister, Kozlicek II, Fürst, Sabetzer, Höfer.
Salzburg; 6.000; Babauczek
Tore: Höfer (5.), Kozlicek II (25.)

**18. Runde**
**LASK – Sportclub 3:3 (1:1)**
LASK: Kitzmüller; Trubrig, Crnkovic, Oberparleiter; Sturmberger, Kozlicek I; Zechmeister, Kozlicek II, Fürst, Sabetzer, Höfer.
Linzer Stadion; 30.000; Steiner
Tore: Zechmeister (15.), Kozlicek II (49., 55.), Oslansky (27.), Kitzmüller (63. Eigentor), Wirtl (73.)

**19. Runde**
**Kapfenberg – LASK 0:0**
LASK: Kitzmüller; Trubrig, Oberparleiter; Rihs, Kozlicek I; Munaretto, Zechmeister, Fürst, Kozlicek II, Höfer.
Kapfenberg; 7.500; Kainer

**20. Runde**
**LASK – Vienna 3:3 (1:2)**
LASK: Bardoun; Trubrig, Crnkovic, Oberparleiter; Sturmberger, Kozlicek I; Zechmeister, Kozlicek II, Nemeth, Sabetzer, Höfer.
Linzer Stadion; 10.000; Mayer
Tore: Höfer (5.), Zechmeister (56.), Nemeth (68.), Pichler (9., 13.), Buzek (53.)

**21. Runde**
**Rapid – LASK 3:3 (2:1)**
LASK: Kitzmüller (Bardoun); Trubrig, Crnkovic, Oberparleiter; Teinitzer, Sturmberger; Zechmeister, Kozlicek II, Nemeth, Sabetzer, Höfer.
Wiener Stadion; 55.000; Kokolj
Tore: Schmid (3., 38., 73.); Nemeth (28., 59.), Hanappi (64. Eigentor)

**22. Runde**
**LASK – Austria Wien 1:2 (1:2)**
LASK: Bourdon; Trubrig, Crnkovic, Oberparleiter; Sturmberger, Kozlicek I; Fürst, Kozlicek II, Nemeth, Sabetzer, Höfer.
Linzer Stadion; 10.000; Gere
Tore: Nemeth (24.), Nemec (26.), Fiala (28.)

**23. Runde**
**Schwechat – LASK 1:3 (0:2)**
LASK: Bardoun; Trubrig, Rihs, Oberparleiter; Sturmberger, Kozlicek I; Fürst, Kozlicek II, Nemeth, Sabetzer, Höfer.
Schwechat; 6.000; Haberfellner
Tore: Nemeth (19.), Höfer (31.), Sabetzer (64.), Reiger (87.)

### Saison 1962/63 – Staatsliga

| | | | | | | | |
|---|---|---|---|---|---|---|---|
| 1. | Austria Wien | 26 | 17 | 4 | 5 | 60 : 26 | 38 |
| 2. | Admira | 26 | 15 | 4 | 7 | 46 : 23 | 34 |
| 3. | Sportclub | 26 | 14 | 5 | 7 | 56 : 38 | 33 |
| 4. | Rapid | 26 | 14 | 4 | 8 | 52 : 28 | 32 |
| 5. | **LASK** | 26 | 15 | 1 | 10 | 42 : 38 | 31 |
| 6. | Schwechat | 26 | 11 | 4 | 11 | 49 : 44 | 26 |
| 7. | WAC | 26 | 11 | 4 | 11 | 37 : 46 | 26 |
| 8. | Vienna | 26 | 9 | 7 | 10 | 44 : 39 | 25 |
| 9. | GAK | 26 | 9 | 5 | 12 | 31 : 41 | 23 |
| 10. | Simmering | 26 | 7 | 7 | 12 | 34 : 46 | 21 |
| 11. | SVS Linz | 26 | 8 | 4 | 14 | 34 : 50 | 20 |
| 12. | Austria Salzburg | 26 | 9 | 1 | 16 | 31 : 59 | 19 |
| 13. | Wacker Wien | 26 | 7 | 5 | 14 | 38 : 53 | 19 |
| 14. | Austria Klagenfurt | 26 | 7 | 3 | 16 | 26 : 49 | 17 |

**1. Runde**
**Austria Wien – LASK 4:1 (2:1)**
LASK: Bardoun; Trubrig, Linossi, Lusenberger; Sturmberger, Kozlicek I; Chico, Kozlicek II, Sabetzer, Fürst, Szabo.
Wiener Stadion; 73.000; Seipelt
Tore: Hirnschrodt (5.), Nemec (31., 65.), Geyer (72.), Sabetzer (38. Elfmeter)

**2. Runde**
**LASK – Simmering 5:0 (1:0)**
LASK: Kitzmüller; Trubrig, Linossi, Lusenberger; Kozlicek I, Sturmberger; Kozlicek II, Chico, Nemeth, Sabetzer, Szabo.
Linzer Stadion; 5.000; Eisenkölb
Tore: Nemeth (47., 69., 77.), Kozlicek II (17., 68.)

**3. Runde**
**Austria Salzburg – LASK 1:2 (1:0)**
LASK: Kitzmüller; Trubrig, Linossi, Oberparleiter; Sturmberger Kozlicek I; Kozlicek II, Chico, Nemeth, Sabetzer, Szabo.
Lehen; 12.000; Kainer
Tore: Kappl (4.), Nemeth (48.), Sturmberger (75.)

**4. Runde**
**LASK – GAK 1:0 (0:0)**
LASK: Kitzmüller; Trubrig, Linossi, Oberparleiter; Kozlicek I, Teinitzer; Kozlicek II, Chico, Nemeth, Sabetzer, Zechmeister.
Linzer Stadion; 6.500; Benesch
Tor: Zechmeister (75.)

**5. Runde**
**Sportclub – LASK 3:2 (1:0)**
LASK: Kitzmüller; Trubrig, Linossi, Oberparleiter; Sturmberger Kozlicek I; Kozlicek II, Chico, Nemeth, Sabetzer, Zechmeister.
Wiener Stadion; 26.000; Stoll
Tore: Hof (25., 77. Elfmeter), Knoll (71.), Zechmeister (51.), Sabetzer (87.)

**6. Runde**
**LASK – Austria Klagenfurt 1:0 (1:0)**
LASK: Kitzmüller; Trubrig, Linossi, Ober-

**24. Runde**
**LASK – GAK 4:1 (2:0)**
LASK: Bardoun; Trubrig, Rihs, Oberparleiter; Sturmberger, Kozlicek I; Fürst, Kozlicek II, Nemeth, Sabetzer, Höfer.
Linzer Stadion; 4.000; Amies
Tore: Kozlicek II (32.), Sabetzer (38. Elfmeter), Nemeth (51., 68.), Erkinger (90.)

**25. Runde**
**WAC – LASK 4:4 (3:2)**
LASK: Bardoun; Trubrig, Rihs, Oberparleiter; Sturmberger, Kozlicek I; Munaretto, Kozlicek II, Nemeth, Sabetzer, Höfer.
WAC-Platz; 2.000; Wühl
Tore: Cejka (8., 43.), Haitzer (21.), Pesl (81.); Hollaus (31. Eigentor), Nemeth (33., 73.), Munaretto (79.)

**26. Runde**
**LASK – SVS Linz 4:6 (1:4)**
LASK: Bardoun; Trubrig, Sturmberger, Oberparleiter; Lusenberger, Kozlicek I; Munaretto, Kozlicek II, Nemeth, Sabetzer, Höfer.
Linzter Stadion; 5.000; Tittl
Tore: Sabetzer (19., 87. Elfmeter), Kozlicek II (85.),; Kohlhauser (8., 68., 84.), Wagner (14.), Cizl (13.), Viehböck (15.)

parleiter; Sturmberger Lusenberger; Szabo, Chico, Nemeth, Sabetzer, Zechmeister.
Linzer Stadion; 9.000; Schiller
Tor: Lorber I (63.)

**7. Runde**
**Schwechat – LASK 0:1 (0:0)**
LASK: Kitzmüller; Trubrig, Linossi, Oberparleiter; Lusenberger, Sabetzer; Chico, Sturmberger Nemeth, Kozlicek II, Zechmeister.
Schwechat; 6.000; Amies
Tor: Chico (69.)

**8. Runde**
**LASK – Wacker 1:3 (0:1)**
LASK: Kitzmüller; Trubrig, Linossi, Oberparleiter; Sturmberger Sabetzer; Szabo, Chico, Nemeth, Kozlicek II, Zechmeister.
Linzer Stadion; 10.000; Wühl
Tore: Primus (73. Eigentor); Borusek (17.), Klarl (51.), Tiefenbrunner (70.)

**9. Runde**
**WAC – LASK 2:4 (1:2)**
LASK: Kitzmüller; Trubrig, Linossi, Oberparleiter; Sturmberger Sabetzer; Liposinovic, Chico, Nemeth, Kozlicek II, Zechmeister.
WAC-Platz; 3.000; Babauczek
Tore: Cejka (31. Elfmeter, 87.), Nemeth (16.), Sabetzer (28.), Liposinovic (46.), Zechmeister (60.)

**10. Runde**
**LASK – Rapid 1:0 (1:0)**
LASK: Kitzmüller; Trubrig, Linossi, Oberparleiter; Sturmberger Sabetzer; Liposinovic, Chico, Nemeth, Kozlicek II, Zechmeister.
Linzer Stadion; 26.000; Amies
Tor: Chico (29.)

**11. Runde**
**Admira – LASK 4:0 (2:0)**
LASK: Kitzmüller (Bardoun); Trubrig,

Kozlicek I, Oberparleiter; Lusenberger, Sturmberger; Szabo, Chico, Fürst, Kozlicek II, Zechmeister.
Admira-Platz; 6.500; Kokolj
Tore: Reiter (29., 45.), Körner (83., 87.)

**12. Runde**
**LASK – Vienna 2:0 (1:0)**
LASK: Saurer; Trubrig, Linossi, Oberparleiter; Teinitzer, Sabetzer; Kozlicek I, Chico, Nemeth, Kozlicek II, Zechmeister.
Linzer Stadion; 3.500; Haberfellner
Tore: Nemeth (34.), Zechmeister (74.)

**13. Runde**
**SVS Linz – LASK 4:2 (1:1)**
LASK: Saurer; Trubrig, Linossi, Oberparleiter; Kozlicek I, Sabetzer; Liposinovic, Chico, Nemeth, Kozlicek II, Zechmeister.
Linzer Stadion; 4.000; Stoll
Tore: Kozlicek II (15., 47.), Wagner II (39.), Viehböck (55., 69.), Barschandt (81.)

**14. Runde**
**LASK – Austria Wien 2:0 (1:0)**
LASK: Kitzmüller; Trubrig, Linossi, Oberparleiter; Sturmberger Sabetzer; Liposinovic, Kondert, Nemeth, Kozlicek II, Chico.
LASK-Platz; 12.000; Seipelt
Tore: Chico (43., 90.)

**15. Runde**
**Simmering – LASK 4:2 (3:1)**
LASK: Kitzmüller; Trubrig, Linossi, Oberparleiter; Sturmberger Sabetzer; Liposinovic, Kondert, Nemeth, Kozlicek II, Chico.
Simmering; 3.000; Kainer
Tore: Oberparleiter (9. Eigentor), Bertalan (29.), Molnar (34.), Chico (38.), Hübler (85.), Sturmberger (87.)

**16. Runde**
**LASK – Austria Salzburg 2:1 (2:1)**
LASK: Kitzmüller; Trubrig, Linossi, Willingsdorfer; Sturmberger Sabetzer; Liposinovic, Chico, Kondert, Kozlicek II, Szabo.
LASK-Platz; 4.000; Wlachojanis
Tore: Pichler (5.), Kozlicek II (6.), Chico (31.)

**17. Runde**
**GAK – LASK 1:1 (1:0)**
LASK: Kitzmüller; Trubrig, Linossi, Oberparleiter; Sturmberger Sabetzer; Liposinovic, Chico, Fürst, Kozlicek II, Zechmeister.
GAK-Platz; 10.000; Mayer
Tore: Selim (39.); Zechmeister (78.)

**18. Runde**
**LASK – Sportclub 1:3 (0:1)**
LASK: Kitzmüller; Trubrig, Linossi, Oberparleiter; Sturmberger Sabetzer; Liposinovic, Chico, Nemeth, Kozlicek II, Fürst.
Linzer Stadion; 7.000; Schiller
Tore: Knoll (4.), Hof (47., 65.), Kozlicek (61.)

**19. Runde**
**Austria Klagenfurt – LASK 1:0 (1:0)**
LASK: Kitzmüller; Trubrig, Linossi, Oberparleiter; Teinitzer, Sabetzer; Liposinovic, Chico, Kondert, Kozlicek II, Zechmeister.
Klagenfurt; 6.500; Babauczek
Tor: Lorber II (25.)

**20. Runde**
**LASK – Schwechat 1:0 (1:0)**
LASK: Kitzmüller; Trubrig, Linossi, Oberparleiter; Teinitzer, Sturmberger; Liposinovic, Chico, Sabetzer, Kozlicek II, Zechmeister.
Linzer Stadion; 3.000; Amies
Tor: Sabetzer (3.)

**21. Runde**
**Wacker – LASK 1:2 (0:1)**
LASK: Kitzmüller; Trubrig, Wild, Oberparleiter; Teinitzer, Sturmberger; Liposinovic, Chico, Sabetzer, Kozlicek II, Zechmeister.
Wackerplatz; 6.000; Keßler
Tore: Liposinovic (31.), Chico (79.), Nikischer I (85.)

**22. Runde**
**LASK – WAC 1:2 (0:0)**
LASK: Saurer; Trubrig, Linossi, Lusenberger; Teinitzer, Sabetzer; Oberparleiter, Kozlicek II, Kondert, Sabetzer, Chico.
LASK-Platz; 5.000; Mayer
Tore: Cejka (47.), Sturmberger (66.), Szokol (71.)

**23. Runde**
**Rapid – LASK 1:0 (1:0)**
LASK: Kitzmüller; Trubrig, Linossi, Oberparleiter; Teinitzer, Sturmberger; Liposinovic, Chico, Sabetzer, Kozlicek II, Zechmeister.
Rapidplatz; 7.000; Wlachojanis
Tor: Flögel (17.)

**24. Runde**
**LASK – Admira 3:1 (2:1)**
LASK: Kitzmüller; Trubrig, Wild, Lusenberger; Sturmberger, Sabetzer; Liposinovic, Chico, Nemeth, Kozlicek II, Szabo.
LASK-Platz; 4.000; Eisenkölb
Tore: Kozlicek (5.), Bedernik (28.), Nemeth (45.), Szabo (70.)

**25. Runde**
**Vienna – LASK 0:1 (0:0)**
LASK: Kitzmüller; Trubrig, Wild, Lusenberger; Sturmberger, Sabetzer; Liposinovic, Chico, Nemeth, Kozlicek II, Szabo.
Hohe Warte; 2.000; Amies
Tor: Kozlicek II (72.)

**26. Runde**
**LASK – SVS Linz 3:2 (2:2)**
LASK: Kitzmüller; Trubrig, Wild, Lusenberger; Sturmberger, Sabetzer; Liposinovic, Chico, Nemeth, Kozlicek II, Szabo.
Linzer Stadion; 5.000; Haberfellner
Tore: Chico (17., 47.), Viehböck (23.), Wagner (32.), Liposinovic (43.)

### Saison 1963/64 – Staatsliga

| | | | | | | | |
|---|---|---|---|---|---|---|---|
| 1. | Rapid | 26 | 19 | 5 | 2 | 69 : 27 | 43 |
| 2. | Austria Wien | 26 | 17 | 3 | 6 | 61 : 36 | 37 |
| 3. | **LASK** | 26 | 15 | 3 | 8 | 46 : 36 | 33 |
| 4. | Schwechat | 26 | 13 | 5 | 8 | 51 : 41 | 31 |
| 5. | Sportclub | 26 | 13 | 5 | 8 | 48 : 53 | 31 |
| 6. | GAK | 26 | 11 | 5 | 10 | 49 : 42 | 27 |
| 7. | Admira | 26 | 11 | 5 | 10 | 52 : 49 | 27 |
| 8. | Vienna | 26 | 8 | 8 | 10 | 38 : 33 | 24 |
| 9. | WAC | 26 | 7 | 10 | 9 | 33 : 38 | 24 |
| 10. | SC Wr. Neustadt | 26 | 8 | 6 | 12 | 33 : 47 | 22 |
| 11. | Kapfenberg | 26 | 8 | 2 | 16 | 38 : 56 | 18 |
| 12. | SVS Linz | 26 | 5 | 7 | 14 | 42 : 56 | 17 |
| 13. | Simmering | 26 | 8 | 1 | 17 | 46 : 64 | 17 |
| 14. | Dornbirn | 26 | 4 | 5 | 17 | 31 : 59 | 13 |

**1. Runde**
**Admira – LASK 2:4 (2:1)**
LASK: Kitzmüller; Trubrig, Linossi, Oberparleiter; Blutsch, Sturmberger, Liposinovic, Fürst, Sabetzer, Kozlicek II, Chico.
Hohe Warte; 10.000; Babauczek
Tore: Reiter (2.), Kozlicek (8.), Tracaia (25.), Fürst (52.), Sabetzer (75.) Liposinovic (82.)

**2. Runde**
**Austria Wien – LASK 4:1 (1:1)**
LASK: Kitzmüller; Trubrig, Linossi, Oberparleiter; Sturmberger, Liposinovic, Fürst, Sabetzer, Kozlicek II, Chico.
Wiener Stadion; 28.000; Keßler
Tore: Jacare (14., 46., 89.), Fürst (25.), Fiala (69.)

**3. Runde**
**LASK – Dornbirn 2:0 (0:0)**
LASK: Kitzmüller; Trubrig, Linossi, Oberparleiter; Blutsch, Sturmberger; Liposinovic, Fürst, Sabetzer, Nemeth, Chico.
LASK-Platz; 7.000; Köck
Tore: Sabetzer (49., 51.)

**4. Runde**
**Sportclub – LASK 2:1 (1:0)**
LASK: Kitzmüller; Trubrig, Linossi, Oberparleiter; Blutsch, Sturmberger; Liposinovic, Chico, Fürst, Sabetzer, Zechmeister.
Wiener Stadion; 30.000; Amies
Tore: Linossi (35. Eigentor), Hörmayer (87.), Zechmeister (49.)

**5. Runde**
**LASK – Rapid 1:2 (0:1)**
LASK: Kitzmüller; Trubrig, Sturmberger, Oberparleiter; Blutsch, Sabetzer; Liposinovic, Chico,Fürst, Rautmann, Zechmeister.
Linzer Stadion; 15.000; Babauczek
Tore: Liposinovic (90.), Seitl (13.), Flögel (70.)

**6. Runde**
**Kapfenberg – LASK 3:1 (2:1)**
LASK: Kitzmüller; Trubrig, Pichler, Oberparleiter; Sturmberger, Sabetzer; Liposinovic, Blutsch, Fürst, Chico, Szabo.
Kapfenberg; 5.000; Schiller
Tore: Mandl (15., 43.), Peintinger (77.); Fürst (21.)

**7. Runde**
**LASK – Schwechat 1:0 (1:0)**
LASK: Kitzmüller; Trubrig, Pichler, Szabo; Blutsch, Sturmberger; Kondert, Dietl, Nemeth, Sabetzer, Chico.
LASK-Platz; 5.000; Kiener
Tor: Kozlicek I (Schwechat) (5. Eigentor)

**8. Runde**
**SVS Linz – LASK 1:0 (1:0)**
LASK: Kitzmüller; Trubrig, Pichler, Szabo; Blutsch, Sturmberger; Rautmann, Chico, Nemeth, Sabetzer, Kondert.
Linzer Stadion; 10.000; Kokolj
Tor: Viehböck (43.)

**9. Runde**
**LASK – Wiener Neustadt 2:0 (2:0)**
LASK: Kitzmüller; Trubrig, Pichler, Szabo; Blutsch, Sturmberger; Nemeth, Chico, Kondert, Sabetzer, Zechmeister.
LASK-Platz; 3.500; Mayer
Tore: Chico (6.), Kondert (28.)

**10. Runde**
**GAK – LASK 0:1 (0:1)**
LASK: Kitzmüller; Trubrig, Pichler, Szabo; Blutsch, Sturmberger; Liposinovic, Chico, Nemeth, Sabetzer, Zechmeister.
GAK-Platz; 7.500; Dr. Bauer
Tor: Liposinovic (34.)

**11. Runde**
**LASK – Simmering 5:1 (1:1)**
LASK: Kitzmüller; Trubrig, Pichler, Szabo; Blutsch, Sturmberger; Liposinovic, Nemeth, Kondert, Sabetzer, Zechmeister.
LASK-Platz; 4.000; Haberfellner
Tore: Kondert (28., 47., 80.), Nemeth (59., 65.) Löffelmann (23.)

**12. Runde**
**WAC – LASK 1:1 (1:0)**
LASK: Kitzmüller; Trubrig, Pichler, Szabo; Blutsch, Sturmberger; Liposinovic, Chico, Kondert, Sabetzer, Zechmeister.
WAC-Platz; 1.400; Hausmann
Tore: Gänsthaler (15.), Zechmeister (75.)

**13. Runde**
**LASK – Vienna 2:1 (1:0)**
LASK: Kitzmüller; Trubrig, Pichler, Szabo; Blutsch, Sabetzer, Liposinovic, Nemeth, Kondert, Chico, Zechmeister.
LASK-Platz; 4.000; Kainer
Tore: Zechmeister (36.), Paulinho (57.), Nemeth (67.)

**14. Runde**
**LASK – Admira 2:1 (1:1)**
LASK: Kitzmüller; Trubrig, Pichler, Szabo;

Blutsch, Sturmberger; Liposinovic, Chico, Kondert, Sabetzer, Zechmeister.
Linzer Stadion; 6.000; Kainer
Tore: Sabetzer (11.), Skerlan (24.), Chico (78.)

**15. Runde**
**LASK – Wiener Austria 3:2 (1:2)**
LASK: Kitzmüller (Saurer); Oberparleiter, Linossi, Szabo; Blutsch, Sturmberger; Liposinovic, Kondert, Fürst, Sabetzer, Zechmeister.
LASK-Platz; 8.000; Haberfellner
Tore: Liposinovic (16.), Blutsch (62.), Szabo (85. Elfmeter), Nemec (3., 18.)

**16. Runde**
**LASK – Sportclub 1:0 (1:0)**
LASK: Kitzmüller; Trubrig, Linossi, Oberparleiter; Blutsch, Sturmberger; Liposinovic, Chico, Nemeth, Sabetzer, Zechmeister.
LASK-Platz; 8.500; Keßler
Tor: Sabetzer (40.)

**17. Runde**
**Rapid- LASK 3:2 (1:0)**
LASK: Kitzmüller; Trubrig, Linossi, Szabo; Blutsch, Sturmberger, Chico, Nemeth, Sabetzer, Zechmeister.
Rapidplatz; 13.000; Dr. Bauer
Tore: Schmid (17.), Seitl (51.), Flögel (57.), Chico (71., 81.)

**18. Runde**
**LASK – Kapfenberg 3:0 (2:0)**
LASK: Kitzmüller; Hintringer, Linossi, Szabo; Blutsch, Sturmberger; Liposinovic, Chico, Kondert, Sabetzer, Fürst.
LASK-Platz; 2.000; Amies
Tore: Chico (22.), Sabetzer (40.), Szabo (Elfmeter)

**19. Runde**
**Schwechat – LASK 4:1 (2:0)**
LASK: Kitzmüller; Hintringer, Linossi, Szabo; Blutsch, Sturmberger; Liposinovic, Chico, Kondert, Sabetzer, Fürst.
Schwechat; 3.000; Keßler
Tore: Novy (16.), Horak (42.), Frank (54., 70.), Liposinovic (56.)

**20. Runde**
**LASK – SVS Linz 3:2 (1:0)**
LASK: Saurer; Trubrig, Linossi, Szabo; Blutsch, Sturmberger; Liposinovic, Kondert, Fürst, Sabetzer, Zechmeister.
LASK-Platz; 5.000; Maier
Tore: Zechmeister (25., 62.), Liposinovic (60.), Bachl (67.), Wurdinger (70.)

**21. Runde**
**Dornbirn – LASK 1:1 (1:0)**
LASK: Kitzmüller; Trubrig, Pichler, Szabo; Blutsch, Sturmberger; Liposinovic, Chico, Kondert, Sabetzer, Zechmeister.
Dornbirn; 6.000; Schramm
Tore: Inama (32.), Sabetzer (81.)

**22. Runde**
**Wiener Neustadt – LASK 2:1 (0:0)**
LASK: Kitzmüller; Trubrig, Linossi, Szabo; Blutsch, Sturmberger; Liposinovic, Chico, Fürst, Sabetzer, Zechmeister.
Wr. Neustadt; 4.000; Kainer
Tore: Schatzer (48.), Chico (50.), Tutschek (80.)

**23. Runde**
**LASK – GAK 1:0 (1:0)**
LASK: Kitzmüller; Trubrig, Linossi, Szabo; Blutsch, Sturmberger; Hintringer, Chico, Sabetzer, Zechmeister, Fürst.
LASK-Platz; 6.000; Wlachojanis
Tor: Zechmeister (22.)

**24. Runde**
**Simmering – LASK 2:3 (2:1)**
LASK: Saurer; Trubrig, Linossi, Szabo; Blutsch, Sturmberger; Liposinovic, Chico, Fürst, Sabetzer, Zechmeister.
Simmering; 2.000; Amies
Tore: Zechmeister (6.), Chrastka (15.), Ivosz (39.), Sabetzer (70.), Liposinovic (88.)

**25. Runde**
**LASK – WAC 2:2 (1:1)**
LASK: Saurer; Trubrig, Linossi, Szabo; Blutsch, Sturmberger; Liposinovic, Chico, Kondert, Sabetzer, Fürst.
LASK-Platz; 1.500; Kokolj
Tore: Fürst (26.), Kaltenbrunner I (29.), Szokol (61.), Kondert (77.)

**26. Runde**
**Vienna – LASK 0:1 (0:0)**
LASK: Saurer; Trubrig, Linossi, Szabo; Blutsch, Pichler; Liposinovic, Chcio, Fürst, Sabetzer, Zechmeister.
Hohe Warte; 8.000; Hausmann
Tor: Fürst (70.)

| Saison 1964/65 – Staatsliga | | | | | | |
|---|---|---|---|---|---|---|
| 1. | LASK | 26 | 14 | 8 | 4 | 49 : 29 | 36 |
| 2. | Rapid | 26 | 14 | 7 | 5 | 42 : 21 | 35 |
| 3. | Admira | 26 | 14 | 7 | 5 | 52 : 28 | 35 |
| 4. | Sportclub | 26 | 15 | 3 | 8 | 54 : 36 | 33 |
| 5. | Vienna | 26 | 12 | 6 | 8 | 51 : 36 | 30 |
| 6. | Schwechat | 26 | 10 | 9 | 7 | 27 : 28 | 29 |
| 7. | Austria Wien | 26 | 9 | 10 | 17 | 29 : 28 | 28 |
| 8. | Wacker Innsbruck | 26 | 8 | 10 | 8 | 29 : 23 | 26 |
| 9. | SC Wr. Neustadt | 26 | 8 | 7 | 11 | 31 : 32 | 23 |
| 10. | GAK | 26 | 6 | 8 | 12 | 28 : 48 | 20 |
| 11. | Kapfenberg | 26 | 5 | 10 | 11 | 25 : 45 | 20 |
| 12. | Sturm Graz | 26 | 7 | 5 | 14 | 29 : 40 | 19 |
| 13. | WAC | 26 | 5 | 5 | 16 | 31 : 54 | 15 |
| 14. | Wacker Wien | 26 | 4 | 7 | 15 | 27 : 56 | 15 |

**1. Runde – 22. 8. 1964**
**LASK – Admira Energie 1:4 (1:2)**
LASK: Kitzmüller; Lusenberger, Linossi, Szabo; Blutsch, Sturmberger; Viehböck, Chico, Sabetzer; Kozlicek, Zechmeister.
LASK-Platz; 5.000; Amies.
Tore: Kaltenbrunner (3., 16.), Viehböck (21.), Latzke (75., 79.)

**2. Runde – 29. 8. 1964**
**Wiener Neustadt – LASK 4: 2 (1:1)**
LASK: Harreither; Trubrig, Pichler, Sturmberger; Blutsch, Sabetzer; Liposinovic, Kozlicek, Chico, Köglberger, Viehböck.
Wiener Neustadt; 4.000; Tittl.
Tore: Hoffmann (3.), Schatzer (51., 55.), Artner I (65.); Viehböck (14.), Sturmberger (87.)

**3. Runde – 5. 9. 1964**
**LASK – Wacker Innsbruck 1:0 (0:0)**
LASK: Harreither; Trubrig, Pichler, Szabo; Blutsch, Sturmberger; Liposinovic, Kozlicek, Sabetzer, Köglberger, Viehböck.
LASK-Platz; 10.000; Lammer.
Tor: Köglberger (70.)

**4. Runde – 12. 9. 1964**
**WAC – LASK 1:2 (1:1)**
LASK: Harreither; Trubrig, Pichler, Szabo; Blutsch, Sturmberger; Liposinovic, Kozlicek, Sabetzer, Köglberger, Viehböck.
Wiener Stadion; 8.000; Karner.
Tore: Herfort (33.); Sabetzer (40.), Pichler (75.)

**5. Runde – 19. 9. 1964**
**LASK – Kapfenberg 3:1 (1:0)**
LASK: Harreither; Trubrig, Pichler, Szabo; Blutsch, Sturmberger; Liposinovic, Kozlicek, Sabetzer, Köglberger, Viehböck.
LASK-Platz; 5.000; Mayer.
Tore: Köglberger (34., 57.), Sabetzer (76.); Schimmel (86.)

**6. Runde – 4. 10. 1964**
**Sturm Graz – LASK 2:1 (1:0)**
LASK: Harreither; Szabo, Pichler, Viehböck; Blutsch, Sturmberger; Liposinovic, Kozlicek, Sabetzer, Köglberger, Zechmeister.
Sturm Platz; 6.000; Tittl.
Tore: Medle (5., 80.); Liposinovic (46. )

**7. Runde – 17. 10. 1964**
**LASK – Schwechat 3:0 (1:0)**
Kitzmüller; Trubrig, Pichler, Szabo; Blutsch, Sturmberger; Liposinovic, Chico, Sabetzer, Köglberger, Viehböck.
LASK-Platz; 4.000;Kessler.
Tore: Viehböck (43.), Liposinovic (47.), Köglberger (51.)

**8. Runde – 24. 10. 1964**
**Austria Wien – LASK 0:0**
LASK: Kitzmüller; Trubrig, Pichler, Szabo; Blutsch, Sturmberger; Liposinovic, Chico, Sabetzer, Köglberger, Viehböck.
Wiener Stadion; 3.500; Schiller.

**9. Runde – 31. 10. 1964**
**LASK – Wacker Wien 3:0 (2:0)**
LASK: Kitzmüller; Trubrig, Pichler, Szabo; Blutsch, Sturmberger; Liposinovic, Fürst, Sabetzer, Köglberger, Viehböck.
LASK-Platz; 4.000; Kokolj.
Tore: Sabetzer (11.), Köglberger (40.), Fürst (83)

**10. Runde – 7. 11. 1964**
**Rapid – LASK 1:1**
Rapid: Veres; Halla, Glechner, Höltl; Hasil, Skocik; Schmid, Wolny, Seitl, Flögel, Rehnelt.
LASK: Kitzmüller; Trubrig, Pichler, Szabo; Blutsch, Sturmberger; Liposinovic, Chico, Fürst, Sabetzer, Viehböck.
Rapid – Platz (Pfarrwiese); 12.000; Lammer.
Tore: Blutsch (3.), Seitl (76. Elfer)

**11. Runde – 14. 11. 1964**
**LASK – Sportklub 1:1 (0:1)**
LASK: Kitzmüller; Trubrig, Pichler, Szabo; Blutsch, Sturmberger; Liposinovic, Chico, Fürst, Sabetzer, Viehböck.
Sportklub: Szanwald; Kainrath, Webora, Hasenkopf; Oslansky, Knoll; Rafreider, Schmidt, Gayer, Hamerl, Hörmayr.
Linzer Stadion; 15. 000; Dr. Bauer.
Tore: Sturmberger (58.); Gayer (43.)

**12. Runde – 21. 11. 1964**
**LASK – Vienna 0:0**
LASK: Kitzmüller; Trubrig, Pichler, Sturmberger, Szabo; Blutsch, Sabetzer; Liposinovic, Fürst, Köglberger, Viehböck.
Vienna: Schmied (Kraushofer); Cejka, Koschier, Kremser; Hiesel, Koller; Marik, Cejka, Wirtl, Wieger, Weidinger.
Linzer Stadion; 8.500; Kokolj.

**13. Runde – 28. 11. 1964**
**GAK – LASK 4:0 (3:0)**
LASK: Kitzmüller; Oberparleiter, Pichler, Sturmberger, Szabo; Blutsch, Kozlicek, Viehböck, Chico, Köglberger, Zechmeister.
GAK-Platz; 4.000, Hafner.
Tore: Sgerm (7.), Fleischhacker (23.), Koleznik (42.), Klug (63.)

**14. Runde – 5. 12. 1964**
**Admira Energie – LASK 1:1 (0:1)**
LASK: Kitzmüller; Trubrig, Pichler, Kozlicek; Blutsch, Sturmberger; Chico, Fürst, Zechmeister, Köglberger, Viehböck.
Admira-Platz; 2.000; Hausmann.
Tore: Viehböck (39.), Kaltenbrunner (90.)

**15. Runde – 12. 12. 1964**
**LASK – Wr. Neustadt 3:1 (0:0)**
LASK: Harreither; Trubrig, Pichler, Kozlicek; Blutsch, Sturmberger; Liposinovic, Fürst, Kondert; Zechmeister, Viehböck.
LASK-Platz; 2.500; Schillein.
Tore: Bierbaumer (54.); Kondert (60.), Liposinovic (72. Elfer), Fürst (75.)

**16. Runde – 13. 3. 1964**
**Wacker Innsbruck – LASK 2:2 (1:0)**
LASK: Kitzmüller; Trubrig, Pichler, Kozlicek; Blutsch, Sturmberger; Liposinovic, Kondert, Fürst, Sabetzer, Viehböck.
Tivoli; 6.000; Hausmann.
Tore: Siber (4.); Sabetzer (48); Liposinovic (65.); Senekowitsch (67.)

**17. Runde – 20. 3. 1964**
**LASK – WAC 3:1 (1:1)**
LASK: Kitzmüller; Trubrig, Pichler, Szabo; Blutsch, Sturmberger; Liposinovic, Kozlicek, Kondert, Sabetzer, Viehböck.
LASK-Platz; 5.500; Dr. Bauer.
Tore: Gänsthaler (27.), Kozlicek (37.), Szabo (57. Elfer), Kondert (64.)

**18. Runde – 27. 3. 1964**
**Kapfenberg – LASK 1:1 (0:0)**
LASK: Kitzmüller; Trubrig, Pichler, Szabo; Blutsch, Sturmberger; Liposinovic, Kozlicek, Kondert, Sabetzer, Viehböck.
Kapfenberg; 4.000; Wöhrer.
Tore: Liposinovic (50.), Wehr (72.)

**19. Runde – 3. 4. 1964**
**LASK – Sturm Graz 2:1 (0:0)**
LASK: Kitzmüller; Trubrig, Pichler, Szabo; Blutsch, Sturmberger; Liposinovic, Chico, Kozlicek, Sabetzer, Viehböck.
Linzer Stadion; 7.500; Wlachojanis.
Tore: Kozlicek (66.), Chico (72.); Tesourinho (89.)

**20. Runde – 11. 4. 1964**
**Schwechat – LASK 1:2 (1:1)**
LASK: Kitzmüller; Trubrig, Pichler, Szabo; Blutsch, Sturmberger; Liposinovic, Chico, Kozlicek, Sabetzer, Viehböck.
Schwechat; 3.000; Lammer.
Tore: Sabetzer (28.), Nikischer I (45.), Szabo (65. Elfer)

**21. Runde – 2. 5. 1964**
**LASK – Austria 2:0 (2:0)**
LASK: Harreither; Trubrig, Pichler, Kozlicek; Fürst, Sturmberger; Liposinovic, Chico, Kondert, Sabetzer, Zechmeister.
Austria: Özcan; Brandtstetter, Binder, Fröhlich; Bajak I, Dirnberger; Hirnschrodt, Parits, Nemec, Geyer, Jacare.
Linzer Stadion; 20.000; Keßler.
Tore: Sabetzer (14.), Sturmberger (18.)

**22. Runde – 9. 5. 1964**
**Wacker Wien – LASK 1:6 (1:2)**
Wacker: Siedl; Broz, Bauer, Pekar; Windisch, Pacal; Scheriau, Fischer, Hof II, Herzog, Böhm.
LASK: Harreither (Kitzmüller); Trubrig, Pichler, Szabo; Blutsch, Sturmberger; Liposinovic, Chico, Zechmeister, Sabetzer, Viehböck.
Wacker-Platz; 5.000, Dr. Bauer.
Tore: Viehböck (7., 28., Fischer 36.), Sabetzer (57.), Liposinovic (62.), Chico (64.), Szabo (81. Elfer)

**23. Runde – 22. 5. 1964**
**LASK – Rapid 1:1 (0:1)**
LASK: Kitzmüller; Trubrig, Pichler, Szabo; Blutsch, Sturmberger; Liposinovic, Kozlicek, Köglberger, Sabetzer, Viehböck.
Rapid: Veres; Halla, Schmid, Höltl; Ullmann, Skocik; Fritsch, Seitl, Grausam, Flögel, Rehnelt.
Linzer Stadion; 21.000; Kokolj.
Tore: Seitl (31.), Szabo (79.)

**24. Runde – 30. 5. 1964**
**Sportklub – LASK 1:2 (0:1)**
Sportklub: Szanwald; Kainrath, Webora, Linhart; Knoll, Windisch; Rafreider, Gayer, Hof, Hamerl, Hörmayr.
LASK: Kitzmüller; Trubrig, Pichler, Kozlicek; Blutsch, Sturmberger; Liposinovic, Chico, Köglberger, Sabetzer, Viehböck.
Dornbach; 9.000; Kainer.
Tore: Chico (28.), Gayer (69.), Viehböck (83.)

**25. Runde – 20. 6. 1964**
**LASK – GAK 4:0 (1:0)**
LASK: Kitzmüller; Tubrig, Pichler, Szabo; Blutsch, Sturmberger; Liposinovic, Chico, Köglberger, Sabetzer, Viehböck.
Linzer Stadion; 5.000; Haberfellner.
Tore: Viehböck (36.), Frisch (70. Eigentor), Viehböck (77.), Sabetzer (86.)

**26. Runde – 3. 7. 1964**
**Vienna – LASK 0:2 (0:2)**
Vienna: Kraushofer; Rudolf Cejka, Koschier, Liener; Hiesel, Koller; Marik, Fr. Cejka, Wirtl, Wieger, Weidinger.
LASK: Kitzmüller; Trubrig, Pichler, Kozlicek; Blutsch, Sturmberger; Liposinovic, Chico, Szabo, Sabetzer, Viehböck.
Hohe Warte; 10.000; Rigg (Deutschland)
Tore: Blutsch (11.), Szabo (32.)

| | Saison 1965/66 – Nationalliga | | | | | | | |
|---|---|---|---|---|---|---|---|---|
| 1. | Admira | 26 | 18 | 7 | 1 | 51 : 17 | 43 |
| 2. | Rapid | 26 | 16 | 8 | 2 | 64 : 22 | 40 |
| 3. | Austria Wien | 26 | 16 | 3 | 7 | 58 : 27 | 35 |
| 4. | Sportclub | 26 | 11 | 8 | 7 | 57 : 33 | 30 |
| 5. | Austria Klagenfurt | 26 | 11 | 7 | 8 | 39 : 33 | 29 |
| 6. | Vienna | 26 | 11 | 7 | 8 | 53 : 39 | 29 |
| 7. | LASK | 26 | 10 | 7 | 9 | 45 : 37 | 27 |
| 8. | Wacker Innsbruck | 26 | 8 | 9 | 9 | 32 : 31 | 25 |
| 9. | Schwechat | 26 | 9 | 5 | 12 | 40 : 42 | 23 |
| 10. | GAK | 26 | 7 | 9 | 10 | 35 : 46 | 23 |
| 11. | Kapfenberg | 26 | 5 | 10 | 11 | 26 : 51 | 20 |
| 12. | SC Wr. Neustadt | 26 | 7 | 5 | 14 | 30 : 60 | 19 |
| 13. | Austria Salzburg | 26 | 3 | 6 | 17 | 26 : 66 | 12 |
| 14. | Simmering | 26 | 3 | 3 | 20 | 26 : 68 | 9 |

**1.Runde**
**Sportclub – LASK 1:1 (1:1)**
LASK: Kitzmüller; Trubrig, Pichler, Szabo; Schreiber, Sturmberger; Liposinovic, Chico, Köglberger, Sabetzer, Viehböck.
Wiener Stadion; 22.000; Keßler
Tore: Knoll (24.), Köglberger (30.)

**2. Runde**
**LASK – Wiener Neustadt 3:0 (0:0)**
LASK: Kitzmüller; Trubrig, Pichler, Szabo; Schreiber, Sturmberger; Liposinovic, Chico, Köglberger, Sabetzer, Viehböck.
Linzer Stadion; 11.000; Dr. Benesch
Tore: Köglberger (79., 83.), Sabetzer (88.)

**3. Runde**
**Austria Klagenfurt – LASK 1:1 (1:1)**
LASK: Kitzmüller; Trubrig, Pichler, Oberparleiter; Schreiber, Sturmberger; Liposinovic, Chico, Kondert, Sabetzer, Viehböck.

Klagenfurt; 9.200; Haberfellner
Tore: Sabetzer (11.), Hohenberger (42.)

**4. Runde**
**LASK – Vienna 5:3 (1:2)**
LASK: Kitzmüller; Trubrig, Pichler, Leitner; Schreiber, Sturmberger; Liposinovic, Chico, Köglberger, Sabetzer, Viehböck.
LASK-Platz; 5.000; Bauer
Tore: Marik (6., 53.), Schreiber (34.), Cejka (40.), Viehböck (58.), Köglberger (68.), Liposinovic (81. Elfmeter), Trubrig (89.)

**5. Runde**
**Rapid – LASK 3:0 (1:0)**
LASK: Harreither; Trubrig, Pichler, Szabo; Schreiber, Sturmberger; Liposinovic, Kondert, Köglberger, Sabetzer, Viehböck.
Wiener Stadion; 20.000; Mayer
Tore: Seitl (44., 70.), Rehnelt (81.)

**6. Runde**
**Kapfenberg – LASK 0:0**
LASK: Kitzmüller; Trubrig, Pichler, Szabo; Schreiber, Sturmberger; Liposinovic, Chico, Köglberger, Sabetzer, Viehböck.
Kapfenberg; 4.000; Tittl

**7. Runde**
**LASK – GAK 3:1 (3:0)**
LASK: Kitzmüller; Trubrig, Pichler, Leitner; Schreiber, Sturmberger; Liposinovic, Szabo, Köglberger, Sabetzer, Viehböck.
Linzer Stadion; 5.000; Dr. Benesch
Tore: Liposinovic (23.), Köglberger (27.), Sabetzer (37.), Sgerm (70.)

**8. Runde**
**Admira – LASK 1:0 (0:0)**
LASK: Kitzmüller; Trubrig, Pichler, Szabo; Schreiber, Sturmberger; Hintringer, Chico, Zechmeister, Sabetzer, Viehböck.
Wiener Stadion; 12.000; Keßler
Tor: Sauer (83.)

**9. Runde**
**LASK – Schwechat 1:1 (1:0)**
LASK: Kitzmüller; Trubrig, Pichler, Sturmberger, Szabo; Schreiber, Sabetzer; Liposinovic, Chico, Köglberger, Viehböck.
Linzer Stadion; 5500; Lammer
Tore: Szabo (29. Elfmeter), Schilling (87.)

**10. Runde**
**Simmering – LASK 1:0 (1:0)**
LASK: Kitzmüller; Trubrig, Pichler, Leitner; Schreiber, Sturmberger; Liposinovic, Szabo, Köglberger, Sabetzer, Zechmeister.
Simmering; 1.500; Mayer
Tor: Kittenberger (25.)

**11. Runde**
**LASK – Austria 1:3 (0:1) abgebrochen**
LASK: Kitzmüller; Trubrig, Pichler, Leitner; Schreiber, Sturmberger; Liposinovic, Chico, Köglberger, Sabetzer, Szabo.
Linzer Stadion; 11.000; Hafner
Tore: Nemec (19.), Pichler (47.), Jacare (52.), Buzek (60.)
Ausschluß: Sturmberger (58.)

**12. Runde**
**Wacker Innsbruck – LASK 0:0**
LASK: Harreither; Trubrig, Wild, Szabo; Schreiber, Leitner; Liposinovic, Dobersberger, Köglberger, Sabetzer, Viehböck.
Tivoli; 7.000; Babauczek

**13. Runde**
**LASK – Austria Salzburg 5:1 (4:0)**
LASK: Harreither; Trubrig, Schreiber, Wild; Szabo, Leitner; Sabetzer, Liposinovic, Kondert, Köglberger, Viehböck.
Linzer Stadion; 5.000; Hausmann
Tore: Köglberger (8., 43., 63.), Köglberger (25., 34.), Praschak (80.)

**14. Runde**
**LASK – Sportclub 0:3 (0:1)**
LASK: Harreither; Trubrig, Pichler, Schreiber, Willingsdorfer; Dobersberger, Sabetzer; Szabo, Chico, Kondert, Viehböck.
Linzer Stadion; 10.000; Amies
Tore: Gayer (41.), Hörmayer (59.), Schmidt (85.)

**15. Runde**
**Wiener Neustadt – LASK 0:0**
LASK: Harreither; Trubrig, Pichler, Sturmberger, Szabo; Dobersberger, Schreiber; Liposinovic, Chico, Sabetzer, Viehböck.
Wiener Neustadt; 4.000; Schiller

**16. Runde**
**LASK – Austria Klagenfurt 3:2 (3:2)**
LASK: Harreither; Trubrig, Pichler, Oberparleiter, Szabo; Schreiber, Sturmberger; Liposinovic, Chico, Kondert, Viehböck.
Linzer Stadion; 4.000; Babauczek
Tore: Repitsch (16.), Sturmberger (18.), Schierhuber (24.), Kondert (40.), Chico (43.)

**17. Runde**
**Vienna – LASK 4:2 (0:1)**
LASK: Harreither; Trubrig, Pichler, Szabo; Leitner, Sturmberger; Liposinovic, Chico,

Sabetzer, Schreiber, Viehböck.
Hohe Warte; 4000; Mayer
Tore: Chico (35.), Cejka (60.), Weidinger (62.), Marik (66.), Wirtl (68.), Viehböck (76.)

**18. Runde**
**LASK – Rapid 0:2 (0:0)**
LASK: Harreither; Trubrig, Pichler, Sturmberger, Szabo; Schreiber, Sabetzer; Liposinovic, Chico, Kondert, Viehböck.
Linzer Stadion; 10.000; Keßler
Tore: Seitl (51., 68.)

**19. Runde**
**LASK – Kapfenberg 4:0 (1:0)**
LASK: Harreither; Trubrig, Pichler, Leitner, Oberparleiter; Szabo, Sabetzer; Hintringer, Chico, Liposinovic, Viehböck.
Linzer Stadion; 5.000; Wlachojanis
Tore: Sabetzer (3., 61., 74.), Hintringer (57.)

**20. Runde**
**GAK – LASK 2:0 (0:0)**
LASK: Harreither; Trubrig, Pichler, Leitner, Oberparleiter; Sturmberger, Sabetzer; Liposinovic, Chico, Szabo, Viehböck.
GAK-Platz; 6.000; Nießner
Tore: Fleischhacker II (56., 65.)

**21. Runde**
**LASK – Admira 2:2 (1:2)**
LASK: Harreither; Trubrig, Pichler, Leitner, Oberparleiter, Szabo, Sabetzer; Liposinovic, Chico, Hintringer, Viehböck.
Linzer Stadion; 10.000; Haberfellner
Tore: Herzog (8.), Skerlan (16.), Viehböck (26., 75.)

**22. Runde**
**Schwechat – LASK 1:2 (0:1)**
LASK: Harreither; Trubrig, Pichler, Sturmberger, Oberparleiter; Leitner, Sabetzer; Hintringer, Chico, Liposinovic, Viehböck.
Schwechat; 1.500; Buzek
Tore: Chico (4.), Reiter (56. Eigentor), Novy (62.)

**23. Runde**
**LASK – Simmering 4:1 (2:0)**
LASK: Harreither; Trubrig, Pichler, Leitner, Oberparleiter; Sturmberger, Sabetzer; Hintringer, Chico, Liposinovic, Viehböck.
Linzer Stadion; 3.000; Pamminger
Tore: Hintringer (12.), Chico (33.), Zelesnik (52.), Sturmberger (86.), Viehböck (89. Elfmeter)

**24. Runde**
**Austria Wien – LASK 1:0 (0:0)**
LASK: Harreither; Trubrig, Sturmberger, Sabetzer; Hintringer, Chico, Liposinovic, Viehböck, Pichler, Leitner, Oberparleiter.
Wacker-Platz; 2.000; Dr. Bauer
Tor: Jacare (56.)

**25. Runde**
**LASK – Wacker Innsbruck 5:2 (4:1)**
LASK: Kitzmüller; Trubrig, Pichler, Leitner, Oberparleiter; Szabo, Sabetzer; Liposinovic, Sturmberger, Kondert, Viehböck.
Linzer Stadion; 7.000; Karrer
Tore: Viehböck (2 Tore), Liposinovic (12.), Kondert (27.), Sabetzer (37.); Siber (2., 70.)

**26. Runde**
**Austria Salzburg – LASK 1:4 (1:0)**
LASK: Kitzmüller; Trubrig, Pichler, Leitner, Oberparleiter; Szabo, Sabetzer; Liposinovic, Chico, Kondert, Viehböck.
Lehen; 2.000; Gruber
Tore: Hirscher (5.), Sükrü (48. Eigentor), Szabo (72.), Leitner (75.), Sabetzer (78.)

## Saison 1966/67 – Nationalliga

| | | | | | | | |
|---|---|---|---|---|---|---|---|
| 1. | Rapid | 26 | 20 | 1 | 5 | 72 : 29 | 41 |
| 2. | Wacker Innsbruck | 26 | 18 | 5 | 3 | 58 : 24 | 41 |
| 3. | Austria Wien | 26 | 14 | 7 | 5 | 43 : 23 | 35 |
| 4. | **LASK** | **26** | **12** | **7** | **7** | **39 : 25** | **31** |
| 5. | Sportclub | 26 | 12 | 6 | 8 | 60 : 36 | 30 |
| 6. | SW Bregenz | 26 | 12 | 3 | 11 | 26 : 34 | 27 |
| 7. | Admira | 26 | 10 | 6 | 10 | 36 : 25 | 26 |
| 8. | Vienna | 26 | 11 | 4 | 11 | 42 : 49 | 26 |
| 9. | GAK | 26 | 8 | 7 | 11 | 27 : 44 | 23 |
| 10. | Austria Klagenfurt | 26 | 8 | 6 | 12 | 21 : 32 | 22 |
| 11. | Sturm Graz | 26 | 7 | 4 | 15 | 32 : 47 | 18 |
| 12. | Wacker Wien | 26 | 7 | 4 | 15 | 28 : 50 | 18 |
| 13. | SC Wr. Neustadt | 26 | 6 | 3 | 17 | 21 : 44 | 15 |
| 14. | Kapfenberg | 26 | 2 | 7 | 17 | 17 : 59 | 11 |

**1. Runde**
LASK – Sportclub 3:1 (1:0)
LASK: Harreither; Trubrig, Sturmberger, Leitner, Oberparleiter; Ille, Viehböck; Liposinovic, Kondert, Köglberger, Wurdinger.
Linzer Stadion; 10.000; Dr. Bauer
Tore: Wurdinger (38.), Köglberger (53.), Kondert (65.); Hörmayer (52.)

**2. Runde**
Austria Klagenfurt – LASK 1:0 (1:0)
LASK: Harreither; Trubrig, Sturmberger, Leitner, Hintringer, Ille, Viehböck; Liposinovic, Köglberger, Kondert, Wurdinger.
Klagenfurt; 7000; Schramm
Tor: Lampichler (19.)

**3. Runde**
LASK – SW Bregenz 1:2 (1:2)
LASK: Harreither (Kitzmüller); Trubrig, Pichler, Sturmberger, Oberparleiter; Leitner, Viehböck; Liposinovic, Chico, Kondert, Wurdinger.
Linzer Stadion; 10.000; Dr. Benesch
Tore: Viehböck (23. Elfmeter), Pasic (5.), Pichler (45. Eigentor)

**4. Runde**
Admira – LASK 1:1 (0:1)
LASK: Kitzmüller (Harreither); Trubrig, Pichler, Leitner, Willingsdorfer; Sturmberger, Viehböck; Liposinovic, Kondert, Köglberger, Wurdinger.
Mödling; 3.000; Wlachojanis
Tore: Herzog (54.); Kondert (12.)

**5. Runde**
LASK – Kapfenberg 1:0 (0:0)
LASK: Harreither; Trubrig, Pichler, Leitner, Willingsdorfer; Ille, Sturmberger; Liposinovic, Kondert, Köglberger, Wurdinger.
Linzer Stadion; 4.500; Babauczek
Tor: Viehböck (56. Elfmeter)

**6. Runde**
Wacker- LASK 0:0
LASK: Harreither; Trubrig, Pichler, Leitner, Viehböck; Ille, Sturmberger; Liposinovic, Kondert, Mütter, Wurdinger.
Wackerplatz; 5.000; Karrer

**7. Runde**
LASK – Rapid 4:0 (2:0)
LASK: Harreither; Trubrig, Pichler, Leitner, Viehböck; Chico, Sturmberger; Liposinovic, Köglberger, Mütter, Wurdinger.
Linzer Stadion; 25.000; Amies
Tore: Mütter (11., 52.) Köglberger (37., 68.)

**8. Runde**
Wacker Innsbruck – LASK 4:2 (2:2)
LASK: Harreither; Trubrig, Pichler, Leitner, Hintringer; Ille, Viehböck; Chico, Köglberger, Mütter, Wurdinger.
Innsbruck; 12.000; Babauczek
Tore: Siber (3.), Wolny (20.), Redl (53., 83.), Sturmberger (31.), Mütter (39.)

**9. Runde**
LASK – Wiener Neustadt 2:0 (0:0)
LASK: Harreither; Trubrig, Pichler, Leitner, Hintringer; Chico, Viehböck; Liposinovic, Köglberger, Mütter, Wurdinger.
Linzer Stadion; 5.000; Wöhrer
Tore: Köglberger (76., 86.)

**10. Runde**
Vienna – LASK 1:2 (1:1)
LASK: Harreither; Trubrig, Pichler, Leitner, Viehböck; Chico, Sturmberger; Liposinovic, Köglberger, Mütter, Wurdinger.
Hohe Warte; 4000; Lammer
Tore: Wieger (41.); Köglberger (19.), Sturmberger (66.)

**11. Runde**
LASK – Sturm Graz 3:0 (0:0)
LASK: Harreither; Trubrig, Pichler, Leitner, Viehböck; Chico, Sturmberger; Liposinovic, Köglberger, Mütter, Wurdinger.
Linzer Stadion; 4.500; Dr. Bauer
Tore: Sturmberger (31.), Mütter (75.), Köglberger (78.)

**12. Runde**
LASK – GAK 2:1 (0:0)
LASK: Harreither; Trubrig, Pichler, Leitner, Viehböck; Chico, Sturmberger; Liposinovic, Köglberger, Mütter, Wurdinger.
Linzer Stadion; 4.000; Nießner
Tore: Liposinovic (60.), Mütter (67.); Hohenwarter (73.)

**13. Runde**
Austria Wien – LASK 1:1 (1:0)
LASK: Harreither; Trubrig, Pichler, Leitner, Viehböck; Chico, Sturmberger, Liposinovic; Hintringer, Köglberger, Mütter, Wurdinger.
Wiener Stadion; 5.000; Schramm
Tore: Buzek (10.), Mütter (60.)

**14. Runde**
Sportclub – LASK 3:2 (2:0)
LASK: Harreither; Trubrig, Pichler, Leitner, Viehböck; Chico, Sturmberger; Liposinovic, Köglberger, Kondert, Wurdinger.
Sportclubplatz; 6.500; Schramm
Tore: Markovic (3.), Hof I (28., 76.); Kondert (53.), Sturmberger (83.)

**15. Runde**
LASK – Austria Klagenfurt 1:0 (1:0)
LASK: Harreither; Trubrig, Pichler, Leitner, Schreiber; Chico, Sturmberger; Liposinovic, Köglberger, Kondert, Wurdinger.
Linzer Stadion; 5.000; Schiller
Tor: Köglberger (3.)

**16. Runde**
SW Bregenz – LASK 2:0 (0:0)
LASK: Harreither; Trubrig, Pichler, Leitner, Schreiber; Oberparleiter, Sturmberger; Liposinovic, Köglberger, Kondert, Wurdinger.
Bodenseestadion; 6.000; Schillein
Tore: Koretic (65.), Mätzler (67.)

**17. Runde**
LASK – Admira 0:0
LASK: Harreither; Trubrig, Pichler, Leitner, Hintringer; Chico, Oberparleiter; Liposinovic, Köglberger, Sturmberger, Wurdinger.
Linzer Stadion; 7.000; Wlachojanis

**18. Runde**
Kapfenberg – LASK 0:3 (0:1)
LASK: Harreither; Trubrig, Pichler, Leitner, Hintringer; Chico, Sturmberger; Liposinovic, Köglberger, Kondert, Wurdinger.
Kapfenberg; 2.000; Swoboda
Tore: Köglberger (29., 81.), Kondert (78.)

**19. Runde**
LASK – Wacker 2:0 (1:0)
LASK: Harreither; Trubrig, Pichler, Leitner, Hintringer; Chico, Sturmberger; Liposinovic, Kondert, Köglberger, Wurdinger.
Linzer Stadion; 6.000; Fercher
Tore: Wurdinger (20., 89.)

**20. Runde**
Rapid – LASK 3:0 (1:0)
LASK: Harreither; Trubrig, Pichler, Leitner, Hintringer; Chico, Sturmberger; Liposinovic, Köglberger, Kondert, Wurdinger.
Hütteldorf; 11.000; Keßler
Tore: Grausam (10.), Starek (52., 73. Elfmeter)

**21. Runde**
LASK – Wacker Innsbruck 0:1 (0:0)
LASK: Harreither; Trubrig, Pichler, Leitner, Hintringer; Chico, Dobersberger; Liposinovic, Köglberger, Kondert, Wurdinger.
Linzer Stadion; 10.000; Wöhrer
Tor: Siber (72.)

**22. Runde**
Wiener Neustadt – LASK 1:1 (0:0)
LASK: Harreither; Trubrig, Pichler, Leitner, Hintringer; Dobersberger, Sturmberger; Liposinovic, Kondert, Ille, Wurdinger.
Wr. Neustadt; 2.500; Fercher
Tore: Tiefenbrunner (72.); Trubrig (70.)

## Saison 1967/68 – Nationalliga

| | | | | | | | |
|---|---|---|---|---|---|---|---|
| 1. | Rapid | 26 | 21 | 2 | 3 | 75 : 24 | 44 |
| 2. | Wacker Innsbruck | 26 | 15 | 7 | 4 | 45 : 27 | 37 |
| 3. | Austria Wien | 26 | 15 | 5 | 6 | 46 : 24 | 35 |
| 4. | Sportclub | 26 | 11 | 9 | 6 | 41 : 30 | 31 |
| 5. | Austria Klagenfurt | 26 | 11 | 7 | 8 | 31 : 36 | 29 |
| 6. | GAK | 26 | 11 | 5 | 10 | 35 : 37 | 27 |
| 7. | Sturm Graz | 26 | 9 | 7 | 10 | 38 : 47 | 25 |
| 8. | **LASK** | **26** | **8** | **7** | **11** | **40 : 37** | **23** |
| 9. | Admira | 26 | 5 | 11 | 10 | 41 : 47 | 21 |
| 10. | SC Eisenstadt | 26 | 8 | 5 | 13 | 26 : 33 | 21 |
| 11. | SW Bregenz | 26 | 8 | 5 | 13 | 27 : 41 | 21 |
| 12. | Austria Salzburg | 26 | 7 | 6 | 13 | 34 : 43 | 20 |
| 13. | Vienna | 26 | 7 | 1 | 18 | 27 : 50 | 15 |
| 14. | Radenthein | 26 | 5 | 5 | 16 | 30 : 60 | 15 |

**1. Runde**
LASK – Eisenstadt 4:0 (2:0)
LASK: Harreither; Trubrig, Pichler, Leitner, Hintringer; Chico, Sturmberger (Wurdinger); Liposinovic, Käfer, Köglberger, Viehböck.
Linzer Stadion; 8.000; Tittl
Tore: Köglberger (18.), Viehböck (25.), Leitner (47.), Sturmberger (61.)

**2. Runde**
Admira – LASK 3:2 (0:1)
LASK: Harreither; Trubrig, Pichler, Leitner, Hintringer; Chico, Sturmberger; Wurdinger, Liposinovic (Dobersberger), Köglberger, Viehböck.
Südstadt; 4.500; Wöhrer
Tore: Paproth (46., 64. Elfmeter), Latzke (73.); Wurdinger (24.), Liposinovic (75. Elfmeter)

**3. Runde**
LASK – GAK 0:1 (0:1)
LASK: Harreither; Trubrig, Pichler, Leitner, Hintringer; Chico, Sturmberger (Dobersberger), Viehböck; Liposinovic, Chico, Köglberger, Wurdinger.
Linzer Stadion; 10.000; Dr. Benesch
Tor: Koleznik (4.)

**4. Runde**
Vienna – LASK 3:0 (2:0)
LASK: Harreither; Trubrig, Pichler, Leitner, Viehböck; Chico, Sturmberger; Liposinovic, Käfer, Köglberger (Schreiber), Wurdinger.
Hohe Warte; 2.000; Jarosch
Tore: Nemec (11.), Böhmer (26. Elfmeter, 86.)
Rote Karte: Viehböck (26.)

**5. Runde**
LASK – Sportclub 2:1 (2:1)
LASK: Harreither; Trubrig, Pichler, Leitner, Viehböck; Chico, Sturmberger; Liposino-
vic, Käfer, Köglberger, Wurdinger.
Linzer Stadion; 15.000; Bucek
Tore: Liposinovic (15.), Köglberger (45.); Leitner (22.)

**6. Runde**
Radenthein – LASK 0:0
LASK: Harreither; Trubrig, Pichler, Leitner, Viehböck; Chico, Sturmberger; Liposinovic, Käfer, Schreiber (Linossi), Wurdinger (Hintringer).
Radenthein; 5.500; Swoboda

**7. Runde**
LASK – SW Bregenz 5:0 (2:0)
LASK: Harreither; Trubrig, Leitner, Sturmberger; Hintringer (Schreiber); Chico, Viehböck; Liposinovic, Pichler (60. Käfer), Köglberger, Wurdinger.
Linzer Stadion; 6.000; Babauczek
Tore: Köglberger (5., 85.), Liposinovic (20.), Pichler (56.), Wurdinger (65.)

**8. Runde**
LASK – Wacker Innsbruck 1:3 (0:3)
LASK: Harreither; Trubrig, Pichler, Sturmberger (Hintringer), Schreiber; Chico, Viehböck; Liposinovic, Käfer, Köglberger, Wurdinger.
Linzer Stadion; 20.000; Schiller
Tore: Senekowitsch (70. Eigentor),; Ettmayr (24.), Redl (34., 41.)

**9. Runde**
Sturm Graz – LASK 0:4 (0:1)
LASK: Harreither; Trubrig, Pichler, Leitner, Hintringer; Chico, Schreiber, Ille, Käfer; Köglberger, Wurdinger (Bauer).
Sturm-Platz; 4.000; Fercher
Tore: Köglberger (16., 72.), Celestina (54. Eigentor), Wurdinger (71.)

**10. Runde**
LASK – Austria Salzburg 2:1 (1:1)

**23. Runde**
LASK – Vienna 4:1 (3:0)
LASK: Harreither; Trubrig, Pichler, Leitner, Hintringer; Chico, Sturmberger; Liposinovic, Kondert, Köglberger, Wurdinger.
Linzer Stadion; 6.000; Schwendinger
Tore: Wurdinger (8.), Sturmberger (25.), Köglberger (43., 57.); Weidinger (74.)

**24. Runde**
Sturm Graz – LASK 1:3 (1:2)
LASK: Harreither; Trubrig, Pichler, Leitner, Hintringer; Chico, Sturmberger, Viehböck, Kondert, Köglberger, Wurdinger.
Sturmplatz; 5.000; Tomandl
Tore: Reisinger (42.); Köglberger (3., 64.), Sturmberger (12.)

**25. Runde**
GAK – LASK 0:0
LASK: Harreither; Trubrig, Pichler, Leitner, Hintringer; Chico, Sturmberger; Liposinovic, Kondert, Köglberger, Viehböck.
GAK-Platz; 3.500; Tittl

**26. Runde**
LASK – Austria Wien 1:1 (1:1)
LASK: Harreither; Trubrig, Pichler, Leitner, Viehböck; Chico, Dobersberger; Liposinovic, Kondert, Köglberger, Wurdinger.
Linzer Stadion; 5.000; Lammer
Tore: Köglberger (29.), Fiala (21.)

LASK: Harreither; Trubrig, Leitner, Sturmberger (Käfer), Hintringer; Chico, Schreiber; Liposinovic, Pichler, Köglberger, Wurdinger.
Linzer Stadion; 6.000; Koldert
Tore: Wurdinger (2.), Köglberger (52.); Kodat (38. Elfmeter)

### 11. Runde
**Austria Wien – LASK 2:0 (1:0)**
LASK: Harreither; Trubrig, Leitner, Sturmberger Hintringer; Chico, Schreiber; Liposinovic (Kraus), Pichler, Köglberger, Wurdinger.
Wackerplatz; 4.000; Bucek
Tore: Knoll (3.), Poindl (60.)

### 12. Runde
**LASK – Rapid 0:1 (0:1)**
LASK: Harreither; Trubrig, Leitner, Sturmberger, Hintringer; Chico, Viehböck; Ille, Pichler, Köglberger, Wurdinger (Käfer).
Linzer Stadion; 20.000; Fercher
Tor: Grausam (24.)

### 13. Runde
**Austria Klagenfurt – LASK 1:1 (0:1)**
LASK: Harreither; Trubrig, Leitner, Pichler, (Käfer), Hintringer; Chico, Sturmberger (Dobersberger) Ille, Schreiber, Köglberger, Viehböck.
Klagenfurt; 4.500; Tittl
Tore: Reiter (65.); Viehböck (25.)

### 14. Runde
**Eisenstadt – LASK 1:0 (0:0)**
LASK: Harreither; Trubrig, Pichler, Leitner, Hintringer; Chico, Sturmberger; Liposinovic, Viehböck, Köglberger, Wurdinger.
Eisenstadt; 4.000; Wöhrer
Tor: Pogac (81.)

### 15. Runde
**LASK – Admira 2:2 (0:1)**
LASK: Harreither; Trubrig, Pichler, Leitner, Hintringer; Chico, Viehböck (Sturmberger); Liposinovic, Dobersberger (Schreiber), Köglberger, Wurdinger.
Linzer Stadion; 5.000; Pamminger
Tore: Viehböck (73., 78.); Kreuz (24.), Herzog (47.)

### 16. Runde
**GAK – LASK 2:0 (0:0)**
LASK: Harreither; Trubrig, Pichler, Leitner, Hintringer; Schreiber, Sturmberger; Liposinovic (Käfer), Viehböck, Köglberger, Wurdinger.
GAK-Platz; 6.500; Koldert
Tore: Steßl (64.), Koleznk 65.)

### 17. Runde
**LASK – Vienna 3:1 (1:1)**
LASK: Harreither; Trubrig, Pichler (Sturmberger), Leitner, Hintringer; Chico, Sturmberger (Viehböck); Liposinovic, Viehböck (Bauer), Köglberger, Wurdinger.
Linzer Stadion; 4.000; Schramm
Tore: Köglberger (40., 65.), Liposinovic (56.); Streif (25.)

### 18. Runde
**Sportclub – LASK 0:0**
LASK: Harreither; Trubrig, Sturmberger, Leitner, Hintringer; Chico, Pichler, Viehböck; Liposinovic, Köglberger, Bauer.
Hohe Warte; 6.000; Jegel

### 19. Runde
**LASK – Radenthein 6:1 (3:1)**
LASK: Harreither; Trubrig, Pichler, Leitner, Hintringer (Dobersberger); Chico, Sturmberger; Liposinovic (Bauer), Viehböck, Köglberger, Wurdinger.
Linzer Stadion; 5.000; Nießner
Tore: Köglberger (13., 33., 89.,), Wurdinger (25., 67.), Liposinovic (46.); Wieger (2.)

### 20. Runde
**SW Bregenz – LASK 0:2 (0:1)**
LASK: Harreither; Trubrig, Pichler, Leitner, Hintringer; Chico, Sturmberger; Liposinovic, Köglberger, Viehböck, Wurdinger.
Bregenz; 6.500; Dr. Benesch
Tore: Koretic (13. Eigentor), Liposinovic (67. Elfmeter)

### 21. Runde
**Wacker Innsbruck – LASK 1:1 (0:0)**
LASK: Dollereder; Trubrig, Pichler, Leitner, Hintringer; Chico, Sturmberger; Liposinovic, Köglberger, Viehböck, Wurdinger.
Tivoli; 13.000; Karrer
Tore: Redl (75.); Viehböck (88.)

### 22. Runde
**LASK – Sturm Graz 0:3 (0:3)**
LASK: Dollereder; Trubrig, Pichler, Leitner, Hintringer (Dobersberger); Chico, Sturmberger; Liposinovic, Köglberger, Viehböck (Bauer), Wurdinger.
Linzer Stadion; 4.500; Schiller
Tore: Kaiser (22.), Murlasits (32., 45.)

### 23. Runde
**Austria Salzburg – LASK 0:0**
LASK: Harreither; Trubrig, Leitner (Bauer), Sturmberger Hintringer; Chico, Dobersberger; Liposinovic, Köglberger, Viehböck, Wurdinger.
Lehen; 9.000; Swoboda

### 24. Runde
**LASK – Wiener Austria 2:2 (1:1)**
LASK: Harreither; Trubrig, Pichler, Sturmberger, Hintringer; Chico, Viehböck; Liposinovic, Köglberger (Bauer), Dobersberger, Wurdinger.
Linzer Stadion; 6.000; Fercher
Tore: Wurdinger (65.), Novy (84. Eigentor); Poindl (39., 76.)

### 25. Runde
**Rapid – LASK 5:1 (2:0)**
LASK: Harreither; Trubrig, Pichler, Sturmberger, Hintringer; Chico, Viehböck (Neugschwandtner); Liposinovic, Bauer, Dobersberger, Wurdinger.
Rapid-Platz; 12.000; Bucek
Tore: Flögel (35.), Fritsch (40.), Chico (58. Eigentor), Kaltenbrunner (75., 77.); Liposinovic (83.)

### 26. Runde
**LASK – Austria Klagenfurt 2:3 (1:1)**
LASK: Harreither; Trubrig, Pichler, Linossi, Hintringer; Chico, Dobersberger; Liposinovic, Bauer, Viehböck, Wurdinger.
Linzer Stadion; 4.000; Jaros
Tore: Liposinovic (35. Elfmeter), Viehböck (54.); Reiter (25.), Schierhuber (?.), Fendler (73.)

### Saison 1968/69 – Nationalliga

| | | | | | | | |
|---|---|---|---|---|---|---|---|
| 1. | Austria Wien | 28 | 19 | 8 | 1 | 80 : 35 | 46 |
| 2. | Sportclub | 28 | 13 | 12 | 3 | 62 : 21 | 38 |
| 3. | Rapid | 28 | 15 | 5 | 8 | 64 : 34 | 35 |
| 4. | **LASK** | **28** | **12** | **7** | **9** | **38 : 33** | **31** |
| 5. | Sturm Graz | 28 | 12 | 7 | 9 | 33 : 29 | 31 |
| 6. | Austria Salzburg | 28 | 10 | 10 | 8 | 41 : 28 | 30 |
| 7. | Wacker Innsbruck | 28 | 12 | 5 | 11 | 46 : 43 | 29 |
| 8. | Admira | 28 | 11 | 6 | 11 | 43 : 45 | 28 |
| 9. | Austria Klagenfurt | 28 | 10 | 8 | 10 | 38 : 41 | 28 |
| 10. | GAK | 28 | 10 | 6 | 12 | 37 : 54 | 26 |
| 11. | Wacker Wien | 28 | 9 | 6 | 13 | 39 : 51 | 24 |
| 12. | Wattens | 28 | 7 | 8 | 13 | 32 : 55 | 22 |
| 13. | SC Eisenstadt | 28 | 6 | 9 | 13 | 33 : 42 | 21 |
| 14. | SW Bregenz | 28 | 8 | 5 | 15 | 30 : 49 | 21 |
| 15. | Donawitz | 28 | 3 | 4 | 21 | 26 : 82 | 10 |

### 1. Runde
**Wacker – LASK 1:0 (0:0)**
LASK: Harreither; Tiefenbacher, Pichler, Sturmberger, Viehböck (Trubrig); Chico, Dobersberger; Strebele, Wieger, Leitner, Liposinovic.
Wackerplatz; 5.000; Keßler
Tor: Böhm (66. Elfmeter)

### 2. Runde
**LASK – Austria Wien 0:2 (0:1)**
LASK: Harreither; Tiefenbacher, Pichler, Sturmberger, Viehböck; Chico, Dobersberger; Liposinovic (Trubrig), Wieger, Leitner II, Wurdinger (Strebele).
Linzer Stadion; 13.000; Schramm
Tore: Köglberger (30.), Hickersberger (80.)

### 3. Runde
**Austria Salzburg – LASK 2:0 (1:0)**
LASK: Harreither; Tiefenbacher, Pichler, Sturmberger, Viehböck; Chico, Dr. Bubernik; Strebele (Trubrig), Wieger, Leitner II, Wurdinger.
Lehen; 6.000; Wöhrer
Tore: Seitl (16., 63.)

### 4. Runde
**GAK – LASK 0:0**
LASK: Harreither; Trubrig, Pichler, Sturmberger, Tiefenbacher; Dr. Bubernik, Viehböck (Sauer); Liposinovic, Wieger, Leitner II, (Dobersberger), Wurdinger.
GAK-Platz; 7.000; Nießner

### 5. Runde
**LASK – SW Bregenz 2:1 (0:0)**
LASK: Harreither; Tiefenbacher, Pichler (Dobersberger), Viehböck; Sturmberger, Trubrig; Dr. Bubernik, Liposinovic , Strebele, Wieger, Wurdinger.
Linzer Stadion; 5.000; Romwalter
Tore: Dr. Bubernik (65.), Strebele (72.); Rafreider (76.)

### 6. Runde
**LASK – Wacker Innsbruck 4:2 (1:1)**
LASK: Harreither; Tiefenbacher, Pichler, Sturmberger, Trubrig; Dr. Bubernik, Viehböck; Liposinovic, Strebele, Wieger, Leitner II.
Linzer Stadion; 4.000; Linemayr
Tore: Wieger (16.), Dr. Bubernik (49., 75.), Leitner II (77.); Ettmayr (25., 72.)

### 7. Runde
**Admira – LASK 1:0 (0:0)**
LASK: Harreither; Tiefenbacher, Pichler, Sturmberger, Trubrig; Dr. Bubernik, Viehböck; Strebele, Wieger, Leitner, Liposinovic (74. Wurdinger).
Südstadt; 2.500; Wlachojanis
Tor: Kreuz (74.)

### 8. Runde
**LASK – Rapid 1:1 (0:0)**
LASK: Harreither; Tiefenbacher, Pichler, Sturmberger, Viehböck; Dr. Bubernik, Wieger; Liposinovic, Strebele (Leitner II), Leitner, Wurdinger.
Linzer Stadion; 18.000; Fercher
Tore: Wurdinger (76.); Bjerregaard (75.)

### 9. Runde
**Sportclub – LASK 4:1 (2:1)**
LASK: Harreither; Tiefenbacher, Pichler, M. Leitner, Trubrig; Dr. Bubernik, Viehböck; Chico, Strebele, K. Leitner, Wurdinger.
Sportclub-Platz; 7.000; Romwalter
Tore: Hörmayer (4.), Herzog (40.), Hof II (67.), Hof I (78.); K. Leitner (30.)

### 10. Runde
LASK spielfrei

### 11. Runde
**LASK – Austria Klagenfurt 1:1 (0:0)**
LASK: Harreither; Tiefenbacher, Sturmberger, Leitner I; Viehböck, Pichler, Dr. Bubernik; Strebele, Wieger, Leitner II, Wurdinger.
Linzer Stadion; 4.000; Wlachojanis
Tore: Wurdinger (75.), Schierhuber (89.)

### 12. Runde
**Donawitz – LASK 0:5 (0:2)**
LASK: Harreither; Tiefenbacher, Sturmberger, Leitner I; Pichler, Riedlberger, Chico (82. Strebele); Liposinovic, Leitner II, Viehböck, Wurdinger.
Donawitz; 2.000; Tittl
Tore: Viehböck (23., 33.), Kolar (60. Eigentor), Wieger (70.), Strebele (84.)

### 13. Runde
**LASK – Sturm Graz 2:1 (0:0)**
LASK: Harreither; Trubrig, Sturmberger, Leitner I, Riedlberger; Chico, Wieger; Liposinovic, Leitner II, Viehböck, Wurdinger.
Linzer Stadion; 6.000; Wöhrer
Tore: Liposinovic (47.), Leitner II (78.); Kaiser (82.)

### 14. Runde
**Wattens – LASK 2:3 (1:2)**
LASK: Harreither; Trubrig, Sturmberger, Leitner I, Riedlberger; Chico, Wieger; Liposinovic, Leitner II, Strebele, Viehböck, Wurdinger.
Wattens; 3.000; Fercher
Tore: Redl (28., 51.); Wurdinger (7.), Liposinovic (34.), Leitner II (80.)

### 15. Runde
**LASK – Eisenstadt 3:2 (1:0)**
LASK: Harreither; Tiefenbacher, Sturmberger, Leitner I, Riedlberger; Chico,Wieger; Liposinovic, Leitner II, Viehböck, Wurdinger.
Linzer Stadion; 4.000; Jegel
Tore: Liposinovic (20.), Wieger (57.), Strebele (71.), Gallos (50.), Sauter (89.)

### 16. Runde
**LASK – Wacker 2:2 (2:0)**
LASK: Harreither; Tiefenbacher, Sturmberger, Leitner I, Riedlberger; Chico,Dr. Bubernik; Strebele, Wieger, Leitner II, Wurdinger.
Linzer Stadion; 6.000; Karrer
Tore: Leitner II (17.), Dr. Bubernik (30.); Böhm (87.), Wirtl (90.)

### 17. Runde
**Austria Wien – LASK 2:3 (1:1)**
LASK: Harreither; Tiefenbacher, Pichler, Sturmberger, Hintringer; Dr. Bubernik (72. Riedlberger), M. Leitner I, Wieger; Strebele, K. Leitner, Liposinovic.
Hohe Warte; 506; Gruber
Tore: Köglberger (35.), Fiala (58.); Strebele (1.), Wieger (64.), Dr. Bubernik (67.)

### 18. Runde
**LASK – Austria Salzburg 2:0 (0:0)**
LASK: Harreither; Tiefenbacher, Pichler (72. Riedlberger), Sturmberger, Hintringer; Leitner I (46. Chico), Wieger; Strebele, Viehböck, Leitner II, Liposinovic.
Linzer Stadion; 4.000; Swoboda
Tore: Viehböck (53.), Strebele (83.)

### 19. Runde
**SW Bregenz – LASK 1:0 (0:0)**
LASK: Harreither; Tiefenbacher, Sturmberger, Leitner I, Hintringer; Chico, Wieger; Viehböck, Strebele, Leitner II, Liposinovic.
Bregenz; 7.000; Lammer
Tor: Blutsch (68.)

### 20. Runde
**LASK – GAK 0:0**
LASK: Harreither; Tiefenbacher, Sturmberger, Leitner I, Riedlberger; Chico (32. Dobersberger), Wieger; Strebele, Viehböck, Leitner II, Liposinovic.
Linzer Stadion; 5.000; Krautheim

### 21. Runde
**Wacker Innsbruck – LASK 1:1 (0:1)**
LASK: Harreither; Tiefenbacher, Sturmberger (68. Wurdinger), Leitner I, Hintringer; Viehböck, Dr. Bubernik; Strebele, Wieger, Leitner II, Liposinovic.
Tivoli; 5.000; Schiller
Tore: Hohenwarter (61.); Leitner II (15.)

**22. Runde**
LASK – Admira 2:0 (1:0)
LASK: Harreither; Tiefenbacher, Sturmberger, Pichler, Hintringer; Viehböck, Dr. Bubernik; Strebele, Wieger, Leitner II, Liposinovic.
Linzer Stadion; 7.000; Gruber
Tore: Leitner (21.), Viehböck (63.)

**23. Runde**
Rapid – LASK 1:0 (1:0)
LASK: Harreither; Tiefenbacher, Sturmberger, Leitner I, Hintringer; Viehböck, Dr. Bubernik; Strebele, Wieger, Leitner II, Liposinovic.
Rapid-Platz; 6.500; Jegel
Tor: Kaltenbrunner (15.)

**24. Runde**
LASK – Sportclub 0:0
LASK: Harreither; Tiefenbacher, Sturmberger, Leitner I, Hintringer; Riedlberger (61. Dobersberger), Dr. Bubernik; Liposinovic (57. Strebele), Wieger, Leitner II, Viehböck.
Linzer Stadion; 7.000; Fercher

**25. Runde**
LASK spielfrei

**26. Runde**
Austria Klagenfurt – LASK 1:2 (1:0)
LASK: Saurer; Tiefenbacher (46. Trubrig), Sturmberger, Riedlberger, Hintringer; Chico, Dr. Bubernik; Wieger, Strebele, Viehböck, Leitner II.
Klagenfurt; 3.000; Nießner
Tore: Lampichler (11.); Leitner II (49., 65.)

**27. Runde**
LASK – Donawitz 2:1 (2:1)
LASK: Harreither; Tiefenbacher, Sturmberger, Leitner I, Hintringer; Chico, Dr. Bubernik; Viehböck (46. Strebele), Wieger, Leitner II, Bauer.
Linzer Stadion; 2.000; Spiegel
Tore: Leitner II (15.), Sturmberger (39. Elfmeter); Oliweira (7.)

**28. Runde**
Sturm Graz – LASK 3:0 (1:0)
LASK: Saurer; Tiefenbacher, Sturmberger, Leitner I, Viehböck; Chico, Dr. Bubernik, Wurdinger (40. Riedlberger); Strebele (73. Hintringer), Wieger, Leitner II.
Sturm-Platz; 4.000; Feldbacher
Tore: Chico (13. Eigentor), Peintinger (73.); Murlasits (81.)

**29. Runde**
LASK – Wattens 2:0 (1:0)
LASK: Harreither; Tiefenbacher, Sturmberger, Leitner I, Hintringer; Chico, Dr. Bubernik; Strebele, Wieger, Leitner II, Viehböck.
Linzer Stadion; 3.000; Bucek
Tore: K. Leitner (5.), Viehböck (87.)

**30. Runde**
Eisenstadt – LASK 1:0 (1:0)
LASK: Harreither; Tiefenbacher, Sturmberger, Pichler, Hintringer; Chico, Dr. Bubernik; Viehböck (23. Strebele), Wieger, Leitner II (Riedlberger), Bauer.
Eisenstadt; 6.000; Wöhrer
Tor: Varga (19.)

**9. Runde**
Dornbirn – LASK 1:1 (0:1)
LASK: Harreither; Kiesenebner, Sturmberger, Pichler, Wurdinger; Leitner I, Bubernik; Bauer, Schmidt, Leitner II, Medvid.
Dornbirn; 8.000; Wöhrer
Tore: Buzek (57. Elfmeter); Bauer (25.)

**10. Runde**
Vienna – LASK 0:0
LASK: Harreither; Kiesenebner, Sturmberger, Pichler, Viehböck; Leitner I (46. Schmidt), Bubernik; Bauer, Medvid (27. Wurdinger), Samhaber, Leitner II.
Hohe Warte; 7.000; Keßler

**11. Runde**
LASK – Admira 2:0 (1:0)
LASK: Harreither; Kiesenebner, Sturmberger, Pichler, Viehböck; Leitner I, Bubernik; Wurdinger, Medvid, Samhaber (40. Strebele), Leitner II.
Linzer Stadion; 3.500; Buzek
Tore: Viehböck (1.), Leitner II (53.)

**12. Runde**
Wattens – LASK 1:1 (1:1)
LASK: Harreither; Kiesenebner, Sturmberger, Pichler, Viehböck; Leitner I, Bubernik; Strebele, Schmidt, Medvid, Leitner II.
Wattens; 4.000; Wlachojanis
Tore: Langgruber (25.); Medvid (34.)

**13. Runde**
LASK – Rapid 0:1 (0:0)
LASK: Harreither; Kiesenebner, Sturmberger, Pichler, Viehböck; Bubernik, Leitner I; Strebele (46. Wurdinger), Schmidt, Medvid, Leitner II.
Linzer Stadion; 15.000; Jegel
Tor: Redl (85.)

**14. Runde**
GAK – LASK 0:0
LASK: Harreither; Chico, Sturmberger (74. Pumberger), Pichler, Viehböck; Bubernik, Leitner I; Bauer, Schmidt, Wieger, Leitner II.
GAK-Platz; 5.300; Feldbacher

**15. Runde**
LASK – Austria Klagenfurt 2:2 (1:1)
LASK: Harreither; Kiesenebner, Leitner I, Pichler, Viehböck; Chico, Bubernik; Pumberger (46. Wurdinger), Wieger, Leitner II, Bauer (73. Strebele).
Linzer Stadion; 1.000; Krautheim
Tore: Leitner II (34., 46.); Reiter (36.), Fendler (49.)

**16. Runde**
LASK – Eisenstadt 1:3 (1:1)
LASK: Saurer; Kiesenebner, Sturmberger, Pichler, Viehböck; Schmidt, Leitner I; Strebele, Wieger, Samhaber (60. Wurdinger), Bauer.
Linzer Stadion; 2.000; Nießner
Tore: Samhaber (1.), Scheidl (26.), Eisele (69.), Komanovits (90.)

**17. Runde**
Voest Linz – LASK 1:4 (1:1)
LASK: Saurer; Kiesenebner, Sturmberger, Pichler, Viehböck; Schmidt, Leitner I; Strebele, Wieger, Leitner II, Wurdinger (78. Bauer).
Linzer Stadion; 6.000; Wöhrer
Tore: Vogel (8.); Strebele (5., 59.), Leitner I (64.), Viehböck (70. Elfmeter)

**18. Runde**
LASK – Sportclub 0:3 (0:1)
LASK: Saurer; Kiesenebner, Sturmberger, Pichler, Viehböck; Schmidt, Leitner I; Strebele, Wieger, Leitner II, Wurdinger (63. Medvid).
Linzer Stadion; 3.000; Jegel
Tore: Hala (5.), Kaltenbrunner (58., 72.)

**19. Runde**
Wacker Innsbruck – LASK 1:0 (1:0)
LASK: Harreither; Kiesenebner, Sturmberger, Leitner I, Viehböck; Schmidt, Medvid; Wieger, Strebele, Leitner II, Wurdinger.
Tivoli; 4.000; Swoboda
Tor: Ettmayer (13.)

**20. Runde**
LASK – Wiener Austria 0:0
LASK: Harreither; Kiesenebner, Sturmberger, Leitner I, Viehböck; Schmidt, Wieger; Strebele, Medvid (37. Chico), Leitner II, Wurdinger.
Linzer Stadion; 8.000; Fercher

**21. Runde**
Wacker – LASK 1:2 (0:1)
LASK: Harreither; Kiesenebner, Sturmberger, Leitner I, Viehböck; Pichler, Wieger; Strebele, Medvid, Leitner II, Wurdinger.
Wacker-Platz; 6.000; Bucek
Tore: Böhm (63. Elfmeter); Leitner II (9.), Pichler (75.)

**22. Runde**
LASK – Sturm Graz 1:1 (1:0)
LASK: Harreither; Kiesenebner, Sturmberger, Leitner I, Viehböck; Schmidt, Medvid; Wieger, Strebele, Leitner II, Wurdinger.
Linzer Stadion; 3.000; Spiegl
Tore: Leitner II (23.); Murlasits (49.)

**23. Runde**
Austria Salzburg – LASK 0:1 (0:0)
LASK: Harreither; Kiesenebner, Sturmberger, Leitner I ( 59. Chico), Viehböck; Schmidt, Medvid, Wieger, Strebele, Leitner II, Wurdinger (85. Pumberger).
Itzling; 7.000; Mathias
Tor: Wurdinger (54.)

**24. Runde**
LASK – FC Dornbirn 1:1 (0:0)
LASK: Harreither; Kiesenebner, Sturmberger, Leitner I, Viehböck; Chico, Medvid, Schmidt; Strebele, Leitner II (63. Bauer), Wurdinger.
Linzer Stadion; 3.000; Mayer
Tore: Sturmberger (85. Elfmeter); Buzek (75.)

**25. Runde**
LASK – Vienna 5:2 (2:1)
LASK: Harreither; Kiesenebner, Sturmberger, Medvid, Leitner II (83. Chico), Wurdinger.
Linzer Stadion; 1.500; Artner
Tore: Leitner II (32., 37., 68.), Strebele (66., 75.); Weidinger (7.), Müller (59.)

**26. Runde**
Admira – LASK 0:1 (0:0)
LASK: Harreither; Kiesenebner, Sturmberger, Leitner I, Viehböck; Schmidt, Wieger, Medvid; Strebele, Leitner II, Wurdinger.
Südstadt; 1.700; Romwalter
Tor: Leitner II (55.)

**27. Runde**
LASK – Wattens 3:0 (3:0)
LASK: Harreither; Kiesenebner, Sturmberger, Leitner I, Viehböck; Chcio, Bretterbauer; Strebele (60. Pumberger), Leitner II, Wieger, Bauer.
Linzer Stadion; 3.000; Doleschal
Tore: Leitner II (10., 38.), Strebele (32.)

**28. Runde**
Rapid – LASK 1:0 (0:0)
LASK: Harreither; Kiesenebner, Leitner I, Chico, Viehböck; Bubernik, Wieger; Bretterbauer, Pumberger, Schmidt, Bauer.
Rapid.-Platz; 5.000; Bucek
Tor: Bjerregaard (77.)

**29. Runde**
LASK – GAK 4:2 (2:2)
LASK: Saurer; Kiesenebner, Leitner I, Chico, Viehböck; Schmidt, Bretterbauer (65. Enzenebner); Strebele, Medvid, Wieger, Bauer.
Linzer Stadion; 1.000; Mathias
Tore: Bauer (22.), Schmidt (39.), Strebele (55., ?); Stering (21.), Koleznik (23.)

**30. Runde**
Austria Klagenfurt – LASK 0:2 (0:1)
LASK: Saurer; Kiesenebner, Chico, Viehböck; Bretterbauer, Schmidt, Strebele, Wieger, Bubernik, Bauer (52. Pumberger).
Klagenfurt; 500; Mayer
Tore: Wieger (70.), Strebele (90.)

### Saison 1969/1970 – Nationalliga

| | | | | | | | |
|---|---|---|---|---|---|---|---|
| 1. | Austria Wien | 30 | 19 | 7 | 4 | 63 : 31 | 45 |
| 2. | Sportclub | 30 | 16 | 6 | 8 | 63 : 34 | 38 |
| 3. | Sturm Graz | 30 | 14 | 8 | 8 | 43 : 34 | 36 |
| 4. | **LASK** | **30** | **13** | **8** | **9** | **41 : 27** | **34** |
| 5. | Wacker Innsbruck | 30 | 14 | 5 | 11 | 52 : 38 | 33 |
| 6. | Rapid | 30 | 12 | 7 | 11 | 52 : 35 | 31 |
| 7. | Wattens | 30 | 12 | 7 | 11 | 45 : 35 | 31 |
| 8. | Austria Salzburg | 30 | 12 | 7 | 11 | 45 : 38 | 31 |
| 9. | Vienna | 30 | 8 | 14 | 8 | 35 : 43 | 30 |
| 10. | Admira | 30 | 11 | 6 | 13 | 38 : 45 | 28 |
| 11. | Wacker Wien | 30 | 11 | 6 | 13 | 55 : 69 | 28 |
| 12. | VOEST Linz | 30 | 11 | 6 | 13 | 31 : 48 | 28 |
| 13. | GAK | 30 | 8 | 11 | 11 | 37 : 35 | 27 |
| 14. | SC Eisenstadt | 30 | 7 | 8 | 15 | 40 : 63 | 22 |
| 15. | Austria Klagenfurt | 30 | 5 | 11 | 14 | 26 : 51 | 21 |
| 16. | Dornbirn | 30 | 4 | 9 | 17 | 23 : 63 | 12 |

**1. Runde**
Eisenstadt – LASK 0:1 (0:1)
LASK: Harreither; Kiesenebner, Sturmberger, Pichler, Viehböck; Schmidt, Bubernik; Strebele (69. Wurdinger), Bauer, Leitner II, Medvid.
Eisenstadt; 3.000; Swoboda
Tor: Bauer (45.)

**2. Runde**
LASK – Voest Linz 5:0 (0:0)
LASK: Harreither; Kiesenebner, Pichler, Leitner I, Viehböck; Schmidt, Bubernik; Strebele, Bauer, Leitner II, Medvid.
Linzer Stadion; 23.000; Schiller
Tore: Leitner II (65., 86.), Medvid (72.), Strebele (74.), Bubernik (82.)

**3. Runde**
Sportclub – LASK 2:0 (1:0)
LASK: Harreither; Kiesenebner, Pichler, Leitner I, Viehböck; Schmidt, Bubernik; Strebele (65. Pumberger), Medvid (20. Bauer), Leitner II, Wurdinger.
Sportclub-Platz; 9.000; Schramm
Tore: Schmidradner (26.), Klatenbrunner (62.)

**4. Runde**
LASK – Wacker Innsbruck 0:1 (0:1)
LASK: Harreither; Chico, Pichler, Leitner I, Viehböck; Schmidt, Bubernik, Strebele, Wieger, Leitner II, Bauer.
Linzer Stadion; 13.000; Uxa
Tor: Wolny (27.)

**5. Runde**
Austria Wien – LASK 2:0 (0:0)
LASK: Harreither; Kiesenebner, Sturmberger (30. Schmidt), Pichler, Viehböck; Leitner I, Bubernik; Strebele, Bauer, Leitner II, Medvid.
Wiener Stadion; 4.500; Romwalter
Tore: Parits (47. Elfmeter), Riedl (52.)

**6. Runde**
LASK – Wacker 2:0 (1:0)
LASK: Harreither; Kiesenebner, Pichler, Leitner I, Viehböck; Sturmberger, Bubernik (63. Schmidt); Bauer (46. Wurdinger), Wieger, Leitner II, Medvid.
Linzer Stadion; 3.000; Artner
Tore: Viehböck (3. Elfmeter), Wieger (48.)

**7. Runde**
Sturm Graz – LASK 1:0 (0:0)
LASK: Harreither; Kiesenebner, Sturmberger, Pichler, Viehböck; Leitner I (46. Schmidt), Wurdinger; Wieger, Leitner II (64. Bauer), Medvid.
Sturm-Platz; 10.000; Mathias
Tor: Kaiser (74.)

**8. Runde**
LASK – Austria Salzburg 2:0 (1:0)
LASK: Harreither; Kiesenebner, Sturmberger, Pichler, Viehböck; Leitner I (71. Strebele), Bubernik; Wurdinger, Wieger, Leitner II, Medvid (77. Bauer).
Linzer Stadion; 5.000; Schiller
Tore: Leitner II (21.), Bubernik (58.)

## Meisterschaften 1970 – 1980

### Saison 1970/71 – Nationalliga

| | | | | | | | |
|---|---|---|---|---|---|---|---|
| 1. | Wacker Innsbruck | 30 | 20 | 4 | 6 | 68 : 30 | 44 |
| 2. | Austria Salzburg | 30 | 18 | 7 | 5 | 64 : 33 | 43 |
| 3. | Rapid | 30 | 16 | 9 | 5 | 65 : 36 | 41 |
| 4. | Vienna | 30 | 14 | 9 | 7 | 55 : 39 | 37 |
| **5.** | **LASK** | **30** | **15** | **6** | **9** | **53 : 44** | **36** |
| 6. | VOEST Linz | 30 | 13 | 10 | 7 | 44 : 38 | 36 |
| 7. | Admira | 30 | 14 | 4 | 12 | 55 : 57 | 32 |
| 8. | Wattens | 30 | 12 | 7 | 11 | 50 : 45 | 31 |
| 9. | Sportclub | 30 | 10 | 9 | 11 | 54 : 40 | 29 |
| 10. | Austria Wien | 30 | 10 | 9 | 11 | 43 : 45 | 29 |
| 11. | GAK | 30 | 12 | 4 | 14 | 36 : 54 | 28 |
| 12. | Sturm Graz | 30 | 10 | 4 | 16 | 35 : 42 | 24 |
| 13. | Simmering | 30 | 8 | 7 | 15 | 31 : 55 | 23 |
| 14. | SW Bregenz | 30 | 7 | 5 | 18 | 31 : 60 | 19 |
| 15. | Wacker Wien | 30 | 5 | 6 | 19 | 43 : 59 | 16 |
| 16. | Radenthein | 30 | 4 | 4 | 22 | 31 : 81 | 12 |

**1. Runde**
**LASK – Radenthein 4:3 (4:1)**
LASK: Saurer; Kiesenebner, Chico (32. Tiefenbacher), Sturmberger, Viehböck; Schmidt, Wieger, Kondert, Strebele, Medvid (64. Bauer), Artmann.
Linzer Stadion; 4.000; Spiegel
Tore: Medvid (3., 4.), Kondert (13.), Strebele (33.), Reitbauer (20.), Weber (73.), Nuske (74.)

**2. Runde**
**Wacker Innsbruck – LASK 3:1 (1:0)**
LASK: Saurer; Kiesenebner, Sturmberger, Chico, Viehböck; Schmidt, Wieger, Kondert; Strebele, Wetscher, Bauer (46. Artmann).
Tivoli; 8.000; Uxa
Tore: Ettmayer (43., 74.), Grausam (62.); Wieger (88.)

**3. Runde**
**LASK – Rapid 1:3 (1:2)**
LASK: Saurer; Kiesenebner, Sturmberger, Chico, Viehböck; Schmidt, Wieger, Kondert; Strebele, Bauer, Wurdinger (70. Artmann).
Linzer Stadion; 16.000; Fercher
Tore: Schmidt; Flögel (8.), Bjerregaard (35. Elfmeter), Gallos (87.)

**4. Runde**
**Admira – LASK 4:3 (2:1)**
LASK: Saurer; Kiesenebner, Sturmberger, Chico, Viehböck; Schmidt, Wieger, Kondert; Strebele (62. Artmann), Bauer, Wurdinger (74. Tiefenbacher).
Südstadt; 12.000; Keßler
Tore: W. Kreuz (8., 31.), Streif (67.), Strasser (75.); Strebele (6.), Bauer (48.), Artmann (82.)

**5. Runde**
**LASK – Wacker 2:1 (1:1)**
LASK: Saurer; Kiesenebner, Sturmberger, Wetscher, Viehböck; Chico, Schmidt (46. Tiefenbacher), Kondert; Artmann (60. Feichtinger), Bauer, Wurdinger.
Linzer Stadion; 3.000; Mathias
Tore: Wurdinger (9., 61.), Tutschek (32.)

**6. Runde**
**Sturm Graz – LASK 2:0 (1:0)**
LASK: Saurer; Kiesenebner, Sturmberger, Chico, Viehböck; Wetscher, Schmidt, Medvid; Bauer, Kondert, Wurdinger.
Sturm-Platz; 7.000; Nießner
Tore: Murlasits (15., 54.)

**7. Runde**
**LASK – Wiener Austria 2:1 (1:1)**
LASK: Saurer; Kiesenebner, Sturmberger, Chico, Viehböck; Wetscher, Schmidt (70. Tiefenbacher), Kondert; Bauer, Medvid, Wurdinger (53. Artmann).
Linzer Stadion; 6.000; Dr. Bauer
Tore: Medvid (12., 80.); Foka (40.)

**8. Runde**
**LASK – Simmering 6:1 (5:1)**
LASK: Saurer; Kiesenebner, Chico, Sturmberger, Viehböck; Schmidt, Wieger, Kondert; Bauer (69. Artmann), Medvid, Wurdinger.

Linzer Stadion; 3.000; Fercher
Tore: Wieger (4., 40.), Kiesenebner (7.), Sturmberger (15. Elfmeter), Kondert (18.), Medvid (88.); Mühlhauser (29.)

**9. Runde**
**Wattens – LASK 1:1 (0:1)**
LASK: Saurer; Kiesenebner, Chico, Sturmberger, Viehböck; Schmidt, Kondert, Wieger; Bauer Medvid, Artmann (52. Strebele).
Wattens; 3.500; Spiegel
Tore: Hattenberger (63.); Bauer (37.)

**10. Runde**
**LASK – Sportclub 1:1 (1:0)**
LASK: Saurer; Kiesenebner, Chico, Sturmberger, Viehböck; Kondert, Schmidt, Wieger; Strebele, Medvid, Bauer.
Linzer Stadion; 6.000; Bucek
Tore: Strebele (36.); Kovacic (53.)

**11. Runde**
**SW Bregenz – LASK 2:2 (0:1)**
LASK: Saurer; Kiesenebner, Sturmberger, Chico, Viehböck; Schmidt, Kondert, Wieger; Strebele, Sigmund (80. Artmann), Bauer.
Bodenseestadion; 2.000; Swoboda
Tore: Bischof (62.), Widmann (90.); Schmidt (38.), Strebele (56.)

**12. Runde**
**LASK – Austria Salzburg 0:3 (0:0)**
LASK: Saurer; Kiesenebner, Sturmberger, Chico, Viehböck; Wetscher, Schmidt, Kondert; Strebele, Sigmund, Bauer.
Linzer Stadion; 8.000; Dolezal
Tore: Grosser (62.), Libuda (70.), Ritter (86.)

**13. Runde**
**Vienna – LASK 0:0**
LASK: Saurer; Kiesenebner, Sturmberger, Chico, Viehböck; Schmidt, Wieger, Wetscher; Strebele, Medvid, Kondert.
Hohe Warte; 1.800; Karrer

**14. Runde**
**LASK – GAK 4:1 (2:0)**
LASK: Saurer; Kiesenebner, Sturmberger, Chico, Viehböck (70. Leitner I); Schmidt, Wetscher, Wieger; Strebele (67. Bauer), Medvid, Kondert.
Linzer Stadion; 1.800; Uxa
Tore: Medvid (8., 35.), Kondert (55.), Bauer (69.); Repitsch (63.)

**15. Runde**
**Vöest Linz – LASK 1:0 (1:0)**
LASK: Saurer; Kiesenebner, Leitner I, Chico, Viehböck (70. Leitner I); Wetscher, Wieger, Schmidt; Strebele (56. Bauer), Medvid, Kondert.
Linzer Stadion; 13.000; Schiller
Tor: Fendler (20.)

**16. Runde**
**Radenthein – LASK 2:4 (1:0)**
LASK: Saurer; Kiesenebner, Sturmberger, Leitner I, Viehböck; Medvid, Kondert, Schmidt; Wieger, Leitner II, Feichtinger (46. Chico).

Radenthein; 2.000; Wöhrer
Tore: Weber (3.), Neuwirth (65.); Leitner II (69., 75., 78.), Chico (72.)

**17. Runde**
**LASK – Wacker Innsbruck 0:1 (0:1)**
LASK: Saurer; Kiesenebner, Sturmberger, Leitner I, Viehböck; Chico, Kondert, Schmidt (46. Wetscher); Wieger, Leitner II, Medvid.
Linzer Stadion; 3.000; Mayer
Tor: Grausam (26.)

**18. Runde**
**Rapid – LASK 0:1 (0:1)**
LASK: Weidinger; Kiesenebner, Sturmberger, Leitner I, Viehböck; Chico, Schmidt; Artmann (75. Wurdinger), Leitner II, Medvid.
Rapid-Platz; 6.500; Karrer
Tor: Medvid (10.)

**19. Runde**
**LASK – Admira 2:1 (1:1)**
LASK: Saurer; Kiesenebner, Sturmberger, Leitner I, Viehböck; Chico, Wieger, Kondert; Wurdinger, Leitner II, Medvid.
Linzer Stadion; 5.500; Jegel
Tore: Leitner II (13., 51.); Böhm (14.)

**20. Runde**
**Wacker – LASK 2:3 (1:1)**
LASK: Weidinger; Kiesenebner, Sturmberger, Leitner I, Viehböck; Chico, Kondert, Wieger; Artmann, Leitner II, Medvid.
Wacker-Platz; 2.500; Karrer
Tore: Seitl (44., 78.); Artmann (39.), Medvid (69.), Leitner (87.)

**21. Runde**
**LASK – Sturm Graz 3:2 (2:0)**
LASK: Weidinger; Kiesenebner, Sturmberger, Leitner I, Viehböck; Chico, Schmidt (68. Wurdinger), Wieger; Artmann, Leitner II (75. Wetscher), Medvid.
Linzer Stadion; 5.000; Wlachojanis
Tore: Leitner II (26., 61.), Wieger (35.); Kaiser (58.), Peintinger (72.)

**22. Runde**
**Austria Wien – LASK 4:1 (2:0)**
LASK: Weidinger; Kiesenebner, Sturmberger, Leitner I, Viehböck; Chico, Schmidt (55. Kondert), Wieger; Artmann (35. Wurdinger), Leitner II, Medvid.
Südstadt; 8.000; Feldbacher
Tore: Riedl (16., 58.), Hickersberger (62.), Köglberger (71.); Leitner II (57.)

**23. Runde**
**Simmering – LASK 2:1 (1:1)**
LASK: Weidinger; Kiesenebner, Sturmberger, Leitner I, Viehböck; Chico, Schmidt, Wieger; Artmann, Leitner II (66. Kondert), Medvid.

Simmering; 2.800; Romwalter
Tore: Strau (18., 50.); Wieger (36.)

**24. Runde**
**LASK – Wattens 3:0 (3:0)**
LASK: Weidinger; Kiesenebner, Sturmberger (65.Leitner I), Wetscher, Viehböck; Kondert, Wieger, Chico; Artmann, Leitner II Medvid (65. Wurdinger).
Linzer Stadion; 3.000; Krautheim
Tore: Artmann (30., 40.), Kondert (35.)

**25. Runde**
**Sportclub – LASK 1:1 (0:1)**
LASK: Weidinger; Kiesenebner, Sturmberger, Wetscher, Viehböck; Chico, Wieger, Kondert; Artmann, Leitner II, Bauer.
Sportclub-Platz; 7.000; Mayer
Tore: Hala (79.); Bauer (37.)

**26. Runde**
**LASK – SW Bregenz 1:0 (1:0)**
LASK: Weidinger; Kiesenebner, Leitner I, Wetscher, Viehböck; Chico, Kondert, Wieger; Artmann, Leitner II (76. Wurdinger), Bauer (60. Feichtinger).
Linzer Stadion; 2.500; Tögel
Tor: Kondert (21.)

**27. Runde**
**Austria Salzburg – LASK 0:0**
LASK: Weidinger; Wetscher, Sturmberger, Leitner I, Viehböck; Kondert, Wieger, Chico; Artmann (70. Bauer), Leitner II, Wurdinger.
Itzling; 8.000; Wöhrer

**28. Runde**
**LASK – Vienna 3:1 (2:0)**
LASK: Weidinger; Wetscher (29. Kiesenebner), Sturmberger, Leitner I, Viehböck; Chico, Kondert, Wieger; Artmann, Leitner II, Wurdinger (58. Bauer).
Linzer Stadion; 6.500; Dr. Bauer
Tore: Wieger (41.), Kondert (43.), Leitner II (48.); Masny (84.)

**29. Runde**
**GAK – LASK 1:2 (1:0)**
LASK: Weidinger; Kiesenebner, Sturmberger, Leitner I (41. Wetscher), Viehböck; Chico, Wieger, Kondert; Artmann (46. Medvid), Leitner II, Bauer.
GAK-Platz; 2.000; Pemberger
Tore: Repitsch (40.); Leitner II (57.), Bauer (62.)

**30. Runde**
**LASK – Vöest Linz 1:0 (1:0)**
LASK: Weidinger; Kiesenebner, Sturmberger, Wetscher, Viehböck; Chico, Kondert, Wieger; Artmann (25. Bauer), Leitner II, Wurdinger (69. Medvid).
Linzer Stadion; 10.000; Schiller
Tor: Leitner II (41.)

### Saison 1971/72 – Nationalliga

| | | | | | | | |
|---|---|---|---|---|---|---|---|
| 1. | Wacker Innsbruck | 28 | 15 | 9 | 4 | 49 : 20 | 39 |
| 2. | Austria Wien | 28 | 17 | 4 | 7 | 49 : 34 | 38 |
| 3. | VOEST Linz | 28 | 15 | 5 | 8 | 52 : 26 | 35 |
| 4. | Austria Salzburg | 28 | 12 | 11 | 5 | 47 : 29 | 35 |
| 5. | Rapid | 28 | 12 | 9 | 7 | 39 : 23 | 33 |
| 6. | DSV Alpine | 28 | 10 | 10 | 8 | 31 : 28 | 30 |
| 7. | Sturm Graz | 28 | 13 | 4 | 11 | 37 : 39 | 30 |
| 8. | GAK | 28 | 9 | 10 | 9 | 32 : 42 | 28 |
| 9. | Vienna | 28 | 9 | 7 | 12 | 30 : 31 | 25 |
| 10. | Sportclub | 28 | 10 | 5 | 13 | 27 : 43 | 25 |
| 11. | SC Eisenstadt | 28 | 9 | 6 | 13 | 29 : 30 | 24 |
| **12.** | **LASK** | **28** | **8** | **8** | **12** | **37 : 39** | **24** |
| 13. | Admira/Wacker | 28 | 6 | 12 | 10 | 31 : 39 | 24 |
| 14. | Simmering | 28 | 8 | 6 | 14 | 23 : 48 | 22 |
| 15. | Bischofshofen | 28 | 1 | 6 | 21 | 22 : 64 | 8 |

**1.Runde**
**LASK – Admira/Wacker 4:1 (0:0)**
LASK: Saurer; Gebhardt, Wetscher, Sturmberger, Viehböck; Kondert, Wieger (21. Medvid), Grausam; Artmann, Leitner II, Martin (63. Kiesenebner).
Linzer Stadion; 5.500; Fercher
Tore: Kondert (50.), Grausam (61.), Liebhaber (66. Eigentor), Artrmann (77.); Hruby (54.)

**2. Runde**
**Sturm Graz – LASK 1:0 (0:0)**
LASK: Saurer; Kiesenebner, Sturmberger, Wetscher, Viehböck; Kondert, Grausam; Artmann, Leitner II (46. Medvid), Martin.
Sturm-Platz; 9.000; Karrer
Tor: Stendal (57.)

**3. Runde**
LASK spielfrei

**4. Runde**
LASK – Austria Salzburg 2:2 (2:1)
LASK: Saurer; Gebhardt, Wetscher, Sturmberger, Viehböck; Chico, Kondert, Grausam; Artmann, Leitner II, Martin.
Linzer Stadion; 14.000; Schiller
Tore: Leitner (5.), Kondert (29.); Hirnschrodt (16.), Grosser (46.)

**5. Runde**
Eisenstadt – LASK 3:0 (1:0)
LASK: Saurer; Gebhardt, Sturmberger, Wetscher, Viehböck; Chico, Wieger; Kondert, Grausam, Leitner II, Artmann.
Eisenstadt; 3.500; Delezal
Tore: Bajlics (36.), Sturmberger (61. Eigentor), Eisele (73.)

**6. Runde**
LASK – Rapid 0:1 (0:0)
LASK: Saurer; Gebhardt, Sturmberger, Wetscher, Viehböck; Grausam, Wieger, Kondert; Artmann, Leitner II, Martin (72. Schmidt).
Linzer Stadion; 16.000; Keßler
Tor: Lorenz (67.)

**7. Runde**
Austria Wien – LASK 1:3 (0:1)
LASK: Saurer; Gebhardt, Sturmberger, Wetscher, Viehböck; Kondert, Wieger, Medvid; Artmann, Leitner II (46. Grausam), Strebele.
Wiener Stadion; 12.000; Jegel
Tore: Köglberger (46.); Artmann (9.), Sturmberger (50.), Krieger (76. Eigentor)

**8. Runde**
LASK – Wacker Innsbruck 1:1 ( 1:1)
LASK: Saurer (15. Harreither); Gebhardt, Sturmberger, Wetscher, Viehböck; Kondert, Wieger, Medvid; Strebele, Grausam (58. Leitner II), Artmann.
Linzer Stadion; 10.000; Romwalter
Tore: Artmann (12.); Jara (2.)

**9. Runde**
GAK – LASK 3:0 (1:0)
LASK: Harreither; Gebhardt, Sturmberger, Wetscher, Viehböck; Kondert, Wieger, Medvid; Strebele, Grausam, Bauer.
Liebenau; 4.500; Krautheim
Tore: Repitsch (35., 67.), Koleznik (83.)

**10. Runde**
LASK – Vöest Linz 0:3 (0:1)
LASK: Harreither; Gebhardt, Wetscher, Viehböck; Kondert, Wieger, Medvid; Strebele, Leitner II (65. Bauer), Artmann.
Linzer Stadion; 18.000; Marschall
Tore: Milanovic (20.), Ulmer (51.), Mißfeld (54.)

**11. Runde**
Bischofshofen – LASK 3:3 (2:1)
LASK: Saurer; Kiesenebner (86. Schmidt), Sturmberger, Gebhardt, Viehböck; Kondert, Wieger, Medvid; Strebele (46. Borovka), Grausam, Artmann.
Bischofshofen; 3.000; Holzer
Tore: Höll (5., 8.), Gabriel (60.); Grausam (15. Elfmeter), Medvid (47.), Wieger (75.)

**12. Runde**
LASK – Donawitz 0:3 (0:1)
LASK: Saurer, Kiesenebner, Sturmberger, Gebhardt, Viehböck (67. Schmidt); Kondert, Grausam, Wieger; Strebele (46. Martin), Medvid, Artmann.
Linzer Stadion; 5.000; Spiegl
Tore: Pirkner (30., 46., 70.)

**13. Runde**
Sportclub – LASK 3:1 (1:0)
LASK: Saurer; Kiesenebner, Sturmberger, Schmidt, Gebhardt; Kondert, Wieger, Medvid; Strebele (30. Borovka), Grausam, Martin.
Sportclub-Platz; 3.000; Jegel
Tore: Wustinger (14.), Zajic (52.), Herzog (83.); Medvid (53.)

**14. Runde**
LASK – Vienna 1:0 (0:0)
LASK: Harreither; Gebhardt, Sturmberger, Wetscher, Viehböck; Wieger, Kondert, Medvid; Strebele (63. Grausam), Martin, Artmann (46. Bauer).
Linzer Stadion; 3.000; Mayer
Tor: Martin (50.)

**15. Runde**
Simmering – LASK 0:2 (0:1)
LASK: Harreither; Kiesenebner, Viehböck, Wetscher, Medvid; Strebele (46. Artmann), Martin, Bauer.
Simmering; 1.000; Keßler
Tore: Strebele (27.), Bauer (61.)

**16. Runde**
Admira/Wacker – LASK 2:1 (1:1)
LASK: Harreither; Gebhardt, Sturmberger, Wetscher, Viehböck; Wieger (85. Kondert), Grausam, Schmidt; Strebele, Leitner II, Medvid.
Südstadt; 3.000; Wöhrer
Tore: Swojanowsky (45.), W. Kreuz (87.); Leitner (13.)

**17. Runde**
LASK – Sturm Graz 4:0 (2:0)
LASK: Harreither; Gebhardt, Sturmberger, Wetscher, Viehböck; Kondert, Grausam, Schmidt; Strebele, Leitner II, Artmann.
Linzer Stadion; 4.500; Schramm
Tore: Leitner (4., 26., 85.), Schmidt (48.)

**18. Runde**
LASK spielfrei

**19. Runde**
Austria Salzburg – LASK 1:1 (1:1)
LASK: Harreither; Gebhardt, Sturmberger (70. Kiesenebner), Wetscher, Viehböck; Kondert, Grausam, Schmidt; Strebele, Leitner II, Artmann (7. Medvid).
Lehen; 9.000; Jegel
Tore: Grosser (44.), Leitner (24.)

**20. Runde**
LASK – Eisenstadt 1:2 (1:0)
LASK: Harreither; Gebhardt, Sturmberger, Wetscher, Viehböck; Kondert, Grausam, Schmidt; Strebele, Leitner II, Artmann.
Linzer Stadion; 4.000; Siegl
Tore: Leitner (36.), Leskovic (69.), Rohrer (75.)

**21. Runde**
Rapid – LASK 2:1 (1:1)
LASK: Harreither; Gebhardt, Sturmberger, Wetscher, Viehböck; Kondert, Grausam, Schmidt; Medvid, Leitner II (52. Bauer), Martin.
Rapid-Platz; 6.000; Schramm
Tore: Schmidt (40. Eigentor), Flögel (72.); Medvid (45.)

**22. Runde**
LASK – Austria Wien 0:0
LASK: Harreither; Kiesenebner, Sturmberger, Viehböck, Gebhart; Kondert, Medvid, Schmidt; Artmann, Leitner II, Martin (75. Bauer).
Linzer Stadion; 6.500; Bucek

**23. Runde**
Wacker Innsbruck – LASK 1:1 (1:0)
LASK: Harreither; Kiesenebner, Sturmberger, Wetscher, Gebhart; Grausam, Kondert, Bauer; Artmann (80. Borovka), Leitner II, Martin (46. Strebele).
Tivoli; 9.000; Swoboda
Tore: Wolny (39.); Strebele (59.)

**24. Runde**
LASK – GAK 3:0 (1:0)
LASK: Harreither; Kiesenebner, Viehböck, Wetscher, Gebhart; Kondert, Medvid, Grausam; Artmann, Strebele, Leitner II, Artmann.
Linzer Stadion; 3.000; Uxa
Tore: Leitner (38., 77.); Artmann (69.)

**25. Runde**
Vöest Linz – LASK 1:0 (1:0)
LASK: Harreither; Kiesenebner, Gebhart,

Wetscher, Viehböck; Kondert, Schmidt, Medvid; Strebele, Leitner II, Artmann (76. Bauer).
Linzer Stadion; 30.000; Linemayr
Tor: Ulmer (44.)

**26. Runde**
LASK – Bischofshofen 3:1 (3:0)
LASK: Harreither; Kiesenebner, Sturmberger, Wetscher, Gebhart; Kondert (88. Grausam), Viehböck (75. Wieger), Medvid; Strebele, Leitner II, Artmann.
Linzer Stadion; 2.000; Artner
Tore: Artmann (10.), Leitner (28.), Strebele (34.); Wildmann (71.)

**27. Runde**
Donawitz – LASK 1:1 (0:0)
LASK: Harreither; Kiesenebner, Sturmberger, Wetscher, Gebhart (68. Schmidt); Wieger, Viehböck, Kondert; Strebele (58. Artmann), Leitner II, Medvid.
Donawitz; 2.500; Wlachojanis
Tore: Roßkogler (75.); Medvid (83.)

**28. Runde**
LASK – Sportclub 2:0 (1:0)
LASK: Harreither; Kiesenebner, Sturmberger, Wetscher, Viehböck; Kondert, Wieger, Medvid (75. Schmidt); Strebele (68. Grausam), Leitner II, Artmann.
Linzer Stadion; 2.500; Jegel
Tore: Strebele (7., 60.)

**29. Runde**
Vienna – LASK 2:0 (1:0)
LASK: Harreither; Kiesenebner, Sturmberger (70. Grausam), Wetscher, Gebhart; Wieger, Kondert (46. Bauer), Viehböck; Artmann, Leitner II, Medvid.
Hohe Watrte; 1.500; Feldbacher
Tore: Hevera (3.), Gassner (60.)

**30. Runde**
LASK – Simmering 1:1 (0:0)
LASK: Harreither; Kiesenebner, Sturmberger, Wetscher, Gebhart; Viehböck, Wieger, Medvid; Bauer, Leitner II, Artmann.
Linzer Stadion; 3.000; Fercher
Tore: Leitner (58.), Mühlhauser (86.)

| Saison 1972/73 – Nationalliga | | | | | | | |
|---|---|---|---|---|---|---|---|
| 1. | Wacker Innsbruck | 30 | 18 | 7 | 5 | 57 : 25 | 43 |
| 2. | Rapid | 30 | 16 | 8 | 6 | 50 : 31 | 40 |
| 3. | GAK | 30 | 13 | 10 | 7 | 44 : 26 | 36 |
| 4. | Admira/Wacker | 30 | 14 | 8 | 8 | 37 : 30 | 36 |
| 5. | VOEST Linz | 30 | 14 | 7 | 9 | 53 : 32 | 35 |
| 6. | **LASK** | **30** | **11** | **12** | **7** | **45 : 35** | **34** |
| 7. | Austria Salzburg | 30 | 13 | 6 | 11 | 40 : 37 | 32 |
| 8. | Sportclub | 30 | 11 | 9 | 10 | 39 : 40 | 31 |
| 9. | DSV Alpine | 30 | 10 | 9 | 11 | 36 : 52 | 29 |
| 10. | Austria Wien | 30 | 11 | 5 | 14 | 53 : 43 | 27 |
| 11. | Vienna | 30 | 10 | 7 | 13 | 40 : 50 | 27 |
| 12. | Austria Klagenfurt | 30 | 11 | 4 | 15 | 32 : 47 | 26 |
| 13. | SC Eisenstadt | 30 | 10 | 5 | 15 | 37 : 41 | 25 |
| 14. | Sturm Graz | 30 | 8 | 9 | 13 | 29 : 38 | 25 |
| 15. | SW Bregenz | 30 | 9 | 4 | 17 | 36 : 54 | 22 |
| 16. | Admira Wr. Neustadt | 30 | 3 | 6 | 21 | 23 : 70 | 12 |

**1. Runde**
Bregenz – LASK 1: 0 (0:0)
LASK: Harreither; Kiesenebner, Sturmberger, Viehböck, Gebhart; Starek, Wieger, Sikic, Nafziger, Leitner (72. Schöll), Knorrek.
Bregenz; 7.000; Keßler
Tor: Sturm (81.)

**2. Runde**
LASK – Austria Klagenfurt 5:0 (4:0)
LASK: Harreither; Kiesenebner, Sturmberger, Viehböck, Gebhart; Starek, Wieger, Sikic, Nafziger, Leitner, Knorrek (59. Schöll).
Linzer Stadion; 6.000; Spiegl
Tore: Nafziger (5., 25.), Starek (45., 56.), Leitner (7.)

**3. Runde**
Austria Wien – LASK 2:0 (1:0)
LASK: Harreither; Kiesenebner, Sturmberger, Viehböck, Gebhart; Starek, Wieger, Sikic (55. Bauer); Nafziger, Leitner (67. Schöll), Knorrek.
Sportclub-Platz; 6000; Holzer
Tore: Sturmberger (4. Eigentor), Köglberger (55.)

**4. Runde**
LASK – Vöest Linz 2:0 (1:0)
LASK: Harreither; Kiesenebner, Sturmberger, Viehböck, Gebhart; Sikic, Wieger (35. Kondert), Starek; Nafziger, Schöll, Knorrek.
Linzer Stadion; 22.000; Siegl
Tore: Starek (21.), Knorrek (53.)

**5. Runde**
Sportclub – LASK 0:5 (0:0)
LASK: Harreither; Kiesenebner, Sturmberger, Viehböck, Gebhart; Starek, Sikic, Kondert; Nafziger, Schöll, Knorrek.
Sportclub-Platz; 1.500; Artner
Tore: Schöll (61., 73.), Sikic (71.), Kondert (77.), Nafziger (86.)

**6. Runde**
LASK – Wiener Neustadt 1:1 (1:0)
LASK: Harreither; Kiesenebner (66. Grau-

sam), Sturmberger, Viehböck, Gebhart; Sikic, Starek, Kondert; Nafziger, Schöll, Knorrek.
Linzer Stadion; 4.000; Karrer
Tore: Dirnberger (8. Eigentor); Luscicza (60.)

**7. Runde**
Donawitz – LASK 2:2 (0:1)
LASK: Harreither; Kiesenebner, Sturmberger, Viehböck, Gebhart; Starek, Kondert, Schöll; Nafziger, Leitner, Knorrek.
Donawitz; 6.000; Fercher
Tore: Brzic (54.), Loregger (84.); Leitner (32.), Nafziger (56.)

**8. Runde**
LASK – GAK 1:0 (1:0)
LASK: Harreither; Kiesenebner, Sturmberger, Viehböck, Gebhart; Kondert, Wieger, Schöll; Nafziger, Leitner, Knorrek.
Linzer Stadion; 4.000; Siegl
Tor: Kondert (42.)

**9. Runde**
Vienna – LASK 1:1 (0:0)
LASK: Harreither; Kiesenebner, Wieger, Viehböck, Gebhart; Starek, Sikic, Kondert; Nafziger, Leitner, Knorrek.
Hohe Warte; 1.000; Holzer
Tore: Poindl (47.), Nafziger (75.)

**10. Runde**
LASK – Wacker Innsbruck 1:0 (0:0)
LASK: Harreither; Kiesenebner, Wieger, Viehböck, Gebhart; Sikic (19. Bauer), Starek, Kondert; Nafziger, Leitner, Knorrek.
Linzer Stadion; 7.000; Schramm
Tor: Leitner (64.)

**11. Runde**
Rapid – LASK 1:2 (0:0)
LASK: Harreither; Knorrek (43. Ratzesberger), Wieger, Viehböck, Gebhart; Starek, Kondert, Bauer; Nafziger, Leitner, Roitner.
Rapid-Platz; 7.500; Bucek
Tore: Lorenz (65. Elfmeter); Leitner (66., 88.)

**12. Runde**
Eisenstadt – LASK 0:3 (0:1)
LASK: Harreither; Kiesenebner, Wieger, Viehböck, Gebhart; Bauer, Starek, Kondert, Nafziger, Leitner, Sikic.
Lindenstadion; 4.500; Pemberger
Tore: Starek (33.), Leitner (61.), Nafziger (72.)

**13. Runde**
LASK – Austria Salzburg 2:2 (0:2)
LASK: Harreither; Kiesenebner, Wieger, Viehböck (51. Ratzesberger), Gebhart; Kondert (40. Sturmberger), Starek, Bauer, Nafziger, Leitner, Sikic.
Linzer Stadion; 11.000; Wöhrer
Tore: Leitner (65.), Starek (85.); Grosser (23.), Ritter (43.)

**14. Runde**
Admira/Wacker – LASK 2:2 (2:2)
LASK: Harreither; Kiesenebner, Sturmberger, Wieger, Sikic; Kondert, Schöll, Starek; Nafziger, Leitner, Bauer (46. Roithner).
Südstadt; 10.000; Schiller
Tore: Kaltenbrunner (28., 32.); Nafziger (6.), Bauer (41.)

**15. Runde**
LASK – Sturm Graz 1:1 (1:1)
LASK: Harreither; Kiesenebner (67. Ratzesberger), Wieger, Viehböck, Gebhardt; Kondert, Starek, Schöll; Nafziger, Leitner, Sikic.
Linzer Stadion; 8.000; Wlachojanis
Tore: Schöll (1.); Schriver (33.)

**16. Runde**
LASK – Bregenz 0:0
LASK: Harreither; Kiesenebner (67. Ratzesberger), Wieger, Viehböck, Gebhardt; Kondert, Starek, Schöll; Nafziger, Leitner, Sikic.
Linzer Stadion; 4.000; Kornberger

**17. Runde**
Austria Klagenfurt – LASK 1:0 (0:0)
LASK: Harreither; Kiesenebner, Sturmberger, Viehböck, Wieger, Gebhardt; Kondert (62. Bauer), Sikic (62. Roithner); Nafziger, Schöll, Leitner.
Klagenfurt; 6.500; Schiller
Tor: Emmerich (50. Elfmeter)

**18. Runde**
LASK – Austria Wien 0:0
LASK: Harreither; Kiesenebner, Sturmberger, Viehböck, Gebhardt; Wieger, Schöll, Starek; Nafziger, Knorrek (62. Sikic), Leitner.
Linzer Stadion; 6.500; Siegl

**19. Runde**
VÖEST Linz – LASK 0:0
LASK: Harreither; Kiesenebner, Sturmberger, Viehböck, Gebhardt; Starek, Wieger (46. Sikic), Kondert; Nafziger, Leitner (76. Schöll), Knorrek.
Linzer Stadion; 10.500; Spiegel

**20. Runde**
LASK – Sportclub 2:2 (1:2)
LASK: Schröttner (30. Harreither); Kiesenebner, Sturmberger (46. Bauer), Viehböck, Gebhardt; Kondert, Starek, Sikic; Nafziger, Schöll, Leitner.
Libzer Stadion; 2.000; Mathias
Tore: Leitner (1.), Schöll (73.); Wallner (13.), Ulsaß (25.)

**21. Runde**
Wiener Neustadt – LASK 1:1 (1.0)
LASK: Schröttner; Gebhardt, Viehböck, Kiesenebner, Sikic; Knorrek, Starek, Kondert; Nafziger, Schöll, Leitner.
Wiener Neustadt; 1.500; Strasser
Tore: Satorina (2.), Knorrek (57.)

**22. Runde**
LASK – Donawitz 2:0 (0:0)
LASK: Schröttner; Gebhardt, Viehböck, Kiesenebner, Sikic; Starek, Kondert, Bauer (51. Roithner); Nafziger, Schöll, Knorrek (75. Wetscher).
Linzer Stadion; 2.500; Schiller
Tore: Knorrek (52.), Starek (62.)

**23. Runde**
GAK – LASK 5:0 (3:0)
LASK: Schröttner (46. Saurer); Sikic, Viehböck, Kiesenebner, Gebhardt; Starek, Kondert, Leitner; Nafziger, Schöll, Knorrek (67. Bauer).
Liebenau; 4.000; Nezval
Tore: Kropf (20., 38.), Kovac (45.), Philipp (61.), Fendler (75.)

**24. Runde**
LASK – Vienna 4:2 (1:1)
LASK: Saurer; Kiesenebner, Sturmberger, Viehböck, Gebhart; Kondert, Starek, Sikic; Nafziger, Schöll, Leitner (46. Bauer).
Linzer Stadion; 1.500; Jegel
Tore: Leitner (3.), Kondert (52.), Schöll (54. Elfmeter, 83.); Larionows (15.), Perischa (66.)

**25. Runde**
Wacker Innsbruck – LASK 2:1 (0:0)
LASK: Saurer; Kiesenebner, Sturmberger, Sikic, Gebhart; Starek, Bauer, Kondert; Nafziger, Schöll, Knorrek.
Tivoli; 7.000; Uxa
Tore: Jara (71.), Breuer (73.); Schöll (87.)

**26. Runde**
LASK – Rapid 3:2 (1:2)
LASK: Saurer; Gebhart, Sturmberger, Kiesenebner, Sikic; Starek, Kondert, Bauer; Nafziger, Schöll, Leitner.
Linzer Stadion; 14.000; Almer
Tore: Leitner (15., 88.), Schöll (67.); Ritter (21.), Krankl (44.)

**27. Runde**
LASK – Eisenstadt 4:1 (1:0)
LASK: Saurer; Kiesenebner, Sturmberger, Viehböck, Gebhart; Starek, Kondert (70. Bauer), Sikic; Nafziger, Schöll, Leitner.
Linzer Stadion; 4.500; Schiller
Tore: Leitner (16., 87.), Schöll (51.), Nafziger (56.); Kirschner (85.)

**28. Runde**
Austria Salzburg – LASK 0:0
LASK: Saurer; Kiesenebner, Sturmberger (50. Bauer), Viehböck, Gebhart; Starek, Kondert, Sikic; Nafziger, Schöll, Leitner.
Lehen; 2.500; Bucek

**29. Runde**
LASK – Admira/Wacker 0:1 (0:0)
LASK: Saurer; Gebhart, Sturmberger, Viehböck, Sikic; Starek, Kondert, Bauer; Nafziger, Schöll (75. Knorrek), Leitner.
Linzer Stadion; 5.000; Wöhrer
Tor: Demantke (60.)

**30. Runde – 30. 6. 1973**
Sturm Graz – LASK 5:0 (3:0)
LASK: Saurer; Kiesenebner, Liebhaber, Viehböck, Gebhart; Kondert, Starek, Bauer (46. Knorrek); Nafziger, Schöll, Leitner.
Sturm-Platz; 7000; Mathias
Tore: Peintinger (29.), Stendal (38., 65.), Lang (45.), Zamut (73.)

| | | | | | | | |
|---|---|---|---|---|---|---|---|
| **Saison 1973/74 – Nationalliga** | | | | | | | |
| 1. | VOEST Linz | 32 | 18 | 11 | 3 | 51 : 28 | 47 |
| 2. | Wacker Innsbruck | 32 | 19 | 8 | 5 | 57 : 21 | 46 |
| 3. | Rapid | 32 | 18 | 9 | 5 | 74 : 33 | 45 |
| 4. | Austria/WAC | 32 | 16 | 7 | 9 | 59 : 37 | 39 |
| 5. | Sturm Graz | 32 | 14 | 6 | 12 | 28 : 35 | 34 |
| 6. | DSV Alpine | 32 | 13 | 7 | 12 | 51 : 48 | 33 |
| 7. | Admira/Wacker | 32 | 11 | 9 | 12 | 50 : 48 | 31 |
| 8. | Austria Salzburg | 32 | 10 | 11 | 11 | 35 : 35 | 31 |
| 9. | **LASK** | **32** | **11** | **8** | **13** | **38 : 48** | **30** |
| 10. | Sportclub | 32 | 10 | 9 | 13 | 43 : 60 | 29 |
| 11. | Simmering | 32 | 10 | 8 | 14 | 49 : 47 | 28 |
| 12. | GAK | 32 | 9 | 10 | 13 | 31 : 41 | 28 |
| 13. | SC Eisenstadt | 32 | 11 | 6 | 15 | 36 : 52 | 28 |
| 14. | Austria Klagenfurt | 32 | 8 | 11 | 13 | 33 : 44 | 27 |
| 15. | Radenthein/VSV | 32 | 6 | 14 | 12 | 33 : 40 | 26 |
| 16. | Vienna | 32 | 8 | 8 | 16 | 38 : 54 | 24 |
| 17. | Vorarlberg | 32 | 5 | 8 | 19 | 31 : 66 | 18 |

**1. Runde**
Radenthein/VSV – LASK 0:0
LASK: Schröttner; Fellermayr, Viehböck, Wetscher, Kiesenebner; Kondert, Satorina (51. Stöfflbauer), Gallos; Nafziger, Knorrek (56. Makotschnig), Leitner.
Radenthein; 4500; Dolezal

**2. Runde**
LASK – Simmering 2:1 (1:0)
LASK: Schröttner; Kiesenebner, Viehböck, Wetscher, Gebhardt; Kondert, Stöfflbauer, Gallos; Nafziger, Schöll, Leitner.
Linzer Stadion; 7.000; Holzer
Tore: Leitner (15., 70.), Dokupil (83.)

**3. Runde**
VÖEST Linz – LASK 2:0 (0:0)
LASK: Schröttner; Kiesenebner, Viehböck, Wetscher, Gebhardt; Kondert, Schöll, Gallos; Nafziger, Knorrek (55. Makotschnig), Leitner.
Linzer Stadion; 16.000; Schiller
Tore: Lorenz (52., 89.)

**4. Runde**
LASK – Sportclub 3:0 (2:0)
LASK: Schröttner; Kiesenebner, Viehböck (81. Stöfflbauer), Wetscher, Gebhardt; Satorina, Schöll, Gallos; Nafziger, Leitner, Makotschnig.
Linzer Stadion; 2.500; Karrer
Tore: Schöll (13.), Gallos (30., 79.)

**5. Runde**
Sturm Graz – LASK 3:1 (3:0)
LASK: Schröttner; Kiesenebner, Satorina, Wetscher, Fellermayr; Kondert, Gallos, Schöll; Nafziger, Leitner, Makotschnig.
Liebenau; 16.000; Artner
Tore: Zamut (2.), Steiner (20., 30.); Gallos (60.)

**6. Runde**
LASK – Austria/WAC 0:0
LASK: Schröttner; Kiesenebner, Satorina, Wetscher (72. Fellermayr), Gebhardt; Kondert, Schöll (56. Bauer); Gallos; Nafziger, Leitner, Makotschnig.
Linzer Stadion; 4.000; Karrer

**7. Runde**
Wacker Innsbruck – LASK 5:1 (1:1)
LASK: Schröttner; Kiesenebner, Satorina, Wetscher, Gebhardt; Kondert, Schöll, Stöfflbauer (65. Knorrek), Gallos; Nafziger, Leitner.
Tivoli; 11.000; Siegl
Tore: Breuer (3. Elfmeter, 79.), Rinker (60.), Gombach (62.), Hattenberger (66.); Kondert (35.)

**8. Runde**
LASK – Eisenstadt 1:2 (0:0)
LASK: Schröttner; Kiesenebner, Satorina, Wetscher, Gebhardt; Kondert (58. Schöll), Stöfflbauer (46. Knorrek), Gallos; Nafziger, Leitner, Makotschnig.
Linzer Stadion; 3.000; Ing. Tögl
Tore: Schöll (85.); Kirschner (50.), Kiesenebner (68. Eigentor)

**9. Runde**
Vienna – LASK 2:4 ( 0:1)
LASK: Schröttner (46. Hauser); Kiesenebner, Liebhaber, Wetscher, Gebhardt; Satorina, Schöll, Kondert; Nafziger, Gallos, Leitner.
Hohe Warte; 2.000; Goriup
Tore: Schlagbauer (73.), Poindl (84.); Gallos (30., 75.), Leitner (47.), Kondert (89.)

**10. Runde**
LASK – Austria Klagenfurt 2:2 (1:0)
LASK: Harreither; Gebhardt, Liebhaber, Kiesenebner, Wetscher; Kondert, Satorina, Gallos; Nafziger, Schöll (46. Makotschnig), Leitner.
Linzer Stadion; 5.000; Dolezal
Tore: Leitner (52.), Gallos (83.); Emmerich (18., 48.)

**11. Runde**
Admira/Wacker – LASK 2:1 (1:1)
LASK: Hauser; Kiesenebner, Liebhaber, Wetscher, Gebhardt; Kondert, Satorina, Gallos; Nafziger (80. Knorrek), Leitner, Makotschnig.
Südstadt; 2.000; Bucek
Tore: Cerny (36.), Polywka (78.); Gallos (21.)

**12. Runde**
LASK spielfrei

**13. Runde**
LASK – Austria Salzburg 1:2 (0:1)
LASK: Schröttner; Kiesenebner (24. Wetscher), Viehböck, Liebhaber, Gebhardt; Kondert, Satorina, Gallos; Nafziger. Makotschnig (46. Knorrek).
Linzer Stadion; 3.000; Keßler
Tore: Gallos (66.); Grosser (22.), Libuda (79.)

**14. Runde**
GAK – LASK 1:0 (0:0)
LASK: Schröttner (46. Harreither); Gebhardt, Viehböck, Liebhaber, Wetscher; Kondert, Satorina, Knorrek, Gallos; Nafziger, Leitner.
Liebenau; 2.000; Tögl
Tor: Koleznik (85.)

**15. Runde**
LASK – Rapid 2:1 (1:0)
LASK: Schröttner; Gebhardt, Viehböck, Liebhaber, Wetscher, Satorina, Wieger, Bauer (85. Stöfflbauer); Knorrek, Leitner (68. Kondert), Gallos.
Linzer Stadion; 8.000; Jegel
Tore: Bauer (4.), Gallos (48.), Krankl (74.)

**16. Runde**
Donawitz – LASK 1:0 (1:0)
LASK: Schröttner; Gebhardt, Viehböck, Liebhaber, Wetscher; Wieger, Satorina (60. Kiesenebner), Kondert; Knorrek, Gallos, Bauer (35. Makotschnig)
Donawitz; 2.500; Höck
Tor: Roßkogler (25.)

**17. Runde**
LASK – Vorarlberg 1:0 (1:0)
LASK: Schröttner; Gebhardt, Viehböck, Liebhaber, Wetscher; Satorina (46. Nafziger), Kondert, Bauer, Knorrek, Leitner, Gallos.
Linzer Stadion; 2.500; Bucek
Tor: Gallos (18.)

**18. Runde**
LASK – Radentehin/VSV 1:1 (0:0)
LASK: Harreither; Gebhardt, Liebhaber, Viehböck, Wetscher; Nafziger, Traxler, Stöfflbauer; Gallos, Leitner, Makotschnig.
Linzer Stadion; 2.500; Siegl
Tore: Makotschnig (80.); Sternig (81.)

**19. Runde**
Simmering – LASK 2:0 (1:0)
LASK: Schröttner; Kiesenebner, Viehböck, Wetscher, Gebhardt; Kondert, Liebhaber, Gallos; Nafziger, Knorrek (70. Satorina), Makotschnig.
Simmering; 3.000; Jarosch
Tore: Flögel (13., 80.)

**20. Runde**
LASK – VÖEST Linz 3:0 (2:0)
LASK: Schröttner; Kiesenebner, Liebhaber, Wetscher, Gebhardt; Kondert, Traxler, Gallos; Nafziger, Knorrek, Leitner (65. Makotschnig).
Linzer Stadion; 15.000; Spiegl
Tore: Kondert (5.), Leitner (39.), Knorrek (84.)

**21. Runde**
Sportclub – LASK 0:0
LASK: Schröttner; Kiesenebner, Liebhaber, Wetscher, Gebhardt (70. Viehböck); Kondert, Gallos, Traxler; Nafziger, Knorrek, Leitner.
Sportclub-Platz; 4.000; Pemberger

**22. Runde**
LASK – Sturm Graz 2:0 (0:0)
LASK: Schröttner; Kiesenebner, Liebhaber, Wetscher, Viehböck; Kondert, Gallos, Traxler; Nafziger (46. Makotschnig), Knorrek, Leitner.
Linzer Stadion; 5.000; Mathias
Tore: Knorrek (61.), Gallos (62.)

**23. Runde**
Austria/WAC – LASK 6:0 (2:0)
LASK: Schröttner; Kiesenebner, Liebhaber, Wetscher, Viehböck; Kondert, Traxler, Gallos,; Nafziger, Knorrek, Leitner (46. Makotschnig).
Verbandsplatz; 6.000; Goriup
Tore: Daxbacher (29.), Prohaska (34.), Fiala (80.); Kögglberger (82., 84.), Martinez (89.)

**24. Runde**
LASK – Wacker Innsbruck 1:0 (0:0)
LASK: Schröttner; Kiesenebner, Liebhaber, Wetscher, Stöfflbauer; Kondert, Traxler, Gallos; Nafziger (63. Makotschnig), Knorrek, Leitner (84. Satorina).
Linzer Stadion; 8.500; Artner
Tor: Leitner (53.)

**25. Runde**
Eisenstadt – LASK 3:0 (1:0)
LASK: Schröttner (67. Saurer); Kiesenebner, Liebhaber, Wetscher, Stöfflbauer; Kondert, Gallos (35. Viehböck), Nafziger, Traxler; Knorrek, Leitner.
Lindenstadion; 2.000; Bucek
Tore: Thomas (34.), Bejerregaard (50., 65.)

**26. Runde**
LASK – Vienna 2:0 (2:0)
LASK: Schröttner; Kiesenebner, Liebhaber, Wetscher, Viehböck; Kondert, Traxler, Gallos; Nafziger, Leitner (6. Knorrek), Makotschnig.
Linzer Stadion; 2.500; Latzin
Tore: Leitner (4.), Makotschnig (25.)

**27. Runde**
Austria Klagenfurt – LASK 0:0
LASK: Schröttner; Kiesenebner, Liebhaber, Wetscher, Viehböck; Kondert, Traxler, Gallos; Nafziger (60. Satorina), Leitner (73. Knorrek), Makotschnig.
Klagenfurt; 2.000; Spiegl

**28. Runde**
LASK – Admira/Wacker 1:1 (0:0)
LASK: Schröttner; Kiesenebner, Liebhaber, Wetscher, Viehböck; Satorina, Traxler, Gallos; Nafziger, Leitner, Makotschnig (70. Knorrek).
Linzer Stadion; 2.500; Wöhrer
Tore: Leitner (82. Elfmeter); Gassner (71.)

**29. Runde**
LASK spielfrei

**30. Runde**
Austria Salzburg – LASK 1:1 (1:1)
LASK: Schröttner; Kiesenebner, Liebhaber, Wetscher, Viehböck; Kondert, Nafziger (72. Makotschnig), Traxler; Satorina (38. Gebhardt; Leitner, Gallos.
Lehen; 3.500; Latzin
Tore: Grosser (29.); Gallos (38.)

**31. Runde**
LASK – GAK 4:1 (1:0)
LASK: Schröttner; Kiesenebner, Liebhaber, Wetscher, Viehböck; Nafziger, Kondert (79. Knorrek), Traxler; Makotschnig, Gallos, Leitner.
Linzer Stadion; 2.500; Fahnler
Tore: Leitner (37., 67., 78.), Makotschnig (77.); Süßner (51. Elfmeter)

**32. Runde**
Rapid – LASK 6:0 (2:0)
LASK: Schröttner (17. Hauser) Kiesenebner, Liebhaber, Gebhardt, Wetscher; Viehböck, Kondert, Traxler; Makotschnig (73. Stöfflbauer), Leitner,Gallos.
Rapid-Platz; 8.000; Pemberger
Tore: Starek (14., 71.), Lorenz (32.), Krankl (69., 75., 84.)

**33. Runde**
LASK – Donawitz 2:0 (0:0)
LASK: Hauser; Gebhardt, Liebhaber, Wetscher, Viehböck, Kondert, Traxler, Gallos; Nafziger (75. Knorrek), Leitner, Makotschnig.
Linzer Stadion; 2.000; Höck
Tore: Gallos (62.), Kondert (84.)

**34. Runde**
Vorarlberg – LASK 3:2 (0:1)
LASK: Hauser; Gebhardt, Liebhaber, Wetscher, Viehböck; Kondert, Traxler; Nafziger, Knorrek (64. Stöfflbauer) Gallos, Makotschnig.
Bodenseestadion; 500; Mössler
Tore: Weidinger (67.), Romes (69., 74.); Wetscher (21.), Gallos (88.)

## Saison 1974/75 -Aufstiegspiele zur Bundesliga-Zehnerliga

**Halbfinale – 16. 6. 1974**
LASK – FC Dornbirn 4:0 (2:0)
LASK: Hauser; Gebhardt, Wetscher, Liebhaber, Viehböck (64. Stöfflbauer); Kondert, Traxler, Gallos; Nafziger, Leitner (46. Knorrek), Makotschnig.
Linzer Stadion; 3.000; Bucek
Tore: Gallos (20., 40., 65.), Knorrek (48.)

**Halbfinale Rückspiel – 20. 6. 1974**
FC Dornbirn – LASK 2:2 (1:0)
LASK: Hauser; Gebhardt, Liebhaber, Wetscher, Traxler; Kondert (80. Fellermayr), Nafziger, Stöfflbauer; Knorrek, Gallos, Makotschnig (36. Kiesenebner).
Dornbirn; 600; Jegel
Tore: Giesinger, Wohlgenannt (Elfmeter); Gallos, Stöffelbauer.

**1. Finale – 25. 6. 1974**
Stockerau – LASK 3:1 (2:1)
LASK: Hauser (57. Schröttner); Kiesenebner, Liebhaber, Wetscher, Gebhardt; Kondert (65. Wieger), Traxler, Stöfflbauer; Nafziger, Leitner, Makotschnig.
Stockerau; 3.000; Bucek
Tore: Hefert (20., 23.), Leitner (26.), Bauer (65.)

**2. Finale – 29. 6. 1974**
LASK – Stockerau 6:1 (6:0)
LASK: Schröttner; Gebhardt, Liebhaber, Wetscher, Viehböck; Kondert (75. Stöfflbauer), Traxler, Gallos; Knorrek, Leitner (68. Nafziger), Makotschnig.
Linzer Stadion; 4.000; Jarosch
Tore: Traxler (9.), Leitner (18.), Huber (34. Eigentor), Kondert (34., 40.), Makotschnig (44.); Bauer (65.)

| Saison 1974/75 – Bundesliga 1. Division | | | | | | |
|---|---|---|---|---|---|---|
| 1. | Wacker Innsbruck | 36 | 24 | 3 | 9 | 76 : 36 | 51 |
| 2. | VOEST Linz | 36 | 16 | 10 | 10 | 51 : 33 | 42 |
| 3. | Rapid | 36 | 16 | 9 | 11 | 57 : 41 | 41 |
| 4. | Austria/WAC | 36 | 14 | 9 | 13 | 59 : 52 | 37 |
| 5. | Sturm Graz | 36 | 13 | 10 | 13 | 46 : 45 | 36 |
| 6. | LASK | 36 | 12 | 10 | 14 | 50 : 55 | 34 |
| 7. | Austria Salzburg | 36 | 12 | 9 | 15 | 41 : 54 | 33 |
| 8. | Admira/Wacker | 36 | 11 | 9 | 16 | 46 : 55 | 31 |
| 9. | Austria Klagenfurt | 36 | 11 | 6 | 19 | 32 : 57 | 28 |
| 10. | SC Eisenstadt | 36 | 8 | 11 | 17 | 35 : 65 | 27 |

**1. Runde – 9., 10. 8. 1974**
LASK – Rapid 2:1 (1:1)
LASK: Hauser; Trafella, Rosner, Liebhaber, Gebhardt, Kondert (77. Satorina), Traxler, Gayer; Nafziger, Knorrek, Leitner.
Linzer Stadion; 12.000; Bucek.
Tore: Trafella (20.), Leitner (61.); Pajenk (13.)

**2. Runde – 13., 14., 8. 1974**
Rapid – LASK 5:0 (1:0)
LASK: Schröttner; Trafella, Rosner, Liebhaber, Gebhardt, Gayer, Traxler, Kondert, Nafziger; Knorrek, Leitner.
Hütteldorf; 7.000; Jarosch.
Tore: Dokupil (21.), Starek (46., 60.), Krankl (63.), Gronen (78.)

**3. Runde – 17. 8. 1974**
LASK – Eisenstadt 2:1 (1:1)
LASK: Schröttner; Trafella (68. Kiesenebner), Rosner, Liebhaber, Gebhardt; Kondert, Traxler, Gayer; Nafziger, Knorrek, Leitner.
Linzer Stadion; 3.500; Swoboda
Tore: Traxler (41.), Leitner (88.); Strebele (29.)

**4. Runde – 25., 26. 8. 1974**
Eisenstadt – LASK 2:2 (1:1)
LASK: Schröttner; Trafella, Rosner, Liebhaber, Gebhardt; Nafziger, Gayer, Traxler, Kondert; Knorrek, Leitner.
Lindenstadion; 3.000; Latzin
Tore: Gayer (18.), Thomas (40.), Traxler (57.), Romes (75. Elfmeter)

**5. Runde – 7., 8. 9. 1974**
LASK – Admira / Wacker 0:1 (0:0)
LASK: Schröttner; Trafella, Rosner, Liebhaber, Gebhardt; Kondert, Traxler (72. Makoschnig), Gayer; Nafziger, Leitner, Gallos.
Linzer Stadion; 4.000; Wöhrer
Tor: Gassner (49.)

**6. Runde – 10., 11. 9. 1974**
Admira / Wacker – LASK 3:1 (0:0)
LASK: Schröttner; Kiesenebner, Rosner, Liebhaber, Schweinzer; Kondert, Traxler, Gayer, Gallos, Nafziger; Leitner.
Südstadt; 4.000; Goriup
Tore: Demantke (85., 91.), Swojanowsky (89.); Nafziger (83.)

**7. Runde – 13., 14. 1974**
LASK – Austria Salzburg 3:3 (2:3)
LASK: Schröttner; Trafella (46. Kiesenebner), Rosner, Liebhaber, Schweinzer; Kondert (76. Makoschnig), Satorina, Gallos; Nafziger, Knorrek, Leitner.
Linzer Stadion; 3.500; Spiegl
Tore: Kondert (23.), Hala (18.), Pirnus (25.), Haider (42.), Leitner (44.), Knorrek (65.).

**8. Runde – 20., 21. 9. 1974**
Salzburg – LASK 1: 1 (1:1)
LASK: Schröttner; Kiesenebner, Rosner, Liebhaber, Schweinzer; Kondert, Nafziger, Gebhardt; Gallos, Knorrek, Leitner.
Lehen; 6.000; Schiller
Tore: Pirnus (3.), Gallos (16.)

**9. Runde – 5., 6. 10. 1974**
LASK – Sturm Graz 1:2 (0:0)
LASK: Schröttner; Kiesenebner, Liebhaber, Gebhardt, Schweinzer; Kondert, Rosner (52. Makoschnig), Gallos; Nafziger, Knorrek, Leitner.
Linzer Stadion; 3.000; Fahnler
Tore: Knorrek (87.); Ringert (46.), Pichler (85.)

**10. Runde – 8., 9. 10. 1974**
Sturm Graz – LASK 1:1 (1:0)
LASK: Schröttner; Kiesenebner, Liebhaber, Gebhardt, Schweinzer; Nafziger, Kondert, Stöfflbauer; Knorrek (60. Satorina), Makoschnig, Gallos.
Graz – Liebenau; 3.000; Latzin
Tore: Ringert (34.); Kondert (67.)

**11. Runde – 19., 20. 10. 1974**
VOEST Linz – LASK 2:0 (2:0)
LASK: Schröttner; Kiesenebner, Liebhaber, Rosner, Schweinzer; Kondert, Knorrek, Satorina (62. Stöfflbauer), Gallos; Nafziger (70. Bincsik), Makoschnig.
Linzer Stadion; 13.000; Mathias
Tore: Roßkogler (2.), Milanovic (4.)

**12. Runde – 26., 27. 10. 1974**
**LASK – VOEST Linz 1:2 (0:1)**
LASK: Schröttner; Kiesenebner, Rosner, Liebhaber, Schweinzer (78. Stöfflbauer); Kondert, Traxler, Gayer; Nafziger (54. Makoschnig), Gallos, Leitner.
Linzer Stadion; 8.000; Schiller
Tore: Milanovic (25. Elfmeter), Stering (60.); Leitner (65.)

**13. Runde – 3.11. 1974**
**Klagenfurt – LASK 2:1 (1:1)**
LASK: Schröttner; Kiesenebner, Traxler, Rosner, Stöfflbauer, Kondert, Gayer, Satorina, Liebhaber; Nafziger, Leitner.
Klagenfurt; 3.000; Siegl
Tore: Jensen (11.), Widmann (53.); Satorina (20.)

**14. Runde – 8., 9. 11. 1974**
**LASK – Klagenfurt 2:0 (0:0)**
LASK: Schröttner; Kiesenebner, Traxler, Rosner, Gebhardt, Kondert, Satorina, Gayer; Knorrek (79. Stöfflbauer), Gallos, Nafziger.
Linzer Stadion; 1.800; Swoboda
Tore: Traxler (41. Elfmeter), Kondert (90.)

**15. Runde – 16., 17.11. 1974**
**Austria/WAC – LASK1:0 (1:0)**
LASK: Schröttner; Kiesenebner, Traxler, Rosner, Gebhardt (76. Stöfflbauer); Kondert, Satorina, Gayer, Gallos; Nafziger, Knorrek.
Horr-Stadion; 5.000; Jegel
Tor: Morales (26.)

**16. Runde – 23., 24. 11. 1974**
**LASK – Austria / WAC 2:2 (0:1)**
LASK: Saurer; Kiesenebner, Traxler, Rosner, Stöfflbauer (79. Liebhaber); Kondert, Satorina, Gayer; Nafziger, Knorrek (63. Bincsik), Gallos.
Linzer Stadion; 2.500; Jarosch
Tore: Köglberger (31.), Morales (60.); Nafziger (72.), Krieger (81. Eigentor)

**17. Runde – 30.11., 1.12. 1974**
**Innsbruck – LASK 2:0 (1:0)**
LASK: Saurer; Viehböck (60. Trafella), Rosner, Spiegl, Stöfflbauer; Kondert, Satorina, Gayer; Nafziger, Bincsik, Gallos.
Tivoli; 6.000; Uxa
Tore: Horvath (24. Elfmeter), Koncilia II (84.)

**18. Runde – 7., 8. 12. 1974**
**LASK – Innsbruck 1:5 (1:2)**
LASK: Saurer; Viehböck, Traxler, Rosner, Stöfflbauer; Kondert (23. Makoschnig), Satorina, Gayer; Nafziger, Bincsik, Gallos.
Linzer Stadion; 2.500; Latzin
Tore: Metzler (11.), Oberacher (14., 86.), Gallos (18.), Flindt (54.), Horvath (78. Elfmeter)

**19. Runde – 22. 2. 1975**
**Rapid – LASK 0:1 (0:1)**
LASK: Schröttner; Kiesenebner, Viehböck, Rosner, Trafella; Gayer, Traxler, Gallos; Nafziger, Köglberger (85. Bincsik), Binkovski.
Rapid-Platz; 6.500; Goriupp
Tor: Köglberger (31.)

**20. Runde – 1., 2. 3. 1975**
**LASK – Rapid 1:1 (1:1)**
LASK: Schröttner; Kiesenebner, Spiegl, Rosner, Trafella; Gayer, Traxler, Gallos; Nafziger, Köglberger, Binkovski.
Linzer Stadion; 15.500; Karrer
Tore: Köglberger (6.); Ritter (31.)

**21. Runde – 8., 9. 3. 1975**
**Eisenstadt – LASK 2:0 (1:0)**
LASK: Schröttner; Kiesenebner, Spiegl, Rosner, Trafella; Gayer, Traxler, Gallos; Nafziger, Köglberger, Binkovski.
Lindenstadion; 4.500; Bucek
Tore: Romes (30. Elfmeter), Thomas (75.)

**22. Runde – 19. 3. 1975**
**LASK – Eisenstadt 3:0 (1:0)**
LASK: Schröttner; Kiesenebner, Viehböck (17. Stöfflbauer), Rosner, Trafella; Kon-
dert, Traxler, Gayer; Nafziger (46. Knorrek), Köglberger, Gallos.
Linzer Stadion; 3.500; Fahnler
Tore: Gayer (27., 53.), Gallos (81.)

**23. Runde – 22., 23. 3. 1975**
**Admira/Wacker – LASK 0:3 (0:2)**
LASK: Schröttner; Kiesenebner, Trafella, Rosner, Stöfflbauer; Kondert, Traxler, Gayer (71. Binkovski); Knorrek, Köglberger, Gallos.
Südstadt; 2.500; Latzin
Tore: Gallos (13.), Kondert (42.), Köglberger (64.)

**24. Runde – 5., 6. 4. 1975**
**LASK – Admira/Wacker 2:1 (1:0)**
LASK: Schröttner; Kiesenebner, Rosner, Stöfflbauer, Trafella; Kondert (46. Binkovski), Traxler, Gayer; Knorrek, Köglberger, Gallos.
Linzer Stadion; 5.000; Jarosch
Tore: Gallos (25.), Traxler (50. Elfmeter); Herzog (73.)

**25. Runde – 12., 13. 4. 1974**
**Salzburg – LASK 1:0 (1:0)**
LASK: Schröttner (85. Saurer); Kiesenebner, Rosner, Stöfflbauer, Trafella; Traxler, Kondert, Gayer; Knorrek, Köglberger, Gallos.
Lehen; 7.000; Schiller
Tor: Haider (39.)

**26. Runde – 19., 20. 4. 1975**
**LASK – Salzburg 3:1 (2:0)**
LASK: Saurer; Kiesenebner, Rosner, Stöfflbauer, Trafella; Kondert, Traxler (76. Viehböck), Gayer; Knorrek, Köglberger (83. Binkovski), Gallos.
Linzer Stadion; 6.500; Mathias
Tore: Gallos (2.), Köglberger (28.,47.); Hala (47.)

**27. Runde – 26., 27. 4. 1975**
**Sturm Graz – LASK 0:0**
LASK: Saurer; Kiesenebner, Stöfflbauer, Rosner, Trafella; Traxler, Viehböck, Kondert, Gayer; Knorrek, Köglberger, Gallos.
Liebenau; 4.500; Swoboda

**28. Runde – 3., 4. 5. 1975**
**LASK – Sturm Graz 3:0 (2:0)**
LASK: Saurer; Kiesenebner, Rosner, Stöfflbauer, Trafella (79. Gebhardt); Kondert, Viehböck, Gayer; Knorrek, Köglberger (68. Bincsik), Gallos.
Linzer Stadion; 4.500; Spiegl
Tore: Köglberger (4.), Gallos (40.), Gayer (57.)

**29. Runde – 6., 7. 5. 1975**
**LASK – VOEST Linz 2:2 (1:1)**
LASK: Saurer; Kiesenebner, Rosner, Stöfflbauer, Trafella (76. Gebhardt); Kondert, Viehböck, Gayer; Knorrek, Köglberger, Gallos.
Linzer Stadion; 17.500; Latzin
Tore: Scharmann (1.), Kondert (16.), Lorenz (60.), Köglberger (78.)

**30. Runde – 10. 5. 1975**
**VOEST Linz – LASK 2:1 (1:1)**
LASK: Saurer; Kiesenebner, Rosner, Stöfflbauer, Trafella; Kondert, Viehböck (75. Gebhart); Gayer; Knorrek, Köglberger, Gallos.
Linzer Stadion; 17.000; Bucek
Tore: Stering (33., 48.); Kondert (45., Elfmeter)

**31. Runde – 17. 5. 1975**
**LASK – Klagenfurt 1:0 (0:0)**
LASK: Schröttner; Kiesenebner, Rosner, Stöfflbauer, Trafella; Kondert (32. Binkovski), Gebhardt, Gayer; Knorrek, Köglberger, Gallos.
Linzer Stadion; 3.500; Swoboda
Tor: Köglberger (46.)

**32. Runde – 20., 21. 5. 1975**
**Klagenfurt – LASK 0:1 (0:0)**
LASK: Saurer; Kiesenebner, Rosner, Stöfflbauer, Trafella; Gayer, Gebhardt, Gallos; Knorrek, Köglberger, Binkovski.
Klagenfurt; 3.000; Wöhrer
Tor: Köglberger (70.)

**33. Runde – 24, 25. 5. 1975**
**LASK – Austria/WAC 3:3 (1:1)**
LASK: Saurer; Kiesenebner, Rosner, Stöfflbauer, Trafella; Gayer, Gebhardt, Gallos; Knorrek, Köglberger, Binkovski (64. Nafziger).
Linzer Stadion; 6.000; Karrer
Tore: Köglberger (32., 53., 75.); Daxbacher (16.,78.), Pirkner (51.)

**34. Runde – 31. 5. 1975**
**Austria/WAC – LASK 2:3 (0:1)**
LASK: Saurer; Kiesenebner, Rosner, Stöfflbauer, Trafella; Gayer, Gebhardt, Kondert; Nafziger, Köglberger, Gallos.
Hohe Warte; 4.500; Bucek
Tore: Prohaska (65.), Pirkner (90.); Gayer (9.), Kondert (63.), Köglberger (80.)

**35. Runde – 13. 6. 1975**
**LASK – Innsbruck 1:1 (0:1)**
LASK: Saurer; Kiesenebner, Rosner, Stöfflbauer, Trafella; Bincsik, Kondert, Gayer; Knorrek, Köglberger, Gallos.
Linzer Stadion; 7.000; Tögel
Tore: Kondert (82., Elfmeter); Flindt (22.)

**36. Runde – 21. 6. 1975**
**Innsbruck – LASK 3:2 (1:1)**
LASK: Saurer; Kiesenebner, Rosner, Stöfflbauer, Trafella (71. Gebhardt); Bincsik, Kondert, Gayer; Knorrek, Gallos, Binkovski.
Tivoli; 6.000; Fahnler
Tore: Welzl (4.), Koncilia II (53.), Horvath (78., Elfmeter); Gallos (37.), Knorrek (87.)

### Saison 1975/76 – Bundesliga 1. Division

| | | | | | | | |
|---|---|---|---|---|---|---|---|
| 1. | Austria/WAC | 36 | 21 | 10 | 5 | 77 : 29 | 52 |
| 2. | Wacker Innsbruck | 36 | 18 | 9 | 9 | 68 : 38 | 45 |
| 3. | Rapid | 36 | 17 | 6 | 13 | 55 : 50 | 40 |
| 4. | Austria Salzburg | 36 | 14 | 11 | 11 | 47 : 48 | 39 |
| 5. | Admira/Wacker | 36 | 13 | 10 | 13 | 51 : 54 | 36 |
| 6. | VOEST Linz | 36 | 13 | 9 | 14 | 44 : 44 | 35 |
| 7. | LASK | 36 | 10 | 11 | 15 | 46 : 55 | 31 |
| 8. | Sturm Graz | 36 | 11 | 8 | 17 | 38 : 51 | 30 |
| 9. | GAK | 36 | 9 | 11 | 16 | 39 : 60 | 29 |
| 10. | Austria Klagenfurt | 36 | 6 | 11 | 19 | 30 : 66 | 23 |

**1. Runde – 8.,9. 8. 1975**
**Innsbruck – LASK 1:1 (0:1)**
LASK: Kronberger; Kiesenebner, Rosner, Stöfflbauer, Trafella; Gebhardt, Gayer, Gallos; Knorrek, Köglberger, Binkovski.
Tivoli; 9.000; Wöhrer
Tore: Horvath (56., Elfmeter); Köglberger (22.)

**2. Runde – 20. 8. 1975**
**LASK – Innsbruck 1:1 (0:0)**
LASK: Kronberger; Trafella, Rosner, Stöfflbauer, Schweinzer,; Gayer, Gebhardt, Gallos; Knorrek, Köglberger, Binkovski (65. Bincsik).
Linzer Stadion; 12.500; Jarosch
Tore: Köglberger (68.); Oberacher (57.)

**3. Runde – 22., 23. 8. 1975**
**VOEST Linz – LASK 1:1 (0:0)**
LASK: Kronberger; Trafella, Rosner, Stöfflbauer, Schweinzer; Kondert, Gebhardt, Gayer; Knorrek, Köglberger, Gallos.
Linzer Stadion; 18.000; Mathias
Tore: Scharmann (88.); Gallos (60.)

**4. Runde – 26., 27. 8. 1975**
**LASK – VOEST Linz 1:4 (0:2)**
LASK: Kronberger; Trafella, Rosner, Stöfflbauer, Scweinzer; Kondert, Gebhardt, Gayer; Knorrek, Köglberger, Gallos.
Linzer Stadion; 15.000; Swoboda
Tore: Stering (18.), Scharmann (28., 81.), Roßkogler (53.); Kondert (76., Elfmeter)

**5. Runde – 29., 30. 8. 1975**
**Admira/Wacker – LASK 3:1 (2:0)**
LASK: Kronberger; Gebhardt, Kiesenebner, Rosner, Stöfflbauer; Gayer, Kondert, Gallos; Knorrek, Köglberger, Binkovski.
Südstadt; 6.500; Bucek
Tore: Bartosch (24.), Polywka (45.), Köglberger (66.), Swojanowsky (70.)

**6. Runde – 6., 7. 9. 1975**
**LASK – Admira/Wacker 3:0 (0:0)**
LASK: Kronberger; Kiesenebner, Rosner, Gebhardt, Stöfflbauer; Kondert, Gayer, Gallos; Knorrek, Köglberger (75. Stöfflbauer), Binkovski (37. Bincsik).
Linzer Stadion; 4.000; Goriupp
Tore: Köglberger (48., 60.), Bincsik (51.)

**7. Runde – 9., 10. 9. 1975**
**LASK – Rapid 0:1 (0:1)**
LASK: Schröttner; Kiesenebner, Rosner, Gebhardt, Trafella; Kondert, Gayer, Gallos; Knorrek, Köglberger, Bincsik.
Linzer Stadion; 10.000; Latzin
Tor: Krankl (35.)

**8. Runde – 12., 13. 9. 1975**
**Rapid – LASK 4:0 (1:0)**
LASK: Kronberger; Kiesenebner, Rosner, Stöfflbauer, Trafella (70. Gebhardt); Gayer, Kondert, Gallos; Knorrek, Köglberger, Binscik.
Rapid-Platz; 5.500; Jarosch
Tore: Krankl (40., 60., 79. Elfmeter), Starek (49.)

**9. Runde – 27., 28. 9. 1975**
**Salzburg – LASK 1:1 (0:1)**
LASK: Kronberger; Kiesenebner, Rosner, Stöfflbauer, Trafella; Gebhardt, Gayer, Kondert; Knorrek, Köglberger (53. Bincsik), Gallos.
Lehen; 4.000; Siegl
Tore: Haider (79.); Gayer (23.)

**10. Runde – 4., 5. 10. 1975**
**LASK – Salzburg 0:2 (0:0)**
LASK: Kronberger; Kiesenebner, Rosner, Stöfflbauer, Trafella; Kondert, Gebhardt (30. Binkovski), Gayer; Knorrek, Köglberger (3. Bincsik), Gallos.
Linzer Stadion; 3.000; Schiller
Tore: W. Schwarz (51.), Haider (75.)

**11. Runde – 8. 10. 75**
**GAK – LASK 1:0 (0:0)**
LASK: Kronberger; Kiesenebner, Rosner, Stöfflbauer, Trafella; Kondert (20. Fellermayr), Traxler, Gayer; Knorrek, Bincsik, Gallos.
Liebenau; 3.500; Mathias
Tor: Vidalli (85.)

**12. Runde – 18. 10. 1975**
**LASK – GAK 3:0 (2:0)**
LASK: Kronberger; Kiesenebner, Rosner (82. Fellermayr), Stöfflbauer, Trafella; Bincsik, Gayer, Gallos, Knorrek, Gaisinger, Binkovski.
Linzer Stadion; 1.800; Uxa
Tore: Gaisinger (14.); Knorrek (21.), Binkovski (64.)

**13. Runde – 25. 10. 1975**
**LASK – Klagenfurt 1:1 (1:0)**
LASK: Kronberger; Kiesenebner, Fellermayr, Stöfflbauer, Trafella; Bincsik, Gayer, Gallos; Knorrek, Gaisinger, Binkovski.
Linzer Stadion; 2.500; Siegl
Tore: Knorrek (9.); Aufgeweckt (73.)

**14. Runde – 1. 11. 1975**
**Klagenfurt – LASK 1:0 (0:0)**
LASK: Kronberger; Kiesenebner, Fellermayr, Stöfflbauer, Trafella; Bincsik, Gayer, Gallos; Knorrek, Gaisinger, Binkovski.
Klagenfurt; 2.000; Siegl
Tor: Aufgeweckt (64.)

**15. Runde – 7., 8. 11. 1975**
**LASK – Austria/WAC 1:1 (0:0)**
LASK: Kronberger; Kiesenebner, Fellermayr, Gebhardt, Trafella; Bincsik, Gayer, Stöfflbauer; Knorrek, Gaisinger, Gallos.
Linzer Stadion; 4.000; Jarosch
Tore: Gaisinger (87.); Pirkner (78.)

**16. Runde – 22., 23. 11. 1975**
**Austria/WAC – LASK 5:0 (2:0)**
LASK: Kronberger; Kiesenebner, Fellermayr, Stöfflbauer, Trafella; Bincsik (46.Traxler, 85. Schweinzer); Gayer, Kondert; Knorrek, Gaisinger, Gallos.
Sportklub-Platz; 5.000; Karrer
Tore: Pirkner (7., 47., 66.), Morales (9.), Prohaska (66.)

**17. Runde – 29., 30. 11. 1975**
**LASK – Sturm Graz 2:2 (1:0)**
LASK: Kronberger; Kiesenebner, Fellermayr, Gebhardt, Schweinzer; Trafella, Kondert (23. Haslehner, 70. Deinhammer), Gayer; Knorrek, Bincsik, Gallos.
Linzer Stadion; 2.000; Siegl
Tore: Knorrek (38.), Steiner (58.), Zamut ( 76.), Gallos (82.)

**18. Runde – 6., 7. 12. 1975**
**Sturm Graz – LASK 1:0 (0:0)**
LASK: Kronberger; Kiesenebner, Fellermayr, Stöfflbauer, Schweinzer; Gayer, Gebhardt, Trafella; Knorrek, Bincsik, Gallos.
Stadion Liebenau; 5.000; Uxa
Tor: Jurtin (60.)

**19. Runde – 28. 2. 1976**
**Innsbruck – LASK 6:1 (4:1)**
LASK: Kronberger; Gebhardt (60. Schweinzer), Rosner, Stöfflbauer, Fellermayr; Bincsik, Gayer, Scharmann; Knorrek, Köglberger, Gallos.
Tivoli; 6.000; Bucek
Tore: Welzl (33., Elfmeter, 39.), Pezzey (1.), Oberacher (31.), Koncilia (54.), Stering (70.); Scharmann (24., Elfmeter)

**20. Runde – 6., 7. 3. 1976**
**LASK – VOEST Linz 2:0 (1:0)**
LASK: Kronberger; Kiesenebner, Rosner, Stöfflbauer, Fellermayr; Bincsik, Scharmann, Gayer; Knorrek, Köglberger, Gallos.
Linzer Stadion; 9.000; Spiegl
Tore: Köglberger (28.), Knorrek (69.)

**21. Runde – 13., 14. 3. 1976**
**Admira/Wacker – LASK 2:2 (1:1)**
LASK: Kronberger; Kiesenebner, Fellermayr, Rosner, Stöfflbauer; Gayer, Scharmann, Gallos; Knorrek (46. Gaisinger, 60. Kondert), Köglberger.
Südstadt; 1.000; Losert
Tore: Mißfeld (9., 59.), Knorrek (4.), Kondert (73.)

**22. Runde – 19., 20. 3. 1976**
**LASK – Rapid 2:3 (1:2)**
LASK: Kronberger; Kiesenebner, Rosner (58. Gebhardt), Stöfflbauer, Fellermayr; Bincsik (80. Romes), Gayer, Scharmann; Knorrek, Köglberger, Gallos.
Linzer Stadion; 7.000; Karrer
Tore: Gayer (45.), Bincsik (53.); Walzer (13.), Starek (18., 74.)

**23. Runde – 26., 27. 3. 1976**
**Salzburg – LASK 2:0 (1:0)**
LASK: Kronberger; Kiesenebner, Spiegel, Stöfflbauer, Fellermayr; Bincsik, Scharmann, Gayer; Knorrek, Romes (66. Köglberger).
Lehen; 4.000; Wöhrer
Tore: W. Schwarz (38., Elfmeter), Haider (47.)

**24. Runde – 2., 3. 4. 1976**
**LASK – GAK 1:0 (1:0)**
LASK: Kronberger; Kiesenebner (27. Gebhardt), Spiegel, Stöfflbauer, Fellermayr; Bincsik, Scharmann (75. Kondert); Gayer; Knorrek, Köglberger, Gallos.
Linzer Stadion; 3.700; Swoboda
Tor: Köglberger (6.)

**25. Runde – 17., 18. 4. 1976**
**LASK – Klagenfurt 2:0 (1:0)**
LASK: Kronberger; Gebhardt, Gayer, Rosner, Fellermayr; Bincsik, Stöfflbauer, Gallos; Knorrek (89. Kondert), Gaisinger (84. Romes), Köglberger.
Linzer Stadion; 3.300; Schiller
Tore: Bincsik (27.), Gaisinger (53.)

**26. Runde – 20., 21. 4. 1976**
**Austria/WAC – LASK 1:0 (0:0)**
LASK: Kronberger; Gebhardt, Gayer, Rosner, Fellermayr; Bincsik, Stöfflbauer (61. Scharmann), Gallos; Knorrek (75. Trafella), Gaisinger, Köglberger.
Sportklub-Platz; 4.000; Goriupp
Tor: Leitner (85.)

**27. Runde – 23., 24. 4. 1976**
**LASK – Sturm Graz 4:1 (1:0)**
LASK: Kronberger; Gebhardt, Gayer, Rosner, Fellermayr; Bincsik, Stöfflbauer, Gallos; Knorrek, Gaisinger (65. Romes), Köglberger (83. Scharmann).
Linzer Stadion; 2.200; Jarosch
Tore: Köglberger (41.), Gallos (58., 86.), Gaisinger (65.) Kulmer (78.)

**28. Runde – 30. 4. 1976**
**LASK – Innsbruck 2:0 (1:0)**
LASK: Schröttner; Gebhardt, Gayer, Rosner, Fellermayr; Bincsik (83. Kondert), Stöfflbauer, Gallos; Knorrek, Gaisinger, Köglberger (85. Romes).
Linzer Stadion; 7.000; Mathias
Tore: Gaisinger (14.), Köglberger (47.)

**29. Runde – 7., 8. 5. 1976**
**VOEST Linz – LASK 0:2 (0:1)**
LASK: Schröttner; Gebhardt, Gayer, Rosner, Fellermayr; Bincsik, Stöfflbauer, Gallos; Knorrek (39. Romes), Gaisinger, Köglberger.
Linzer Stadion; 16.000; Schiller
Tore: Gayer (20., Elfmeter), Mirnegg (84., Eigentor).

**30. Runde – 15., 16. 5. 1976**
**LASK – Admira/Wacker 1:1 (1:1)**
LASK: Schröttner (75. Saurer); Gebhardt, Gayer, Rosner, Fellermayr; Bincsik, Stöfflbauer, Gallos; Romes, Gaisinger, Köglberger.
Linzer Stadion; 4.000; Karrer
Tore: Fellermayr (8.); Cerny (4.)

**31. Runde – 18. 5. 1976**
**Rapid – LASK 4:3 (2:1)**
LASK: Schröttner; Gebhardt, Gayer, Rosner, Fellermayr; ; Stöfflbauer, Scharmann (30. Kondert), Bincsik, Gallos; Gaisinger, Köglberger.
Rapid-Platz; 2.400; Spiegl
Tore: Krankl (1.), Pajenk (23., 54.), Starek (81.); Stöfflbauer (41.), Köglberger (52.), Bincsik (63.)

**32. Runde – 22., 23. 5. 1976**
**LASK – Salzburg 0:1 (0:1)**
LASK: Schröttner; Gebhardt, Gayer (72. Trafella), Rosner, Fellermayr; Kondert, Stöfflbauer, Gallos; Bincsik, Gaisinger, Köglberger.
Linzer Stadion; 3.000; Swoboda
Tor: Libuda (45.)

**33. Runde – 29., 30. 5. 1976**
**GAK – LASK 0:0**
LASK: Schröttner; Gebhardt, Fellermayr, Rosner, Trafella (76. Schweinzer); Kondert, Stöfflbauer, Gallos; Bincsik, Gaisinger, Köglberger.
Liebenau; 5.000; Wöhrer

**34. Runde – 3.,4. 6. 1976**
**Klagenfurt – LASK 0:0**
LASK: Schröttner; Gebhardt, Fellermayr, Stöfflbauer, Trafella; Rosner, Gaisinger (60. Bincsik), Kondert; Romes, Gallos, Köglberger.
Klagenfurt; 2.000; Uxa

**35. Runde – 16., 17. 6. 1976**
**LASK – Austria/WAC 4:2 (3:2)**
LASK: Schröttner; Gebhardt, Fellermayr,

Rosner, Trafella; Bincsik, Stöfflbauer, Gallos; Romes (68. Kondert), Gaisinger (85. Schweinzer), Köglberger.
Linzer Stadion; 4.000; Bistricky
Tore. Romes (11.), Gaisinger (33.), Stöfflbauer (40.), Kondert (82.); Pirkner (25., 30.)

**36. Runde – 18. 6. 1976**
**Sturm Graz – LASK 2:4 (1:2)**

| Saison 1976/77 – Bundesliga 1. Division | | | | | | | |
|---|---|---|---|---|---|---|---|
| 1. | Wacker Innsbruck | 36 | 21 | 11 | 4 | 51 : 22 | 53 |
| 2. | Rapid | 36 | 18 | 11 | 7 | 72 : 39 | 47 |
| 3. | Austria/WAC | 36 | 19 | 7 | 10 | 72 : 44 | 45 |
| **4.** | **LASK** | **36** | **12** | **11** | **13** | **47 : 48** | **35** |
| 5. | VOEST Linz | 36 | 10 | 14 | 12 | 46 : 47 | 34 |
| 6. | Admira/Wacker | 36 | 11 | 12 | 13 | 43 : 52 | 34 |
| 7. | Vienna | 36 | 9 | 13 | 14 | 34 : 40 | 31 |
| 8. | GAK | 36 | 9 | 12 | 15 | 34 : 62 | 30 |
| 9. | Sturm Graz | 36 | 9 | 10 | 17 | 40 : 55 | 28 |
| 10. | Austria Salzburg | 36 | 9 | 5 | 22 | 34 : 64 | 23 |

**1. Runde – 3., 4. 8. 1976**
**LASK – Sturm Graz 5:0 (4:0)**
LASK: Schröttner; Gebhardt, Gayer, Mesar, Trafella; Scharmann, Stöfflbauer, Gallos; Gaisinger, Romes, Köglberger.
Linzer Stadion; 4.000; Wöhrer
Tore: Gaisinger (15., 36., 38.), Stöfflbauer (45., 84.)

**2. Runde – 10., 11. 8. 1976**
**Sturm Graz – LASK 3:1 (2:1)**
LASK: Schröttner; Gebhardt, Gayer, Mesar, Trafella; Scharmann (Pigel), Stöfflbauer, Gallos (Knorrek); Hofer, Gaisinger, Köglberger.
Liebenau; 3.500; Jarosch
Tore: Kulmer (11.), Weber (41. Elfmeter), Schröttner (84., Eigentor); Köglberger (43.)

**3. Runde – 13., 14., 15. 8. 1976**
**LASK – Innsbruck 2:2 (2:1)**
LASK: Schröttner; Gebhardt, Gayer, Mesar, Fellermayr; Scharmann, Stöfflbauer, Knorrek; Hofer (Kiesenebner), Gaisinger, Köglberger.
Linzer Stadion; 7.500; Fahnler
Tore: Koncilia II (15., 48.); Gaisinger (17.), Scharmann (30.)

**4. Runde – 20., 21. 8. 1976**
**Innsbruck – LASK 3:0 (1:0)**
LASK: Schröttner; Kiesenebner, Gayer, Gebhardt (Trafella), Fellermayr; Knorrek, Stöfflbauer, Gallos; Gaisinger (Hofer), Romes, Köglberger.
Tivoli; 6.000; Schiller
Tore: Gombasch (30.), Welzl (70.), Sikic (71.)

**5. Runde – 28., 29. 8. 1976**
**GAK – LASK 3:0 (1:0)**
LASK: Kronberger; Kiesenebner, Gayer, Trafella, Fellermayr; Scharmann (Knorrek), Gallos, Stöfflbauer; Gaisinger (Kondert), Romes, Köglberger.
Liebenau; 2.000; Wöhrer
Tore: Losch (22.), Weiß (58.), Zuenelli (63.)

**6. Runde – 31. 8., 1.9. 1976**
**LASK – GAK 1:1 (1:1)**
LASK: Kronberger; Kiesenebner (Kondert), Gayer, Rosner, Fellermayr; Knorrek, Stöfflbauer, Gallos; Pigel, Gaisinger, Köglberger.
Linzer Stadion; 4.500; Steinbrecher
Tore: Pigel (10.), Philipp (26.)

**7. Runde – 3., 4. 9. 1976**
**Admira/Wacker – LASK 1:0 (0:0)**
LASK: Kronberger; Trafella, Gayer, Rosner, Fellermayr; Scharmann, Stöfflbauer, Gallos; Pigel, Gaisinger, Köglberger.
Südstadt; 1.000; Rück
Tor: Gröss (71.)

**8. Runde – 12. 9. 1976**
**LASK – Admira/Wacker 4:1 (0:1)**
LASK: Kronberger; Trafella, Gayer, Rosner, Fellermayr; Scharmann, Stöfflbauer, Gal-

los; Pigel (Gaisinger), Romes (Knorrek), Köglberger.
Linzer Stadion; 3.500; Latzin
Tore: Gallos (52.), Köglberger (70.), Gaisinger (87., 89.); Strasser (20.)

**9. Runde – 18., 19. 9. und 5., 6., 10. 1976**
**Austria/WAC – LASK 3:1 (2:0)**
LASK: Kronberger; Kiesenebner, Spiegel, Fellermayr, Trafella; Scharmann, Gebhardt, Gallos (Knorrek); Gayer; Pigel, Köglberger.
Sportklub-Platz; 4.500; Goriupp
Tore: J. Sara (10.), Morales (19.), Drazan (81.); Scharmann (57.)

**10. Runde – 25. 9. 1976**
**LASK – Austria/WAC 0:1 (0:0)**
LASK: Kronberger; Trafella, Gayer, Mesar, Fellermayr; Scharmann, Stöfflbauer, Gallos; Knorrek (Hofer), Gaisinger, Köglberger.
Linzer Stadion; 5.000; Bucek
Tor: Baumeister (59.)

**11. Runde – 2., 3. 10. 1976**
**Rapid – LASK 4:2 (1:0)**
LASK: Kronberger; Trafella, Mesar, Spiegel, Fellermayr; Scharmann, Stöfflbauer, Gayer (Gallos); Hofer (Pigel), Gaisinger, Köglberger.
Sportklub-Platz; 3.000; Latzin
Tore: Krankl (39., Elfmeter, 70.), Krejcirik (68.), Persidis (54.), Gallos (46.), Köglberger (72.)

**12. Runde – 9. 10. 76**
**LASK – Rapid 2:2 (2:0)**
LASK: Kronberger; Kiesenebner, Spiegel, Fellermayr, Trafella; Rosner, Fellermayr; Scharmann, Gayer (Gallos), Gebhardt; Pigel (Knorrek), Köglberger, Gallos.
Linzer Stadion; 5.000; Bistricky
Tore: Köglberger (6.), Scharmann (45.); Krankl (59., 66.)

**13. Runde – 16. 10. 1976**
**VOEST Linz – LASK 5:1 (2:0)**
LASK: Kronberger; Kiesenebner, Spiegel, Fellermayr, Trafella; Scharmann, Gebhardt (Gaisinger); Gayer; Knorrek, Köglberger, Gallos.
Linzer Stadion; 9.500; Jarosch
Tore: Hintermaier (30.), Bajlicz (41.), Ulmer (52.), Schoppitsch (77.), Hagmayr (86.); Köglberger (66., Elfmeter)

**14. Runde – 23., 24. 10. 1976**
**LASK – VOEST Linz 1:0 (0:0)**
LASK: Kronberger; Gebhardt, , Gayer, Rosner (Mesar), Trafella; Scharmann, Stöfflbauer, Gallos; Pigel, Gaisinger, Köglberger.
Linzer Stadion; 8.500; Wöhrer
Tor: Scharmann (53.)

**15. Runde – 30., 31. 10. und 3. 11. 1976**
**Austria Salzburg – LASK 0:5 (0:2)**
LASK: Kronberger; Gebhardt (Kiesenebner), Gayer, Rosner (Mesar), Stöfflbauer, Scharmann, Gallos; Hofer (Kondert), Gaisinger, Köglberger.
Lehen; 3.000; Schiller

Tore: Gallos (1.), Köglberger (36.), Scharmann (52.), Hofer (62.), Gaisinger (82.)

**16. Runde – 16., 17. 11. 1976**
**LASK – Austria Salzburg 2:0 (1:0)**
LASK: Kronberger; Gebhardt, Gayer, Rosner, Trafella; Scharmann, Stöfflbauer, Gallos (Kiesenebner); Hofer, Gaisinger, Köglberger.
Linzer Stadion; 6.500; Dr. Nehuray
Tore: Scharmann (2.), Stöfflbauer (70.)

**17. Runde – 13., 14. 11. 1976**
**LASK – Vienna 2:1 (1:1)**
LASK: Kronberger; Gebhardt, Gayer, Rosner, Trafella; Scharmann, Stöfflbauer, Gallos; Hofer, Gaisinger, Köglberger.
Linzer Stadion; 4.000; Siegl
Tore: Köglberger (33., 65. Elfmeter); Otto (28.)

**18. Runde – 20. 11. 1976**
**Vienna – LASK 0:0**
LASK: Kronberger; Gebhardt, Gayer, Rosner, Trafella; Scharmann, Stöfflbauer, Gallos; Hofer (Pigel), Gaisinger, Köglberger.
Hohe Warte; 1.500; Rück

**19. Runde – 26., 27. 2. 1977**
**Sturm Graz – LASK 2:2 (2:0)**
LASK: Kronberger; Kiesenebner, Gayer, Rosner, Trafella; Scharmann, Gebhardt, Stöfflbauer; Bincsik, Gaisinger (Knorrek), Köglberger.
Liebenau; 5.000; Spiegl
Tore: Kulmer (9.), Stendal (34.); Köglberger (70.), Gebhardt (79.)

**20. Runde – 5., 6. 3. 1977**
**LASK – Innsbruck 0:1 (0:0)**
LASK: Kronberger; Gebhardt, Gayer, Rosner, Trafella; Scharmann, Stöfflbauer, Gallos; Bincsik (Knorrek), Gaisinger (Nagl), Köglberger.
Linzer Stadion; 7.000; Fahnler
Tor: Koncilia II (60.)

**21. Runde – 12., 13. 5. 1977**
**LASK – GAK 1:0 (0:0)**
LASK: Kronberger; Gebhardt, Gayer, Rosner, Trafella; Scharmann, Stöfflbauer, Bincsik; Köglberger, Gaisinger (Hofer), Gallos.
Linzer Stadion; 3.500; Wöhrer
Tor: Gallos (53.)

**22. Runde – 19., 20. 3. 1977**
**Admira/Wacker – LASK 1:1 (0:0)**
LASK: Kronberger; Kiesenebner, Gayer, Rosner, Trafella; Bincsik, Scharmann, Stöfflbauer, Gaisinger, Gallos.
Südstadt; 2.000; Losert
Tore: Mißfeld (49.), Gallos (55.)

**23. Runde – 23. 3. 1977**
**LASK – Austria/WAC 1:1 (1:1)**
LASK: Kronberger; Kiesenebner, Gayer, Rosner, Trafella; Bincsik, Scharmann, Stöfflbauer; Köglberger, Gaisinger (Hofer), Gallos.
Linzer Stadion; 8.000; Jarosch
Tore: Gallos (16.), Pöll (17.)

**24. Runde – 26., 27. 3. 1977**
**Rapid – LASK 3:0 (0:0)**
LASK: Kronberger; Kiesenebner, Gayer, Rosner, Trafella; Bincsik, Scharmann, Stöfflbauer; Köglberger, Hofer, Gallos.
Sportklub-Platz; 5.000; Rück
Tore: Schlagbauer (66.), Krankl (83.), Krejcirik (89.)

**25. Runde – 2., 3. 4. 1977**
**LASK – VOEST Linz 1:1 (1:0)**
LASK: Kronberger; Kiesenebner, Gayer, Rosner, Trafella; Scharmann (Gaisinger), Bincsik, Stöfflbauer, Pigel, Köglberger, Gallos.
Linzer Stadion; 8.000; Spiegl
Tore: Pigel (25.), Schoppitsch (47.)

**26.Runde – 5., 6., 7. 4. 1977**
**Salzburg – LASK 0:1 (0:0)**
LASK: Kronberger; Schweinzer, Gayer, Rosner, Trafella; Bincsik, Scharmann, Stöfflbauer; Pigel, Köglberger, Gallos.
Lehen; 3.000; Wöhrer
Tor: Stöfflbauer (87.)

**27. Runde – 22., 23. 4. 1977**
**Vienna – LASK 4:2 (3:2)**
LASK: Kronberger; Kiesenebner (Nagl), Gayer, Rosner, Trafella; Scharmann, Gebhardt, Stöfflbauer; Pigel (Gaisinger), Köglberger, Gallos.
Hohe Warte; 2.000; Bind
Tore: Hevera (15., 24., 42, 90.); Köglberger (30. Elfmeter), Gallos (32.)

**28. Runde – 7.5. 1977**
**LASK – Sturm Graz 0:0**
LASK: Kronberger; Kiesenebner, Gayer, Rosner, Trafella; Scharmann, Bincsik, Stöfflbauer; Pigel, Köglberger, Gallos.
Linzer Stadion; 2.000; Dr. Nehuray

**29. Runde – 10. 5. 1977**
**Innsbruck – LASK 1:0 (0:0)**
LASK: Kronberger; Kiesenebner, Gayer, Rosner, Trafella; Bincsik, Scharmann, Stöfflbauer; Pigel, Köglberger, Gallos.
Tivoli; 4.500; Swoboda
Tor: Kriess (74.)

**30. Runde – 14., 15. 5. 1977**
**GAK – LASK 1:1 (0:1)**
LASK: Kronberger; Kiesenebner, Gayer, Rosner, Trafella; Scharmann, Stöfflbauer, Bincsik; Pigel, Köglberger, Gallos.
Liebenau; 3.500; Spiegl
Tore: Vidalli (84.), Köglberger (42.)

**31. Runde – 21., 22. 5. 1977**
**LASK – Admira/Wacker 0:0**
LASK: Kronberger; Kiesenebner, Gayer, Rosner, Trafella; Scharmann, Stöfflbauer, Nagl; Bincsik (Gaisinger), Köglberger, Gallos.
Linzer Stadion; 2.500; Fahnler

**32. Runde – 28., 29. 5. 1977**
**Austria/WAC – LASK 0:1(0:0)**
LASK: Kronberger; Kiesenebner (Schweinzer), Gayer, Rosner, Trafella; Stöfflbauer, Scharmann, Nagl, Gallos; Pigel, Köglberger.
Hohe Warte; 6.000; Bistricky
Tor: Scharmann (62.)

**33. Runde – 4. 6. 1977**
**LASK – Rapid 2:1 (2:1)**
LASK: Kronberger; Kiesenebner, Gayer, Rosner, Trafella;, Scharmann, Stöfflbauer, Nagl; Pigel (Bincsik), Köglberger, Gallos.
Linzer Stadion; 5.500; Mathias
Tore: Krankl (5.), Gallos (41.), Köglberger (43.)

**34. Runde – 10., 11. 6. 1977**
**VOEST Linz – LASK 2:1 (1:0)**
LASK: Kronberger; Kiesenebner, Gayer, Rosner, Trafella; Nagl (Bincsik), Scharmann, Stöfflbauer; Pigel (Gaisinger), Köglberger, Gallos.
Linzer Stadion; 14.000; Bucek
Tore: Roßkogler (7.), Hintermaier (51.); Köglberger (85.)

**35. Runde – 17., 18., 6. 1977**
**LASK – Austria Salzburg 2:0 (0:0)**
LASK: Kronberger; Kiesenebner, Gayer, Rosner, Trafella; Bincsik, Gebhardt, Stöfflbauer; Pigel, Köglberger (Schweinzer), Nagl (Gaisinger).
Linzer Stadion; 3.000; Fahnler
Tore: Pigel (86., 89.)

**36. Runde – 21., 22. 6. 1977**
**LASK – Vienna 2:0 (2:0)**
LASK: Kronberger; Kiesenebner, Gayer, Rosner, Gebhardt; Bincsik, Scharmann, Stöfflbauer; Pigel, Gaisinger (Hofer) Köglberger.
Linzer Stadion; 5000; Goriupp
Tore: Stöfflbauer (2.), Bincsik (5.)

| Saison 1977/78 – Bundesliga 1. Division | | | | | | | |
|---|---|---|---|---|---|---|---|
| 1. | Austria Wien | 36 | 23 | 10 | 3 | 77 : 34 | 56 |
| 2. | Rapid | 36 | 16 | 10 | 10 | 76 : 43 | 42 |
| 3. | Wacker Innsbruck | 36 | 15 | 9 | 12 | 49 : 34 | 39 |
| 4. | Sturm Graz | 36 | 13 | 12 | 11 | 51 : 54 | 38 |
| 5. | VOEST Linz | 36 | 10 | 13 | 13 | 45 : 49 | 33 |
| 6. | GAK | 36 | 10 | 13 | 13 | 44 : 49 | 33 |
| 7. | Vienna | 36 | 12 | 8 | 16 | 34 : 54 | 32 |
| 8. | Wiener Sportklub | 36 | 8 | 15 | 13 | 47 : 61 | 31 |
| 9. | Admira/Wacker | 36 | 8 | 12 | 16 | 45 : 67 | 28 |
| 10. | **LASK** | 36 | 9 | 10 | 17 | 35 : 58 | 28 |

**1. Runde – 9., 10., 11. 8. 1977**
**Austria Wien – LASK 2:1 (0:0)**
LASK: Kronberger; Kiesenebner, Schmidrader (56. Gayer), Gebhardt, Trafella; Scharmann, Stöfflbauer, Bincsik (76. Pigel); Zamut, Vuckovic, Köglberger.
Weststadion; 7.000; Jarosch
Tore: Parits (46., 60.), Köglberger (63.)

**2. Runde – 13., 16. 8. 1977**
**Rapid – LASK 1:0 (1:0)**
LASK: Kronberger; Kiesenebner, Gebhardt, Gayer, Trafella; Scharmann Stöfflbauer, Zamut (66. Pigel), Bincsik; Vuckovic, Köglberger.
Weststadion; 4.500; Goriupp

**3. Runde – 26., 27. 8. 1977**
**LASK – GAK 2:1 (1:0)**
LASK: Kronberger; Kiesenebner, Gayer, Gebhardt, Trafella; Bincsik, Scharmann, Vukasinovic (23. Schweinzer); Vuckovic, Gaisinger (68. Hofer), Zamut.
Linzer Stadion; 4.500; Dr. Nehuray
Tore: Vukasinovic (15.), Hohnjec (51.), Vuckovic (78.)

**4. Runde – 30. 8. 1977**
**Vienna – LASK 0:0**
LASK: Kronberger; Kiesenebner, Gebhardt, Gayer, Trafella; Vukasinovic, Stöfflbauer, Scharmann; Vuckovic (89. Hofer), Zamut (75.Bincsik).
Hohe Warte; 2.800; Losert

**5. Runde – 2. 9. 1977**
**LASK – Innsbruck 2:1 (1:1)**
LASK: Kronberger; Kiesenebner, Gayer, Gebhardt, Trafella; Scharmann, Vukasinovic (62. Hofer), Stöfflbauer, Bincsik; Köglberger, Vuckovic (87. Schmidradner).
Linzer Stadion; 9.500; Latzin
Tore: Welzl (33.); Vukasinovic (40.), Vuckovic (73.)

**6. Runde – 6. 9. 1977**
**VOEST Linz – LASK 3:1 (0:1)**
LASK: Kronberger; Kiesenebner, Gayer, Gebhardt, Trafella; Scharmann (8. Zamut), Vukasinovic, Stöfflbauer; Bincsik (72. Hofer), Vuckovic, Köglberger.
Linzer Stadion; 21.500; Wöhrer
Tore: Köglberger (31.); Schoppitsch (48., 80.), Hintermaier (63.)

**7. Runde – 9., 10. 9. 1977**
**LASK – Sturm Graz 1:1 (0:1)**
LASK: Kronberger; Kiesenebner, Gayer, Gebhardt, Trafella; Bincsik, Zamut, Stöfflbauer; Pigel (60. Schmidradner), Vuckovic Köglberger.
Linzer Stadion; 3.500; Malik
Tore: Trafella (88.), Kulmer (25.)

**8. Runde – 30. 9. 1977**
**Sportklub – LASK 3:2 (1:1)**
LASK: Kronberger; Kiesenebner, Schmidradner, Gebhardt, Trafella; Bincsik, Scharmann, Stöfflbauer, Vukasinovic (65. Gaisinger); Vuckovic, Köglberger.
Sportklub; 3.000; Latzin
Tore: Samer (38.), Thomas (78.), Happich (85. Elfmeter); Stöfflbauer (34.), Gaisinger (75.)

**9. Runde – 4. 10. 1977**
**LASK – Admira/Wacker 4:2 (2:0)**
LASK: Kronberger; Kiesenebner, Gayer, Gebhardt, Trafella (46. Nagl); Bincsik, Scharmann, Stöfflbauer;); Vuckovic, Gaisinger, Köglberger (88. Zamut).
Linzer Stadion; 2.500; Bucek
Tore: Gaisinger (14.), Köglberger (30., 80.), Nagl (67.); Gassner (9., 16.)

**10. Runde – 14., 15. 10. 1977**
**LASK – Austria Wien 0:3 (0:0)**
LASK: Kronberger; Kiesenebner, Gayer, Stöfflbauer, Gebhardt; Scharmann, Bincsik, Vukasinovic; Vuckovic, Gaisinger (75. Zamut), Köglberger.
Linzer Stadion; 5.500; Klocker
Tore: Daxbacher (65.), Drazan (76.), Prohaska (85.)

**11. Runde – 22. 10. 1977**
**LASK – Rapid 1: 3 (0:0)**
LASK: Kronberger; Kiesenebner, Gayer, Stöfflbauer, Trafella; Bincsik, Vukasinovic (82. Zamut); Vuckovic, Gaisinger, Köglberger (36. Pigel).
Linzer Stadion; 4.000; Swoboda
Tore: Zamut (87.); Krankl (46., 65., 68.)

**12. Runde – 5. 11. 1977**
**GAK – LASK 0:0**
LASK: Kronberger; Kiesenebner, Gebhardt, Vukasinovic, Trafella; Bincsik, Scharmann, Stöfflbauer; Vuckovic, Gaisinger (78. Pigel), Köglberger.
Liebenau; 2.000; Wöhrer

**13. Runde – 7., 8. 11. 1977**
**LASK – Vienna 4:1 (3:0)**
LASK: Kronberger; Kiesenebner, Gebhardt, Vukasinovic, Trafella; Bincsik (46. Schweinzer), Scharmann, Stöfflbauer; Vuckovic, Gaisinger, Köglberger (55. Pigel).
Linzer Stadion; 1.500; Bucek
Tore: Köglberger (1., 14.), Gaisinger (21.), Vuckovic (53.); Poindl (78.)

**14. Runde – 10., 11., 12. 11. 1977**
**Innsbruck – LASK 4:1 (3:1)**
LASK: Kronberger; Schweinzer, Schmidradner, Kiesenebner, Trafella; Pigel, Scharmann (46. Nagl), Köglberger, Stöfflbauer; Vuckovic, Gaisinger.
Tivoli; 5.000; Spiegl
Tore: P. Schwarz (6.), Pezzey (31.), Kriess (43.), Braschler (72.); Vuckovic (27.)

**15. Runde – 19., 20. 11. 1977**
**LASK – VOEST Linz 0:0**
LASK: Kronberger; Kiesenebner, Gebhardt, Vukasinovic, Trafella; Schweinzer, Köglberger, Stöfflbauer; Pigel, Gaisinger, Vuckovic.
Linzer Stadion; 7.000; Jarosch

**16. Runde – 26. 11. 1977**
**Sturm Graz – LASK 1:1 (1:0)**
LASK: Kronberger; Kiesenebner, Gebhardt, Vukasinovic, Trafella; Schweinzer (89. Gayer), Nagl, Scharmann, Vuckovic; Pigel, Köglberger (81. Gaisinger).
Liebenau; 5.500; Dr. Nehuray
Tore: Kulmer (23.), Pigel (86.)

**17. Runde – 3. 12. 1977**
**LASK – Sportklub 2:0 (0:0)**
LASK: Kronberger; Kiesenebner, Gebhardt, Vukasinovic (33. Gayer), Trafella; Schweinzer, Scharmann, Nagl; Pigel, Vuckovic, Gaisinger.
Linzer Stadion; 800; Höller
Tore: Pigel (79., 85.)

**18. Runde – 10., 11. 12. 1977**
**Admira/Wacker – LASK 2:1 (0:1)**
LASK: Kronberger; Kiesenebner, Gebhardt, Vukasinovic (21. Schmidradner), Trafella; Schweinzer, Nagl I, Zamut; Vuckovic, Gaisinger, (73. Gayer), Pigel.
Südstadt; 300; Bucek
Tore: Zamut (5.); Cerny (66.), Mißfeld (86., Elfmeter)

**19. Runde – 17., 18. 12. 1977**
**Austria Wien – LASK 1:0 (0:0)**
LASK: Kronberger; Kiesenebner, Gebhardt, Vukasinovic, Trafella; Nagl I, Nagl II, Gayer, Zamut; Vuckovic, Pigel.
Horr-Stadion; 3.000; Dr. Hager
Tor: Gasselich (74.)

**20. Runde – 16. 1. 1978**
**Rapid – LASK 6:0 (3:0)**
LASK: Kronberger; Kiesenebner, Vukasinovic, Gebhardt Trafella; Gayer, Zamut, Nagl I; Pigel, Vuckovic, Köglberger.
Horr-Stadion; 2.500; Jarosch
Tore: Krejcirik (12., 53., 75.), Krankl (22., 44., 77. Elfmeter)

**21. Runde – 21. 1. 1978**
**LASK – GAK 2:2 (1:1)**
LASK: Kronberger; Kiesenebner, Gebhardt, Schmidradner, Kurt Nagl; Schweinzer (75. Gayer), Vukasinovic, Zamut; Pigel, Vuckovic, Köglberger.
Linzer Stadion; 1.200; Wöhrer
Tore: Zuenelli (14.), Hepflinger (34. Eigentor), Vuckovic (68.), Mertel (72.)

**22. Runde – 28. 1. 1978**
**Vienna – LASK 1:1 (1:1)**
LASK: Kronberger; Kiesenebner, Gebhardt, Schmidradner, Trafella; Gayer (64. Gaisinger), Zamut, Kurt Nagl; Vuckovic, Köglberger, Pigel.
Hohe Warte; 1.000, Klocker
Tore: Poindl (21.); Köglberger (23.)

**23. Runde – 4. 2. 1978**
**LASK – Innsbruck 1:1 (0:0)**
LASK: Kronberger; Kiesenebner, Gebhardt, Schmidradner, Trafella; Kurt Nagl, Vukasinovic, Zamut (75. Gayer); Vuckovic, Köglberger, Pigel.
Linzer Stadion; 1.400; Dr. Nehuray
Tore: Vuckovic (82.), Oberacher (57.)

**24. Runde – 11., 12. 2. 1978**
**VOEST Linz – LASK 0:1 (0:0)**
LASK: Kronberger; Kiesenebner, Gebhardt, Schmidradner, Trafella; Kurt Nagl (75. Stöfflbauer),Vukasinovic, Zamut*; Pigel, Vuckovic, Köglberger (66. Gaisinger).
Linzer Stadion; 3.500; Swoboda
Tor: Vuckovic (76.)

**25. Runde – 18. 2. 1978**
**LASK – Sturm Graz 1:1 (1:1)**
LASK: Kronberger; Kiesenebner, Gebhardt, Schmidradner, Trafella; Kurt Nagl, Vukasinoviç (40 Stöfflbauer), Zamut, Pigel, Vuckovic, Köglberger.
Linzer Stadion; 1.100; Wöhrer
Tore: Pigel (20.); Kulmer (30.)

**26. Runde – 25. 2. 1978**
**Sportklub – LASK 2:1 (1:1)**
LASK: Kronberger; Kiesenebner, Gebhardt, Schmidradner, Trafella; Vukasinovic, Zamut (75. Gaisinger), Stöfflbauer; Pigel,Vuckovic, Köglberger.
Dornbach; 2.000; Goriupp
Tore: Pigel (16.); Demel (26.), Samer (64.)

**27. Runde – 4. 3. 1978**
**LASK – Admira/Wacker 0:1 (0:0)**
LASK: Kronberger; Kiesenebner, Gebhardt, Schmidradner, Trafella; Vukasinovic (77. Gayer), Zamut (53. Gaisinger), Stöfflbauer; Pigel Vuckovic, Köglberger.
Linzer Stadion; 2.000; Bind
Tor: Bartosch (54.)

**28. Runde – 11. 3. 1978**
**LASK – Austria Wien 0:2 (0:0)**
LASK: Schröttner; Kiesenebner, Gebhardt, Vukasinovic, Trafella; Zamut, Stöffelbauer (72. Gayer), Kurt Nagl; Pigel

(46. Köglberger), Gaisinger, Vuckovic.
Linzer Stadion; 1.700; Latzin
Tore: Pirkner (50.), Morales (90.)

**29. Runde – 18. 3. 1978**
**LASK – Rapid 0:6 (0:1)**
LASK: Schröttner; Trafella, Gebhardt, Kiesenebner,(46. Stöfflbauer), Schweinzer; Pigel,Vukasinovic, Kurt Nagl; Vuckovic (61. Hofer), Gaisinger, Köglberger.
Linzer Stadion; 3.200; Malik
Tore: Krankl (18. Elfmeter, 60., 66.), Krejcirik (53., 64.), Schweinzer (72., Eigentor)

**30. Runde – 25., 26. 3. 1978**
**GAK – LASK 3:0 (1:0)**
LASK: Kronberger; Trafella (83. Spiegel), Gayer, Schmidradner, Gebhardt; Vukasinovic (63. Gaisinger), Zamut, Stöfflbauer (75. Gayer); Vuckovic, Köglberger, Nagl.
Liebenau; 3.000; Malik
Tore: Zuenelli (30. Elfmeter, 70.), Gössl (72.)

**31. Runde – 30. 3., 1., 2. 4. 1978**
**LASK – Vienna 1:0 (1:0)**
LASK: Kronberger; Kiesenebner (17. Trafella), Gayer, Schmidradner, Kurt Nagl; Vukasinovic, Stöfflbauer, Zamut (52. Pigel); Vuckovic, Gaisinger, Köglberger.
Linzer Stadion; 1.800; Bucek
Tor: Köglberger (29.)

**32. Runde – 8., 9. 4. 1978**
**Innsbruck – LASK 1: 2 (1:0)**
LASK: Kronberger; Trafella, Gayer, Schmidradner, Kurt Nagl; Vukasinovic, Zamut, Stöfflbauer; Vuckovic, Gaisinger, Köglberger.
Tivoli; 3.000; Fahnler
Tore: P. Koncilia (37.), Köglberger (65. Elfmeter), Stöffelbauer (67.)

**33. Runde – 15. 4. 1978**
**LASK – VOEST Linz 2:1 (0:1)**
LASK: Kronberger; Trafella, Gayer, Schmidradner, Kurt Nagl; Vukasinovic, Zamut (87. Schweinzer), Stöfflbauer; Vuckovic (85. Pigel), Gaisinger, Köglberger.
Linzer Stadion; 8.000; Dr. Nehuray
Tore: Hagmayr (24.), Gaisinger (61.), Nagl (75.)

**34. Runde – 21., 22., 23. 4. 1978**
**Sturm Graz – LASK 1:0 (1:0)**
LASK: Kronberger; Trafella, Gayer, Schmidradner, Kurt Nagl; Vukasinovic, Zamut, Stöfflbauer; Vuckovic, Gaisinger, Köglberger.
Liebenau; 2.000; Spiegl
Tor: Haas (27.)

**35. Runde – 28., 29., 30. 4. 1978**
**LASK – Sportklub 0:0**
LASK: Kronberger; Trafella, Gayer, Schmidradner, Kurt Nagl; Vukasinovic, Zamut, Stöfflbauer; Vuckovic, Gaisinger (50. Pigel), Köglberger.
Linzer Stadion; 4.000; Dr. Hager

**36. Runde – 4. 5. 1978**
**Admira/Wacker – LASK 1:0 (0:0)**
LASK: Kronberger; Kiesenebner, Gayer, Schmidradner, Trafella; Zamut (60. Gebhardt), Vukasinovic, Stöfflbauer (85. Pigel), Kurt Nagl; Vuckovic, Köglberger.
Südstadt; 1.500; Latzin
Tor: Strasser (63.)

| \multicolumn{8}{c}{Saison 1978/79 – 2. Division} |
| :-- | :-- | --: | --: | --: | --: | --: | --: |
| 1. | LASK | 30 | 17 | 10 | 3 | 66:23 | 44 |
| 2. | Austria Klagenfurt | 30 | 15 | 9 | 6 | 58:36 | 39 |
| 3. | SC Eisenstadt | 30 | 13 | 11 | 6 | 38:27 | 37 |
| 4. | Villacher SV | 30 | 11 | 14 | 5 | 36:25 | 36 |
| 5. | SV Kapfenberg | 30 | 11 | 10 | 9 | 41:39 | 32 |
| 6. | Schwarz-Weiß Bregenz | 30 | 8 | 16 | 6 | 31:35 | 32 |
| 7. | SC Amateure St. Veit | 30 | 10 | 11 | 9 | 45:34 | 31 |
| 8. | Alpine Donawitz | 30 | 11 | 9 | 10 | 38:29 | 31 |
| 9. | Wolfsberger AC | 30 | 12 | 6 | 12 | 42:41 | 30 |
| 10. | FavAC | 30 | 11 | 7 | 12 | 38:33 | 29 |
| 11. | Wiener Neustadt | 30 | 10 | 9 | 11 | 38: 40 | 29 |
| 12. | Simmering | 30 | 9 | 11 | 10 | 33:38 | 29 |
| 13. | SV St. Veit | 30 | 11 | 6 | 13 | 42:48 | 28 |
| 14. | FC Dornbirn | 30 | 6 | 14 | 10 | 27:39 | 26 |
| 15. | ASV Kittsee | 30 | 5 | 9 | 16 | 28:46 | 19 |
| 16. | USK Anif | 30 | 2 | 4 | 24 | 14:82 | 8 |

**1. Runde – 19. 8. 1978**
**Austria Klagenfurt – LASK 1:1 (0:0)**
LASK: Lindenberger; Kalcher, Gayer, Schmidradner, Trafella; Vukasinovic, Nagl II (82. Rieder), Nagl I; Vuckovic, Köglberger, Koch (80. Swojanovsky).
Klagenfurt; 3.000; Jarosch
Tore: Koch (55.); Nagl I (50.)

**2. Runde – 26. 8. 1978**
**LASK – Villacher SV 1:1 (1:1)**
LASK: Lindenberger; Kalcher, Gayer, Schmidradner, Trafella; Vukasinovic, Nagl I (68. Bincsik), Nagl I; Vuckovic (83. Rieder), Köglberger, Koch.
Linzer Stadion; 3.200; Malik
Tore: Köglberger (8.); Benedikt (29.)

**3. Runde – 2. 9. 1978**
**SV St. Veit – LASK 2:4 (2:2)**
LASK: Lindenberger; Kiesenebner, Gayer, Constantini, Trafella; Nagl II, Vukasinovic, Nagl I; Koch, Köglberger, Gaisinger.
St. Veit; 2.500; Klocker
Tore: Kowatsch (27., 37.); Köglberger (12., 52., 87.), Gaisinger (10.)

**4. Runde – 9. 9. 1978**
**LASK – Amateure St. Veit 2:1 (1:0)**
LASK: Lindenberger; Kiesenebner, Gayer, Constantini, Trafella; Vukasinovic, W. Nagl, K. Nagl (81. Bincsik); Koch, Gaisinger (Swojanowsky), Köglberger.
Linzer Stadion; 2.200; Temel
Tore: Trafella (2.), Koch (47.); Burger (63.)

**5. Runde – 16. 9. 1978**
**Donawitz – LASK 1:1 (0:0)**
LASK: Lindenberger; Kiesenebner, Gayer, Constantini, Trafella; W. Nagl, Vukasinovic, K. Nagl; Koch, Köglberger (33. Swojanowsky), Gaisinger.
Donawitz; 4.000; Fahnler
Tore: Loregger (84. Elfmeter); Constantini (88.)

**6. Runde – 23. 9. 1978**
**LASK – Kapfenberg 4:0 (1:0)**
LASK: Lindenberger; Kiesenebner, Gayer, Constantini, Trafella; W. Nagl (23. Bincsik), Vukasinovic, K. Nagl; Koch, Gaisinger (74. Swojanowsky), Köglberger.
Linzer Stadion; 1.400; Latzin
Tore: Köglberger (41., 47.), Constantini (52.), Vukasinovic (60.)

**7. Runde – 30. 9. 1978**
**Anif – LASK 0:2 (0:1)**
LASK: Lindenberger; Kiesenebner, Gayer, Constantini, Trafella; Bincsik, Vukasinovic, Nagl I (78. Nagl II); Koch, Gaisinger (73. Swojanowsky), Köglberger.
Anif; 1.000; Bistricky
Tore: Constantini (33., 73.)

**8. Runde – 7. 10. 1978**
**LASK – Wolfsberg 1:0 (0:0)**
LASK: Lindenberger; Kiesenebner (48. Schmidradner), Gayer, Constantini, Trafella; Bincsik, Nagl I, Nagl II; Koch, Köglberger Furphy.
Linzer Stadion; 2.700; Greimel
Tor: Gaisinger (60.)

**9. Runde – 14. 10. 1978**
**FavAC – LASK 0:0**
LASK: Lindenberger; Trafella, Gayer, Constantini, Nagl I (55. Kiesenebner); Bincsik, Vukasinovic (40. Schmidradner), Nagl II; Koch, Köglberger, Furphy.
FavAC-Platz; 6.500; Bucek

**10. Runde – 21. 10. 1978**
**LASK – Simmering 5:0 (3:0)**
LASK: Lindenberger; Trafella, Gayer, Constantini (73. Schmidradner), K. Nagl; Bincsik, Nagl I, W. Nagl (62. Gaisinger), Köglberger, Furphy.
Linzer Stadion; 2.400; Froidl
Tore: Köglberger (14., 84., 87.), W. Nagl (28.), Vukasinovic (32.)

**11. Runde – 27. 10. 1978**
**Eisenstadt – LASK 0:3 (0:2)**
LASK: Lindenberger; Trafella, Gayer, Constantini, Nagl I; Bincsik, Vukasinovic, Nagl II; Koch, Köglberger, Furphy.
Eisenstadt; 1.200; Wöhrer
Tore: Köglberger (13.), Constantini (35.), Nagl II (59.)

**12. Runde – 4. 11. 1978**
**LASK – Wiener Neustadt 4:3 (2:1)**
LASK: Lindenberger; Trafella, Gayer, Constantini, Nagl I; Bincsik, Vukasinovic, Nagl II; Koch, Furphy (46. Gaisinger), Köglberger.
Linzer Stadion; 500; Pum
Tore: Vukasinovic (8., 32.), Koch (54., 55.); Bachtrögl (14.), Kapaun (73.), Wultsch (85.)

**13. Runde – 11. 11. 1978**
**Kittsee- LASK 0:0**
LASK: Lindenberger; Trafella, Gayer, Constantini, Nagl I; Bincsik, Vukasinovic, Nagl II; Koch, Gaisinger (46. Vuckovic), Köglberger.
Kittsee; 1.500; Klocker

**14. Runde – 18. 11. 1978**
**LASK – SW Bregenz 1:1 (0:1)**
LASK: Lindenberger; Trafella, Gayer, Constantini, Nagl I; Vukasinovic, Nagl II; Vuckovic, Koch, Gaisinger (46. Schmidradner), Köglberger.
Linzer Stadion; 2.200; Siderits
Tore: Gayer (59.); Gasparovic (29.)

**15. Runde – 25. 11. 1978**
**FC Dornbirn – LASK 0:3 (0:1)**
LASK: Lindenberger; Trafella, Gayer, Constantini, Nagl I; Bincsik (86. Kiesenebner), Vukasinovic (46. Schmidradner), Nagl II; Koch, Vuckovic, Köglberger.
Birkenwiese; 1.800; Klocker
Tore: Constantini (9.), Vuckovic (80.), Köglberger (90.)

**16. Runde – 3. 3. 1979**
**LASK – Austria Klagenfurt 6:2 (5:1)**
LASK: Lindenberger; Trafella, Gayer, Constantini, Nagl I; Bincsik, Vukasinovic, Nagl II; Koch (51. Vuckovic), Rieder (80. Gaisinger), Köglberger.
Linzer Stadion; 4.000; Bucek
Tore: Köglberger (9., 23., 46.), Koch (10., 44.), Vukasinovic (21.); Haubitz (25., 51.)

**17. Runde – 10. 3. 1979**
**Villacher SV – LASK 1:1 (0:0)**
LASK: Lindenberger; Trafella, Gayer, Constantini, Nagl I; Bincsik, Vukasinovic (75. Schmidradner), Nagl II (60. Zamut); Koch, Rieder, Köglberger.
Villach; 3.000; Wöhrer
Tore: Köglberger (67.); Fertschei (87.)

**18. Runde – 17. 3. 1979**
**LASK – SV St. Veit 2:0 (1:0)**
LASK: Lindenberger; Trafella, Gayer, Constantini, Nagl I; Nagl II, Vukasinovic, Zamut (76. Schmidradner); Koch, Rieder, Köglberger.
Linzer Stadion; 3.500; Demel
Tore: Nagl II (39.), Köglberger (50.)

**19. Runde – 24. 3. 1979**
**Amateure St. Veit – LASK 0:0**
LASK: Lindenberger; Trafella, Gayer, Constantini, Nagl I; Vukasinovic, Zamut, Nagl II; Koch, Köglberger, Rieder (58. Vuckovic).
St. Veit; 2.500; Stanzel

**20. Runde – 4. 4. 1979**
**LASK – Donawitz 2:0 (1:0)**
LASK: Lindenberger; Trafella, Gayer, Constantini, Nagl I; Bincsik, Vukasinovic, Nagl II; Koch, Rieder (62. Vuckovic), Köglberger.
Linzer Stadion; 3.000; Dr. Nehoray
Tore: Köglberger (42.), Vuckovic (63.)

**21. Runde – 7. 4. 1979**
**Kapfenberg – LASK 1:0 (1:0)**
LASK: Lindenberger; Trafella, Gayer, Constantini, Nagl I; Bincsik (60. Zamut), Vukasinovic, Nagl II; Koch (70. Rieder), Vuckovic, Köglberger.
Kapfenberg; 3.000; Sinkovics
Tor: Gallautz (4.)

**22. Runde – 14. 4. 1979**
**LASK – Anif 7:1 (3:0)**
LASK: Lindenberger; Trafella, Gayer, Constantini, Nagl II; Bincsik, Vukasinovic, Nagl I; Koch, Rieder (46. Vuckovic), Köglberger.
Linzer Stadion; 7.000; Bistricky
Tore: Koch (14., 23., 62), Köglberger (59., 87.), Nagl I (7.), Vuckovic (52.); Schnöll (72.)

**23. Runde – 21. 4. 1979**
**Wolfsberg – LASK 1:0 (1:0)**
LASK: Lindenberger; Trafella, Gayer, Constantini, K. Nagl; Vukasinovic (37. Schmidradner), Bincsik, W. Nagl, Koch; Vuckovic (46. Rieder), Köglberger.
Wolfsberg; 3.500; Sinkovic
Tor: Loibnegger (10.)

**24. Runde – 28. 4. 1979**
**LASK – FavAC 1:0 (1:0)**
LASK: Lindenberger; Trafella, Gayer, Constantini, Nagl I; Bincsik, Vukasinovic, Koch (85. Kiesenebner); Vuckovic, Gaisinger (42. Rieder), Köglberger.
Linzer Stadion; 1.500; Holzmann
Tor: Köglberger (34.)

**25. Runde – 5. 5. 1979**
**Simmering – LASK 2:2 (1:1)**
LASK: Lindenberger; Trafella, Gayer, Constantini, Nagl I; Bincsik, Vukasinovic, Ellerböck; Koch, Rieder (53. Stöfflbauer), Köglberger.
Simmering; 1.200; Froidl
Tore: Wolf (30.), Dokupil (51. Elfmeter); Constantini (26.), Ellerböck (56.)

**26. Runde – 11. 5. 1979**
**LASK – Eisenstadt 3:1 (3:0)**
LASK: Lindenberger; Trafella, Gayer, Constantini, Nagl I; Bincsik, Vukasinovic (56. Ellerböck), Nagl II; Koch, Köglberger, Stöfflbauer.
Linzer Stadion; 2.500; Keck
Tore: Koch (27.), Köglberger (42., 44.); Schneider (86.)

**27. Runde – 19. 5. 1979**
**Wiener Neustadt – LASK 2:1 (0:0)**
LASK: Lindenberger; Trafella, Gayer, Constantini, Nagl I; Bincsik, Vukasinovic (20. Ellerböck), Nagl II; Koch, Köglberger, Rieder (60. Stöfflbauer).
Wiener Neustadt; 1.700; Rück
Tore: Neusiedler (61.), Horvath (77.); Nagl II (84.)

**28. Runde – 26. 5. 1979**
**LASK – Kittsee 6:0 (5:0)**
LASK: Lindenberger; Trafella, Gayer, Constantini Nagl I; Bincsik, Nagl II, Ellerböck; Koch, Rieder, Köglberger (68. Stöfflbauer).
Linzer Stadion; 1.700; Siderits
Tore: Rieder (5., 43.), Köglberger (12., 37.), Constantini (41.), Nagl II (79.)

**29. Runde – 10. 6. 1979**
**SW Bregenz – LASK 2:2 (0:1)**
LASK: Lindenberger; Trafella, Gayer, Schmidradner, Nagl I; Bincsik, Ellerböck (68. Achleitner); Stöfflbauer, Rieder, Köglberger.
Bregenz; 800; Gugglberger
Tore: Köglberger (24.), Knünz (62.), Rieder (82.), Balog (91.)

**30. Runde – 16. 6. 1979**
**LASK – FC Dornbirn 1:0 (0:0)**
LASK: Lindenberger; Trafella, Gayer, Lehermayr, Nagl I; Bincsik, Nagl II, Ellerböck; Koch, Rieder (66. Stöfflbauer), Köglberger.
Linzer Stadion; 1.300; Mathias
Tor: Koch (90.)

**Saison 1979/80 – Bundesliga 1. Division**

| | | | | | | | |
|---|---|---|---|---|---|---|---|
| 1. | Austria Wien | 36 | 20 | 10 | 6 | 84 : 39 | 50 |
| 2. | VOEST Linz | 36 | 17 | 9 | 10 | 63 : 41 | 43 |
| 3. | **LASK** | **36** | **13** | **17** | **6** | **51 : 34** | **43** |
| 4. | GAK | 36 | 15 | 12 | 9 | 45 : 40 | 42 |
| 5. | Rapid | 36 | 11 | 13 | 12 | 46 : 40 | 35 |
| 6. | Austria Salzburg | 36 | 12 | 8 | 16 | 37 : 61 | 32 |
| 7. | Admira/Wacker | 36 | 9 | 13 | 14 | 34 : 53 | 31 |
| 8. | Sportklub | 36 | 9 | 11 | 16 | 52 : 59 | 29 |
| 9. | Sturm Graz | 36 | 8 | 13 | 15 | 41 : 60 | 29 |
| 10. | Vienna | 36 | 10 | 6 | 20 | 40 : 66 | 26 |

**1. Runde – 17., 18., 19. 8. 1979**
**LASK – VOEST Linz 3:1 (1:1)**
LASK: Lindenberger; Krieger, Trafella, Bläser, Kurt Nagl; Koch, Vukasinovic, Wolfgang Nagl, Singerl; Halter (46. Höld), Köglberger (88. Rieder).
Linzer Stadion; 25.000; Wöhrer
Tore: Stahl (5., Eigentor), Martinez (22. Elfmeter), Köglberger (53.), Höld (74.)

**2. Runde – 24., 25. 26. 8. 1979**
**Vienna – LASK 1:0 (1:0)**
LASK: Lindenberger; Krieger; Trafella, Bläser, Kurt Nagl; Singerl (77. Gayer), Vukasinovic, Wolfgang Nagl, Koch; Höld, Halter (46. Rieder).
Wiener Stadion; 4.000; Jarosch
Tor: Otto (10.)

**3. Runde – 1. 9. 1979**
**LASK – Admira 4:1 ( 1:1)**
LASK: Lindenberger; Krieger, Trafella, Bläser, Kurt Nagl; W. Nagl, Vukasinovic, Koch, Singerl; Höld, Köglberger.
Linzer Stadion; 6.000; Stanzel
Tore: Köglberger (45., 57., 70.), Koch (55.); Gröss (14.)

**4. Runde – 7., 8. 9. 1979**
**Rapid – LASK 0:0**
LASK: Lindenberger; Krieger, Trafella, Bläser, Kurt Nagl; Vukasinovic, Wolfgang Nagl, Singerl, Koch; Höld (63. Halter), Köglberger.
Weststadion; 11.400; Goriupp

**5. Runde – 14., 15. 9. 1979**
**LASK – GAK 1:2 (1:1)**
LASK: Lindenberger; Krieger, Trafella, Bläser, Kurt Nagl; Vukasinovic, Wolfgang Nagl, Singerl (73. Gayer); Höld (67. Halter), Köglberger, Koch.
Linzer Stadion; 11.000; Malik
Tore: Krieger (30.); Steinkogler (38.), Gregoritsch (74.)

**6. Runde – 21., 22. 9. 1979**
**LASK – Sportklub 0:0**
LASK: Lindenberger; Krieger (70. Gayer); Trafella, Bläser, Kurt Nagl; Wolfgang Nagl, Vukasinovic, Singerl; Höld, Köglberger, Koch.
Linzer Stadion; 4.500; Höller

**7. Runde – 28., 29. 9. 1979**
**Sturm Graz – LASK 2:1 (1:0)**
LASK: Lindenberger; Krieger, Trafella, Bläser, Kurt Nagl; Vukasinovic, Wolfgang Nagl (46. Constantini), Singerl, Koch; Höld (77. Gayer), Köglberger.
Liebenau; 4.000; Jarosch
Tore: Kulmer (43.), Jurtin (62.); Koch (83.)

**8. Runde – 5., 6. 10. 1979**
**LASK – Salzburg 2:0 (1:0)**
LASK: Lindenberger; Krieger, Trafella, Bläser, Kurt Nagl; Koch, Gayer (73. Singerl), Constantini; Höld (83. Halter), Vukasinovic, Köglberger.
Linzer Stadion; 8.000; Adamitsch
Tore: Constantini (8.), Köglberger (58., Elfmeter)

**9. Runde – 12., 13. 10. 1979**
**Austria Wien – LASK 1:2 (1:2)**
LASK: Lindenberger; Krieger, Trafella, Bläser, Kurt Nagl; Braun (46. Singerl), Gayer (73. Höld), Constantini, Koch; Vukasinovic, Köglberger.
Wiener Stadion; 4.500; Klocker
Tore: Schachner (12.); Vukasinovic (22.), Krieger (32.)

**10. Runde – 19., 20., 21. 10. 1979**
**LASK – Austria Wien 3:2 (2:1)**
LASK: Lindenberger; Krieger, Trafella, Bläser, Kurt Nagl; Constantini, Gayer, Singerl (75. Höld); Koch, Vukasinovic, Köglberger.
Linzer Stadion; 17.000; Bind
Tore: Gayer (35., 77.), Vukasinovic (45.); Schachner (28.), Dihanich (51.)

**11. Runde – 27., 28. 10. 1979**
**VOEST Linz – LASK 1:2 (1:1)**
LASK: Lindenberger; Krieger, Trafella, Bläser, Kurt Nagl; Constantini, Gayer, Singerl; Koch (69. W. Nagl), Vukasinovic, Köglberger.
Linzer Stadion; 21.000; Jarosch
Tore: Hagmayr (12) Köglberger (43.), Krieger (65.)

**12. Runde – 2., 3. 11. 1979**
**LASK – Vienna 2:1 (0:1)**
LASK: Lindenberger; Krieger, Trafella, Bläser, Kurt Nagl; Constantini, Gayer (78. Höld), Singerl; Koch, Vukasinovic, Köglberger.
Linzer Stadion; 8.000; Losert
Tore: Koch (50.), Singerl (54.); Pirkner (4.)

**13. Runde – 10., 11. 11. 1979**
**Admira/Wacker – LASK 1:1 (1:0)**
LASK: Lindenberger; Krieger, Trafella, Bläser, Kurt Nagl; Gayer (46. W. Nagl), Constantini (59. Höld), Singerl; Koch, Vukasinovic, Köglberger.
Südstadt; 3.000; Rück
Tore: Gröss (13.), Köglberger (77., Elfmeter)

**14. Runde – 17., 18. 11. 1979**
**LASK – Rapid 4:1 (2:0)**
LASK: Lindenberger; Krieger, Trafella, Bläser, Kurt Nagl; Constantini, Gayer (76. W. Nagl), Singerl; Koch, Vukasinovic (76. Halter), Köglberger.
Linzer Stadion; 10.000; Latzin
Tore: Köglberger (25., 38., 84.), Singerl (80.); Krejcirik (61.)

**15. Runde – 24. 11. 1979**
**GAK – LASK 0:0**
LASK: Lindenberger; Krieger, Trafella, Bläser, Kurt Nagl; Constantini, Koch, Gayer (85. W. Nagl), Singerl; Vukasinovic(73. Höld), Köglberger.
Liebenau; 9.000; Fahnler

**16. Runde – 1., 2. 12. 1979**
**Sportklub – LASK 4:1 (3:1)**
LASK: Lindenberger; Krieger, Trafella, Bläser, Kurt Nagl; Gayer, Koch, Constantini (46. W. Nagl); Vukasinovic (35. Höld), Köglberger.
Dornbach; 4.000; Bind
Tore: Trafella (9., Eigentor), Larionows (21.), Ritter (23.), Drabits (86.); Köglberger (42.)

**17. Runde – 8. 12. 1979**
**LASK – Sturm Graz 4:1 (1:0)**
LASK: Lindenberger; Krieger, Trafella, Bläser, Kurt Nagl (80. Braun); Gayer, Constantini, Singerl; Koch, Halter (46. Höld), Köglberger.
Linzer Stadion; 5.500; Losert
Tore: Köglberger (33.), Jurtin (53.), Krieger (60.), Gayer (64.), Höld (74.)

**18. Runde – 15. 12. 1979**
**Salzburg – LASK 1:1 (0:0)**
LASK: Lindenberger; Krieger (70. Rathner); Trafella, Bläser, Kurt Nagl; Koch, Constantini, Singerl; Höld, Gayer, Köglberger.
Lehen; 10.000; Dr. Nehuray
Tore: Weiss (73.); Singerl (63.)

**19. Runde – 23. 2. 1980**
**LASK – VOEST Linz 0:0**
LASK: Lindenberger; Krieger, Trafella, Bläser, K. Nagl; Koch, Gayer, Constantini, Singerl; Höld, Köglberger.
Linzer Stadion; 16.000; Wöhrer

**20. Runde – 1., 2. 3. 1980**
**Vienna – LASK 4:2 (1:0)**
LASK: Lindenberger; Krieger, Trafella, Bläser, K. Nagl; Constantini,Gayer (70. Halter), Koch; Höld, Köglberger, Singerl.
Hohe Warte; 5.000; Latzin
Tore: Krankl (43., 56.), Blachut (79.,80.), Köglberger (80.), Halter (88.)

**21. Runde – 8., 9. 3. 1980**
**LASK – Admira/Wacker 4:1 (0:0)**
LASK: Lindenberger; Krieger, Trafella, Bläser, K. Nagl; Constantini, Gayer, Singerl; Koch (74. Ellerböck), Halter, Köglberger.
Linzer Stadion; 4.000; Losert
Tore: Köglberger (49., 62.), Halter (64., 73.); Kaszetellan (85., Elfmeter)

**22. Runde – 15., 16. 3. 1980**
**Rapid – LASK 0:0**
LASK: Lindenberger; Krieger, Trafella, Bläser, K. Nagl; Höld, Koch , Constantini, Singerl; Halter, Köglberger.
Weststadion; 5.500; Klocker

**23. Runde – 22., 23. 3. 1980**
**LASK – GAK 0:0**
LASK: Lindenberger; Krieger, Trafella, Bläser, K. Nagl; Koch, Constantini (57. Gayer), Singerl; Höld, Halter, Köglberger.
Linzer Stadion; 11.500; Fahnler

**24. Runde – 29., 30. 3. 1980**
**LASK – Sportklub 3:0 (0:0)**
LASK: Lindenberger; Krieger, Trafella, Bläser, K. Nagl; Gayer (80. Rathner), Koch, Singerl; Höld, Vukasinovic (52. Haider), Köglberger.
Linzer Stadion; 5.000; Latzin
Tore: Vukasinovic (48.), Bläser (50.), Höld (68.)

**25. Runde – 5. 4. 1980**
**Sturm Graz – LASK 1:1 (1:1)**
LASK: Lindenberger; Krieger, Trafella, Bläser, K. Nagl; Gayer, Koch, Singerl; Höld, Halter, Köglberger.
Liebenau; 5.000; Fahnler
Tore: Jurtin (27., Elfmeter), Köglberger (42.)

**26. Runde – 12. 4. 1980**
**LASK – Salzburg 0:0**
LASK: Lindenberger; Krieger; Trafella, Bläser, K. Nagl; Koch (73. Constantini), Gayer, Singerl; Höld, Vukasinovic (74.Halter), Köglberger.
Linzer Stadion; 8.000; Siderits

**27. Runde – 19. 4. 1980**
**Austria Wien – LASK 0:0**
LASK: Lindenberger; Krieger; Trafella, Bläser, K. Nagl; Höld, Constantini, Koch, Singerl; Vukasinovoc (46. Halter), Köglberger.
Wiener Stadion; 5.500; Klocker

**28. Runde – 22. 4. 1980**
**LASK – Austria Wien 1:1 (0:1)**
LASK: Lindenberger; Krieger; Trafella, Bläser, K. Nagl; Koch, Constantini, Singerl (54. Gayer); Höld, Halter, Köglberger.
Linzer Stadion; 10.000; Latzin
Tore: Daxbacher (16.); Köglberger (70.)

**29. Runde – 26., 27. 4. 1980**
**VOEST Linz – LASK 1:1 (1:0)**
LASK: Lindenberger; Krieger; Trafella, Bläser, K. Nagl; Koch, Constantini, Singerl (64. Gayer); Höld, Halter, Köglberger.
Linzer Stadion; 13.000; Fahnler
Tore: Wartinger (2.); Constantini (47.)

**30. Runde – 3., 4. 5. 1980**
**LASK – Vienna 1:0 (0:0)**
LASK: Lindenberger; Krieger (65. Gayer); Trafella, Bläser, K. Nagl; Koch, Constantini, Singerl; Höld, Rieder (46. Halter), Köglberger.
Linzer Stadion; 8.500; Klocker
Tor: Höld (91.)

**31. Runde – 6. 5. 1980**
**Admira/Wacker – LASK 1:1 (0:1)**
LASK: Lindenberger; Krieger; Trafella, Bläser, K. Nagl; Gayer, Constantini, Ellerböck (83. Rieder); Halter, Köglberger.
Südstadt; 2.500; Rück
Tore: Oberhofer (74., Elfmeter); Halter (41.)

**Meisterschaften 1980 – 1990**

| Saison 1980/81 – Bundesliga 1. Division | | | | | | |
|---|---|---|---|---|---|---|
| 1. | Austria Wien | 36 | 20 | 6 | 10 | 77 : 46 | 46 |
| 2. | Sturm Graz | 36 | 17 | 11 | 8 | 58 : 39 | 45 |
| 3. | Rapid | 36 | 18 | 7 | 11 | 69 : 43 | 43 |
| 4. | Admira/Wacker | 36 | 17 | 8 | 11 | 56 : 52 | 42 |
| 5. | GAK | 36 | 13 | 12 | 11 | 52 : 49 | 38 |
| 6. | VOEST Linz | 36 | 12 | 12 | 12 | 44 : 40 | 36 |
| 7. | LASK | 36 | 11 | 12 | 13 | 42 : 51 | 34 |
| 8. | Sportclub | 36 | 12 | 8 | 16 | 46 : 69 | 32 |
| 9. | Austria Salzburg | 36 | 10 | 3 | 23 | 40 : 61 | 23 |
| 10. | SC Eisenstadt | 36 | 6 | 9 | 21 | 25 : 59 | 21 |

**1. Runde – 15., 16. 8. 1980**
**Eisenstadt – LASK 2:0 (0:0)**
LASK: Lindenberger; Bläser; Trafella, Kurt Nagl, Vukasinovic; Sigl, Wolfgang Nagl, Singerl; Höld, Toppel, Köglberger.
Lindenstadion; 8.000; Wöhrer
Tore: Strobl (53., 56. Elfmeter)

**2. Runde – 23. 8. 1980**
**LASK – GAK 0:0**
LASK: Lindenberger; Bläser; Braun, Brandstätter, Kurt Nagl; Vukasinovic; Höld, Sigl, Singerl; Halter, Toppel, Köglberger.
Linzer Stadion; 7.000; Losert

**3. Runde – 30. 8. 1980**
**VOEST Linz – LASK4:1 (0:1)**
LASK: Lindenberger; Bläser; Braun, Brandstätter, Kurt Nagl; Koch (73. Halter), Sigl, Singerl; Vukasinovic (60.Toppel), Köglberger.
Linzer Stadion; 16.000; Fahnler
Tore: K. Nagl (15.); Hagmayr (50., 73.), Drazan (63. Elfmeter); Haider (86.)

**4. Runde – 5., 6. 9. 1980**
**LASK – Admira/Wacker 1:1 (0:0)**
LASK: Lindenberger; Krieger; Trafella (63. Brandstätter), Bläser, Kurt Nagl; Sigl, Koch, Singerl; Höld, Vukasinovic (46. Toppel), Köglberger.
Linzer Stadion; 4.500; Latzin
Tore: Singerl (79.); Frasz (81.)

**5. Runde – 12., 13. 9. 1980**
**Austria Wien – LASK 1:1 (0:1)**
LASK: Lindenberger; Krieger; Trafella, Bläser, K. Nagl; Höld, Sigl, Koch, Singerl; Köglberger, Toppel.
Wiener Stadion; 5.500; Bind
Tore: Schachner (79. Elfmeter); Krieger (28. Elfmeter)

**6. Runde – 19., 20. 9. 1980**
**LASK – Salzburg 0:0**
LASK: Lindenberger; Krieger (70. Brandstätter); Trafella, Bläser, K. Nagl; Sigl, Koch, Singerl; Höld, Halter, Köglberger.
Linzer Stadion; 3.500; Temel

**7. Runde – 26., 27. 9. 1980**
**Sturm Graz – LASK 2:0 (1:0)**
LASK: Lindenberger; Krieger (81. Brandstätter); Trafella, Bläser, K. Nagl (77. Ellerböck); Höld, Koch, Sigl, Singerl; Vukasinovic, Köglberger.
Liebenau; 6.000; Stanzel
Tore: Lindenberger (20., Eigentor), Jurtin (90.)

**32. Runde – 9., 10., 11. 5. 1980**
**LASK – Rapid 0:0**
LASK: Lindenberger; Krieger (87. Rieder); Trafella, Bläser, K. Nagl; Koch, Constantini (54. Gayer), Singerl; Höld, Halter, Köglberger.
Linzer Stadion; 6.000; Bind

**33. Runde – 17., 18. 5. 1980**
**GAK – LASK 0:0**
LASK: Lindenberger; Constantini; Trafella, Bläser, K. Nagl; Gayer, W. Nagl, Koch, Singerl; Höld (83. Halter), Köglberger (51. Rieder).
Liebenau; 4.000; Wohrer

**34. Runde – 24., 25. 5. 1980**
**Sportklub – LASK 2:1 (1:1)**
LASK: Lindenberger; Constantini; Trafella, Bläser, K. Nagl; Koch, Krieger (83. W. Nagl), Singerl; Vukasinovic (83. Halter), Köglberger.
Sportklub-Platz; 8.000; Klocker
Tore: Brauneder (26.), Drabits (46.); Köglberger (2.)

**35. Runde – 31. 5. 1980**
**LASK – Sturm Graz 2:2 (1:1)**
LASK: Lindenberger; Krieger; Trafella, Bläser, K. Nagl; Koch, Gayer, Constantini (27. W. Nagl), Singerl; Vukasinovic, Köglberger.
Linzer Stadion; 4.500; Wöhrer
Tore: Koch (22.), Krieger (56.); Boyron (45.), Kulmer (48.)

**36. Runde – 7. 6. 1980**
**Salzburg – LASK 1:3 (1:1)**
LASK: Lindenberger; Krieger; Trafella, Bläser, K. Nagl; Gayer, Constantini, Koch; Höld (81. W. Nagl), Vukasinovic (88. Singerl), Köglberger.
Lehen; 3.500; Mathias
Tore: Lettner (22.); Bläser (8.), Krieger (75.), Singerl (90.)

**8. Runde – 4., 5. 10. 1980**
**Sportklub – LASK 1:1 (1:1)**
LASK: Lindenberger; Krieger; Brandstätter (65. Braun), Bläser, Trafella; Höld (85. Ellerböck), Koch, Köglberger, Singerl; Vukasinovic, Toppel.
Weststadion; 6.000; Rück
Tore: Ritter (7.), Vukasinovic (39.)

**9. Runde – 10., 11. 10. 1980**
**LASK – Rapid 3:1 (1:0)**
LASK: Lindenberger; Krieger; Trafella, Bläser; Höld, Sigl, Koch, Singerl; Toppel, Vukasinovic, Köglberger.
Linzer Stadion; 7.000; Klocker
Tore: Singerl (25.), Vukasinovic (71.), Toppel (89.); Keglevits (69.)

**10. Runde – 14. 10. 1980**
**Rapid – LASK 0:1 (0:1)**
LASK: Lindenberger; Krieger; Trafella, Bläser, Sigl, Höld, Koch, Singerl; Toppel (87. Ellerböck), Vukasinovic, Köglberger.
Weststadion; 5.700; Bucek
Tor: Köglberger (31.)

**11. Runde – 17., 18. 10. 1980**
**LASK – Eisenstadt 3:1 (3:0)**
LASK: Lindenberger; Krieger; Trafella, Bläser, Sigl; Höld, Koch, Singerl; Toppel, Vukasinovic, Köglberger.
Linzer Stadion; 6.000; Losert
Tore: Köglberger (33. Elfmeter, 44.), Toppel (38.); Sauerwein (86.)

**12. Runde – 25. 10. 1980**
**GAK – LASK 3:1 (0:0)**
LASK: Lindenberger; Krieger; Trafella, Bläser (5. Sigl), K. Nagl; Höld, Koch (78.Ellerböck), Singerl, Köglberger; Toppel, Vukasinovic.
Liebenau; 1.000; Bogendorfer
Tore: Moder (70.), Weiß (80.), Igesund (84.); Singerl (68.)

**13. Runde – 29. 10. 1980**
**LASK – VOEST Linz 2:0 (1:0)**
LASK: Lindenberger; Krieger; Trafella, K. Nagl, Sigl; Höld, Koch, Singerl; Toppel, Vukasinovic, Köglberger.
Linzer Stadion; 11.500; Wöhrer
Tore: Köglberger (3.), Krieger (88.)

**14. Runde – 1. 11. 1980**
**Admira/Wacker – LASK 2:2 (0:2)**
LASK: Lindenberger; Krieger; Trafella, K. Nagl (80. W. Nagl), Sigl; Höld, Koch, Singerl; Köglberger; Toppel (80. W. Nagl), Vukasinovic, Köglberger.
Südstadt; 1.500; Rück
Tore: Oberhofer (60.), Messlender (76.); Höld (20.), Köglberger (28.)

**15. Runde – 8. 11. 1980**
**LASK – Austria Wien 2:1 (2:0)**
LASK: Lindenberger; Krieger; Sigl, K. Nagl, Trafella; Höld, Koch, Singerl (75. W. Nagl); Toppel (87. Braun), Vukasinovic, Köglberger.
Linzer Stadion, 8.000, Holzmann
Tore: Vukasinovic (43., 44.); Daxbacher (53.)

**16. Runde – 18. 11. 1980**
**Salzburg – LASK 1:0 (0:0)**
LASK: Lindenberger; Krieger; Trafella, K. Nagl, Braun (85. Lehermayr); Höld (66. W. Nagl), Koch, Singerl; Toppel, Vukasinovic, Köglberger.
Lehen; 5.000; Stanzel
Tor: Gröss (62.)

**17. Runde – 22. 11. 1980**
**LASK – Sturm Graz 2:4 (1:3)**
LASK: Lindenberger; Krieger; Trafella, Lehermayr (46. W. Nagl); K. Nagl; Höld, Koch, Singerl; Toppel, Vukasinovic, Köglberger.
Linzer Stadion; 4.500; Gugglberger
Tore: Vukasinovic (45.), Koch (90.); Kulmer (3.), Jurtin (35., 79.), Bakota (44.)

**18. Runde – 29. 11. 1980**
**LASK – Sportklub 2:0 (1:0)**
LASK: Lindenberger; Krieger; Sigl (87. Wollanek) K. Nagl, Trafella; Koch, W.

Nagl, Singerl (69. Ellerböck); Toppel, Vukasinovic, Köglberger.
Linzer Stadion; 2.000; Bucek
Tore: Köglberger (32. Elfmeter), Vukasinovic (82.)

**19. Runde – 21. 2. 1981**
**Eisenstadt – LASK 3:0 (1:0)**
LASK: Lindenberger; K. Nagl; Wollanek, Bläser, Trafella, W. Nagl, Piesinger, Koch, Höld; Toppel, Köglberger.
Lindenstadion; 4.000; Rück
Tore: Zach (18., 70.), Füzi (51.)

**20. Runde – 28. 2. 1981**
**LASK – GAK 0:3 (0:1)**
LASK: Lindenberger; Krieger; Trafella (65. Wollanek), Bläser, W. Nagl, Piesinger, Höld (65. W. Nagl), Koch; Toppel, Vukasinovic, Köglberger.
Linzer Stadion; 4.000; Mathias
Tore: Gamauf (18.), Gössl (63.), Moder (77.)

**21. Runde – 7. 3. 1981**
**VOEST Linz – LASK 1:1 (1:1)**
LASK: Lindenberger; Krieger; Trafella, Bläser, K. Nagl; Höld (84. Ellerböck), Koch, Piesinger; Toppel, Vukasinovic, Köglberger.
Linzer Stadion; 10.000; Wöhrer
Tore: Parits (11.); Toppel (30.)

**22. Runde – 17. 3. 1981**
**LASK – Admira/Wacker 2:3 (0:3)**
LASK: Lindenberger; Krieger; Trafella (37. Wollanek), Bläser (37. Vukasinovic), K. Nagl; Piesinger, Koch, W. Nagl; Höld, Toppel, Köglberger.
Linzer Stadion; 4000; Klocker
Tore: Binder (8., 32.), Krejcirik (25.); Vukasinovic (51.), Krieger (70. Elfmeter)

**23. Runde – 20., 21. 3. 1981**
**Austria Wien – LASK 2:0 (1:0)**
LASK: Lindenberger; Krieger; Sigl, Bläser, K. Nagl; Höld,Vukasinovic, Piesinger, Koch (75. W. Nagl); Toppel, Köglberger.
Dornbach; 7.000; Latzin
Tore: Steinkogler (38.), Gasselich (82.)

**24. Runde – 27., 28. 3. 1981**
**LASK – Salzburg 1:0 (0:0)**
LASK: Lindenberger; Krieger; Höld, Bläser, Sigl; Piesinger, W. Nagl (69. Wollanek), Koch; Toppel, Vukasinovic, Köglberger (64. Ellerböck).
Linzer Stadion; 3.000; Bucek
Tor: Ellerböck (46.)

**25. Runde – 3., 4. 4. 1981**
**Sturm Graz – LASK 1:0 (0:0)**
LASK: Lindenberger; Krieger; Höld, Bläser, K. Nagl, Koch, Sigl (86. Ellerböck), Piesinger;Toppel, Vukasinovic, Köglberger.
Liebenau; 3.500; Siderits
Tor: Niederbacher (57.)

**26. Runde – 10., 11., 12. 4. 1981**
**Sportklub – LASK 0:1 (0:0)**
LASK: Lindenberger; Krieger; Höld, Bläser, K. Nagl, Piesinger, Sigl (65 Vukasinovic), W. Nagl, Koch; Toppel (86. Braun), Köglberger.
Sportklub-Platz; 6.000; Bogendorfer
Tor: Toppel (65.)

**27. Runde – 18. 4. 1981**
**LASK – Rapid 1:1 (1:1)**
LASK: Lindenberger; Krieger; Höld, Bläser, K. Nagl; Piesinger, Sigl (76. Vukasinovic), Koch, W. Nagl; Toppel, Köglberger.
Linzer Stadion; 9.000; Rück
Tore: W. Nagl (18.); Panenka (34.)

**28. Runde – 21., 22. 4. 1981**
**Rapid – LASK 4:0 (2:0)**
LASK: Lindenberger; Krieger; Höld, Bläser (61. Brandstätter), K. Nagl; Piesinger, W. Nagl, Koch, Vukasinovic (26. Ellerböck); Toppel, Köglberger.
Weststadion; 10.500; Holzmann
Tore: Krankl (18., 56.), Panenka (40.), Keglevits (54.)

**29. Runde – 1., 2. 5. 1981**
**LASK – Eisenstadt 0:0**
LASK: Lindenberger; Krieger; Höld, Bläser, K. Nagl; Piesinger, Brandstätter, W. Nagl; Koch, Toppel, Köglberger.
Linzer Stadion; 3.500; Fahnler

**30. Runde – 8., 9. 5. 1981**
**GAK – LASK 1:1 (0:0)**
LASK: Lindenberger; Krieger; Höld, Bläser, K. Nagl; Piesinger, Wollanek (80. Chr. Lehermayr), W. Nagl (24. R. Lehermayr), Koch; Toppel, Köglberger.
Liebenau; 2.000; Temel
Tore: Marko (53.); Toppel (86.)

**31. Runde – 15., 16. 5. 1981**
**LASK – VOEST Linz 1:1 (0:0)**
LASK: Lindenberger; Krieger; Höld (23. R. Lehermayr), Bläser, K. Nagl; Koch, Piesinger, Sigl (75. Wollanek), W. Nagl; Toppel, Köglberger.
Linzer Stadion; 8.000; Malik
Tore: Toppel (53.); Kreuz (73.)

**32. Runde – 23. 5. 1981**
**Admira/Wacker – LASK 1:3 (0:3)**
LASK: Lindenberger; Krieger; Höld (54. Breinesberger), Bläser, R. Lehermayr; Piesinger, Sigl (84. Ellerböck), W. Nagl; Koch, Toppel, Köglberger.
Südstadt; 1.000; Gugglberger
Tore: Kuna (4.); Köglberger (9.), Toppel (25., 27.)

**33. Runde – 30., 31. 5. 1981**

| | | | | | | | |
|---|---|---|---|---|---|---|---|
| | Saison 1981/ 82 – Bundesliga 1. Division | | | | | | |
| 1. | Rapid | 36 | 18 | 11 | 7 | 69 : 43 | 47 |
| 2. | Austria Wien | 36 | 18 | 8 | 10 | 54 : 32 | 44 |
| 3. | GAK | 36 | 16 | 6 | 14 | 40 : 47 | 38 |
| 4. | Admira/Wacker | 36 | 14 | 8 | 14 | 52 : 59 | 36 |
| 5. | Wacker Innsbruck | 36 | 14 | 7 | 15 | 60 : 52 | 35 |
| 6. | Sturm Graz | 36 | 14 | 5 | 17 | 53 : 62 | 33 |
| 7. | Sportclub | 36 | 12 | 9 | 15 | 49 : 61 | 33 |
| 8. | VOEST Linz | 36 | 12 | 8 | 16 | 38 : 41 | 32 |
| 9. | Austria Salzburg | 36 | 11 | 9 | 16 | 48 : 55 | 31 |
| 10. | LASK | 36 | 12 | 7 | 17 | 36 : 47 | 31 |

**1. Runde – 15. 8. 1981**
**LASK – Salzburg 0:0**
LASK: Lindenberger; Krieger; Rupert Lehermayr (63. Höld), Bläser, Kurt Nagl, Lenhart; Sigl, Koch (70. Meister), W. Nagl; Toppel, Kaczor.
Linzer Stadion; 5.000; Bucek

**2. Runde – 21., 22. 8. 1981**
**Rapid – LASK 3:1 (1:1)**
LASK: Lindenberger; Krieger; Höld (70. R. Lehermayr), Bläser, K. Nagl; W. Nagl, Koch, Sigl, Lenhart (80. Pichler); Kaczor, Toppel.
Hanappi-Stadion; 8.500; Bogendorfer
Tore: Keglevits (17.), Krankl (72., 82.); Krieger (19.)

**3. Runde – 28., 29. 8. 1981**
**LASK – Admira/Wacker 3:1 (0:0)**
LASK: Lindenberger; Krieger; Höld, Bläser, K. Nagl; Koch (75. W. Nagl), Sigl, Lenhart, Meister (65. Pichler); Toppel, Kaczor.
Linzer Stadion; 4.500; Malik
Tore: Kaczor (65., 78.), Toppel (74.); Troindl (84.)

**4. Runde – 4., 5. 9. 1981**
**GAK – LASK 2:0 (1:0)**
LASK: Lindenberger; Krieger; Höld, Bläser, K. Nagl; Meister, Koch, Lenhart, Sigl, (46. W. Nagl); Kaczor, Toppel.
Liebenau; 5.000; Felder
Tore: Pigel (43.), Riedl (53. Elfmeter)

**5. Runde – 11., 12. 9. 1981**
**LASK – VOEST 1:0 (0:0)**
LASK: Lindenberger; Krieger; Höld, K. Nagl, Bläser, Lenhart (57. Sigl), Koch, W. Nagl, Meister; Toppel, Kaczor.
Linzer Stadion; 13.500; Latzin
Tor: Kaczor (65.)

**6. Runde – 18., 19. 9. 1981**
**Innsbruck – LASK 3:1 (1:0)**
LASK: Lindenberger; Krieger (46. Chr. Lehermayr); Höld, K. Nagl, R. Lehermayr; Meister (77. Pichler), Lenhart, Sigl, W. Nagl; Toppel, Kaczor.
Tivoli; 7.500; Kaupe
Tore: Koreimann (45.), Braschler (61., 83.); Kaczor (59.)

**7. Runde – 25., 26. 9. 1981**
**LASK – Sportklub 3:0 (3:1)**
LASK: Lindenberger; Krieger (78. R. Lehermayr); Höld, Bläser, K. Nagl; W. Nagl, Lenhart (76. Singerl); Meister, Kaczor, Toppel.
Linzer Stadion; 3.500; Gugglberger
Tore: W. Nagl (18.), Kaczor (21.), Toppel (43.); Brauneder (53.)

**8. Runde – 2., 3. 10. 1981**
**Sturm Graz – LASK 2:1 (0:0)**
LASK: Lindenberger; Krieger; Höld, Bläser, K. Nagl; W. Nagl, Sigl (63. Lenhart), Meister, Koch; Toppel, Kaczor.
Liebenau; 5.000; Malik
Tore: Steiner (51.), Pichler (69.); W. Nagl (47.)

**9. Runde – 6., 7. 10. 1981**
**LASK – Austria Wien 1:4 (1:4)**
LASK: Lindenberger; Krieger; Höld, Bläser, K. Nagl; Koch, W. Nagl, Sigl (46. Trafella); Meister, Toppel, Kaczor.
Linzer Stadion; 8.500; Holzmann
Tore: Kaczor-(10. Elfmeter); Drabits (1., 84.), Gasselisch (53.), Baumeister (82.)

**10. Runde – 17. 10. 1981**
**Austria – LASK 2:0 (0:0)**
LASK: Lindenberger; Krieger; K. Nagl, Bläser, Trafella; Lehermayr, W. Koch, Lenhart (65. Meister); Toppel (53. Höld), Kaczor.
Hohe Warte; 5.000; Losert
Tore: Drabits (58.), Bläser (61. Eigentor)

**LASK – Wiener Austria 3:2 (2:0)**
LASK: Lindenberger; Krieger; K. Nagl, Bläser (65. Wollanek), R. Lehermayr; Piesinger, Koch, Sigl (70. Breinesberger), W. Nagl; Toppel, Kaczor.
Linzer Stadion; 5.000; Losert
Tore: Toppel (32., 51.), Krieger (41.); Schachner (50.), Gasselich (63.)

**34. Runde – 5. 6. 1981**
**Salzburg – LASK 1:0 (0:0)**
LASK: Lindenberger; Krieger; Höld, K. Nagl, R. Lehermayr; Piesinger, Koch, Sigl (61. Breinesberger), W. Nagl (75. Ellerböck); Toppel, Köglberger.
Lehen; 5.000; Malik
Tor: Stadler (72.)

**35. Runde – 13. 6. 1981**
**LASK – Sturm Graz 2:2 (0:1)**
LASK: Lindenberger; Krieger; K. Nagl, Bläser, R. Lehermayr; Koch (63. Breinesberger), Piesinger, Sigl, W. Nagl; Toppel, Köglberger (42. Ellerböck).
Linzer Stadion; 1.500; Rück
Tore: Krieger (63.), Piesinger (78.); Stendal (27., 84.)

**36. Runde – 20. 6. 1981**
**LASK – Sportklub 4:1 (3:0)**
LASK: Lindenberger; Krieger; R. Lehermayr, Bläser, K. Nagl; Piesinger, Sigl, W. Nagl; Koch (70. Wollanek), Toppel, Ellerböck.
Linzer Stadion; 1.500; Rück
Tore: Ellerböck (8., 74.), Piesinger (9.), Krieger (23. Elfmeter); Pacult (75.)

**11. Runde – 23., 24. 1981**
**Salzburg – LASK 1:1 (0:0)**
LASK: Lindenberger; Krieger; Trafella (75. Bläser), K. Nagl, R. Lehermayr; Höld, Koch, W. Nagl, Meister; Toppel, Kaczor.
Lehen; 4.500; Latzin
Tore: Schildt (76. Elfmeter); W. Nagl (58.)

**12. Runde – 30., 31. 10. 1981**
**LASK – Rapid 2:0 (1:0)**
LASK: Lindenberger; Krieger; Trafella, K. Nagl, R. Lehermayr; Höld (80. Pichler), Koch, W. Nagl (78. Bläser), Meister; Toppel, Kaczor.
Linzer Stadion; 6.000; Mathias
Tore: Koch (7.), Toppel (84.)

**13. Runde – 14. 11. 1981**
**Admira/Wacker – LASK 2:0 (1:0)**
LASK: Lindenberger; Krieger; Trafella, K. Nagl, R. Lehermayr; Piesinger, Koch, Meister (60. Pichler); Höld, Toppel, Kaczor.
Südstadt; 1.000; Stanzel
Tore: Igesund (35.), Kern (78.)

**14. Runde – 17., 18. 11. 1981**
**LASK – GAK 2:1 (0:0)**
LASK: Lindenberger; Krieger; Trafella, K. Nagl, R. Lehermayr (72. Bläser); Koch, W. Nagl, Meister (78. Lenhart); Höld, Toppel, Kaczor.
Linzer Stadion; 2.500; Wöhrer
Tore: Maier (48. Eigentor), Toppel (52.); Moder (79.)

**15. Runde – 21. 11. 1981**
**VOEST Linz – LASK 2:0 (1:0)**
LASK: Lindenberger; Krieger; Trafella, K. Nagl, R. Lehermayr (65. Kaczor), W. Nagl, Koch; Höld, Toppel, Meister.
Linzer Stadion; 9.000; Losert
Tore: Hagmayr (28.), Haider (70.)

**16. Runde – 28. 11. 1981**
**LASK – Innsbruck 0:0**
LASK: Lindenberger; Krieger; Trafella, Bläser, K. Nagl; Koch, Piesinger, W. Nagl, Sigl, Meister; Toppel (66. Höld).
Linzer Stadion; 3.500; Malik

**17. Runde – 5., 6. 12. 1981**
**Sportklub – LASK 2:0 (1:0)**
LASK: Lindenberger; Krieger; Piesinger, R. Lehermayr, K. Nagl; Sigl, Bläser, Lenhart (46. W. Nagl), Meister; Toppel, Pichler (59. Höld).
Dornbach; 2.000; Latzin
Tore: Pacult (3., 75.)

**18. Runde – 12. 12. 1981 und 23. 2. 1982**
**LASK – Sturm Graz 3:0 (0:0)**
LASK: Lindenberger; Krieger (83. Bläser), Trafella, K. Nagl; Meister, Koch, Sigl, Piesinger; Höld, Toppel, Kaczor.
Linzer Stadion; 1.200; Fahnler
Tore: Kaczor (50. Elfmeter), Toppel )(59.); Höld (75.)

**19. Runde – 13., 14. 2. 1982**
**Rapid – LASK 1:2 (1:1)**
LASK: Lindenberger; Krieger; Trafella, K. Nagl, Meister; Piesinger, W. Nagl, Sigl, Koch (52. Höld); Toppel, Kaczor.
Hanappi-Stadion; 5.000; Kohl
Tore: Hickersberger (20.); Toppel (62.), Kaczor (84.)

**20. Runde – 20., 21. 2. 1982**
**LASK – Admira 0:2 (0:2)**
LASK: Lindenberger; Krieger, Trafella, K. Nagl, Meister; Koch (46. Höld), Sigl, Piesinger, W. Nagl (75. Bläser); Toppel, Kaczor.
Linzer Stadion; 3.000; Kaupe
Tore: Igesund (40.), Binder (45.)

**21. Runde – 27. 2. 1982**
**GAK – LASK 2:0 (0:0)**
LASK: Lindenberger; Krieger; K. Nagl, Trafella, K. Nagl, Meister; Sigl, Höld, Piesinger, Koch; Toppel, Kaczor (76. W. Nagl).
Liebenau; 3.000; Mathias
Tore: Stering (66.), Riedl (89.)

**22. Runde – 6., 7.3. und 6. 4. 1982**
**LASK – VOEST Linz 1:2 (0:1)**
LASK: Lindenberger; Krieger, Trafella, K. Nagl, Meister; Piesinger (52. Pichler), W. Nagl, Sigl, Koch; Kaczor ( 63. Singerl), Toppel.
Linzer Stadion; 8.500; Wöhrer
Tore: Gregoritsch (32., 66.); Koch (74.)

**23. Runde – 9., 10. 3. 1982 (abgesagte Runde vom 19. 12. 1981)**
LASK – Salzburg 2:0 (1:0)
LASK: Lindenberger; Krieger, Trafella, Bläser, Meister; Koch, W. Nagl, K. Nagl; Höld, Toppel, Kaczor (80. Singerl).
Linzer Stadion; 2.500; Stanzel
Tore: W. Nagl (14.), Toppel (55.)

**24. Runde – 13., 14. 3. 1982**
**Innsbruck – LASK 3:1 (2:1)**
LASK: Lindenberger; Krieger (71. Singerl); Trafella, Bläser, Meister; Sigl (46. Kaczor), W. Nagl, K. Nagl, Koch; Höld, Toppel.
Tivoli; 4.000; Fahnler
Tore: Kircher (4.), Schwarz (29.), Schwarz (32. Eigentor), Gröss (64.)

**25. Runde – 20., 23. 3. 1982**
**LASK – Sportklub 2:0 (1:0)**
LASK: Lindenberger; Chr. Lehermayr; Trafella, Bläser, Meister; Koch, W. Nagl, Sigl (75. Piesinger); Höld, Poxleitner (68. Kaczor), Toppel.
Linzer Stadion; 1.800; Mathias
Tore: Toppel (21.), Kaczor (77.)

**26. Runde – 27., 28. 3. 1982**
**Sturm Graz – LASK 1:2 (1:2)**
LASK: Lindenberger; Chr. Lehermayr; Trafella, Bläser, Meister; Piesinger, W. Nagl, Koch; Höld (56. Sigl), Poxleitner (86. R. Lehermayr), Toppel.
Liebenau; 6.000; Kaupe
Tore: Poxleitner (4., 17.), Niederbacher (24.)

**27. Runde – 2., 3. 4. 1982**
**LASK – Austria Wien 2:0 (0:0)**
LASK: Lindenberger; Chr. Lehermayr; Trafella, Bläser, Meister; Piesinger, W. Nagl, Koch; Höld, Poxleitner (55. Kaczor), Toppel.
Linzer Stadion; 5.500; Bogendorfer
Tore: Kaczor (67. Elfmeter, 87.)

**28. Runde – 10. 4. 1982**
**Austria Wien – LASK 1:1 (0:1)**
LASK: Lindenberger; Chr. Lehermayr; Trafella (46. Sigl), Bläser, Meister; Höld, Piesinger, W. Nagl, Koch; Kaczor, Toppel.
Hohe Warte; 4.000; Kohl
Tore: Kaczor (3.); Zvetkov (57.)

**29. Runde – 16., 17. 4. 1982**
**Salzburg – LASK 1:0 (1:0)**
LASK: Lindenberger; Chr. Lehermayr; Trafella, Bläser, Meister; Koch, W. Nagl, Piesinger; Höld, Kaczor, Toppel (68. Poxleitner).
Lehen; 4.000; Fahnler
Tor: Lainer (4.)

**30. Runde – 23., 24. 4. 1982**
**LASK – Rapid 0:0**
LASK: Lindenberger; Chr. Lehermayr; Trafella, K. Nagl, Meister; Piesinger, W. Nagl, Koch; Höld, Kaczor, Toppel.
Linzer Stadion; 6.500; Bogendorfer

**31. Runde – 30. 4., 1. 5. 1982**
**Admira/Wacker – LASK 1:0 (1:0)**
LASK: Lindenberger; Krieger; R. Lehermayr, K. Nagl, Meister; Höld, Piesinger, Krieger (60. W. Nagl), Koch; Toppel, Kaczor.
Südstadt; 1.000; Temel
Tor: Krejcirik (6.)

**32. Runde – 4., 5. 5. 1982**
**LASK – GAK 0:0**
LASK: Lindenberger; Chr. Lehermayr; Trafella, K. Nagl, Meister; Piesinger, Koch (64. Krieger), W. Nagl; Höld, Toppel, Kaczor.
Linzer Stadion; 2.500; Latzin

**33. Runde – 7., 8. 5. 1982**
**VOEST Linz – LASK 1:1 (1:0)**
LASK: Lindenberger; Chr. Lehermayr; K. Nagl,Trafella; Meister; Piesinger, Koch (46. Poxleitner), Meister, W. Nagl; Höld,Toppel, Kaczor.
Linzer Stadion; 6.100; Kohl
Tore: Haider (43.), Höld (47.)

**34. Runde – 15. 5. 1982**
**LASK – Innsbruck 0:3 (0:0)**
LASK: Lindenberger; Chr. Lehermayr; Trafella, K. Nagl, Meister; Piesinger (68. Krieger), W. Nagl, Koch; Höld,Toppel (65. Poxleitner), Kaczor.
Linzer Stadion; 2.500; Fahnler
Tore: Kircher (60.), Gröss (62.),Gretschnig (70.)

### Saison 1982 /83 – Bundesliga 1. Division

| | | | | | | | | |
|---|---|---|---|---|---|---|---|---|
| 1. | Rapid | 30 | 20 | 8 | 2 | 72 : 18 | 48 |
| 2. | Austria Wien | 30 | 22 | 4 | 4 | 76 : 27 | 48 |
| 3. | Wacker Innsbruck | 30 | 13 | 12 | 5 | 55 : 36 | 38 |
| 4. | Sturm Graz | 30 | 16 | 5 | 9 | 50 : 33 | 37 |
| 5. | Austria Salzburg | 30 | 14 | 6 | 10 | 45 : 34 | 34 |
| 6. | Austria Klagenfurt | 30 | 13 | 6 | 11 | 52 : 49 | 32 |
| 7. | GAK | 30 | 12 | 8 | 10 | 40 : 40 | 32 |
| 8 | VOEST Linz | 30 | 12 | 8 | 10 | 41 : 42 | 32 |
| 9. | SC Eisenstadt | 30 | 8 | 13 | 9 | 41 : 48 | 29 |
| 10. | Admira/Wacker | 30 | 9 | 9 | 12 | 42 : 47 | 27 |
| 11. | Sportclub | 30 | 10 | 7 | 13 | 44 : 60 | 27 |
| **12.** | **LASK** | **30** | **9** | **7** | **14** | **42 : 49** | **25** |
| 13. | Neusiedl | 30 | 7 | 7 | 16 | 29 : 49 | 21 |
| 14. | Union Wels | 30 | 6 | 8 | 16 | 27 : 46 | 20 |
| 15. | Vienna | 30 | 7 | 5 | 18 | 25 : 61 | 19 |
| 16. | Simmering | 30 | 2 | 7 | 21 | 20 : 62 | 11 |

**1. Runde – 20., 21. 22. 8. 1982**
**Eisenstadt – LASK 3:1 (2:0)**
LASK: Lindenberger; Chr. Lehermayr; Trafella, K. Nagl, Dantlinger; Piesinger, Koch, Danner (46. W. Nagl), Höld; Toppel, Kaczor.
Lindenstadion; 3.500; Malik
Tore: Schlögl (31.), Füzi (36., 48.), W. Nagl (68.)

**2. Runde – 27., 28. 8. 1982**
**LASK – Austria Klagenfurt 1:1 (0:0)**
LASK: Lindenberger; Chr. Lehermayr; Trafella, K. Nagl, Meister; Dantlinger; Piesinger (46. Höld), Koch, W. Nagl, Danner (64. Dasntlinger); Toppel, Kaczor.
Linzer Stadion; 2.700; Mathias
Tore: Toppel (70.) Golautschnig (86.)

**3. Runde – 3., 4., 5. 9. 1982**
**Austria Wien – LASK 1:0 (1:0)**
LASK: Lindenberger; Chr. Lehermayr; Trafella, K. Nagl, Meister; Piesinger, W. Nagl, Koch, Danner (53. Dantlinger); Höld, Toppel (77. Rieder).
Horr-Stadion; 7.000; Losert
Tor: Drabits (40.)

**4. Runde – 10., 11. 9. 1982**
**LASK – VOEST Linz 4:0 (1:0)**
LASK: Lindenberger; Chr. Lehermayr; Trafella, K. Nagl, Meister; Dantlinger; Koch, W. Nagl, Danner; Höld, Toppel, Kaczor.
Linzer Stadion; 6.500; Holzmann
Tore: W. Nagl (45. Elfmeter), Kaczor (73.), Meister (80.), K. Nagl (87.)

**5. Runde – 17., 18. 9. 1982**
**Sportklub – LASK 2:1 (1:1)**
LASK: Lindenberger; Chr. Lehermayr; Trafella, K. Nagl, Meister; Dantlinger; Koch (60. Piesinger), W. Nagl, Danner; Höld, Toppel, Kaczor.
Dornbach; 2.000; Latzin
Tore: Pacult (40.), W. Nagl (43.), Riedl (77.)

**6. Runde – 24., 25. 9. 1982**
**LASK – Admira 3:0 (2:0)**
LASK: Lindenberger; Chr. Lehermayr; Trafella, K. Nagl, Meister; Dantlinger; Koch, W. Nagl, Danner; Höld, Toppel (73. Piesinger), Kaczor.
Linzer Stadion; 2.200; Wöhrer
Tore: Kaczor (9., 34.), Koch (82.)

**35. Runde – 22. 5. 1982**
**Sportklub – LASK 3:2 (1:1)**
LASK: Lindenberger; Chr. Lehermayr, Trafella, K. Nagl, Meister (46. Brandstätter); Piesinger, Koch, W. Nagl (75. Poxleitner); Höld,Toppel, Kaczor.
Dornbach; 1.500; Temel
Tore: Kaczor (33. Elfmeter), Brauneder (40.), Pacult (67.), Martinez (76. Elfmeter), Piesinger (86.)

**36. Runde – 25. 5. 1982**
**LASK – Sturm Graz 1:0 (0:0)**
LASK: Lindenberger; Brandstätter); R. Lehermayr, Dantlinger, Trafella; Piesinger, Koch (46. Poxleitner), W. Nagl; Höld,Toppel, Kaczor.
Linzer Stadion; 1.300; Losert
Tor: Kaczor (48.)

**7. Runde – 1., 2., 3. 10. 1982**
**Sturm Graz – LASK 1:0 (1:0)**
LASK: Lindenberger; Chr. Lehermayr, Trafella, K. Nagl, Meister (62. Dantlinger); W. Nagl, Danner (66. Piesinger), Koch; Höld, Toppel, Kaczor.
Liebenau; 3.000; Fahnler
Tor: Bakota (40.)

**8. Runde – 8., 9., 10. 10. 1982**
**LASK – Salzburg 1:0 (1:0)**
LASK: Lindenberger; Chr. Lehermayr; Trafella, K. Nagl, Meister (65. Piesinger); W. Nagl, Koch, Danner; Höld, Poxleitner (46. Toppel), Kaczor.
Linzer Stadion; 2.500; Ouschan
Tor: W. Nagl (45.)

**9. Runde – 15., 16., 17. 10. 1982**
**Neusiedl – LASK 2:2 (0:1)**
LASK: Lindenberger; Chr. Lehermayr; Trafella, K. Nagl, Meister; W. Nagl, Koch (79. R. Lehermayr), Danner; Höld, Toppel (51. Piesinger), Kaczor.
Neusiedl; 1.500; Kaupe
Tore: Kaczor (39.), Danner (48.); Lang (64.), Karner (73.)

**10. Runde – 22., 23., 24. 10. 1982**
**LASK – Innsbruck 1:2 (1:0)**
LASK: Lindenberger; Chr. Lehermayr; Trafella, K. Nagl, Meister; W. Nagl, Koch (60. Danner; Fürst; Höld, Toppel, Kaczor (57. Poxleitner).
Linzer Stadion; 5.000; Kastler
Tore: W. Nagl (16.); Gröss (56.), Roscher (75.)

**11. Runde – 29., 30., 31. 10. 1982**
**Rapid – LASK 0:0**
LASK: Lindenberger; Chr. Lehermayr, Trafella, K. Nagl, Meister; Koch, Fürst, Piesinger, Danner; Höld (88. Roth) Toppel.
Hanappi-Stadion; 6.000; Wukisewitsch

**12. Runde – 6. 11. 1982**
**Simmering – LASK 1:1 (1:1)**
LASK: Lindenberger; Chr. Lehermayr; Trafella, K. Nagl, Meister; Piesinger, Koch, Fürst, Danner; Toppel (72. Roth), Kaczor (57. Breinesberger).
Simmering; 800; Holzmann
Tore: Szostakowski (26.); Kaczor (39.)

**13. Runde – 13., 14. 11. 1982**
**LASK – Vienna 2:0 (2:0)**
LASK: Lindenberger; Chr. Lehermayr, Trafella, K. Nagl, Meister; Koch, W. Nagl, Danner; Piesinger, Fürst, Kaczor (87. Roth).
Linzer Stadion; 2.700; Bogendorfer
Tore: W. Nagl (11.), Kaczor (20.)

**14. Runde – 19., 20., 21. 11. 1982**
**GAK – LASK 5:2 (1:0)**
LASK: Lindenberger; Chr. Lehermayr (58. Brandstätter); Meister, K. Nagl, Trafella; W. Nagl, Koch, Fürst, Danner; Piesinger, Toppel.
Liebenau; 4.000; Malik
Tore: Mohapp (23.), Toppel (52.), Stering (53.), Turcik (59. Elfmeter, 61.), Kaczor (61.), Zuenelli (82.)

**15. Runde – 27. 11. 1982**
**LASK – Union Wels 2:0 (1:0)**
LASK: Lindenberger; Chr. Lehermayr; Trafella, K. Nagl, Meister; Koch (20. Danner), W. Nagl, Fürst; Piesinger, Fürst, Kaczor, Toppel
Linzer Stadion; 7.500; Wieser
Tore: Toppel (32., 65.)

**16. Runde – 19. 3. 1983**
**LASK -Eisenstadt 2:3 (1:3)**
LASK: Lindenberger; Chr. Lehermayr; Piesinger, Dantlinger, K. Nagl; Roth (17. Trafella), Fürst, Koch (46. Höld); Gröss, Kaczor, Toppel.
Linzer Stadion; 2.500; Prohaska
Tore: Lefor (3., 22.), Toppel (20.), Bauer (45.), Gröss (61.)

**17. Runde – 25., 26., 27. 3. und 12. 5. 1983**
**Klagenfurt – LASK 3:1 (0:0)**
LASK: Schröttner; K. Nagl, Piesinger, Dantlinger, Trafella, Roth, Fürst, Danner; Gröss, Toppel, Kaczor.
Klagenfurt; 6.500; Bogendorfer
Tore: Golautschnig (46.), Senzen (48.), Dantlinger (57. Eigentor), Gröss (73.)

**18. Runde – 1., 2. 4. 1983**
**LASK – Austria 1:5 (1:2)**
LASK: Lindenberger; Chr. Lehermayr; Piesinger, Dantlinger, Trafella; Fürst (64. R. Lehermayr), K. Nagl, Danner (64. Roth); Höld, Toppel, Kaczor.
Linzer Stadion; 4.500; Holzmann
Tore: Steinkogler (21., 57.), Baumeister (22., 70.), Kaczor (30.), Polster (59.)

**19. Runde – 8., 9. 10. 4. 1983**
**VOEST Linz – LASK 2:0 (2:0)**
LASK: Lindenberger; Chr. Lehermayr; Piesinger, K. Nagl (46. Dantlinger), Trafella; W. Nagl, Fürst, Meister, Koch (78. Höld), Gröss, Kaczor.
Linzer Stadion; 7.000; Wöhrer
Tore: Zellhofer (5.), Haider (15. Elfmeter)

**20. Runde – 15., 16. 4. 1983**
**LASK – Sportklub 2:1 (1:0)**
LASK: Lindenberger; Chr. Lehermayr; Piesinger, K. Nagl, Trafella; W. Nagl, Fürst (86. Höld), Koch, Meister (63. Kaczor); Gröss, Toppel.
Linzer Stadion; 1.000; Losert
Tore: Gröss (39.), Zach (47.), Kaczor (74.)

**21. Runde – 22., 23. 24. 4. 1983**
**Admira/Wacker – LASK 3:0 (1:0)**
LASK: Lindenberger; Chr. Lehermayr; Piesinger, K. Nagl, Trafella; W. Nagl (66. Höld), Fürst, Koch, Meister (46. Kaczor); Gröss, Toppel.
Südstadt; 1.500; Wieser
Tore: Igesund (2., 79.), Netuschill (53.)

**22. Runde – 29., 30. 4. 1983**
**LASK – Sturm Graz 0:0**
LASK: Lindenberger; Chr. Lehermayr; Meister (76. Kaczor), K. Nagl, Trafella; W. Nagl, Koch, Piesinger, Fürst; Gröss, Toppel.
Linzer Stadion; 1.800; Stanzel

**23. Runde – 6., 7. 5. 1983**
**Salzburg – LASK 4:1 (3:1)**
LASK: Lindenberger; Chr. Lehermayr; Trafella, K. Nagl, Meister; W. Nagl, Koch, Fürst (55. Kaczor), Piesinger, Gröss, Toppel.
Lehen; 5.000; Malik
Tore: Toppel (4.), Kovacic (8., 36.), Stadler (39., 74.)

**24. Runde – 13., 14., 15. 5. 1983**
**LASK – Neusiedl 2:0 (0:0)**
LASK: Lindenberger; Chr. Lehermayr; Piesinger, K. Nagl, Trafella; W. Nagl, Meister (46. Fürst); Koch; Gröss, Kaczor (64. Höld), Toppel.
Linzer Stadion; 2.000; Latzin
Tore: W. Nagl (64.), Fürst (66.)

**25. Runde – 20., 21. 5. 1983**
**Innsbruck – LASK 1:1 (0:0)**
LASK: Lindenberger; Chr. Lehermayr; Trafella, Dantlinger, K. Nagl; Piesinger, W. Nagl, Koch (70. Höld), Fürst; Gröss (76. Meister), Toppel.
Tivoli; 4.500; Matthuber
Tore: Schenk (46.), Fürst (72.)

**26. Runde – 27., 28. 5. 1983**
**LASK – Rapid 3:0 (0:0)**
LASK: Lindenberger; Chr. Lehermayr; Trafella, Dantlinger, K. Nagl; W. Nagl, Piesinger (71. Meister), Koch (89. Kaczor); Fürst; Gröss, Toppel.
Linzer Stadion; 7.000; Wukisewitsch
Tore: Toppel (60., 83.), W. Nagl (80.)

**27. Runde – 3., 4. 6. 1983**
**LASK – Simmering 4:2 (1:1)**
LASK: Lindenberger; Chr. Nagl; Trafella, Dantlinger, Meister (28. Kaczor); Piesinger, W. Nagl, Koch (65. Roth), Fürst; Gröss, Toppel.
Linzer Stadion; 1.800; Kastler
Tore: Szostakowski (14.), Gröss (26., 85.), Wohlfahrt (60.), Toppel (65.), Kaczor (73.)

**28. Runde – 11. 6. 1983**
**Vienna – LASK 1:0 (0:0)**
LASK: Lindenberger; Chr. Lehermayr; Trafella, Dantlinger, K. Nagl; W. Nagl, Koch, Piesinger (73. Roth), Fürst; Gröss, Toppel (80. Kaczor).
Hohe Warte; 1.000; Holzmann
Tor: Bohusek (80.)

**29. Runde – 18. 6. 1983**
**LASK – GAK 3:3 (2:2)**
LASK: Lindenberger; Chr. Lehermayr; R. Lehermayr (46. Kaczor), Dantlinger, Trafella; W. Nagl, Koch (75. Roth), Fürst, Piesinger; Gröss, Toppel.
Linzer Stadion; 1.300; Kaupe
Tore: Koch (4.), Stering (16.), Gröss (30.), Marchl (35.), Chr. Lehermayr (56.), Pigel (77.)

**30. Runde – 25. 6. 1983**
**Wels – LASK 3:1 (1:0)**
LASK: Lindenberger; Chr. Lehermayr; Höld (28. R. Lehermayr), Dantlinger, Trafella; Piesinger, Fürst, W. Nagl; Gröss, Kaczor (48. Irrndorfer), Toppel.
Union-Platz; 4.500; Bogendorfer
Tore: Crnjak (38., 52.), Baumgartner (64.), W. Nagl (76. Elfmeter)

## Saison 1983/84 – Bundesliga 1. Division

| | | | | | | | |
|---|---|---|---|---|---|---|---|
| 1. | Austria Wien | 30 | 21 | 5 | 4 | 85 : 29 | 47 |
| 2. | Rapid | 30 | 19 | 9 | 2 | 71 : 18 | 47 |
| 3. | **LASK** | **30** | **17** | **8** | **5** | **54 : 25** | **42** |
| 4. | Wacker Innsbruck | 30 | 13 | 11 | 6 | 54 : 31 | 37 |
| 5. | Sturm Graz | 30 | 15 | 7 | 8 | 52 : 43 | 37 |
| 6. | Admira/Wacker | 30 | 12 | 12 | 6 | 47 : 36 | 36 |
| 7. | Austria Klagenfurt | 30 | 12 | 10 | 8 | 55 : 38 | 34 |
| 8 | GAK | 30 | 13 | 6 | 11 | 45 : 37 | 32 |
| 9 | Sportclub | 30 | 10 | 7 | 13 | 53 : 52 | 27 |
| 10. | Austria Salzburg | 30 | 10 | 7 | 13 | 39 : 46 | 27 |
| 11. | SC Eisenstadt | 30 | 9 | 7 | 14 | 39 : 49 | 25 |
| 12. | VOEST Linz | 30 | 8 | 9 | 13 | 35 : 47 | 25 |
| 13. | FavAC | 30 | 8 | 9 | 13 | 35 : 52 | 25 |
| 14. | SV St. Veit | 30 | 7 | 7 | 16 | 37 : 59 | 21 |
| 15. | Neusiedl | 30 | 1 | 2 | 27 | 10 : 102 | 4 |
| | Union Wels * | 30 | 4 | 6 | 20 | 22 : 69 | 14 |

* Union Wels löste sich im Winter auf – die 16 absolvierten Spiele blieben in der Wertung, die restlichen Spiele wurden mit 0:3 gewertet.

**1.Runde – 19., 20. 8. 1983**
**LASK – Klagenfurt 4:1 (1:1)**
LASK: Lindenberger; Chr. Lehermayr, Trafella, Dantlinger, K. Nagl; Piesinger (80. R. Lehermayr), Roth, W. Nagl, Malnowicz; Gröss, Toppel (73. Köstenberger).
Linzer Stadion; 3.000; Prohaska
Tore: Malnowicz (20.), Oberacher (45.), Piesinger (52.), Toppel (55.), W. Nagl (62. Elfmeter)

**2. Runde – 26, 27. 8. 1983**
**VOEST Linz – LASK 1:0 (1:0)**
LASK: Lindenberger; Chr. Lehermayr, Trafella, Dantlinger, K. Nagl; W. Nagl, Roth (65. Socha), Meister (46. R. Lehermayr),Malnowicz; Gröss, Toppel.
Linzer Stadion; 13.000; Fahnler
Tor: Haider (14.)

**3. Runde – 2., 3. 9. 1983**
**LASK – Innsbruck 1:0 (1:0)**
LASK: Lindenberger; Chr. Lehermayr, Trafella, Dantlinger, K. Nagl; W. Nagl, Koch, Piesinger, Malnowicz; Gröss (87. Meister), Toppel.
Linzer Stadion; 2.800; Kohl
Tor: Piesinger (42.)

**4. Runde – 11. 9. 1983**
**Austria Wien – LASK 0:0**
LASK: Lindenberger; Chr. Lehermayr, Trafella, Dantlinger, K. Nagl; Piesinger, Koch, W. Nagl, Malnowicz; Gröss (87. Höld), Toppel.
Horr-Stadion; 5.000; Losert

**5. Runde – 16., 17., 18. 9. 1983**
**LASK – Sturm Graz 0:0**
LASK: Lindenberger; Chr. Lehermayr, Trafella, Dantlinger, K. Nagl; W. Nagl, Koch, Piesinger, Malnowicz; Gröss (68. Socha), Toppel.
Linzer Stadion; 5.500; Bogendorfer

**6. Runde – 23., 24. 25. 9. 1983**
**Neusiedl – LASK 0:4 (0:2)**
LASK: Lindenberger; Chr. Lehermayr, Trafella, Dantlinger, Meister; Piesinger, Malnowicz, Koch, W. Nagl; Gröss (80. Socha), Toppel.
Neusiedl; 350; Stanzel
Tore: Toppel (2., 22., 84.), Malnowicz (72.)

**7. Runde – 30.9., 1. 10. 1983**
**LASK  Salzburg 3·1 (2:0)**
LASK: Lindenberger; Chr. Lehermayr, Trafella, Dantlinger, Meister; Piesinger, Malnowicz, Koch, W. Nagl; Gröss (72. Köstenberger), Toppel.
Linzer Stadion; 4.500; Matthuber
Tore: Malnowicz (10., 70.), W. Nagl (40.); Kovacic (63.)

**8. Runde – 7., 8. 9. 10. 1983**
**St. Veit – LASK 0:0**
LASK: Lindenberger; Chr. Lehermayr, Trafella, Dantlinger, K. Nagl; Koch, Piesinger, W. Nagl, Meister; Toppel, Malnowicz.
St. Veit; 3.500; Wöhrer

**9. Runde – 14., 15., 16. 10. 1983**
**LASK – Sportklub 2:1 (0:1)**
LASK: Lindenberger; Chr. Lehermayr, Trafella, Dantlinger, K. Nagl; Piesinger, W. Nagl, Koch (46. Gröss), Malnowicz; Meister, Toppel.
Linzer Stadion; 4.000; Holzmann
Tore: Riedl (29.); Malnowicz (62.), Toppel 87.)

**10. Runde – 21., 22. 10. 1983**
**LASK – FavAC 5:1 (1:0)**
LASK: Lindenberger; Chr. Lehermayr, Trafella, Dantlinger (60. Koch), K. Nagl; W. Nagl, Piesinger, Meister, Malnowicz; Gröss, Toppel.
Linzer Stadion; 5.000; Felder
Tore: Dantlinger (3.), Toppel (48., 63., 89.), Kriegler (51.), Malnowicz (84.)

**11. Runde – 28., 29., 30. 10. 1983**
**Rapid – LASK 3:1 (2:1)**
LASK: Lindenberger; Chr. Lehermayr, Trafella, Dantlinger, K. Nagl; Piesinger, W. Nagl, Meistern (78. Roth), Malnowicz; Gröss, Toppel.
Hanappi-Stadion; 6.000; Wieser
Tore: Toppel (10.), Krankl (38., 85.), Brauneder (43.)

**12. Runde – 5., 6. 11. 1983**
**LASK – Admira/Wacker 3:1 (1:0)**
LASK: Lindenberger; Chr. Lehermayr, Trafella, Dantlinger, K. Nagl; W. Nagl, Piesinger,Meister, Malnowicz; Gröss, Toppel.
Linzer Stadion; 4.500; Wukisewitsch
Tore: W. Nagl (28.), Malnowicz (73.), Szostakowski ( 83.), Gröss (88.)

**13. Runde – 12., 13. 11. 1983**
**GAK – LASK 1:2 (1:1)**
LASK: Lindenberger; Chr. Lehermayr, Trafella, Dantlinger, R. Lehermayr; W. Nagl, Piesinger,Meister, Malnowicz; Gröss, Toppel.
Liebenau; 3.000; Latzin
Tore: Gröss (1.), Steinkogler (12.), Toppel (78.)

**14. Runde – 19., 20. 11. 1983**
**LASK – Eisenstadt 2:0 (0:0)**
LASK: Lindenberger; Chr. Lehermayr, Trafella, Dantlinger; Piesinger, W. Nagl,Koch (78. Höld), Malnowicz, Meister; Gröss, Toppel.
Linzer Stadion; 6.500; Kastler
Tore: Gröss (85.), W. Nagl (87.)

**15. Runde – 26., 27. 11. 1983**
**Wels – LASK 1:3 (0:2)**
LASK: Lindenberger; Chr. Lehermayr, Trafella, Dantlinger; W. Nagl, Piesinger, Koch, Malnowicz, Meister; Gröss (77. Höld), Toppel.
Union-Platz; 11.000; Mathias
Tore: Piesinger (10.), Malnowicz (32., 83.), Vidovic (59.)

**16. Runde – 3., 4. 12. 1983**
**Klagenfurt – LASK 2:2 (2:1)**
LASK: Lindenberger; Chr. Lehermayr, Trafella, Dantlinger, Meister; Piesinger, W.

Nagl, Koch (76. Höld), Malnowicz; Gröss, Toppel.
Klagenfurt; 2.500; Fahnler
Tore: Türmer (1.), Oberrisser (8.); Malnowicz (20.), Gröss (90.)

**17. Runde – 10., 11. 3. 1984**
**LASK – VOEST Linz 1:0 (0:0)**
LASK: Lindenberger; K. Nagl; Höld (46. R. Lehermayr), Dantlinger, Trafella, W. Nagl, Koch, Malnowicz, Meister; Gröss, Toppel.
Linzer Stadion; 11.500; Prohaska
Tor: Malnowicz (78.)

**18. Runde – 17., 18. 3. 1984**
**Innsbruck – LASK 3:1 (0:1)**
LASK: Lindenberger; Trafella, Dantlinger, Koch; K. Nagl; (84. R. Lehermayr), Meister Höld Malnowicz; Gröss, Toppel.
Tivoli; 6.000; Klocker
Tore: W. Nagl (26.), Gretschnig (64., 90.), Laiminger (79.)

**19. Runde – 24, 25. 3. 1984**
**LASK – Austria Wien 1:4 (1:1)**
LASK: Lindenberger (56. Schröttner); K. Nagl; Trafella, Dantlinger, Meister (46. R. Lehermayr); Höld, Koch, W. Nagl, Malnowicz; Gröss, Toppel.
Linzer Stadion; 14.000 Losert
Tore: Gröss (28 ), Polster (42.), Drabits (50.), Nylasi (57., 87.)

**20. Runde – 30., 31. 3. 1984**
**Sturm Graz – LASK 1:1 (1:1)**
LASK: Lindenberger; K. Nagl; R. Lehermayr, Dantlinger, Meister; Höld, W. Nagl, Koch, Malnowicz; Gröss, Toppel.
Sturm-Platz; 6.000; Fahnler
Tore: Gröss (15.); Bakota (20.)

**21. Runde – 6., 7., 8. 4. 1984**
**LASK – Neusiedl 2:0 (1:0)**
LASK: Lindenberger; K. Nagl; Trafella, Dantlinger, Meister; Höld, Koch, W. Nagl, (78. R. Lehermayr), Malnowicz (80. Köstenberger); Gröss, Toppel.
Linzer Stadion; 4.000; Dr. Kapl
Tore: Toppel (32.), Gröss (65.)

**22. Runde – 13., 14. 15. 4. 1984**
**Salzburg – LASK 0:0**
LASK: Lindenberger; K. Nagl; Trafella, Dantlinger, Meister; Höld, Koch, W. Nagl, Malnowicz (26. R. Lehermayr); Gröss, Toppel.
Lehen; 4.500; Mathias

**23. Runde – 20., 21. 4. 1984**
**LASK – St. Veit 6:0 (2:0)**
LASK: Lindenberger; Chr. Lehermayr, Trafella, Dantlinger, K. Nagl; W. Nagl, R. Lehermayr, Meister; Höld, Toppel, Malnowicz (64. Köstenberger).
Linzer Stadion; 4.000; Kaupe

## Saison 1984/85 – Bundesliga 1. Division

| | | | | | | | |
|---|---|---|---|---|---|---|---|
| 1. | Austria Wien | 30 | 25 | 4 | 1 | 85 : 17 | 54 |
| 2. | Rapid | 30 | 18 | 9 | 3 | 85 : 30 | 45 |
| 3. | **LASK** | **30** | **17** | **4** | **9** | **49 : 37** | **38** |
| 4. | Wacker Innsbruck | 30 | 12 | 8 | 10 | 51 : 44 | 32 |
| 5. | Admira/Wacker | 30 | 11 | 10 | 9 | 49 : 42 | 32 |
| 6. | Sturm Graz | 30 | 13 | 6 | 11 | 51 : 52 | 32 |
| 7. | Austria Klagenfurt | 30 | 10 | 11 | 9 | 39 : 38 | 31 |
| 8 | SC Eisenstadt | 30 | 9 | 10 | 11 | 29 : 31 | 28 |
| 9 | VOEST Linz | 30 | 10 | 8 | 12 | 39 : 43 | 28 |
| 10. | GAK | 30 | 8 | 12 | 10 | 31 : 35 | 28 |
| 11. | DSV Alpine | 30 | 11 | 5 | 14 | 38 : 47 | 27 |
| 12. | Sportclub | 30 | 10 | 5 | 15 | 40 : 55 | 25 |
| 13. | SV Spittal/Drau | 30 | 9 | 6 | 15 | 28 : 55 | 24 |
| 14. | FavAC | 30 | 7 | 7 | 16 | 26 : 62 | 21 |
| 15. | Austria Salzburg | 30 | 7 | 4 | 19 | 35 : 69 | 18 |
| 16. | Vienna | 30 | 4 | 9 | 17 | 33 : 51 | 17 |

**1. Runde – 24. 8. 1984**
**Klagenfurt – LASK 1:0 (0:0)**
LASK: Lindenberger; Chr. Lehermayr, Trafella, Dantlinger, Meister; Höld, W. Nagl, Koch, Piesinger, Hagmayr (77. Köstenberger), Malnowicz.
Klagenfurt; 3.000; Wöhrer
Tor: Oberacher (46.)

Tore: Toppel (5., 70., 80.), Dantlinger (12.), Höld (67., 72.)

**24. Runde – 27., 28. 4. 1984**
**Sportklub – LASK 0:1 (0:0)**
LASK: Lindenberger; Chr. Lehermayr; Trafella, Dantlinger, K. Nagl; W. Nagl, Malnowicz, R. Lehermayr, Meister; Köstenberger, Toppel.
Sportklub-Platz; 1.500; Kastler
Tor: Köstenberger (55.)

**25. Runde – 4., 5. 5. 1984**
**FavAC – LASK 0:1 (0:0)**
LASK: Wimmer; Chr. Lehermayr, Trafella, Dantlinger, K. Nagl; R. Lehermayr, W. Nagl, Meister, Malnowicz; Köstenberger (73. Schilcher), Toppel.
FavAC-Platz; 3.000; Ouschan
Tor: Köstenberger (52.)

**26. Runde – 11., 12. 5. 1984**
**LASK – Rapid 1:1 (1:0)**
LASK: Lindenberger; Chr. Lehermayr; Trafella, Dantlinger, Meister; W. Nagl, R. Lehermayr, Koch, K. Nagl; Köstenberger, Toppel.
Linzer Stadion; 22.000; Losert
Tore: Koch (33.); Keglevits (70.)

**27. Runde – 18. 5. 1984**
**Admira/Wacker – LASK 1:0 (1:0)**
LASK: Lindenberger; Chr. Lehermayr; Trafella, Dantlinger, K. Nagl; W. Nagl, R. Lehermayr, Meister; Köstenberger (67. Wohlfahrt), Toppel.
Südstadt; 2.800; Kohl
Tor: Oberhofer (42.)

**28. Runde – 25. 5. 1984**
**LASK – GAK 3:1 (3:0)**
LASK: Lindenberger; Chr. Lehermayr, Trafella, Dantlinger, K. Nagl;, R. Lehermayr, Koch (46. Roth), W. Nagl, Meister; Köstenberger (73. Höld), Toppel.
Linzer Stadion; 4.500; Felder
Tore: Toppel (4.), Turcik (9. Eigentor), R. Lehermayr (30.), Steinbauer (84.)

**29. Runde – 29. 5. 1984**
**Eisenstadt – LASK 1:1 (0:1)**
LASK: Lindenberger; Chr. Lehermayr, Trafella, Dantlinger, K. Nagl; W. Nagl, R. Lehermayr, Koch, Meister; Köstenberger, Toppel (77. Höld).
Lindenstadion; 1.500; Loidl
Tore: Toppel (15.), Marzi (80.)

**30. Runde – 1. 6. 1984**
Durch das Ausscheiden von Wels wird das Spiel 3:0 gewertet.

**2. Runde – 31. 8. 1984**
**LASK – VOEST 3:1 (1:0)**
LASK: Lindenberger; Chr. Lehermayr; Höld, Dantlinger, Trafella; W. Nagl, Roth, Meister, Malnowicz; Hagmayr, Toppel.
Linzer Stadion; 11.500; Fahnler
Tore: Wartinger (26.), Roth (64.), Toppel (73.), Hagmayr (85.)

**3. Runde – 7., 8., 9. 9. 1984**
**GAK – LASK 4:0 (1:0)**
LASK: Lindenberger; Chr. Lehermayr; Trafella, Dantlinger, Meister; Höld, W. Nagl, Roth, Malnowicz; Toppel, Hagmayr.
Liebenau; 3.500; Matthuber
Tore: Koschak (20., 68.), Meister (51. Eigentor), Steinbauer (70.)

**4. Runde – 14., 15., 16. 9. 1984**
**LASK – Vienna 0:0**
LASK: Lindenberger; Chr. Lehermayr; Trafella, Dantlinger, Höld (83. Roth); W. Nagl, Koch, Meister, Malnowicz; Toppel, Hagmayr.
Linzer Stadion; 2.500; Bogendorfer

**5. Runde – 21., 22. 9. 1984**
**DSV Alpine – LASK 1:1 (1:1)**
LASK: Lindenberger; Chr. Lehermayr; Trafella, Dantlinger, K. Nagl; W. Nagl, Koch, Meister, Hagmayr; Höld, Toppel.
Donawitz; 6.000; Wöhrer
Tore: Crnjak (21.), Hagmayr (29.)

**6. Runde – 28. 9. 1984**
**LASK – Salzburg 3:1 (2:0)**
LASK: Lindenberger; Chr. Lehermayr; Trafella, Dantlinger, Kl. Nagl; W. Nagl, Koch, Meister; Höld (77. Schilcher); Hagmayr, Malnowicz.
Linzer Stadion; 3.500; Stanzel
Tore: W. Nagl (16.), Malnowicz (28.), Hagmayr (54.), Kovacic (55.)

**7. Runde – 5., 6. 10. 1984**
**Rapid – LASK 7:1 (4:0)**
LASK: Lindenberger; Chr. Lehermayr; Trafella, K. Nagl; R. Lehermayr; Höld, Meister, W. Nagl, Roth; Hagmayr, Malnowicz.
Hanappi-Stadion; 8.500; Latzin
Tore: Lainer (17.), Kranjcar (22., 23., 59., 73.), Panenka (31.), R. Lehermayr (56.), Pacult (69.)

**8. Runde – 12., 13. 10. 1984**
**LASK – FavAC 3:0 (2:0)**
LASK: Lindenberger; Chr. Lehermayr; R. Lehermayr, K. Nagl, Trafella; Roth, Koch, Meister; Höld, Schilcher, Hagmayr.
Linzer Stadion; 2.300; Losert
Tore: Hagmayr (19., 64.), Roth (41.)

**9. Runde – 19, 20. 21. 10. 1984**
**Innsbruck – LASK 0:2 (0:2)**
LASK: Lindenberger; Chr. Lehermayr; Trafella, Dantlinger, K. Nagl; W. Nagl, Koch, Meister; Höld (75. Roth), Malnowicz (68. Toppel), Hagmayr.
Tivoli; 5.000; Prohaska
Tore: Höld (13.,31.)

**10. Runde – 26., 27., 28. 10. 1984**
**Eisenstadt – LASK 2:1 (0:0)**
LASK: Lindenberger; Chr. Lehermayr; Trafella (70. R. Lehermayr), Dantlinger, K. Nagl; Koch, Meister, Malnowicz (60. Toppel); W. Nagl; Höld; Hagmayr.
Lindenstadion; 1.000; Kaupe
Tore: Dilber (68.), Toppel (70.), Schneider (78.)

**11. Runde – 2., 3., 4. 11. 1984**
**LASK – Sturm Graz 1:0 (1:0)**
LASK: Lindenberger; Chr. Lehermayr; R. Lehermayr, Dantlinger, K. Nagl; W. Nagl, Koch, Malnowicz; Höld, Hagmayr, Toppel (46. Roth).
Linzer Stadion; 4.500; Wöhrer
Tor: Hagmayr (21.)

**12. Runde – 10. 11. 1984**
**Admira/Wacker – LASK 1:1 (0:1)**
LASK: Lindenberger; Chr. Lehermayr; R. Lehermayr, Dantlinger, K. Nagl; Koch, Roth (73. Höld); W. Nagl, Meister; Toppel (71. Malnowicz), Hagmayr.
Südstadt; 1.400; DDr. Kapl
Tore: Toppel (18.), Knaller (63.)

**13. Runde – 16., 17., 18. 11. 1984**
**LASK – Spittal/Drau 4:0 (3:0)**
LASK: Lindenberger; Chr. Lehermayr; Dantlinger, K. Nagl; R. Lehermayr, Roth, W. Nagl, Meister; Toppel, Hagmayr, Malnowicz.

Linzer Stadion; 3.000; Kastler
Tore: Hagmayr (4.), Roth (32.), W. Nagl (44.), Hagmayr (89.).

**14. Runde – 24. 11. 1984**
**Austria Wien – LASK 2:0 (0:0)**
LASK: Lindenberger; Chr. Lehermayr; R. Lehermayr Dantlinger, K. Nagl; W. Nagl, Roth, Meister, Malnowicz (46. Toppel); Höld (77. Koch), Hagmayr.
Horr-Stadion; 5.500; Klocker
Tore: Steinkogler (47.), Türmer (60.)

**15. Runde – 1. 12. 1984**
**LASK – Sportklub 3:1 (0:0)**
LASK: Lindenberger; R. Lehermayr; Trafella (85. Paseka), Dantlinger; Höld, Koch, W. Nagl, Meister; Hagmayr, Toppel (60. Roth), Malnowicz.
Linzer Stadion; 3.500; Bogendorfer
Tore: W. Nagl (60.), Roth (70.), Abfalterer (73.), Malnowicz (80. Elfmeter)

**16. Runde – 7., 8., 9. 12. 1984**
**LASK – Austria Klagenfurt 4:3 (1:0)**
LASK: Lindenberger; Chr. Lehermayr; Dantlinger, K. Nagl; Roth, Koch (48. R. Lehermayr), W. Nagl, Meister; Höld, Hagmayr, Malnowicz.
Linzer Stadion; 4.000; Prohaska
Tore: Meister (26.), Malnowicz (51.), W. Nagl (63.), P. Hrstic (64.), Höld (70.), Schoppitsch (81.), Polanz (86.)

**17. Runde – 9. 3. 1985**
**VOEST – LASK 0:1 (0:1)**
LASK: Lindenberger; Chr. Lehermayr; Piesinger, Dantlinger, K. Nagl; Roth, Koch, W. Nagl, Meister; Höld, Hagmayr.
Linzer Stadion; 9.000; Kohl
Tor: Hagmayr (4.)

**18. Runde – 16. 3. 1985**
**LASK – GAK 2:0 (1:0)**
LASK: Lindenberger; Chr. Lehermayr; K. Nagl, Dantlinger, Piesinger; Roth, Koch, W. Nagl, Meister; Höld (56. Toppel), Hagmayr.
Linzer Stadion; 3.500; Holzmann
Tore: W. Nagl (7.), K. Nagl (85.)

**19. Runde – 23. 3. 1985**
**Vienna – LASK 0:2 (0:1)**
LASK: Lindenberger; Chr. Lehermayr; Piesinger, Dantlinger, K. Nagl; Koch, W. Nagl, Roth, Meister; Höld, Hagmayr (67. Toppel).
Hohe Warte; 700; Adanitsch
Tore: Hagmayr (38.), Piesinger (56.)

**20. Runde – 30. 3. 1985**
**LASK – DSV Alpine 3:0 (3:0)**
LASK: Lindenberger; Chr. Lehermayr; K. Nagl, Dantlinger, Piesinger, Roth, Koch (82. R. Lehermayr), W. Nagl, Meister (46. Toppel); Höld, Hagmayr.
Linzer Stadion; 4.500; Prohaska
Tore: Hagmayr (15.), Höld (29.), W. Nagl (34.)

**21. Runde – 5., 6., 7. 4. 1985**
**Salzburg – LASK 0:1 (0:1)**
LASK: Lindenberger; Chr. Lehermayr; Piesinger, Dantlinger, K. Nagl; Roth (67. R. Lehermayr), W. Nagl, Koch, Meister; Höld, Hagmayr (87.Toppel).
Lehen; 3.000; Matthuber
Tor: Hagmayr (31.)

**22. Runde – 13. 4. 1984**
**LASK – Rapid 0:3 (0:3)**
LASK: Lindenberger; Chr. Lehermayr; Piesinger, R. Lehermayr, K. Nagl; Koch (79. Roth), W. Nagl, Meister, Höld, Toppel (79. Malnowicz), Hagmayr.
Linzer Stadion; 16.000; Holzmann
Tore: Lainer (20.), P. Hrstic (25.), Kranjcar (45.)

**23. Runde – 19. 4. 1985**
**FavAC – LASK 1:1 (0:1)**
LASK: Lindenberger; Chr. Lehermayr; Dantlinger, K. Nagl; R. Lehermayr, Roth (79. Koch), W. Nagl, Piesinger, Meister; Höld (66. Malnowicz), Hagmayr.

FavAC-Platz; 1.200; Kohl
Tore: Hagmayr (14.), Kriegler (68.)

**24. Runde – 3., 4., 5. 5. 1985**
**LASK – Eisenstadt 2:0 (2:0)**
LASK: Lindenberger; Chr. Lehermayr; Piesinger, Dantlinger, K. Nagl; Roth, W. Nagl, Meister; Höld, Hagmayr, Malnowicz.
Linzer Stadion; 1.600; Wieser
Tore: Meister (24.), Hagmayr (38.)

**25. Runde – 10., 11. 5. 1985**
**Sturm Graz – LASK 2:0 (0:0)**
LASK: Lindenberger; Chr. Lehermayr; Piesinger, Dantlinger, K. Nagl; Roth, W. Nagl, Koch (78. R. Lehermayr), Meister; Höld (19. Toppel), Hagmayr.
Sturm – Platz; 2.800; Prohaska
Tore: Szokolai (57.), Pichler (63. Elfmeter)

**26. Runde – 10. 5. 1985**
**LASK – Admira/Wacker 2:1 (1:1)**
LASK: Lindenberger; K. Nagl; Piesinger, R. Lehermayr, Dantlinger; Roth, W. Nagl, Koch (42. Paseka); Toppel (62. Malnowicz), Hagmayr, Köstenberger.
Linzer Stadion; 2.800; Wukisewitsch
Tore: W. Nagl (19.), Netuschill (37.), Roth (67.)

**27. Runde – 21. 5. 1985**
**LASK – Innsbruck 4:0 (1:0)**
LASK: Lindenberger; Chr. Lehermayr; Piesinger, Dantlinger, K. Nagl (50. Paseka); Roth, W. Nagl, . Lehermayr, Köstenberger

(76. Toppel), Hagmayr, Malnowicz.
Linzer Stadion; 4.500; Kohl
Tore: R. Lehermayr (2.), Koreimann (50. Eigentor), Hagmayr (63.), Malnowicz (86.)

**28. Runde – 24. 5. 1985**
**Spittal/Drau – LASK 3:1 (0:0)**
LASK: Lindenberger; Chr. Lehermayr; Dantlinger, K. Nagl (48. Paseka); Roth, W. Nagl, R. Lehermayr (75. Köstenberger); Meister; Hagmayr, Malnowicz.
Spittal; 800; Adanitsch
Tore: Holzfeind (55., 65.), Gritschacher (60.), Roth (84.)

**29. Runde – 31. 5. 1985**
**LASK – Austria 0:3 (0:0)**
LASK: Lindenberger; Chr. Lehermayr; Grüneis, Dantlinger, R. Lehermayr; Roth, Koch (62. Toppel), W. Nagl, Meister; Hagmayr (78. Schilcher), Malnowicz.
Linzer Stadion; 6.000; Latzin
Tore: Mustedanagic (67.), Prohaska (87.), Polster (90.)

**30. Runde – 7. 6. 1985**
**Sportklub – LASK 0:3 (0:1)**
LASK: Lindenberger; Chr. Lehermayr; Piesinger, R. Lehermayr, Dantlinger; Roth, Koch, W. Nagl, Meister; Hagmayr, Malnowicz.
Dornbach; 3.500; Klocker
Tore: Meister (3.), W. Nagl (63.), Hagmayr (90.)

| Saison 1985/86 – Bundesliga Grunddurchgang | | | | | | | |
|---|---|---|---|---|---|---|---|
| 1. | Austria Wien | 22 | 19 | 1 | 2 | 67:12 | 39 |
| 2. | Rapid | 22 | 16 | 5 | 1 | 73:15 | 37 |
| 3. | Austria Klagenfurt | 22 | 7 | 9 | 6 | 33:34 | 23 |
| 4. | GAK | 22 | 9 | 5 | 8 | 37:41 | 23 |
| 5. | **LASK** | **22** | **8** | **6** | **8** | **33:31** | **22** |
| 6. | Sturm Graz | 22 | 5 | 12 | 5 | 25:33 | 22 |
| 7. | Admira/Wacker | 22 | 7 | 6 | 9 | 38:34 | 20 |
| 8. | Wacker Innsbruck | 22 | 7 | 6 | 9 | 43:43 | 20 |
| 9. | VOEST Linz | 22 | 7 | 6 | 9 | 23:41 | 20 |
| 10. | SC Eisenstadt | 22 | 4 | 10 | 8 | 19:45 | 18 |
| 11. | Alpine Donawitz | 22 | 3 | 7 | 12 | 27:53 | 13 |
| 12. | SAK | 22 | 0 | 7 | 15 | 16:52 | 7 |

**1.Runde – 8., 9. 8. 1985**
**LASK – SAK 4:0 (2:0)**
LASK: Lindenberger; Chr. Lehermayr; Grüneis, Dantlinger, Piesinger; Roth, W. Nagl, Meister (70. Paseka); Gröss, Hagmayr, Malnowicz.
Linzer Stadion; 3.500; DDr. Kapl
Tore: Hagmayr (10., 63.), Roth (11.), Gröss (77.)

**2. Runde – 13. 8. und 10. 9. 1985**
**VOEST – LASK 0:0**
LASK: Lindenberger; Chr. Lehermayr; Grüneis, Dantlinger, Piesinger; Roth, W. Nagl, Meister; Gröss, Hagmayr, Malnowicz (73. Köstenberger).
Linzer Stadion; 14.000; Losert

**3.Runde – 16. 8. 1985**
**LASK – GAK 1:3 (0:1)**
LASK: Lindenberger; Chr. Lehermayr; Grüneis, Dantlinger; Roth, W. Nagl, Meister (46. Paseka); Piesinger; Gröss, Hagmayr, Malnowicz.
Linzer Stadion; 2.500; Wukisewitsch
Tore: Steinbauer (11.), Nessl (61.), Hagmayr (70.), Aichholzer (89.)

**4. Runde – 20. 8. und 10. 9. 1985**
**Rapid – LASK 5:0 (3:0)**
LASK: Lindenberger; Chr. Lehermayr; Grüneis, Dantlinger, Piesinger, Paseka; W. Nagl, Höld, K. Nagl, Meister ; Roth, Hagmayr.
Hanappi-Stadion; 6.000; Kohl
Tore: Kranjcar (31.), Wilfurth (36.), Brucic (40.), Krankl (77.), Lalner (85.)

**5. Runde – 23., 24. 8. 1985**
**LASK – Innsbruck 1:1 (1:1)**
LASK: Lindenberger; Chr. Lehermayr; Grüneis, Dantlinger, Piesinger; Roth (46. Paseka), W. Nagl, Meister; Gröss, Hag-

mayr, Malnowicz.
Linzer Stadion; 6.500; Wöhrer
Tore: Müller (3.), W. Nagl (24.)

**6. Runde – 27. 8. 1985**
**Austria Klagenfurt – LASK 1:1 (0:0)**
LASK: Lindenberger; Chr. Lehermayr; Grüneis, Dantlinger, Paseka;; Roth, W. Nagl, Piesinger, Malnowicz (78. Höld); Gröss (46. Köstenberger), Hagmayr.
Klagenfurt; 2.800; Stanzel
Tore: Oberacher (75.), Roth (90.)

**7. Runde – 30., 31. 8. 1985**
**LASK – Admira/Wacker 2:1 (1:1)**
LASK: Lindenberger; Chr. Lehermayr; Grüneis, Dantlinger, Paseka; Roth, W. Nagl, Piesinger; Höld (85. Köstenberger), Hagmayr, Malnowicz.
Linzer Stadion; 2.700; Adanitsch
Tore: Hagmayr (18., 57.), Knaller (34.)

**8. Runde – 6. 9. 1985**
**LASK – Sturm Graz 1:0 (0:0)**
LASK: Lindenberger; Chr. Lehermayr; Grüneis, Dantlinger, Paseka; Koch (46. Meister), W. Nagl, Piesinger; Höld (65. Köstenberger), Hagmayr, Malnowicz.
Linzer Stadion; 3.300; Bogendorfer
Tor: Dantlinger (55.)

**9. Runde – 13., 14. 9. 1985**
**Eisenstadt – LASK 1:0 (0:0)**
LASK: Lindenberger; Chr. Lehermayr; Grüneis, Dantlinger, Paseka; Piesinger, K. Nagl, W. Nagl, Meister; Hagmayr, Malnowicz (46. Gröss).
Lindenstadion; 1.200; Lindner
Tor: Marzi (54.)

**10. Runde – 20., 21. 9. und 8. 10. 1985**
**LASK – Austria Wien 1:3 (0:1)**
LASK: Wimmer; Chr. Lehermayr; Grüneis,

Dantlinger, Paseka; Piesinger, W. Nagl, Roth, Meister; Gröss (56. Köstenberger), Höld (80. Malnowicz).
Linzer Stadion; 5.500; Latzin
Tore: Drabits (42.), Nylasi (60., 77.), Köstenberger (86.)

**11. Runde – 27., 28. 9. 1985**
**DSV Alpine – LASK 1:3 (0:1)**
LASK: Lindenberger; Chr. Lehermayr; Grüneis, Dantlinger, Paseka; Piesinger, K. Nagl, W. Nagl, Meister; Gröss, Hagmayr (84. Köstenberger).
Donawitz; 3.000; Prohaska
Tore: Hagmayr (24.), Meister (50.), Sobl (67.), Köstenberger (86.)

**12. Runde – 4., 5., 6. 10. 1985**
**SAK – LASK 0:0**
LASK: Wimmer; Chr. Lehermayr; Grüneis, Dantlinger, Paseka; Piesinger, W. Nagl, K. Nagl (71. Köstenberger), Meister; Höld, Hagmayr, (35. Gröss).
Lehen; 2.500; Adanitsch

**13. Runde – 11. 10. 85**
**LASK – VOEST 1:2 (0:2)**
LASK: Wimmer; Chr. Lehermayr; Grüneis, Dantlinger; Piesinger (46. Höld), W. Nagl, Meister, Gasselich (46. Malnowicz); Gröss, Köstenberger
Linzer Stadion; 10.000; DDr. Kapl
Tore: Grüneis (9. Eigentor), Werner (42.), Gröss (85.)

**14. Runde – 18., 19. 10. 1985**
**GAK – LASK 0:2 (0:2)**
LASK: Wimmer; Chr. Lehermayr; Grüneis, Dantlinger, Paseka; Höld (90. Roth), Gasselich, Piesinger, Meister; Gröss, Hagmayr (63. Malnowicz).
Liebenau; 3.000; Benedek
Tore: Hagmayr (14., 33.)

**15. Runde – 25., 26., 27. 10. 1985**
**LASK – Rapid 0:0**
LASK: Wimmer; Chr. Lehermayr; Grüneis, Dantlinger, Paseka; Piesinger, W. Nagl (46. Köstenberger), Gasselich (75. Roth), Meister; Gröss, Malnowicz.
Linzer Stadion; 11.500; Klocker

**16. Runde – 2. 11. 1985**
**Innsbruck – LASK 1:1 (0:0)**
LASK: Wimmer; Chr. Lehermayr; Grüneis, Dantlinger, Paseka; Höld, Piesinger, W. Nagl (67. Gasselich), Meister; Gröss ((3. Köstenberger), Malnowicz.
Tivoli; 6.000; Kaupe
Tore: Müller (67.), Paseka (84.)

**17. Runde – 9., 10. 11. 1985**
**LASK – Klagenfurt 3:0 (2:0)**
LASK: Lindenberger; Chr. Lehermayr; Grüneis, Paseka, Meister (50. R. Lehermayr); Höld, Piesinger, Gasselich, Malnowicz; Gröss, Hagmayr (25. Köstenberger).
Linzer Stadion; 2.800; Holzmann
Tore: Hagmayr (5.), Gröss (37.), Gasselich (60.)

**18. Runde – 16. 11. 1985**
**Admira/Wacker – LASK 5:1 (4:1)**
LASK: Lindenberger; Chr. Lehermayr; Grüneis (46. Gajda), Dantlinger, Paseka; Piesinger, Gasselich, Meister, Malnowicz; Gröss, Köstenberger.
Südstadt; 1.000; Wieser
Tore: Malnowicz (15.), Ogris (25., 42.), Drabek (28., 69.), Binder (29.)

**19. Runde – 23., 27. 11. und 3. 12. 1985**
**Sturm Graz – LASK 2:1 (1:0)**
LASK: Lindenberger; Chr. Lehermayr; Grüneis (77. W. Nagl), Dantlinger, Paseka; Roth, Piesinger, Gasselich (46. Malnowicz), Meister; Gröss, Köstenberger.
Sturm – Platz; 3.000; Felder
Tore: G. Jurtin (8., 5.), Roth (87.)

**20. Runde – 30. 11., 1. 12. 1985**
**LASK – Eisenstadt 6:0 (4:0)**
LASK: Lindenberger; Chr. Lehermayr; Grüneis, Dantlinger, Paseka; Roth, W. Nagl, Meister; Höld, Gasselich, Malnowicz.
Linzer Stadion; 1.600; Adanitsch
Tore: Gasselich (22., 52.), Höld (25.), Malnowicz (35., 68.), Roth (43.)

**21. Runde – 7. 12. 1985**
**Austria Wien – LASK 4:1 (2:0)**
LASK: Lindenberger; Chr. Lehermayr; Grüneis, Dantlinger, Paseka; Roth, Meister, W. Nagl, Gasselich, Malnowicz; Höld (64. R. Lehermayr).
Horr-Stadion; 2.800; Losert
Tore: Obermayr (10.), Polster (34. Elfmeter), Drabits (68.), Prohaska (75.), Roth (82.)

**22. Runde – 14. 12. 1985**
**LASK – DSV Alpine 3:1 (1:1)**
LASK: Lindenberger; Chr. Lehermayr; R. Lehermayr, Dantlinger, Paseka; Roth, Höld, W. Nagl (46. Malnowicz), Meister; Gröss, Gasselich.
Linzer Stadion; 2.000; Felder
Tore: Gasselich (28.), F. Haberl (35.), R. Lehermayr (53., 59.)

| | Saison 1985/86 – Meister- Play-Off | | | | | | |
|---|---|---|---|---|---|---|---|
| 1. | Austria Wien | 36 | 26 | 6 | 4 | 99 : 28 | 58 |
| 2. | Rapid | 36 | 23 | 10 | 3 | 101 : 34 | 56 |
| 3. | Wacker Innsbruck | 36 | 14 | 11 | 11 | 69 : 57 | 39 |
| 4. | **LASK** | **36** | **13** | **12** | **11** | **50 : 44** | **38** |
| 5. | Sturm Graz | 36 | 9 | 17 | 10 | 45 : 50 | 35 |
| 6. | GAK | 36 | 13 | 9 | 14 | 53 : 60 | 35 |
| 7. | Admira/Wacker | 36 | 9 | 11 | 16 | 54 : 66 | 29 |
| 8. | Austria Klagenfurt | 36 | 8 | 12 | 16 | 41 : 67 | 28 |

**23. – Runde – 18., 19. 3. 1986**
**LASK – Innsbruck 1:1 (0:0)**
LASK: Lindenberger; Chr. Lehermayr; Grüneis, Dantlinger, Paseka; W. Nagl, Roth, Meister; Gröss, Gasselich, Malnowicz.
Linzer Stadion; 2.500; Wöhrer
Tore: Spielmann (62.), Gröss (66.)

**24. Runde – 8., 19. 3. 1986**
**Austria Klagenfurt – LASK 0:3 (0:1)**
LASK: Lindenberger; Chr. Lehermayr; Grüneis, R. Lehermayr, Dantlinger; Roth, Gasselich, Piesinger, Meister; Gröss, Höld.
Klagenfurt; 1.700; Lindner
Tore: Gasselich (12. Elfmeter), Rothe (60.), Gröss (63.)

**25. Runde – 14., 15. 3. 1986**
**LASK – GAK 1:0 (1:0)**
LASK: Lindenberger; Chr. Lehermayr; Grüneis, Dantlinger, Paseka; Roth, W. Nagl, Piesinger; Gröss, Gasselich (65. Malnowicz), Höld.
Linzer Stadion; 2.700; Stanzel
Tor: Roth (9.)

**26. Runde – 22. 3. 1986**
**Rapid – LASK 3:0 (2:0)**
LASK: Lindenberger; Chr. Lehermayr; Grüneis, Dantlinger, R. Lehermayr; Roth, Meister, Gasselich, Piesinger; Gröss, Höld.
Hanappi-Stadion; 2.600; Adanitsch
Tore: Wilfurth (13.), Heribert Weber (24.), Pacult (58.)
Das Spiel wurde mit 3:0 für den LASK beglaubigt, da Brucic unberechtigt eingesetzt wurde.

**27. Runde – 28., 29. 3. 1986**
**LASK – Admira/Wacker 1:1 (0:1)**
LASK: Lindenberger; Chr. Lehermayr; Grüneis, Dantlinger, R. Lehermayr; Roth, W. Nagl (46. Malnowicz), Piesinger, Meister (46. Köstenberger); Gröss, Höld.
Linzer Stadion; 3.000; Wieser
Tore: Binder (36.), Malnowicz (52.)

**28. Runde – 4., 5. 4. 1986**
**LASK – Sturm Graz 1:0 (1:0)**
LASK: Lindenberger; Chr. Lehermayr; Grüneis, Dantlinger, Paseka; Roth, W. Nagl, Piesinger, Gasselich; Gröss, Köstenberger.
Linzer Stadion; 2.200; Prohaska
Tor: Köstenberger (12.)

**29. Runde – 12. 4. 1986**
**Austria Wien – LASK 0:0**
LASK: Lindenberger; Chr. Lehermayr; Grüneis, Dantlinger, Paseka; Roth, R. Lehermayr, Piesinger, Gasselich; Höld (70. W. Nagl), Köstenberger (89. Gajda).
Horr-Stadion; 2.400; Wukisewitsch

**30. Runde – 18., 19. 20. 4. 1986**
**Innsbruck – LASK 3:0 (0:0)**
LASK: Lindenberger; Chr. Lehermayr; R. Lehermayr, Dantlinger, Paseka; Höld, Roth, Piesinger, Gasselich: Köstenberger, Malnowicz.
Tivoli; 9.000; Stanzel
Tore: Roscher (46.), Welzl (65.), Spielmann (67.)

**31. Runde – 25., 26. 4. 1986**
**LASK – Klagenfurt 1:0 (0:0)**
LASK: Lindenberger; Chr. Lehermayr; R. Lehermayr, Dantlinger, Roth, Piesinger (46. Paseka), Höld, Gasselich; Gröss, Köstenberger (64. W. Nagl), Malnowicz.
Linzer Stadion; 2.200; Kohl
Tor: Gasselich (77.)

**32. Runde – 2., 3. 5. 1986**
**GAK – LASK 1:1 (1:0)**
LASK: Lindenberger; Chr. Lehermayr; R. Lehermayr, Dantlinger, Paseka; Piesinger (79. Grüneis), Gajda, W. Nagl (60. Köstenberger); Gröss, Gasselich, Höld.
Liebenau; 4.000; Benedek
Tore: Vidovic (45.), Höld (64.)

**33. Runde – 9., 10. 5. 1986**
**LASK – Rapid 2:2 (1:1)**
LASK: Lindenberger; Chr. Lehermayr; R. Lehermayr, Dantlinger, Paseka; Rothn (66. Malnowicz), Piesinger, Gasselich, Höld (83. Gajda); Gröss, Köstenberger.
Linzer Stadion; 7.500; Felder
Tore: Halilovic (29.), Gröss (45.), Höld (65.), H. Weber (66.)

**34. Runde – 15. 5. 1986**
**Admira/Wacker – LASK 2:2 (1:2)**
LASK: Lindenberger; Chr. Lehermayr; R. Lehermayr, Dantlinger, Paseka; Roth, W. Nagl, Piesinger, Gasselich; Gröss (77. Köstenberger), Höld.
Südstadt; 1.500; Grabher
Tore: Gasselich (13.), Knaller (25., 77. Elfmeter), Gröss (38.)

**35. Runde – 23. 5. 1986**
**Sturm Graz – LASK 2:1 (0:0)**
LASK: Lindenberger; Chr. Lehermayr; R. Lehermayr, Dantlinger, Paseka; Roth, W. Nagl, Piesinger, Gasselich; Höld, Hagmayr (63. Köstenberger).
Sturm-Platz; 3.000; Losert
Tore: Vidreis (49., 59.), Höld (69.)

**36. Runde – 30. 5. 1986**
**LASK – Austria Wien 0:1 (0:1)**
LASK: Lindenberger; Chr. Lehermayr; Dantlinger, Paseka; Roth, W. Nagl, Piesinger, Gasselich; Höld, Köstenberger, Hagmayr (46. Malnowicz).
Linzer Stadion; 12.500; Felder
Tor: Prohaska (14.)

**23. – Runde – 18., 19. 3. 1986**
**LASK – Innsbruck 1:1 (0:0)**
LASK: Lindenberger; Chr. Lehermayr; Grüneis, Dantlinger, Paseka; W. Nagl, Roth, Meister; Gröss, Gasselich, Malnowicz.
Linzer Stadion; 2.500; Wöhrer
Tore: Spielmann (62.), Gröss (66.)

**24. Runde – 8., 19. 3. 1986**
**Austria Klagenfurt – LASK 0:3 (0:1)**
LASK: Lindenberger; Chr. Lehermayr; Grüneis, R. Lehermayr, Dantlinger; Roth, Gasselich, Piesinger, Meister; Gröss, Höld.
Klagenfurt; 1.700; Lindner
Tore: Gasselich (12. Elfmeter), Rothe (60.), Gröss (63.)

**25. Runde – 14., 15. 3. 1986**
**LASK – GAK 1:0 (1:0)**
LASK: Lindenberger; Chr. Lehermayr; Grüneis, Dantlinger, Paseka; Roth, W. Nagl, Piesinger; Gröss, Gasselich (65. Malnowicz), Höld.
Linzer Stadion; 2.700; Stanzel
Tor: Roth (9.)

**26. Runde – 22. 3. 1986**
**Rapid – LASK 3:0 (2:0)**
LASK: Lindenberger; Chr. Lehermayr; Grüneis, Dantlinger, R. Lehermayr; Roth, Meister, Gasselich, Piesinger; Gröss, Höld.
Hanappi-Stadion; 2.600; Adanitsch
Tore: Wilfurth (13.), Heribert Weber (24.), Pacult (58.)
Das Spiel wurde mit 3:0 für den LASK beglaubigt, da Brucic unberechtigt eingesetzt wurde.

**27. Runde – 28., 29. 3. 1986**
**LASK – Admira/Wacker 1:1 (0:1)**
LASK: Lindenberger; Chr. Lehermayr; Grüneis, Dantlinger, R. Lehermayr; Roth, W. Nagl (46. Malnowicz), Piesinger, Meister (46. Köstenberger); Gröss, Höld.

**28. Runde – 4., 5. 4. 1986**
**LASK – Sturm Graz 1:0 (1:0)**
LASK: Lindenberger; Chr. Lehermayr; Grüneis, Dantlinger, Paseka; Roth, W. Nagl, Piesinger, Gasselich; Gröss, Köstenberger.
Linzer Stadion; 2.200; Prohaska
Tor: Köstenberger (12.)

**29. Runde – 12. 4. 1986**
**Austria Wien – LASK 0:0**
LASK: Lindenberger; Chr. Lehermayr; Grüneis, Dantlinger, Paseka; Roth, R. Lehermayr, Piesinger, Gasselich; Höld (70. W. Nagl), Köstenberger (89. Gajda).
Horr-Stadion; 2.400; Wukisewitsch

**30. Runde – 18., 19. 20. 4. 1986**
**Innsbruck – LASK 3:0 (0:0)**
LASK: Lindenberger; Chr. Lehermayr; R. Lehermayr, Dantlinger, Paseka; Höld, Roth, Piesinger, Gasselich: Köstenberger, Malnowicz.
Tivoli; 9.000; Stanzel
Tore: Roscher (46.), Welzl (65.), Spielmann (67.)

**31. Runde – 25., 26. 4. 1986**
**LASK – Klagenfurt 1:0 (0:0)**
LASK: Lindenberger; Chr. Lehermayr; R. Lehermayr, Dantlinger, Roth, Piesinger (46. Paseka), Höld, Gasselich; Gröss, Köstenberger (64. W. Nagl), Malnowicz.
Linzer Stadion; 2.200; Kohl
Tor: Gasselich (77.)

**32. Runde – 2., 3. 5. 1986**
**GAK – LASK 1:1 (1:0)**
LASK: Lindenberger; Chr. Lehermayr; R. Lehermayr, Dantlinger, Paseka; Piesinger (79. Grüneis), Gajda, W. Nagl (60. Köstenberger); Gröss, Gasselich, Höld.
Liebenau; 4.000; Benedek
Tore: Vidovic (45.), Höld (64.)

**33. Runde – 9., 10. 5. 1986**
**LASK – Rapid 2:2 (1:1)**
LASK: Lindenberger; Chr. Lehermayr; R. Lehermayr, Dantlinger, Paseka; Rothn (66. Malnowicz), Piesinger, Gasselich, Höld (83. Gajda); Gröss, Köstenberger.
Linzer Stadion; 7.500; Felder
Tore: Halilovic (29.), Gröss (45.), Höld (65.), H. Weber (66.)

**34. Runde – 15. 5. 1986**
**Admira/Wacker – LASK 2:2 (1:2)**
LASK: Lindenberger; Chr. Lehermayr; R. Lehermayr, Dantlinger, Paseka; Roth, W. Nagl, Piesinger, Gasselich; Gröss (77. Köstenberger), Höld.
Südstadt; 1.500; Grabher
Tore: Gasselich (13.), Knaller (25., 77. Elfmeter), Gröss (30.)

**35. Runde – 23. 5. 1986**
**Sturm Graz – LASK 2:1 (0:0)**
LASK: Lindenberger; Chr. Lehermayr; R. Lehermayr, Dantlinger, Paseka; Roth, W.

| | | | | | | | |
|---|---|---|---|---|---|---|---|
| | **Saison 1986/87 – Bundesliga Grunddurchgang** |

| | | | | | | | |
|---|---|---|---|---|---|---|---|
| 1. | Austria Wien | 22 | 14 | 5 | 3 | 57 :28 | 33 |
| 2. | Rapid | 22 | 12 | 6 | 4 | 65:31 | 30 |
| 3. | FC Tirol | 22 | 13 | 4 | 5 | 50:31 | 30 |
| 4. | Admira/Wacker | 22 | 9 | 4 | 9 | 42:34 | 22 |
| 5. | VOEST Linz | 22 | 9 | 4 | 9 | 35:37 | 22 |
| 6. | **LASK** | **22** | **9** | **4** | **9** | **31:39** | **22** |
| 7. | Wiener Sportclub | 22 | 9 | 3 | 10 | 48:40 | 21 |
| 8. | Sturm Graz | 22 | 8 | 5 | 9 | 28:32 | 21 |
| 9. | Vienna | 22 | 9 | 2 | 11 | 27:40 | 20 |
| 10. | SC Eisenstadt | 22 | 7 | 5 | 10 | 32:46 | 19 |
| 11. | GAK | 22 | 6 | 4 | 12 | 26:41 | 16 |
| 12. | Austria Klagenfurt | 22 | 1 | 6 | 15 | 14:56 | 8 |

**1. Runde – 22. 7. 1986**
**Austria Klagenfurt – LASK 0:1 (0:1)**
LASK: Lindenberger; Chr. Lehermayr; Grüneis, Dantlinger, Gajda; Roth, Piesinger (84. Enevoldsen), Rabitsch; Gröss, Hagmayr (73. Meister), Westerthaler.
Klagenfurt; 2.800; DDr Kapl
Tor: Westerthaler (45.)

**2. Runde – 26., 27. 7. 1986**
**LASK – Sturm Graz 2:1 (1:1)**
LASK: Lindenberger; Chr. Lehermayr; Gajda, Dantlinger, Paseka; Roth, Piesinger, Rabitsch; Gröss (89. Köstenberger), Hagmayr Westerthaler (77. Meister).
Linzer Stadion; 3.500; Losert
Tore: Hagmayr (13.), Thonhofer (23.), Westerthaler (61.)

**3. Runde – 1., 2. 8. 1986**
**VOEST – LASK 0:1 (0:0)**
LASK: Lindenberger; Chr. Lehermayr; Gajda, Dantlinger, Paseka; Roth, Rabitsch, Piesinger; Gröss, Hagmayr (81. Köstenberger), Westerthaler (67. Meister).
Linzer Stadion; 10.000; Prohaska
Tor: Gröss (82.)

**4. Runde – 5., 6. 8. 1986**
**LASK – Sportklub 0:2 (0:2)**
LASK: Lindenberger; Chr. Lehermayr; Gajda, Dantlinger, Paseka; Roth, Rabitsch (46. Meister), Piesinger; Gröss, Hagmayr (46. Köstenberger), Westerthaler.
Linzer Stadion; 6.000; Kohl
Tore: Krankl (12.), Abfalterer (29.)

**5. Runde – 8., 10. 8. 1986**
**Austria Wien – LASK 5:1 (3:0)**
LASK: Lindenberger; Chr. Lehermayr; Gajda, Dantlinger, Paseka; Rabitsch, Roth, Piesinger, Meister; Gröss (64. Enevoldsen), Hagmayr (31. Westerthaler).
Horr- Stadion; 2.600; Felder
Tore: Glatzmayer (28.), Naylash (34.), Polster (40., 50., 66. Elfmeter), Westerthaler (80.)

**6. Runde – 14., 15. 8. 1986**
**LASK – Eisenstadt 3:1 (2:0)**
LASK: Lindenberger; Chr. Lehermayr; Dantlinger, Paseka; Roth, Rabitsch, Enevoldsen (62. W. Nagl), Piesinger, Meister; Gröss, Westerthaler (62. Köstenberger).
Linzer Stadion; 2.500; Holzmann
Tore: Gröss (12.), Rabitsch (14.), Heiling (50.), Köstenberger (90.)

**7. Runde – 22., 23., 24. 8. 1986**
**GAK  LASK 1:4 (0:2)**
LASK: Lindenberger; Chr. Lehermayr; Dantlinger, Paseka; Piesinger, Roth, Rabitsch, W. Nagl, Meister; Gröss, Köstenberger.
Casino-Stadion; 4.000; Wukisewitsch

Nagl, Piesinger, Gasselich; Höld, Hagmayr (63. Köstenberger).
Sturm-Platz; 3.000; Losert
Tore: Vidreis (49., 59.), Höld (69.)

**36. Runde – 30. 5. 1986**
**LASK – Austria Wien 0:1 (0:1)**
LASK: Lindenberger; Chr. Lehermayr; Dantlinger, Paseka; Roth, W. Nagl, Piesinger, Gasselich, Köstenberger; Gröss, Hagmayr (46. Malnowicz).
Linzer Stadion; 12.500; Felder
Tor: Prohaska (14.)

**8. Runde – 29., 30. 8. 1986**
**LASK – FC Tirol 1:0 (0:0)**
LASK: Lindenberger; Chr. Lehermayr; Dantlinger, Paseka; Roth, W. Nagl, Rabitsch, Piesinger, Meister; Gröss (89. Enevoldsen), Köstenberger.
Linzer Stadion; 20.500; Holzmann
Tor: Dantlinger (80.)

**9. Runde – 2., 3. 9. 1986**
**LASK – Admira/Wacker 1:1 (1:0)**
LASK: Lindenberger; Chr. Lehermayr; Dantlinger, Paseka; Roth, W. Nagl, Rabitsch (77. Enevoldsen), Meister; Gröss, Köstenberger.
Linzer Stadion; 3.500; Wieser
Tore: Dantlinger (42. Elfmeter), Stojadinovic (42.)

**10. Runde – 5., 6. 9. 1986**
**Vienna – LASK 0:2 (0:0)**
LASK: Lindenberger; Chr. Lehermayr; Grüneis, Dantlinger; Paseka; Piesinger, Rabitsch, Roth, W. Nagl, Meister; Gröss (71. Westerthaler), Köstenberger.
Hohe Warte; 1.800; Adanitsch
Tore: Köstenberger (57.), Westerthaler (85.)

**11. Runde – 12., 13. 9. 1986**
**LASK – Rapid 1:1 (1:0)**
LASK: Lindenberger; Chr. Lehermayr; Grüneis, Dantlinger, Paseka; Piesinger, Roth (37. Enevoldsen), Rabitsch (70. Westerthaler), W. Nagl, Meister; Gröss, Köstenberger.
Linzer Stadion; 9.000; Latzin
Tore: Roth (4.), Heraf (59.)

**12. Runde – 19., 20. 9. 1986**
**Rapid – LASK 7:1 (2:1)**
LASK: Lindenberger; Chr. Lehermayr; Grüneis, Dantlinger, Paseka; Rabitsch, Gajda, Piesinger (80. Enevoldsen), Meister; Westerthaler, Köstenberger.
Hanappi-Stadion; 3.600; Bogendorfer
Tore: Westerthaler (19.), Niederbacher (25., 50., 60.), R. Kienast (34., 65.), Weinhofer (53.), Halilovic (90.)

**13. Runde – 26., 27. 28. 9. 1986**
**LASK – Austria Klagenfurt 3:0 (2:0)**
LASK: Lindenberger; Chr. Lehermayr; Dantlinger, Paseka (74. Grüneis); Gajda, Enevoldsen, Piesinger, Meister; Rabitsch, Köstenberger, Westerthaler.
Linzer Stadion; 1 700; Lindner
Tore: Westerthaler (11., 76.), Paseka (44.)

**14. Runde – 5., 6. 10. 1986**
**Sturm Graz – LASK 1:0 (1:0)**
LASK: Lindenberger; Chr. Lehermayr; Gajda, Dantlinger, Paseka; Rabitsch, Pie-

singer, W. Nagl, Meister; Köstenberger, Westerthaler.
Sturm-Platz; 4.500; Wukisewitsch
Tor: Rupert Marko (16.)

**15. Runde – 10., 11. 10. 1986**
**LASK – VOEST 2:3 (2:1)**
LASK: Lindenberger; Chr. Lehermayr; Gajda, Dantlinger, Grünseis; Rabitsch, Piesinger, W. Nagl, Meister; Köstenberger, Westerthaler.
Linzer Stadion; 6.500; Wöhrer
Tore: Piesinger (14.), Rabitsch (28.), Werner I (39., 81.), Werner II (47.)

**16. Runde – 17., 18. 10. 1986**
**Sportklub – LASK 3:0 (1:0)**
LASK: Lindenberger; Chr. Lehermayr; Gajda, Paseka; Grüneis (63. Gröss), W. Nagl, Dantlinger, Piesinger (63. K. Nagl), Meister; Rabitsch, Westerthaler.
Dornbach; 2.000; Grabher
Tore: Abfalterer (43.), Keglevits (48.), Gasselich (61.)

**17. Runde – 24., 25. 10. 1986**
**LASK – Austria Wien 1:2 (1:2)**
LASK: Lindenberger; Chr. Lehermayr; Dantlinger, Paseka; Rabitsch (76. Perzy), Piesinger, Enevoldsen (46. Gajda), W. Nagl, Meister; Gröss, Köstenberger.
Linzer Stadion; 4.000; Bogendorfer
Tore: Baumeister (5., 6.), Paseka (45.)

**18. Runde – 31. 10., 1., 2. 11. 1986**
**Eisenstadt – LASK 1:1 (1:1)**
LASK: Lindenberger; Chr. Lehermayr; Dantlinger, Paseka; Piesinger, Rabitsch, K. Nagl, W. Nagl, Meister; Gröss, Köstenberger (82. Westerthaler).
Lindenstadion; 1.500; Prohaska
Tore: Marzi (52.), Köstenberger (73.)

| | | | | | | | |
|---|---|---|---|---|---|---|---|
| | **Saison 1986/87 – Meister-Play-Off** |

| | | | | | | | |
|---|---|---|---|---|---|---|---|
| 1. | Rapid | 36 | 22 | 8 | 6 | 94 : 43 | 52 |
| 2. | Austria Wien | 36 | 21 | 10 | 5 | 86 : 40 | 52 |
| 3. | FC Tirol | 36 | 20 | 5 | 11 | 78 : 57 | 45 |
| 4. | **LASK** | **36** | **17** | **6** | **13** | **56 : 59** | **40** |
| 5. | Admira/Wacker | 36 | 13 | 7 | 16 | 63 : 55 | 33 |
| 6. | Sportclub | 36 | 13 | 6 | 17 | 74 : 64 | 32 |
| 7. | Sturm Graz | 36 | 11 | 8 | 17 | 45 : 67 | 30 |
| 8. | VOEST Linz | 36 | 11 | 7 | 18 | 46 : 73 | 29 |

**23. Runde – 14. 3. 1987**
**Austria Wien – LASK 1:1 (1:1)**
LASK: Lindenberger; Chr. Lehermayr; Grüneis, Dantlinger, Braun; Gajda, Roth, W. Nagl, Meister; Gröss (86. Rabitsch), Westerthaler.
Horr-Stadion; 5.600; Holzmann
Tore: Westerthaler (5.), Polster (21.)

**24. Runde – 21., 22. 3. 1987**
**LASK – Sturm Graz 3:1 (2:0)**
LASK: Lindenberger; Gajda; Grüneis, Dantlinger; Piesinger, Kensy, Roth, W. Nagl, Meister; Gröss (45. Köstenberger), Westerthaler (86. Rabitsch).
Linzer Stadion; 3.500; Wöhrer
Tore: Kensy (36.), Roth (45., 53.), Thonhofer (85.)

**25. Runde – 4. 4. 1987**
**LASK – Admira/Wacker 2:1 (1:0)**
LASK: Lindenberger; Chr. Lehermayr; Grüneis, Dantlinger; Roth (60. Rabitsch), Kensy, W. Nagl, Piesinger, Meister; Gröss, Westerthaler.
Linzer Stadion; 2.300; Bogendorfer
Tore: Roth (36.), Kensy (57.), Rodax (89.)

**26. Runde – 10., 11. 4. 1987**
**Sportklub – LASK 2:3 (1:1)**
LASK: Lindenberger; Chr. Lehermayr; Grüneis, Dantlinger; Gajda; Piesinger, Roth (68. Rabitsch), Kensy (68. Köstenberger), Meister; Gröss, Westerthaler.
Dornbach; 3.000; Lindner
Tore: Krankl (19., 60. Elfmeter), Dantlinger (30. Elfmeter), Gröss (80.), Köstenberger (83.)

**27. Runde – 24., 25. 4. 1987**
**LASK – Rapid 2:0 (1:0)**
LASK: Lindenberger; Chr. Lehermayr; Grü-

**19. Runde – 8. 11. 1986**
**LASK – GAK 1:1 (0:0)**
LASK: Lindenberger; Chr. Lehermayr; Dantlinger, Paseka; Piesinger, Rabitsch (46. Westerthaler), K. Nagl, W. Nagl, Meister; Gröss, Köstenberger.
Linzer Stadion; 2.000; Losert
Tore: Nessl (71.), Gröss (84.)

**20. Runde – 14., 15. 11. 1986**
**FC Tirol – LASK 4:2 (2:2)**
LASK: Lindenberger; K. Nagl; Grüneis, Dantlinger, Paseka; Piesinger, Rabitsch, W. Nagl, Meister; Gröss, Westerthaler (61. Köstenberger).
Tivoli; 8.000; Adanitsch
Tore: Linzmaier (10.), Piesinger (17.), Spielmann (21.), Westerthaler (31.), Roscher (50., 57.)

**21. Runde – 22. 11. 1985**
**Admira/Wacker – LASK 4:1 (1:0)**
LASK: Lindenberger; Chr. Lehermayr; Dantlinger, Paseka; Rabitsch, Piesinger, W. Nagl, Meister, K. Nagl; Gröss, Westerthaler.
Südstadt; 2.000; Grabher
Tore: Rodax (30.), Stojadinovic (50.), Smith (59.), Dantlinger (63. Elfmeter), Knaller (70.)

**22. Runde – 29. 11. 1986**
**LASK – Vienna 2:1 (0:0)**
LASK: Lindenberger; Chr. Lehermayr; Grüneis (83. K. Nagl), Dantlinger, Paseka; Piesinger, Rabitsch (48. Köstenberger), Piesinger, W. Nagl, Meister; Gröss, Westerthaler.
Linzer Stadion; 5.000; Latzin
Tore: Köstenberger (55.), Westerthaler (61.), Niederstrasser (78.)

neis, Dantlinger, Gajda; Piesinger, Kensy, Roth, Meister; Gröss, Westerthaler (73. Köstenberger).
Linzer Stadion; 8.500; Adanitsch
Tore: Roth (31.), Westerthaler (72.)

**28. Runde – 2. 5. 1987**
**VOEST Linz – LASK 0:3 (0:3)**
LASK: Lindenberger; Chr. Lehermayr; Grüneis, Dantlinger, Paseka; Rabitsch (79. Köstenberger), Roth, Piesinger (66. Braun), Kensy; Gröss, Westerthaler.
Linzer Stadion; 8.500; Wöhrer
Tore: Roth (25.), Westerthaler (33.), Paseka (40.)

**29. Runde – 9. 5. 1987**
**LASK – FC Tirol 1: 0 (1:0)**
LASK: Lindenberger; Chr. Lehermayr; Grüneis, Dantlinger, Paseka; Roth, Kensy, Gajda (65. Köstenberger), Piesinger; Gröss, Westerthaler.
Linzer Stadion; 7.500; DDr. Kapl
Tor: Roth (23.)

**30. Runde – 15., 16. 5. 1987**
**LASK – Austria Wien 0:0**
LASK: Lindenberger; Chr. Lehermayr; Grüneis, Dantlinger, Paseka; Piesinger, Roth (28. Rabitsch), Gajda, Kensy; Gröss, Westerthaler (79. Köstenberger).
Linzer Stadion; 9.000; Kohl

**31. Runde – 22., 23. 5. 1987**
**Sturm Graz – LASK 3:4 (1:2)**
LASK: Lindenberger; Chr. Lehermayr; Grüneis, Dantlinger, Paseka; Piesinger, Roth, Kensy, Meister; Gröss, Westerthaler (70. Köstenberger).
Sturm-Platz; 6.000; Stanzel
Tore: Roth (3, 36., 88.), Thonhofer (38.

Elfmeter), Delzepich (58.), Piesinger (84.), Teskeredzic (89)

**32. Runde – 29., 30., 31. 5. 1987**
**Admira/Wacker – LASK 2:1 (1:0)**
LASK: Lindenberger; Chr. Lehermayr; Paseka, Dantlinger (35. Gajda), Grüneis; Piesinger, Rabitsch, Roth, Kensy; Gröss, Westerthaler (65. Köstenberger).
Südstadt; 1.000; Brummeier
Tore: Rodax (9.), Zsak (57.), Piesinger (81.)

**33. Runde – 5., 6. 6. 1987**
**LASK – Sportklub 1:0 (0:0)**
LASK: Lindenberger; Chr. Lehermayr; Grüneis, Gajda, Paseka; Piesinger, Roth, Kensy, Meister (76. Rabitsch); Gröss, Köstenberger (70. Westerthaler).
Linzer Stadion; 1.800; Kohl
Tor: Grüneis (80.)

**34. Runde – 12. 6. 1987**
**Rapid – LASK 3:1 (1:1)**
LASK: Lindenberger; Chr. Lehermayr; Grüneis, Dantlinger, Paseka; Piesinger, Rabitsch, Roth, Gajda; Gröss, Köstenberger (75. Westerthaler).
Hanappi-Stadion; 4.000; Wukisewitsch
Tore: Weber (19.), Köstenberger (20.), Halilovic (74., 78.)

**35. Runde – 19. 6. 1987**
**LASK – VOEST Linz 0:2 (0:0)**
LASK: Lindenberger; Chr. Lehermayr; Grüneis, Dantlinger, Gajda; Piesinger, Roth, Kensy, Paseka (57. Westerthaler); Rabitsch, Köstenberger.
Linzer Stadion; 5.000; Stanzel
Tore: Haider (53.), Zeller (78.)

**36. Runde – 20. 6. 1987**
**FC Tirol – LASK 5:3 (4:2)**
LASK: Lindenberger; Chr. Lehermayr; Grüneis, Dantlinger, Paseka; Rabitsch, Kensy, Roth (72. Köstenberger), Piesinger; Gröss, Westerthaler.
Tivoli; 5.000; Benedek
Tore: Dantlinger (11.), Welzl (21., 44.), Gröss (22.), Pacult (25., 87.) Roscher (35.), Westerthaler (50.)

**Saison 1987/88 – Bundesliga Grunddurchgang**

| | | | | | | | |
|---|---|---|---|---|---|---|---|
| 1. | Rapid | 22 | 15 | 6 | 1 | 52 :22 | 36 |
| 2. | Austria Wien | 22 | 11 | 6 | 5 | 47:27 | 28 |
| 3. | GAK | 22 | 10 | 7 | 5 | 32:29 | 27 |
| 4. | Admira/Wacker | 22 | 11 | 3 | 8 | 52:31 | 25 |
| 5. | FC Tirol | 22 | 8 | 9 | 5 | 34:30 | 25 |
| 6. | Sturm Graz | 22 | 9 | 6 | 7 | 33:32 | 24 |
| 7. | Vienna | 22 | 11 | 1 | 10 | 45:40 | 23 |
| 8. | Wiener Sportclub | 22 | 6 | 10 | 6 | 39:46 | 22 |
| 9. | VOEST Linz | 22 | 7 | 5 | 10 | 37:40 | 19 |
| **10.** | **LASK** | **22** | **4** | **5** | **13** | **21:44** | **13** |
| 11. | Austria Klagenfurt | 22 | 4 | 4 | 14 | 17:43 | 12 |
| 12. | VfB Mödling | 22 | 2 | 6 | 14 | 29:54 | 10 |

**1. Runde – 21. 7. 1987**
**LASK – Austria 2:1 (2:1)**
LASK: Lindenberger; Chr. Lehermayr; Grüneis, Dantlinger, Paseka; W. Nagl, Piesinger, Roth, Kensy; Gröss, Hagmayr (67. Westerthaler).
Linzer Stadion; 5.000; Grabher
Tore: Drabits (7.), Kensy (33., 43.)

**2. Runde – 24., 26. 7. 1987**
**VOEST – LASK 1:1 (0:0)**
LASK: Lindenberger; Gajda; Grüneis, Dantlinger, Meister; W. Nagl, Piesinger, Kensy, Roth; Gröss (62. Westerthaler), Hagmayr (62. Köstenberger).
Linzer Stadion; 8.500; Kohl
Tore: Perstling (59.), Westerthaler (78.)

**3. Runde – 31. 7., 1. 8. 1987**
**LASK – Sportklub 1:1 (1:0)**
LASK: Lindenberger; Chr. Lehermayr; Grüneis, Dantlinger, Meister; Piesinger, W. Nagl, Kensy; Westerthaler, Roth (57. Gajda), Hagmayr (71. Köstenberger).
Linzer Stadion; 3.000; Steindl
Tore: Westerthaler (15.), Keglevits (49.)

**4. Runde – 3., 5. 8. 1987**
**Admira/Wacker – LASK 2:0 (1:0)**
LASK: Lindenberger; Chr. Lehermayr; Grüneis (68. Roth), Dantlinger, Paseka; Piesinger, W. Nagl, Kensy, Meister; Westerthaler (37. Gröss), Hagmayr.
Südstadt; 7.000; Felder
Tore: Artner (58.), Knaller (87.)

**5. Runde – 7., 8. 8. 1987**
**LASK – Mödling 1:1 (0:0)**
LASK: Lindenberger; Chr. Lehermayr; Grüneis, Dantlinger; W. Nagl, Roth, Piesinger, Kensy, Meister (46. Hagmayr); Gotchev, Westerthaler (70. Köstenberger).
Linzer Stadion; 3.500; Latzin
Tore: Westerthaler (56.), Steiger (60.)

**6. Runde – 14., 15. 8. 1987**
**Rapid – LASK 3:1 (2:0)**
LASK: Lindenberger; Chr. Lehermayr; Grüneis (77. Hagmayr), Dantlinger, Paseka; Piesinger, Kensy, Roth (46. W. Nagl), Rabitsch; Gröss, Gotchev.
Hanappi-Stadion; 5.000; Holzmann
Tore: Stojadinovic (24., 48.), Kranjcar (33. Elfmeter), Rabitsch (68.)

**7. Runde – 21., 22. 23. 8. 1987**
**LASK – Sturm Graz 1:3 (0:1)**
LASK: Lindenberger; Chr. Lehermayr; Grüneis (63. Westerthaler), Dantlinger, Paseka; Piesinger, Roth, Kensy, W. Nagl (28. Meister); Gross, Gotchev.
Linzer Stadion; 4.000; Wukisewitsch
Tore: Türmer (7., 71., 82), Kensy (75.)

**8. Runde – 28., 29., 8. 1987**
**LASK – Vienna 0:4 (0:1)**
LASK: Lindenberger; Chr. Lehermayr; Grüneis, Dantlinger, Paseka; Piesinger, Rabitsch, Kensy; Gotchev, Westerthaler (54. Roth), Hagmayr (54. Köstenberger).
Linzer Stadion; 1.800; Adanitsch
Tore: Stöger (39.), Peter (51., 75.), Steinkogler (59.)

**9. Runde – 1. 9. 1987**
**GAK – LASK 2:1 (1:0)**
LASK: Lindenberger; Chr. Lehermayr; Grüneis, Dantlinger, Paseka; Piesinger, W. Nagl, Kensy, Meister; Gotchev, Westerthaler (37. Köstenberger).
Casino-Stadion; 4.000; Kaupe
Tore: Pigel (24., 55. Elfmeter), Köstenberger (88.)

**10. Runde – 4., 5. 9. 1987**
**LASK – FC Tirol 0:2 (0:1)**
LASK: Lindenberger; Chr. Lehermayr; Gajda, Dantlinger; Piesinger, W. Nagl (82. Grüneis), Roth (35. Rabitsch), Kensy, Meister; Köstenberger, Westerthaler.
Linzer Stadion; 4.500; Grabher
Tore: Müller (42., 55. Elfmeter)

**11. Runde – 11., 12., 13. 9. 1987**
**Austria Klagenfurt – LASK 2:1 (2:0)**
LASK: Lindenberger; Chr. Lehermayr; Grüneis, Dantlinger, Meister; Piesinger (66. Gotchev), W. Nagl, Kensy, Hagmayr (46. Westerthaler); Gröss, Köstenberger.
Klagenfurt; 700; Lindner
Tore: Seebacher (12.), Ramusch (33. Elfmeter), Köstenberger (55.)

**12. Runde – 15., 18., 19. 1987**
**Austria Wien – LASK 2:0 (2:0)**
LASK: Lindenberger; Chr. Lehermayr; Grüneis, Gajda, Meister; Rabitsch, Piesinger, W. Nagl, Kensy; Roth (46. Westerthaler),

Köstenberger.
Horr-Stadion; 4.500; Klocker
Tore: Piesinger (33. Eigentor), A. Ogris (46.)

**13. Runde – 25, 26. 9. 1987**
**LASK – VOEST 2:1 (2:1)**
LASK: Lindenberger; Chr. Lehermayr; Grüneis, Gajda, Meister; Piesinger, W. Nagl, Kensy, Rabitsch; Roth (71. Paseka), Köstenberger (76. Westerthaler).
Linzer Stadion; 7.500; Stanzel
Tore: W. Nagl (15. Elfmeter), Haider (33.), Roth (38.)

**14. Runde – 3., 4. 10. 1987**
**Sportklub – LASK 4:0 (0:0)**
LASK: Lindenberger; Chr. Lehermayr; Grüneis, Gajda, Paseka; Roth, W. Nagl, Dantlinger (74. Rabitsch), Kensy, Köstenberger, Westerthaler (55. Gröss).
Dornbach; 2.000; Kohl
Tore: Kelgerus (58.), Brucic (74.), Piger (77.), Gretschnig (88.)

**15. Runde – 10. 10. 1987**
**LASK – Admira/Wacker 0:4 (0:2)**
LASK: Lindenberger; Chr. Lehermayr; Grüneis, Dantlinger, Paseka (60. Meister); Piesinger, W. Nagl, Rabitsch, Gröss; Gotchev (46. Hagmayr), Westerthaler.
Linzer Stadion; 2.500; DDr. Kapl
Tore: W. Knaller (36., 45.), Rodax (63.), Teskeredzic (86.)

**16. Runde – 16., 17., 18. 10. 1987**
**Mödling – LASK 3:2 (2:0)**
LASK: Lindenberger; Chr. Lehermayr; Grüneis, Dantlinger, Paseka; Gröss, Piesinger, Kensy, W. Nagl; Gotchev (28. Westerthaler), Hagmayr (72. Sokova).
Südstadt; 1.500; Kohl
Tore: Rupprecht (4.), Bicovsky (32. Elfmeter), Westerthaler (84.), Vidreis (86. Elfmeter), Dantlinger (90.)

**17. Runde – 23., 24. 25. 10. 1987**
**LASK – Rapid 1:3 (1:3)**
LASK: Lindenberger; Chr. Lehermayr; Grüneis (46. Sokova), Dantlinger, Paseka; Piesinger, Kensy, W. Nagl, Rabitsch; Gröss

(73. Traxler), Westerthaler.
Linzer Stadion; 2.700; Felder
Tore: Stojadinovic (3., 24.), H. Weber (13.), Rabitsch (28.)

**18. Runde – 30., 31. 10. 1987**
**Sturm Graz – LASK 1:3 (0:1)**
LASK: Lindenberger; Chr. Lehermayr; Grüneis, Dantlinger, Paseka; Piesinger, Kensy, W. Nagl, Rabitsch (69. Sokkova); Gröss, Westerthaler.
Sturm – Platz; 2.500; Prohaska
Tore: Rabitsch (30.), Krämer (52.), Huberts (76. Eigentor), Lehermayr (89.)

**19. Runde – 7. 11. 1987**
**Vienna – LASK 3:2 (2:1)**
LASK: Lindenberger; Chr. Lehermayr; Grüneis, Dantlinger, Paseka; Piesinger, W. Nagl (58. Sobkova),Kensy, Rabitsch; Westerthaler, Köstenberger.
Hohe Warte; 1.200; DDr. Kapl
Tore: Köstenberger (81.), Peter (13., 17., 89.), Westerthaler (70.)

**20. Runde – 13., 14. 15. 11. 1987**
**LASK – GAK 2:1 (1:0)**
LASK: Lindenberger; Chr. Lehermayr; Grüneis, Dantlinger; Piesinger, W. Nagl, Kensy, Rabitsch; Westerthaler (86. Paseka), Sobkova (76. Gajda), Köstenberger.
Linzer Stadion; 1.800; Wöhrer
Tore: W. Nagl (42. Elfmeter), Sauseng (39.), Rabitsch (80.)

**21. Runde – 21., 22. 11. 1987**
**FC Tirol – LASK 0:0**
LASK: Lindenberger; Chr. Lehermayr; Grüneis, Dantlinger, Gajda; Piesinger, W. Nagl, Rabitsch (83. Roth), Kensy; Westerthaler, Köstenberger (85. Paseka).
Tivoli; 2.500; Steindl

**22. Runde – 28., 29. 11. 1987**
**LASK – Austria Klagenfurt 0:0**
LASK: Lindenberger; Chr. Lehermayr; Grüneis, Dantlinger, Gajda; W. Nagl, Piesinger, Kensy; Rabitsch, Westerthaler (46. Roth), Köstenberger.
Linzer Stadion; 800; Benedek

**Mittleres Play – Off 1987/88**

| | | | | | | | |
|---|---|---|---|---|---|---|---|
| 1. | LASK | 14 | 4 | 10 | 0 | 16:7 | 18 |
| 2. | Austria Klagenfurt | 14 | 6 | 6 | 2 | 18:12 | 18 |
| 3. | VSE St. Pölten | 14 | 6 | 5 | 3 | 30:17 | 17 |
| 4. | Vorwärts Steyr | 14 | 5 | 7 | 2 | 14:8 | 17 |
| 5. | VOEST Linz | 14 | 5 | 5 | 4 | 17:18 | 15 |
| 6. | SC Krems | 14 | 4 | 6 | 4 | 14:16 | 12 |
| 7. | SV Salzburg | 14 | 4 | 1 | 9 | 10 :20 | 9 |
| 8. | Vfb Mödling | 14 | 2 | 2 | 10 | 14 :35 | 6 |

**1. Runde – 12. 3. 1988**
**St. Pölten – Lask 1:1 (0:0)**
LASK: Lindenberger; Grüneis, Lehermayr, Dantlinger, Meister (46. Nagl); Piesinger, Rabitsch (76. Paseka), Roth, Kensy; Gotchev, Westerthaler.
Voith-Platz; 3.000; Kaupe
Tore: Brankovic (88.), Roth (50.)

**2. Runde – 19. 3. 1988**
**Lask – Austria Klagenfurt 0:0**
LASK: Lindenberger; Grüneis, Lehermayr, Dantlinger; Rabitsch, Nagl, Kensy Piesinger; Gotchev, Roth (46. Meister), Westerthaler (46. Köstenberger).
Linzer Stadion; 2.000; Bogendorfer

**3. Runde – 27. 3. 1988**
**Vorwärts Steyr – Lask 0:0**
LASK: Lindenberger; Grüneis, Lehermayr, Gajda, Meister; Rabitsch, Roth, Kensy, Piesinger; Gröss, Sobkova (35. Westerthaler).
Steyr; 5.000; Kohl

**4. Runde – 2. 4. 1988**
**Lask – Voest Linz 1:1**
LASK: Lindenberger; Grüneis, Lehermayr, Gajda, Dantlinger (72. Gröss); Piesinger, Kensy, Meister; Rabitsch, Roth, Westerthaler (86. Sobkova).
Linzer Stadion; 8.000; Prohaska
Tore: Westerthaler (12.), Zellhofer (55.)

**5. Runde – 8. 4. 1988**
**Austria Salzburg – Lask 0:2 (0:0)**
LASK: Lindenberger; Grüneis, Lehermayr, Gajda, Piesinger (75. Nagl); Meister, Roth, Kensy, Rabitsch; Gröss, Westerthaler.
Lehen; 6.000; Felder
Tore: Roth (68., 70.)

**6. Runde – 15. 4. 1988**
**Lask – Mödling 2:1 (2:1)**
LASK: Lindenberger; Grüneis, Lehermayr, Gajda, Piesinger; Kensy, Nagl, Meister; Rabitsch, Roth, Westerthaler (86. Dantlinger).
Linzer Stadion; 1.800; Ing. Adanitsch
Tore: Kensy (13.), Rabitsch (40.); Vidreis (15. Elfmeter)

**7. Runde – 23. 4. 1988**
**Krems – Lask 0:0**
LASK: Lindenberger; Grüneis, Lehermayr, Gajda, Piesinger; Nagl, Kensy, Roth (84. Dantlinger); Rabitsch, Köstenberger (60. Westerthaler).
Krems; 3.000; Lindner

**8. Runde – 29. 4. 1988**
**Lask – Krems 2:0 (1:0)**
LASK: Lindenberger; Gajda, Lehermayr, Dantlinger; Nagl, Piesinger, Roth (35. Sobkova), Kensy, Meister; Rabitsch, Westerthaler.
Linzer Stadion; 1.600; Rupitsch
Tore: Westerthaler (40., 89.)

**9. Runde – 6. 5. 1988**
**Lask – St. Pölten 0:0**
LASK: Lindenberger; Grüneis, Lehermayr, Dantlinger; Nagl (60. Rabitsch), Meister, Kensy, Piesinger; Gotchev, Köstenberger (60. Westerthaler (73. Sobkova).
Linzer Stadion; 2.000; Sedlacek

**10. Runde – 14. 5. 1988**
**Austria Klagenfurt – Lask 1:1 (1:1)**
LASK: Lindenberger; Grüneis, Lehermayr, Dantlinger, Paseka; Piesinger, Kensy, Meister, Nagl (76. Sobkova); Köstenberger (60. Gröss), Gotchev.
Klagenfurt; 2.500; Kaupe
Tore: Ramusch (35.); Gotchev (32.)

**11. Runde – 20. 5. 1988**
**Lask – Vorwärts Steyr 0:0**
LASK: Lindenberger; Piesinger, Lehermayr, Dantlinger, Paseka; Nagl, Kensy, Rabitsch; Gotchev (56. Gröss), ger (74. Westerthaler).
Linzer Stadion; 7.000; Grabher

**12. Runde – 27. 5. 1988**
**Voest Linz – Lask 1:1**
LASK: Lindenberger; Grüneis, Lehermayr,

Dantlinger, Paseka; Piesinger (46. Rabitsch), Kensy, Meister; Gröss (75. Hagmayr), Gotchev, Westerthaler.
Linzer Stadion; 4.000; Adanitsch
Tore: Stöffelbauer (30.), Westerthaler (89.)

**13. Runde – 3. 6. 1988**
**Mödling – Lask 1:5 (0:0)**
LASK: Lindenberger; Grüneis, Lehermayr, Dantlinger, Paseka; Rabitsch, Meister, Kensy; Gröss (80. Köstenberger), Gotchev (82. Hagmayr), Westerthaler.
Mödling; 1.500; Felder
Tore: Grünwald (88.), Gröss (52.), Westerthaler (74.), Kensy (79. Elfmeter), Gotchev (81.), Köstenberger (87.)

**14. Runde – 7. 6. 1988**
**Lask – Austria Salzburg 1:1 (1:0)**
LASK: Lindenberger; Grüneis, Lehermayr, Dantlinger, Paseka; Rabitsch, Kensy, Meister; Köstenberger (60. Hagmayr), Gotchev, Westerthaler.
Linzer Stadion; 1.200; Dr. Kapl
Tore: Westerthaler (21.), Schnöll (60.)

### Saison 1988/89 – Bundesliga Grunddurchgang

| | | | | | | | |
|---|---|---|---|---|---|---|---|
| 1. | FC Tirol | 22 | 15 | 3 | 4 | 50:25 | 33 |
| 2. | Admira/Wacker | 22 | 13 | 5 | 4 | 45:27 | 31 |
| 3. | Austria Wien | 22 | 12 | 6 | 4 | 54:26 | 30 |
| 4. | VSE St. Pölten | 22 | 10 | 5 | 7 | 34:34 | 25 |
| 5. | Rapid | 22 | 10 | 4 | 8 | 35:26 | 24 |
| 6. | Vienna | 22 | 6 | 10 | 6 | 31:34 | 22 |
| 7. | GAK | 22 | 7 | 8 | 7 | 27:37 | 22 |
| 8. | Wiener Sportclub | 22 | 8 | 4 | 10 | 40:43 | 20 |
| 9. | Vorwärts Steyr | 22 | 5 | 8 | 9 | 21:31 | 18 |
| 10. | Austria Klagenfurt | 22 | 5 | 6 | 11 | 29:47 | 16 |
| 11. | Sturm Graz | 22 | 3 | 6 | 13 | 21:35 | 12 |
| 12. | LASK | 22 | 3 | 5 | 14 | 21:43 | 11 |

**1. Runde – 23. 7. 1988**
**Austria Wien – LASK 3:1 (0:0)**
LASK: Wimmer; Chr. Lehermayr; Grüneis, Dantlinger, Paseka; W. Nagl, Ruttensteiner (75. Peintinger), Kensy, Meister (66. Köstenberger); Gotchev, Schneider.
Horr- Stadion; 3.000; Stöger
Tore: Percudani (53.), Stöger (54.), Hörmann (71.), Gotchev (90.)

**2. Runde – 26., 27. 7. 1988**
**LASK – Vorwärts Steyr 1:3 (1:0)**
LASK: Wimmer; Chr. Lehermayr; Grüneis, Dantlinger, Paseka; W. Nagl, Ruttensteiner (70. Peintinger), Kensy, Meister; Gotchev, Schneider (62. Gröss).
Linzer Stadion; 7.500; Kaupe
Tore: Gotchev (17.),; Pollanz (77., 90.), W. Hauptmann (86.)

**3. Runde – 29., 30. 7. 1988**
**Sportklub – LASK 4:2 (1:1)**
LASK: Wimmer; Chr. Lehermayr; Grüneis, Dantlinger, Paseka; W. Nagl, Ruttensteiner, Kensy, Meister; Gotchev (56. Köstenberger), Schneider.
Dornbach; 1.000; Adanitsch
Tore: Paseka (10.), Abfalterer (58.), Schneider (64.), Gretschnig (78.), Keglevits (84.)

**4. Runde – 5., 6. 8. 1988**
**LASK – St. Pölten 1:2 (0:2)**
LASK: Wimmer; Chr. Lehermayr; Grüneis, Dantlinger, Paseka (57. Roth); Ruttensteiner (80. Peintinger), Kensy, Meister; Köstenberger, Gotchev, Schneider.
Linzer Stadion; 3.200; Prohaska
Tore: E. Ogris (5.), Zach (28.), Petrovic (58. Eigentor)

**5. Runde – 12., 13. 8. 1988**
**FC Tirol – LASK 4:0 (1:0)**
LASK: Wimmer (46. Stangl); Chr. Lehermayr; Grüneis, Dantlinger, Paseka; Köstenberger (60. Peintinger), Ruttensteiner, Kensy, Meister; Gotchev, Schneider.
Tivoli; 6.000; Bogendorfer
Tore: Lainer (13.), Westerthaler (56.), P. Hrstic (61.), Marko (63.)

**6. Runde – 19. 20., 8. 1988**
**LASK – Sturm Graz 2:1 (2:0)**
LASK: Wimmer; Chr. Lehermayr; Grüneis, Dantlinger, Gajda; Ruttensteiner (51.Roth), Kensy, Meister (63.), Paseka; Kotzauer, Köstenberger.
Linzer Stadion; 2.000; Kohl
Tore: Kotzauer (7.), Paseka (40.), Krämer (50.)

**7. Runde – 23., 24. 8. 1988**
**Rapid- LASK 3:1 (1:1)**
LASK: Wimmer; Chr. Lehermayr; Grüneis, Dantlinger, Gajda; Schneider, Ruttensteiner, Kensy, Paseka (46. Piesinger); Köstenberger, Kotzauer.
Hanappi-Stadion; 1.500; Wieser
Tore: Köstenberger (2.), Kotzauer (38.), Stojadinovic (50. Elfmeter), Kienast (89.)

**8. Runde – 26., 27., 28. 8. 1988**
**LASK – Admira 0:2 (0:0)**
LASK: Wimmer; Chr. Lehermayr; Grüneis, Dantlinger (76. Peintinger), Piesinger; Schneider, Ruttensteiner, Gajda, Kensy; Köstenberger (61. Roth), Kotzauer.
Linzer Stadion; 1.700; Grabher
Tore: W. Knaller (71.), Rodax (90.)

**9. Runde – 2., 3., 4. 9. 1988**
**Vienna – LASK 2:1 (1:0)**
LASK: Wimmer; Kensy; Grüneis, Dantlinger, Meister; Piesinger (40. Kienbacher), Peintinger, Gajda, Schneider; Kotzauer, Köstenberger (89. Roth).
Hohe Warte; 1.000; DDr. Kapl
Tore: Steinkogler (16.), Köstenberger (62.), Peter (91. Elfmeter)

**10. Runde – 9., 10., 11. 9. 1988**
**Austria Klagenfurt – LASK 0:2 (0:1)**
LASK: Wimmer; Kensy; Meister, Dantlinger, Grüneis; Ruttensteiner, Roth, Gajda, Schneider; Köstenberger (80. Peintinger).
Klagenfurt; 2.800; Benedek
Tore: Roth (9., 54.)

**11. Runde – 13. 9. 1988 (vorverlegte 17. Runde) Sturm Graz – LASK 2:3 (1:1)**
LASK: Wimmer; Kensy; Grüneis, Paseka,

Meister (71. Kienbacher); Ruttensteiner, Gajda, Roth, Schneider (62. Peintinger); Köstenberger, Kotzauer.
Sturm- Platz; 2.500; Kaupe
Tore: Kotzauer (28.), Petrovic (34.), Koschak (65.), Roth (81.), Köstenberger (91.)

**12. Runde – 16., 17. 9. 1988**
**LASK – GAK 0:1 (0:0)**
LASK: Stangl; Kensy, Grüneis, Paseka, Meister (73. Kienbacher); Ruttensteiner (64. Peintinger) Gajda, Roth, Schneider; Kotzauer, Köstenberger.
Linzer Stadion; 1.700; Varadi
Tor: Gasselich (57.)

**13. Runde – 24. 9. 1988**
**GAK – LASK 2:0 (0:0)**
LASK: Stangl; Kensy, Grüneis (70.Paseka), Dantlinger, Gajda; Peintinger (64. W. Nagl), Ruttensteiner, Roth, Schneider; Köstenberger, Kotzauer.
Casino-Stadion; 5.000; Kratzer
Tore: Sauseng (48.), Hasenhüttl (61.)

**14. Runde – 30. 9., 1. 10. 1988**
**LASK – Austria Klagenfurt 1:1 (0:1)**
LASK: Stangl; Kensy, Dantlinger, Grüneis; Ruttensteiner (33. Nagl), Roth, Gajda, Schneider; Köstenberger, Sobkova, Kotzauer.
Linzer Stadion; 600; Steindl
Tore: J. Hrstic (32.), Sobkova (88.)

**15. Runde – 27., 9., 8. 10. 1988**
**LASK – Vienna 1:1 (1:0)**
LASK: Stangl; Gajda, Grüneis, Dantlinger, Meister (61. Paseka); Piesinger, Kensy, Nagl, Schneider; Kotzauer, Sobkova (65. Köstenberger).
Linzer Stadion; 800; Bogendorfer
Tore: Schneider (28.), Drabits (59.)

**16. Runde – 11., 12. 10. 1988**
**Admira/Wacker – LASK 3:1 (2:1)**
LASK: Wimmer; Kensy; Grüneis, Dantlinger; Piesinger, Nagl, Roth, Gajda, Meister; Sobkova (67. Peintinger), Kotzauer.
Südstadt; 1.000; Kohl
Tore: W. Knaller (5. Elfmeter), Oberhofer (26.), Roth (40.), Schaub (53. Elfmeter)

**17. Runde – 22. 10. 1988**
**LASK – Rapid 1:2 (0:0)**
LASK: Stangl; Gajda; Grüneis, Dantlinger; Piesinger (84. Peintinger), Nagl, Kensy, Meister; Köstenberger (74. Ruttensteiner), Roth, Schneider.
Linzer Stadion; 2.000; Fleder
Tore: Roth (62.), Kranjcar (74.), F. Weber (79.)

**18. Runde – 5. 11. 1988**
**LASK – FC Tirol 1:1 (1:0)**
LASK: Wimmer; Gajda; Grüneis, Paseka, Nagl, Ruttensteiner (90. Schneider); Piesinger, Kensy, Meister; Kotzauer, Roth (72. Köstenberger).
Linzer Stadion; 2.700; Ing. Kratzer
Tore: Roth (25.), Hörtnagl (71.)

**19. Runde 12., 13. 11. 1988**
**St. Pölten – LASK 1:1 (1:0)**
LASK: Wimmer; Gajda; Grüneis, Paseka, Nagl, Ruttensteiner, Piesinger, Nagl, Kensy, Meister; Kotzauer, Roth (56. Köstenberger).
Voith-Platz; 4.500; Rupitsch
Tore: Kempes (43.), Kotzauer (73.)

**20. Runde – 18., 19. 11. 1988**
**LASK – Sportklub 1:4 (0:1)**
LASK: Wimmer; Gajda; Grüneis, Paseka, Piesinger, Nagl, Kensy, Dantlinger (46. Köstenberger), Meister (53. Schneider); Kotzauer, Ruttensteiner.
Linzer Stadion; 1.500; Holzmann
Tore: Abfalterer (43., 59.), Keglevits (51., 65.), Köstenberger (82.)

**21. Runde – 26., 27. 11. 1988**
**Vorwärts Steyr – LASK 1:0 (0:0)**
LASK: Wimmer; Gajda; Grüneis, Dantlinger, Paseka; Piesinger (76. Schneider), Nagl, Kensy, Meister (58. Ruttensteiner), Köstenberger, Kotzauer.
Steyr; 3.500; Lindner
Tor: Nikischer (55.)

**22. Runde – 3. 12. 1988**
**LASK – Austria Wien 0:0**
LASK: Wimmer; Gajda; Grüneis, Dantlinger, Paseka; Nagl, Kensy, Ruttensteiner; Kotzauer, Schneider, Köstenberger.
Linzer Stadion; 1.700; Losert

### Mittleres Play-Off 1988/89

| | | | | | | | |
|---|---|---|---|---|---|---|---|
| 1. | Sturm Graz | 14 | 9 | 3 | 2 | 32:13 | 21 |
| 2. | Vorwärts Steyr | 14 | 7 | 5 | 2 | 26:17 | 19 |
| 3. | SV Salzburg | 14 | 8 | 1 | 5 | 18:20 | 17 |
| 4. | SC Krems | 14 | 7 | 2 | 5 | 24:17 | 16 |
| 5. | LASK | 14 | 6 | 2 | 6 | 22:20 | 14 |
| 6. | Austria Klagenfurt | 14 | 5 | 3 | 6 | 21:24 | 13 |
| 7. | Flavia Solva | 14 | 3 | 3 | 8 | 9:25 | 9 |
| 8. | Kufstein | 14 | 1 | 1 | 12 | 12 :28 | 3 |

**1. Runde – 18. 3. 1989**
**Sturm Graz – Lask 5:1 (3:0)**
LASK: Wimmer; Piesinger, Lehermayr, Dantlinger; Ruttensteiner, Kensy, Slezak (80. Schneider); Meister; Köstenberger, Kotzauer, Lippmann.
Sturm-Platz; 4.500; Felder
Tore: Schachner (33., 88.), Feirer (37. Elfmeter), Temm (41.), Türmer (60.); Köstenberger (86.)

**2. Runde – 27. 3. 1989**
**Lask – Austria Klagenfurt 1:0 (0:0)**
LASK: Wimmer; Schneider, Lehermayr, Dantlinger; Ruttensteiner, Kensy, Piesinger, Slezak (46. Meister); Lippmann, Köstenberger, Kotzauer (60. Roth).
Linzer Stadion; 3.300; Sedlacek
Tor: Roth (82.)

**3. Runde – 31. 3. 1989**
**Austria Salzburg – Lask 2:1 (1:1)**
LASK: Wimmer; Grüneis, Lehermayr, Dantlinger, Piesinger; Meister, Kensy, Schneider, Ruttensteiner (70. Köstenberger); Lippmann, Roth.
Lehen; 13.000; Benedek
Tore: Kurbasa (15.), Roth (28.), Krankl (90. Elfmeter)

**4. Runde – 8. 4. 1989**
**Lask – Vorwärts Steyr 3:0 (2:0)**
LASK: Wimmer; Grüneis, Lehermayr, Dantlinger; Kensy, Piesinger, Ruttensteiner, Meister, Slezak; Gotchev, Roth (85. Kotzauer).
Linzer Stadion; 8.000; Grabher
Tore: Lehermayr (24.), Meister (39.), Roth (73.)

**5. Runde – 15. 4. 1989**
**Kufstein – Lask 0:2 (0:2)**
LASK: Wimmer; Grüneis (50. Kotzauer), Lehermayr, Dantlinger; Piesinger, Kensy, Slezak, Ruttensteiner, Meister; Gotchev, Roth (77. Köstenberger).
Grenzland-Stadion; 500; DDr. Kapl
Tore: Ruttensteiner (26.), Piesinger (42.)

**6. Runde – 22. 4. 1989**
**Lask – Flavia Solva 2:0 (2:0)**
LASK: Wimmer; Dantlinger, Lehermayr, Schneider; Ruttensteiner, Piesinger, Kensy, Meister, Slezak (75. Nagl); Gotchev (75. Kotzauer), Roth.
Linzer Stadion; 2.500; Felder
Tore: Ruttensteiner (25.), Slezak (41.)

**7. Runde – 29. 4. 1989**
**Flavia Solva – Lask 0:5 (0:3)**
LASK: Wimmer; Dantlinger, Lehermayr, Schneider; Ruttensteiner, Piesinger, Lippmann (78. Nagl), Meister, Slezak; Gotchev (83. Köstenberger), Roth.
Römerstadion; 1.500; Steindl
Tore: Lippmann (3., 74.), Gotchev (9., 59.), Roth (29.)

**8. Runde – 6. 5. 1989**
**Krems – Lask 2:0 (1:0)**
LASK: Wimmer; Schneider, Lehermayr, Dantlinger; Ruttensteiner, Piesinger, Slezak, Kotzauer, Lippmann; Gotchev (68. Köstenberger), Roth (46. Nagl).
Krems; 2.500; Lindner
Tore: Netuschill (41. Elfmeter, 83. Elfmeter)

**9. Runde – 12. 5. 1989**
**Lask – Sturm Graz 2:2 (1:1)**
LASK: Wimmer; Schneider, Lehermayr, Dantlinger; Lippmann (86. Kotzauer), Piesinger, Ruttensteiner, Meister, Slezak; Roth, Gotchev (58. Grüneis).
Linzer Stadion; 3.500; Prohaska
Tore: Roth (20., 50.), Zellhofer (44.), Werner (91.)

**10. Runde – 19.5. 1989**
**Lask – Krems 1:3 (1:2)**
LASK: Wimmer; Piesinger, Lehermayr, Dantlinger, Schneider; Ruttensteiner, Meister, Slezak (57. Köstenberger); Roth, Kotzauer (43. Nagl).
Linzer Stadion; 4.000; Kapl
Tore: Roth (31.); Netuschill (17., 90. Elfmeter), Perstling (42.)

**1. Runde – 21. 7. 1989**
**Lask – LUV Graz 1:2 (1:1)**
Lask: Wimmer; Schneider; Grüneis (46. Horak), Paseka, Gajda, Dantlinger; Ruttensteiner, Alge (80. Leitner), Slezak; Kotzauer, Metzler.
Linzer Stadion; 1.000; Trutschmann
Tore: Kotzauer (18.); Trummer (13.), Grujic (47.)

**2. Runde – 25. 7. 1989**
**Austria Klagenfurt – Lask 1:1 (0:1)**
Lask: Wimmer; Grüneis, Gajda, Dantlinger, Slezak; Kotzauer, Ruttensteiner, Alge, Paseka; Metzler, Schnöll (80. Hutter).
Klagenfurt; 1.000; Felder
Tore: Koreimann (64. Elfmeter); Metzler (29.)

**3. Runde – 28. 7. 1989**
**Stockerau – Lask 0:2 (0:1)**
Lask: Wimmer; Schneider, Grüneis, Dantlinger, Gajda, Paseka; Kotzauer (40. Horak), Alge, Slezak; Schnöll, Metzler.
Alte Au; 2.000; Strobl
Tore: Metzler (36.), Schneider (47.)

**4. Runde – 1. 8. 1989**
**Lask – Mödling 2:0 (1:0)**
Lask: Wimmer; Schneider, Grüneis, Dantlinger (90. Leitner), Paseka, Hütter (46. Horak), Alge, Gajda, Slezak; Schnöll, Metzler.
Linzer Stadion; 1.400; Varadi
Tore: Schneider (43.), Jakits (47. Eigentor)

**5. Runde – 5. 8. 1989**
**Wattens – Lask 0:0**
Lask: Wimmer; Schneider, Grüneis, Gajda,

Kotzauer, Metzler.
Wagna; 800; Kratzer
Tor: Helminger (10. Eigentor)

**10. Runde – 9. 9. 1989**
**Lask – Alpine Donawitz 3:2 (2:0)**
Lask: Wimmer; Dantlinger, Schneider, Paseka; Helminger (63. Horak), Hütter, Ruttensteiner (58. Schnöll), Gajda, Alge; Kotzauer, Metzler.
Linzer Stadion; 1.100; Scheuhammer
Tore: Kotzauer (9.), Slezak (13.), Schnöll (78.); Stankovic (60.), Kovacic (75.)

**11. Runde – 16. 9. 1989**
**Vösendorf – Lask 2:4 (1:2)**
Lask: Wimmer; Schneider (25. Schnöll), Gajda, Hütter, Dantlinger, Helminger; Ruttensteiner, Alge (58. Leitner), Paseka; Slezak, Kotzauer.
Vösendorf; 300; Winklbauer
Tore: Drazan (25.), Penava ((54.); Slezak (2., 90.), Alge (26.), Kotzauer (65.)

**12. Runde – 22. 9. 1989**
**Lask – Vösendorf 2:1 (0:0)**
Lask: Wimmer; Hütter, Gajda, Dantlinger, Paseka; Kotzauer, Schneider (88 Ruttensteiner), Alge, Slezak, Metzler; Schnöll.
Linzer Stadion; 1.300; Mayrhofer
Tore: Schnöll (52.), Metzler (67.); Hasambasic (61.)

**13. Runde – 1. 10. 1989**
**LUV Graz – Lask 1:1 (1:1)**
Lask: Wimmer; Hütter, Gajda (46. Alge), Dantlinger, Paseka, Sokolowsky, Kotzauer, Schneider Slezak; Schnöll, Metzler.
LUV-Platz; 1.000; Strobl
Tore: Benko (2.), Paseka (11.)

**14. Runde – 7. 10. 1989**
**Lask – Austria Klagenfurt 3:1 (1:0)**
Lask: Wimmer; Hütter, Schneider, Dantlinger; Ruttensteiner, Sokolowsky (46. Helminger), Kotzauer (35. Kensy), Alge; Metzler, Schnöll, Slezak.
Linzer Stadion; 1.400; Scheuhammer
Tore: Slezak (33., 93. Elfmeter), Dantlinger (52.); Strugger (70. Elfmeter)

**15. Runde – 14. 10. 1989**
**Lask – Stockerau 4:1 (1:1)**
Lask: Wimmer; Helminger (46. Grüneis), Hütter, Dantlinger; Alge, Kensy, Ruttensteiner, Paseka; Metzler, Schnöll (88. Leitner), Slezak.
Linzer Stadion; 1.500; Kaimbacher
Tore: Metzler (58., 71., 84.), Alge (10.); Augustin (21.)

**16. Runde – 21. 10. 1989**
**Mödling – Lask 0:0**
Lask: Wimmer; Hütter, Kensy (49. Paseka), Dantlinger; Grüneis, Sokolowski, Ruttensteiner (74. Helminger), Alge;

Metzler, Schnöll, Slezak.
Mödling; 1.500; Heugenhauser

**17. Runde – 27. 10. 1989**
**Lask – Wattens 1:3 (0:0)**
Lask: Wimmer; Hütter (80. Lohmüller), Paseka, Dantlinger; Grüneis, Leitner, Alge, Sokolowski; Helminger, Metzler, Ruttensteiner.
Linzer Stadion; 1.400; Trutschmann
Tore: Sokolowski (59.); Kirchler (85., 89.), Praster (48.)

**18. Runde – 4. 11. 1989**
**Kufstein – Lask 1:3 (1:2)**
Lask: Wimmer (80. Stangl); Hütter, Dantlinger, Paseka; Grüneis, Schneider, Kotzauer, Alge; Metzler, Schnöll, Slezak.
Kufstein; 200; Holzmann
Tore: Oberlechner (5.), Kotzauer (26.), Schnöll (45.), Alge (67.)

**19. Runde – 11. 11. 1989**
**Lask – Spittal 1:1 (1:0)**
Lask: Wimmer; Hütter, Paseka, Dantlinger; Grüneis, Kotzauer (67. Gajda), Schneider, Alge; Metzler, Schnöll (64. Ruttensteiner), Slezak.
Linzer Stadion; 2.300; Kohl
Tore: Kotzauer (14.), Freissegger (60.)

**20. Runde – 18. 11. 1989**
**Voest Linz – Lask 0:1 (0:1)**
Lask: Wimmer; Grüneis, Paseka, Helminger, Dantlinger; Hütter, Sokolowski, Schneider (61. Leitner), Alge; Metzler (83. Kensy), Slezak.
Linzer Stadion; 8.000; Felder
Tore: Mladina (89.), Slezak (17.)

**21. Runde – 25. 11. 1989**
**Lask – Flavia Sola 4:1 (2:1)**
Lask: Stangl; Grüneis, Dantlinger, Paseka; Hütter, Ruttensteiner, Sokolowski (83. Gajda), Kotzauer, Alge; Metzler, Slezak.
Linzer Stadion; 1.000; Kainbacher
Tore: Slezak (9., 80.), Alge (34.), Metzler (53.); Koleznik (2.)

**22. Runde – 2. 12. 1989**
**Donawitz – Lask 3:0 (1:0)**
Lask: Stangl; Grüneis, Dantlinger, Schneider, Paseka; Kotzauer, Alge, Hütter (46. Sokolowski); Metzler, Schnöll (70. Ruttensteiner), Slezak.
Donawitz; 4.500; Holzmann
Tore: Sabitzer (13.), Guggi (67.), Schachner (90. Elfmeter)

**11. Runde – 26. 5. 1989**
**Austria Klagenfurt – Lask 1:0 (0:0)**
LASK: Wimmer; Schneider, Lehermayr, Dantlinger, Paseka; Meister (65. Gotchev), Ruttensteiner, Slezak; Lippmann, Roth, Köstenberger (65. Nagl).
Klagenfurt; 500; Kaupe
Tor: Barac (49.)

**12. Runde – 2. 6. 1989**
**Lask – Austria Salzburg 2:0 (0:0)**
LASK: Wimmer; Schneider, Lehermayr, Dantlinger, Paseka; Piesinger, Ruttensteiner, Lippmann (85. Kensy), Meister; Roth, Slezak.
Linzer Stadion; 4.000; Grabher
Tore: Dantlinger (56.), Roth (91.)

**13. Runde – 6. 6. 1989**
**Vorwärts Steyr – Lask 1:1 (0:0)**
LASK: Wimmer; Meister (79. Sobkova), Lehermayr, Paseka, Schneider; Piesinger, Ruttensteiner, Dantlinger, Lippmann (88. Köstenberger); Roth, Slezak.
Vorwärts-Platz; 7.000; Felder
Tore: Roth (56.), Hauptmann (75.)

**14. Runde – 10. 6. 1989**
**Lask – Kufstein 1:4 (1:1)**
LASK: Wimmer; Schneider, Lehermayr, Dantlinger, Paseka (46. Gajda); Piesinger, Ruttensteiner, Meister; Köstenberger (35. Nagl), Roth, Slezak.
Linzer Stadion; 1.500; DDr. Kapl
Tore: Ruttensteiner (31.); Laiminger (38., 85.), Culjkovic (46.), Seber (80.)

---

### Saison 1989/90 – 2. Division

| | | | | | | | |
|---|---|---|---|---|---|---|---|
| 1. | SV Spittal/Drau | 22 | 11 | 9 | 2 | 46:18 | 31 |
| 2. | VfB Mödling | 22 | 12 | 4 | 6 | 41:21 | 28 |
| 3. | VOEST Linz | 22 | 10 | 8 | 4 | 36:19 | 28 |
| 4. | Alpine Donawitz | 22 | 11 | 6 | 5 | 31:17 | 28 |
| 5. | **LASK** | 22 | 10 | 7 | 5 | 38:29 | 27 |
| 6. | Austria Klagenfurt | 22 | 9 | 5 | 8 | 23:29 | 23 |
| 7. | WSG Wattens | 22 | 7 | 7 | 8 | 23:26 | 21 |
| 8. | LUV Graz | 22 | 6 | 7 | 9 | 27:37 | 19 |
| 9. | ASV Austria Vösendorf | 22 | 6 | 7 | 9 | 24:36 | 19 |
| 10. | SV Stockerau | 22 | 5 | 7 | 10 | 25:37 | 17 |
| 11. | Flavia Solva | 22 | 6 | 5 | 11 | 19:36 | 17 |
| 12. | SK Kufstein | 22 | 1 | 4 | 17 | 18:46 | 6 |

**6. Runde – 12. 8. 1989**
**Lask – Kufstein 2:1 (1:1)**
Lask: Wimmer; Schneider, Grüneis, Dantlinger, Gajda, Paseka; Hütter (70. Gerard), Alge, Slezak; Schnöll (46. Leitner), Horak.
Linzer Stadion; 1.100; Haas
Tore: Paseka (41.), Slezak (77. Elfmeter); Schwarzmüller (27.)

**7. Runde – 19. 8. 1989**
**Spittal – Lask 4:1 (1:1)**
Lask: Wimmer; Schneider, Grüneis, Paseka, Dantlinger, Kotzauer, Ruttensteiner (71. Hütter), Alge, Slezak; Metzler, Schnöll (66. Horak).
Spittal; 3.000; Lindner
Tore: Pavlovic (43., 56.), Dzeko (67.), Hofer (88.); Schnöll (35.)

**8. Runde – 24. 8. 1989**
**Lask – Voest Linz 2:2 (0:1)**
Lask: Wimmer; Schneider, Grüneis, Dantlinger, Paseka; Alge (47. Schnöll), Slezak, Gajda, Ruttensteiner (77. Helminger); Kotzauer, Metzler.
Linzer Stadion; 25.000; Kaupe
Tore: Metzler (63.), Schneider (89.); Werner I (31.), Mladina (47.)

**9. Runde – 2. 9. 1989**
**Flavia Sola – Lask 1:0 (1:0)**
Lask: Wimmer; Gajda, Schneider, Dantlinger, Paseka (46. Ruttensteiner); Helminger, Grüneis (55. Horak), Alge, Slezak;

---

### Unteres Playoff 1989/90

| | | | | | | | |
|---|---|---|---|---|---|---|---|
| 1. | LASK | 36 | 15 | 12 | 9 | 58:45 | 29 |
| 2. | WSG Wattens | 36 | 14 | 10 | 12 | 45:45 | 28 |
| 3. | ASV Austria Vösendorf | 36 | 13 | 10 | 13 | 44:50 | 27 |
| 4. | Austria Klagenfurt | 36 | 12 | 12 | 12 | 36:44 | 25 |
| 5. | SV Stockerau | 36 | 11 | 9 | 16 | 52:62 | 23 |
| 6. | LUV Graz | 36 | 12 | 8 | 16 | 48:58 | 23 |
| 7. | Flavia Solva | 36 | 11 | 9 | 16 | 36:57 | 23 |
| 8. | SK Kufstein | 36 | 2 | 11 | 23 | 33:70 | 12 |

**1. Runde – 17. 3. 1990**
**Lask – Kufstein 3:0 (1:0)**
Lask: Wimmer; Grüneis, Lehermayr, Dantlinger, Paseka; Ruttensteiner, Nagl, Sokolowski (70. Schnöll), Alge, Chokh, Kotzauer.
Linzer Stadion; 2.000; Holzmann
Tore: Kotzauer (49., 90.), Alge (31.)

**2. Runde – 24. 3. 1990**
**Wattens – Lask 2:0 (1:0)**
Lask: Wimmer; Grüneis, Dantlinger, Lehermayr,Paseka; Alge, Hütter, Tröbinger (60. Sokolowski), Chokh; Kotzauer, Ruttensteiner (36. Schnöll).
Wattens; 700; Kainbacher
Tore: Schnellrieder (12.), Platt (68.)

**3. Runde – 31. 3. 1990**
**Lask – Vösendorf 2:0 (0:0)**
Lask: Wimmer; Grüneis, Lehermayr, Dantlinger, Paseka; Hütter, Nagl, Sokolowski, Alge; Schnöll, Kotzauer.
Linzer Stadion; 1.000; Strobl
Tore: Nagl (69.), Schnöll (75.)

**4. Runde – 7. 4. 1990**
**Vösendorf – Lask 1:0 (1:0)**
Lask: Wimmer; Grüneis, Dantlinger, Lehermayr, Paseka; Ruttensteiner, Hütter, Nagl, Chokh (80. Lohmüller), Alge (46. Tröbinger); Kotzauer, Schnöll.
Vösendorf; 200; Ritzinger
Tor: Hasambasic (41.)

**5. Runde – 14. 4. 1990**
**Lask – Wattens 2:2 (2:0)**
Lask: Wimmer; Grüneis, Lehermayr, Dantlinger, Paseka; Hütter, Ruttensteiner, Chokh (69. Tröbinger), Alge; Kotzauer, Schnöll.
Linzer Stadion; 1.000; Prohaska
Tore: Paseka (35.), Ruttensteiner (45.); Praster (54. Elfmeter), Omerhodzic (73. Elfmeter)

**6. Runde – 20. 4. 1990**
**Kufstein – Lask 0:0**
Lask: Wimmer; Grüneis, Lehermayr, Dantlinger, Maier (46. Gerard); Alge, Hütter, Chokh, Schnöll; Ruttensteiner, Kotzauer.
Kufstein; 300; Heugenhauser

**7. Runde – 27. 4. 1990**
**Lask – Austria Klagenfurt 2:4 (1:2)**
Lask: Wimmer; Grüneis, Lehermayr, mayr (66. Tröbinger); Gumpinger, Hütter, Gerard (66. Luksch), Unterteiner, Alge; Ruttensteiner, Schnöll.
Linzer Stadion; 450; Fleischhacker
Tore: Alge (25.), Schnöll (33.); Kircher (38., 60., 90.), Spanjic (62.)

**8. Runde – 1. 5. 1990**
**Lask – Flavia Solva 1:1 (0:1)**
Lask: Wimmer; Grüneis, Lehermayr, Dantlinger, Paseka; Helminger (46. Sokolowski), Nagl, Alge, Schnöll, Kotzauer, Ruttensteiner.
Linzer Stadion; 700; Bereuter
Tore: Schnöll (74.); Kleindienst (38.)

**9. Runde – 5. 5. 1990**
**Stockerau – Lask 3:6 (1:2)**
Lask: Stangl; Grüneis, Lehermayr (82. Unterteiner), Dantlinger, Paseka; Nagl, Sokolowski, Hütter (82. Alge), Ruttensteiner; Kotzauer, Schnöll.
Alte Au; 700; Mayrhofer
Tore: Pihorner (10.), Misic (46.), Geyer (88.); Kotzauer (11., 64.), Paseka (18.), Schnöll (56.), Hütter (79.), Sokolowski (83.)

**10. Runde – 16. 5. 1990**
**LUV Graz – Lask 0:1 (0:0)**
Lask: Stangl; Grüneis, Lehermayr, Dantlinger, Paseka; Ruttensteiner, Hütter (90. Gajda), Nagl, Sokolowski (74. Alge); Kotzauer, Schnöll.
LUV-Platz; 1.300; Benkö
Tor: Kotzauer (72.)

**11. Runde – 19. 5. 1990**
**Lask – LUV Graz 1:0 (0:0)**
Lask: Stangl; Grüneis, Lehermayr (78. Sokolowski), Dantlinger, Paseka (61. Gajda); Alge, Hütter, Nagl; Kotzauer, Ruttensteiner, Schnöll.
Linzer Stadion; 500; Strobl
Tor: Alge (46.)

**12. Runde – 26. 5. 1990**
**Flavia Solva – Lask 2:1 (0:1)**
Lask: Stangl; Grüneis, Unterteiner, Gajda, Paseka; Ruttensteiner (85. Sokolowski), Hütter (85. Gumpinger), Nagl, Alge; Schnöll, Kotzauer.
Wagna; 600; Grabher
Tore: Nessl (67., 84.), Kotzauer (40.)

**13. Runde – 2. 6. 1990**
**Lask – Stockerau 1:1 (0:0)**
Lask: Stangl; Grüneis, Lehermayr (56. Alge), Dantlinger, Paseka; Ruttensteiner, Nagl, Sokolowski, Hütter; Schnöll, Kotzauer.
Linzer Stadion; 400; Benedek
Tore: Schnöll (67.), Pospischil (80. Elfmeter)

**14. Runde – 5. 6. 1990**
**Klagenfurt – Lask 0:0**
Lask: Stangl; Grüneis, Gajda, Dantlinger, Paseka; Ruttensteiner, Sokolowski, Hütter, Gumpinger; Schnöll, Kotzauer.
Klagenfurt; 1.500; Mayrhofer

---

### Meisterschaften 1990 – 2000

| | Saison 1990/91 – 2. Division Grunddurchgang | | | | | |
|---|---|---|---|---|---|---|
| 1. | VfB Mödling | 22 | 13 | 5 | 4 | 59:22 | 31 |
| 2. | VOEST Linz | 22 | 13 | 4 | 5 | 45:32 | 30 |
| 3. | SV Stockerau | 22 | 10 | 9 | 3 | 34:23 | 29 |
| 4. | **LASK** | 22 | 11 | 6 | 5 | 41:27 | 28 |
| 5. | GAK | 22 | 9 | 8 | 5 | 31:18 | 26 |
| 6. | ASV Austria Vösendorf | 22 | 8 | 5 | 9 | 27:42 | 21 |
| 7. | FC Salzburg | 22 | 9 | 2 | 11 | 57:51 | 20 |
| 8. | WSG Wattens | 22 | 6 | 8 | 8 | 36:42 | 20 |
| 9. | SR Donaufeld | 22 | 6 | 6 | 10 | 29:42 | 18 |
| 10. | SV Spittal/Drau | 22 | 6 | 5 | 11 | 31:36 | 17 |
| 11. | Wolfsberger AC | 22 | 4 | 5 | 13 | 24:49 | 13 |
| 12. | Austria Klagenfurt | 22 | 2 | 7 | 13 | 16:46 | 11 |

**1. Runde – 2. 7. 1990**
**FC Salzburg – LASK 0:4 (0:2)**
LASK: Stangl; Lehermayr, Puza, Dantlinger, Studeny; Hütter, Marinkovic, Baumeister, Kiesenhofer; Mraz (75. Ruttensteiner), Kotzauer (65. Krammer).
Lehen; 1.200; Wieser
Tore: Kiesenhofer (33.), Mraz (45.), Studeny (73.), Baumeister (75.)

**2. Runde – 25. 7. 1990**
**LASK – Voest Linz 1:3 (0:1)**
LASK: Stangl; Puza, Dantlinger, Studeny, Lehermayr; Hütter (62. Özel) Marinkovic, Baumeister, Kiesenhofer; Kramer, Dubajic.
Linzer Stadion; 12.000; Steindl
Tore: Baumeister (85.); Knaller (14.), Metzler (58.), Seber (64.)

**3. Runde – 28. 7. 1990**
**Wattens – LASK 1:2 (1:1)**
LASK: Stangl; Puza, Lehermayr (46. Özel), Dantlinger, Studeny; Hütter, Marinkovic (66. Ruttensteiner); Baumeister, Kiesenhofer; Kramer, Mraz.
Wattens; 600; Scheuhammer
Tore: Schnellrieder (14. Elfmeter), Mraz (1.), Kramer (85.)

**4. Runde – 31. 7. 1990**
**LASK – Vösendorf 3:1 (0:1)**
LASK: Stangl; Puza, Özel, Dantlinger, Studeny; Hütter, Marinkovic, Baumeister, Kiesenhofer (46. Ruttensteiner); Kramer (72. Alge), Mraz.
Linzer Stadion; 1.200; Lindner
Tore: Kramer (49., 58.), Baumeister (67. Elfmeter); Michetschläger (40.)

**5. Runde – 5. 8. 1990**
**Mödling – LASK 3:1 (2:1)**
LASK: Stangl; Puza, Özel, Dantlinger, Kiesenhofer; Hütter, Marinkovic, Baumeister, Studeny; Kramer, Mraz.
Mödling; 800; Felder
Tore: Messlender (10.), Schaub (41.), Marasek (79. Elfmeter); Baumeister (45.)

**6. Runde – 11. 8. 1990**
**LASK – Austria Klagenfurt 2:1 (1:0)**
LASK: Stangl; Puza, Özel, Dantlinger, Studeny; Hütter, Baumeister, Marinkovic, Ruttensteiner (77. Kiesenhofer); Kramer, Mraz (68. Kotzauer).
Linzer Stadion; 1.200; Trutschnman
Tore: Kramer (16.), Kotzauer (70.); Hober (47.)

**7. Runde – 18. 8. 1990**
**Wolfsberg – LASK 2:2 (1:1)**
LASK: Stangl; Özel, Grüneis, Puza;

Studeny; Hütter (81. Kiesenhofer), Puza, Baumeister, Marinkovic; Kramer (73. Schnöll). Wolfsberg; 1.400; Benedek
Tore: Baumgartner (15., 69.); Puza (44.), Schnöll (74.)

**8. Runde – 24. 8. 1990**
**LASK – GAK 0:0**
LASK: Stangl; Grüneis, Özel, Dantlinger, Studeny; Puza, Hütter, Baumeister,Marinkovic; Mraz, Kramer (55. Schnöll).
Linzer Stadion; 1.200; Haas

**9. Runde – 1. 9. 1990**
**LASK – Stockerau 2:2 (1:1)**
LASK: Stangl; Puza, Özel, Dantlinger, Studeny; Hütter, Marinkovic, Baumeister, Kiesenhofer (69. Ruttensteiner); Kotzauer (54. Kramer); Dubajic.
Linzer Stadion; 1.200; Kainbacher
Tore: Hütter (18.), Ruttensteiner (73.); J. Marko (36.), Binder (68.)

**10. Runde – 9. 9. 1990**
**Donaufeld – LASK 0:1 (0:1)**
LASK: Stangl; Dantlinger; Grüneis, Puza; Hütter, Ruttensteiner, Baumeister, Alge, Studeny; Schnöll, Mraz.
Donaufeld; 1.600; Trutschmann
Tor: Studeny (12.)

**11. Runde – 15. 9. 1990**
**LASK – Spittal 2:1 (1:1)**
LASK: Stangl; Grüneis, Dantlinger, Puza; Hütter (59. Kramer), Alge (68. Marinkovic), Baumeister, Ruttensteiner, Studeny; Schnöll, Mraz.
Linzer Stadion; 1.200; Winkelbauer
Tore: Ruttensteiner (9., 74.); Freissegger (38.)

**12. Runde – 22. 9. 1990**
**Spittal – LASK 4:2 (3:2)**
LASK: Stangl; Grüneis (23. Kiesenhofer), Dantlinger, Özel; Hütter, Ruttensteiner, Alge, Baumeister, Studeny (15. Sokolowski); Schnöll, Mraz.
Spittal; 700; DDr. Kapl
Tore: Hofer (8., 27.), Pacher (13.), Pavlovic ((63.); Schnöll (24.), Pacher ((34. Eigentor)

**13. Runde – 29. 9. 1990**
**LASK – FC Salzburg 1:2 (1:1)**
LASK: Stangl; Dantlinger, Sokolowskio, Puza; Hütter (52. Kiesenhofer), Alge (57. Kramer), Ruttensteiner, Baumeister, Studeny; Schnöll, Mraz.
Linzer Stadion; 1.000; Benkö
Tore:n Puza (44.), Schachner (45.), Hrstic (54.)

**14. Runde – 6. 10. 1990**
**Voest Linz – LASK 0:1 (0:0)**
LASK: Schicklgruber; Dantlinger, Sokolowski, Grüneis; Puza, Alge, Baumeister, Ruttensteiner, Mair; Mraz (82. Hütter), Schnöll.
Linzer Stadion; 4.200; Felder
Tor: Dantlinger (87.)

**15. Runde – 13. 10. 1990**
**LASK – Wattens 2:2 (0:2)**
LASK: Schicklgruber; Grüneis, Sokolowski, Dantlinger; Puza (66. Kramer), Hütter (36. Alge), Ruttensteiner, Baumeister, Studeny; Mraz, Schnöll.
Linzer Stadion; 800; Brandstötter
Tore: Schnöll (54., 80.), H. Eder (7.), Hochschwarzer (37.)

**16. Runde – 19. 10. 1990**
**Vösendorf – LASK 3:2 (1:2)**
LASK: Schicklgruber; Grüneis, Sokolowski, Dantlinger; Alge, Ruttensteiner, Baumeister, Puza, Studeny (72. Mraz); Slezak, Schnöll.
Vösendorf; 150; Heugenhauser
Tore. Penava (15.), Schober (46., 68.); Puza (20.), Dantlinger ( 40.)

**17. Runde – 27. 10. 1990**
**LASK – Mödling 1:0 (1:0)**
LASK: Schicklgruber; Grüneis, Sokolowski, Dantlinger; Alge, Ruttensteiner, Baumeister, Mair, Studeny; Slezak (71. Mraz), Schnöll.
Linzer Stadion; 1.000; Winklbauer
Tor: Baumeister (13.)

**18. Runde – 3. 11. 1990**
**Austria Klagenfurt – LASK 0:3 (0:1)**
LASK: Schicklgruber; Grüneis, Alge (76. Puza), Sokolowski, Dantlinger; Ruttensteiner, Alge, Baumeister, Mair, Studeny; Slezak (83. Marinkovic), Schnöll.
Klagenfurt; 400; Ritzinger
Tore: Baumeister (13., 63.), Alge (70.)

**19. Runde – 10. 11. 1990**
**LASK – Wolfsberg 4:1 (2:1)**
LASK: Schicklgruber; Grüneis, Sokolowski, Dantlinger; Alge, Ruttensteiner (78. Hütter), Baumeister (85. Marinkovic), Maier, Studeny; Slezak, Schnöll.
Linzer Stadion; 1.000; Wengust
Tore: Sokolowski (23.), Dantlinger (45.), Slezak (51.), Schnöll (89.); Pihorner (7.)

**20. Runde – 17. 11. 1990**
**GAK – LASK 0:0**
LASK: Schicklgruber; Grüneis, Sokolowski, Dantlinger; Ruttensteiner, Alge, Baumeister, Maier, Studeny; Slezak, Schnöll (75. Mraz).
Casino-Stadion; 3.000; Steindl

**21. Runde – 24. 11. 1990**
**Stockerau – LASK 0:0**
LASK: Schicklgruber; Grüneis, Sokolowski, Dantlinger; Ruttensteiner (80. Marinkovic), Alge, Baumeister, Maier, Studeny (67. Puza); Schnöll, Slezak.
Alte Au; 1.600; Lindner

**22. Runde – 1. 12. 1990**
**LASK – Donaufeld 5:1 (2:0)**
LASK: Schicklgruber; Grüneis, Sokolowski, Dantlinger; Alge (81. Marinkovic), Ruttensteiner (54. Hütter), Mair, Studeny; Schnöll, Slezak.
Linzer Stadion; 1.200; Holzmann
Tore: Schnöll (22., 60.), Studeny (23.), Slezak (75.), Alge (80.); Rühmkorf (54.)

| | Saison 1990/91 – Mittleres Play – Off | | | | | |
|---|---|---|---|---|---|---|
| 1. | VOEST Linz | 14 | 7 | 6 | 1 | 24:12 | 20 |
| 2. | SC Krems | 14 | 7 | 5 | 2 | 23:12 | 19 |
| 3. | VSE St. Pölten | 14 | 7 | 5 | 2 | 19:9 | 19 |
| 4. | Vienna | 14 | 6 | 4 | 4 | 22:18 | 16 |
| 5. | Vfb Mödling | 14 | 4 | 4 | 6 | 16:14 | 12 |
| 6. | **LASK** | 14 | 4 | 3 | 7 | 18:32 | 11 |
| 7. | SV Stockerau | 14 | 4 | 2 | 8 | 16:28 | 8 |
| 8. | Wiener Sportclub | 14 | 3 | 1 | 10 | 14 27 | 7 |

**1. Runde – 9. 3. 1991**
**LASK – Voest Linz 0:1 (0:1)**
LASK: Majer, Grüneis, Sokolowski, Dantlinger; Guggi, Alge, Slezak, Baumeister, Studeny (60. Spielmann); Dubajic, Schnöll.
Linzer Stadion; 6.000; DDr. Kapl
Tor: Dihanich (16. Elfmeter)

**2. Runde – 15. 3. 1991**
**Mödling – LASK 4:1 (3:0)**
LASK: Majer; Grüneis, Sokolowski, Dantlinger; Alge (46. Dubajic), Spielmann, Guggi, Studeny (82. Ruttensteiner); Schnöll Slezak.
Mödling; 1.000; Ritzinger
Tore: Schaub (15.), Zisser (22.), Messlender (29.), Robakiewicz (89.); Dubajic (62.)

**3. Runde – 22. 3. 1991**
**LASK – Vienna 1:1 (0:0)**
LASK: Majer; Puza, Sokolowski, Dantlinger; Guggi, Alge, Baumeister, Guggi, Studeny (68. Slezak); Dubajic (87. Kotzauer), Spielmann, Schnöll.
Linzer Stadion; 1.280; Winklbauer
Tore: Schnöll (78.), Drabits (92. Elfmeter)

**4. Runde – 30. 3. 1991**
**Krems – LASK 3:1 (1:0)**
LASK: Majer; Grüneis (40. Puza), Sokolowski, Dantlinger; Alge, Baumeister, Guggi, Spielmann, Slezak; Dubajic, Schnöll.
Krems; 1.200; Benedek
Tore: Perstling (27., 70., 85. Elfmeter); Dubajic (90.)

**5. Runde – 5. 4. 1991**
**Sportclub – LASK 1:2 (1:0)**
LASK: Schicklgruber; Raffeiner, Sokolowski, Studeny; Puza, Höretseder (72. Dubajic), Baumeister, Guggi, Spielmann; Luksch (82. Dantlinger), Slezak.
Dornbach; 1.300; Heugenhauser
Tore: Huyer (34. Elfmeter); Dubajic (75.), Slezak (79.)

**6. Runde – 12. 4. 1991**
**LASK – Stockerau 0:3 (0:2)**
LASK: Schicklgruber; Raffeiner, Sokolowski (74. Alge), Studeny; Puza, Höretseder (46. Luksch), Baumeister, Spielmann, Guggi; Slezak, Mraz.
Linzer Stadion; 950; Sedlacek
Tore: Marko (13., 89.), Binder (40.)

**7. Runde – 19. 4. 1991**
**St. Pölten – LASK 3: 0 (1:0)**
LASK: Schicklgruber; Dantlinger, Baumeister, Studeny; Puza (52. Alge), Guggi, Spielmann, Sokolowski, Hütter (62. Mraz); Luksch, Slezak.
Voith-Platz; 1.300; Ritzinger
Tore: Schinkels (19.), Haizinger (65.), Vorderegger (89.)

**8. Runde – 27. 4. 1991**
**LASK – St. Pölten 0:2 (0:0)**
LASK: Schicklgruber; Studeny, Baumeister, Dantlinger; Hütter, Sokolowski, Ruttensteiner, Guggi (75. Grüneis), Slezak; Luksch, Mraz.
Linzer Stadion; 700; Wieser
Tore: Vorderegger (80.), Echaniz (84.)

**9. Runde – 4. 5. 1991**
**Voest Linz – LASK 1:2 (1:1)**
LASK: Schicklgruber; Grüneis, Baumeister,

Dantlinger; Alge, Hütter, Slezak (62. Spielmann), Sokolowski, Guggi; Dubajic, Ruttensteiner (84. Höretseder).
Linzer Stadion; 4.000; Kratzer
Tore: Stumpf (23.); Slezak (16.), Dubajic (65.)

**10. Runde – 10. 5. 1991**
**LASK – Mödling 2:1 (1:1)**
LASK: Schicklgruber; Grüneis, Baumeister, Dantlinger; Alge, Hütter (86. Studeny), Sokolowski, Spielmann (82. Luksch), Guggi; Dubajic, Ruttensteiner.
Linzer Stadion; 700; Heugenhauser
Tore: Sokolowski (4.), Studeny (89.); Messlender (19.)

**11. Runde – 28. 5. 1991**
**Vienna – LASK 5:1 (4:0)**
LASK: Schicklgruber; Studeny, Baumeister, Dantlinger; Alge, Hütter, Sokolowski, Ruttensteiner, Guggi; Dubajic, Spielmann (54. Schnöll).
Hohe Warte; 1.100; Varadi
Tore: Baumgartner (16.), Reinmayr (28.), Vidreis (34. Elfmeter), Mader (43.), Steinkogler (60.); Alge (51.)

**12. Runde – 24. 5. 1991**
**LASK – Krems 2:2 (1:1)**
LASK: Schicklgruber; Grüneis, Baumeister, Studeny; Alge, Hütter, Sokolowski, Guggi, Ruttensteiner (85. Luksch); Dubajic, Spielmann (78. Schnöll).
Linzer Stadion; 1.200; DDR. Kapl
Tore: Ruttensteiner (41.), Spielmann (60.); Spitzer (14.), Griessler (77.)

**13. Runde – 1. 6. 1991**
**LASK – Sportclub 2:1 (0:1)**
LASK: Schicklgruber; Studeny, Untersteiner, Dantlinger; Alge, Hütter (61. Ruttensteiner), Höretseder, Marinkovic, Guggi; Dubajic, Luksch (88. Enzenebner).
Linzer Stadion; 400; Kratzer
Tore: Dantlinger (60.), Studeny (65.); Höretseder (26. Eigentor)

**14. Runde – 7. 6. 1991**
**Stockerau – LASK 4:4 (1:2)**
LASK: Majer; Grüneis, Untersteiner, Raffeiner; Alge, Ruutensteiner, Höretseder, Marinkovic (75. Enzenebner), Guggi; Dubajic, Luksch.
Alte Au; 900; Mayrhofer
Tore: Marko (44., 50., 53.), Augustin (52.); Dubajic (14., 17.), Luksch (57.), Ruttensteiner (61.)

**5. Runde – 3. 8. 1991**
**LASK – Austria Klagenfurt 1:0 (1:0)**
LASK: Schicklgruber; Untersteiner, Batricevic, Dantlinger; Grüneis, Ruttensteiner (77. Enzenebner), Baumeister, Marinkovic (57. Mair), Studeny; Dubajic, Mraz.
Linzer Stadion; 1.500; Stuchlik
Tor: Dubajic (16.)

**6. Runde – 9. 8. 1991**
**LASK – Donaufeld 1:1 (1:0)**
LASK: Schicklgruber; Untersteiner, Dantlinger, Baumeister; Mair, Ruttensteiner, Baumeister, Marinkovic (80. Raffeiner), Studeny; Luksch (56. Obermüller), Mraz.
Linzer Stadion; 1.800; Kuri
Tore: Grüneis (31.), Wolf (67. Elfmeter)

**7. Runde – 17. 8. 1991**
**Spittal – LASK 0:2 (0:2)**
LASK: Schicklgruber; Grüneis, Dantlinger, Untersteiner; Raffeiner, Ruttensteiner, Baumeister, Marinkovic (88. Mair), Studeny; Dubajic (46. Luksch), Mraz.
Spittal; 1.000; Bereuter
Tore: Studeny (18.), Mraz (35.)

**8. Runde – 23. 8. 1991**
**LASK – Mödling 1:0 (0:0)**
LASK: Schicklgruber; Grüneis, Dantlinger, Untersteiner; Raffeiner, Baumeister, Marinkovic, Ruttensteiner, Studeny; Dubajic (86. Luksch), Mraz.
Linzer Stadion; 2.500; Kaimbacher
Tor: Grüneis (48.)

**9. Runde – 28. 8. 1991**
**Stockerau – LASK 3:2 (1:0)**
LASK: Schicklgruber; Grüneis, Dantlinger, Untersteiner; Raffeiner, Ruttensteiner, Baumeister, Marinkovic, Studeny; Dubajic, Mraz.
Alte Au; 1.600; Plautz
Tore: Binder (1.), Dubajic (56.), Waliczek (79., 92.), Keller (88. Eigentor)

**10. Runde – 31. 8. 1991**
**LASK – Sportclub 1:1 (1:0)**
LASK: Schicklgruber; Dantlinger, Grüneis, Untersteiner; Raffeiner (65. Mair), Ruttensteiner, Baumeister, Marinkovic, Studeny; Mraz, Dubajic.
Linzer Stadion; 1.300; Heugenhauser
Tore: Baumeister (23.); Hochmaier (60.)

**11. Runde – 8. 9. 1991**
**FavAC – LASK 0:0**
LASK: Schicklgruber; Dantlinger, Grüneis, Untersteiner; Raffeiner, Ruttensteiner, Baumeister (88.Mair), Marinkovic, Studeny; Luksch (68. Plank), Dubajic.
FavAC-Platz; 3.500; Steindl

**12. Runde – 14. 9. 1991**
**GAK – LASK 3:1 (2:1)**
LASK: Schicklgruber; Dantlinger, Grüneis, Untersteiner; Raffeiner, Ruttensteiner, Baumeister, Marinkovic, Studeny; Dubajic (58. Plank/87. Mair), Luksch.
Casino-Stadion; 1.500; Benkö
Tore: Scheucher (6., 39., 78.); Luksch (37.)

**13. Runde – 20. 9. 1991**
**LASK – Ried 4:1 (4:0)**
LASK: Schicklgruber; Grüneis, Batricevic, Dantlinger; Raffeiner (67. Zellhofer), Ruttensteiner, Baumeister, Marinkovic (88. Luksch); Studeny; Dubajic, Mraz.
Linzer Stadion; 3.000; Haas
Tore: Marinkovic (4., 23.), Baumeister (11.), Mraz (23.); Novak (55.)

**14. Runde – 28. 9. 1991**
**Altach – LASK 2:3 (1:3)**
LASK: Schicklgruber; Grüneis, Batricevic, Dantlinger; Ruttensteiner (57. Luksch), Raffeiner, Baumeister, Marinkovic, Studeny; Dubajic (46. Zellhofer), Mraz.
Altach; 3.500; Lindner
Tore: Takacz (34.), Ender (58.); Dubajic (12.), Ruttensteiner (19.), Dantlinger (21.)

**15. Runde – 5. 10. 1991**
**LASK – Wattens 0:0**
LASK: Schicklgruber; Grüneis, Batricevic, Dantlinger; Zellhofer, Ruttensteiner, Baumeister, Marinkovic, Studeny; Dubajic, Mraz.
Linzer Stadion; 1.000; Scheuhammer

**16. Runde – 20. 10. 1991**
**Austria Klagenfurt – LASK 3:1 (2:1)**
LASK: Schicklgruber; Grüneis, Batricevic, Dantlinger; Raffeiner, Zellhofer, Baumeister (87. Luksch), Marinkovic (46. Ruttensteiner), Studeny; Dubajic, Mraz.
Klagenfurt; 1.000; Varadi
Tore: Baranauskas (4.), Künast (26.), Huber (78.); Zellhofer (31.)

**17. Runde – 27. 10. 1991**
**Donaufeld – LASK 1:4 (0:3)**
LASK: Schicklgruber; Grüneis, Batricevic, Dantlinger; Raffeiner, Zellhofer, Baumeister, Marinkovic, Studeny (49. Mair); Dubajic, Mraz (84. Luksch).
Praterstadion; 800; DDr. Kapl
Tore: Rühmkorf (70.); Zellhofer (12.), Baumeister (17. Elfmeter), Mraz (45.), Dubajic (76.)

**18. Runde – 2. 11. 1991**
**LASK – Spittal 4: 0 (1:0)**
LASK: Schicklgruber; Grüneis, Batricevic, Dantlinger; Zellhofer, Mair, Baumeister, Marinkovic (83. Maass), Studeny; Dubajic (80. Luksch), Mraz.
Linzer Stadion; 1.100; Trappl
Tore: Studeny (29.), Mraz (71.), Dubajic (74.), Grüneis (88.)

**19. Runde – 9. 11. 1991**
**Mödling – LASK 0:0**
LASK: Schicklgruber; Dantlinger, Batricevic, Grüneis; Mair, Zellhofer (89. Raffeiner), Baumeister, Marinkovic, Studeny; Mraz, Dubajic (90. Luksch).
Mödling; 1.000; Mayrhofer

**20. Runde – 16. 11. 1991**
**LASK – Stockerau 2:0 (1:0)**
LASK: Schicklgruber; Grüneis, Batricevic, Dantlinger; Zellhofer, Mair, Raffeiner (76. Maass), Marinkovic, Baumeister; Dubajic, Mraz.
Linzer Stadion; 900; Benedek
Tore: Mraz (32.), Zellhofer (93.)

**21. Runde – 23. 11. 1991**
**Sportclub – LASK 2:1 (1:0)**
LASK: Schicklgruber; Grüneis, Batricevic, Dantlinger; Mair, Zellhofer, Baumeister, Marinkovic, Studeny; Mraz, Dubajic.
Sportclub-Platz; 1.200; DDr. Kapl
Tore: Janeschitz (5. Elfmeter), 70.); Studeny (86.)

**22. Runde – 30. 11. 1991**
**LASK – FavAC 2:0 (1:0)**
LASK: Schicklgruber; Grüneis, Batricevic, Dantlinger; Raffeiner, Baumeister, Marinkovic, Mair, Studeny; Dubajic (81. Maass), Mraz.
Linzer Stadion; 1.200; Wieser
Tore: Dubajic (29., 78.)

| | Saison 1991/92 – 2. Division Grunddurchgang | | | | | | |
|---|---|---|---|---|---|---|---|
| 1. | LASK | 22 | 12 | 5 | 5 | 38:20 | 29 |
| 2. | GAK | 22 | 13 | 3 | 6 | 41:27 | 29 |
| 3. | VfB Mödling | 22 | 10 | 7 | 5 | 35:30 | 27 |
| 4. | Wiener Sportclub | 22 | 8 | 10 | 4 | 37:27 | 26 |
| 5. | WSG Wattens | 22 | 10 | 4 | 8 | 28:25 | 24 |
| 6. | FavAC | 22 | 8 | 7 | 7 | 23:24 | 23 |
| 7. | SV Stockerau | 22 | 7 | 7 | 8 | 31:30 | 21 |
| 8. | Austria Klagenfurt | 22 | 8 | 3 | 11 | 29:34 | 19 |
| 9. | SV Spittal/Drau | 22 | 4 | 9 | 9 | 31:38 | 17 |
| 10. | SR Donaufeld | 22 | 4 | 9 | 9 | 27:39 | 17 |
| 11. | SV Ried | 22 | 6 | 5 | 11 | 20:37 | 17 |
| 12. | SC Rheindorf Altach | 22 | 4 | 7 | 11 | 22:31 | 15 |

**1. Runde – 20. 7. 1991**
**LASK – GAK 0:1 (0:1)**
LASK: Schicklgruber (73. Majer); Untersteiner, Batricevic, Dantlinger; Grüneis, Ruttensteiner, Baumeister, Marinkovic, Mair; Mraz (83. Luksch), Dubajic.
Linzer Stadion; 2.000; Varadi
Tor: Dampfhofer (33.)

**2 . Runde – 23. 7. 1991**
**Ried – LASK 0:3 (0:2)**
LASK: Schicklgruber; Untersteiner, Batricevic, Dantlinger; Grüneis (43. Mair), Baumeister, Marinkovic, Ruttensteiner, Studeny; Mraz (74. Luksch), Dubajic.
Ried; 7.500; Wieser
Tore: Ruttensteiner (17., 25.), Mraz (48.)

**3. Runde – 26. 7. 1991**
**LASK – Altach 3:1 (1:0)**
LASK: Schicklgruber; Untersteiner, Batricevic, Dantlinger; Mair, Ruttensteiner, Baumeister, Marinkovic, Studeny (84. Raffeiner); Dubajic, Mraz (78. Luksch).
Linzer Stadion; 2.000; Strobl
Tore: Baumeister (13. Elfmeter), Mraz (56.), Studeny (72.); Flatz (90.)

**4. Runde – 31. 7. 1991**
**Wattens – LASK 1:2 (1:2)**
LASK: Schicklgruber; Untersteiner, Batricevic, Dantlinger; Grüneis, Ruttensteiner, Baumeister, Marinkovic, Studeny; Dubajic, Mraz (69. Luksch).
Wattens; 1.500; Hänsel
Tore: Ribis (31.); Mraz (2.), Marinkovic (37.)

| | Saison 1991/92 – Mittleres Play - Off | | | | | | |
|---|---|---|---|---|---|---|---|
| 1. | Sturm Graz | 14 | 4 | 9 | 1 | 18:11 | 17 |
| 2. | Vfb Mödling | 14 | 5 | 6 | 3 | 16:15 | 16 |
| 3. | LASK | 14 | 5 | 5 | 4 | 19:17 | 15 |
| 4. | Sportclub | 14 | 5 | 4 | 5 | 23:18 | 14 |
| 5. | Vienna | 14 | 5 | 4 | 5 | 15:13 | 14 |
| 6. | Alpine Donawitz | 14 | 6 | 2 | 6 | 17:20 | 14 |
| 7. | SC Krems | 14 | 3 | 6 | 5 | 22:25 | 12 |
| 8. | GAK | 14 | 3 | 4 | 7 | 12:23 | 10 |

**1.Runde – 7. 3. 1992**
**Donawitz – LASK 2: 1 (1:0)**
LASK: Schicklgruber; Grüneis, Batricevic, Dantlinger, Zellhofer, Baumeister, Ruttensteiner, Marinkovic (69. Mair), Studeny; Schober (81. Luksch), Dubajic.
Donawitz; 2.000; Wieser
Tore: Stankovic (25., 85.); Studeny (87.)

**2. Runde – 17. 3. 1992**
**LASK – Sturm Graz 3:3 (3:1)**
LASK: Schicklgruber; Grüneis, Batricevic, Dantlinger, Zellhofer, Ruttensteiner, Baumeister (78. Raffeiner), Marinkovic (62. Mair), Studeny; Schober, Dubajic.
Linzer Stadion; 2.000; Benedek
Tore: Schober (25., 44.), Studeny (37.); Schwarz (13.), Muzek (52.), Deveric (76.)

**3. Runde – 22. 3. 1992**
**Vienna – LASK 0:0**
LASK: Schicklgruber; Grüneis, Batricevic, Studeny; Mraz, Ruttensteiner, Baumeister (86. Marinkovic), Zellhofer, Dantlinger; Dubajic, Schober (46. Mair).
Hohe Warte; 900; Winklbauer

**4. Runde – 4. 4. 1992**
**LASK – Krems 0:0**
LASK: Schicklgruber; Grüneis, Batricevic, Dantlinger, Zellhofer, Ruttensteiner (55. Raffeiner), Marinkovic (46. Mraz), Studeny, Mair; Dubajic, Schober.
Linzer Stadion; 2.000; Sedlacek

**5. Runde – 7. 4. 1992**
**GAK – LASK 1:0 (0:0)**
LASK: Schicklgruber; Grüneis, Batricevic, Dantlinger, Ruttensteiner, Baumeister Zellhofer, Studeny; Dubajic, Mraz (70. Schober).
Casino-Stadion; 1.200; Prohaska
Tor: Scheucher (57.)

**6. Runde – 11. 4. 1992**
**LASK – Mödling 3:2 (1:0)**
LASK: Schicklgruber; Grüneis, Batricevic, Dantlinger, Mair, Baumeister, Ruttensteiner,Zellhofer (88. Raffeiner), Studeny; Dubajic, Mraz (63. Schober).
Linzer Stadion; 1.300; Wieser
Tore: Ruttensteiner (33.), Studeny (51.), Baumeister (86.); Wa. Knaller (73. Elfmeter), Nikischer (79.)

**7. Runde – 21. 4. 1992**
**Sportclub – LASK 1:1 (1:1)**
LASK: Schicklgruber; Grüneis, Batricevic, Dantlinger; Zellhofer, Studeny, Ruttensteiner, Mair (80. Schober) Baumeister; Dubajic, Mraz.
Sportclub-Platz; 1.200; Holzmann
Tore: Janeschitz (24.), Dubajic (12.)

**8. Runde – 25. 4. 1992**
**LASK – Sportclub 0:1 (0:1)**
LASK: Schicklgruber; Grüneis, Batricevic, Dantlinger (46. Raffeiner); Mair, Ruttensteiner, Baumeister, Marinkovic, Studeny; Dubajic, Mraz.
Linzer Stadion; 1.500; Grabher
Tor: Zirngast (10.)

**9. Runde – 1. 5. 1992**
**LASK – Donawitz 1:0 (0:0)**
LASK: Schicklgruber; Grüneis, Batricevic, Edelmaier; Raffeiner (71. Untersteiner), Ruttensteiner, Baumeister, Studeny, Mair; Dubajic, Mraz
Linzer Stadion; 1.000; Benkö
Tor: Baumeister (90.)

**10. Runde – 9. 5. 1992**
**Sturm Graz – LASK 1:1 (0:1)**
LASK: Schicklgruber; Grüneis, Batricevic, Edelmaier (46. Raffeiner), Dantlinger; Ruttensteiner, Baumeister, Mair, Studeny; Dubajic, Mraz.
Sturm-Platz; 1.000; Prohaska
Tore: Deveric (58.); Mraz (39.)

**11. Runde – 16. 5. 1992**
**LASK – Vienna 2:0 (0:0)**
LASK: Schicklgruber; Edelmaier, Batricevic, Dantlinger; Raffeiner (71. Untersteiner), Baumeister (79. Untersteiner) Mair; Dubajic, Mraz (59. Schober).
Linzer Stadion; 1.000; DDr. Kapl
Tore: Dubajic (49.), Ruttensteiner (62.)

**12. Runde – 22. 5. 1992**
**Krems – LASK 3:4 (2:3)**
LASK: Schicklgruber; Grüneis, Batricevic, Dantlinger; Ruttensteiner, Edelmaier, Baumeister (90. Raffeiner), Mair, Studeny; Mraz, Dubajic.
Krems; 1.200; Winklbauer
Tore: M. Binder (17., 55.), Hauptmann (13.); Baumeister (Elfmeter), Dubajic (23.), Mraz (25.), Ruttensteiner (74.)

**13. Runde – 30. 5. 1992**
**LASK – GAK 2:1 (1:0)**
LASK: Schicklgruber; Grüneis, Batricevic, Edelmaier; Raffeiner (79. Untersteiner), Ruttensteiner, Baumeister, Mair, Studeny; Dubajic, Mraz (64. Schober).
Linzer Stadion; 4.000; Sedlacek
Tore: Ruttensteiner (45.), Dubajic (71.); Hanser (65.)

**14. Runde – 3. 6. 1992**
**Mödling – LASK 2:2 (1:0)**
LASK: Schicklgruber; Dantlinger, Batricevic, Edelmaier (53. Raffeiner); Grüneis, Ruttensteiner, Baumeister, Mair, Studeny; Mraz, Dubajic.
Mödling; 1.000; Kratzer
Tore: Zisser (4.), Wachter (12.); Dubajic (60.)

**4. Runde – 4., 5. 8. 1992**
**Austria Wien – LASK 5:1 (2:1)**
LASK: Walker; Batricevic; Grüneis, Dantlinger; Ruttensteiner (63. Raffeiner), Keglevits, Vig, Mair, Slunecko; A. Ogris (77. Luksch), Mraz.
Horr-Stadion; 4.000; Holzmann
Tore: Ivanauskas (20., 61., 80.), Zsak (29., 47.), Keglevits (43.)

**5. Runde – 7., 8. 8. 1992**
**LASK – Sturm Graz 0:2 (0:1)**
LASK: Walker; Batricevic; Grüneis, Dantlinger; Mair, Keglevits, Huyer (32. Ruttensteiner),Vig, Slunecko; A. Ogris, Mraz.
Linzer Stadion; 3.000; Prohaska
Tore: Deveric (35.), Neukirchner (73.)

**6. Runde – 12. 8. 1992**
**Stahl Linz – LASK 0:1 (0:0)**
LASK: Walker; Batricevic; Grüneis, Dantlinger; Mair, Ruttensteiner, Vig, Keglevits (85. Raffeiner), Slunecko; A. Ogris, Mraz.
Linzer Stadion; 8.500; Kaupe
Tore: Vig (61.)

**7. Runde – 14., 15., 16. 8. 1992**
**LASK – Wacker Innsbruck 1:2 (0:1)**
LASK: Walker; Batricevic; Grüneis, Dantlinger; Mair, Ruttensteiner, Keglevits, Vig, Slunecko (46. Edelmaier); A. Ogris, Mraz.
Linzer Stadion; 3.500; Grabher
Tore: Danek (40.), Lesiak (67.), Ruttensteiner (70.)

**8. Runde – 21., 22. 8. 1992**
**St. Pölten – LASK 2:2 (1:1)**
LASK: Walker; Batricevic; Grüneis, Dantlinger; Mair, Ruttensteiner, Keglevits, Vig, Slunecko; A. Ogris, Mraz (46. Dubajic).
Voith-Platz; 2.300; DDr. Kapl
Tore: Vastic (41.), Keglevits (45.); Keglevits (46. Eigentor), Dubajic (82.)

**9. Runde – 28., 29., 30. 8. 1992**
**LASK – Mödling 1:0 (1:0)**
LASK: Walker; Batricevic; Grüneis, Dantlinger; Mair, Ruttensteiner (46. Dubajic), Keglevits, Vig, Slunecko; A. Ogris, Mraz.
Linzer Stadion; 2.500; Sedlacek
Tor: Dubajic (51.)

**10. Runde – 29., 30. 8. 1992**
**Rapid – LASK 5:1 (3:0)**
LASK: Walker; Batricevic; Grüneis, Dantlinger; Mraz, Mair, Keglevits (77. Edelmaier), Vig, Slunecko; Dubajic, A. Ogris (60. Huyer).
Hanappi-Stadion; 2.500; Winkelbauer
Tore: F. Weber (12.), Griga (41.), Metlitskij (44.), Kühbauer (48.), Keglevits (50.), Rodax (53.)

**11. Runde – 8., 9. 9. 1992**
**LASK – Austria Salzburg 1: 3 (0:1)**
LASK: Walker; Batricevic; Grüneis, Dantlinger; Mraz, Mair, Keglevits, Vig, Slunecko (46. Huyer); Dubajic, A. Ogris.
Linzer Stadion; 3.500; Ritzinger
Tore: Lipa (34.), Dantlinger (55.), Jurcevic (67., 76.)

**12. Runde – 18., 19. 9. und 15. 10. 1992**
**Austria Salzburg – LASK 1:1 (1:1)**
LASK: Walker (46. Schicklgruber); Batricevic; Grüneis, Dantlinger; Mair, Ruttensteiner, Keglevits, Vig, Huyer; Dubajic, Mraz (86. Edelmaier).
Lehen; 8.000; Benkö
Tore: Sabitzer (9.), Vig (37.)

**13. Runde – 25., 26., 27. 9. 1992**
**Vorwärts Steyr – LASK 2:0 (0:0)**
LASK: Schicklgruber; Grüneis, Dantlinger; Mair, Ruttensteiner (70.Mraz), Keglevits, Vig, Huyer; A. Ogris, Dubajic.
Steyr; 6.000; Sedlacek
Tore: Kocijan (50.), Heraf (77.)

**14. Runde – 3. 10. 1992**
**LASK – Sportklub 1:1 (1:0)**
LASK: Schicklgruber; Batricevic; Grüneis, Dantlinger; Mair, Mraz (70. Ruttensteiner), Keglevits, Vig, Huyer; A. Ogris,

Dubajic.
Linzer Stadion; 2.000; Scheuhammer
Tore: A. Ogris (43.), Janeschitz (74.)

**15. Runde – 6., 7. 10. 1992**
**Admira/Wacker – LASK 1:0 (0:0)**
LASK: Schicklgruber; Batricevic; Grüneis (17. Slunecko), Dantlinger; Mair, Mraz, Keglevits (63. Ruttensteiner), Vig, Huyer; A. Ogris, Dubajic.
Südstadt; 2.600; Heugenhauser
Tor: Marschall (87.)

**16. Runde – 16., 17., 18. 10. 1992**
**LASK – Austria Wien 1:0 (0:0**
LASK: Schicklgruber; Batricevic; Edelmaier, Dantlinger; Mraz, Ruttensteiner, Keglevits, Mair, Huyer; A. Ogris, Dubajic.
Linzer Stadion; 3.000; DDR. Kapl
Tor: Dubajic (72.)

**17. Runde – 24. 10. 1992**
**Sturm Graz – LASK 1:2 (0:1)**
LASK: Schicklgruber; Batricevic; Edelmaier, Dantlinger; Mraz, Ruttensteiner, Keglevits, Mair, Huyer; A. Ogris, Dubajic.
Sturm-Platz; 1.200; Grabher
Tore: Ruttensteiner (12.), Deveric (60.), Keglevits ( 83.)

**18. Runde – 30., 31. 10. 1992**
**LASK – Stahl Linz 0:2 (0:1)**
LASK: Schicklgruber; Batricevic; Grüneis (46. Edelmaier), Dantlinger; Mraz, Ruttensteiner, Keglevits, Mair, Huyer; A. Ogris (72. Luksch), Dubajic.
Linzer Stadion; 6.000; Steindl
Tore: Stumpf (32.), Zeller (62.)

**19. Runde – 7. 11. 1992**
**Wacker Innsbruck – LASK 3:3 (1:1)**
LASK: Schicklgruber; Batricevic; Edelmaier, Dantlinger; Mraz, Mair, Ruttensteiner, Keglevits, Huyer; Luksch, Dubajic.
Tivoli; 3.600; Haas
Tore: Westerthaler (35.), Keglevits (45.), Kirchler (57., 86.), Dubajic (63.), Luksch (72.)

**20. Runde – 14., 15. 11. 1992**
**LASK – St. Pölten 0:3 (0:0)**
LASK: Schicklgruber; Batricevic; Edelmaier, Dantlinger; Mraz, Ruttensteiner, Keglevits, Mair, Huyer; A. Ogris, Dubajic.
Linzer Stadion; 1.200; Plautz
Tore: Milewski (57.), Vastic (67., 76.)

**21. Runde – 21. 11. 1992**
**Mödling – LASK 5:0 (1:0)**
LASK: Walker; Batricevic; Edelmaier, Dantlinger; Raffeiner (73. Untersteiner), Ruttensteiner, Mair, Keglevits (76. Luksch); Huyer; Mraz, Dubajic.
Mödling; 1.200; Grabher
Tore: Zisser (45., 64.), Barisic (68.), Wachter (83.), Nikischer (88.)

**22. Runde – 28. 11. 1992**
**LASK – Rapid 0:1 (0:0)**
LASK: Walker; Batricevic; Edelmaier, Dantlinger; Untersteiner, Ruttensteiner, Mair (46. Luksch), Keglevits, Raffeiner; Dubajic, Mraz.
Linzer Stadion; 1.000; Scheuhammer
Tor: Griga (73.)

### Saison 1992/93 – Bundesliga Grunddurchgang

| | | | | | | | |
|----|------------------|----|----|----|----|-------|----|
| 1. | SV Salzburg | 22 | 11 | 7 | 4 | 45:27 | 29 |
| 2. | Wacker Innsbruck | 22 | 10 | 0 | 4 | 45:22 | 28 |
| 3. | Austria Wien | 22 | 12 | 4 | 6 | 47:25 | 28 |
| 4. | Wiener Sportclub | 22 | 11 | 5 | 6 | 31:33 | 27 |
| 5. | Rapid | 22 | 9 | 8 | 5 | 34:26 | 26 |
| 6. | Admira/Wacker | 22 | 11 | 3 | 8 | 47:33 | 25 |
| 7. | VSE St. Pölten | 22 | 6 | 10 | 6 | 34:37 | 22 |
| 8. | Vorwärts Steyr | 22 | 8 | 6 | 8 | 30:34 | 22 |
| 9. | VfB Mödling | 22 | 8 | 3 | 11 | 39:41 | 19 |
| 10. | **LASK** | **22** | **4** | **6** | **12** | **21:46** | **14** |
| 11. | Stahl Linz | 22 | 3 | 6 | 13 | 20:43 | 12 |
| 12. | Sturm Graz | 22 | 3 | 6 | 13 | 23:49 | 12 |

**1. Runde – 25. 7. 1992**
**LASK – Vorwärts Steyr 2:2 (0:2)**
LASK: Walker; Batricevic; Grüneis, Dantlinger, Mair; Ruttensteiner, Vig, Keglevits, Slunecko; Mraz, Luksch.
Linzer Stadion; 9.000; Steindl
Tore: Niederbacher (21., 38.), Luksch (50.), Keglevits (46.)

**2. Runde – 29. 7. 1992**
**Sportklub – LASK 3:1 (1:0)**
LASK: Walker; Batricevic; Grüneis, Dantlinger; Ruttensteiner, Keglevits, Mair, Vig, Slunecko; Mraz, Luksch.

Dornbach; 2.000; Benkö
Tore: Mählich (9.), Kirchler (70., 86.), Mraz (84.)

**3. Runde – 1. 8. 1992**
**LASK – Admira/Wacker 2:2 (2:2)**
LASK: Walker; Batricevic; Grüneis (77. Raffeiner), Dantlinger; Mair; Ruttensteiner, Keglevits, Vig, Slunecko; Mraz, Luksch (46. Huyer).
Linzer Stadion; 3.000; Wieder
Tore: Marschall (7.), Luksch (24.), Keglevits (25.), E. Ogris (44.)

## Saison 1992/93 – Mittleres Play-Off

| | | | | | | | |
|---|---|---|---|---|---|---|---|
| 1. | Vfb Mödling | 14 | 11 | 2 | 1 | 26: 6 | 24 |
| 2. | Sturm Graz | 14 | 8 | 2 | 4 | 26:12 | 18 |
| 3. | **LASK Linz** | **14** | **5** | **6** | **3** | **11:8** | **16** |
| 4. | GAK | 14 | 4 | 7 | 3 | 20:13 | 15 |
| 5. | DSV Leoben | 14 | 3 | 5 | 6 | 14:18 | 11 |
| 6. | Stahl Linz | 14 | 3 | 4 | 7 | 12:16 | 10 |
| 7. | SV Ried | 14 | 4 | 1 | 9 | 14:26 | 9 |
| 8. | FavAC | 14 | 3 | 3 | 8 | 10:34 | 9 |

**Modusänderung für 1993/94:** Die beiden obersten Spielklassen werden aus 2 Ligen mit 10 (Österreich 1) und 16 (Österreich 2) Teilnehmern gebildet, deshalb verbleiben die ersten 2 Teams in der 1.Division, die letzten 6 Teams spielen in der 2.Division.

**1. Runde – 6. 3. 1993**
**DSV Leoben – LASK 3:1 (1:0)**
LASK: Walker; Kartalija; Batricevic, Dantlinger; Lipa, Hochmaier, Mair, Focic (46. Ruttensteiner), Hujer; Keglevits, Spitzer (64. Mraz).
Leoben; 1.400; Benkö
Tore: Reichhold (18.), Dragoslavic (61.), Schachner (79.); Hochmaier (57.)

**2. Runde – 13. 3. 1993**
**LASK – FavAC 1:0 (1:0)**
LASK: Schicklgruber; Batricevic; Grüneis, Dantlinger; Lipa, Hochmaier, Kartalija, Hujer, Keglevits; Luksch (57. Spitzer), Mraz (65. Focic).
Linzer Stadion; 3.500; Winklbauer
Tor: Mraz (22.)

**3. Runde – 20. 3. 1993**
**Sturm Graz – LASK 0:0**
LASK: Schicklgruber; Batricevic; Hochmaier, Dantlinger; Grüneis, Lipa (60. Focic), Kartalija, Keglevits, Hujer; Mraz (66. Luksch), Spitzer.
Sturm-Platz; 3.500; Holzmann

**4. Runde – 3. 4. 1993**
**LASK – Stahl Linz 2:0 (1:0)**
LASK: Schicklgruber; Batricevic; Enzenebner, Dantlinger; Keglevits, Mair (75. Ruttensteiner), Lipa (90. Edelmaier), Kartalija, Hochmaier; Luksch, Spitzer.
Linzer Stadion; 7.500; Wieser
Tore: Spitzer (45.), Luksch (90.)

**5. Runde – 4. 4. 1993**
**Mödling – LASK 1:0 (1:0)**
LASK: Schicklgruber; Batricevic; Enzenebner, Dantlinger; Mraz, Keglevits, Hochmaier, Lipa, Kartalija; Luksch, Spitzer.
Mödling; 1.500; Ritzinger
Tor: Brankovic (37.)

**6. Runde – 17. 4. 1993**
**LASK – GAK 1:1 (0:0)**
LASK: Schicklgruber; Batricevic; Enzenebner, Dantlinger; Grüneis, Kartalija, Keglevits (81. Spitzer), Focic, Hochmaier (11. Ruttensteiner), Mraz, Luksch.
Linzer Stadion; 1.800; Scheuhammer
Tore: Keglevits (47.); Vulic (88. Elfmeter)

**7. Runde – 24. 4. 1993**
**SV Ried – LASK 0:1 (0:0)**
LASK: Schicklgruber; Kartalija; Grüneis, Batricevic, Enzenebner, Keglevits, Untersteiner, Focic (65. Spitzer), Huyer; Luksch (90. Mair), Mraz.
Rieder Stadion; 5.500; Steindl
Tor: Huyer (73.)

**8. Runde – 28. 4. 1993**
**LASK – SV Ried 2:0 (1:0)**
LASK: Schicklgruber; Kartalija; Grüneis, Enzenebner; Untersteiner, Batricevic, Lipa, Huyer, Mraz (70. Luksch), Keglevits, Spitzer (63. Vig).
Linzer Stadion; 3.500; Benedek
Tore: Lipa (1.), Keglevits (67.)

**9. Runde – 7. 5. 1993**
**LASK – DSV Leoben 1:0 (1:0)**
LASK: Schicklgruber; Kartalija; Enzenebner, Grüneis; Lipa, Batricevic, Dantlinger, Untersteiner; Spitzer (90. Vig) Keglevits (77. Luksch), Mraz.
Linzer Stadion; 1.500; Holzmann
Tor: Spitzer (7.)

**10. Runde – 23. 5. 1993**
**FavAC – LASK 0:0**
LASK: Schicklgruber; Kartalija; Hochmaier, Dantlinger; Grüneis, Mraz, Mair, Keglevits, Huyer; Luksch (46. Lipa), Spitzer (46. Focic).
FavAC; 600; Lerchenmüller

**11. Runde – 29. 5. 1993**
**LASK – Sturm Graz 0:0**
LASK: Schicklgruber; Kartalija; Grüneis, Dantlinger; Keglevits, Batricevic (46. Spitzer), Lipa, Mair (46. Ruttensteiner), Huyer; Mraz, Luksch.
Linzer Stadion; 1.500; Wieser

**12. Runde – 5. 6. 1993**
**Stahl Linz – LASK 1:0 (0:0)**
LASK: Schicklgruber; Kartalija; Enzenebner, Dantlinger; Grüneis (52. Spitzer), Ruttensteiner (60. Focic), Lipa, Batricevic, Huyer; Keglevits, Mraz.
Linzer Stadion; 5.000; Holzmann
Tor: Hofmann (63.)

**13. Runde – 9. 6. 1993**
**LASK – Mödling 1:1 (1:1)**
LASK: Schicklgruber; Kartalija; Enzenebner (25. Spitzer), Hochmaier; Grüneis, Batricevic, Focic, Lipa (75. Ruttensteiner), Huyer; Luksch, Keglevits.
Linzer Stadion; 2.000; Grabher
Tor: Rühmkorf (22.), Keglevits (25.)

**14. Runde – 12. 6. 1993**
**GAK – LASK 1:1 (0:0)**
LASK: Schicklgruber; Kartalija; Grüneis, Dantlinger; Ruttensteiner, Hochmaier, Batricevic (66. Untersteiner), Lipa (56. Spitzer), Huyer; Luksch, Focic.
Casino-Stadion; 1.200; Kaupe
Tore: Glieder (53.), Luksch (90.)

## Saison 1993/94 – 2. Division

| | | | | | | | |
|---|---|---|---|---|---|---|---|
| 1. | **LASK** | 30 | 24 | 4 | 2 | 65:16 | 52 |
| 2. | FC Linz | 30 | 19 | 6 | 5 | 64:31 | 44 |
| 3. | GAK | 30 | 19 | 5 | 6 | 63:20 | 43 |
| 4. | SV Ried | 30 | 15 | 7 | 8 | 52:39 | 37 |
| 5. | SV Spittal/Drau | 30 | 12 | 9 | 9 | 64:37 | 33 |
| 6. | Vienna | 30 | 12 | 8 | 10 | 35:32 | 32 |
| 7. | SV Stockerau | 30 | 11 | 10 | 9 | 43:46 | 32 |
| 8. | FC Puch | 30 | 10 | 11 | 9 | 44:35 | 31 |
| 9. | SV Oberwart | 30 | 9 | 10 | 11 | 33:34 | 28 |
| 10. | DSV Leoben | 30 | 10 | 8 | 12 | 33:40 | 28 |
| 11. | FC Kufstein | 30 | 10 | 8 | 12 | 31:38 | 28 |
| 12. | SV Braunau | 30 | 9 | 9 | 12 | 38:39 | 27 |
| 13. | Wiener Neustadt | 30 | 10 | 3 | 17 | 37:70 | 23 |
| 14. | FavAC | 30 | 6 | 7 | 17 | 31:64 | 19 |
| 15. | WSG Wattens | 30 | 3 | 7 | 20 | 25:67 | 13 |
| 16. | SC Krems | 30 | 2 | 6 | 22 | 16:66 | 10 |

**1. Runde – 7. 8. 1993**
**Stockerau – LASK 1:0 (1:0)**
LASK: Schicklgruber; Grüneis, Kartalija, Enzenebner; Lorenz, Linzmaier, Gutlederer, Metlitskij, Stromberger; T. Weissenberger, Niederbacher (65. Nemeth).
Alte Au; 1.500; Lerchenmüller
Tor: Schober (25.)

**2. Runde – 11. 8. 1993**
**LASK – Vienna 2:1 (2:1)**
LASK: Schicklgruber; Grüneis, Kartalija, Enzenebner, Lorenz, Gutlederer, Linzmaier, Nemeth, Stromberger; T. Weissenberger, Niederbacher (85. Luksch).
Linzer Stadion; 4.000; Kastner
Tore: Weissenberger (20.), Linzmaier (39.); Wieger (10.)

**3. Runde – 14. 8. 1993**
**Wiener Neustadt – LASK 1:3 (1:2)**
LASK: Schicklgruber; Grüneis, Kartalija, Gutlederer; Steininger (80. Luksch), Lorenz, Stromberger, Linzmaier, Nemeth; T. Weissenberger, Niederbacher.
Wr. Neustadt; 6.000; Benkö
Tore: Kartalija (43 Figentor); Niederbacher (36.), Lorenz (44., 68.)

**4. Runde – 21. 8. 1993**
**LASK – GAK 3:1 (2:1)**
LASK: Schicklgruber; Grüneis (84. Enzenebner), Kartalija, Gutlederer; Stromberger, Lorenz (90. Luksch), Linzmaier, Hochmaier, Nemeth; T. Weissenberger, Niederbacher.
Linzer Stadion; 3.000; Haas
Tore: Niederbacher (9.), Lorenz (45.), Hochmaier (86.); Vulic (20. Elfmeter)

**5. Runde – 28. 8. 1993**
**Spittal/Drau – LASK 2:3 (0:0)**
LASK: Schicklgruber; Grüneis, Kartalija, Hochmaier (70. Luksch); Lorenz, Linzmaier, Stromberger (19. Enzenebner), Metlitskij, Nemeth; T. Weissenberger, Niederbacher.
Spittal, 1.300; Winklbauer
Tore: Freissegger (58., 80. Elfmeter); Niederbacher (47.), T. Weissenberger (57., 65.)

**6. Runde – 4. 9. 1993**
**LASK – FC Linz 2:1 (0:1)**
LASK: Schicklgruber; Enzenebner (86. Luksch), Kartalija, Grubor, Nemeth; Lorenz, Grüneis, Hochmaier, Metlitskij; T. Weissenberger, Niederbacher.
Linzer Stadion; 11.000; Sedlacek
Tore: Metlitskij (80.), T. Weissenberger (87.); Stumpf (11.)

**7. Runde – 18. 9. 1993**
**SV Ried – LASK 2:2 (1:1)**
LASK: Schicklgruber; Grüneis, Enzenebner (46. Steininger); Gutlederer, Hochmaier, Metlitskij, Grubor, Nemeth; T. Weissenberger, Lorenz.
Rieder Stadion; 9.500; Steindl
Tore: Laux (18.), Bichler (89.); Kartalija (47.), Weissenberger (65.)

**8. Runde – 25. 9. 1993**
**LASK – FavAC 3:0 (0:0)**
LASK: Schicklgruber; Enzenebner (46. Luksch), Kartalija, Grubor, Grüneis, Gutlederer, Hochmaier, Metlitskij, Nemeth; Lorenz (84. Steininger), T. Weissenberger.
Linzer Stadion; 4.500; Almer
Tore: Metlitskij (54. Elfmeter), Hochmaier (62.), Weissenberger (73.)

**9. Runde – 2. 10. 1993**
**Wattens – LASK 0:1 (0:0)**
LASK: Schicklgruber; Grüneis, Kartalija, Grubor; Steininger (46. Niederbacher), Gutlederer, Hochmaier, Metlitskij, Nemeth; Lorenz T. Weissenberger (79. Luksch).
Wattens; 800; Kratzer
Tor: Luksch (86.)

**10. Runde – 9. 10. 1993**
**LASK – DSV Leoben 3:0 (1:0)**
LASK: Schicklgruber; Hochmaier, Kartalija, Grubor; Grüneis, Linzmaier (77. Steininger), Gutlederer, Metlitskij, Nemeth; Lorenz Niederbacher (59. Luksch).
Linzer Stadion; 4.500; Staudinger
Tore: Metlitskij (3., 66.), Lorenz (77.)

**11. Runde – 23. 10. 1993**
**Oberwart – LASK 0:3 (0:3)**
LASK: Schicklgruber; Hochmaier, Kartalija, Grubor; Lorenz, Linzmaier, Metlitskij, Gutlederer, Nemeth; Weissenberger, Sabitzer.
Oberwart; 1.500; Wieser
Tore: Weissenberger (8., 34.), Sabitzer (11.)

**12. Runde – 30. 10. 1993**
**LASK – FC Puch 0:0**
LASK: Schicklgruber; Hochmaier, Kartalija, Grubor (74. Niederbacher); Lorenz, Gutlederer, Linzmaier, Metlitskij, Nemeth; Sabitzer, Weissenberger.
Linzer Stadion; 5.000; Kaimbacher

**13. Runde – 6. 11. 1993**
**Kremser SC – LASK 0:2 (0:2)**
LASK: Schicklgruber; Hochmaier, Kartalija, Grubor; Lorenz, Linzmaier, Gutlederer (87. Enzenebner), Stromberger, Nemeth; Weissenberger, Sabitzer (76. Niederbacher).
Krems; 1.500; Kratzer
Tore: T. Weissenberger (25., 39.)

**14. Runde – 14. 11. 1993**
**Braunau – LASK 0:3 (0:2)**
LASK: Schicklgruber; Hochmaier, Kartalija, Grubor (55. Grüneis); Lorenz, Linzmaier, Metlitskij, Gutlederer, Nemeth; Sabitzer, Weissenberger (70. Niederbacher).
Braunau; 4.000; Stuchlik
Tore: Grubor (18.), Linzmaier (32.), Lorenz (68. Elfmeter)

**15. Runde – 20. 11. 1993**
**LASK – Kufstein 7:0 (3:0)**
LASK: Schicklgruber; Hochmaier, Kartalija, Grubor; Lorenz, Linzmaier, Metlitskijger (72. Gutlederer), Metlitskij,Nemeth; Sabitzer (64. Grüneis), Niederbacher.
Linzer Stadion; 3.500; Brugger
Tore: Sabitzer (7.), Hochmaier (21., 71.), Niederbacher (45., 81.), Lorenz (56.), Metlitskij (84.)

**16. Runde – 12. 3. 1994**
**LASK – Stockerau 3:0 (1:0)**
LASK: Schicklgruber; Grubor, Kartalija, Hochmaier; Lorenz, Linzmaier, Stromberger (68. Gutlederer), Metlitskij, Nemeth; T. Weissenberger, Sabitzer (60. Niederbacher).
Linzer Stadion; 5.000; Plautz
Tore: Hochmaier (8.), Weissenberger (52.), Niederbacher (67.)

**17. Runde – 19. 3. 1994**
**Vienna – LASK 0:3 (0:0)**
LASK: Schicklgruber; Grubor, Kartalija, Hochmaier; Lorenz, Linzmaier, Metlitskij, Nemeth (53. Gutlederer); T. Weissenberger, Sabitzer (72. Niederbacher).
Hohe Warte; 800; Haas
Tore: Metlitskij (60.), Lorenz (75.), T. Weissenberger (76.)

**18. Runde – 26. 3. 1994**
**LASK – Wiener Neustadt 1:0 (1:0)**
LASK: Schicklgruber; Hochmaier, Kartalija, Grubor; Lorenz, Linzmaier (19. Gutlederer), Stromberger, Metlitskij, Nemeth; T. Weissenberger (46. Niederbacher), Sabitzer.
Linzer Stadion; 4.500; Sowa
Tor: Metlitskij (24.)

**19. Runde – 6. 4. 1994**
**GAK – LASK 0:0**
LASK: Schicklgruber; Hochmaier, Kartalija, Grubor; Lorenz, Linzmaier, Nemeth, Stromberger, Gutlederer; Sabitzer, T. Weissenberger (87. Luksch).
GAK-Platz; 2.500; Kaimberger

**20. Runde – 9. 4. 1994**
**LASK – Spittal/Drau 1:0 (0:0)**
LASK: Schicklgruber; Hochmaier, Kartalija, Grubor (87. Luksch); Lorenz, Linzmaier, Gutlederer, Stromberger, Nemeth; T. Weissenberger (75. Niederbacher), Sabitzer.
Linzer Stadion; 5.000; Liebert
Tor: Sabitzer (46.)

**21. Runde – 16. 4. 1994**
**FC Linz – LASK 1:2 (0:1)**
LASK: Schicklgruber; Hochmaier, Kartalija, Grubor, Lorenz, Linzmaier, Nemeth, Stromberger, Gutlederer; Sabitzer, T. Weissenberger (87. Luksch).
Linzer Stadion; 15.000; Wieser
Tore: Sabitzer (35., 54.); Seeber (70.)

**22. Runde – 23. 4. 1994**
**LASK – SV Ried 1:0 (0:0)**
LASK: Schicklgruber; Hochmaier, Kartalija, Grubor; Lorenz, Linzmaier, Nemeth, Stromberger, Gutlederer; Sabitzer, T. Weissenberger (87. Luksch).
Linzer Stadion; 7.000; Stuchlik
Tor: T. Weissenberger (82.)

**23. Runde – 30. 4. 1994**
**FavAC – LASK 3:0 (0:0)**
LASK: Schicklgruber; Hochmaier, Kartalija, Grubor; Lorenz, Gutlederer, Stromberger, Linzmaier, Micheu (46. Steininger); T. Weissenberger (65. Luksch), Niederbacher.
FavAC-Platz; 700; Seyer
Tore: Stary (58.), Strasser (59.), Kolowrat (78.)

**24. Runde – 3. 5. 1994**
**LASK – Wattens 3:0 (1:0)**
LASK: Schicklgruber; Hochmaier, Kartalija, Grubor; Gutlederer (65. Niederbacher), Linzmaier, Stromberger, Metlitskij, Lorenz; T. Weissenberger, Sabitzer (77. Luksch).
Linzer Stadion; 900; Brugger
Tore: Sabitzer (16.), Grubor (55.), Niederbacher (71.)

**25. Runde – 7. 5. 1994**
**DSV Leoben – LASK 0:3 (0:2)**
LASK: Schicklgruber; Hochmaier, Kartalija, Grubor; Gutlederer (75. Micheu), Linzmaier, Metlitskij, Stromberger, Lorenz; T. Weissenberger, Sabitzer (61. Niederbacher).
Leoben: 1.500; Kastner
Tore: Sabitzer (25., 39.), Lorenz (57.)

**26. Runde – 14. 5. 1994**
**LASK – Oberwart 0:0**
LASK: Schicklgruber; Hochmaier, Kartalija, Grubor; Gutlederer Metlitskij, Stromberger (63. Micheu), Lorenz; T. Weissenberger, Sabitzer, Niederbacher (70. Steininger).
Linzer Stadion; 2.200; Scheuhammer

**27. Runde – 21. 5. 1994**
**FC Puch – LASK 1:4 (1:1)**
LASK: Walker; Gutlederer (72. Enzenebner), Kartalija, Hochmaier, Lorenz, Linzmaier, Stromberger, Metlitskij, Micheu; T. Weissenberger (72. Niederbacher), Sabitzer.
Puch; 700; Almer
Tore: Hofer (26.); Metlitskij (2., 53.), T. Weissenberger (68.), Linzmaier (75.)

**28. Runde – 28. 5. 1994**
**LASK – SC Krems 4:1 (2:1)**
LASK: Walker; Hochmaier, Kartalija, Grubor; Lorenz, Linzmaier (46. Niederbacher), Stromberger, Metlitskij, Micheu; T. Weissenberger, Sabitzer (61. Steininger).
Linzer Stadion; 2.500; Kaimbacher
Tore: Metlitskij (29.), Micheu (44.), Niederbacher (71.), Stromberger (84.); Herzog (11.)

**29. Runde – 4. 6. 1994**
**LASK -Braunau 2:1 (1:0)**
LASK: Schicklgruber; Hochmaier, Kartalija, Grubor; Steininger, Linzmaier, Stromberger, Metlitskij, Micheu; Niederbacher, Sabitzer (63. Luksch).
Linzer Stadion; 2.000; Brugger
Tore: Steininger (38.), Linzmaier (82.); Möseneder (66. Elfmeter)

**30. Runde – 8. 6. 1994**
**Kufstein – LASK 0:1 (0:0)**
LASK: Walker; Hochmaier, Grubor, Linzmaier, Sabitzer (30. Steininger), Stromberger, Metlitskij, Micheu (17. Nemeth), Lorenz, Niederbacher.
Kufstein; 800; Liebert
Tor: Weidner (46. Eigentor)

| Saison 1994/95 – Bundesliga | | | | | | |
|---|---|---|---|---|---|---|
| 1. | Austria Salzburg | 36 | 15 | 17 | 4 | 48 : 24 | 47 |
| 2. | Sturm Graz | 36 | 18 | 11 | 7 | 58 : 41 | 47 |
| 3. | Rapid | 36 | 19 | 8 | 9 | 63 : 50 | 46 |
| 4. | Austria Wien | 36 | 16 | 11 | 9 | 58 : 38 | 43 |
| 5. | FC Tirol Innsbruck | 36 | 15 | 10 | 11 | 61 : 44 | 40 |
| **6.** | **LASK** | **36** | **14** | **11** | **11** | **51 : 44** | **39** |
| 7. | Admira/Wacker | 36 | 11 | 11 | 14 | 48 : 55 | 33 |
| 8. | Vorwärts Steyr | 36 | 9 | 11 | 16 | 40 : 49 | 29 |
| 9. | FC Linz | 36 | 5 | 10 | 21 | 33 : 81 | 20 |
| 10. | Vfb Mödling | 36 | 4 | 8 | 24 | 28 : 62 | 16 |

**1 . Runde – 3. 8. 1994**
**LASK – Salzburg 0:0**
LASK: Walker; Kartalija; Grüneis, Hochmaier; Russ, Linzmaier, Stromberger, Metlitskij, Lorenz; Ramusch, Sabitzer.
Linzer Stadion; 18.000; Grabher

**2. Runde – 5., 6. 8. 1994**
**FC Linz – LASK 1:1 (0:1)**
LASK: Walker; Grüneis, Kartalija, Hochmaier; Russ (70. Weissenberger), Linzmaier, Metlitskij, Stromberger, Lorenz; Sabitzer, Ramusch.
Linzer Stadion; 14.000; Wieser
Tore: Sabitzer (26.), Stumpf (53.)

**3. Runde – 12., 13. 8. 1994**
**LASK – Austria Wien 1:1 (0:0)**
LASK: Walker; Grüneis, Kartalija, Hochmaier; Russ (64. Micheu), Linzmaier (89. Steininger), Stromberger, Metlitskij, Lorenz; Sabitzer, Ramusch.
Linzer Stadion; 12.000; Scheuhammer
Tore: Sabitzer (74.), Kogler (80.)

**4. Runde – 19., 29., 21. 8. 1994**
**Vorwärts Steyr – LASK 0:3 (0:2)**
LASK: Walker; Grüneis, Kartalija, Russ, Linzmaier (88. Steininger), Stromberger, Metlitskij, Lorenz; Ramusch, Sabitzer, Th. Weissenberger.
Steyr; 8.000; Benkö
Tore: Sabitzer (25., 86.), Th. Weissenberger (38.)

**5. Runde – 27. 8. 1994**
**LASK – Mödling 2:2 (0:2)**
LASK: Walker; Russ, Kartalija, Grüneis; Stromberger, Linzmaier, Lorenz, Metlitskij, Steininger (70. Micheu); Th. Weissenberger, Ramusch.
Linzer Stadion; 6.000; Plautz
Tore: Metlitskij (49.), Linzmaier (52.), Brauneder (11.), Guggi (12.)

**6. Runde – 30., 31. 8. 1994**
**Innsbruck – LASK 1:0 (1:0)**
LASK: Schicklgruber; Kartalija; Micheu, Grüneis; Russ, Ramusch, Metlitskij, Linzmaier, Lorenz; Weissenberger, Sabitzer.
Tivoli; 10.000; Stuchlik
Tor: Sane (45.)

**7. Runde – 3. 9. 1994**
**Sturm Graz – LASK 1:0 (0:0)**
LASK: Schicklgruber; Grüneis, Kartalija, Micheu; Russ, Ramusch, Linzmaier, Metlitskij, Lorenz (81. Steininger); Th. Weissenberger, Sabitzer.
Sturm-Platz; 6.000; Hänsel
Tor: Haas (83.)

**8. Runde – 16., 17. 9. 1994**
**LASK – Rapid 1:3 (1:0)**
LASK: Schicklgruber; Grüneis, Russ, Micheu; Steininger, Linzmaier, Stromberger, Lorenz, Ramusch; Wolfinger (78. Kirchschlager), Th. Weissenberger (5. Dibold).
Linzer Stadion; 7.000; Grabher
Tore: Ramusch (8.), Pürk (48.), Hatz (63.), Mandreko (84.)

**9. Runde – 21. 9. 1994**
**Admira/Wacker – LASK 1:1 (1:1)**
LASK: Schicklgruber; Hochmaier, Russ, Micheu (46. Steininger); Grüneis, Haiden, Stromberger, Metlitskij, Linzmaier; Ramusch, Lorenz.
Südstadt; 500; Almer
Tore: Mayrleb (13.), Metlitskij (13.)

**10. Runde – 23., 24. 9. 1994**
**LASK – Admira/Wacker 2:0 (1:0)**
LASK: Schicklgruber; Grüneis, Kartalija, Hochmaier, Russ, Stromberger (26. Haiden), Linzmaier, Metlitskij, Lorenz; Ramusch, Sabitzer (88. Micheu).
Linzer Stadion; 5.500; Winkelbauer
Tore: Lorenz (11.), Sabitzer (75.)

**11. Runde – 30. 9., 1., 2. 10. 1994**
**Salzburg – LASK 1:2 (0:1)**
LASK: Schicklgruber; Kartalija; Grüneis, Hochmaier; Russ, (26. Haiden); Linzmaier, Metlitskij, Lorenz; Ramusch, Sabitzer (90. Micheu).
Lehen; 11.000; Stuchlik
Tore: Kartalija (9.), Ramusch (59.), Pfeifenberger (91. Elfmeter)

**12. Runde – 5., 6. 10. 1994**
**LASK – FC Linz 0:2 (0:1)**
LASK: Schicklgruber; Kartalija; Grüneis, Hochmaier, Russ, Haiden (46. Bosnijak), Stromberger, Linzmaier (2. Micheu), Lorenz; Weissenberger, Ramusch.
Linzer Stadion; 11.000; Sedlacek
Tore: Gschnaidtner (32.), Waldhör (80.)

**13. Runde – 14., 15. 10. 1994**
**Austria Wien – LASK 1:0 (0:0)**
LASK: Schicklgruber; Grüneis, Kartalija, Hochmaier, Russ, Ramusch, Stromberger, Lorenz, Micheu; Weissenberger, Sabitzer.
Horr-Stadion; 2.500; Fabian
Tor: Mjelde (60.)

**14. Runde – 22., 23. 10. 1994**
**LASK – Vorwärts Steyr 1:1 (0:0)**
LASK: Schicklgruber; Hochmaier; Grüneis, Micheu; Kartalija,; Russ, Haiden, Stromberger, Ramusch, Lorenz; Weissenberger, Sabitzer.
Linzer Stadion; 8.000; Steindl
Tore: Ramusch (88.), Azima (90.)

**15. Runde – 28., 29. 10. 1994**
**Mödling – LASK 1:2 (0:1)**
LASK: Schicklgruber; Grüneis, Kartalija, Hochmaier, Russ, Metlitskij, Stromberger, Haiden, Lorenz; Ramusch, Sabitzer.
Mödling; 300; Brugger
Tore: Brauneder (66.), Hochmaier (41.), Sabitzer (46.)

**16. Runde – 5., 6. 11. 1994**
**LASK – FC Tirol 1:1 (0:0)**
LASK: Schicklgruber; Kartalija; Grüneis, Hochmaier; Russ, Linzmaier (60. Haiden), Stromberger, Metlitskij, Lorenz, Ramusch, Sabitzer (71. Gurinovic).
Linzer Stadion; 12.000; Winklbauer
Tore: Danek (80.), Stromberger (82.)

**17. Runde – 19. 11. 1994**
**LASK – Sturm Graz 3:0 (1:0)**
LASK: Schicklgruber; Kartalija; Grüneis, Hochmaier; Russ, Haiden (66. Gurinovic), Stromberger Metlitskij, Lorenz (88. Micheu); Ramusch, Sabitzer.
Linzer Stadion; 5.000; Plautz
Tore: Sabitzer (30.), Metlitskij (83. ), Gurinovic (84.)

**18. Runde – 26., 27. 11. 1994**
**Rapid – LASK 1:2 (1:2)**
LASK: Schicklgruber; Kartalija, Grüneis, Hochmaier; Russ, Haiden (90. Micheu); Stromberger, Metlitskij, Lorenz; Ramusch, Sabitzer.
Hanappi-Stadion; 9.000; Lerchenmüller
Tore: Sabitzer (6.), Kühbauer (9.), Stromberger (19.)

**19. Runde – 4., 5., 14. 3. 1995**
**Salzburg – LASK 0:0**
LASK: Schicklgruber; Kartalija, Grüneis, Hochmaier; Russ, Haiden (77. Lorenz), Stromberger, Metlitskij, Haiden; Ramusch, Sabitzer, Gurinovic.
Lehen; 13.000; Sedlacek

**20. Runde – 10., 11. 3. 1995**
**LASK – Sturm Graz 1:2 (1:1)**
LASK: Schicklgruber; Kartalija, Hochmaier, Micheu (61.Grüneis); Ramusch, Linzmaier (71. Lorenz), Stromberger, Metlitskij, Haiden; Weissenberger, Sabitzer.
Linzer Stadion; 4.500; Stuchlik
Tore: Friesenbichler (24.), Metlitskij (45.), Schopp (78.)

**21. Runde – 17., 18. 3. 1995**
**Admira/Wacker – LASK 1:1 (0:0)**
LASK: Schicklgruber; Kartalija, Russ, Hochmaier, Ramusch, (71. Lorenz), Metlitskij, Linzmaier, Haiden; Sabitzer, Gurinovic (60.Weissenberger).
Südstadt; 600; Haas
Tore: Hans Kogler (53.), Lorenz (78.)

**22. Runde – 21., 22. 3. und 4. 4. 1995**
**LASK – Austria Wien 1:0 (1:0)**
LASK: Schicklgruber; Kartalija, Grüneis, Hochmaier, Russ, Linzmaier, Stromberger, Metlitskij, Ramusch; Weissenberger (87. Haiden) Sabitzer.
Linzer Stadion; 6.000; Lerchenmüller
Tor: Sabitzer (34.)

**23. Runde – 24.25. 3. 1995**
**Vorwärts Steyr – LASK 2:2 (2:1)**
LASK: Schicklgruber; Kartalija, Grüneis, Hochmaier (35. Haiden); Russ, Linzmaier (73. Gurinovic), Stromberger, Metlitskij, Ramusch; Th. Weissenberger, Sabitzer.
Steyr; 6.500; Finzinger
Tore: Ramusch (5.), Vukovic (38.), Berchtold (44.), Kartalija (94.)

**24. Runde – 1., 2. 4. 1995**
**LASK – FC Tirol 2:0 (0:0)**
LASK: Schicklgruber; Kartalija, Grüneis, Micheu; Russ, Linzmaier, Stromberger, Metlitskij (90. Haiden), Ramusch; Th. Weissenberger, Sabitzer (86. Lorenz).
Linzer Stadion; 7.000; Benkö
Tore: Sabitzer (69.), Ramusch (88.)

**25. Runde – 7., 8. 4. 1995**
**Mödling – LASK 0:1 (0:0)**
LASK: Schicklgruber; Kartalija, Grüneis, Micheu (85. Steininger); Russ, Ramusch, Metlitskij, Linzmaier, Lorenz; Sabitzer, Th. Weissenberger (65. Gurinovic).
Mördling; 400; Winkelbauer
Tor: Russ (77.)

**26. Runde – 11., 12. 4. 1995**
**LASK – FC Linz 3:1 (1:1)**
LASK: Schicklgruber; Kartalija, Russ, Micheu; Ramusch, Haiden, Linzmaier, Metlitskij, Lorenz; Th. Weissenberger (86. Gurinovic), Sabitzer (90. Steininger).
Linzer Stadion; 15.000; Schüttengruber
Tore: Weissenberger (8., 50.), Brunmayr (22.), Russ (91.)

**27. Runde – 21., 22. 4. 1995**
**LASK – Rapid 1:2 (0:1)**
LASK: Schicklgruber; Kartalija, Grüneis, Hochmaier; Russ, Linzmaier, Stromberger (58. Haiden), Metlitskij, Ramusch;

Th. Weissenberger (79. Gurinovic), Sabitzer.
Linzer Stadion; 16.000; Ritzinger
Tore: Jermanis (23.), Sabitzer (79.), Mandreko (81.)

**28. Runde – 28., 29. 4. 1995**
**Rapid – LASK 3:0 (3:0)**
LASK: Schicklgruber; Kartalija; Hochmaier, Micheu; Russ, Haiden, Linzmaier, Metlitskij, Lorenz; Sabitzer (81. Steininger), Ramusch.
Hanappi-Stadion; 12.500; Scheuhammer
Tore: Pürk (12.), Kühbauer (33.), Guggi (40.)

**29. Runde – 5., 6. 5. 1995**
**LASK – Austria Salzburg 2:0 (1:0)**
LASK: Schicklgruber; Kartalija; Hochmaier, Micheu; Russ, Steininger, Metlitskij, Haiden, Lorenz; Ramusch, Sabitzer.
Linzer Stadion; 18.000; Plautz
Tore: Russ (42.), Lainer (72. Eigentor)

**30. Runde – 9. 5. 1995**
**Austria Wien – LASK 2:0 (1:0)**
LASK: Schicklgruber; Kartalija; Hochmaier, Micheu; Ramusch,. Steininger, Linzmaier, Haiden, Lorenz; Gurinovic (58. Weissenberger), Sabitzer.
Horr-Stadion; 3.000; Lerchenmüller
Tore: Mjedle (32.), Prosenik (63.)

**31. Runde – 12., 13. 5. 1995**
**Sturm Graz – LASK 3:3 (0:0)**
LASK: Schicklgruber; Kartalija; Grüneis, Micheu (36. Dibold); Steininger, Ramusch, Linzmaier, Metlitskij, Lorenz; Weissenberger, Sabitzer.
Sturm-Platz; 5.000; Wieser
Tore: Linzmaier (53.), Metlitskij (60. Elfmeter), Ramusch (76.), Toth (79.), Schopp (84.), Vastic (88.)

**32. Runde – 20. 5. 1995**
**LASK – Admira/Wacker 1:2 (0:1)**
LASK: Schicklgruber; Kartalija; Haiden, Hochmaier; Gurinovic, Ramusch, Linz-

maier, Metlitskij, Lorenz (46. Dibold), Th. Weissenberger, Sabitzer.
Linzer Stadion; 3.000; Brugger
Tore: Gager (31.), Th. Weissenberger (55.), Suominen (74.)

**33. Runde – 26., 27. 5. 1995**
**LASK – Vorwärts Steyr 2:1 (1:0)**
LASK: Schicklgruber; Kartalija; Russ, Hochmaier; Micheu; Lorenz, Haiden, Metlitskij, Linzmaier, Dibold; Gurinovic, Th. Weissenberger (88. Kirchschläger).
Linzer Stadion; 3.000; Hänsel
Tore: Gurinovic (44.), Krinner (53.), Metlitskij (75. Elfmeter)

**34. Runde – 2., 3. 6. 1995**
**FC Tirol – LASK 6:1 (0:1)**
LASK: Walker; Kartalija; Russ, Haiden; Lorenz, Steininger, Metlitskij, Linzmaier, Gurinovic, Dibold (57. Kirchschläger); Th. Weissenberger.
Tivoli; 1.000; Sedlacek
Tore: Linzmaier (11.), Janeschitz (54., 80.), Sane (59., 73.), Kirchler (61.), Poiger (81.)

**35. Runde – 14. 6. 1995**
**LASK – Mödling 4:1 (1:0)**
LASK: Walker; Kartalija; Russ (76. Micheu), Hochmaier; Steininger, Linzmaier, Haiden, Metlitskij, Lorenz; Th. Weissenberger, Gurinovic.
Linzer Stadion; 600; Ritzinger
Tore: Linzmaier (43., 59.), Gurinovic (53.), Russ (75.), Aberle (88.)

**36. Runde – 17. 6. 1995**
**FC Linz – LASK 0:4 (0:2)**
LASK: Walker; Kartalija; Russ, Hochmaier (46. Micheu); Russ, Haiden, Linzmaier, Metlitskij, Lorenz; Th. Weissenberger, Gurinovic (46. Steininger).
Linzer Stadion; 4.500; Haas
Tore: Gurinovic (5.), Haiden (14., 77.), Th. Weissenberger (85.)

| Saison 1995/96 – Bundesliga | | | | | | | |
|---|---|---|---|---|---|---|---|
| 1. | Rapid | 36 | 22 | 7 | 7 | 68 : 38 | 73 |
| 2. | Sturm Graz | 36 | 20 | 7 | 9 | 61 : 35 | 67 |
| 3. | FC Tirol Innsbruck | 36 | 18 | 8 | 10 | 64 : 40 | 62 |
| 4. | GAK | 36 | 14 | 15 | 7 | 46 : 36 | 57 |
| 5. | Austria Wien | 36 | 14 | 9 | 13 | 42 : 35 | 51 |
| **6.** | **LASK** | **36** | **13** | **9** | **14** | **36 : 35** | **48** |
| 7. | SV Ried | 36 | 11 | 14 | 11 | 47 : 53 | 47 |
| 8. | Austria Salzburg | 36 | 10 | 14 | 12 | 53 : 51 | 44 |
| 9. | Admira/Wacker | 36 | 7 | 13 | 16 | 35 : 61 | 34 |
| 10. | Vorwärts Steyr | 36 | 0 | 6 | 30 | 25 : 93 | 6 |

**1. Runde – 2. 8. 1995**
**Salzburg – LASK 1:1 (0:0)**
LASK: Krassnitzer; Kartalija; Grüneis, M. Unger; Russ, Kauz (73. Haiden), Metlitskij, Duspara, Lorenz; T. Weissenberger (81. Ecker), Gussnig.
Lehen; 13.000; Sedlacek
Tore: Hasenhüttl (87.); Duspara (57.)

**2. Runde – 5. 8. 1995**
**LASK – SV Ried 1:1 (1:1)**
LASK: Krassnitzer; Kartalija; Grüneis, M. Unger; Russ, Kauz (73. Haiden (66. Lorenz), Duspara; T. Weissenberger (80. Ecker), Gussnig.
Linzer Stadion; 12.000; Scheuhammer
Tore: Kauz (28.); Dampfhofer (3.)

**3. Runde – 12. 8. 1995**
**Austria Wien – LASK 0:1 (0:0)**
LASK: Schicklgruber; Kartalija; Grüneis, M. Unger; Russ, Hochmaier, Metlitskij, Duspara (76. Rohseano), Haiden; Weissenberger (81. Lorenz), Kauz.
Horr-Stadion; 3.000; Fabian
Tor: T. Weissenberger (61.)

**4. Runde – 19. 8. 1995**
**LASK – GAK 0:0**
LASK: Schicklgruber; Kartalija; Grüneis (76. Lorenz), M. Unger; Russ, Kauz, Hochmaier, Metlitskij, Duspara; T. Weissenberger, M. Weissenberger (59. Gussnig).
Linzer Stadion; 8.000; Plautz

**5. Runde – 26. 8. 1995**
**FC Tirol Innsbruck – LASK 2:1 (1:0)**
LASK: Schicklgruber; Kartalija; Grüneis; Russ, Hochmaier, Metlitskij (68. Lorenz), Kauz, Duspara; M. Weissenberger (72. Gussnig); T. Weissenberger.
Tivoli; 5.000; Winkelbauer
Tore: Janeschitz (1.), Sane (74.); Russ (79.)

**6. Runde – 30. 8. 1995**
**LASK – Vorwärts Steyr 1:0 (1:0)**
LASK: Schicklgruber; Hochmaier, Kartalija, Haiden (75. Rohseano); Lorenz (55. Grüneis), Russ, Kauz, Metlitskij, Duspara (72. M. Unger), M. Weissenberger).
Linzer Stadion; 9.000; Lerchenmüller
Tor: Kauz (34.)

**7. Runde – 16. 9. 1995**
**Rapid – LASK 1:1 (1:1)**
LASK: Schicklgruber; Kartalija; Unger; Haiden, Russ, Metlitskij Duspara, Lorenz (9. Grüneis), Kauz; T. Weissenberger, M. Weissenberger (83. Gussnig).
Hanappi-Stadion; 8.500; Winkelbauer
Tore: Kühbauer (43.); M. Weissenberger (4.)

**8. Runde – 20. 9. 1995**
**LASK – Admira 2:0 (1:0)**
LASK: Schicklgruber; Grüneis, Kartalija, Unger; Russ, Haiden (80. Rohseano), Metlitskij, Duspara; T. Weissenberger, M. Weissenberger, Gussnig (67. Ecker).
Linzer Stadion; 6.000; Fabian
Tore: Metlitskij (45.), M. Weissenberger (74.)

**9. Runde – 23. 9. 1995**
**LASK – Sturm Graz 2:1 (1:0)**
LASK: Schicklgruber; Kartalija; Unger, Grüneis, Russ, Kauz (62. Haiden), Stromberger, Metlitskij, Duspara, M. Weissenberger (90. Rohseano); T. Weissenberger (82. Gussnig).
Linzer Stadion; 9.000; Sedlacek
Tore: M. Weissenberger (43.), Metlitskij (46.); M. Haas (62.)

**10. Runde – 3. 10. 1995**
**Sturm Graz – LASK 3:1 (1:0)**
LASK: Schicklgruber; Hochmaier, Kartalija, Unger; Haiden (83. Ecker), Metlitskij, Stromberger, Kauz (71. Gussnig); Russ; M. Weissenberger , T. Weissenberger.
Sturm-Platz; 6.000; Hänsel
Tore: Milanic (9., 60.), Wetl (48.); Haiden (58.)

**11. Runde – 6. 10. 1995**
**LASK – Salzburg 0:0**
LASK: Schicklgruber; Kartalija; Hochmaier, Unger; Russ, Kauz (73. Lorenz), Stromberger, Metlitskij, Haiden; T. Weissenberger (75. Gussnig), M. Weissenberger.
Linzer Stadion; 16.000; Stuchlik

**12. Runde – 14. 10. 1995**
**SV Ried – LASK 1:0 (0:0)**
LASK: Schicklgruber; Kartalija; Unger, Grüneis; Russ, Kauz (77. Gussnig), Stromberger, Metlitskij, Haiden (46. Lorenz); T. Weissenberger (46. Ecker), M. Weissenberger.
Ried; 9.200; Sedlacek
Tor: Lesiak (77.)

**13. Runde – 21. 10. 1995**
**LASK – Austria Wien 0:1 (0:1)**
LASK: Schicklgruber; Kartalija; Grüneis, Unger; Russ (56. Lorenz), Hochmaier (69. Gussnig), Stromberger, Metlitskij, M. Weissenberger; T. Weissenberger (39. Ecker), Duspara.
Linzer Stadion; 8.000; Hänsel
Tor: Mjelde (17.)

**14. Runde – 28. 10. 1995**
**GAK – LASK 1:0 (0:0)**
LASK: Schicklgruber; Kartalija; Unger, Hochmaier; Ecker (73. Lorenz), Russ, Metlitskij, Kauz, M. Weissenberger; Rohseano (77. Haiden), T. Weissenberger.
Casino-Stadion; 5.000; Seyer
Tor: Ramusch (83.)

**15. Runde – 4. 11. 1995**
**LASK – FC Tirol 1:2 (1:1)**
LASK: Schicklgruber; Kartalija, Russ, Unger; Kauz (77. Rohseano), Duspara, Stromberger, Metlitskij, M. Weissenberger (70. Lorenz); T. Weissenberger, Gussnig.
Linzer Stadion; 4.000; Benkö
Tore: Kauz (30.); Schiener (25.), Kitzbichler (66.)

**16. Runde – 11. 11. 1995**
**Vorwärts Steyr – LASK wegen Flutlichtschadens bei 0:2 abgebrochen (74.) 0:3 gewertet**
LASK: Schicklgruber; Unger, Kartalija, Russ; Ecker (71. Rohseano), Stromberger, Duspara, Haiden (59. Lorenz), M. Weissenberger; Dubajic, T. Weissenberger.
Steyr; 3.500; Wieser
Tore: M. Weissenberger (64., 67.)

**17. Runde – 18. 11. 1995**
**Admira – LASK 0:1 (0:0)**
LASK: Schicklgruber; Kartalija, Unger, Russ; Ecker (59. Lorenz), Duspara, Stromberger, M. Weissenberger (77. Haiden), Metlitskij; T. Weissenberger (22. Rohseano), Dubajic.
Südstadt; 235; Lerchenmüller
Tor: Unger (85.)

**18. Runde – 21. 11. 1995**
**LASK – Rapid 2:0 (2:0)**
LASK: Schicklgruber; Stromberger, Kartalija, Unger; Kauz, Russ, Duspara (86. Haiden), Metlitskij, Lorenz; Dubajic (60. Gussnig), M. Weissenberger (82. Rohseano).

Linzer Stadion; 5.000; Plautz
Tore: Metlitskij (7.), M. Weissenberger (10.)

**19. Runde – 2. 3. 1996**
**LASK – Rapid 0:2 (0:1)**
LASK: Schicklgruber; Kartalija, Unger, Hochmaier; Russ (53. Ehmann), Stromberger, Duspara, Lorenz (58. M. Weissenberger); Dubajic (70. Rohseano), Westerthaler, Augustine.
Linzer Stadion; 7.000; Benkö
Tore: Stumpf (39.), Jancker (66.)

**20. Runde – 9. 3. 1996**
**GAK – LASK 1:0 (1:0)**
LASK: Schicklgruber; Kartalija, Unger, Ehmann, Kauz (65. Th. Weissenberger); Hochmaier, Duspara, Stromberger (72. Rohseano), M. Weissenberger; Dubajic, Westerthaler (60. Augustine).
GAK-Platz; 4.000; Lerchenmüller
Tor: Penksa (45.)

**21. Runde – 13. 3. 1996**
**LASK – Admira 0:0**
LASK: Schicklgruber; Ehmann, Kartalija, Hochmaier; Rohseano, Russ (66. Lorenz), Duspara, Mertlitskij, M. Weissenberger; Westerthaler (T. Weissenberger), Augustine.
Linzer Stadion; 2.500; Kirchner

**22. Runde – 16. 3. 1996**
**Vorwärts Steyr – LASK 1:2 (1:1)**
LASK: Schicklgruber; Kartalija, Unger, Ehmann; Hochmaier, Rohseano, M. Weissenberger (46. Dubajic/85. Stromberger), Duspara, Metlitskij; T. Weissenberger, Westerthaler.
Steyr; 4.000; Hänsel
Tore: Valentic (28.); T. Weissenberger (13.), Metlitskij (60.)

**23. Runde – 23. 3. 1996**
**LASK – SV Ried 0:0**
LASK: Schicklgruber; Kartalija, Ehmann, Unger, Rohseano, Stromberger (52. Kauz), Metlitskij, Lorenz, Dubajic (74. M. Weissenberger); Augustine, T. Weissenberger (46. Westerthaler).
Linzer Stadion; 12.000; Plautz

**24. Runde – 29. 3. 1996**
**Austria Wien – LASK 3:0 (2:0)**
LASK: Schicklgruber; Kartalija, Unger, Ehmann; Lorenz, Dubajic, Metlitskij, Duspara, M. Weissenberger; Rohseano, Westerthaler.
Horr-Stadion; 3.500; Seyer
Tore: Wagner (10., 45.), Pacult (75.)

**25. Runde – 7. 4. 1996**
**LASK – Sturm Graz 2:1 (2:1)**
LASK: Schicklgruber; Kartalija; Hochmaier (70. Rohseano), Unger; Russ, Stromberger (68. Westerthaler), Metlitskij, Duspara, Lorenz; M. Weissenberger (80. T. Weissenberger), Dubajic.
Linzer Stadion; 7.000; Sedlacek
Tore: Duspara (5.), Unger (35.); Swierczewski (7.)

**26. Runde – 10. 4. 1996**
**FC Tirol – LASK 2:1 (2:0)**
LASK: Schicklgruber; Kartalija, Hochmaier, Unger; Russ, Stromberger, Metlitskij, Duspara (46. Rohseano), Lorenz; M. Weissenberger, Dubajic (63. Westerthaler).
Tivoli; 10.000;
Tore: Krinner (10.), Brzeczek (35.), M. Weissenberger (55.)

**27. Runde – 13. 4. 1996**
**LASK – Salzburg 3:0 (3:0)**
LASK: Schicklgruber; Russ, Unger, Hochmaier (76. Ehmann), Stromberger, Metlitskij, Duspara, Lorenz; Dubajic (46. Westerthaler), M. Weissenberger (66. Th. Weissenberger).
Linzer Stadion; 11.000; Scheuhammer
Tore: M. Weissenberger (9.), Rohseano (16.), Duspara (28.)

**28. Runde – 21. 4. 1996**
**Rapid – LASK 2:1 (1:1)**
LASK: Schicklgruber; Russ, Ehmann, Unger; Rohseano, Stromberger (78. Th. Weissenberger), Metlitskij, Lorenz, M. Weissenberger (60. Kauz); Dubajic, Westerthaler.
Hanappi-Stadion; 10.500; Winklbauer
Tore: Guggi (12., 75.); Westerthaler (43.)

**29. Runde – 27. 4. 1996**
**LASK – GAK 1:1 (1:0)**
LASK: Schicklgruber; Kartalija; Russ, Hochmaier; Rohseano, Stromberger, Metlitskij, M. Weissenberger (75. Th. Weissenberger), Dubajic (56. Lorenz); Augustine, Westerthaler.
Linzer Stadion; 4.000; Birgmann
Tor: Westerthaler (27.)

**30. Runde – 30. 4. 1996**
**Salzburg – LASK 3:1 (3:0)**
mit 3:0 für Salzburg strafverifiziert (vier Auswechslungen beim LASK!)
LASK: Schicklgruber (46. Krassnitzer); Kartalija; Unger, Hochmaier; Rohseano, Russ (77. Ehmann), Metlitskij, Duspara, M. Weissenberger (46. Lorenz); Westerthaler, Augustine (60. Stromberger).
Lehen; 8.500; Sedlacek
Tore: Pfeifenberger (8., 11., 38.); Duspara (68.)

**31. Runde – 4. 5. 1996**
**Admira – LASK 0:1 (0:0)**
LASK: Krassnitzer; Kartalija; Russ, Ehmann; Rohseano, Dubajic (60. Stromberger), Metlitskij, M. Weissenberger (79. T. Weissenberger), Hochmaier, Lorenz; Augustine (55. Westerthaler).
Südstadt; 800; Brugger
Tor: Westerthaler (66.)

**32. Runde – 11. 5. 1996**
**SV Ried – LASK 1:0 (0:0)**
LASK: Krassnitzer; Kartalija; Unger, Hoch-

maier; Rohseano, Kauz, Metlitskij, Lorenz, Dubajic (64. M. Weissenberger); Augustine (72. Ehmann), Westerthaler (60. T. Weissenberger).
Ried; 7.000; Finzinger
Tor: Eder (90.)

**33. Runde – 14. 5. 1996**
**LASK – Vorwärts Steyr 3:1 (2:1)**
LASK: Krassnitzer; Kartalija; Unger, Russ; Rohseano, T. Weissenberger, Duspara (25. Kauz), Stromberger, Metlitskij; M. Weissenberger (73. Augustine), Westerthaler.
Linzer Stadion; 3.000; Almer
Tore: Metlitskij (16.), Westerthaler (25., 54); Helm (35. Elfmeter)

**34. Runde – 18. 5. 1996**
**LASK – Austria Wien 2:0 (1:0)**
LASK: Krassnitzer; Kartalija; Unger (73. Ehmann), Hochmaier; Rohseano, Kauz (74. Augustine), Russ (52. Lorenz), Stromberger, M. Weissenberger; T. Weissenberger, Westerthaler.
Linzer Stadion; 5.500; Hänsel
Tore: Kauz (2.), T. Weissenberger (86.)

**35. Runde – 25. 5. 1996**
**Sturm Graz – LASK 2:1 (2:1)**
LASK: Krassnitzer; Kartalija; Unger, Hochmaier (46. T. Weissenberger); Rohseano, Stromberger, Kauz (46. Lorenz), Metlitskij, Russ (75. Dubajic); M. Weissenberger, Westerthaler.
Sturm-Platz; 5.000; Birgmann
Tore: Vastic (4.), Wetl (30.); Rohseano (4.)

**36. Runde – 1. 6. 1996**
**LASK – FC Tirol 1:1 (1:1)**
LASK: Schicklgruber; Kartalija; Hochmaier, Ehmann; Kauz (76. Haiden), Stromberger, M. Weissenberger, Rohseano, Metlitskij; Westerthaler, T. Weissenberger (67. Dubajic).
Linzer Stadion; 5.000; Brugger
Tore: Krinner (8.), Westerthaler (13.)

Horr-Stadion; 3.500; Brugger
Tore: Ogris (48.); Westerthaler (60.), Riseth (62.)

**8. Runde – 7. 9. 1996**
**LASK – Sturm Graz 3:1 (1:0)**
LASK: Schicklgruber; Kartalija; Russ, Unger; Rohseano, Riseth (89. Berchtold), Metlitskij, Duspara (75. Stromberger), M. Weissenberger; Westerthaler, Palyanytsya (84. Augustine).
Wels; 3.000; Stuchlik
Tore: Westerthaler (44.), Metlitskij (51.), Palyanytsya (61.); Vastic (88. Elfmeter)

**9. Runde – 5. 10. 1996 Nachtrag**
**FC Linz – LASK 0:0**
LASK: Schicklgruber; Kogler; Russ, Hochmaier; Rohseano, Scharrer (66. Westerthaler), Metlitskij (60. Riseth), Duspara, M. Weissenberger; Augustine (74. Stromberger), Palyanytsya.
Linzer Stadion; 12.000; Benkö

**10. Runde – 21. 9. 1996**
**LASK – FC Linz 0:0**
LASK: Schicklgruber; Kartalija; Russ, Unger; Rohseano, Riseth, Metlitskij, Duspara (76. Kogler), M. Weissenberger, Palyanytsya (69. T. Weissenberger); Westerthaler (46. Scharrer).
Steyr; 6.000; Finzinger

**11. Runde – 2. 10. 1996**
**SV Ried – LASK 2:0 (0:0)**
LASK: Schicklgruber; Kartalija; Rohseano, Kogler; Russ, Scharrer (78. Stromberger), Riseth (75. Westerthaler), M. Weissenberger, Metlitskij; Palyanytsya, Duspara (71. Augustine).
Ried; 4.000; Scheuhammer
Tore: Oerlemans (63.), Drechsel (90.)

**12. Runde – 12. 10. 1996**
**LASK – Rapid 3:0 (1:0)**
LASK: Schicklgruber; Kartalija; Russ, Hochmaier; Rohseano, Duspara, M. Weissenberger; Riseth (67. Westerthaler), Palyanytsya (67. Augustine).
Linzer Stadion; 12.000; Plautz
Tore: Riseth (40.), Duspara (47. Elfmeter), Westerthaler (50.)

**13. Runde – 19. 10. 1996**
**Admira – LASK 1:2 (0:1)**
LASK: Schicklgruber; Kartalija; Russ, Hochmaier; Rohseano, Dubajic, Kogler, M. Weissenberger, Duspara (78. Metlitskij); Riseth (46. Augustine), Palyanytsya (70. Westerthaler).
Südstadt; 622; Liebert
Tore: Rosenegger (91.); Palyanytsya (38.), M. Weissenberger (50.)

**14. Runde – 23. 10. 1996**
**LASK – GAK 2:1 (1:0)**
LASK: Schicklgruber; Kartalija; Russ, Hochmaier; Rohseano, Dubajic, Kogler, Metlitskij, M. Weissenberger; Palyanytsya (74. Augustine), Westerthaler (46. Riseth).
Linzer Stadion; 5.000; Grabher
Tore: Palyanytsya (16.), Riseth (64.); Ramusch (82.)

**15. Runde – 26. 10. 1996**
**LASK – Salzburg 1:1 (1:1)**
LASK: Schicklgruber; Kartalija; Russ, Hochmaier; Rohseano, Dubajic, Kogler, Duspara, M. Weissenberger (60. Rauffmann); Augustine (71. Metlitskij), Palyanytsya (66. Riseth).
Linzer Stadion; 18.000; Benkö
Tore: Hochmaier (38.); Szewczyk (45.)

**16. Runde – 5. 11. 1996**
**FC Tirol – LASK 2:0 (1:0)**
LASK: Schicklgruber; Kartalija; Russ, Unger (27. Riseth); Rohseano, Kogler, Metlitskij, Dubajic, M. Weissenberger (72. Palyanytsya); Westerthaler (54. Scharrer), Rauffmann.
Tivoli; 4.500; Winklbauer
Tore: Brzeckek (19.), Janeschitz (61.)

**17. Runde – 16. 11. 1996**
**LASK – Austria Wien 1:0 (0:0)**
LASK: Schicklgruber; Kartalija; Russ, Hochmaier; Rohseano, Dubajic (64. Augustine), Metlitskij, Duspara, M. Weissenberger, Palyanytsya (84. Unger), Rauffmann (75. Westerthaler).
Linzer Stadion; 9.300; Brugger
Tor: Hochmaier (88.)

**18. Runde – 23. 11. 1996**
**Sturm Graz – LASK 0:0**
LASK: Schicklgruber; Kartalija; Russ, Hochmaier; Dubajic, Rohseano (56. Stromberger), Scharrer, Duspara, M. Weissenberger; Palyanytsya (46. Augustine) Rauffmann (90. T. Weissenberger).
Sturm-Platz; 5.000; Sowa

**19. Runde – 1. 3. 1997**
**GAK – LASK 1:1 (0:0)**
LASK: Schicklgruber; Kartalija; Dubajic, Hochmaier (80. Westerthaler); Riseth, Scharrer, Metlitskij (78. Ba), Duspara (78. Rohseano), M. Weissenberger, Augustine, Rauffmann.
Kapfenberg; 3.000; Brugger
Tore: Strafner (70.); Riseth ((84.)

**20. Runde – 8. 3. 1997**
**LASK – Austria Salzburg 0:0**
LASK: Schicklgruber; Kartalija; Hochmaier (74. Ba), Rohseano; Riseth, Augustine, Scharrer, Duspara, Metlitskij, M. Weissenberger; Palyanytsya (64. Kauz), Rauffmann.
Linzer Stadion; 15.000; Sedlacek

**21. Runde – 12. 3. 1997**
**LASK – SV Ried 3:0 (1:0)**
LASK: Schicklgruber; Kartalija; Ba, Hochmaier; Dubajic, Scharrer, Duspara (46. Riseth), Metlitskij (72. Kauz), M. Weissenberger; Palyanytsya (58. Rauffmann), Augustine.
Linzer Stadion; 7.000; Drabek
Tore: Scharrer (28., 75.), Dubajic (84.)

**22. Runde – 15. 3. 1997**
**Rapid – LASK 0:0**
LASK: Schicklgruber; Kartalija; Ba, Hochmaier (65. Duspara); Riseth (28. Russ), Dubajic, Scharrer, Rohseano, M. Weissenberger; Rauffmann, Augustine (76. Metlitskij).
Hanappi-Stadion; 8.000; Plautz

**23. Runde – 22. 3. 1997**
**LASK – Sturm Graz 0:0**
LASK: Schicklgruber; Kartalija; Ba, Hochmaier (46. Westerthaler); Riseth, Rohseano, Scharrer (81. Russ), Duspara, M. Weissenberger; Rauffmann (68. Metlitskij), Augustine.
Linzer Stadion; 7.000; Sowa

**24. Runde – 26. 3. 1997**
**Admira – LASK 1:3 (1:0)**
LASK: Schicklgruber; Kartalija; Ba, Rohseano; Riseth, Dubajic (73. Russ), Scharrer (89. Westerthaler), Duspara, M. Weissenberger; Rauffmann, Augustine (86. Metlitskij).
St. Pölten, Voith-Platz; 1.100; Liebert
Tore: Narbekovas (9.); Rauffmann (49.), Riseth (67.), Scharrer (85.)

**25. Runde – 5. 4. 1997**
**LASK – FC Linz 1:1 (1:1)**
LASK: Schicklgruber; Kartalija; Ba, Rohseano (74. Palyanytsya); Dubajic, Riseth, Scharrer, Metlitskij (19. Hochmaier), Duspara; Westerthaler (80. Unger), Rauffmann.
Linzer Stadion; 14.000; Benkö
Tore: Westerthaler (18.); Stieglmair (29.)

**26. Runde – 13. 4. 1997**
**FC Tirol – LASK 1:0 (0:0)**
LASK: Schicklgruber; Kartalija (76. Unger); Dubajic, Ba; Riseth, Scharrer (56. Rohseano), Duspara, Augustine, M. Weissenberger; Rauffmann, Westerthaler (75. Palyanytsya).
Tivoli; 3.000; Sedlacek
Tor: Mayrleb (62.)

---

### Saison 1996/97 – Bundesliga

| | | | | | | | |
|---|---|---|---|---|---|---|---|
| 1. | Austria Salzburg | 36 | 19 | 12 | 5 | 54 : 25 | 69 |
| 2. | Rapid | 36 | 18 | 12 | 6 | 69 : 36 | 66 |
| 3. | Sturm Graz | 36 | 14 | 13 | 9 | 50 : 31 | 55 |
| 4. | FC Tirol Innsbruck | 36 | 16 | 7 | 13 | 49 : 40 | 55 |
| 5. | GAK | 36 | 11 | 14 | 11 | 39 : 42 | 47 |
| 6. | Austria Wien | 36 | 12 | 10 | 14 | 41 : 51 | 46 |
| 7. | **LASK** | **36** | **9** | **17** | **10** | **38 : 47** | **44** |
| 8. | SV Ried | 36 | 12 | 6 | 18 | 44 : 59 | 42 |
| 9. | FC Linz | 36 | 6 | 13 | 17 | 30 : 47 | 31 |
| 10. | SCN Admira/Wacker | 36 | 6 | 10 | 20 | 35 : 71 | 28 |

**1. Runde – 24. 7. 1996**
**LASK – SV Ried 0:0**
LASK: Schicklgruber; Kartalija; Russ (46. Scharrer), Rohseano, Hochmaier (70. M. Weissenberger); Dubajic (33. Kauz), Kogler, Metlitskij, Duspara; Augustine, Riseth.
Welser Stadion; 10.000; Benkö

**2. Runde – 18. 9. 1996 (Nachtrag)**
**Rapid – LASK 3:1 (2:1)**
LASK: Schicklgruber; Kartalija; Russ, Unger (50. Kauz); Rohseano, Riseth, Metlitskij, Duspara (59. Scharrer), M. Weissenberger; Dubajic, Westerthaler (64. Berchtold).
Hanappi-Stadion; 7500; Lerchenmüller
Tore: Kühbauer (10.), Heraf (12.), Wagner (47.); Riseth (26.)

**3. Runde – 3. 8. 1996**
**LASK – Admira 1:1 (1:1)**
LASK: Schicklgruber; Kartalija; Russ, Rohseano; Kauz, Kogler (59. T. Weissenberger), Duspara, Hochmaier (65. Scharrer), M. Weissenberger; Riseth, Augustine (73. Unger).
Wels; 2.500; Almer
Tore: Duspara (23. Elfmeter); Klausz (6.)

**4. Runde – 10. 8. 1996**
**GAK – LASK 3:1 (0:0)**
LASK: Schicklgruber; Kartalija; Russ, Unger, Rohseano; Dubajic (60. Kogler), Stromberger, M. Weissenberger (49.

Augustine), Hochmaier (23. Kauz), Duspara; Riseth.
Kapfenberg; 4.000; Hänsel
Tore: Sabitzer (47., 61. Elfmeter), Ramusch (55.); Kauz (83.)

**5. Runde – 17. 8. 1996**
**Salzburg – LASK 1:1 (1:0)**
LASK: Schicklgruber; Kartalija; Rohseano, Russ; Kauz (76. T. Weissenberger), Kogler, Metlitskij, Stromberger (46. Westerthaler), M. Weissenberger; Riseth (81. Augustine), Duspara.
Lehen; 10.000; Seyer
Tore: Glieder (16.); Westerthaler (53.)

**6. Runde – 24. 8. 1996**
**LASK – FC Tirol 1:3 (0:2)**
LASK: Schicklgruber; Kartalija; Russ (46. Augustine), Rohseano; Kauz (68. Hochmaier), Kogler (68. Stromberger), Metlitskij, Duspara, M. Weissenberger; Riseth, Westerthaler.
Wels; 4.500; Stuchlik
Tore: Augustine (83.); Janeschitz (5.), Krinner (45.), Mayrleb (84.)

**7. Runde – 4. 9. 1996**
**Austria Wien – LASK 1:2 (0:0)**
LASK: Schicklgruber; Kartalija; Russ, Unger, Rohseano (52. Westerthaler); Kauz, Duspara, Metlitskij (77. Stromberger), M. Weissenberger; Riseth (83. Berchtold), Palyanytsya.

**27. Runde – 16. 4. 1997**
**LASK – Austria Wien 2:2 (1:2)**
LASK: Schicklgruber; Kartalija (81. Rohseano); Dubajic (46. Hochmaier), Ba; Riseth, Rauffmann, Scharrer, Duspara, M. Weissenberger; Augustine (66. Palyanytsya), Westerthaler.
Linzer Stadion; 2.500; Birgmann
Tore: Rauffmann (24.), Palyanytsya (71.); Brunmayr (9.), Leitner (36.)

**28. Runde – 19. 4. 1997**
**Austria Wien – LASK 1:1 (1:0)**
LASK: Schicklgruber; Kartalija (46. Metlitskij); Rohseano (76. Palyanytsya) Ba; Dubajic, Riseth, Duspara, Scharrer, M. Weissenberger; Westerthaler (46. Rauffmann), Augustine.
Horr-Stadion; 4.000; Meßner
Tore: Gager (6. Elfmeter); Duspara (61. Elfmeter)

**29. Runde – 26. 4. 1997**
**LASK – GAK 1:0 (0:0)**
LASK: Schicklgruber; Kartalija, Rohseano, Hochmaier; Dubajic (29. Palyanytsya), Riseth, Ba, Duspara (76. Kauz), M. Weissenberger; Rauffmann, Westerthaler (86. Unger)
Linzer Stadion; 5.000; Plautz
Tor: Westerthaler (79.)

**30. Runde – 3. 5. 1997**
**Salzburg – LASK 6:2 (2:2)**
LASK: Krassnitzer; Kartalija, Ba, Hochmaier (70. Palyanytsya); Rauffmann (46. Kauz), Riseth, Scharrer, Duspara (46. Metlitskij), Rohseano; Augustine, Westerthaler.
Lehen; 13.000; Benkö
Tore: Klausz (6., 75.), Glieder (18.), Hütter (61.), Ibertsberger (66.), Amerhauser (76.); Riseth (13.), Rauffmann (40.)

**31. Runde – 10. 5. 1997**
**SV Ried – LASK 0:0**
LASK: Krassnitzer; Ba; Rohseano, Unger; Kauz (46. Westerthaler), Augustine, Scharrer, M. Weissenberger, Duspara; Dubajic, Palyanytsya (75. Metlitskij).
Ried, 7.000; Lehner

**32. Runde – 17. 5. 1997**
**LASK – Rapid 1:1 (0:1)**
LASK: Krassnitzer; Ba; Unger (69. Metlitskij), Rohseano; Augustine, Dubajic, Scharrer, Duspara (54. Palyanytsya), M. Weissenberger; Riseth, Westerthaler.
Linzer Stadion; 10.000; Plautz
Tore: Palyanytsya (70.); Mandreko (39.)

**33. Runde – 20. 5. 1997**
**Sturm Graz – LASK 4:2 (1:1)**
LASK: Schicklgruber; Metlitskij; Dubajic, Rohseano; Lorenz, Riseth, Kauz, Augustine, M. Weissenberger; Palyanytsya, Westerthaler (84. Berchtold).
Graz; 4.500; Hänsel
Tore: Swierczewski (30.), Dowe (57.), Pürk (62.), Vastic (80.); Palyanytsya (8.), Kauz (54.)

**34. Runde – 24. 5. 1997**
**LASK – Admira 2:2 (1:1)**
LASK: Krassnitzer; Kogler; Riseth, Ba; Lorenz, Kauz, Scharrer, Metlitskij, M. Weissenberger; Palyanytsya, Westerthaler.
Linzer Stadion; 3.000; Brugger
Tore: M. Weissenberger (29.), Westenthaler (64.); Rosenegger (14.), Aigner (70. Elfmeter)

**35. Runde – 31. 5. 1997**
**FC Linz – LASK 3: 0 (2:0) (letztes Stadtderby!)**
LASK: Schicklgruber; Ba (48. Kartalija) Rohseano, Metlitskij; Lorenz (46. Duspara), Kauz (46. Westerthaler), Scharrer, Augustine, M. Weissenberger; Riseth, Palyanytsya.
Linzer Stadion; 15.533; Stuchlik
Tore: Brenner (25.), Bujdak (43.), Zeller (86.)

**36. Runde – 3. 6. 1997**
**LASK – FC Tirol 0:4 (0:1)**
LASK: Schicklgruber; Kartalija; Ba (71. Lorenz), Rohseano; Kauz (46. Hochmaier), Kogler, Scharrer, M. Weissenberger; Riseth, Palyanytsya (46. Westerthaler).
Linzer Stadion; 1.200; Messner
Tore: Janeschitz (38., 66.), Mayrleb (61.), Hartmann (80. Elfmeter)

---

**Fusion des LASK mit dem FC Linz ab Saison 1997/98**

| | | | | | | | |
|---|---|---|---|---|---|---|---|
| 1. | Sturm Graz | 36 | 24 | 9 | 3 | 80 : 28 | 81 |
| 2. | Rapid | 36 | 18 | 8 | 10 | 42 : 36 | 62 |
| 3. | GAK | 36 | 18 | 7 | 11 | 53 : 33 | 61 |
| 4. | Austria Salzburg | 36 | 16 | 8 | 12 | 48 : 33 | 56 |
| 5. | LASK Linz | 36 | 17 | 4 | 15 | 67 : 58 | 55 |
| 6. | FC Tirol Innsbruck | 36 | 12 | 12 | 12 | 49 : 51 | 48 |
| 7. | Austria Wien | 36 | 10 | 10 | 16 | 39 : 54 | 40 |
| 8. | SV Ried | 36 | 10 | 9 | 17 | 42 : 55 | 39 |
| 9. | Austria Lustenau | 36 | 6 | 14 | 16 | 38 : 59 | 32 |
| 10. | Admira/Wacker Mödling | 36 | 5 | 7 | 24 | 34 : 85 | 22 |

**1. Runde – 9. 7. 1997**
**Austria Wien – LASK Linz 3:0 (2:0)**
LASK Linz: Pavlovic; Rohseano, Ba, Stieglmair, Panis (35. Dubajic); Kauz, Kogler, Metlitskij (76. Rosenegger); Brenner; Pawlowski (63. Augustine), Riseth.
Horr-Stadion; 7.000; Brugger
Tore: Janeschitz (4.), M. Schmid (30.), Brunmayr (71.)

**2. Runde – 16. 7. 1997**
**LASK Linz – SV Ried 1:1 (1:1)**
LASK Linz: Pavlovic; Rohseano, Russ, Ba, Dubajic; Brenner (78. Pawlowski), Kogler, Riseth, Kauz, M. Weissenberger, Rosenegger (67. Augustine).
Linzer Stadion; 8.000; Hänsel
Tore: Brenner (15.); Rothbauer (29.)

**3. Runde – 23. 7. 1997**
**Sturm Graz – LASK Linz 4:1 (0:0)**
LASK Linz: Pavlovic; Rohseano, Russ, Dubajic, Panis; Brenner, Riseth, Ba, M. Weissenberger, Kauz; Rosenegger (54. Pawlowski).
Schwarzenegger-Stadion; 15.500; Benkö

**4. Runde – 26. 7. 1997**
**LASK Linz – Admira Mödling 1:0 (0:0)**
LASK Linz: Pavlovic; Rohseano, Russ, Stieglmair, Panis; Brenner (73. Metlitskij), Riseth, Dubajic (37. Kogler), M. Weissenberger, Kauz; Pawlowski (70. Rosenegger).
Linzer Stadion; 3.500; Sedlacek
Tor: Pawlowski (48.)

**5. Runde – 30. 7. 1997**
**FC Tirol – LASK Linz 3:0 (1:0)**
LASK Linz: Pavlovic; Rohseano, Russ, Ba, Panis (26. Stieglmair); Brenner (72. Rosenegger), Riseth, Kogler, M. Weissenberger, Kauz; Pawlowski.
Tivoli; 5.000; Winkelbauer
Tore: Severeyns (25.), Mayrleb (57., 87.)

**6. Runde – 2. 8. 1997**
**LASK Linz – Rapid 2:0 (2:0)**
LASK Linz: Pavlovic; Rohseano, Russ, Ba, Metlitskij; Brenner (89. Unger), Rosenegger (80. Kogler), Riseth, M. Weissenberger, Kauz; Pawlowski (71. Augustine).
Linzer Stadion; 7.000; Hänsel
Tore: Kauz (7., 34.)

**7. Runde – 6. 8. 1997**
**GAK – LASK Linz 1:0 (1:0)**
LASK Linz: Pavlovic; Rohseano, Russ, Ba, Metlitskij; Brenner, Riseth, Rosenegger (76. Brenner), M. Weissenberger, Kauz; Pawlowski (66. Augustine).
Schwarzenegger-Stadion; 8.100; Sowa
Tor: Sabitzer (29.)

**8. Runde – 16. 8. 1997**
**Austria Lustenau – LASK Linz 4:1 (3:0)**
LASK Linz: Schicklgruber; Kogler, Ba (72. Stieglmair), Rohseano, Metlitskij (46. Russ); Brenner, Dubajic, Rosenegger, M. Weissenberger, Kauz; Pawlowski.
Lustenau; 10.687; Brugger
Tore: Rohseano (19. Eigentor), Lipa (27.), Schroll (35.), T. Weissenberger (90.); Kogler (58.)

**9. Runde – 23. 8. 1997**
**LASK Linz – Salzburg 1:1 (1:1)**
LASK Linz: Pavlovic; Dubajic, Russ, Ba (71. Stieglmair), Panis (71. Metlitskij); Brenner (59. Pawlowski), Kogler, Riseth, Kauz, M. Weissenberger; Augustine.
Linzer Stadion; 8.000; Winkelbauer
Tore: Jurcevic (4.); Weissenberger (34.)

**10. Runde – 30. 8. 1997**
**Salzburg – LASK Linz 1:1 (1:1)**
LASK Linz: Pavlovic; Dubajic (66. Pawlowski), Riseth, Ba, Panis; Brenner, Rosenegger, Kogler, M. Weissenberger; Frigard, Augustine.
Lehen, 10.000; Benkö
Tore: Jurcevic (42.), Rosenegger (45.)

**11. Runde – 12. 9. 1997**
**LASK Linz – Austria Wien 4:1 (3:1)**
LASK Linz: Pavlovic; Rohseano, Tangen, Ba, Panis; Brenner (47. Rosenegger), Riseth, (75. Pawlowski), Kogler (80. Dadi), M. Weissenberger, Kauz; Frigard.
Linzer Stadion; 5.000; Almer
Tore: Kogler (17., 40.), M. Weissenberger (25.), Tangen (53.); Schiener 22.)

**12. Runde – 20. 9. 1997**
**SV Ried – LASK Linz 1:4 (0:2)**
LASK Linz: Pavlovic; Rohseano, Tangen, Ba, Panis; Augustine (67. Pawlowski), Riseth, Kogler, M. Weissenberger, Kauz (79. Scharrer); Frigard (83. Dadi).
Ried; 8.000; Hänsel
Tore: Glasner (77.); M. Weissenberger (25.) Frigard (38., 51., 75.)

**13. Runde – 24. 9. 1997**
**LASK Linz – Sturm Graz 2:0 (1:0)**
LASK Linz: Pavlovic; Rohseano, Tangen, Ba, Dubajic; Augustine (69. Brenner), Riseth, Kogler, M. Weissenberger, Kauz (86. Pawlowski); Frigard.
Linzer Stadion; 15.000; Grabher
Tore: Frigard (41.); Augustine (61.)

**14. Runde – 4. 10. 1997**
**Admira – LASK Linz 1:5 (0:2)**
LASK Linz: Pavlovic; Rohseano, Tangen, Ba, Augustine (64. Dubajic), Riseth, Kogler (79. Scharrer), M. Weissenberger, Kauz (70 Pawlowski); Frigard.
Südstadt; 1.200; Sedlacek
Tore: Zsak (51.); Frigard (5., 46., 68., 75.), Riseth (78.)

**15. Runde – 19. 10. 1997**
**LASK Linz – FC Tirol 4:2 (1:1)**
LASK Linz: Pavlovic; Rohseano, Tangen, Ba, Augustine (73. Pawlowski), Riseth, Kogler (68. Scharrer), M. Weissenberger, Kauz; Frigard.
Linzer Stadion; 15.000; Hänsel
Tore: M. Weissenberger (31., 91.), Kogler (49.), Frigard (55.); Severeyns (39.), Baur (78.)

**16. Runde – 25. 10. 1997**
**Rapid – LASK Linz 3:1 (1:0)**
LASK Linz: Pavlovic (55. Schicklgruber);

ger (80. Kogler), Riseth, M. Weissenberger, Kauz; Pawlowski (71. Augustine).
Linzer Stadion; 7.000; Hänsel
Tore: Kauz (7., 34.)

**7. Runde – 6. 8. 1997**
ger (80. Kogler), Riseth, M. Weissenberger, Kauz; Pawlowski (71. Augustine).
Linzer Stadion; 7.000; Hänsel
Tore: Kauz (7., 34.)

Rohseano, Tangen, Ba, Panis; Riseth, Augustine (65. Dadi), Kogler, M. Weissenberger, Kauz (65. Pawlowski); Frigard.
Hanappi-Stadion; 12.000; Almer
Tore: Stumpf (34., 53.), Ipoua (47.); Tangen (84.)

**17. Runde – 8. 11. 1997**
**LASK Linz – GAK 2:2 (1:0)**
LASK Linz: Pavlovic; Rohseano, Tangen, Ba, Panis (45. Dadi); Dubajic, Kogler, M. Weissenberger, Scharrer, Pawlowski (23. Augustine); Frigard.
Linzer Stadion; 12.000; Sedlacek
Tore: M. Weissenberger (3.), Augustine (72.); Sabitzer (55.), Brenner (GAK, 85.)

**18. Runde – 15. 11. 1997**
**LASK Linz – Austria Lustenau 1:0 (0:0)**
LASK Linz: Pavlovic; Rohseano, Tangen, Ba, Tran; Dubajic, Pawlowski (68. Dadi), Riseth, M. Weissenberger, Kauz; Frigard.
Linzer Stadion; 8.500; Sowa
Tor: Dadi (70.)

**19. Runde – 19. 11. 1997**
**Salzburg – LASK Linz 2:1 (1:0)**
LASK Linz: Pavlovic; Rohseano, Tangen, Ba, Tran; Pawlowski (46. Augustine), Riseth, Dubajic (46. Kogler), M. Weissenberger, Kauz (60. Dadi); Frigard.
Lehen; 8.000; Plautz
Tore: Ivanauskas (25.), Klausz (83.); Riseth (80.)

**20. Runde – 22. 11. 1997**
**GAK – LASK Linz 1:3 (1:2)**
LASK Linz: Pavlovic; Rohseano, Tangen, Ba, Tran; Augustine (65. Kauz), Riseth, Kogler (72. Dubajic), M. Weissenberger, Panis (89. Pawlowski); Frigard.
Schwarzenegger-Stadion; 11.000; Hänsel
Tore: Anicic (51.); Riseth (16.), Augustine (54.), Frigard (91.)

**21. Runde – 29. 11. 1997**
**LASK Linz – Admira 3:5 (0:1)**
LASK Linz: Pavlovic; Rohseano, Tangen, Ba, Tran; Augustine (65. Pawlowski), Kogler, Riseth, M. Weissenberger, Panis (46. Kauz); Frigard.
Linzer Stadion; 7.000; Grabher
Tore: Kauz (48.), Pawlowski (66.), Frigard (89.); Sliwowski (43., 84.), Datoru (51.), Ozegovic (73.), Peter Mraz (86.)

**22. Runde – 28. 2. 1998**
**LASK Linz – Austria Wien 1:2 (1:0)**
LASK Linz: Pavlovic; Dubajic, Riseth, Ba, Panis; Kauz (73. Kogler), Rohseano, M. Weissenberger, Pawlowski (73. Dadi); Frigard.
Linzer Stadion; 14.856; Hänsel
Tore: Kauz (40.); Brunmayr (54.), Simon (80.)

**23. Runde – 7. 3. 1998**
**Sturm Graz – LASK Linz 2:1 (0:0)**
LASK Linz: Pavlovic; Riseth, Tangen, Ba, Panis; Kauz, Stöger, Kogler (65. Pawlowski), Brzeczek, M. Weissenberger; Frigard.
Schwarzenegger-Stadion; 14.341; Brugger
Tore: Haas (56.), Reinmayr (57.); Kauz (51.)

**24. Runde – 11. 3. 1998**
**LASK Linz – Austria Lustenau 1:0 (1:0)**
LASK Linz: Pavlovic; Riseth, Tangen, Ba, Panis; Kauz, Stöger, Brzeczek, M. Weissenberger (59. Rosenegger); Frigard (84. Dadi).
Linzer Stadion; 6.000; Sowa
Tor: Stöger (26. Elfmeter)

**25. Runde – 14. 3. 1998**
**FC Tirol – LASK Linz 2:1 (1:0)**
LASK Linz: Pavlovic; Riseth, Tangen, Ba, Panis; Kauz (46. Rohseano), Stöger, Augustine (70. Rosenegger), Brzeczek, Pawlowski; Frigard (62. Dadi).
Tivoli; 5.761; Benkö
Tore: Hörtnagl (21.), Knavs (83.); Pawlowski (75.)

Tore: Reinmayr (58.), Milanic (84.), Kocijan (89.), Prilasnig (90.); Riseth (70.)

**26. Runde – 21. 3. 1998**
**LASK Linz – SV Ried 2:0 (2:0)**
LASK Linz: Schicklgruber; Rohseano, Tangen (67. Dubajic), Ba, Panis; Stöger, Kogler, M. Weissenberger (46. Brzeczek), Augustine (57. Rosenegger); Frigard, Pawlowski.
Linzer Stadion; 10.000; Plautz
Tore: Pawlowski (2.); Frigard (13.)

**27. Runde – 29. 3. 1998**
**LASK Linz – Rapid 5:0 (1:0)**
LASK Linz: Schicklgruber; Rohseano, Tangen, Ba, Panis (86. Mehlem); Stöger, Augustine, M. Weissenberger, Kauz (73. Dadi); Frigard, Pawlowski.
Linzer Stadion; 19.897; Brugger
Tore: Frigard (39., 71.), Frigard (77. Elfmeter, 84. Elfmeter), M. Weissenberger (92.)

**28. Runde – 4. 4. 1998**
**Rapid – LASK Linz 2:1 (0:1)**
LASK Linz: Schicklgruber; Riseth, Tangen (54. Ba), Kogler, Panis (46. Rohseano); Stöger, Brzeczek, M. Weissenberger; Pawlowski (69. Dadi), Frigard.
Hanappi-Stadion; 7.500; Winklbauer
Tore: Penksa (77.), Pürk (90.); M. Weissenberger (18.)

**29. Runde – 12. 4. 1998**
**LASK Linz – GAK 1:0 (1:0)**
LASK Linz: Schicklgruber (89. Pavlovic); Rohseano, Ba, Kogler, Panis; Riseth, Augustine, Brzeczek, M. Weissenberger (77. Stöger); Frigard, Pawlowski (61. Kauz).
Linzer Stadion; 5.000; Sowa
Tor: Frigard (43.)

**30. Runde – 18. 4. 1998**
**Admira – LASK Linz 0:3 (0:1)**
LASK Linz: Pavlovic; Kogler; Rohseano, Ba, Panis; Kauz, Augustine (59. Stöger), Brzeczek, M. Weissenberger; Frigard, Pawlowski (68. Dadi).
Südstadt; 3.120; Sedlacek
Tore: Pawlowski (42.), Frigard (82., 87.)

**31. Runde – 25. 4. 1998**
**LASK Linz – Salzburg 0:2 (0:2)**
LASK Linz: Schicklgruber; Kogler; Rohseano, Riseth, Kauz; Rosenegger (46. Dadi), Stöger, Augustine (86. Tangen), M.

Weissenberger; Pawlowski, Frigard.
Linzer Stadion; 10.000; Grabher
Tore: Ivanauskas (2.), Aufhauser (20.)

**32. Runde – 29. 4. 1998**
**Austria Wien – LASK Linz 1: 4 (0:1)**
LASK Linz: Schicklgruber; Kogler, Rohseano, Ba, Panis; Kauz, Riseth, Augustine (46. Dadi), M. Weissenberger; Frigard, Pawlowski (73. Brzeczek).
Horr-Stadion; 4.018; Winkelbauer
Tore: Schießwald (78.); Frigard (43., 60.), Pawlowski (52.), Dadi (88.)

**33. Runde – 2. 5. 1998**
**LASK Linz – Sturm Graz 4:0 (1:0)**
LASK Linz: Schicklgruber; Kogler; Rohseano, Ba, Panis; Kauz (36. Dadi), Riseth, Stöger, M. Weissenberger; Frigard, Pawlowski.
Linzer Stadion; 12.108; Hänsel
Tore: Frigard (34., 61., 65.), Stöger (82.)

**34. Runde – 9. 5. 1998**
**Austria Lustenau – LASK Linz 4:1 (3:0)**
LASK Linz: Schicklgruber; Kogler; Rohseano, Ba (46. Kauz), Panis (58. Augustine); Riseth, Stöger, Brzeczek, M. Weissenberger; Frigard (46. Dadi), Pawlowski.
Lustenau; 7.000; Benkö
Tore: Tiefenbach (13., 30.), Kleer (27.), Lorenz (78.); Dadi (83.)

**35. Runde – 12. 5. 1998**
**LASK Linz – FC Tirol 3:1 (0:0)**
LASK Linz: Schicklgruber; Kogler; Rohseano, Ba, Panis; Kauz (60. Dadi), Augustine (60. Stöger), Brzeczek, M. Weissenberger; Frigard Pawlowski.
Linzer Stadion; 4.000; Hänsel
Tore:n Frigard (66., 72.), Pawlowski (85.); Kirchler (57.)

**36. Runde – 16. 5. 1998**
**SV Ried – LASK Linz 6:1 (3:0)**
LASK Linz: Schicklgruber; Kogler; Ba, Panis; Rohseano, Augustine, Kauz, Brzeczek (46. Dadi), M. Weissenberger; Pawlowski, Frigard.
Ried; 6.000; Plautz
Tore: Strafner (3., 43.), Scharrer (14.,84.), Drechsel (52.), Hujdurovic (66. Elfmeter); Dadi (81. Elfmeter)

### Saison 1998/99 – Bundesliga

| | | | | | | | |
|---|---|---|---|---|---|---|---|
| 1. | Sturm Graz | 36 | 23 | 4 | 9 | 72 : 32 | 73 |
| 2. | Rapid | 36 | 19 | 13 | 4 | 50 : 25 | 70 |
| 3. | GAK | 36 | 20 | 5 | 11 | 46 : 29 | 65 |
| 4. | Austria Salzburg | 36 | 15 | 12 | 9 | 55 : 40 | 57 |
| 5. | **LASK Linz** | **36** | **17** | **6** | **13** | **53 : 44** | **57** |
| 6. | FC Tirol Innsbruck | 36 | 15 | 10 | 11 | 49 : 41 | 55 |
| 7. | Austria Wien | 36 | 13 | 11 | 12 | 41 : 44 | 50 |
| 8. | SV Ried | 36 | 8 | 8 | 20 | 25 : 47 | 32 |
| 9. | Austria Lustenau | 36 | 4 | 11 | 21 | 24 : 61 | 23 |
| 10. | Vorwärts Steyr | 36 | 3 | 6 | 27 | 29 : 81 | 12 |

**1. Runde – 29. 7. 1998**
**LASK Linz – Austria Lustenau 3:0 (1:0)**
LASK Linz: Pavlovic; W. Kogler; Milinovic, Ba; Grassler, Rohseano (80. Pichorner), H. Kogler (59. Brzeczek), Riseth, M. Weissenberger, Stöger (74. Pawlowski); Frigard.
Linzer Stadion; 8.000; Stuchlik
Tore: Frigard (17.), Kogler (73.), Pawlowski (75.)

**2. Runde – 1. 8. 1998**
**Salzburg – LASK Linz 1:3 (0:2)**
LASK Linz: Pavlovic; W. Kogler; Milinovic, Ba; Rohseano, Stöger (86. Brzeczek), H. Kogler, Grassler, Riseth (83. Pawlowski); Frigard, M. Weissenberger (90. Tangen).
Lehen; 12.000; Almer
Tore: Sabitzer (80); Kogler (5.), Frigard (21.), Pawlowski (89.)

**3. Runde – 5. 8. 1988**
**LASK Linz – GAK 0:1 (0:0)**
LASK Linz: Pavlovic; W. Kogler; Milinovic, Ba; Rohseano (46. Pawlowski), Stö-

ger (63. Brzeczek), H. Kogler, M. Weissenberger (73. Dadi), Riseth, Grassler; Frigard.
Linzer Stadion; 15.000; Sowa
Tor: Radovic (92.)

**4. Runde – 8. 8. 1998**
**Rapid – LASK Linz 5:0 (1:0)**
LASK Linz: Schicklgruber; W. Kogler; Milinovic, Ba; Grassler, Rohseano, M. Weissenberger (63. Pawlowski), Stöger (69. Brzeczek), Riseth (46. Kauz); Frigard.
Hanappi-Stadion; 8.500; Hänsel
Tore: Prosenik (27. Elfmeter), Ratajczyk (62.), Penksa (71.), Pürk (83.), R. Wagner (85.)

**5. Runde – 15. 8. 1998**
**Vorwärts Steyr – LASK Linz 1:4 (1:2)**
LASK Linz: Pavlovic; W. Kogler; Milinovic (34. Pawlowski), Rohseano; Grassler, Brzeczek, H. Kogler, Stöger (62. Tangen), Riseth; M. Weissenberger, Frigard (75. Dadi).
Steyr; 8.112; Finzinger
Tore: Hickersberger (2.); Pawlowski (36.), Kogler (40.), Dadi (80.), Weissenberger (85.)

**6. Runde – 29. 8. 1998**
**LASK Linz – FC Tirol 3:2 (0:1)**
LASK Linz: Pavlovic; W. Kogler; Tangen, Rohseano; Riseth, H. Kogler (46. Panis), Stöger, Brzeczek (57. Pawlowski), M. Weissenberger (87. Milinovic), Grassler; Frigard.
Linzer Stadion; 8.212; Brugger
Tore: Frigard (49., 64.), Weissenberger (76.); Knavs (43.), Barisic (86.)

**7. Runde – 9. 9. 1998**
**Sturm Graz – LASK Linz 0:1 (0:0)**
LASK Linz: Pavlovic; W. Kogler; Ba, Rohseano; Kauz (75 Milinovic), H. Kogler, Stöger, Grassler, Riseth (38. Brzeczek); Frigard, M. Weissenberger (71. Brzeczek).
Schwarzenegger-Stadion; 13.000; Plautz
Tor: Panis (50.)

**8. Runde – 18. 9. 1998**
**LASK Linz – Austria Wien 1:3 (1:1)**
LASK Linz: Pavlovic; W. Kogler; Rohseano, Ba; Kauz (78. Pichorner), H. Kogler, Stöger, Grassler, M. Weissenberger (46. Dadi), Panis; Frigard.
Linzer Stadion; 15.000; Grabher
Tore: Frigard (8.); Ernstsson (24., 70.), Mayrleb (75.)

**9. Runde – 23. 9. 1998**
**SV Ried – LASK Linz 0:0**
LASK Linz: Pavlovic; W. Kogler; Milinovic, Ba; Kauz, H. Kogler (55. Pawlowski), Grassler (80. Pichorner), Brzeczek, Rohseano; Frigard, Stöger.
Ried; 7.000; Drabek

**10. Runde – 26. 9. 1998**
**LASK Linz – SV Ried 3:1 (2:0)**
LASK Linz: Pavlovic; W. Kogler; Ba, Milinovic; Kauz (60. Pichorner), Rohseano, Brzeczek (62. H. Kogler), Weissenberger (67. Pawlowski), Stöger; Grassler; Frigard.
Linzer Stadion; 6.000; Finzinger
Tore: Kogler (28.), Frigard (38.), Pawlowski (83.); Strafner (55.)

**11. Runde – 3. 10. 1998**
**Austria Lustenau – LASK Linz 0:4 (0:1)**
LASK Linz: Pavlovic; W. Kogler; Milinovic, Ba; Grassler (85. Muhr), Rohseano, Brzeczek, Weissenberger (79. H. Kogler), Stöger, Kauz; Frigard (61. Pawlowski).
Lustenau; 9.000; Stuchlik
Tore: Kogler (16.), Weissenberger (47.), Brzeczek (49.), Stöger (90.)

**12. Runde – 18. 10. 1998**
**LASK Linz – Salzburg 3:1 (1:1)**
LASK Linz: Pavlovic; W. Kogler (46. Tangen), Ba; Grassler, Brzeczek, Rohseano, Stöger (86. Pichorner), Weissenberger, Kauz; Frigard (77. Pawlowski).
Linzer Stadion; 15.000; Sedlacek
Tore: Weissenberger (40.), Stöger (72.), Pawlowski (80.); Hütter (31.)

**13. Runde – 23. 10. 1998**
**GAK – LASK Linz 0:2 (0:1)**
LASK Linz: Pavlovic; W. Kogler; Milinovic, Ba; Grassler, Stöger, Rohseano (22. Pichorner/60. H. Kogler), Brzeczek, Weissenberger, Kauz; Frigard.
Schwarzenegger-Stadion; 5.800; Stuchlik
Tore: Frigard (37., 87.)

**14. Runde – 27. 10. 1998**
**LASK Linz – Rapid 0:0**
LASK Linz: Pavlovic; Tangen; Milinovic, Ba; Grassler, H. Kogler (57. Pawlowski), Brzeczek, Stöger, Weissenberger, Kauz; Frigard.
Linzer Stadion; 10.000; Winkelbauer

**15. Runde – 8. 11. 1998**
**LASK Linz – Vorwärts Steyr 2:1 (0:0)**
LASK Linz: Pavlovic; Tangen; Milinovic, W. Kogler; Pichorner, Rohseano (46. Pawlowski), Brzeczek (75. Mehlem), Stöger (81. Dadi), Weissenberger, Kauz; Frigard.
Linzer Stadion; 12.500; Seyer
Tore: Stöger (46.), Frigard (72.); Hubich (80.)

**16. Runde – 11. 11. 1998**
**FC Tirol – LASK Linz 4:0 (0:1)**
LASK Linz: Pavlovic; Tangen; Milinovic (54. Ba), W. Kogler, Grassler, Brzeczek, Rohseano (76. H. Kogler), Stöger, Pichorner (84. Muhr), Weissenberger; Frigard.
Tivoli; 2.500; Sowa
Tore: Kirchler (51.); Milinovic (24.), Brzeczek (47.), Frigard (88.), Weissenberger (93.)

**17. Runde – 15. 11. 1998**
**LASK Linz – Sturm Graz 0:0**
LASK Linz: Pavlovic; Tangen; Ba, W. Kogler; Grassler (80. Pichorner), Brzeczek (58. Pawlowski), Stöger, Rohseano Weissenberger; Frigard, Kauz.
Linzer Stadion; 20.000; Stuchlik

**18. Runde – 22. 11. 1998**
**Austria Wien – LASK Linz 2:0 (1:0)**
LASK Linz: Pavlovic; Tangen (58. Milinovic), W. Kogler, Ba; Kauz, Rohseano, Stöger (46. Pawlowski), Brzeczek (63. Pichorner), Weissenberger, Grassler; Frigard.
Horr-Stadion; 2.700; Winkelbauer
Tore: Ernstsson (35.), Mayrleb (66.)

**19. Runde – 29. 11. 1998**
**LASK Linz – Rapid 1:3 (0:2)**
LASK Linz: Pavlovic; W. Kogler; Milinovic, Ba; Grassler (61. Mehlem), Rohseano, Brzeczek, Weissenberger, Pichorner (81. Muhr); Frigard, Pawlowski (67. Dadi).
Linzer Stadion; 6.000; Sowa
Tore: Milinovic (71.); Ba (22. Eigentor), R. Wagner (41.), Freund (55.)

**20. Runde – 4. 12. 1998**
**Sturm Graz – LASK Linz 2:0 (0:0)**
LASK Linz: Pavlovic; W. Kogler; Milinovic, Ba; Pichorner, Rohseano, Stöger (65. Pawlowski), Brzeczek (52. Grassler), Weissenberger, Kauz (53. Mehlem); Frigard.
Schwarzenegger-Stadion; 8.000; Stuchlik
Tore: Reinmayr (53.), Vastic (64. Elfmeter)

**21. Runde – 5. 3. 1999**
**LASK Linz – GAK 0:0**
LASK Linz: Pavlovic; Muhr; Milinovic, Rohseano; Pichorner, Kauz, Grassler, Weissenberger, Panis (65. Mehlem); Stumpf (85. Dadi), Pawlowski.
Linzer Stadion; 6.500; Sedlacek

**22. Runde – 13. 3. 1999**
**SV Ried – LASK Linz 1:2 (0:1)**
LASK Linz: Pavlovic; Muhr; Milinovic, Ba; Pichorner, Kauz (86. Lichtenwagner), Rohseano, Weissenberger, Panis; Stumpf (83. Mehlem), Dadi (70. Augustine).
Ried; 8.500; Hänsel
Tore: Stumpf (44.), Augustine (76.), Jank (90.)

**23. Runde – 16. 3. 1999**
**LASK Linz – FC Tirol 0:1 (0:1)**
LASK Linz: Pavlovic; Muhr; Milinovic (46. Dadi), Ba; Pichorner, Rohseano, Panis, Kauz, Grassler, Stumpf (46. Augustine), Pawlowski (79. Lichtenwagner).
Linzer Stadion; 4.500; Brugger
Tor: Barisic (34.)

**24. Runde – 19. 3. 1999**
**Salzburg – LASK Linz 2:0 (1:0)**
LASK Linz: Pavlovic; Muhr; Ba, Milinovic, Grassler (81. Mehlem), Kauz, Pawlowski, Rohseano, Dadi, Panis (79. Ortner); Stumpf (60. Augustine).
Lehen; 8.000; Stuchlik
Tore: Kitzbichler (26.), Sabitzer (90.)

**25. Runde – 31. 3. 1999**
**LASK Linz – Austria Lustenau 2:0 (1:0)**
LASK Linz: Pavlovic; Muhr; Ba, Milinovic, Rohseano, Pichorner, Grassler, Weissenberger (75. Mehlem), Panis, Pawlowski (55. Augustine), Stumpf (46. Dadi).
Linzer Stadion; 5.000; Messner
Tore: Pawolowski (17.), Weissenberger (70.)

**26. Runde – 3. 4. 1999**
**Vorwärts Steyr – LASK Linz 1:1 (0:0)**
LASK Linz: Pavlovic; Muhr; Milinovic, Ba;

Pichorner, Rohseano, Grassler, Kauz (85. Dadi), Weissenberger (21. Stumpf), Panis; Pawlowski (71. Augustine).
Vorwärts-Stadion; 4.000; Lehner
Tore: Schneidhofer (65.); Stumpf (46.)

**27. Runde – 11. 4. 1999**
**Austria Wien – LASK Linz 2:0 (1:0)**
LASK Linz: Pavlovic; Muhr; Milinovic, Ba; Pichorner, Rohseano, Grassler, Mehlem (72. Lichtenwagner), Panis; Augustine ( 61./78. Ortner), Dadi.
Horr-Stadion; 4.300; Almer
Tore: Streiter (41.), Plassnegger (85.)

**28. Runde – 14. 4. 1999**
**LASK Linz – Austria Wien 0:0**
LASK Linz: Pavlovic; Muhr; Milinovic, Ba; Pichorner, Kauz, Rohseano, Grassler, Panis (46. Mehlem); Stumpf (55. Weissenberger), Dadi (88. Augustine).
Linzer Stadion; 3.500; Winkelbauer

**29. Runde – 17. 4. 1999**
**Rapid – LASK Linz 2:0 (1:0)**
LASK Linz: Pavlovic; Muhr; Ba, Milinovic; Pichorner, Rohseano, Kauz, Weissenberger (87. Leitner), Panis; Dadi (57. Augustine), Stumpf (79. Mehlem).
Hanappi-Stadion; 7.000; Benkö
Tore: Pürk (22.), R. Wagner (81.)

**30. Runde – 23. 4. 1999**
**LASK Linz – Sturm Graz 1:2 (0:0)**
LASK Linz: Pavlovic; Muhr; Milinovic (46. Augustine), Ba; Pichorner, Kauz, Rohseano, Grassler, Panis, Weissenberger; Dadi (52. Mehlem).
Linzer Stadion; 7.000; Sowa
Tore: Martens (66.), Kauz (74.), Vastic (90.)

**31. Runde – 1. 5. 1999**
**GAK – LASK Linz 2:1 (0:1)**
LASK Linz: Pavlovic; Muhr; Milinovic, Ba; Grassler, Rohseano (77. Tangen), Kauz, Weissenberger (90. Leitner), Mehlem, Panis; Stumpf (65. Augustine).
Graz; 5.000; Stuchlik
Tore: Rohseano (24.), Vukovic (80.), Lipa (87.)

**32. Runde – 8. 5. 1999**
**LASK Linz – SV Ried 6:1 (4:1)**
LASK Linz: Pavlovic; Muhr; Milinovic, Tangen (83. Demir); Grassler, Rohseano, Pichorner, Augustine (67. Lichtenwagner), Kauz, Panis; Stumpf (74. Ortner), Dadi.
Linzer Stadion; 6.000; Winkelbauer
Tore: Milinovic (14., 55.), Stumpf (21.), Tangen (39.), Dadi (42.) Pichorner (90.); Angerschmid (6.),

**33. Runde – 11. 5. 1999**
**FC Tirol – LASK Linz 4:0 (2:0)**
LASK Linz: Pavlovic; Tangen (46. Milinovic), Ba, Muhr; Pichorner, Rohseano, Grassler, Mehlem, Augustine (46. Dadi), Panis; Stumpf (58. Ortner).
Toivoli; 3.000;
Tore: Gilewicz (15.), Marasek (45.), Anfang (51.), Kirchler (90.)

**34. Runde – 15. 5. 1999**
**LASK Linz – Salzburg 3:2 (3:2)**
LASK Linz: Pavlovic; Tangen; Milinovic, Ba; Pichorner, Augustine (53. Panis), Kauz, Rohseano, Mehlem; Lichtenwagner (58. Grassler), Dadid (73. Stumpf).
Linzer Stadion; 8.000; Stuchlik
Tore: Lichtenwagner (23., 29.), Dadi (36.); Glieder (35., 45.)

**35. Runde – 24. 5. 1999**
**Austria Lustenau – LASK Linz 0:1 (0:1)**
LASK Linz: Wimleitner; Muhr; Milinovic, Rohseano; Grassler, Kauz, Augustine (46. Pichorner), Mehlem, Panis; Stumpf (62. Tangen), Weissenberger (70. Lichtenwagner).
Lustenau; 7.500; Meßner
Tor: Stumpf (16. Elfmeter)

**36. Runde – 29. 5. 1999**
**LASK Linz – Vorwärts Steyr 2:0 (1:0)**
LASK Linz: Wimleitner; Muhr; Milinovic, Rohseano; Grassler, Kauz, (46. Pichorner), Weissenberger (79. Augustine), Mehlem, Panis; Stumpf (46. Lichtenwagner), Dadi.
Linzer Stadion; 5.000; Falb
Tore: Grassler (8.), Lichtenwagner (67.)

<table>
<tr><th colspan="8">Saison 1999/2000 – Bundesliga</th></tr>
<tr><td>1.</td><td>FC Tirol Innsbruck</td><td>36</td><td>24</td><td>5</td><td>7</td><td>54 : 30</td><td>77</td></tr>
<tr><td>2.</td><td>Sturm Graz</td><td>36</td><td>22</td><td>8</td><td>6</td><td>77 : 32</td><td>74</td></tr>
<tr><td>3.</td><td>Rapid</td><td>36</td><td>20</td><td>6</td><td>10</td><td>59 : 29</td><td>66</td></tr>
<tr><td>4.</td><td>Austria Wien</td><td>36</td><td>16</td><td>6</td><td>14</td><td>49 : 44</td><td>54</td></tr>
<tr><td>5.</td><td>SV Ried</td><td>36</td><td>15</td><td>8</td><td>13</td><td>56 : 39</td><td>53</td></tr>
<tr><td>6.</td><td>Austria Salzburg</td><td>36</td><td>12</td><td>10</td><td>14</td><td>39 : 45</td><td>46</td></tr>
<tr><td>7.</td><td>GAK</td><td>36</td><td>12</td><td>6</td><td>18</td><td>41 : 62</td><td>42</td></tr>
<tr><td>8.</td><td>LASK Linz</td><td>36</td><td>10</td><td>9</td><td>17</td><td>41 : 49</td><td>39</td></tr>
<tr><td>9.</td><td>SW Bregenz</td><td>36</td><td>10</td><td>5</td><td>21</td><td>39 : 73</td><td>35</td></tr>
<tr><td>10.</td><td>Austria Lustenau</td><td>36</td><td>4</td><td>7</td><td>25</td><td>22 : 74</td><td>19</td></tr>
</table>

**1. Runde – 30. 6. 1999**
**LASK Linz – Sturm Graz 0:2 (0:1)**
LASK Linz: Pavlovic; Muhr; Milinovic, Ba; Grassler, Rohseano, Kauz, M. Weissenberger (69. Pichorner), Mehlem (46. Dadi), Panis; Udovic (59. Brenner)
Linzer Stadion; 14.000; Stuchlik
Tore: Strafner (20.), Martens (80.)

**2. Runde – 7. 7. 1999**
**Lustenau – LASK Linz 1:1 (0:1)**
LASK Linz: Pavlovic; Muhr; Rohseano, Milinovic, Ba; Grassler, Kauz, M. Weissenberger, Panis (64. Mehlem); Udovic (59. Pichorner), Dadi (80. Stumpf).
Reichshofstadion; 6.800; Brugger
Tore: Stanisavljevic (89. Elfmeter); Dadi (11.)

**3. Runde – 14. 7. 1999**
**LASK Linz – Austria Wien 1:1 (1:1)**
LASK Linz: Pavlovic; Muhr; Milinovic, Ba; Grassler, Rohseano, Kauz, M. Weissenberger, Panis (73. Mehlem); Udovic (80. Pichorner), Dadi (82. Brenner).
Linzer Stadion; 6.000; Messner
Tore: Dadi (39.); Datoru (28.)

**4. Runde – 17. 7. 1999**
**Salzburg – LASK Linz 2:1 (1:0)**
LASK Linz: Pavlovic; Muhr; Milinovic (13. Mehlem), Ba; Grassler (56. Brenner), Rohseano, M. Weissenberger, Kauz, Panis; Udovic (46. Pichorner), Dadi.
Lehen; 8.000; Sedlacek
Tore: Ibertsberger (45.), Weissenberger (58.); Koejoe (67.)

**5. Runde – 27. 7. 1999**
**FC Tirol – LASK Linz 5:0 (3:0)**
LASK Linz: Pavlovic; Muhr; Jochum, Ba; Brenner, Kauz, Grassler (87. Kiesenebner), Mehlem, Panis; Udovic (33. Pichorner), Dadi.
Tivoli; 14.680; Hänsel
Tore: Gilewicz (2., 16., 49.), Hörtnagl (4.), Scharrer (83.)

**6. Runde – 3. 8. 1999**
**LASK Linz – GAK 1: 3 (1:3)**
LASK Linz: Pavlovic; Muhr; Milinovic, Ba; Brenner (57. Pichorner), Kauz, Grassler (46. Mehlem), Bradaric, Udovic (57. Lichtenwagner), Panis; Dadi.
Linzer Stadion; 4.500; Sowa
Tore: Udovic (20.), Radovic (25.), Akwuegbu (31., 45.)

**7. Runde – 7. 8. 1999**
**Bregenz – LASK Linz 2:1 ( 1:0)**
LASK Linz: Pavlovic; Muhr; Ba, Milinovic, Grassler (46. Stumpf), Bradaric (28. Udovic); Kauz, Mehlem, Panis; Pichorner, Dadi (78. Lichtenwagner).
Bodensee-Stadion; 9.000; Birgmann
Tore: Gager (3.), Kauz (51.), L. Unger (75.)

**8. Runde – 14. 8. 1999**
**LASK Linz – Rapid 0:1 (0:1)**
LASK Linz: Pavlovic; Muhr; Milinovic, Ba; Pichorner (64. Brenner), Kauz, Grassler (46. Mehlem), Kiesenebner (46. Stumpf), Bradaric, Panis; Dadi.
Linzer Stadion; 7.000; Plautz
Tor: Schießwald (32.)

**9. Runde – 21. 8. 1999**
**Ried – LASK Linz 2:1 (0:0)**
LASK Linz: Pavlovic (46. Wimleitner); Muhr; Milinovic, Ba; Brenner (70. Sane), Mehlem, Kauz, Bradaric, Panis; Stumpf (63. Udovic), Dadi.
Ried; 9.000; Sowa
Tore: Steininger (55.), Dadi (89.), Villa (94.)

**10. Runde – 28. 8. 1999**
**LASK Linz – Ried 1: 0 (0:0)**
LASK Linz: Wimleitner; Muhr; Jochum, Ba; Brenner, Kauz, Grassler (68. Kiesenebner), Bradaric, Pichorner, Mehlem; Stumpf (68. Udovic), Dadi (63. Sane).
Linzer Stadion; 7.000; Stuchlik
Tor: Udovic (76.)

**11. Runde – 10. 9. 1999**
**Sturm Graz – LASK Linz 0:0**
LASK Linz: Pavlovic; Muhr; Jochum, Ba; Brenner, Kauz (64. Milinovic), Bradaric, Panis (66. Grassler), Mehlem; Pichorner, Stumpf (64. Dadi).
Schwarzenegger-Stadion; 9.000; Benkö

**12. Runde – 18. 9. 1999**
**LASK Linz – Austria Lustenau 3: 0 (1:0)**
LASK Linz: Pavlovic; Muhr; Jochum, Milinovic, Mehlem; Brenner, Kauz, Pichorner (15. Bradaric), Panis; Stumpf (56. Grassler), Udovic (76. Lichtenwagner).
Linzer Stadion; 3.500; Sedlacek
Tore: Brenner (26.), Udovic (64., 66.)

**13. Runde – 25. 9. 1999**
**Austria Wien – LASK Linz 2:1 (2:1)**
LASK Linz: Pavlovic; Muhr; Jochum, Milinovic; Brenner, Bradaric (74. Kiesenebner), Kauz, Mehlem, Panis; Udovic (63. Grassler); Stumpf (79. Sane).
Horr-Stadion; 5.000; Plautz
Tore: M. Wagner (13.), Stumpf (14.), Stöger (15.)

**14. Runde – 2. 10. 1999**
**LASK Linz – Salzburg 2:4 (2:1)**
LASK Linz: Wimleitner; Muhr; Milinovic, Jochum, Kiesenebner; Kauz, Bradaric, Pichorner, Mehlem; Stumpf (70. Sane), Lichtenwagner (60. Udovic).
Linzer Stadion; 6.500; Sowa
Tore: Stumpf (27.), Kauz (34.); Glieder (36., 80.), Korsos (51.), Nikolic (79.)

**15. Runde – 6. 10. 1999**
**LASK Linz – FC Tirol 3:0 (1:0)**
LASK Linz: Wimleitner; Grassler; Milinovic, Ba (70. Muhr); Brenner, Kauz, Bradaric, Panis (82. Kiesenebner), Jochum; Stumpf (75. Sane).
Linzer Stadion; 6.500; Messner
Tore: Bradaric (16., 62.), Stumpf (48.)

**16. Runde – 16. 10. 1999**
**GAK – LASK Linz 0:1 (0:0)**
LASK Linz: Pavlovic; Grassler; Milinovic, Jochum; Brenner, Pichorner, Kauz, Bradaric (86. Udovic), Panis, Mehlem (70. Muhr);Stumpf.
Schwarzenegger-Stadion; 5.800; Hänsel
Tor: Milinovic (51.)

**17. Runde – 23. 10. 1999**
**LASK Linz – Bregenz 3:0 (1:0)**
LASK Linz: Pavlovic; Grassler; Milinovic, Jochum; Brenner, Kauz, Pichorner, Panis (80. Ba), Mehlem; Stumpf (62. Sane), Bradaric (67. Udovic).
Linzer Stadion; 7.000; Plautz
Tore: Milinovic (6.), Udovic (30., 93.)

**18. Runde – 29. 10. 1999**
**Rapid – LASK Linz 3:0 (1:0)**
LASK Linz: Pavlovic (84. Wimleitner); Grassler; Milinovic, Ba; Brenner, Bradaric (62. Muhr), Pichorner, Kauz, Panis, Jochum; Stumpf (71. Kiesenebner).
Hanappi-Stadion; 6.000; Messner
Tore: R. Wagner (31., 55. Elfmeter, Penksa (73.)

**19. Runde – 5. 11. 1999**
**LASK Linz – SV Ried 1:1 (0:0)**
LASK Linz: Pavlovic; Muhr; Milinovic, Jochum; Brenner, Pichorner, Kauz, Panis (87. Ba), Mehlem, Udovic (60. Bradaric), Stumpf (81. Sane).
Linzer Stadion; 9.500; Drabek
Tore: Brenner (47.), Glasner (52.)

**20. Runde – 12. 11. 1999**
**FC Tirol – LASK Linz 1:0 (1:0)**
LASK Linz: Wimleitner; Muhr; Jochum, Ba; Brenner, Pichorner, Kauz, Grassler (82. Sane), Mehlem (46. Bradaric), Panis; Stumpf.
Tivoli; 8.000; Winkelbauer
Tor: Jezek (3.)

**21. Runde – 20. 11. 1999**
**LASK Linz – Sturm Graz 1:1 (1:0)**
LASK Linz: Wimleitner; Milinovic, Jochum, Ba; Brenner, Kauz, Pichorner, Grassler Panis (89. Kiesenebner), Mehlem; Stumpf (65. Bradaric/94. Ortner).
Linzer Stadion; 7.000; Stuchlik
Tore: Brenner (39.); Schopp (92.)

**22. Runde – 27. 11. 1999**
**Austria Wien – LASK Linz 3:1 (1:0)**
LASK Linz: Wimleitner; Muhr; Milinovic, Ba; Kiesenebner, Kauz, Grassler, Panis (59. Bradaric), Mehlem (77. Lichtenwagner); Stumpf (69. Sane), Pichorner.
Horr-Stadion; 4.000; Birgmann
Tore: Mayrleb (45.,93.), Datoru (81.); Grassler (93.)

**23. Runde – 4. 3. 2000**
**LASK Linz – Bregenz 0:1 (0:1)**
LASK Linz: Wimleitner; Grassler; Rohseano, Milinovic, Jochum (82. Mehlem); Brenner, Pichorner, Bradaric, Panis; Udovic (68. Lichtenwagner), Stumpf (60. Memic).
Linzer Stadion; 6.000; Brugger
Tor: Regtop (8.)

**24. Runde – 11. 3. 2000**
**Salzburg – LASK Linz 1:2 (1:1)**
LASK Linz: Pavlovic; Grassler; Rohseano, Milinovic, Ba; Brenner, Kauz, Panis, Jochum (75. Mehlem); Pichorner (77. Stumpf), Udovic (83. Bradaric).
Lehen; 12.000; Sowa
Tore: Laessig (33.); Panis (45.), Udovic (77.)

**25. Runde – 18. 3. 2000**
**GAK – LASK Linz 2:1 (1:0)**
LASK Linz: Pavlovic; Grassler; Rohseano, Milinovic, Ba; Brenner, Kauz, Bradaric (46. Mehlem), Jochum (64. Memic), Panis, Udovic (82. Lichtenwagner).
Schwarzenegger-Stadion; 4.200; Kern
Tore: Lipa (4.), Pamic (80.), Lichtenwagner (91.)

**26. Runde – 25. 3. 2000**
**LASK Linz – Rapid 1:1 (0:0)**
LASK Linz: Pavlovic; Muhr; Ba, Milinovic (46. Pichorner), Rohseano; Brenner, Kauz, Panis, Udovic (76. Mehlem), Lichtenwagner (62. Stumpf).
Linzer Stadion; 11.000; Brugger
Tore: Wimmer (52.), Udovic (57.)

**27. Runde – 1. 4. 2000**
**Lustenau – LASK Linz 2:2 (1:1)**
LASK Linz: Pavlovic; Muhr; Milinovic, Mehlem; Brenner, Rohseano (46. Lichtenwagner), Kauz, Grassler, Jochum; Udovic (69. Stumpf), Pichorner.
Lustenau; 7.500; Nobs (SUI)
Tore: Brenner (22.), Butrej (31.), Lichtenwagner (48.), Prinzen (92.)

**28. Runde – 8. 4. 2000**
**LASK Linz – Austria Lustenau 5:0 (3:0)**
LASK Linz: Pavlovic; Grassler; Rohseano, Milinovic, Jochum; Brenner (78. Memic), Kauz, Panis (76. Kiesenebner), Pichorner; Udovic (72. Dadi), Lichtenwagner.
Linzer Stadion; 3.225; Birgmann
Tore: Udovic (23., 62.), Lichtenwagner (28.,60.), Pichorner (36.)

**29. Runde – 14. 4. 2000**
**Sturm Graz – LASK Linz 2:0 (2:0)**
LASK Linz: Pavlovic; Muhr; Rohesano (46. Mehlem), Milinovic, Ba; Brenner (80. Ortner), Kauz (54. Lichtenwagner), Grassler, Jochum; Udovic, Pichorner.
Graz; 10.242; Brugger
Tore: Vastic (5., 20.)

**30. Runde – 22. 4. 2000**
**LASK Linz – FC Tirol 0:1 (0:1)**
LASK Linz: Pavlovic; Grassler; Rohseano (25. Ortner/55. Dadi), Milinovic, Jochum; Brenner, Pichorner, Panis, Mehlem (64. Muhr); Udovic, Lichtenwagner.
Linzer Stadion; 5.000; Sedlacek
Tor: Scharrer (8. Elfmeter)

**31. Runde – 29. 4. 2000**
**SV Ried – LASK Linz 2:0 (1:0)**
LASK Linz: Pavlovic; Grassler; Rohseano, Ba, Jochum; Brenner, Pichorner, Muhr (58. Ortner), Panis; Lichtenwagner (64. Udovic), Memic (56. Stumpf).
Ried; 6.500; Messner
Tore: Angerschmid (4.), Drechsel (86.)

**32. Runde – 6. 5. 2000**
**LASK Linz – Austria Wien 1:0 (0:0)**
LASK Linz: Pavlovic; Grassler; Rohseano Milinovic, Ba; Brenner, Panis (83. Muhr), Jochum, Mehlem (58. Lichtenwagner); Pichorner, Udovic (80. Ortner).
Linzer Stadion; 3.212; Falb
Tor: Udovic (62.)

**33. Runde – 9. 5. 2000**
**Bregenz – LASK Linz 0:2 (0:0)**
LASK Linz: Wimleitner; Grassler; Ba, Milinovic, Mehlem; Brenner (93. Leitner), Rohseano (88. Ortner) Jochum, Muhr (58. Lichtenwagner); Pichorner, Panis.
Bregenz; 3.400; Sowa
Tore: Panis (55.), Lichtenwagner (90.)

**34. Runde – 13. 5. 2000**
**LASK Linz – Salzburg 1:1 (1:0)**
LASK Linz: Pavlovic; Grassler; Milinovic, Ba; Brenner, Rohseano, Mehlem, Panis, Pichorner; Lichtenwagner (80. Ortner), Udovic (82. Hintersteiner).
Linzer Stadion; 7.000; Winklbauer
Tore: Pichorner (6.); Kitzbichler (48.)

**35. Runde – 20. 5. 2000**
**LASK Linz – GAK 2:2 (1:1)**
LASK Linz: Pavlovic; Muhr; Ba, Milinovic, Mehlem; Brenner, Rohseano, Panis, Pichorner; Lichtenwagner (87. Irndorfer), Udovic (72. Ortner).
Linzer Stadion; 3.114; Sedlacek
Tore: Brenner (59., 74.), Akwuegbu (86.), Lipa (89.)

**36. Runde – 27. 5. 2000**
**Rapid – LASK Linz 0:1 (0:0)**
LASK Linz: Wimleitner; Grassler; Ba, Milinovic, Mehlem; Brenner Rohseano, Panis, Pichorner; Ortner (71. Memic), Lichtenwagner.
Hanappi-Stadion; 3.500; Plautz
Tor: Panis (87.)

## Meisterschaften 2000-2005

### Saison 2000/2001 – Bundesliga

| | | | | | | | |
|---|---|---|---|---|---|---|---|
| 1. | FC Tirol Innsbruck | 36 | 20 | 8 | 8 | 63 : 31 | 68 |
| 2. | Rapid | 36 | 16 | 12 | 8 | 62 : 36 | 60 |
| 3. | GAK | 36 | 16 | 9 | 11 | 49 : 40 | 57 |
| 4. | Sturm Graz | 36 | 16 | 7 | 13 | 58 : 44 | 55 |
| 5. | Austria Wien | 36 | 14 | 8 | 14 | 47 : 43 | 50 |
| 6. | Austria Salzburg | 36 | 13 | 10 | 13 | 49 : 45 | 49 |
| 7. | SV Ried | 36 | 13 | 9 | 14 | 51 : 52 | 48 |
| 8. | SW Bregenz | 36 | 10 | 8 | 18 | 40 : 67 | 38 |
| 9. | Admira Mödling | 36 | 8 | 12 | 16 | 29 : 63 | 36 |
| 10. | **LASK Linz** | 36 | 8 | 9 | 19 | 43 : 70 | 33 |

**1. Runde – 5. 7. 2000**
**Sturm Graz – LASK Linz 5:1 (2:1)**
LASK Linz: Wimleitner; Jochum, Rohseano, Feiersinger, Mehlem; Gröbl (50. Prinz), Pichorner, Grassler, Muhr (46. Kiesenebner); Ortner, Lichtenwagner (62. Irndorfer).
Schwarzenegger- Stadion; 8.600; Plautz
Tore: Schopp (30.), Vastic (45.), Neukirchner (54.), Juran (59.), Kocijan (68.); Ortner (12.)

**2. Runde – 12. 7. 2000**
**LASK Linz – Salzburg 0:2 (0:1)**
LASK Linz: Wimleitner; Grassler (46. Irndorfer), Jochum, Muhr, Mehlem; Rohseano (68. Udovic, Kiesenebner, Feiersinger, Pichorner; Ortner, Lichtenwagner (35. Memic).
Linzer Stadion; 3.000; Sedlacek
Tore: Silberberger (23.), Kitzbichler (67.)

**3. Runde – 18. 7. 2000**
**Rapid – LASK Linz 2:0 (0:0)**
LASK Linz: Pavlovic; Grassler, Jochum, Rohseano, Feiersinger, Mehlem (73. Muhr); Brenner, Pichorner, Kiesenebner, Sariyar; Ortner (55. Memic).
Hanappi-Stadion; 11.000; Birgmann
Tore: Taument (50.), Dowe (76.)

**4. Runde – 25. 7. 2000**
**LASK Linz – FC Tirol 0: 2 (0:0)**
LASK Linz: Pavlovic; Grassler, Jochum, Feiersinger; Brenner, Pichorner, Rohseano, Kiesenebner (46. Lichtenwagner), Mehlem, Frigard, Sariyar (75. Ortner).
Linzer Stadion; 6.500; Kern
Tore: Baur (63.), Kirchler (67.)

**5. Runde – 29. 7. 2000**
**LASK Linz – Bregenz 3:1 (2:0)**
LASK Linz: Pavlovic; Grassler, Jochum, Rohseano; Brenner, Pichorner, Feiersinger,Kiesenebner, Sariyar (88. Ortner); Mehlem; Udovic (58. Kiesenebner), Frigard (90. Lichtenwagner).
Linzer Stadion; 3.000; Sowa
Tore: Sariyar (16.), Frigard (35., 89.), Ambrosius (47.)

**6. Runde – 2. 8. 2000**
**GAK – LASK Linz 3:1 (0:1)**
LASK Linz: Pavlovic; Grassler; Rohseano, Jochum; Brenner, Pichorner (27. Kiesenebner), Feiersinger, Sariyar, Mehlem (75. Ortner); Udovic (57. Nikolic), Frigard.
Schwarzenegger-Stadion; 3.926; Steiner
Tore: Milinovic (53.), Pamic (72.), Akwegbu (93.); Brenner (4. Elfmeter)

**7. Runde – 12. 8. 2000**
**LASK Linz – Admira/Mödling 1:1 (1:0)**
LASK Linz: Pavlovic; Muhr (46. Nikolic); Jochum, Ba; Brenner, Rohseano, Sariyar (79. Ortner), Feiersinger, Pichorner; Udovic (54. Mehlem), Frigard.
Linzer Stadion; 3.500; Messner
Tore: Frigard (23. Elfmeter), Aigner (68. Elfmeter)

**8. Runde – 19. 8. 2000**
**Austria Wien – LASK Linz 5:0 (1:0)**
LASK Linz: Pavlovic; Muhr (46. Gröbl); Jochum, Ba, Mehlem; Brenner, Sariyar (71. Kiesenebner), Rohseano, Nikolic (71. Kiesenebner), Pichorner; Frigard.
Horr-Stadion; 4.137; Windhaber/CH.
Tore: Derksen (9.), M. Wagner (60.), Jezek (71.), Mayrleb (76.), Rost (86.)

**9. Runde – 26. 8. 2000**
**LASK Linz – SV Ried 1:1 (0:0)**
LASK Linz: Pavlovic; Muhr; Jochum, Ba; Pichorner, Brenner, Rohseano, Sariyar (46. Nikolic), Gröbl, Mehlem (62. Brenner); Udovic (56. Ortner), Frigard.
Linzer Stadion; 6.000; Plautz
Tore: Drechsel (58.), Ortner (66.)

**10. Runde – 6. 9. 2000**
**SV Ried – LASK Linz 1:0 (0:0)**
LASK Linz: Pavlovic; Muhr; Jochum, Ba (73. Lichtenwagner); Brenner, Nikolic (60. Sariyar), Pichorner, Rohseano, Gröbl (65. Kiesenebner); Ortner, Frigard.
Ried; 8.000; Stuchlik
Tor: M. Hiden (51.)

**11. Runde – 15. 9. 2000**
**LASK Linz – Sturm Graz 2:1 (0:0)**
LASK Linz: Pavlovic; Muhr; Rohseano, Ba, Jochum, Sariyar (73. Lichtenwagner), Grassler (46. Gröbl), Kiesenebner (75. Ortner); Laimer, Pichorner; Brenner, Frigard.
Linzer Stadion; 5.000; Mostböck
Tore: Frigard (62., 90.); Korsos (67.)

**12. Runde – 23. 9. 2000**
**Salzburg – LASK Linz 4:1 (1:1)**
LASK Linz: Pavlovic; Muhr; Rohseano, Feiersinger; Jochum (56. Sariyar), Grassler (70. Lichtenwagner), Kiesenebner, Laimer (73. Ortner); Pichorner; Brenner, Frigard.
Lehen; 4.500; Stuchlik
Tore: Laessig (36. Elfmeter, 63.), Winklhofer (68.), Carcamo (74.); Grassler (9.)

**13. Runde – 1. 10. 2000**
**LASK Linz – Rapid 2:1 (0:1)**
LASK Linz: Pavlovic; Muhr; Rohseano, Ba; Grassler, Kiesenebner (73. Lichtenwagner), Sariyar (83. Mehlem),Feiersinger (46. Pichorner), Laimer; Brenner, Frigard.
Linzer Stadion; 8.000; Plautz
Tore: Ba (65.), Brenner (78.); Radovic (17.)

**14. Runde – 14. 10. 2000**
**FC Tirol – LASK Linz 3:0 (0:0)**
LASK Linz: Pavlovic (46. Wimleitner); Muhr; Rohseano (51. Jochum), Ba, Feiersinger (61. Lichtenwagner); Pichorner, Sariyar), Grassler, Laimer; Brenner, Frigard.
Tivoli-neu; 8.000; Birgmann
Tore: Gilewicz (19.), Kirchler (43.), Alfred Hörtnagl (90.)

**15. Runde – 21. 10. 2000**
**Bregenz – LASK Linz 2:2 (2:1)**
LASK Linz: Pavlovic; Grassler; Rohseano, Ba; Brenner (81. Gröbl), Jochum, Lichtenwagner, Pichorner, Laimer (86. Mehlem); Udovic (56. Sariyar), Frigard.
Bregenz; 5.200; Kern
Tore: Ambrosius (22.); Lichtenwagner (22.), Posavec (40.), Brenner (63.)

**16. Runde – 29. 10. 2000**
**LASK Linz – GAK 0:1 (0:0)**
LASK Linz: Pavlovic; Muhr; Rohseano (62. Ortner), Ba; Brenner, Lichtenwagner, Pichorner, Jochum, Laimer (62. Mehlem); Udovic (46. Sariyar), Frigard.
Linzer Stadion; 6.000; Steiner
Tor: Akwuegbu (54.)

**17. Runde – 1. 11. 2000**
**Admira/Mödling – LASK Linz 2:2 (2:2)**
LASK Linz: Pavlovic; Muhr; Rohseano, Ba; Jochum (71. Gröbl), Mehlem, Grassler, Sariyar (61. Laimer), Pichorner; Frigard, Brenner (90. Ortner).
Südstadt; 1.000; Sedlacek
Tore: Stöger (14. Elfmeter, Bozgo (43.); Brenner (8.), Muhr (46.)

**18. Runde – 4. 11. 2000**
**LASK Linz – Austria Wien 1:3 (0:2)**
LASK Linz: Pavlovic; Muhr; Rohseano, Ba; Jochum (46. Gröbl), Pichorner, Grassler, Sariyar (46. Ortner), Mehlem (65. Laimer); Brenner, Frigard.
Linzer Stadion; 7.000; Mostböck
Tore: Frigard (69.); Topic (42.), Mayrleb (45., 90.)

**19. Runde – 10. 11. 2000**
**LASK Linz – Salzburg 1:1 (0:1)**
LASK Linz: Pavlovic; Muhr; Rohseano, Ba; Pichorner, Ortner, Udovoc (62. Sariyar), Feiersinger, Grassler, Jochum (78. Mehlem); Brenner, Frigard.
Linzer Stadion; 5.000; Sowa
Tore: Feiersinger (70.); Laessig (45.)

**20. Runde – 17. 11. 2000**
**Sturm Graz – LASK Linz 2:1 (1:0)**
LASK Linz: Pavlovic (46. Wimleitner); Muhr; Bjarmann, Ba; Pichorner, Feiersinger (25. Jochum), Udovic (72. Sariyar), Grassler, Mehlem; Brenner, Frigard.
Schwarzenegger-Stadion; 1.0000; Brugger
Tore: Kocijan (25.), Reinmayr (69.); Pichorner (76.)

**21. Runde – 24. 11. 2000**
**LASK Linz – Rapid 3:3 (2:1)**
LASK Linz: Wimleitner; Feiersinger; Bjarmann, Ba; Pichorner, Jochum, Gröbl (79. Memic), Sariyar (71. Ortner), Mehlem (42. Kiesenebner); Brenner, Frigard.
Linzer Stadion; 4.000; Birgmann
Tore: Frigard (26.), Gröbl (39.), Jochum (80.); Savicevic (20., 73.), Wallner (75.)

**22. Runde – 2. 12. 2000**
**Admira/Mödling – LASK Linz 1:1 (0:1)**
LASK Linz: Wimleitner; Feiersinger; Ba, Bjarmann, Grassler, Jochum, Kiesenebner (63. Lichtenwagner), Gröbl (75. Ortner); Brenner, Frigard.
Südstadt; 1.000; Stuchlik
Tore: Bozgo (58.); Frigard (40.)

**23. Runde – 3. 3. 2001**
**LASK Linz – GAK 0:0**
LASK Linz: Pavlovic; Feiersinger; Pedersen, Jochum, Choi (75. Gröbl), Kiesenebner (73. Lichtenwagner), Grassler, Kang (59. Sariyar), Pichorner; Brenner, Frigard.
Linzer Stadion; 3.000; Sowa

**24. Runde – 10. 3. 2001**
**FC Tirol – LASK Linz 1:1 (1:1)**
LASK Linz: Pavlovic; Feiersinger (86. Irndorfer); Jochum, Pedersen, Choi, Grassler, Sariyar (82. Lichtenwagner), Muhr (19. Gröbl); Brenner, Frigard.
Tivoli neu; 12.400; Birgmann
Tore: Baur (23. Elfmeter); Choi (44.)

**25. Runde – 14. 3. 2001**
**LASK Linz – SV Ried 2:0 (2:0)**
LASK Linz: Pavlovic; Grassler; Pedersen, Jochum; Pichorner, Choi, Grassler, Sariyar (81. Kang), Kiesenebner (59. Lichtenwagner), Gröbl (93. Mehlem); Brenner, Frigard.
Linzer Stadion; 4.000; Drabek
Tore: Brenner (28., 45.)

**26. Runde – 17. 3. 2001**
**Bregenz – LASK Linz 1:2 (0:1)**
LASK Linz: Pavlovic; Grassler; Pedersen, Irndorfer; Gröbl (92. Mehlem), Choi (86. Kang), Sariyar, Kiesenebner, Brenner (74. Lichtenwagner), Frigard.
Bregenz; 5.300; Plautz
Tore: Frigard (14., 59.), Ambrosius (62.)

**27. Runde – 31. 3. 2001**
**LASK Linz – Austria Wien 4:1 (4:0)**
LASK Linz: Pavlovic; Grassler; Pedersen, Jochum; Pichorner, Choi, Grassler, Sariyar (81. Kang), Kiesenebner (59. Lichtenwagner), Gröbl (93. Mehlem); Brenner, Frigard.
Linzer Stadion; 5.000; Schluchter
Tore: Frigard (9., 45.), Brenner (18. Elfmeter), Kiesenebner (33.); Janssen (71.)

**28. Runde – 7. 4. 2000**
**Austria Wien – LASK Linz 3:1 (1:0)**
LASK Linz: Wimmer; Feiersinger; Pedersen, Jochum; Choi, Kiesenebner (42. Pichorner), Grassler, Kang (62. Lichtenwagner), Gröbl (74. Irndorfer); Brenner, Frigard.
Horr-Stadion; 3.375; Brugger
Tore: Topic (43., 51.) Trojansky (52. Eigentor), Grassler (66. Eigentor)

**29. Runde – 14. 4. 2001**
**Salzburg – LASK Linz 3:1 (0:1)**
LASK Linz: Wimleitner; Feiersinger; Pedersen, Irndorfer; Jochum (81. Ortner), Kiesenebner, Grassler, Lichtenwagner, Choi; Frigard, Brenner.
Lehen; 4.000; Plautz
Tore: Sigthorsson (50.), Suazo (53.), Kitzbichler (89.); Frigard (32.)

**30. Runde – 20. 4. 2001**
**LASK – Sturm Graz 2:1 (1:0)**
LASK Linz: Wimleitner; Feiersinger; Pedersen, Irndorfer (59. Mehlem); Pichorner, Kiesenebner, Jochum, Lichtenwagner (78. Gröbl), Choi; Brenner, Frigard (90. Ortner).
Linzer Stadion; 7.000; Sowa
Tore: Kiesenebner (5.), Haas (60.), Brenner (78.)

**31. Runde – 28. 4. 2001**
**Rapid – LASK Linz 6:0 (3:0)**
LASK Linz: Wimleitner; Feiersinger (46. Mehlem); Pedersen, Jochum; Pichorner, Kiesenebner (66. Memic), Grassler, Lichtenwagner (46. Gröbl), Choi, Brenner, Frigard.
Hanappi-Stadion; 4.000; Leuba (Sz)
Tore: Lagonikakis (28., 74.), Wetl (35.), Savicevic (44.), Wallner (51.), Dowe (79.)

**32. Runde – 2. 5. 2001**
**LASK Linz – Admira/Mödling 1:3 (1:2)**
LASK Linz: Wimleitner; Feiersinger; Pedersen, Irndorfer (46. Ortner); Pichorner, Jochum (73. Lichtenwagner), Kiesenebner, Grassler, Choi; Brenner, Frigard.
Linzer Stadion; 4.500; Stuchlik
Tore: Pichorner (7.); Suchard (22.), Markovic (42.), Datoru (56.)

**33. Runde – 5. 5. 2001**
**GAK – LASK Linz 1:0 (0:0)**
LASK Linz: Wimleitner; Feiersinger; Pedersen, Jochum; Pichorner (75. Lichtenwagner), Kiesenebner, Kang (78. Mehlem), Gröbl (59. Ortner), Choi; Brenner, Frigard.
Schwarzenegger-Stadion; 2.731; Plautz
Tor: Brunmayr (49.)

**34. Runde – 12. 5. 2001**
**LASK Linz – FC Tirol 1:2 (0:0)**
LASK Linz: Wimleitner; Feiersinger; Pedersen, Jochum; Pichorner (84. Memic), Kiesenebner, Grassler, Ortner (72. Lichtenwagner), Choi; Brenner, Frigard (24. Kang).
Linzer Stadion; 8.000; Sowa
Tore: Kirchler (70.), Brenner (72.), Gilewicz (81.)

**35. Runde – 19. 5. 2001**
**SV Ried – LASK Linz 1:0 (0:0)**
LASK Linz: Wimleitner; Grassler; Pedersen, Mehlem; Pichorner (84. Memic), Kiesenebner, Gröbl (57. Irndorfer), Kang Choi (73. Muhr); Brenner, Frigard.
Ried; 9.500; Meßner
Tor: Akagündüz (93.)

**36. Runde – 24. 5. 2001**
**LASK Linz – Bregenz 5:0 (4:0)**
LASK Linz: Wimmer; Feiersinger (67. Muhr); Jochum, Mehlem; Ortner, Grassler, Kiesenebner, Woldeab, Pichorner; Frigard, Memic (65. Irndorfer).
Linzer Stadion; 2.000; Falb
Tore: Grassler (10., 15.), Frigard (33., 38. Elfmeter), Riedl (62.)

**Saison 2001/2002 – 1. Division**

| | | | | | | | |
|---|---|---|---|---|---|---|---|
| 1. | SV Pasching | 36 | 21 | 9 | 6 | 66:37 | 72 |
| 2. | Austria Lustenau | 36 | 22 | 4 | 10 | 68:36 | 70 |
| 3. | BSV Bad Bleiberg | 36 | 19 | 10 | 7 | 68:38 | 67 |
| 4. | SC Untersiebenbrunn | 36 | 17 | 11 | 8 | 57:39 | 62 |
| 5. | **LASK Linz** | **36** | **15** | **7** | **14** | **45:38** | **52** |
| 6. | SV Mattersburg | 36 | 11 | 14 | 11 | 60:57 | 47 |
| 7. | DSV Leoben | 36 | 13 | 7 | 16 | 51:51 | 46 |
| 8. | SV Wörgl | 36 | 8 | 10 | 18 | 61:72 | 34 |
| 9. | FC Lustenau | 36 | 4 | 10 | 22 | 33:81 | 22 |
| 10. | SV Braunau | 36 | 6 | 6 | 24 | 25:85 | 24 |

Der SV BRAUNAU wurde in der Winterpause durch Konkurs aufgelöst und alle restlichen Spiele mit 3:0 für den jeweiligen Gegner gewertet.

**1. Runde – 10. 7. 2001**
**Austria Lustenau – LASK Linz 2:0 (0:0)**
LASK Linz: Wimleitner; Grassler; Hornak, Jochum; Choi, Ortner (73. Dornetshuber), Stromberger, Gröbl, Pichorner; Stumpf, Brenner (65. Memic).
Lustenau; 8.000; Birgmann
Tore: Grassler (66. Eigentor), Patocka (83.)

**2. Runde – 18. 7. 2001**
**LASK Linz – SV Braunau 1:0 (1:0)**
LASK Linz: Hedl; Grassler; Hornak, Jochum; Choi, Ortner (78. Dornetshuber), Stromberger, Gröbl, Pichorner; Stumpf (88. Lichtenwagner), Brenner (92. Prinz).
Linzer Stadion; 2.000; Steiner
Tor: Hornak (10.)

**3. Runde – 24. 7. 2001**
**Untersiebenbrunn – LASK Linz 3:0 (0:0)**
LASK Linz: Hedl; Hornak; Jochum (65. Ph. Weissenberger), Pedersen, Ortner (46. Gröbl), Choi, Grassler, Stromberger, Pichorner; Brenner, Holemar (76. Hintersteiner).
Untersiebenbrunn; 2.000; Schuiki
Tore: Schandl (50.), Aigner (62.), Lapansky (90.)

**4. Runde – 27. 7. 2001**
**LASK Linz – Bad Bleiberg 1:1 (1:0)**
LASK Linz: Hedl; Grassler; Hornak, Pedersen; Jochum, Choi, Stromberger, Kocijan, Pichorner; Ph. Weissenberger, Brenner.
Linzer Stadion; 2.000; Hofmann
Tore: Weissenberger (33.); Waitschacher (80.)

**5. Runde – 1. 8. 2001**
**FC Lustenau – LASK Linz 1:0 (0:0)**
LASK Linz: Hedl; Hornak; Grassler, Pedersen (66. Memic); Jochum, Stromberger, Kocijan (79. Brenner), Ph. Weissenberger, Pichorner; Brenner, Stumpf.
Lustenau; 800; Einwaller
Tor: Hütter (61. Elfmeter)

**6. Runde – 4. 8. 2001**
**LASK Linz – Mattersburg 1:2 (1:2)**
LASK Linz: Hedl; Hornak, Jochum (59. Hintersteiner), Pedersen; Ph. Weissenberger (21. Irndorfer), Choi, Stromberger (46. Gröbl), Kocijan, Pichorner; Brenner, Stumpf.
Linzer Stadion; 1.000; Daxauer
Tore: Stumpf (8.); Aflenzer (11.), Salaba (31.)

**7. Runde – 7. 8. 2001**
**SV Pasching – LASK Linz 1:0 (1:0)**
LASK Linz: Hedl; Hornak; Irndorfer, Pedersen; Pichorner, Stromberger (83. Sivrikaya), Grassler, Kocijan (46. Jochum), Struber; Brenner, Wohlfahrt (30. Memic).
Waldstadion; 6.000; Sowa
Tor: Riegler (25.)

**8. Runde – 10. 8. 2001**
**LASK Linz – Wörgl 1:3 (0:2)**
LASK Linz: Hedl; Grassler; Hornak, Pedersen; Struber (46. Jochum), Pichorner (77. Sivrikaya), Struber, Wohlfahrt (46. Stumpf), Kocijan, Brenner.
Linzer Stadion; 900; Epstein
Tore: Stumpf (57.); Martinez (6., 45.), Miloti (93.)

**9. Runde – 17. 8. 2001**
**DSV Leoben – LASK Linz 1:3 (0:3)**
LASK Linz: Hedl; Irndorfer, Hornak, Pedersen; Brenner, Struber, Kocijan (64. Jochum), Grassler, Pichorner; Ph. Weissenberger (89. Wohlfahrt), Stumpf (90. Hintersteiner).
Donawitz; 1.500; Falb
Tore: Parapatits (46.); Ph. Weissenberger (8.), Kocijan (25., 36.)

**10. Runde – 24. 8. 2001**
**LASK Linz – DSV Leoben 1:1 (0:1)**
LASK Linz: Hedl; Hornak, Irndorfer, Pedersen; Brenner, Grassler, Struber, Pichorner (51. Javornik), Kocijan; Ph. Weissenberger (69. Hintersteiner), Stumpf (58. Prinz).
Linzer Stadion; 1.200; Gangl
Tore: Friesenbichler (28.), Brenner (60.)

**11. Runde – 7. 9. 2001**
**LASK Linz – Austria Lustenau 1:0 (0:0)**
LASK Linz: Hedl; Hornak; Irndorfer, Pedersen; Brenner, Javornik, Struber (88. Sivrikaya), Grassler, Kocijan, Ph. Weissenberger (71. Jochum); Stumpf (46. Ruckendorfer).
Linzer Stadion; 1.100; Weber
Tor: Brenner (69. Elfmeter)

**12. Runde – 14. 9. 2001**
**Braunau – LASK Linz 1:0 (1:0)**
LASK Linz: Hedl; Kocijan; Hornak, Irndorfer (90. Prinz); Ph. Weissenberger (46. Pichorner), Lichtenwagner, Jochum, Javornik (64. Ruckendorfer), Struber; Brenner, Memic.
Grenzlandstadion; 1.500; Krassnitzer
Tor: Oerlemans (32.)

**13. Runde – 22. 9. 2001**
**LASK Linz – Untersiebenbrunn 5:1 (1:1)**
LASK Linz: Hedl; Hornak; Pedersen, Jochum; Brenner, Grassler, Kocijan (87. Prinz), Struber, Pichorner; Stumpf (76. Javornik), Ph. Weissenberger (46. Dornetshuber).
Linzer Stadion; 1.200; Schörgenhofer
Tore: Kocijan (30., 69.), Stumpf (51., 63.), Grassler (54.); Schandl (39.)

**14. Runde – 28. 9. 2001**
**Bad Bleiberg – LASK Linz 1:1 (0:0)**
LASK Linz: Hedl; Hornak; Pedersen, Jochum; Brenner, Gruber, Grassler, Pichorner; Stumpf (77. Javornik), Dornetshuber (81. Ph. Weissenberger).
Bleiberg; 1.800; Einwaller
Tore: Hobel (61.); Stumpf (50.)

**15. Runde – 9. 10. 2001**
**LASK Linz – FC Lustenau 2:0 (0:0)**
LASK Linz: Hedl; Muhr; Pedersen, Jochum; Brenner, Grassler, Kocijan (46. Javornik), Struber, Pichorner; Stumpf (77.

**Ruckendorfer), Dornetshuber (83. Prinz).**
Linzer Stadion; 1.350; Weber
Tore: Stumpf (3., 34.)

**16. Runde – 12. 10. 2001**
**Mattersburg – LASK Linz 1:1 (0:0)**
LASK Linz: Hedl; Muhr; Pedersen, Jochum; Brenner, Grassler, Kocijan, Struber, Pichorner; Dornetshuber (78. Javornik), Stumpf .
Mattersburg; 11.000; Birgmann
Tore: Köszegi (62.); Dornetshuber (55.)

**17. Runde – 19. 10. 2001**
**LASK Linz – SV Pasching 0:0**
LASK Linz: Hedl; Muhr; Hornak, Pedersen; Grassler, Javornik, Kocijan, Struber, Pichorner; Brenner, Dornetshuber (70. Sariyar).
Linzer Stadion; 10.000; Klammer

**18. Runde – 30. 10. 2001**
**Wörgl – LASK Linz 3:1 (0:0)**
LASK Linz: Hedl; Muhr; Hornak, Jochum; Brenner, Grassler, Struber, Kocijan, Pichorner; Dornetshuber (71. Ruckendorfer), Stumpf.
Wörgl; 800; Schuiki
Tore: Jörgensen (74.), Gaudenzi (80., 89.); Kocijan (67.)

**19. Runde – 2. 11. 2001**
**LASK Linz – Mattersburg 2:1 (1:1)**
LASK Linz: Hedl; Muhr; Hornak, Pedersen; Brenner, Struber, Grassler, Kocijan (90. Ortner), Pichorner; Sariyar (77. Javornik), Stumpf.
Linzer Stadion; 800; Steindl
Tore: Stumpf (16.), Kocijan (65.); Köszegi (32.)

**20. Runde – 12. 3. 2002 (Nachtrag)**
**LASK Linz – FC Lustenau 2:0 (1:0)**
LASK Linz: Wimleitner; Hornak; Pedersen, Nestl; Hartl, Fallmann, Javornik (88. Stromberger), Kocijan , Riedl (46. Prinz); Stumpf, Sariyar (90. Ph. Weissenberger).
Linzer Stadion; 1.150; Paukovits
Tore: Stumpf (21.), Kocijan (67.)

**21. Runde – 17. 11. 2001**
**Untersiebenbrunn – LASK Linz 1:4 (0:1)**
LASK Linz: Wimleitner; Muhr; Hornak, Pedersen; Brenner (55. Ortner), Struber, Grassler,Kocijan, Pichorner; Stumpf, Sariyar (82. Javornik).
Untersiebenbrunn; 1.000; Paukovits
Tore: Kampel (72.); Brenner (2.), Stumpf (61., 82.), Javornik (87.)

**22. Runde – 8. 3. 2002**
**LASK Linz – SV Pasching 1:0 (0:0)**
LASK Linz: Wimleitner; Hornak; Pedersen, Nestl; Struber (53. Prinz), Kocijan, Fallmann, Javornik (82. Riedl), Hartl; Stumpf (90. Irndorfer), Sariyar.
Linzer Stadion; 6.000; Steiner
Tor: Kocijan (77.)

**23. Runde – 15. 3. 2002**
**Wörgl – LASK Linz 2:0 (1:0)**
LASK Linz: Wimleitner; Hornak; Pedersen, Nestl; Prinz (65. Ph. Weissenberger), Fallmann, Kocijan (46. Stromberger), Javornik (82. Riedl), Hartl; Stumpf, Sariyar.
Wörgl; 400; Gangl
Tore: Rissbacher 838.), Gaudenzi (71.)

**24. Runde – 22. 3. 2002**
**LASK Linz – Austria Lustenau 0:1 (0:0)**
LASK Linz: Wimleitner; Hornak; Pedersen, Irndorfer; Ph. Weissenberger, Kocijan, Stromberger (79. Muhr), Javornik (65. Lichtenwagner, Riedl (79. Prinz) Hartl; Stumpf.
Linzer Stadion; 1.000; Epstein
Tor: Tolo (75.)

**25. Runde – 2. 4. 2002**
**Bad Bleiberg – LASK Linz 1:2 (0:1)**
LASK Linz: Wimleitner; Hornak; Irndorfer, Nestl; Ph. Weissenberger, Fallmann, Sariyar (67. Prinz), Lichtenwagner (88. Stromberger), Javornik (61. Riedl), Hartl; Stumpf.
Bleiberg; 800; Einwaller
Tore: Katanha (90.); Nestl (29.), Stumpf (86.)

**26. Runde – 5. 4. 2002**
**LASK Linz – Braunau 3:0 gewertet**
**(Braunau schied im Winter 2001/02 aus der laufenden Meisterschaft aus)**

**27. Runde – 13. 4. 2002**
**DSV Leoben – LASK 2:1 (0:0)**
LASK Linz: Wimleitner; Hornak; Pedersen, Nestl (82. Stromberger); Ph. Weissenberger, Kocijan, Fallmann, Riedl (68. Javornik), Hartl; Sariyar.
Donawitz; 500; Schörgenhofer
Tore: Jovanovic (56.), Grubor (68.); Stumpf (94.)

**28. Runde – 19. 4. 2002**
**LASK Linz – DSV Leoben 3:1 (1:0)**
LASK Linz: Wimleitner; Kocijan; Hornak (63. Nestl), Irndorfer; Ph. Weissenberger (66. Prinz), Lichtenwagner, Fallmann, Sariyar, Hartl; Stumpf, Memic.
Linzer Stadion; 600; Weber
Tore: Stumpf (30., 69., 93. Elfmeter); Schicker (58.)

**29. Runde – 26. 4. 2002**
**Mattersburg – LASK Linz 0:0**
LASK Linz: Wimleitner; Kocijan; Irndorfer, Nestl; Ph. Weissenberger, Sariyar, Fallmann, Lichtenwagner (19. Riedl), Struber; Stumpf, Memic (75. Prinz, 89. Muhr).
Mattersburg; 7.100; Greschonig

**30. Runde – 1. 5. 2002**
**FC Lustenau – LASK Linz 0:0**
LASK Linz: Wimleitner; Muhr; Struber, Nestl; Ph. Weissenberger, Stromberger, Kocijan, Riedl, Hartl; Stumpf, Memic (57. Prinz).
Lustenau; 400; Steindl

**31. Runde – 4. 5. 2002**
**LASK Linz – Untersiebenbrunn 0:2 (0:1)**
LASK Linz: Wimleitner; Hornak, Irndorfer, Nestl; Hartl, Riedl, Fallmann, Sariyar, Struber (4. Ph. Weissenberger); Memic (61.

Stromberger), Stumpf.
Linzer Stadion; 700; Paukovits
Tore: Aigner (34. Elfmeter, 66.)

**32. Runde – 11. 5. 2002**
**SV Pasching – LASK Linz 2:1 (0:1)**
LASK Linz: Wimleitner; Hornak; Pedersen, Nestl; Ph. Weissenberger (58. Prinz), Fallmann, Kocijan, Riedl, Hartl; Stumpf, Sariyar.
Waldstadion; 4.000; Hofmann
Tore: Riedl (21.), Auer (48.), Riegler (60.)

**33. Runde – 18. 5. 2002**
**LASK Linz – Wörgl 2:0 (2:0)**
LASK Linz: Wimleitner; Kocijan; Pedersen, Nestl, Hartl (89. Muhr), Vujic (72. Javornik), Sariyar, Fallmann, Retschitzegger (76. Prinz); Stumpf, Memic.
Linzer Stadion; 300; Kern
Tore: Memic (8., 26.)

**34. Runde – 21. 5. 2002**
**Austria Lustenau – LASK Linz 2:0 (1:0)**
LASK Linz: Wimleitner; Muhr; Hornak, Nestl, Memic (69. Vujic), Prinz, Gröbl, Fallmann, Retschitzegger (80. Bachleitner); Sariyar, Stumpf.
Lustenau; 3.500; Stuchlik
Tore: Grüner (26. Elfmeter), Koejoe (72. Elfmeter)

**35. Runde – 25. 5. 2002**
**LASK Linz – Bad Bleiberg 2:1 (0:1)**
LASK Linz: Wimleitner; Kocijan; Hornak, Pedersen, Prinz (39. Gröbl), Vujic, Fallmann, Sariyar, Muhr (90. Irndorfer); Stumpf (82. Stromberger).
Linzer Stadion; 900; Sowa
Tore: Pavon (28.), Stumpf (68.), Sariyar (76.)

**36. Runde – 29. 5. 2002**
**Braunau – LASK Linz 0:3 gewertet nach Ausscheiden Braunaus**

---

### Saison 2002/2003 – 1. Division

| | | | | | | | |
|---|---|---|---|---|---|---|---|
| 1. | SV Mattersburg | 36 | 21 | 7 | 8 | 58:33 | 70 |
| 2. | DSV Leoben | 36 | 17 | 6 | 13 | 69:57 | 57 |
| 3. | Austria Lustenau | 36 | 15 | 8 | 13 | 41:40 | 53 |
| 4. | SC Untersiebenbrunn | 36 | 16 | 4 | 16 | 59:58 | 52 |
| 5. | **LASK Linz** | **36** | **14** | **7** | **15** | **47:47** | **49** |
| 6. | SV Kapfenberg | 36 | 13 | 9 | 14 | 50:49 | 48 |
| 7. | FC Lustenau | 36 | 13 | 7 | 16 | 53:53 | 46 |
| 8. | SV Wörgl | 36 | 14 | 3 | 19 | 44:58 | 45 |
| 9. | BSV Bad Bleiberg | 36 | 11 | 11 | 14 | 49:60 | 44 |
| 10. | Wiener Sportclub | 36 | 12 | 6 | 18 | 56:71 | 42 |

**1. Runde – 9. 7. 2002**
**LASK Linz – Bad Bleiberg 2:0 (0:0)**
LASK Linz: Wimleitner; Schmid; Irndorfer, Hornak; Struber, Aflenzer, Glatzer (70. Cehajic), Fallmann (46. Ortner), Hartl; Riedl, Sariyar (80. Vujic).
Linzer Stadion; 1.500; Einwaller
Tore: Sariyar (47.), Ortner (84.)

**2. Runde – 16. 7. 2002**
**Untersiebenbrunn – LASK Linz 3:1 (0:0)**
LASK Linz: Wimleitner; Schmid; Hornak, Nestl; Struber (84. Riedl), Glatzer, Schiener, Aflenzer, Hartl; Memic (69. Cehajic), Ortner.
Untersiebenbrunn; 1.300; Kern
Tore: Stöger (67.), Dian (80.), Frenzl (91.); Ortner (52.)

**3. Runde – 23. 7. 2002**
**LASK Linz – DSV Leoben 3:2 (1:2)**
LASK Linz: Wimleitner; Schmid (46. Irndorfer); Hornak, Nestl; Glatzer (70. Fallmann), Aflenzer, Schiener, Sariyar, Riedl; Ortner, Memic (46. Memic).
Linzer Stadion; 1.200; Laschober
Tore: Nestl (41.), Irndorfer (50.), Aflenzer (67.); Parapatits (8.), Pichlmann (42.)

**4. Runde – 30. 7. 2002**
**Mattersburg – LASK Linz 2:0 (0:0)**
LASK Linz: Wimleitner; Hornak; Nestl,

Irndorfer; Struber, Schiener, Aflenzer, Riedl, Ph. Weissenberger (68. Glatzer); Hartl, Ortner.
Mattersburg; 8.100; Einwaller
Tore: Szeker (49.), Mörz (91.)

**5. Runde – 2. 8. 2002**
**LASK Linz – FC Lustenau 0:2 (0:2)**
LASK Linz: Wimleitner; Hornak; Irndorfer, Lassnig; Struber, Aflenzer, Glatzer (63. Vujic), Schiener (46. Fallmann), Hartl (18. Ph. Weissenberger), Zarczynski, Ortner.
Linzer Stadion; 1.255; Greschonig
Tore: Dorner (8., 44.)

**6. Runde – 9. 8. 2002**
**Wörgl – LASK Linz 0:1 (0:1)**
LASK Linz: Wimleitner; Schmid; Irndorfer, Hornak; Struber, Fallmann, Aflenzer, Riedl (86. Glatzer), Ph. Weissenberger; Ortner (78. Cehajic), Zarczynski (67. Vujic).
Wörgl; 800; Gangl
Tor: Riedl (40.)

**7. Runde – 16. 8. 2002**
**Kapfenberg – LASK 1:0 (0:0)**
LASK Linz: Wimleitner; Schmid; Hornak, Irndorfer; Struber, Schiener (74. Nestl), Aflenzer, Fallmann (76. Cehajic), Riedl; Ortner Zarczynski (76. Vujic).
Kapfenberg; 2.700; Laschober
Tor: Bodul (65.)

**8. Runde – 23. 8. 2002**
**LASK Linz – Sportclub 0:0**
LASK Linz: Wimleitner; Schmid; Irndorfer, Hornak, Ortner, Aflenzer, Schiener (77. Fallmann), Riedl (70. Glatzer), Struber; Sariyar, Zarczynski (46. Ph. Weissenberger).
Linzer Stadion; 1.200; Hofmann

**9. Runde – 31. 8. 2002**
**Austria Lustenau – LASK Linz 0:0**
LASK Linz: Wimleitner; Hornak; Irndorfer, Nestl; Ortner, Fallmann, Schmid, Sariyar (68. Glatzer), Struber (76. Lassnig); Memic (56. Aflenzer), Zarczynski.
Lustenau; 2.000; Krassnitzer

**10. Runde – 10. 9. 2002**
**LASK Linz – Austria Lustenau 0:2 (0:0)**
LASK Linz: Wimleitner; Schiener (81. Riedl); Irndorfer, Nestl; Ortner, Aflenzer, Fallmann, Struber, Memic (58. Lassnig); Sariyar, Zarczynski (55. Glatzer).
Linzer Stadion; 525; Paukovits
Tore: Olugbodi (47.), Aflenzer (82. Eigentor)

**11. Runde – 14. 9. 2002**
**Bad Bleiberg – LASK 1:0 (1:0)**
LASK Linz: Wimleitner; Aflenzer; Irndorfer, Schiener (46. Zarczynski); Fallmann, Riedl (70. Vujic); Cehajic, Struber, Schmid; Ortner, Memic.
Villach; 1.200; Falb
Tor: Katanha (26.)

**12. Runde – 17. 9. 2002**
**LASK Linz – Untersiebenbrunn 3:1 (1:0)**
LASK Linz: Wimleitner; Aflenzer; Irndorfer, Lassnig; Struber, Schmid, Fallmann, Cehajic (68. Glatzer); Riedl; Ortner (86. Nestl), Hartl (88. Zarczynski).
Linzer Stadion; 200; Epstein
Tore: Ortner (18.), Irndorfer (71.), Hartl (87.); Aigner (84.)

**13. Runde – 20. 9. 2002**
**DSV Leoben – LASK Linz 1:0 (0:0)**
LASK Linz: Wimleitner; Aflenzer; Schmid, Irndorfer, Lassnig; Struber (74. Glatzer), Fallmann, Cehajic (65. Zarczynski), Riedl; Ortner, Hartl (90. Vujic).
Donawitz; 1.900; Laschober
Tor: Grubor (90.)

**14. Runde – 27. 9. 2002**
**LASK Linz – Mattersburg 0:0**
LASK Linz: Walker; Aflenzer; Schmid (71. Nestl), Hornak, Lassnig; Struber (85. Glatzer), Fallmann, Cehajic, Riedl; Ortner Hartl (73. Saryiar).
Linzer Stadion; 1.700; Schörgenhofer

**15. Runde – 5. 10. 2002**
**FC Lustenau – LASK Linz 4:1 (2:1)**
LASK Linz: Walker; Aflenzer; Hornak (46. Schiener); Lassnig (86. Zarczynski), Struber, Fallmann, Cehajic, Riedl (66. Saryiar); Ortner, Hartl.
Lustenau; 800; Weber
Tore: Promberger (22., 32.) Schrammel (55., 88.); Ortner (44.)

**16. Runde – 18. 10. 2002**
**LASK Linz – Wörgl 2:0 (0:0)**
LASK Linz: Wimleitner; Aflenzer; Hornak, Schmid, Lassnig; Struber (63. Cehajic, Riedl; Ortner (91. Hartl), Sariyar.
Linzer Stadion; 342; Steindl
Tore: Ortner (87., 89.)

**17. Runde – 25. 10. 2002**
**LASK Linz – Kapfenberg 0:4 (0:2)**
LASK Linz: Wimleitner; Hornak, Aflenzer, Nestl, Lassnig (46. Hartl); Struber, Schiener, Cehajic (74. Irndorfer), Riedl; Ortner (83. Ph. Weissenberger), Sariyar.
Linzer Stadion; 800; Greschonig
Tore: Hütter (24., 42.), Bodul (65.), Toth (73.)

**18. Runde – 29. 10. 2002**
**Sportclub – LASK Linz 2:1 (1:0)**
LASK Linz: Wimleitner; Hornak, Aflenzer, Schmid, Lassnig (57. Glatzer); Struber (82. Ph. Weissenberger), Fallmann, Cehajic, Irndorfer; Ortner, Hartl.
Dornbach; 1.500; Seidler

Tore: Buchmann (14.), Habeler (74.); Ortner (71.)

**19. Runde – 1. 11. 2002**
**LASK Linz – Bad Bleiberg 1:3 (0:1)**
LASK Linz: Wimleitner; Aflenzer, Schmid, Hornak (70. Lassnig); Struber (46. Ph. Weissenberger), Fallmann, Glatzer (73. Cehajic), Hartl; Ortner, Sariyar.
Linzer Stadion; 600; Robitsch
Tore: Sariyar (83.); Katanha (17.,92.), Hobel (50.)

**20. Runde – 9. 11. 2002**
**Austria Lustenau – LASK Linz 2:3 (1:1)**
LASK Linz: Wimleitner; Hornak; Schiener, Irndorfer, Hartl, Fallmann, Zarczynski, Aflenzer, Riedl; Struber (88. Ruckendorfer), Ph. Weissenberger (73. Vujic).
Lustenau; 2.000; Steindl
Tore: Olugbodi (16.) Mayer (60.); Fallmann (37.), Aflenzer (55.), Ruckendorfer (41.)

**21. Runde – 15. 11. 2002**
**LASK Linz – Kapfenberg 0:0**
LASK Linz: Wimleitner; Hornak; Irndorfer, Schmid, Aflenzer, Fallmann, Struber, Weissenberger (63. Ruckendorfer), Riedl (88. Zarczynski); Ortner, Vujic (72. Sariyar).
Linzer Stadion; 700; Schörgenhofer

**22. Runde – 22. 11. 2002**
**Mattersburg – LASK Linz 3:0 (1:0)**
LASK Linz: Wimleitner; Aflenzer; Irndorfer, Hornak, Hartl, Fallmann, Schiener, Struber (65. Ph. Weissenberger); Riedl (80. Schmid); Vujic (55. Mamic), Ortner.
Mattersburg; 9.800; Gangl
Tore: Kaintz (1.), Sabitzer (50., 69.)

**23. Runde – 8. 3. 2003**
**LASK Linz – Untersiebenbrunn 1:0 (0:0)**
LASK Linz: Berger; Hamann; Hornak, Lassnig; Ruckendorfer (84. Vujic), Fallmann, Schiener, Riedl, Hartl; Ortner, Kuljic (86. Schwellensattl).
Linzer Stadion; 1.000; Greschonig
Tor: Kuljic (57.)

**24. Runde – 14. 3. 2003**
**Wörgl – LASK Linz 2:1 (0:2)**
LASK Linz: Berger; Hamann; Hornak, Fellner (68. Lassnig); Ruckendorfer (46. Hartl), Fallmann, Schiener, Lederer, Riedl (83. Vujic); Kuljic, Schwellensattl.
Wörgl; 750; Laschober
Tore: Grumser (10.), Rissbacher (36.); Lassnig (93.)

**25. Runde – 22. 3. 2003**
**FC Lustenau – LASK Linz 1:0 (0:0)**
LASK Linz: Berger; Hamann; Hornak, Lederer; Schwellensattl (59. Ruckendorfer), Schiener, Fallmann, Riedl, Hartl; Ortner, Kuljic.
Lustenau; 600; Steindl
Tor: Dorner (84.)

**26. Runde – 4. 4. 2003**
**LASK – DSV Leoben 5:1 (2:0)**
LASK Linz: Berger; Hamann; Hornak, Fellner, Lederer (89. Ruckendorfer), Fallmann, Schiener, Glatzer (58. Riedl); Hartl; Ortner (81. Schwellensattl), Kuljic.
Linzer Stadion; 700; Weber
Tore: Ortner (5., 18.), Fellner (77.), Kuljic (84.), Hartl (92.) Pichlmann (54.)

**27. Runde – 11. 4. 2003**
**Sportclub – LASK 2:3 (2:0)**
LASK Linz: Berger; Hamann; Hornak, Fellner (46. Lassnig); Lederer, Fallmann, Glatzer (64. Memic), Schiener, Hartl; Ortner (93. Riedl, Kuljic.
Dornbach; 2.000; Robitsch
Tore: Bradaric (16.), Habeler (45.); Schiener (77.), Hartl (79.), Lassnig (89.)

**28. Runde – 15. 4. 2003**
**LASK Linz – Sportclub 3:0 (0:0)**
LASK Linz: Berger; Hamann; Hornak, Lassnig (72. Ruckendorfer); Lederer, Fallmann, Glatzer (85. Riedl), Schiener, Hartl; Kuljic, Ortner (82. Memic).
Linzer Stadion; 2.700; Laschober
Tore: Ortner (70.), Kuljic (88., 92.)

**29. Runde – 22. 4. 2003**
**Bad Bleiberg – LASK 1:1 (0:0)**
LASK Linz: Berger; Hamann; Hornak, Fellner (67. Memic), Lassnig; Lederer, Fallmann, Schiener, Hartl; Ortner (87. Vujic), Kuljic.
Villach; 800; Klauber-Laursen
Tore: Hobel (60.), Kuljic (85.)

**30. Runde – 25. 4. 2003**
**LASK Linz – Austria Lustenau 0:0**
LASK Linz: Berger; Hamann; Fellner, Hornak; Lederer, Fallmann, Schiener, Glatzer (62. Memic), Hartl (85. Lassnig); Ortner, Kuljic.
Linzer Stadion; 1.832; Einwaller

**31. Runde – 2. 5. 2003**
**Kapfenberg – LASK Linz 3:0 (3:0)**
LASK Linz: Berger; Hamann, Hornak, Fellner; Lederer, Fallmann (39. Glatzer), Schiener, Hartl, Kuljic; Ruckendorfer (76. Vujic), Memic (56. Glatzer).
Kapfenberg; 2.490; Gruber
Tore: Bodul (11. Elfmeter), Wieger (23.), Hütter (34.)

**32. Runde – 9. 5. 2003**
**LASK Linz – Mattersburg 5:0 (2:0)**
LASK Linz: Berger; Hamann; Hornak, Fellner; Ruckendorfer, Lederer (86. Riedl), Saryiar (65. Glatzer); Schiener, Hartl; Kuljic (88. Ph. Weissenberger), Schwellensattl.

Linzer Stadion; 1.100; Grobelnik
Tore: Hornak (16.), Schwellensattl (41.), Saryian (59.), Kuljic (74., 77.)

**33. Runde – 16. 5. 2003**
**Untersiebenbrunn – LASK Linz 0:3 (0:2)**
LASK Linz: Berger; Hamann; Hornak, Fellner; Ruckendorfer (81. Ph. Weissenberger), Lederer, Saryia (76. Glatzer); Fallmann, Hartl (64. Riedl); Ortner, Kuljic.
Untersiebenbrunn; 800; Robitsch
Tore: Ruckendorfer (11), Kuljic (39.), Ortner (75.)

**34. Runde – 20. 5. 2003**
**LASK Linz – Wörgl 2:1 (1:0)**
LASK Linz: Berger; Hamann; Fellner, Hornak; Ruckendorfer, Saryiar (77. Glatzer), Schiener, Hartl; Kuljic (89. Lassnig), Ortner (85. Schwellensattl).
Trauner Stadion; 1.500; Meßner
Tore: Hartl (41.), Lederer (64.), Martinez (88. Elfmeter)

**35. Runde – 23. 5. 2003**
**LASK Linz – FC Lustenau 2:0 (0:0)**
LASK Linz: Berger; Hornak; Fellner, Lassnig; Ruckendorfer, Schiener (75. Fallmann), Saryiar, Lederer, Hartl; Ortner (86. Schwellensattl), Kuljic (81. Memic)
Trauner Stadion; 2.200; Steiner
Tore: Kuljic (50.), Fellner (67.)

**36. Runde – 30. 5. 2003**
**DSV Leoben – LASK Linz 3:3 (2:1)**
LASK Linz: Berger; Hamann; Hornak, Lassnig (47. Fallmann); Ruckendorfer (47. Schwellensattl), Saryian, Schiener, Lederer, Hartl; Kuljic, Ortner.
Donawitz; 1.800; Kern
Tore: Jani (16.), Gajser (40.), Friesenbichler (47.); Kuljic (32.), Schwellensattl (77.), Ortner (80.)

### Saison 2003/2004 – 1. Division

| | | | | | | | |
|---|---|---|---|---|---|---|---|
| 1. | Wacker Tirol | 36 | 22 | 6 | 8 | 65:44 | 72 |
| 2. | Austria Lustenau | 36 | 18 | 11 | 7 | 55:36 | 65 |
| 3. | SV Kapfenberg | 36 | 18 | 6 | 12 | 68:55 | 60 |
| 4. | SC Untersiebenbrunn | 36 | 18 | 6 | 12 | 61:48 | 60 |
| 5. | SV Ried | 36 | 16 | 8 | 12 | 60:43 | 56 |
| 6. | DSV Leoben | 36 | 11 | 13 | 12 | 44:44 | 46 |
| 7. | **LASK Linz** | 36 | 12 | 8 | 16 | 46:55 | 44 |
| 8. | SV Wörgl | 36 | 9 | 10 | 17 | 48:66 | 37 |
| 9. | FC Lustenau | 36 | 6 | 13 | 17 | 40:58 | 31 |
| 10. | BSV Juniors Villach | 36 | 5 | 9 | 22 | 31:69 | 24 |

**1. Runde – 15.07.03**
**Wörgl – LASK Linz 0:1 (0:0)**
LASK: Berger, Dietrich, Fellner, Hamann, Micheu, Fallmann, Schiener (46. Riedl), Lederer, Hartl, Schwellensattl, Ortner (Walker, Gumpinger, Bernscherer, Wunderbaldinger, Riedl)
Wörgl; 1.000; Weber
Tor: Ortner (59.)

**2. Runde – 20. 7. 2003**
**LASK Linz – BSV Juniors 1:0 (1:0)**
LASK Linz: Berger; Dietrich; Micheu, Hamann; Fallmann, Wunderbaldinger, Lederer, Riedl (73. Bernscherer), Hartl; Schwellensattl (87. Gumpinger), Ortner (84. Memic).
Linzer Stadion; 2.000; Klauber-Laursen.
Tor: Schwellensattl (30.)

**3. Runde – 29. 7. 2003**
**Kapfenberg – LASK Linz 0:2 (0:2)**
LASK Linz: Berger; Hamann; Dietrich, Fellner, Hartl, Lederer, Riedl (84. Lassnig) Micheu, Wunderbaldinger, Ortner (80. Bernscherer), Schwellensattl (88. Gumpinger).
Kapfenberg; 2.970; Grobelnik
Tore: Ortner (11.), Schwellensattl (20.)

**4. Runde – 2. 8. 2003**
**FC Lustenau – LASK Linz 1:2 (0:1)**
LASK Linz: Berger; Hamann; Fellner, Lederer; Hartl, Micheu, Dietrich, Riedl (79. Fallmann), Wunderbaldinger; Schwellensattl (73. Kern), Ortner (87. Lassnig).
Lustenau; 800; Paukovits

**5. Runde – 5. 8. 2003**
**LASK Linz – Wacker Tirol 0:2 (0:2)**
LASK Linz: Berger; Hamann; Dietrich, Lederer; Schwellensattl (66. Hartl), Fallmann, Micheu (86. Bernscherer), Riedl (79. Fellner), Wunderbaldinger; Ortner, Kern.
Linzer Stadion; 6.000; Epstein
Tore: Grüner (59. Elfmeter), Mair (83.)

**6. Runde – 15. 8. 2003**
**DSV Leoben – LASK Linz 4:1 (0:1)**
LASK Linz: Berger; Micheu, Dietrich, Fellner; Lederer, Schiener (61. Fallmann), Wunderbaldinger, Hartl (54. Bernscherer), Riedl (69. Kern); Ortner, Schwellensattl.
Leoben; 1.000; Epstein
Tore: Pistrol (74., 78.), Pichlmann (87.), Kozelsky (89.); Ortner (24.)

**7. Runde – 22. 8. 2003**
**LASK Linz – SV Ried 1:1 (0:1)**
LASK Linz: Berger; Hamann; Dietrich (57. Kern), Lassnig; Lederer, Fellner, Schiener, Riedl (62. Bernscherer), Wunderbaldinger; Ortner, Schwellensattl.
Linzer Stadion; 4.628; Drabek
Tore: Drechsel (24.), Bernscherer (67.)

**8. Runde – 29. 8. 2003**
**Untersiebenbrunn – LASK Linz 3:1 (2:1)**
LASK Linz: Berger (31. Moosbauer); Dietrich, Fellner, Lassnig; Ortner, Schiener, Micheu (65. Fallmann); Lederer, Wunder-

baldinger; Schwellensattl (53. Ruckendorfer), Kern.
Marchfeldstadion; 1.400; Gruber
Tore: Stöger (19.), Unverdorben (24.), Kern (36.), Krajic (62.)

**9. Runde – 9. 9. 2003**
**LASK Linz – Austria Lustenau 2:4 (0:2)**
LASK Linz: Berger; Hamann, Fallmann, Fellner; Ortner, Glasner (25. Dietrich), Schiener, Micheu (46. Schwellensattl), Wunderbaldinger; Öbster (68. Bernscherer), Kern.
Linzer Stadion; 1.200; Stuchlik
Tore: Fallmann (58.), Kern (69.); Bahadir (12., 26.), Braedaric (54.), Stumpf (63.)

**10. Runde – 13. 9. 2003**
**Austria Lustenau – LASK Linz 1:1 (1:1)**
LASK Linz: Berger; Fellner; Fallmann, Lassnig; Ruckendorfer (81. Bernscherer), Lederer, Schiener, Micheu, Öbster (63. Wunderbaldinger); Ortner, Kern (41. Schwellensattl).
Lustenhau; 4.800; Krassnitzer
Tore: Fellner (8.), Stumpf (10.)

**11. Runde – 19. 9. 2003**
**LASK Linz – Wörgl 0:3 (0:1)**
LASK Linz: Berger; Dietrich, Fallmann, Lassnig; Ruckendorfer (51. Hartl), Bernscherer (46. Schwellensattl), Lederer, Micheu, Wunderbaldinger; Ortner, Öbster (68. Riedl).
Linzer Stadion; 1.100; Schörgenhofer
Tore: Jörgensen (43., 89.), Muslic (55.)

**12. Runde – 26. 9. 2003**
**BSV Juniors Villach – LASK Linz 0:2 (0:1)**
LASK Linz: Berger; Fallmann, Fellner, Lederer (46. Lassnig); Hartl, Schiener, Micheu, Riedl, Wunderbaldinger; Öbster (87. Hamann), Schwellensattl.
Villach; 300; Grobelnik
Tore: Fellner (24., 65.)

**13. Runde – 4. 10. 2003**
**LASK Linz – Kapfenberg 0:3 (0:0)**
LASK Linz: Berger; Hamann; Fellner, Fallmann; Hartl, Micheu, Schiener, Riedl (46. Wunderbaldinger); Öbster, Ortner (58. Ruckendorfer), Schwellensattl.
Linzer Stadion; 850; Weber
Tore: Pfeilstöcker (63.), Rainer (81.), Bodul (85.)

**14. Runde – 14. 10. 2003**
**LASK Linz – FC Lustenau 1:1 (0:0)**
LASK Linz: Berger; Hamann; Fellner, Fallmann; Lederer, Riedl, Schiener, Micheu, Öbster (58. Hartl); Ruckendorfer (77. Schwellensattl), Ortner.
Linzer Stadion; 1.500; Greschonig
Tore: Hartl (84.), Dos Santos (93. Elfmeter)

**15. Runde – 18. 10. 2003**
**Wacker Tirol – LASK Linz 1:0 (0:0)**
LASK Linz: Berger; Fellner, Hamann, Lederer; Hartl, Dietrich, Schiener, Fallmann (62. Riedl), Öbster; Ortner, Ruckendorfer (59. Schwellensattl).
Tivoli neu; 5.600; Robitsch
Tor: Koejoe (4.)

**16. Runde – 24. 10. 2003**
**LASK Linz – DSV Leoben 0:1 (0:1)**
LASK Linz: Berger; Fellner; Fallmann, Lassnig (78. Hartl); Ruckendorfer (90. Bernscherer), Micheu, Dietrich, Riedl, Wunderbaldinger (54. Öbster); Memic, Schwellensattl.
Linzer Stadion; 800; Gangl
Tor: Jani (17.)

**17. Runde – 28. 10. 2003**
**SV Ried – LASK Linz 2:2 (1:2)**
LASK Linz: Berger; Fallmann, Fellner, Lassnig; Hartl, Micheu, Schiener, Riedl, Öbster (89. Wunderbaldinger); Kern, Memic (83. Schwellensattl).
Ried; 5.500; Krassnitzer
Tore: Drechsel (27.), Memic (30.), Fellner (43.), Vukotic (79.)

**18. Runde – 31. 10. 2003**
**LASK Linz – Untersiebenbrunn 1:2 (0:1)**
LASK Linz: Berger, Fallmann, Fellner, Lederer; Hartl, Riedl, Schiener, Micheu, Öbster; Memic (17. Ortner), Kern (84. Schwellensattl).
Linzer Stadion; 300; Steindl
Tore: Stöger (40.), Ortner (58.), Fürthaler (86.)

**19. Runde – 7. 11. 2003**
**DSV Leoben – LASK Linz 3:3 (1:0)**
LASK Linz: Berger; Fallmann, Micheu, Schiener, Lassnig; Ortner, Lederer, Öbster (75. Wunderbaldinger), Riedl; Kern, Schwellensattl.
Leoben; 800; Paukovits
Tore: Rinnhofer (9.), Jovanovic (51.), Zela (80.); Schiener (50.), Lederer (62.), Kern (67.)

**20. Runde – 21. 11. 2003**
**LASK Linz – Wörgl 2:3 (0:0)**
LASK Linz: Berger; Fallmann, Fellner, Lederer; ortner (83. Bernscherer), Schiener, Micheu, Riedl, Öbster (56. Wunderbaldinger); Kern, Schwellensattl.
Linzer Stadion; 800; Gruber
Tore: Schwellensattl (48.), Schiener (68.); F. Schwarz (46.), Rissbacher (83.), Höck (87.)

**21. Runde – 28. 11. 2003**
**Untersiebenbrunn – LASK Linz 2:0 (1:0)**
LASK Linz: Berger; Fellner; Gumpinger, Lassnign (82. Bernscherer); Ortner, Schiener, Micheu, Riedl, Öbster; Schwellensattl (67. Wunderbaldinger), Kern (69. Lebersorg).
Marchefeldstadion; 1.000; Einwaller
Tore: Kinder (19.), Schießwald (85.)

**22. Runde – 4. 5. 2004 Nachtrag**
**BSV Juniors Villach – LASK Linz 0:1 (0:1)**
LASK Linz: Berger; Fallmann, Dika-Dika, Planötscher, Lassnig; Hartl (66. Ruckendorfer), Schiener, Micheu, Öbster (56. Riedl); Kern (82. Wunderbaldinger), Miloti.
Villach; 400; Messner
Tor: Kern (4.)

**23. Runde – 12. 3. 2004**
**LASK Linz – FC Lustenau 2:2 (2:1)**
LASK Linz: Berger; Bernscherer, Dika-Dika, Micheu, Lederer; Fallmann, Mladenov (68. Schiener), Riedl (89. Wolf), Wunderbaldinger (81. Hartl); Miloti, Öbster.
Linzer Stadion; 1.600; Steiner
Tore: Öbster (19.), Mladenov (42. Elfmeter); Dos Santos (34., 54.)

**24. Runde – 16. 3. 2004**
**Kapfenberg – LASK Linz 1:2 (0:0)**
LASK Linz: Berger; Dietrich, Dika-Dika, Micheu, Lederer; Ruckendorfer (77. Hartl), Schiener, Öbster (73. Riedl), Wunderbaldinger; Miloti, Kern.
Kapfenberg; 200; Greschonig
Tor: Toth (73.); Miloti (54.), Riedl (92.)

**25. Runde – 19. 3. 2004**
**LASK Linz – SV Ried 1:0 (1:0)**
LASK Linz: Berger; Dietrich, Dika-Dika, Lassnig, Lederer; Ruckendorfer (46. Hartl), Fallmann, Öbster (62. Riedl), Wunderbaldinger; Kern (86. Wolf), Miloti.
Linzer Stadion; 4.800; Steiner
Tor: Kern (35.)

**26. Runde – 26. 3. 2004**
**Wacker Tirol – LASK Linz 2:0 (2:0)**
LASK Linz: Berger; Dietrich, Dika-Dika, Lassnig (25. Micheu), Lederer; Fallmann, Schiener, Öbster (46. Riedl), Wunderbaldinger; Miloti, Kern (61. Ruckendorfer).
Tivoli neu; 5.000; Schörgenhofer
Tore: Koejoe (19.), Mair (20.)

**27. Runde – 3. 4. 2004**
**LASK Linz – Austria Lustenau 0:2 (0:1)**
LASK Linz: Berger; Dietrich, Micheu, Dika-Dika, Fallmann (46. Ruckendorfer); Öbster, Schiener, Riedl, Wunderbaldinger; Mladenov (76. Hartl); Miloti.
Linzer Stadion; 1.050; Gruber
Tore: Stumpf (2.), Dürr (91.)

### 28. Runde – 6. 4. 2004
**Austria Lustenau – LASK Linz 1:0 (0:0)**
LASK Linz: Berger; Bernscherer, Dika-Dika, Schiener, Micheu (79. Wunderbaldinger); Ruckendorfer, Fallmann, Riedl, Öbster; Miloti, Kern.
Lustenau; 3.000; Weber
Tor: Patocka (63.)

### 29. Runde – 13. 4. 2004
**LASK Linz – DSV Leoben 1:1 (1:1)**
LASK Linz: Berger; Bernscherer, Glasner (86. Micheu), Schiener, Lederer; Ruckendorfer, Mladenov (46. Riedl), Fallmann, Öbster; Kern, Miloti (71. Wunderbaldinger).
Linzer Stadion; 600; Greschonig
Tore: Pistrol (3.), Bernscherer (30.)

### 30. Runde – 16. 4. 2004
**Wörgl – LASK Linz 2:1 (0:0)**
LASK Linz: Berger; Bernscherer, Glasner (42. Micheu), Bilokapic, Lederer; Ruckendorfer, Schiener (73. Fallmann), Wolf (51. Mladenov), Wunderbaldinger; Miloti, Öbster.
Wörgl; 600; Steindl
Tore: M. Pichler (51.), Öbster (69.), Muslic (77.)

### 31. Runde – 23. 4. 2004
**LASK Linz – Untersiebenbrunn 4:2 (1:1)**
LASK Linz: Berger; Bernscherer, Dika-Dika (73. Riedl), Dietrich, Lederer; Hartl, Fallmann, Schiener, Öbster; Kern, Miloti (84. Lassnig).
Linzer Stadion; 2.100; Krassnitzer
Tore: Schiener (18.), Hartl (66.), Miloti (68.), Ruckendorfer (87.); Stöger (32.), Schießwald (55.)

### 32. Runde – 30. 4. 2004
**LASK Linz – BSV Juniors Villach 2:0 (1:0)**

LASK Linz: Berger; Bernscherer (46. Riedl), Dietrich, Dika-Dika, Micheu; Hartl, Schiener, Fallmann, Öbster (76. Wunderbaldinger); Miloti, Kern (65. Ruckendorfer).
Linzer Stadion; 600; Robitsch
Tore: Dika-Dika (29.), Miloti (52.)

### 33. Runde – 7. 5. 2004
**FC Lustenau – LASK Linz 2:0 (2:0)**
LASK Linz: Berger; Micheu, Planötscher, Dika-Dika; Hartl, Fallmann, Schiener, Öbster (38. Riedl), Wunderbaldinger (76. Ruckendorfer); Miloti, Kern.
Lustenau; 700; Einwaller
Tore: Maicon (23.), Seoane (37.)

### 34. Runde – 11. 5. 2004
**LASK Linz – Kapfenberg 2:0 (2:0)**
LASK Linz: Berger; Bernscherer, Dietrich, Micheu (6. Lassnig), Lederer; Hartl (83. Riedl), Schiener, Fallmann, Öbster; Kern, Miloti.
Linzer Stadion; 900; Grobelnik
Tore: Schiener (21.), Miloti (26.)

### 35. Runde – 14. 5. 2004
**SV Ried – LASK Linz 1:1 (1:0)**
LASK Linz: Berger; Lederer, Hoheneder, Dietrich, Lassnig; Hartl, Fallmann, Schiener (54. Riedl), Öbster; Miloti, Kern.
Ried; 5.000; Schörgenhofer
Tore: Kuljic (2.), Kern (51.)

### 36. Runde – 21. 5. 2004
**LASK Linz – Wacker Tirol 6:2 (3:2)**
LASK Linz: Moosbauer, Bernscherer, Hoheneder, Lassnig (52. Micheu), Lederer (81. Ruckendorfer); Hartl, Idrizaj, Schiener Öbster (52. Mladenov); Kern, Miloti.
Linzer Stadion; 2.300; Hofmann
Tore: Kern (2., 37., 87., 89.) Schiener (8.), Mladenov (59.); H. Aigner (9., 28.)

### Saison 2004/2005 – 1. Division

| | | | | | | | |
|---|---|---|---|---|---|---|---|
| 1. | SV Ried | 36 | 24 | 5 | 7 | 79:38 | 77 |
| 2. | SV Kapfenberg | 36 | 21 | 8 | 7 | 64:37 | 71 |
| 3. | FC Kärnten | 36 | 17 | 7 | 12 | 68:41 | 58 |
| 4. | Austria Lustenau | 36 | 14 | 14 | 8 | 55:43 | 56 |
| 5. | DSV Leoben | 36 | 12 | 11 | 13 | 43:49 | 47 |
| 6. | SC Rheindorf Altach | 36 | 9 | 14 | 13 | 37:45 | 41 |
| 7. | **LASK Linz** | **36** | **8** | **15** | **13** | **38:64** | **39** |
| 8. | SC Untersiebenbrunn | 36 | 9 | 7 | 20 | 45:66 | 34 |
| 9. | FC Gratkorn | 36 | 6 | 14 | 16 | 43:58 | 32 |
| 10. | SV Wörgl | 36 | 7 | 11 | 18 | 32:63 | 32 |

### 1. Runde – 23. 7. 2004
**Altach – LASK Linz 2:1 (1:0)**
LASK Linz: Moosbauer; Klein, Dika-Dika (73. Dietrich), Bernscherer, Lederer; Waitschacher, Jörgensen, Schiener, Pistrol; Idrizaj (69. Hoheneder), Miloti.
Altach; 2.500; Plautz
Tore: Toth (12.), Zinna (81. Elfmeter); Miloti (87.)

### 2. Runde – 27. 7. 2004
**LASK Linz – Untersiebenbrunn 1:0 (0:0)**
LASK Linz: Moosbauer; Waitschacher, Diestrich, Bernscherer; Klein (57. Hartl), Schiener (82. Lassnig), Jörgensen, Lederer, Pistrol; Kern ( 88. Idrizaj), Miloti.
Linzer Stadion; 2.300; Steindl
Tor: Hartl (78.)

### 3. Runde – 3. 8. 2004
**Kapfenberg – LASK Linz 2:0 (0:0)**
LASK Linz: Moosbauer; Klein (65. Hartl), Dika-Dika, Dietrich, Lederer; Waitschacher (76. Idrizaj), Schiener, Bernscherer, Pistrol, Jörgensen; Miloti.
Kapfenberg; 1.700; Epstein
Tore: Konrad (51.), Rasinger (53.)

### 4. Runde – 6. 8. 2004
**Wörgl – LASK Linz 2:2 (2:0)**
LASK Linz: Moosbauer, Hoheneder, Bernscherer, Dika-Dika; Waitschacher, Schiener, Lederer, Pistrol (61. Lassnig); Miloti, Hartl (46. Idrizaj).
Wörgl; 800; Weber
Tore: Hölzl (28.), Höck (30.), Idrizaj (62.), Jörgensen (65.)

### 5. Runde – 13. 8. 2004
**LASK Linz – FC Kärnten 0:8 (0:2)**
LASK Linz: Moosbauer; Bernscherer (80. Halbmair), Dika-Dika (36. Lassnig), Hoheneder, Lederer; Waitschacher, Idrizaj, Schiener (36. Hartl), Jörgensen, Pistrol; Miloti.
Linzer Stadion; 1.800; Klauber-Laursen
Tore: Kabat (23.), Bernscherer (26. Eigentor), Hota (55., 69., 82.), Parapatits (79., 87.), Strafner (90.)

### 6. Runde – 20. 8. 2004
**SV Ried – LASK Linz 5:0 (4:0)**
LASK Linz: Moosbauer; Hoheneder, Dietrich, Lassnig (46. Idrizaj); Hartl, Bernscherer (27. Miloti), Schiener, Lederer, Pistrol; Jörgensen, Kern (63. Ruckendorfer).
Ried; 6.150; Steindl
Tore: Schiemer (6.), Drechsel (21., 24.), Berchtold (30.), Lasnik(83.)

### 7. Runde – 27. 8. 2004
**LASK Linz – Austria Lustenau 0:3 (0:2)**
LASK Linz: Wimmer; Schiener; Hoheneder, Bernscherer, Waitschacher (46. Ruckendorfer), Dietrich, Jörgensen (69. Hartl), Pistrol, Lederer; Kern, Miloti 46. Idrizaj).
Linzer Stadion; 1.400; Weber
Tore: Karaty (33.), Hartter (44.), Koziak (59.)

### 8. Runde – 10. 9. 2004
**DSV Leoben – LASK Linz 1:1 (1:0)**
LASK Linz: Moosbauer; Dietrich, Dika-Dika, Hoheneder (25. Waitschacher),

Lederer; Klein, Schiener, Riegler, Pistrol; Kern, Ruckendorfer (56. Miloti).
Donawitz, 1.200; Falb
Tore: Kozelsky (2.), Kern (61.)

### 9. Runde – 17. 9. 2004
**LASK Linz – FC Gratkorn 1:1 (1:0)**
LASK Linz: Moosbauer; Dietrich (84. Stückler), Dika-Dika, Kafkas, Lederer; Klein, Riegler, Schiener, Pistrol; Waitschacher, Kern.
Linzer Stadion; 1.700; Klement
Tore: Waitschacher (28.), Hofer (65.)

### 10. Runde – 24. 9. 2004
**FC Gratkorn – LASK Linz 1:2 (1:2)**
LASK Linz: Moosbauer; Hoheneder, Dika-Dika, Kafkas, Lederer; Klein, Riegler, Schiener, Pistrol (89. Ruckendorfer); Waitschacher (62. Stückler), Kern.
Gratkorn; 1.200; Paukovits
Tore: Lukic (3.); Kern (21., 29.)

### 11. Runde – 19. 10. 2004 Nachtrag
**LASK Linz – Altach 3:2 (3:2)**
LASK Linz: Moosbauer; Hoheneder, Dietrich (64. Bernscherer), Kafkas, Lederer; Klein, Riegler, Schiener, Pistrol; Kern (74. Stückler/77. Ruckendorfer), Novakovic.
Linzer Stadion; 1.500; Robitsch
Tore: Riegler (12., 45.), Novakovic (14.); Netzer (26.), Mattle (44.)

### 12. Runde – 15. 10. 2004
**Untersiebenbrunn – LASK Linz 1:2 (0:1)**
LASK Linz: Moosbauer; Hoheneder, Dietrich Kafkas, Lederer; Klein, Riegler (87. Novakovic), Schiener, Pistrol; Waitschacher (68. Ruckendorfer), Kern.
Marchfeldstadion, 500; Tschandl
Tore: Wieland (88.); Dietrich (40.), Kern (54. Elfmeter)

### 13. Runde – 22. 10. 2004
**LASK Linz – Kapfenberg 0:0**
LASK Linz: Moosbauer, Hoheneder, Dika-Dika, Kafkas, Lederer; Ruckendorfer, Klein (60. Waitschacher), Schiener (73. Hartl), Riegler, Pistrol; Novakovic (85. Idrizaj).
Linzer Stadion; 2.700; Weber

### 14. Runde – 26. 10. 2004
**LASK Linz – Wörgl 3:3 (2:2)**
LASK Linz: Moosbauer; Hartl, Hoheneder (46. Lassnig), Kafkas, Lederer; Riegler, Schiener, Jörgensen (72. Klein), Pistrol; Idrizaj (46. Ruckendorfer), Kern.
Trauner Stadion; 2.200; Steindl
Tore: Hoheneder (17.), Riegler (28., 51.), Silberberger (24.), F. Schwarz (40.), Höck (87.)

### 15. Runde – 29. 10. 2004
**FC Kärnten – LASK Linz 3:0 (1:0)**
LASK Linz: Moosbauer; Lederer, Dika-Dika (46. Waitschacher), Kafkas, Lassnig; Klein, Schiener (83. Lucic), Riegler, Pistrol; Ruckendorfer (78. Novakovic).
Wörthersee-Stadion; 2.515; Paukovits
Tore: Parapatits (1 , 61.), Weber (51.)

### 16. Runde – 5. 11. 2004
**LASK Linz – SV Ried 0:1 (0:0)**
LASK Linz: Moosbauer; Klein, Hoheneder, Schiener, Lederer; Ruckendorfer (58. Jörgensen), Lucic, Riegler, Pistrol; Kern (81. Idrizaj), Novakovic.
Linzer Stadion; 5.100; Gangl
Tor: Sidibe (90.)

### 17. Runde – 9. 11. 2004
**Austria Lustenau – LASK Linz 4:0 (1:0)**
LASK Linz: Moosbauer; Hohender (46. Ruckendorfer), Schiener, Kafkas, Lederer (46. Idrizaj); Klein, Riegler, Lucic, Jörgensen, Pistrol; Novakovic.
Lustenau; 2.700; Steiner
Tore: Karatay (34., 83.), Hartter (60.), Ernemann (87.)

### 18. Runde – 12. 11. 2004
**LASK Linz – DSV Leoben 2:3 (2:0)**
LASK Linz: Moosbauer; Dietrich, Kafkas, Lassnig; Klein, Riegler, Schiener, Lucic, Jörgensen (66. Waitschacher), Pistrol (82.

Lebersorg); Kern.
Linzer Stadion; 1.300; Klauber-Laursen
Tore: Lassnig (5.), Kern 36.); Hütter (58.), Jovanovic (62.), Kozelsky (72.)

### 19. Runde – 19. 11. 2004
**SV Ried – LASK Linz 2:0 (0:0)**
LASK Linz: Lindenberger; Klein, Dika-Dika, Kafkas, Hoheneder, Lederer (71. Idrizaj); Riegler (83. Waitschacher), Lucic, Pistrol, Ruckendorfer; Novakovic.
Ried; 7.000; Schörgenhofer
Tore: M. Berger (62.), Lasnik (67.)

### 20. Runde – 26. 11. 2004
**LASK Linz – Austria Lustenau 3:3 (0:2)**
LASK Linz: Lindenberger; Klein, Hoheneder (46. Jörgensen); Schiener, Lassnig; Ruckendorfer (73. Idrizaj), Riegler, Lucic, Pistrol; Kern, Novakovic (89. Stückler).
Linzer Stadion; 1.200; Gruber
Tore: Jörgensen (54., 55.), Idrizaj (84.); Ernemann (9.), Djordevic (18.), Koziak (70.)

### 21. Runde – 3. 12. 2004
**FC Kärnten – LASK Linz 2:0 (1:0)**
LASK Linz: Lindenberger; Klein, Dika-Dika, Schiener, Lassnig (70. Hoheneder); Riegler, Lucic, Jörgensen, Ruckendorfer (64. Idrizaj), Pistrol; Novakovic (80. Stückler).
Wörthersee-Stadion; 1.300; Weber
Tore: Kabat (45., 67.)

### 22. Runde – 4. 3. 2005
**LASK Linz – FC Gratkorn 2:1 (1:0)**
LASK: Wimmer; Rothbauer, Milinovic, Fellner, Mehlem; Pistrol, Imamovic (92. Lucic, Ceh, Riegler (65. Ruckendorfer); Novakovic (69. Idrizaj), Hassler.
Linzer Stadion; 2.500; Grobelnik
Tore: Fellner (31.), Pistrol (77.); Wawra (90.)

### 23. Runde – 08.03. 2005
**LASK Linz – Kapfenberg 1:1 (0:0)**
LASK Linz: Wimmer; Fellner, Milinovic, Mehlem, Klein; Ceh, Pistrol, Imamovic (64. Idrizaj), Ruckendorfer (87. Novakovic); Riegler (75. Hoheneder), Hassler.
Linzer Stadion; 1.500; Greschonig
Tore: Hassler (57.), Hütter (75.)

### 24. Runde – 10. 5. 2005 Nachtrag
**Altach – LASK Linz 3:1 (2:0)**
LASK Linz: Wimmer (22. Kuru); Milinovic, Ceh, Fellner, Lucic; Kahraman (75. Hassler), Ruckendorfer, Riegler (46. Rothbauer), Pistrol; Idrizaj, Novakovic.
Altach; 1.700; Weber
Tore: Zöhrer (15., 36., 79.), Novakovic (64.)

### 25. Runde – 18. 3. 2005
**LASK Linz – Wörgl 0:0**
LASK Linz: Wimmer; Klein, Fellner, Milinovic, Mehlem; Imamovic (56. Kahraman), Ceh, Riegler (73. Idrizaj), Pistrol; Ruckendorfer (63. Novakovic), Hassler.
Linzer Stadion; 2.800; Seidler

### 26. Runde – 1. 4. 2005
**Untersiebenbrunn – LASK Linz 0:0**
LASK Linz: Wimmer; Fellner, Milinovic, Mehlem, Klein; Schiener (75. Kahraman), Ruckendorfer (89. Imamovic), Ceh, Pistrol; Jörgensen, Hassler.
Marchfeldstadion; 900; Robitsch

### 27. Runde – 5. 4. 2005
**LASK Linz – DSV Leoben 1:1 (0:0)**
LASK Linz: Wimmer; Fellner, Milinovic, Mehlem, Rothbauer; Schiener (89. Hoheneder), Ceh, Kahraman (65. Idrizaj), Klein; Novakovic, Hassler (60. Ruckendorfer).
Linzer Stadion; 1.550; Epstein
Tore: Ruckendorfer (67.), Klapf (78.)

### 28. Runde – 8. 4. 2005
**DSV Leoben – LASK Linz 0:0**
LASK Linz: Wimmer; Fellner, Milinovic, Mehlem (54. Idrizaj), Klein (75. Hoheneder); Schiener, Ceh, Pistrol, Jörgensen,

Kahraman (60. Hassler); Ruckendorfer.
DSV-Stadion; 1.000; Weber

### 29. Runde – 15. 4. 2005
**LASK Linz – SV Kletzl Ried 2:2 (1:2)**
LASK Linz: Wimmer; Fellner, Milinovic, Mehlem, Klein; Ceh, Idrizaj, Pistrol, Kahraman (36. Hassler); Ruckendorfer (87. Schiener), Novakovic.
Linzer Stadion; 8.000; Sowa
Tore: Ruckendorfer (12.), Novakovic (81.); Kuljic (25.), Sidibe (43.)

### 30. Runde – 22. 4. 2005
**Austria Lustenau – LASK Linz 1:1 (0:0)**
LASK Linz: Wimmer; Fellner, Milinovic, Mehlem (65. Lucic), Klein; Ceh, Idrizaj (88. Lindenbauer), Riegler (57. Imamovic), Pistrol; Hassler, Novakovic.
Lustenau; 2.100; Klauber-Laursen
Tore: Bahadir (49.), Novakovic (92.)

### 31. Runde – 29. 4. 2005
**LASK Linz – FC Kelag Kärnten 4:2 (1:0)**
LASK Linz: Wimmer; Milinovic, Ceh, Mehlem, Klein; Lucic, Ceh, Riegler (84. Schiener), Pistrol, Idrizaj; Ruckendorfer (90. Imamovic), Novakovic.
Linzer Stadion; 2.400; Gruber
Tore: Novakovic (44., 64.), Ruckendorfer (62.), Idrizaj (67.); Kabat (54., 58.)

### 32. Runde – 6. 5. 2005
**FC Gratkorn – LASK Linz 0:0**
LASK Linz: Wimmer; Milinovic, Ceh, Fellner, Klein; Idrizaj, Lucic, Kahraman (75. Riegler), Pistrol; Ruckendorfer, Novakovic.
Gratkorn; 1.000; Grobelnik

### 33. Runde – 13. 5. 2005
**SV Kapfenberg – LASK Linz 2:1 (1:1)**
LASK Linz: Knaller; Rothbauer, Fellner, Milinovic, Pistrol; Schiener, Jörgensen (70. Idrizaj), Schiener, Jörgensen (70. Kahraman), Imamovic (59. Klein); Hassler, Novakovic
Kapfenberg; 1.500; Krassnitzer
Tore: Liendl (45.), Krajic (82.); Hassler (21.)

### 34. Runde – 20. 5. 2005
**LASK Linz – SCR Altach 1:1 (0:0)**
LASK Linz: Knaller; Fellner, Milinovic, Mehlem, Rothbauer; Klein (66. Schiener), Ceh, Pistrol (82. Lucic), Imamovic; Hassler, Novakovic.
Linzer Stadion; 5.000; Steindl
Tore: Novakovic (61.), Unverdorben (50.)

### 35. Runde – 24. 5. 2005
**Wörgl – LASK Linz 0:1 (0:1)**
LASK Linz: Knaller; Fellner, Milinovic, Mehlem, Rothbauer (61. Schiener); Klein, Ceh, Pistrol, Imamovic (67. Lucic); Hassler (76. Ruckendorfer), Novakovic.
Wörgl; 1.000; Robitsch
Tor: Hassler (43.)

### 36. Runde – 27. 5. 2005
**LASK Linz – Untersiebenbrunn 2:1 (1:1)**
LASK Linz: Kuru; Fellner, Milinovic, Mehlem, Rothbauer (66. Hassler); Lucic, Kahraman, Imamovic, Jörgensen (87. Lebersorg); Pistrol; Novakovic (91. Stückler)
Linzer Stadion; 3.000; Paukovits
Tore: Novakovic (34.), Imamovic (65.); Burits (79.)

| Saison 2005/2006 – Red Zac 1. Liga | | | | | | |
|---|---|---|---|---|---|---|
| 1. | SCR Altach | 36 | 20 | 8 | 8 | 61:35 | 68 |
| 2. | **LASK Linz** | 36 | 19 | 9 | 8 | 51:30 | 66 |
| 3. | Austria Lustenau | 36 | 17 | 11 | 8 | 54:32 | 62 |
| 4. | FK Austria Amateure | 36 | 16 | 10 | 10 | 58:40 | 58 |
| 5. | FC Gratkorn | 36 | 14 | 12 | 10 | 47:40 | 54 |
| 6. | DSV Leoben | 36 | 14 | 9 | 13 | 59:49 | 51 |
| 7. | FC Kufstein | 36 | 15 | 6 | 15 | 57:50 | 51 |
| 8. | SV Kapfenberg | 36 | 10 | 9 | 17 | 51:69 | 39 |
| 9. | SC Schwanenstadt | 36 | 9 | 6 | 21 | 33:57 | 33 |
| 10. | FC Kufstein | 36 | 4 | 4 | 28 | 23:92 | 16 |

### 1. Runde - 8. 7. 2005
**LASK Linz - SV Kapfenberg 3:0 (1:0)**
LASK Linz: Nagel, Studeny, Milinovic, Mehlem, Klein, Ceh, Klapf, Pistrol, Vastic (75. Idrizaj), Ortner (88. Fellner), Buskiewicz (83. Mühlbauer)
Linzer Stadion; 7500; Einwallner
Tore: Ceh (35.), Ortner (70./71.)

### 2. Runde - 15. 7. 2005
**Austria Lustenau - LASK Linz 1:0 (1:0)**
LASK Linz: Nagel, Studeny (77. Idrizaj), Milinovic, Mehlem (55. Fellner), Klein, Ceh, Klapf, Pistrol, Vastic, Buskiewicz (67. Konrad), Ortner.
Reichshofstadion; 4200; Falb
Tor: Schriebl (26.)

### 3. Runde - 22. 7. 2005
**LASK Linz - SCR Altach 0:0**
LASK Linz: Nagel, Studeny, Fellner, Mehlem, Klein, Ceh, Klapf, Pistrol (85. Buskiewicz), Vastic, Idrizaj (46. Konrad), Ortner (61. Imamovic).
Linzer Stadion; 5500; Paukovits

### 4. Runde - 26. 7. 2005
**FC Gratkorn - LASK Linz 3:1 (3:1)**
LASK Linz: Nagel, Fellner, Imamovic (28. Klein), Studeny, Pistrol, Rothbauer (53. Idrizaj), Ceh, Klapf, Vastic, Buskiewicz (73. Stückler), Konrad.
Stadion Gratkorn; 392; Stuchlik
Tore: Kanneh (8.), Panagiotopoulos (25./28. Elfer); Konrad (15.)

### 5. Runde - 29. 7. 2005
**LASK Linz - SC Schwanenstadt 0:0**
LASK Linz: Nagel, Fellner, Milinovic, Mehlem, Klapf, Ceh, Lucic (65. Ruckendorfer), Klein (77. Idrizaj), Vastic, Imamo-

vic, Stückler (46. Pistrol).
Linzer Stadion; 3500; Robitsch

### 6. Runde - 5. 8. 2005
**FC Kelag Kärnten - LASK Linz 4:0 (2:0)**
LASK Linz: Nagel, Studeny, Milinovic, Mehlem (46. Buskiewicz), Ceh, Rothbauer, Klein, Klapf (63. Ruckendorfer), Pistrol, Vastic, Konrad (85. Fellner).
Wörthersee-Stadion; 3000; Plautz;
Tore: Kampel (9.), Hota (11.), Zakany (76.), Simic (89./Elfer)

### 7. Runde - 12. 8. 2005
**LASK Linz - Austria Magna Amateure 1:0 (0:0)**
LASK Linz: Knaller, Fellner (91. Mehlem), Milinovic, Pistrol, Rothbauer, Ceh, Vastic, Klapf, Klein, Ruckendorfer (77. Idrizaj), Buskiewicz (83. Konrad).
Linzer Stadion; 3000; Mostböck
Tor: Vastic (51.)

### 8. Runde - 19. 8. 2005
**FC Kufstein - LASK Linz 0:0**
LASK Linz: Knaller, Fellner, Milinovic, Pistrol, Rothbauer (85. Idrizaj), Ceh, Vastic, Klapf, Klein, Ruckendorfer, Buskiewicz (46. Konrad).
Grenzlandstadion; 1000; Tschandl

### 9. Runde - 26. 8. 2005
**LASK Linz - DSV Leoben 3:2 (1:1)**
LASK Linz: Knaller, Fellner, Milinovic, Pistrol, Imamovic (88. Mehlem), Ceh (57. Mühlbauer), Vastic, Klapf, Klein (84. Studeny), Ruckendorfer, Konrad.
Linzer Stadion; 2800; Seidler
Tore: Konrad (42.), Klapf (62.), Vastic (82./Elfer); Prilasnig (5.), Aigner (56.)

### 10. Runde - 9. 9. 2005
**DSV Leoben - LASK Linz 1:2 (0:1)**
LASK Linz: Knaller, Fellner, Ceh, Milinovic, Rothbauer, Auer, Mühlbauer, Klapf, Vastic, Jukic (68. Klein), Konrad (90. Stückler).
DSV-Stadion; 1200; Epstein
Tore: Früstük (74.); Vastic (22.), Konrad (80.)

### 11. Runde - 16. 9. 2005
**SV Kapfenberg - LASK Linz 2:3 (1:1)**
LASK: Knaller, Fellner, Ceh, Milinovic, Rothbauer, Mühlbauer (91. Hohenender), Auer, Klapf, Vastic, Jukic (46. Klein), Konrad (70. Stückler).
Franz Fekete Stadion; 1300; Klement
Tore: Sencar (11.), Liendl (73.); Vastic (37./84./jeweils Elfer), Konrad (57.)

### 12. Runde - 20. 9. 2005
**LASK Linz - Austria Lustenau 0:0**
LASK Linz: Knaller, Fellner, Ceh (75. Buskiewicz), Milinovic, Rothbauer (46. Klein), Mühlbauer, Auer, Klapf, Vastic, Jukic (55. Hoheneder), Ruckendorfer.
Linzer Stadion; 4100; Meßner

### 13. Runde - 23. 9. 2005
**SCR Altach - LASK Linz 2:1 (1:1)**
LASK: Knaller, Fellner, Ceh, Milinovic, Auer, Vastic, Hoheneder, Klapf (69. Jukic), Mühlbauer (66. Stückler), Imamovic (82. Studeny), Ruckendorfer.
Stadion Schnabelholz; 5200; Stuchlik
Tore: Klapf (16./ET), Baldauf (60.); Vastic (18.)

### 14. Runde - 30. 9. 2005
**LASK Linz - FC Gratkorn 1:0 (0:0)**
LASK Linz: Knaller, Fellner, Ceh (75. Imamovic), Milinovic, Hoheneder, Auer (58. Ruckendorfer), Klapf, Vastic, Klein, Jukic, Stückler (66. Buskiewicz).
Linzer Stadion; 2500; Paukovits
Tor: Ruckendorfer (86.)

### 15. Runde - 14. 10. 2005
**SC Dialog Schwanenstadt - LASK Linz 1:3 (1:2)**
LASK Linz: Knaller, Fellner, Ceh, Milinovic, Rothbauer, Vastic, Hoheneder, Klapf, Klein (63. Imamovic), Ruckendorfer, Stückler (84. Buskiewicz).
Schwan-Stadion; 3400; Steindl
Tore: Seoane (1.), Vastic (9./14./80. Elfer)

### 16. Runde - 21. 10. 2005
**LASK Linz - FC Kärnten 1:2 (0:0)**
LASK Linz: Knaller, Studeny (86. Pichler), Ceh (76. Auer), Milinovic, Klein, Hoheneder, Vastic, Pistrol, Mühlbauer, Jukic, Stückler (63. Buskiewicz).
Linzer Stadion; 5500; Grobelnik
Tore: Hoheneder (79.); Simic (63.), Zakany (69.)

### 17. Runde - 28. 10. 2005
**FK Austria Magna Amateure - LASK Linz 0:0**
LASK: Nagel, Fellner, Ceh, Milinovic, Rothbauer, Vastic, Hoheneder, Klapf, Mühlbauer (60. Klein), Ruckendorfer (77. Tutu), Jukic (90. Pistrol).
Horr-Stadion; 1000; Robitsch

### 18. Runde - 4. 11. 2005
**LASK Linz - FC Kufstein 2:0 (2:0)**
LASK Linz: Nagel, Fellner, Ceh, Milinovic, Klein (74. Auer), Vastic, Hoheneder, Klapf, Mühlbauer (87. Adu Tutu), Pistrol, Ruckendorfer (65. Jukic).
Linzer Stadion; 2600;Tschandl
Tore: Mühlbauer (22.), Klein (27.)

### 19. Runde - 18. 11. 2005
**LASK Linz - SV Kapfenberg 5:1 (1:1)**
LASK Linz: Nagel, Fellner, Ceh, Pistrol, Rothbauer, Hoheneder, Vastic (86. Auer), Klapf, Mühlbauer, Klein (46. Ruckendorfer), Adu Tutu (63. Jukic).
Linzer Stadion; 2700; Steiner
Tore: Vastic (35./61./65./78.), Jukic (88./Elfer), Gartler (26.)

### 20. Runde - 25. 11. 2005
**SC Austria Lustenau - LASK Linz 2:0 (1:0)**
LASK Linz: Nagel, Fellner, Ceh, Milinovic, Hoheneder (46. Adu Tutu), Rothbauer (59. Auer), Klein (73. Jukic), Pistrol, Klapf, Vastic, Ruckendorfer.
Reichshofstadion; 3200; Krassnitzer
Tore: Hoheneder (24./Eigentor), Hobel (91.)

### 21. Runde - 29. 11. 2005
**LASK Linz - SCR Altach 3:0 (1:0)**
LASK Linz: Nagel, Fellner, Ceh, Milinovic, Hoheneder, Rothbauer, Vastic, Klapf, Mühlbauer (83. Klein), Pistrol (89. Stückler), Jukic (65. Jukic).
Linzer Stadion; 2500; Steindl
Tore: Pistrol (42.), Klapf (67.), Buskiewicz (88.)

### 22. Runde - 28. 3. 2006
**FC Gratkorn - LASK Linz 1:1 (0:0)**
LASK: Knaller, Laschet, Ceh, Milinovic, Mühlbauer (67. Ortner), Hoheneder, Vastic, Klapf, Ruckendorfer, Klein, Osterc (81. Kahraman).
Stadion Gratkorn; 1350; Klement
Tore: Brauneis (57.), Vastic (50./Freistoß)

### 23. Runde - 14. 3. 2006
**LASK Linz - SC Schwanenstadt 3:0 (1:0)**
LASK Linz: Knaller, Laschet, Ceh, Milinovic, Auer (57. Mühlbauer), Hoheneder, Vastic, Klein (70. Pichler), Jukic (64. Ortner), Klapf, Osterc.
Linzer Stadion; 3100; Epstein
Tore: Vastic (12./63. Elfer), Laschet (60.)

### 24. Runde - 17. 3. 2006
**FC Kelag Kärnten - LASK Linz 1:2 (1:1)**
LASK: Knaller, Laschet, Ceh, Milinovic, Auer (60. Mühlbauer), Hoheneder, Vastic, Klein, Ruckendorfer (81. Ortner), Klapf, Osterc.
Sportzentrum Fischl; 3100; Meßner
Tore: Bubalo (28.); Vastic (20.), Weber (67./Eigentor)

### 25. Runde - 24. 3. 2006
**LASK Linz - Austria Magna Amateure 1:2 (1:2)**
LASK: Knaller, Laschet, Ceh (61. Kahraman), Milinovic, Auer (46. Mühlbauer), Hoheneder, Vastic, Klein (46. Ortner), Ruckendorfer, Pistrol, Osterc.
Linzer Stadion; 7800; Gangl
Tore: Ruckendorfer (2.); Saurer (14.), Auer (23./Eigentor)

### 26. Runde - 31. 3. 2006
**FC Kufstein - LASK Linz 0:1 (0:0)**
LASK: Knaller, Fellner, Laschet, Milinovic, Klein (65. Pichler), Kahraman (86. Mühlbauer), Hoheneder, Klapf, Ortner, Ruckendorfer (89. Rothbauer), Osterc.
Grenzlandstadion; 1000; Falb
Tor: Kahraman (75.)

### 27. Runde - 7. 4. 2006
**DSV Leoben - LASK Linz 1:1 (1:1)**
LASK Linz: Knaller, Fellner, Laschet, Milinovic, Klein, Vastic, Klapf, Mühlbauer, Ruckendorfer (44. Osterc), Ortner (80. Konrad).
DSV-Stadion; 1100; Krassnitzer
Tore: Aigner (13.), Vastic (21./Freistoß)

### 28. Runde - 14. 4. 2006
**LASK Linz - DSV Leoben 3:0 (0:0)**
LASK Linz: Knaller, Milinovic, Ceh, Laschet, Klein, Vastic, Hoheneder (30. Ruckendorfer), Klapf, Jukic, Ortner (68. Rothbauer), Osterc.
Linzer Stadion; 4800; Gruber
Tore: Ortner (53.), Osterc (91./93.)

### 29. Runde - 21. 4. 2006
**SV Kapfenberg - LASK Linz 1:2 (0:1)**
LASK Linz: Knaller, Fellner, Ceh, Milinovic, Klein, Vastic, Hoheneder, Klapf, Ruckendorfer (53. Mühlbauer/80. Kahraman), Ortner (89. Konrad), Osterc.
Franz Fekete Stadion; 1250; Gangl
Tore: Prettenthaler (49.); Klapf (5.), Vastic (57./Freistoß)

**30. Runde - 28. 4. 2006**
**LASK Linz - Austria Lustenau 0:0**
LASK Linz: Knaller, Milinovic, Laschet, Fellner, Klein, Vastic, Hoheneder, Klapf, Kahraman (46. Ruckendorfer), Ortner (46. Mühlbauer), Osterc.
Linzer Stadion; 9700; Falb

**31. Runde - 2. 5. 2006**
**SCR Altach - LASK Linz 1:0 (0:0)**
LASK: Knaller, Fellner (88. Konrad), Laschet, Milinovic, Rothbauer (78. Mühlbauer), Vastic, Hoheneder, Klapf, Klein, Ruckendorfer, Ortner (60. Osterc)
Stadion Schnabelholz; 6300; Plautz
Tor: Mattle (67.)

**32. Runde - 5. 5. 2006**
**LASK Linz - FC Gratkorn 1:0 (1:0)**
LASK Linz: Knaller, Laschet, Ceh, Fellner, Rothbauer (64. Mühlbauer), Klein, Hoheneder, Klapf, Ruckendorfer, Ortner (87. Osterc), Vastic.
Linzer Stadion; 3600; Grobelnik
Tor: Fellner (29.)

**33. Runde - 12. 5. 2006**
**SC Schwanenstadt - LASK Linz 2:2 (0:0)**
LASK: Knaller, Fellner, Laschet, Mehlem (60. Mühlbauer), Ruckendorfer, Kahraman (81. Imamovic), Hoheneder (59. Jukic), Klein, Ortner, Konrad.

**Schwan-Stadion; 2500; Drabek**
Tore: Laschet (68./Eigentor), Cemernjak (72.); Klapf (87./Elfer), Fellner (93.)

**34. Runde - 16. 5. 2006**
**LASK Linz - FC Kärnten 1:0 (0:0)**
LASK Linz: Knaller, Fellner, Milinovic, Mehlem (46. Jukic), Ruckendorfer, Kahraman (78. Imamovic), Laschet, Klapf, Mühlbauer (64. Klein), Ortner, Konrad.
Vorwärts-Stadion Steyr; 3800; Robitsch
Tor: Imamovic (93.)

**35. Runde - 19. 5. 2006**
**Austria Amateure - LASK Linz 0:1 (0:1)**
LASK: Knaller, Fellner, Lachet, Milinovic, Rothbauer, Imamovic (75. Ortner), Hoheneder, Klapf, Klein, Jukic (57. Ruckendorfer), Konrad (82. Mühlbauer).
Horr-Stadion; 2500; Robitsch
Tor: Laschet (45+1./Freistoß)

**36. Runde - 26. 5. 2006**
**LASK Linz - FC Kufstein 3:0 (1:0)**
LASK Linz: Knaller, Hoheneder, Milinovic, Mehlem (56. Mehlem), Ruckendorfer, Laschet, Klein (80. Colic), Klapf, Ortner, Imamovic (74. Jukic), Konrad.
Linzer Stadion; 2600; Seidler
Tore: Ortner (19.), Konrad (75.), Jukic (87.)

| | Saison 2006/2007 – Red Zac 1. Liga | | | | | | |
|---|---|---|---|---|---|---|---|
| 1. | LASK Linz | 33 | 24 | 4 | 5 | 74:34 | 75 |
| 2. | SC Schwanenstadt | 33 | 19 | 6 | 8 | 59:41 | 63 |
| 3. | DSV Leoben | 33 | 14 | 13 | 6 | 55:36 | 55 |
| 4. | Austria Lustenau | 33 | 13 | 11 | 9 | 57:50 | 50 |
| 5. | FC Gratkorn | 33 | 13 | 8 | 12 | 45:41 | 47 |
| 6. | FC Lustenau | 33 | 12 | 11 | 10 | 54:51 | 47 |
| 7. | FC Kärnten | 33 | 11 | 9 | 13 | 41:41 | 42 |
| 8. | FK Austria Amateure | 33 | 10 | 8 | 15 | 42:52 | 38 |
| 9. | SC / ESV Parndorf 1919 | 33 | 9 | 8 | 16 | 41:47 | 35 |
| 10. | Admira-Wacker Mödling | 33 | 8 | 9 | 16 | 45:67 | 33 |
| 11. | SV Kapfenberg | 33 | 8 | 8 | 17 | 41:60 | 32 |
| 12. | TSV Hartberg | 33 | 7 | 5 | 21 | 31:65 | 26 |

**1. Runde - 1. 8. 2006**
**LASK Linz – FC Kelag Kärnten 2:1 (1:0)**
LASK Linz: 1Nagel (30. Zaglmair), Hoheneder, Panis, Hota, Vastic, Klapf, Laschet, Mijatovic (75. Konrad), Klein (72. Mühlbauer), Fellner
Linzer Stadion; 5200; Klement
Tore: Mijatovic (43.), Konrad (90.+2); Toth (65.)

**2. Runde - 4. 8. 2006**
**TSV Hartberg - LASK Linz 1:4 (1:3)**
LASK Linz: Zaglmair, Ehmann, Gansterer, Panis (83. Ruckendorfer), Hota, Vastic, Klapf, Laschet (76. Mühlbauer), Mijatovic (76. Konrad), Klein, Fellner.
Stadion Hartberg; 1000; Hofmann
Tore: Ziervogel (7.); Mijatovic (23./34.), Vastic (37.), Mühlbauer (80.)

**3. Runde - 11. 8. 2006**
**LASK Linz - Austria Lustenau 0:3 (0:1)**
LASK Linz: Zaglmair, Ehmann, Gansterer (79. Hoheneder), Panis, Hota, Vastic, Klapf (63. Konrad), Laschet, Mijatovic, Klein (46. Mühlbauer), Fellner.
Linzer Stadion; 5300; Tschandl
Tore: Friesenbichler (25./53.), Berchtold (80.)

**4. Runde - 18. 8. 2006**
**DSV Leoben - LASK Linz 1:1 (0:0)**
LASK Linz: Nagel, Ehmann, Panis, Mühlbauer, Hota, Klapf, Laschet (78. Imamovic), Mijatovic, Klein (70. Konrad/85. Pichler), Ruckendorfer, Fellner.
DSV-Stadion; 2700; Seidler
Tore: Kozelsky (64.), Pichler (90.+1)

**5. Runde - 25. 8. 2006**
**LASK Linz - SC-ESV Parndorf 3:1 (1:1)**
LASK Linz: Nagel, Hoheneder, Ehmann, Panis, Mühlbauer (46. Klein), Hota, Vastic, Klapf, Laschet, Mijatovic (73. Konrad), Ruckendorfer (81. Fellner).
Linzer Stadion; 3500; Eisner

**6. Runde - 29. 8. 2006**
**LASK Linz - Austria Amateure 2:1 (0:1)**
LASK Linz: Nagel, Hoheneder (79. Fellner), Ehmann, Panis, Mühlbauer (40. Klein), Hota, Vastic, Konrad, Klapf, Laschet, Ruckendorfer (70. Mijatovic).
Linzer Stadion; 3700; Robitsch
Tore: Konrad (60.), Ehmann (85.); Knaller (11.)

**7. Runde - 8. 9. 2006**
**FC Gratkorn - LASK Linz 0:2 (0:2)**
LASK Linz: Nagel, Ehmann, Gansterer, Panis, Hota, Vastic, Konrad (83. Mijatovic), Klapf, Klein, Ruckendorfer, Fellner.
Stadion Gratkorn; 2000; Klement
Tore: Vastic (26.), Ehmann (30.)

**8. Runde - 15. 9. 2006**
**LASK Linz - Admira/Wacker 6:1 (3:1)**
LASK Linz: Nagel, Ehmann, Gansterer, Panis (58. Laschet), Hota, Vastic, Konrad (80. Mijatovic), Klapf, Klein, Ruckendorfer (70. Pichler), Fellner.
Linzer Stadion; 4200; Krassnitzer
Tore: Fellner (16.), Panis (44.), Vastic (45./66./90.), Pichler (88.); Motevaselazdeh (34.)

**9. Runde - 19. 9. 2006**
**FC Lustenau - LASK Linz 3:1 (1:1)**
LASK Linz: Nagel, Hoheneder, Ehmann, Gansterer, Panis, Hota (75. Mijatovic), Vastic, Konrad, Klapf (82. Laschet), Klein, Ruckendorfer (69. Pichler).
Reichshofstadion; 2400; Paukovits
Tore: De Oliveira (19.), Sabia (72./Elfer), Özgün (90.+2); Klein (35.),

**10. Runde - 22. 9. 2006**
**LASK Linz - SV Kapfenberg 1:0 (1:0)**
LASK Linz: Nagel, Hoheneder, Ehmann, Gansterer, Hota, Vastic, Konrad (73. Mija-

tovic), Klapf, Laschet, Klein, Ruckendorfer.
Linzer Stadion; 4000; Gruber
Tor: Klapf (2.)

**11. Runde - 29. 9. 2006**
**SC Schwanenstadt - LASK Linz 1:3 (0:1)**
LASK Linz: Nagel, Hoheneder, Ehmann, Gansterer, Panis, Hota, Vastic, Konrad (71. Mijatovic), Klapf, Klein (78. Mühlbauer), Ruckendorfer (18. Laschet).
Schwanenstadt; 5000; Steindl
Tore: Mössner (77./Elfmeter), Vastic (14./49./75.)

**12. Runde - 13. 10. 2006**
**FC Kelag Kärnten - LASK Linz 1:? (0:0)**
LASK Linz: Nagel, Hoheneder, Ehmann, Gansterer, Panis, Hota (89. Fellner), Vastic, Klapf, Mijatovic (68. Ortner), Klein, Ruckendorfer (46. Laschet).
Sportzentrum Fischl; 2000; Brugger
Tore: Zakany (82.), Mijatovic (61.), Vastic (90.+1)

**13. Runde - 20. 10. 2006**
**LASK Linz - TSV Hartberg 4:0 (2:0)**
LASK Linz: Nagel, Hoheneder, Ehmann, Panis, Hota (65. Konrad), Vastic, Klapf, Laschet (70. Mühlbauer), Mijatovic (74. Pichler), Klein, Ruckendorfer.
Linzer Stadion; 5200; Gangl
Tore: Mijatovic (20./47.), Hota (43.), Konrad (83.)

**14. Runde - 27 10. 2006**
**Austria Lustenau - LASK Linz 0:0**
LASK Linz: Nagel, Hoheneder, Ehmann, Gansterer, Panis (24. Laschet), Hota (89. Fellner), Vastic, Klapf, Mijatovic (70. Konrad), Klein, Ruckendorfer.
Reichshofstadion; 4500; Steiner

**15. Runde - 3. 11. 2006**
**LASK Linz - DSV Leoben 4:0 (0:0)**
LASK Linz: Nagel, Hoheneder, Ehmann, Gansterer, Hota, Vastic, Klapf, Laschet (67. Mühlbauer), Mijatovic (60. Konrad), Klein, Ruckendorfer (78. Pichler).
Linzer Stadion; 4600; Gruber
Tore: Vastic (48./75.), Ehmann (52.), Hota (86./Elfer)

**16. Runde - 10. 11. 2006**
**SC-ESV Parndorf - LASK Linz 0:1 (0:1)**
LASK Linz: Nagel, Pichler (46. Fellner), Hoheneder, Ehmann, Gansterer, Mühlbauer, Hota, Vastic, Konrad (71. Ortner), Klapf, Klein
Heidebodenstadion; 1500; Grobelnik
Tor: Vastic (90.)

**17. Runde - 17. 11. 2006**
**Austria Amateure - LASK Linz 1:4 (1:2)**
LASK Linz: Nagel, Hoheneder, Ehmann, Gansterer, Panis, Mühlbauer, Hota (84. Fellner), Vastic, Konrad (86. Mijatovic), Laschet, Ruckendorfer (77. Pichler)
Horr-Stadion; 754; Messner
Tore: Knaller (17.), Konrad (7./60.), Ehmann (45.+1), Vastic (87.)

**18. Runde - 24. 11. 2006**
**LASK Linz - FC Gratkorn 2:0 (1:0)**
LASK Linz: Nagel, Ehmann, Gansterer, Panis, Mühlbauer, Vastic (95. Hoheneder), Konrad, Klapf, Klein, Ruckendorfer (95. Laschet), Fellner.
Linzer Stadion; 5200; Stuchlik
Tore: Fellner (24.), Ortner (90.+4)

**19. Runde - 28. 11. 2006**
**Admira/Wacker - LASK Linz 1:3 (0:3)**
LASK Linz: Nagel, Ehmann, Gansterer, Panis, Hota (84. Laschet), Vastic (71. Ortner), Konrad, Klapf, Klein, Ruckendorfer (58. Pichler), Fellner
Südstadt; 600; Gangl
Tore: Motevaselzadeh (66.); Morgenthaler (7./Eigentor), Konrad (18.), Vastic (45.+1/Elfmeter)

**20. Runde - 1. 12. 2006**
**LASK Linz - FC Lustenau 2:4 (0:2)**
LASK Linz: Nagel, Ehmann, Gansterer, Panis, Mühlbauer, Hota (76. Pichler), Vas-

tic, Konrad, Klapf (46. Mijatovic), Klein (68. Laschet), Fellner.
Linzer Stadion; 5800; Robitsch
Tore: Mijatovic (76.), Pichler (86.); Hämmerle (9.), Hagspiel (27.), Erkinger (71.) Schöpf (74.)

**21. Runde - 16. 3. 2007**
**SV Kapfenberg - LASK Linz 2:2 (2:0)**
LASK Linz: Nagel, Hoheneder, Ehmann, Gansterer, Hota, Vastic, Ortner, Klapf, Laschet (46. Konrad), Klein, Dollinger (72. Ruckendorfer)
Franz-Fekete-Stadion; 2300; Steiner
Tore: Liendl (6.), Wieger (14.); Klein (48.), Konrad (86.)

**22. Runde - 20. 3. 2007**
**LASK Linz - SC Schwanenstadt 2:1 (1:1)**
LASK Linz: 1 Nagel, Ehmann, Gansterer, Panis, Hota, Vastic (83. Mijatovic), Konrad (91. Hoheneder), Klapf, Klein, Kablar, Dollinger (72. Ruckendorfer).
Linzer Stadion; 9.000; Robitsch
Tore: Hota (14.), Vastic (70.); Schriebl (11.)
Robitsch/Strasser/Bauernfeind

**23. Runde - 30. 3. 2007**
**SC Schwanenstadt - LASK Linz 1:5 (0:3)**
LASK Linz: Nagel, Ehmann, Gansterer (67. Ruckendorfer), Panis, Hota, Vastic, Konrad (77. Mijatovic), Klapf (81. Hoheneder), Klein, Kablar, Dollinger.
Schwanenstadt Arena; 4500; Lechner
Tore: Mössner (93./Elfmeter); Hota (5.), Klein (15.) Kablar (44.), Vastic (63. Elfmeter/82.)

**24. Runde - 6. 4. 2007**
**LASK Linz - SV Kapfenberg 0:2 (0:1)**
LASK Linz: Nagel, Hoheneder (57. Mijatovic), Panis, Hota, Vastic, Konrad, Klapf (70. Fellner), Laschet, Klein, Fellner, Kablar, Dollinger (76. Ruckendorfer).
Linzer Stadion; 6800; Hofmann
Tore: Kunzo (18.), Sencar (51.)

**25. Runde - 13. 4. 2007**
**FC Lustenau - LASK Linz 0:1 (0:0)**
LASK Linz: Nagel, Ehmann, Gansterer, Panis, Hota, Vastic, Konrad, Klapf, Klein, Kablar, Dollinger (83. Laschet)
Reichshofstadion; 1800; Klement (46. Fellinger)
Tor: Dollinger (46.)

**26. Runde - 20. 4. 2007**
**LASK Linz - Admira/Wacker 1:0 (0:0)**
LASK Linz: Nagel, Ehmann, Gansterer (93. Laschet), Panis, Hota (65. Ortner), Vastic, Konrad, Klapf, Klein, Kablar, Dollinger
Linzer Stadion; 5200; Dintar
Tor: Ortner (87.)

**27. Runde - 24. 4. 2007**
**FC Gratkorn - LASK Linz 2:3 (0:0)**
LASK Linz: Nagel, Ehmann, Panis, Hota, Vastic, Konrad, Klapf, Laschet, Mijatovic (67. Ortner), Klein, Ruckendorfer (9. Mühlbauer), Kablar.
Stadion Gratkorn, 1100; Paukovits
Tore: Neukirchner (75.), Vorraber (93.); Vastic (58./Elfmeter), Mühlbauer (70.), Klein (86.)

**28. Runde - 27. 4. 2007**
**LASK Linz - Austria Amateure 0:2 (0:0)**
LASK Linz: Nagel, Ehmann (20. Fellner), Panis, Mühlbauer (79. Mijatovic), Hota, Konrad, Ortner, Klapf, Laschet (11. Hoheneder), Klein, Kablar
Linzer Stadion; 4700; Gangl
Tore: Schragner (73.), Kablar (88./Eigentor)

**29. Runde - 4. 5. 2007**
**LASK Linz - SC/ESV Parndorf 3:1 (1:0)**
LASK Linz: Nagel, Ehmann, Gansterer, Panis, Hota, Vastic, Klapf, Mijatovic (67. Konrad), Klein, Kablar, Dollinger (90. Mühlbauer)
Linzer Stadion; 4600; Seidler
Tore: Mijatovic (5./67.), Vastic (93.); Da Silva (72.)

**30. Runde - 11. 5. 2007**
**DSV Leoben - LASK Linz 1:1 (0:0)**
LASK Linz: Nagel, Ehmann, Gansterer, Mühlbauer, Hota, Vastic, Klapf, Mijatovic (64. Konrad/88. Hohender), Klein, Kablar, Dollinger (76. Ruckendorfer).
DSV-Stadion; 2000; Lechner
Tore: Parapatits (91.), Hoheneder (92.)

**31. Runde - 15. 5. 2007**
**LASK Linz - SC Austria Lustenau 3:2 (2:0)**
LASK Linz: Nagel, Hoheneder, Ehmann, Gansterer, Panis, Mühlbauer (81. Pichler), Vastic, Klapf, Mijatovic (66. Ortner), Klein, Ruckendorfer (73. Dollinger).
Linzer Stadion; 5800; Eisner
Tore: Vastic (2./83.), Mijatovic (24.); Thiago (54.), Sobkova (88.)

**32. Runde - 18. 5. 2007**
**TSV Hartberg - LASK Linz 0:4 (0:1)**
LASK Linz: Nagel, Hoheneder, Ehmann, Panis, Vastic, Klapf, Mijatovic (71. Ortner), Klein, Dollinger, Hamdemir (46. Hötschl), Hart (46. Ruckendorfer)
Hartberg; 1100; Dintar
Tore: Hoheneder (5.), Dollinger (57.), Mijatovic (60.), Vastic (83.)

**33. Runde - 25. 5. 2007**
**LASK Linz - FC Kelag Kärnten 2:0 (0:0)**
Lask Linz: Zaglmair, Ehmann, Gansterer, Hota (62. Höltschl), Vastic, Klapf, Mijatovic (62. Amoah), Klein, Dollinger, Hamdemir (46. Panis), Hart.
Linzer Stadion; 7500; Paukovits.
Tore: Mijatovic (49.), Vastic (86.)

# Für die Statistik verwendete Quellen:

Egger, Anton: Österreichs Fussball Länderspiele. Chronik 1902–1993. Verlag Anton Egger 1994.

Egger, Anton: Österreichs Fussball. Bundesliga von A-Z. Chronik ab 1974. Verlag Anton Egger 1995.

Egger, Anton: Österreichs Fussball-Meisterschaft. Chronik 1945–1974. Verlag Anton Egger 1998.

Festschrift 60 Jahre LASK. Rudolf Trauner Verlag 1968.

Kastler, Karl: Fussballsport in Österreich. Von den Anfängen bis in die Gegenwart. Rudolf Trauner Verlag 1972.

Langisch, Karl: Fünfundsiebzig Jahre. Eine Dokumentation des österreichischen Fussballbundes. Edition Sportwerbung im Auftrag des ÖFB. Wien 1979.

Oberösterreichischer Fussballverband (Hg.): Fußball in Oberösterreich. Ein Jubiläumsbuch des Oberösterreichischen Fussballverbandes. Rudolf Trauner Verlag 1971.

Ausgewertete Zeitungen im Zeitraum 1950–2007: Oberösterreichische Nachrichten, Neues Volksblatt, Tagblatt, Kronen Zeitung, Neue Zeit; Die Presse, Wiener Zeitung, Salzburger Nachrichten.

Dank an Erika Hameder, Anton Egger und Alfred Kienesberger.

## Bildnachweis:

Brau Union: S. 139, 140

Broschüre 60 Jahre LASK: S. 33, 39, 41, 41, 83, 89

Durchan: S. 32, 44, 48, 84, 99, 107, 108, 116, 122, 123, 128

Energie AG: S. 16

Express-Bild: S. 80

Finger: S. 135

Foto Strauss: S. 92, 157

Scheucher: S. 115

Erhardt: S. 63

Frischauf: S. 65

GEPA pictures:

    Josef Bollwein: Umschlag (Vastic), S. 135, 145, 146

    Matthias Hauer: S. 136

    Fritz Leitner: S. 141

    Walter Luger: 53

    Franz Pammer: S. 30

    Martin Parzer: S. 134

    Hans F. Punz: S. 139, 142

    Felix Roittner: S. 18, 22, 23, 26

    Christian Singer: S. 145

    Andreas Tröster: S. 124, 143

Grüll: S. 102

Kronenzeitung: S. 113

Linschinger/Landespressedienst: S. 112

lui: S. 25, 156

Oberbank. S. 137, 138

Petuely: Umschlag (Köglberger), S. 12, 43, 72, 75, 92, 94, 100, 104, 120, 140, 141

privat: S. 31, 36, 45, 49, 50, 56, 58, 59, 61, 63, 73, 77, 81, 82, 88, 91, 93, 95, 105, 124, 127, 133, 137

Prokosch: S. 66, 126

rubra: S. 109

Spitz: S. 154, 155

Snapdox.com: S. 148

Sündhofer: Umschlag, S. 54, 60, 69, 70

Votava: S. 27, 106